20 世纪儒学研究大系

主编：傅永聚　韩钟文

儒家经济思想研究

本卷主编　杨荫楼

中 华 书 局

20世纪儒学研究大系

编辑委员会

中国文化的基本精神(代序)

在现今时代,做一个中国人,最重要的是具有爱国意识。爱国意识有一定的思想基础,必须感到祖国的可爱,才能具有爱国意识。而要感到祖国的可爱,又必须对于中国文化的优秀传统有正确的理解。中国文化,从传说中的羲、农、黄帝以来,延续发展了四五千年,在15世纪以前一直居于世界文化的前列。15世纪,中国的四大发明传入欧洲,促进了西方近代文明的发展,于是西方文化突飞猛进,中国落后了。19世纪40年代之后,中国受到资本主义列强的侵略凌辱,中国各阶层的志士仁人,奋起抗争,努力寻求救国的道路,经过100多年的艰苦斗争,终于取得了胜利,于1949年建立了新中国,"中国人民站起来了!"中国文化虽然一度落后,但又能奋发图强,大步前进。这不是偶然的,必有其内在的思想基础。中国文化长期延续发展,虽曾经走过曲折的道路,但仍能自我更新,继续前进。这种发展更新的思想基础,就是中国文化的基本精神。

何谓精神? 精神即是思维运动发展的精微的内在动力。中国文化中的基本精神,在中国历史上确实起到了推动社会发展的作用,成为历史发展的内在思想源泉。当然,社会发展的基本原因在于生产力的发展,但是思想意识在一定条件下也有一定的积极作用。文化的基本精神必须具有两个特点:一是具有广泛的影响,为

20世纪儒学研究大系

大多数人民所接受领会,对于广大人民起了熏陶作用。二是具有激励进步、促进发展的积极作用。必须具有这两方面的表现,才可以称为文化的基本精神。

我认为,中国几千年来文化传统的基本精神的主要内涵有四项基本观念,即(1)天人合一;(2)以人为本;(3)刚健有为;(4)以和为贵。

一 天人合一

天人合一即肯定人与自然的统一,亦即认为人与自然界不是敌对的,而具有不可割裂的关系。所谓合一指对立的统一,即两方面相互依存的关系。天人合一思想在春秋时即已有之。《左传》昭公二十五年记载郑大夫子大叔述子产之言说:"夫礼,天之经也,地之义也,民之行也。天地之经,而民实则之。"又记子大叔之言说:"礼,上下之纪,天地之经纬也,民之所以生也,是以先王尚之。"这是认为礼是天经地义,即自然界的必然准则,"天经"与"民行"是统一的。应注意,这里天是对地而言,天地相连并称,显然是指自然之天。子产将天经地义与民则统一起来,但也重视天与人的区别,他曾断言:"天道远,人道迩,非所及也,何以知之?"(《左传》昭公十八年)当时占星术利用所谓天道传播迷信,讲天象与人事祸福的联系,子产是予以否定的。孟子将天道与人性联系起来,他说:"尽其心者,知其性也。知其性,则知天矣。"(《孟子·尽心上》)孟子认为人性是天赋的,所以知性便能知天。但孟子没有做出明确的论证。《周易大传》提出"裁成辅相"之说,《象传》云:"天地交,泰。后以裁成天地之道,辅相天地之宜,以左右民。"《系辞》云:"范围天地之化而不过,曲成万物而不遗。"《文言》提出"与天地合德"的思想："夫'大人'者，与天地合其德，与日月合其明，与四时合其序，与鬼神合其吉凶。先天而天弗违，后天而奉天时。"这里所谓先天指为天之前导，后天即从天而动。与天地合德即与自然界相互适应，相互调谐。

汉代董仲舒讲天人合一，宣扬"天副人数"，陷于牵强附会。宋代张载明确提出"天人合一"的四字成语，在所著《西铭》中以形象语言宣示天人合一的原则。《西铭》云："乾称父，坤称母，予兹藐焉，乃混然中处。故天地之塞，吾其体；天地之帅，吾其性。民吾同胞，物吾与也。"所谓天地之塞指气，所谓天地之帅指气之本性，就是说：天地犹如父母，人与万物都是天地所生，人与万物都是气构成的，气的本性也就是人与万物的本性，人民都是我的兄弟，万物都是我的朋友。这充分肯定了人与自然界的统一。但张载也承认天与人的区别，他在《易说》中讲："鼓万物而不与圣人同忧者，此直谓天也，天则无心，……圣人所以有忧者，圣人之仁也。不可以忧言者天也。"天是没有思虑的，圣人则不能无忧，这是天人之别。所谓天人合一是指人与自然界既有区别，而又有统一的关系，人是自然界所产生的，是自然界的一部分，人可以认识自然并加以改变调整，但不应破坏自然。这"天人合一"的观念与西方所谓"克服自然"、"战胜自然"有很大区别。在历史上，中西不同的观点各有短长，西方近代的科学技术取得了改造自然的辉煌成绩，但也破坏了自然界的生态平衡。时至今日，重新认识人与自然的统一，确实是必要的了。

二　以人为本

以人为本是相对于宗教家以神为本而言的，可以称为人本思想。孔子虽然承认天命,却又怀疑鬼神。他说:"务民之义,敬鬼神而远之,可谓知矣。"(《论语·雍也》)认为人生最重要的是提高道德觉悟,而不必求助于鬼神。孔子更认为应重视生的问题,而不必考虑死后的问题。《论语》记载:"季路问事鬼神,子曰:'未能事人,焉能事鬼?'曰:'敢问死!'曰:'未知生,焉知死?'"(《先进》)孔子更不赞成祈祷,《论语》载:"子疾病,子路请祷。子曰:'有诸?'子路对曰:有之,诔曰:'祷尔于上下神祇。'子曰:'丘之祷久矣。'"(《述而》)孔子对于鬼神采取存疑的态度,既不否定,亦不肯定,但认为应该努力解决现实生活中的问题,而不必向鬼神祈祷。孔子这种思想观点可以说是非常深刻的。

这种以人为本的思想,后汉思想家仲长统讲得最为鲜明。仲长统说:"所贵乎用天之道者,则指星辰以授民事,顺四时而兴功业,其大略也,吉凶之祥,又何取焉?……所取于天道者,谓四时之宜也;所壹于人事者,谓治乱之实也。……从此言之,人事为本,天道为末,不其然与?"(《全后汉文》卷八十九)这里提出"人事为本",可以说是儒家"人本"思想最明确的表述。所谓以人为本,不是说人是宇宙之本,而是说人是社会生活之本。

佛教东来,宣传灵魂不灭、三世轮回的观念,一般群众颇受其影响,但是儒家学者起而予以反驳。南北朝时何承天著《达性论》,宣扬人本观念。何承天说:"人非天地不生,天地非人不灵,……安得与夫飞沈蠕蠕,并为众生哉?……至于生必有死,形毙神散,犹春荣秋落,四时代换,奚有于更受形哉!"这完全否定了灵魂不灭、三世轮回的迷信。范缜著《神灭论》,提出形为质而神为用的学说,更彻底批驳了神不灭论。

宋明理学中,不论是气本论,或理本论,或心本论,都不承认灵魂不灭,不承认鬼神存在,而都高度肯定精神生活的价值。气本论以天地之间"气"的统一性来论证道德的根据,理本论断言道德原于宇宙本原之"理",心本论则认为道德伦理出于"本心"的要求。这些道德起源论未必正确,但是都摆脱了宗教信仰。受儒家影响的中国知识分子,宗教意识都比较淡薄,在中国文化中,有一个以道德教育代替宗教的传统。虽然道德也是有时代性的,但是这一道德传统仍有其积极的意义。

三　刚健自强

先秦儒家曾提出"刚健"、"自强"的人生准则。孔子重视"刚"的品德:他说:"刚毅木讷近仁。"(《论语·子路》)刚毅即是具有坚定性。孔子弟子曾子说:"可以托六尺之孤,可以寄百里之命,临大节而不可夺也。君子人与? 君子人也。"(同上《泰伯》)临大节而不可夺,即是刚毅的表现。《周易大传》提出"刚健"、"自强不息"的生活准则。《大有·象传》云:"大有,柔得尊位,大中而上下应之,曰大有,其德刚健而文明,应乎天而时行。"《乾·文言传》云:"大哉乾乎! 刚健中正,纯粹精也。"《乾·象传》云:"天行健,君子以自强不息。"乾指天而言,天行即日月星辰的运行。日月星辰运行不已,从不间断,称之曰健,亦曰刚健。人应效法天之运行不已,而自强不息。自强即是努力向上、积极进取。《系辞下传》又论健云:"夫乾,天下之至健也,德行恒易以知险。"这是说,天下之至健在于能知险而克服之以达到恒易(险指艰险,易指平易)。所谓自强,含有克服艰险而不断前进之意。儒家重视"不息",《中庸》云:"故至诚无息。不息则久,久则征;征则悠远,悠远则博厚,博厚则高明。……《诗》云:'维天之命,於穆不已。'盖曰天之所以为天也。'於乎不显,文王之德之纯!'盖曰文王之所以为文也,纯亦不已。"儒家强调不懈的努力,这是有积极意义的。

在古代哲学中,与刚健自强有密切联系的是关于独立意志、独立人格和为坚持原则可以牺牲个人生命的思想。孔子肯定人人都有独立的意志,他说:"三军可夺帅也,匹夫不可夺志也。"(《论语·子罕》)又赞扬伯夷叔齐"不降其志,不辱其身"(同上《微子》),即赞扬坚持独立的人格。孔子更认为,为了实行仁德可以牺牲个人的生命,他说:"志士仁人,无求生以害仁,有杀身以成仁。"(同上《卫灵公》)孟子进而提出:"生亦我所欲也,义亦我所欲也,二者不可得兼,舍生而取义者也。生亦我所欲,所欲有甚于生者,故不为苟得也;死亦我所恶,所恶有甚于死者,故患有所不辟也。"(《孟子·告子上》)这里所谓"所欲有甚于生者"即义,其中包括人格的尊严。他举例说:"一箪食、一豆羹,得之则生,弗得则死。呼尔而与之,行道之人弗受;蹴尔而与之,乞人不屑也。"不受嗟来之食,即为了保持人格的尊严。坚持自己的人格尊严,这是刚健自强的最基本要求。

先秦时代,儒道两家曾有关于刚柔的论争。与儒家重刚相反,老子"贵柔"。老子提出"柔弱胜刚强"(《老子》三十六章),认为"天下之至柔,驰骋天下之至坚"(四十三章)。他以水为喻来证明柔能胜强:"天下柔弱莫过于水,而攻坚,强莫之能先,其无以易之。故弱胜强,柔胜刚,天下莫能知,莫能行。"(七十八章)老子贵柔,意在以柔克刚,柔只是一种手段,胜刚才是目的,贵柔乃是求胜之道。孔子重刚,老子贵柔,其实是相反相成的。

在中国古代哲学中,儒家宣扬"刚健自强",道家则崇尚"以柔克刚",这构成中国文化思想的两个方面。儒家学说的影响还是大于道家影响的,在文化思想中长期占有主导的地位。刚健自强的思想可以说是中国文化思想的主旋律。《周易大传》"天行健,君子以自强不息"的名言,在历史上,对于知识分子和广大人民,确实起了激励鼓舞的积极作用。

四　以和为贵

中国古代以"和"为最高的价值。孔子弟子有若说:"礼之用,和为贵。先王之道斯为美,小大由之。"(《论语·学而》)孔子亦说:"君子和而不同,小人同而不和。"(同上《子路》)区别了"和"与"同"。按:和同之辨始见于西周末年周太史史伯的言论中。《国语》记述史伯之言说:"夫和实生物,同则不继。以他平他谓之和,故能丰长而物归之。若以同裨同,尽乃弃矣。"(《郑语》)这里解释和的意义最为明确。不同的事物相互为"他","以他平他"即聚集不同的事物而达到平衡,这叫做"和",这样才能产生新事物。如果以相同的事物相加,这是"同",是不能产生新事物的。春秋时齐晏子也强调"和"与"同"的区别,他以君臣关系为例说:"君所谓可而有否焉,臣献其否,以成其可。君所谓否而有可焉,臣献其可,以去其否。"这称为"和"。如果"君所谓可",臣亦曰可;"君所谓否",臣亦曰否,那就是"同",而不是"和"了。晏子说:"若以水济水,谁能食之? 若琴瑟之专一,谁能听之? 同之不可也如是。"(《左传》昭公二十年)这是说,必须能容纳不同的意见,兼容不同的观点,才能使原来的思想"成其可"、"去其否",达到正确的结论。孔子所谓"和而不同"也就是能保留自己的意见而不人云亦云。"和"的观念,肯定多样性的统一,主张容纳不同的意见,对于文化的发展确有积极的促进作用。

老子亦讲"和",《老子》四十二章:"万物负阴而抱阳,冲气以为和。"又五十五章:"知和曰常,知常曰明。"这都肯定了"和"的重要。

但是老子冲淡了"和"与"同"的区别,既重视"和",也肯定"同"。五十六章:"塞其兑,闭其门,挫其锐,解其忿,和其光,同其尘,是谓玄同。"这"和光同尘"之教把西周以来的和同之辨消除了。

墨子反对儒家,不承认和同之辨,而提出"尚同"之说。墨家有许多进步思想,但是尚同之说却是比和同之辨后退一步了。

儒家仍然宣扬和的观念,《周易大传》提出"太和"观念,《乾·象传》说:"乾道变化,各正性命,保合太和,乃利贞。"这里所谓大和指自然界万物并存共育的景况。儒家认为,包含人类在内的自然界基本上是和谐的。《中庸》云:"万物并育而不相害,道并行而不相悖。"这正是儒家所构想的"太和"景象。

孟子提出"人和",他说:"天时不如地利,地利不如人和。三里之城,七里之郭,环而攻之而不胜。夫环而攻之,必有得天时者矣;然而不胜者,是天时不如地利也。城非不高也,池非不深也,兵革非不坚利也,米粟非不多也,委而去之,是地利不如人和也。故曰:域民不以封疆之界,固国不以山溪之险,威天下不以兵革之利。得道者多助,失道者寡助。寡助之至,亲戚畔之;多助之至,天下顺之。"(《孟子·公孙丑下》)这里所谓人和是指人民的团结,人民的团结是胜利的决定性条件。"得道多助,失道寡助",这是今天仍然必须承认的真理。

儒家以和为贵的思想在历史上曾经起了促进民族团结、加强民族凝聚力、促进民族融合、加强民族文化同化力的积极作用。在历史上,得民心者得天下,失民心者失天下,已成为长期起作用的客观规律。在历史上,汉族本是由许多民族融合而成的;在近代,汉族又和五十几个少数民族融合而合成中华民族。中华民族内部密切团结而成为一个统一的整体。中华民族是多元的统一体,中国文化也是多元的统一体。多元的统一,正是中国古代哲学家所谓"和"的体现。所谓"和"，不是不承认矛盾对立，而是认为应该解决矛盾而达到更高的统一。

以上所谓"天人合一"、"以人为本"、"刚健自强"、"以和为贵"，都是用的旧有名词。如果采用新的术语，"天人合一"应云"人与自然的统一"，或者如恩格斯所说"人与自然的一致"（《自然辩证法》1971 年版第 159 页）、"自然界与精神的统一"（同书第 200 页）。"以人为本"，应云人本主义无神论。"刚健自强"，应云发扬主体能动性。"以和为贵"，即肯定多样性的统一。这些都是中国古代哲学中的精湛思想，亦即中国文化基本精神之所在。

以上，我们肯定"天人合一"、"以人为本"、"刚健自强"、"以和为贵"等思想观念在历史上曾经起了促进文化发展的积极作用。但是，历史的实际情况是非常复杂的，许多思想观念的含义也不是单纯的。正确的观念与荒谬的观念、进步的现象与反动的落后的现象，往往纠缠在一起。所谓天人合一，在历史上不同的思想家用来表示不同的含义。例如董仲舒所谓天人合一主要是指"人副天数"、"天人感应"，那完全是穿凿附会之谈。程颐强调"天道人道只是一道"，认为仁义礼智即是天道的基本内容，也是主观的偏见。在董仲舒以前，有一种天象人事相应的神学思想。认为天上星辰与人间官职是相互应合的，所以《史记》的天文卷称为"天官书"，但这不是后来哲学家所谓的"天人合一"。如果将上古时代天象与人事相应的神学思想称为天人合一，那就把问题搞乱了。这是应该分别清楚的。儒家肯定"人事为本"，表现了无神论的倾向，但是这并不意味着宗教迷信在中国社会并无较大的影响。事实上，中国旧社会中，多数人民是信仰佛教、道教以及原始的多神教的。但是这种情况也不降低儒家人本思想的价值。"以和为贵"是儒家所宣扬的，但是阶级斗争、集团之间的斗争、个人与个人的斗争也往往是很激烈的。我们肯定"和"观念的价值,并不是宣扬调和论。

中国文化具有优秀传统,同时也具有陈陋传统,简单说来,中国文化的缺陷主要表现于四点:(1)等级观念;(2)浑沦思维;(3)近效取向;(4)家族本位。从殷周以来,区分上下贵贱的等级,是传统文化的一个最严重的痼疾,辛亥革命推翻了君主专制,但等级观念至今仍有待于彻底消除。中国哲学长于辩证思维,却不善于分析思维。事实上,科学的发展是离不开分析思维的。如何在发扬辩证思维的同时学会西方实验科学的分析方法,是一个严肃的课题。中国学术向来注重人伦日用,注重切近的效益,没有"为真理而求真理"的态度,表现为一种实用主义倾向,这也是中国没有产生自己的近代实验科学之原因之一。中国近代以前的社会可以说是以家族为本位。西方近代社会可以说是"自我中心、个人本位",而中国近代以前则不重视个人的权益,这是一个严重的缺陷。五四运动以来,传统的家族本位已经打破了。在社会主义时代,应该是社会本位、兼顾个人权益。

我们现在的历史任务是创建社会主义的新文化,正确认识中国传统文化的长短得失,是完全必要的。

傅永聚、韩钟文同志主编的《20世纪儒学研究大系》,循百年思想学术发展的脉络,以现代学术分类的原则,择选有学术价值、文献价值的代表文章,以"大系"的形式编纂而成,共有20多卷,每卷附有专题研究的"导言"一篇。这部《20世纪儒学研究大系》是由曲阜师范大学、孔子研究院、山东大学、复旦大学等单位的中青年学者合力编纂而成,说明了儒学研究事业后继有人。《大系》被列入国家社会科学基金规划项目,又由中华书局出版,都在弘扬和培育中华民族精神方面做出了一件非常有意义的事情,我感到

十分欣慰。编者征求我的意见,于是略陈关于中国文化的基本精
神和儒家文化传统的一些感想,以之为序。

張岱年

前　言

傅永聚　韩钟文

儒学犹如一条源远流长的大河,导源于洙泗,经过二千五百多年生生不息的奔腾,从曲阜邹城一带流向中原,形成波澜壮阔的江河,涉及整个中国,辐射东亚,流向全球,泽惠万方。儒学曾经是中华文化的主流、东亚文明的精神内核。但是进入20世纪后的儒学,遭遇到空前严峻的挑战,也面临着再生与复兴的历史机遇。一百多年来,儒学几经曲折,备受挫折,又有贞下起元、一阳来复之象,至20、21世纪之交成为参与"文明对话"的重要角色。

牟宗三先生说:"察业识莫若佛,观事变莫若道,而知性尽性,开价值之源,树价值之主体,莫若儒。"(《生命的学问》)儒、道、释及西方的哲学、耶教等都指示人的生命意义的方向,但就中国人特别是中国古代知识分子而言,儒学是安身立命之道。孔子、儒家追求的"内圣外王之道",一直是中国人的人格修养与经世事业的价值理想。"士不可以不弘毅,任重而道远。仁以为己任,不亦重乎?死而后已,不亦远乎?"(《论语·泰伯》)从孔子、曾子、子思、孟子至康有为、梁启超、梁漱溟、熊十力、牟宗三,中国的儒学代表人物就是怀抱志仁弘道的精神去实践自己的生命价值,开拓教化天下的事业与创建文化中国的理想的。中华文化历尽艰难，几经跌宕，却如黄河、长江一样流淌不息，且代有高潮，蔚成奇观，与孔子及其所创建的儒家学派所做的贡献是分不开的。

儒学一直对中华文化各个层面产生着巨大而又深远的影响。儒学统摄哲学、伦理、政治、教育、宗教、艺术等人文社会科学的学术品格及关怀现世人生的精神，使它成为一套全面安排人间秩序的思想体系，从一个人的生存方式，到家、国、天下的构成，都在儒学关怀与实践的范围之内。经过二千多年的传播、积淀，儒学一直影响着中华民族的民族性格、心理结构的形成。然而，进入 20 世纪，又出现类似唐宋之际"儒门淡泊，收拾不住"的危机，陷入困境之中。唐君毅以"花果飘零"、余英时以"游魂"形容儒学危机之严峻，张灏则称这是现代中国之"意义危机"、"思想危机"。

从 19 世纪中后期开始，中国社会、文化进入从传统农业社会向现代工业社会、从传统文化向现代文化转型的时代。1905 年废除科举制度，1911 年辛亥革命推翻了帝制，"五四"新文化运动的兴起，西方各种思潮、主义潮水般地涌入，风起云涌的政治革命、文化革命、社会转型、文化转型，导致了传统士阶层的解体与分化，新型知识分子的诞生与在文化思想领域倡导"新思潮"、"新学说"，激进的反传统思潮的勃兴，现代化进程的启动和在动荡不安中急遽推进，使 20 世纪中国处于"三千年未有的大变局"的境遇之中，儒学的危机也由此而生。

一个世纪以来，儒学的命运与中国现代化的历史进程相消长，也与学术界、思想界及政治界对儒学与现代化的关系、儒学与西方文化的关系、儒学与全球的"文明对话"的关系所形成的认识有关。从 19 世纪末至 21 世纪初，一百多年来，中国的学术界、思想界与政治界围绕着孔子、儒家及儒学的命运、前景问题展开了广泛的持久的争鸣,而这类争鸣又直接或间接地同传统文化与现代化、中学与西学、新学与旧学、科学主义与人文主义、全球化与中国化、文明冲突与文明对话、西方智慧与东方智慧等等论题交织在一起,使有关儒学的思想争鸣远远超出中国儒学史的范围,而成为20世纪中国思想史、学术史的有机组成部分。

百年儒学的历史大致沿着两个方向演进:一、儒学精神的新开展,使儒学于危机中、困境中得以延续、再生或创造性转化;二、儒家学术思想的研究,包括批判性研究、诠释性研究、创造性研究在内。由于20世纪中国是以"革命"为主潮的世纪,学术研究与政治革命的关系特别密切,故批判性研究常常烙上激进的政治革命的烙印,超出学术研究的范围,并形成批判儒学、否定儒学的思潮,酿成批判论者、诠释论者与复兴论者的百年大论争,并一直延续到21世纪。

回顾百年儒学精神新开展与儒学研究的历程,有一奇特现象值得重视。活跃于20世纪中国思想界、学术界、政治界、教育界的精英或代表人物,都不同程度地介入或参与了有关孔子、儒家思想的争鸣。如:早期马克思主义者陈独秀、李大钊、瞿秋白、李达、郭沫若、范文澜、侯外庐等,三民主义者蔡元培、陶希圣、戴季陶等,自由主义的代表人物严复、胡适、殷海光、林毓生等,无政府主义者吴稚晖、朱谦之等,现代新儒学的代表人物梁漱溟、熊十力、唐君毅、牟宗三、徐复观等,学衡派的代表人物梅光迪、吴宓、陈寅恪、汤用彤等,东方文化派的杜亚泉、钱智修等,新士林学派的罗光等,以及张申府、张岱年等,都参与了有关儒学的争鸣,并在争鸣中形成思想的分野,蔚成中国近代思想文化史上最壮观的一幕。

20世纪中国思想史的复杂性、丰富性远远超出了唐宋之际和明清之际,其思想争鸣具有现代性或现代精神的特色。美国学者列文森在《儒教在中国及其现代命运》中以"博物馆化"象征儒学生命的终结,有些中国学者也说儒学已到"寿终正寝的时节"。但从百年儒学的精神开展与儒学研究的种种迹象看,儒学的生命仍然如古老的大树一样延续着,儒学曾经创造性地回应了印度佛教文化的挑战,儒学也正在忧患之中奋然挺立,回应西方文化的挑战,这是儒学传统现代创造性转换的契机。人们在展望"儒学第三期"或"儒学第四期"的来临。百年儒学的经历虽曲折艰难,时兴时衰,但仍是薪火相传,慧命接续,间有高潮,巨星璀璨,跨出本土,落根东亚,走向世界,成为一种国际性的思潮,在全球性的"文明对话"中扮演着重要角色,为人类重建文明秩序提供了可资汲取的智慧。儒学并没有"博物馆化",儒学的新生命正在开始。因此,对百年儒学作系统的全面的反思与总结,是一项具有历史意义与现实意义的学术课题。

纵观百年儒学的历程,大致经历了五个阶段,在这五个阶段中,儒学的命运、所遭遇的景况不尽相同,分述如下:

19世纪末至1911年辛亥革命为第一阶段 洋务运动、戊戌变法导致儒家经世思想的重新崛起,晚清今文经学的复兴,特别是康有为《新学伪经考》、《孔子改制考》的出版,托古改制,以复古为解放,既开导儒学的新方向,又开启"西潮"的闸门,如思想"飓风",如"火山火喷"。章太炎标举古文经学的旗帜,与以康有为为代表的今文经学派展开经学论争,而这场思想学术争鸣又与政治上的革命或改良、反清或保皇、君主立宪与民主共和等论争交错在一起,显得格外严峻与深沉。诸子学的复兴,西学输入高潮的到来,政治革命的风暴席卷神州,社会解体与重建进程加速发展,传统士阶层的分化与新型知识分子的诞生,预示后经学时代的降临。思想界、学术界先觉之士以"诸子学"、"西学"为参照系,批判儒学或重新诠释儒学,传统儒学向现代儒学转型已初见端倪。

以辛亥革命至1928年南京政府成立为第二阶段　康有为、陈焕章等仿效董仲舒的"崇儒更化"运动创建孔教会,"五四"新文化运动兴起,吴虞、胡适等提倡"打孔家店",《新青年》派陈独秀、胡适与文化保守主义者梁启超、梁漱溟、杜亚泉等,学衡派梅光迪、吴宓等展开思想文化争鸣,以张君劢、梁启超等为代表的人文主义与以丁文江、胡适、王星拱等为代表的科学主义的论辩,马克思主义者李大钊、瞿秋白等也积极参与思想争鸣,各大思潮的冲突与互动,不论是批判儒学,或者是重释儒学及复兴儒学,有一个共同的特点,都是将儒学的研究纳入现代思想学术的领域之中,使思想争鸣具有现代性,从而导致儒学向现代思想学术转型。20世纪中国人文社会科学的学科建制、研究方法深受"西学"的影响,有关孔子、儒学的论争已不同于经学时代,且与国际上各种思潮的论争息息相通。以现代西方哲学、科学、政治等学科的范畴、概念、方法去解读、分析、批判或重新诠释儒学,成为一时的学术风气,还出现"援西学入儒学"的现象。有些思想家、哲学家试图摄纳西学、诸子学及佛学中有价值的东西重建儒学,如梁启超的《儒学哲学及其政治思想》、《儒学哲学》等文及《欧游心影录》,梁漱溟的《东西文化及其哲学》,冯友兰的《人生哲学》,已透露出现代新儒学即将崛起的消息。

1928年至1949年中华人民共和国建立为第三阶段　30年代后,中国思想界、学术界出现"后五四建设心态"。吸取西学的思想、方法,以反哺儒学传统,创造性地重建传统儒学,如张君劢、冯友兰、贺麟等;或者回归儒学传统,谋求儒学的重建,如熊十力、钱穆、马一浮等;即使是"五四"时期及传统的学者,在胡适提倡"研究问题,输入学理,整理国故,再造文明"之后,也将儒学作为

"国故"的重要组成部分,作为学术史、思想史、文化史的思想资料加以系统的研究。胡适的《说儒》就是一篇以科学方法研究孔子、儒学的示范之作。"后五四建设心态"的形成,对中国现代学术的建构起了积极的作用。一大批专家、学者参照西方人文社会科学学科建制的原则与方法,分哲学、宗教学、政治学、经济学、伦理学、社会学、法学、史学、美学、文学艺术、教育学、心理学等等,对儒学进行系统的研究,还对不同学科的发展史作深入的探讨,如中国哲学史、中国教育思想史、中国政治思想史、中国学术史、中国伦理学史、中国文化史、中国通史等等,儒学研究也纳入分门别类的学科及学科发展史的研究之中。钱穆在《现代中国学术论衡》中说:"民国以来,中国学术界分门别类,务为专家,与中国传统通人通儒之学大相违异。"将数千年经学、儒学作为学术思想的资源或资料,分门别类地纳入学科专题研究之中,虽然使儒家"内圣外王之道"的"道"变为"学术",由"专门之学"代替"通儒之学",但恰恰是这种转变,才促使了儒学由传统形态向现代形态转型。这一阶段是中国社会动荡不安的年代,令人惊异的是,在动荡的岁月中出现了一个学术繁荣期,学术研究的深度与广度并不亚于乾嘉时代,儒学研究也是如此。"专门之学"代替"通儒之学"乃大势所趋,是现代学术的进步。

　　抗日战争的爆发、救亡运动的高涨,把民族文化复兴运动推向高潮,为儒学精神的新开展或创造性重建提供了历史机缘。儒学在民族文化复兴的大潮中获得再生并走向现代。1937 年沈有鼎在《中国哲学今后的开展》,1941 年贺麟在《儒家思想之开展》,1948 年牟宗三在《鹅湖书院缘起》中,都强调中国进入一个"民族复兴的时代"。民族复兴应该由民族文化复兴为先导,儒家文化是中华文化的主流,儒家文化的命运与民族文化的命运血脉相连、息息相关。他们认为,如果中华民族不能以儒家思想或民族精神为主体去儒化或汉化西洋文化,则中国将失掉文化上的自主权,而陷于文化上的殖民地。他们期望"儒学第三期"的出现,上接宋明儒学的血脉,对儒学作创造性的诠释,或者会通儒学与西学,使古典儒学向现代思想学术形态转换。以熊十力、贺麟、牟宗三等为代表的新心学,以冯友兰、金岳霖等为代表的新理学,是儒学获得现代性并走向成熟的重要标志。此外,王新命、何炳松等十教授发表《中国本位的文化建设宣言》(1935 年 1 月 10 日),新启蒙运动倡导者张申府、张岱年等提出"打倒孔家店,救出孔夫子"的口号及综合创造论,都体现了"后五四建设心态",都有利于儒学的学术研究之开展。

1949 年至 1976 年"文革"结束为第四阶段　余英时在《现代儒学论》序言中指出:20 世纪中国以 1949 年为分水岭,在前半个世纪与后半个世纪,中国的文化传统特别是儒家命运截然不同。1949 年以前,无论是反对或同情儒家的知识分子大部分曾是儒家文化的参与者,他们的生活经验中渗透了儒家价值。即使是激进的反传统者,他们并没有权力可以禁止不同的或相反的观点,故批判儒学或复兴儒学之争可以并存甚至互相影响。1949 年以后,儒家的中心价值在中国人的生活方式中已退居边缘,知识分子无论对儒学抱着肯定或否定的态度,已失去作为参与者的机会了,儒学和制度之间的联系中断,成为陷于困境的"游魂"。

就实际状况而言,这一阶段的儒学研究或者儒家思想之开展,比余英时分析的还要复杂,值得注意的是分化现象:大陆出现批判儒学的新趋向,50 年代至 60 年代中期,以批判性研究为主,除梁漱溟、熊十力、陈寅恪等少数学人外,像冯友兰、贺麟、金岳霖等新理学与新心学的代表人物,都经过思想改造、脱胎换骨之后批判自己的学说,即使写研究孔子、儒学的文章,也离不开批判的框框。当时思想界、学术界的儒学研究,多以"苏联哲学"为范式,进行"唯心"或"唯物"二分式排列,批判与解构儒学成为当时的风潮。70年代中期出现群众性的批孔批儒运动,真正的学术研究根本无法进行。儒学已经边缘化了。在港台地区和海外华人社群中,儒学却得到不同程度的认同,移居港台、海外的学者,如张君劢、钱穆、陈荣捷、唐君毅、牟宗三、徐复观、方东美等,继续以弘扬儒家人文精神为己任,立足于学术界、教育界,开拓儒学精神的新方向,成就了不少持之有据、言之成理的"一家之言"。

70年代后期至21世纪初为第五阶段　中国大陆的改革开放,思想解放运动,传统文化与现代化的论争,"文化热"的出现,以及日本、韩国、新加坡等国与香港、台湾地区经济腾飞所产生的影响,东亚现代化模式的兴起,全球化进程中形成的文化多元格局,文明对话,全球伦理、生态平衡,以及"文化中国"等等课题的讨论,使人们对孔子、儒学研究逐渐复苏,重评孔子、儒学的论文、论著陆续出版,有关孔子、儒学、中国文化的学术会议频繁举行,中国孔子基金会、国际儒学联合会、中华孔子学会、中国文化书院、孔子研究院等学术团体和研究机构的建立,历代儒家著作及其注解、白话文翻译、解读本的大量出版,有关儒家的人物评传、思想研究、专题研究以及儒学与道、释、西方哲学及宗教的比较研究,成为学术界关注的课题。还有分门别类的人文社会科学及自然科学,也将儒学纳入其中作专门研究,如儒家哲学思想、儒家伦理思想、儒家美学思想、儒家史学思想、儒家政治思想、儒家教育思想、儒家宗教思想、儒家科学思想、儒家管理思想等等。专门史的研究也涉及儒学,如中国哲学史、中国经济思想史、中国教育思想史、中国伦理思想史等等,一旦抽掉孔子、儒家与儒学,就会显得十分单薄。此外,原来处于边缘化的港台、海外新儒家,乘改革开放的机遇,或者进入大陆进行学术交流,或者将其思想、学说传入大陆,至 90 年代,出现当代新儒家、自由主义与马克思主义重新论辩、对话与互动的格局,有关"儒学第三期"、"儒学第四期"的展望,儒学在国际思想界再度引起重视,说明儒学的确在展示着其"一阳来复"的态势。

纵观百年儒学的历程,不论在哪一个阶段,不论是儒家思想之新开展,或者是有关儒学的学术研究,都积有丰富的思想资源或文献资料,已经到了对百年儒学进行系统研究、全面总结的时候了。站在世纪之交的高度,我们组织编纂《20 世纪儒学研究大系》,就是为了完成这一学术使命。

《20 世纪中国儒学研究大系》是孔子研究院成立后确定的一项浩大的学术工程,现已列入 2002 年国家社会科学基金项目。《大系》的编纂与出版,实为孔子、儒学研究的一大盛事,必将对 21 世纪的儒学研究产生积极而又深远的影响。

编选原则及体例

《20世纪儒学研究大系》是一部大型的相对成套的专题分卷的儒学研究丛书,力求通过选编20世纪学术界研究儒学的代表性论文、论著,全面反映一百年来专家、学者研究儒学的学术成果及水平,为进一步研究儒学提供一部比较系统的学术文献。

一、将20世纪海内外专家、学者研究儒学的代表性论文、论著按研究专题汇集成册,共分21卷。所选以名家、名篇及具有代表性的观点为原则,不在多而在精,力求反映20世纪儒学研究的全貌。

二、所选以学术性讨论材料、思想流派性材料为主,兼收一些具有代表性并产生过重大影响的批判性文章。

三、每一卷包括导言、正文、论著目录索引三个主干部分。

四、每卷之始,撰写导言,综论20世纪该专题研究的大势及得失,阐发本专题研究的学术价值和意义,为阅读利用本卷提示门径。

五、一般作者原则上只入选一篇具有代表性的成果,重要代表人物可选2—3篇。

六、所收文章均加简要按语,介绍作者学术生平及本文内容。合作创作的论著,只介绍第一作者。

七、每卷所收文章,原则按公开发表或正式出版的时间先后为序。

八、所收文章,尽量使用最初发表的版本,并详细注释文章出处、发表或写作时间。

九、入选文章、论著篇幅过长者,适当予以删节,并予以注明。

十、为统一体例,入选文章一律改用标准简化字,一律使用新式标点。

十一、所选文章的注释一律改为文中注和页下注,以保持丛书的整体风格。材料出处为文中注(楷体),解释性文字为页下注。

十二、每卷后均列论著目录索引,将未能入选但又有学术价值与参考价值的论著列出。论文和著作分门别类,并按公开发表和正式出版的时间先后为序。

目　　录

导言 ………………………………………… 杨荫楼（ 1 ）

孔子经济思想的研究 ………………………… 朱家桢（ 1 ）

论孔子的经济思想 …………………………… 匡亚明（ 34 ）

孟轲的经济思想 ……………………………… 胡寄窗（ 54 ）

略论孟轲的经济思想 ………………………… 虞祖尧（ 92 ）

论荀子的经济思想 …………………………… 石世奇（119）

论荀子的经济思想 …………………………… 俞敏声（138）

论董仲舒的经济思想 ………………………… 李普国（174）

董仲舒经济思想研究 ………………………… 冷鹏飞（191）

司马迁"法自然"的经济思想 ……………… 巫宝三（204）

司马迁与班固经济思想之比较 ……………… 唐任伍（246）

杜佑经济思想初探 …………………………… 劳为民（258）

陆贽——我国古代杰出的财政思想家 … 叶世昌　李民立（271）

论韩愈的经济思想 …………… 解学东　史元民（288）

韩愈 …………………………… 赵　靖　张守军（299）

范仲淹经济思想论析 ………………………… 方　健（319）

欧阳修及其主要经济观点 …………………… 张守军（336）

20世纪儒学研究大系

李觏 ……………………………………………… 郑学益(346)

论司马光的理财思想 …………………………………… 叶　坦(378)

论王安石的经济思想 …………………………………… 孙树霖(392)

朱熹 ……………………………………………………… 裴　倜(410)

黄宗羲 …………………………………… 赵　靖　裴　倜(429)

顾炎武经济思想简论 …………………………………… 田泽滨(461)

王夫之经济思想中的近代特点评议 …………………… 李守庸(479)

评龚自珍的经济思想 …………………………………… 严清华(495)

试论魏源的经济思想 …………………………………… 石世奇(507)

康有为的戊戌经济纲领及其《大同书》 ………………… 胡寄窗(533)

张之洞经济思想论析 …………………………………… 赵晓雷(558)

谭嗣同的经济思想 ……………………………………… 赵　靖(571)

梁启超经济思想新论 …………………………………… 夏国祥(588)

论著目录索引 …………………………………………………… (601)

导　言

杨荫楼

引　言

儒家经济思想研究，它是研究自孔子开创儒家学派以来，历代儒家学者关于中国历史上经济问题的观点、理论和学说。儒家学派的经济思想是儒家思想体系的构成部分，儒家思想是以政治思想和哲学思想为核心，其经济思想并不占重要地位。并且，他们都是从治国平天下出发，着重在宏观上接触到一些经济问题，很少以一种独立的经济著作的形式存在。然而，由于儒学在两千多年的封建时代牢牢占据着统治地位，儒家的经济思想的影响仍然是巨大的。

儒家经济思想研究的任务从根本上来说，是探讨和揭示中国历史上儒家经济理论发生、发展和变化的规律。具体而言，可以分为以下四个方面：

第一，研究历史上每一个时期重要的儒家学者对某些经济现象所作的论述，从分析中认识各种观点、思潮的发生、发展与演变，研究一个思想家经济思想的全貌和在理论上的得失，客观地评判其历史地位。

第二,在以上的基础上,研究儒家经济思想发生、发展和变化的历史过程,探索变化的规律。

第三,研究儒家经济思想与经济基础的辩证关系,探讨各历史时期儒家学者的经济思想在特定的经济基础的条件下产生,以及这种思想对经济基础的反作用。

第四,分析各历史时期儒家经济思想的实质,探索各历史时期政治、经济领域的各种矛盾和斗争在儒家经济思想中的反映。

儒家经济思想有别于西方经济学说而具有中国独特的范畴和理论体系。虽然最终不可能离开生产、交换、分配、消费等四个环节,但儒家经济思想中又具有独特的经济范畴,包括如义利、本末、节用、薄敛、轻重、富民、富国、理财、养民、抑兼并、荒政等等。只有从这些理论、范畴入手,对儒家经济思想的研究才具有民族性和中国特色。

儒家经济思想有其发展的过程,大体可分为三个时期:一、春秋战国时期是儒家经济思想的形成时期。这一时期正是中国社会发生重大历史变革的时期,新的封建的生产方式逐渐形成,体现这一新的生产方式的新兴地主登上了历史舞台,反映这一变革的经济思想的领域也是丰富多采和充满活力的。主要代表人物是孔子、孟子和荀子。孔子的经济思想是零散的、不系统的。其论述分别见于现存的有关文献,其中主要是《论语》中。但从孔子开始,儒家对经济问题的议论,已经把若干方面的经济观念、原理和范畴互相联系起来,就当时所面临的一些主要社会经济问题,提出了自己的主张和解决方案,从而形成了有体系的经济学说,而荀子的经济思想则更为突出,达到了先秦经济思想的最高水平。

第二个时期是从秦汉至清末的鸦片战争之前。这一时期是儒家经济思想的发展和加深时期。而这一时期又可以分为前、后两个阶段。第一阶段,即从秦王朝建立(前221)至五代末(960)的一千一百余年。这一阶段的儒家经济思想虽然有不少新东西,但在基本原则上,却很少超出先秦儒家所涉及的范围。不过,这一阶段由于因客观经济环境的不断变化和发展,在理论问题上,提出了许多较具体而深刻的看法。其中重要的一点就是对经济的干涉思想和放任思想。这种思想贯穿于整个阶段,几乎在一切经济问题上都表现出来。一些儒家学者认为,为了巩固封建政治统治,必须由国家采取某些经济措施,以削弱和减缓当时十分严重的土地兼并和贫富悬殊现象。而另有一些儒家学者认为社会经济活动有其自身的规律而不以人们的意志为转移,如能听任自然,自能"若水之趋下",使"富商大贾,周流天下",才能使交易通畅,而"得其所欲"(《史记·货殖列传》)。因而,他们反对干涉思想。这一阶段儒家经济思想的代表人物有贾谊、董仲舒、司马迁、班固、刘晏、陆贽、白居易、杜佑、韩愈等。

　　第二个阶段是从北宋建国至鸦片战争前夕的八百八十多年。宋代是中国封建社会发展史上的重要转折时期,无论是土地关系、赋税制度、阶级关系方面,抑或是政治结构、思想文化、意识观念方面,都呈现明显的承前启后的时代特征,儒家经济思想在北宋也出现了转折时期的特点,并成了封建社会后期经济观念转化的嚆矢。

　　重本抑末的思想的演变贯穿于整个儒家经济思想发展过程之中,春秋及以前的文献中很少出现轻视工商的观点。战国孟轲首先咒骂商人为"贱丈夫"。荀卿则认为工商不生产财富,要求减少工商人数。秦和汉初都推行了抑商政策,但也出现了司马迁等人与当时政策相反的颂扬工、商的观点。隋、唐时期著名的儒家学者坚决反对商业者甚少,以儒家道德继承者自居的韩愈就主张农、工、商并重;财政专家刘晏则将商业经营原则作为改革财政的指导原则。从北宋开始,这一趋势更加明显,反对抑末观点的儒家学者日益增多。南宋叶适公开批评抑末观点。至明、清之际的黄宗羲高唱工商皆本之说,对传统的轻末抑末观点作了根本的否定。大体上可以说,战国、秦汉间出现的抑末轻末观点,反映了新兴地主阶级争取社会经济资源的支配权力的要求,汉以后反对轻末抑末的观点则体现了顺应商品经济发展的客观要求。从北宋开始,随着城市经济的发展,特别是明清时期资本主义萌芽的产生,反对抑末的思想更预示了对新兴的生产关系产生的呼声。这一时期的代表人物有:李觏、范仲淹、欧阳修、王安石、司马光、叶适、朱熹、王阳明、黄宗羲、顾炎武、王夫之等。

　　第三个时期是鸦片战争开始至1949年中华人民共和国建国前夕。这一时期是儒家经济思想发生危机和衰败时期。鸦片战争的爆发,中国的历史与文化再也不能按照旧有的轨道前进了。中国儒家传统的经济思想也遇到了前所未有的危机。鸦片战争以中国的失败而结束,中国的失败有复杂而深刻的背景与原因,而缺乏对外界的了解、盲目妄自尊大则是中国惨败的重要原因之一。当时清醒的儒家知识分子在开战之初就呼吁加强对西方的研究和了解,成为近代中国最早开眼看世界的有识之士,其中尤以林则徐、魏源最为典型。魏源最早提出了"师夷之长技以制夷"的观点。同样,在经济思想领域中,一些儒学之士也向西方资产阶级国家寻找思想武器。当时,西方的资本主义社会制度比中国的封建制度先进,这就决定了中国近代的进步的经济思想必然具有"向西方国家寻找真理"的特点,亦即企图从西方文化中寻找能够为改革中国、抵御外国资本主义侵略服务的思想武器。随着西方经济学说的传入,使中国近代儒家经济思想中出现了不同于过去任何时期的新内容,在经济思想表现形式方面也造成了一些新的特点。

两千年来对中国经济起着指导作用的儒家经济思想遇到了前所未有的危机。特别是儒家所提倡的反对言利的教条，已经发生了根本的动摇。这一时期的代表人物有龚自珍、魏源、康有为、严复、谭嗣同、梁启超、张之洞、章太炎等。

一、20世纪儒家经济思想研究的历史回顾

20世纪对儒家经济思想的研究经历了四个阶段。第一阶段，新中国成立之前近50年的时间属于儒家经济思想研究的草创阶段。这一阶段（1900—1949）中最早接触和研究儒家学者经济思想的是梁启超。如在他的著作《王荆公》中，就对王安石的经济思想作了分析。他的研究和评价对后来的经济思想研究者有颇大的影响。1911年陈焕章出版的《孔子及儒家的经济学说》，是20世纪研究儒家经济思想最早的著作。1924年甘乃光出版了《先秦经济思想史》一书。1926年李权时出版了《中国经济思想小史》，1930年熊梦又写成《晚周诸子经济思想》一书，1936年唐增庆《中国经济思想史》上卷出版。

这些著作中，有的并非专门研究儒家经济思想，但书中又都对儒家的经济思想作了专门的研究。不过，这些著作篇幅小，内容单薄，不论是对资料的发掘、整理或是对经济思想的研究与探索，没有什么值得今天称颂的成就。但是，它毕竟是20世纪出现最早的研究儒家经济思想史的著作，他们是中国经济思想也包括儒家经济思想这一学术园地的早期开拓者。此后，研究儒家经济思想的学术文章逐渐增多。据张鸿翼《解放前中文报刊中发表的有关中国经济思想史研究论文篇目索引》（1900—1949）的不完全统计，这一时期大约发表了70余篇有关研究儒家经济思想的文章。前

辈学者筚路蓝缕,辛勤开创之功是值得称赞的。但是,由于这些研究者大都以资产阶级历史学和经济学的方法对儒家经济思想进行学术研究,他们没有也不可能构筑起对儒家经济思想研究的框架,他们的研究是片断的、孤立的,缺乏整体感与系统感,更谈不上研究儒家经济思想发生、发展和变化的规律了。

第二阶段,新中国建立后至"文革"前夕,属于儒家经济思想研究的初步发展阶段(1949—1965)。新中国成立后,儒家经济思想研究的主客观条件都发生了根本的变化,但是儒家经济思想研究涉及到经济、历史、儒学以及古汉语、文献学等学科内容,要求研究工作者具有较为广博的知识和理论修养,为研究工作提出了较高的要求。然而,搞传统儒学和哲学研究者往往缺乏相应的政治经济学的知识修养,因此真正从事儒家经济思想研究的都是从事经济理论研究的工作者。他们大多开始研究经济理论转而从事中国经济思想史的研究,从而也开始了对儒家经济思想的研究。1959年,巫宝三等编撰的《中国近代经济思想与经济资料选辑》(1840—1864)出版。这是国内出版的有关中国经济思想历史遗产的第一部资料书,也是解放后运用马克思主义进行这方面的开拓所取得最早的一项成果,其中就有关于近代儒家学者经济思想的研究资料。1962年胡寄窗《中国经济思想史》上册(先秦部分)出版,次年,中册(秦汉至隋唐部分)也接着问世。这部著作是新中国建立后我国学者运用马克思主义理论所写出的第一部中国古代经济思想史的专著。虽然,这部著作并非专门研究儒家经济思想,但书中却用了大量的笔墨研究了孔子、孟子、荀子、贾谊、董仲舒、司马迁、班固、刘晏、陆贽、杜佑、韩愈、白居易等历史上儒家代表人物的经济思想,从中能理出儒家经济思想发生、发展和变化的过程及规律问题。1964—1965年间,赵靖、易梦虹主编《中国近代经济思想史》(上、下册)陆续出版。这是解放后首次出版的一部系统研究中国近代经济思想的专门著作,虽然不是专门研究近代儒家经济思想的专著,但却涵盖了近代儒家学者的经济思想。这一时期也有高质量的儒家经济思想研究的论文发表。如胡寄窗《先秦儒家经济思想》(《教学与研究》1963年第1—2期),陈正炎《孟子的经济思想》(《光明日报》1961年9月11日),李宗茂《荀子经济思想略论》(《光明日报》1962年8月20日),易梦虹《关于龚自珍的社会经济思想》(《光明日报》1961年8月28日),《魏源的经济思想》(《人民日报》1961年8月12日),石世奇《试论魏源的经济思想》(《北京大学学报》1963年第5期)。从总体来看,这一阶段是儒家经济思想研究的起步阶段。这一时期儒家经济思想研究也不是一帆风顺的,1957年反右扩大化和1958年极左思潮的严重泛滥,使得在新的历史条件下,开拓出来的关于对儒家经济思想研究的这一学术园地不断遭到破坏。尽管如此,在儒家经济思想研究的方法、研究成果、研究队伍等方面都开始形成了初步的但却是扎实可靠的基础,也为儒家经济思想研究的发展和繁荣奠定了基础。

　　第三阶段,是从1966年至1976年"文革"动乱时期,这一时期是儒家经济思想研究严重受挫折阶段。儒家经济思想研究的基础刚刚建立,就遇到了严重的摧折,从1966年开始的十年内乱,极左思潮恶性泛滥。这一时期为配合政治形势和适应极左思潮的需要,发表了大量的关于儒法斗争、批判"腐儒"的文章。而正常的研究被迫中断,许多研究成果及积累的资料遭到查抄、封禁。然而,对儒家经济思想的研究已有了初步的基础,就有了潜在的、顽强的、不可毁灭的生命力,一有机会便会重新爆发出来。

　　第四个阶段,是从1977年至今。儒家经济思想研究随着十年内乱的结束和拨乱反正时代的到来,重新勃发而走向繁荣拓展的阶段。1981 年胡寄窗《中国经济思想史》下册出版,距其上册问世时间已近二十年,我国第一部完整的中国古代经济思想著作才宣告完成。此后,又先后出版了陈绍闻、叶世昌主编的《中国经济思想简史》上册,及叶世昌所著的中册。1986 年赵靖出版了《中国古代经济思想史讲话》。这样,在中国古代经济史的研究中有了在体系结构、论述方法以及观点和风格上各有自己特点的三部著作。在中国近代经济思想史方面,1980 年出版了由赵靖、易梦虹主编的《中国近代经济思想史》修订版,同年,叶世昌《中国经济思想简史》下册(近代部分)出版。1984 年,赵靖《中国近代经济思想史讲话》和胡寄窗《中国近代经济思想史大纲》也相继问世。应当指出的是,以上著作均不是对儒家经济思想的专门研究著作,但每部著作中都有专设的章节对各历史时期的儒家的经济思想进行了较为深入的研究。他们既是中国经济思想史研究的专家,又是对儒家经济思想有专门研究的学者,他们代表了当时对儒家经济思想研究的最高水平。还应特别提到的是,蔡尚思于 1982 年出版了专著《孔子思想体系》,设专章论述了孔子的经济思想。蔡先生平生治学,以史、哲结合为专业,以中国思想史、文化史为重点。他对孔子经济思想的研究和评价,代表了哲学界的最高水平。同时,在1980 年至 1981 年间,专门研究儒家经济思想的论文有 40 余篇见诸报刊,是 1949 年至 1965 年所发表同类文章的两倍。不仅数量多且质量高。20 世纪 80 年代初期,对儒家经济思想的研究出现了第一次高潮。这是历经十年动乱后,长期受压抑思想的一次爆发,是对十年动乱的反拨。

经过这一次高潮后,儒家经济思想的研究便向深层次发展。拓宽研究领域,加深专题研究。其表现为:一,宏篇巨制的《中国经济思想通史》古代部分问世。这部著作由赵靖主编,从1991年出版第1卷到1998年出版第4卷,历时7载,煌煌182万字,纵贯中国古代经济思想史发展的全过程。该书对每个历史时期的儒家经济思想都作了深入研究,是一部"立论新颖,见解高远,史料丰富翔实,分析清湛周详","通古今之变,成一家之言"(谈敏、赵晓雷《通古今之变,成一家之言——〈中国经济思想通史〉前四卷,古代部分评介》,载《财政研究》1999年第1期)的著作。二,以儒家经济思想命名的著作出版。1985年侯家驹《先秦儒家自由经济思想》一书由台湾联经出版事业公司出版。1989年赵靖先生的博士生张鸿翼在其博士论文《儒家伦理经济思想研究》的基础上,改写出版了《儒家经济伦理》一书。1990年陈钧《儒家心态与近代追求——张之洞经济思想论析》一书问世。三,别开生面的断代经济思想史著作大量问世。1985年蔡尚思《王船山思想体系》、1989年陈正炎主编的《秦汉经济思想史》和谢天佑《秦汉经济政策与经济思想史稿》、1990年叶坦《传统经济观大论争——司马光与王安石之比较》和1991年《富国富民论——立足于宋代的考察》、1995年韦苇《司马迁经济思想研究》、1999年朱枝富《司马迁经济思想通论》等著作先后出版。四,中外经济思想比较研究成为学术界关注的重要课题,如巫宝三《中国古代经济思想对法国重农学派经济学说的影响问题考释》(载《中国经济史研究》1989年第1期)、谈敏《重农学派经济学说的中国渊源》(载《经济研究》1990年第6期)、唐任伍《中外经济思想比较研究》(陕西人民出版社1996年版)一书,其中有专论"中国儒家重农思想对法国重农学派的影响"的内容。五,据姜修宪、赵丽《中文报刊中发表过的有关中国经济思想史的研究论文篇目索引》,从1982年至1999年专门研究儒家经济思想的论文就有400余篇,是动乱前同类文章的20

倍。同时,近几年到国外或台、港、澳等地进行儒家经济思想研究学术交流的学者渐多,我国学术界在这方面的研究成果已日益引起了国外学术界的注意。总之,儒家经济思想研究已经奠定了坚实基础并呈现出初步繁荣的局面。

港台与海外现代新儒家学派关于儒家经济思想研究的论著也大量问世。如萧欣义的《儒家思想对经济发展能够贡献什么》(载《知识分子》1986 年),余英时《士与中国文化》(上海人民出版社1987 年版)一书中的《中国近世宗教伦理与商人精神》以及杜维明《现代精神与儒家传统》(三联书店 1997 年版)第九讲《工业东亚的兴起》有"儒家文化和工业东亚"的专论,都论述了儒家经济思想在经济发展中的作用和影响。

儒家经济思想研究受到了日本、韩国等学术界的重视。从 20世纪的二三十年代开始,日本陆续出版了这方面的著作,其中著名的有田岛锦治的《东洋经济学史——中国上古经济思想》;穗积文雄的《先秦经济思想史论》;上野直明的《中国经济思想史》等。这几部著作的研究角度不尽相同,各具特色。《中国上古思想史》依次分析儒家经典《尚书》、《大学》、《中庸》、《论语》等四部典籍。这部著作表现了田岛氏对中国古代文明和儒学的尊崇。他认为,中国上古的道德政治与经济思想较之希腊、罗马毫不逊色,甚至有更卓越者。在经济思想方面的分析平允、不牵强。《先秦经济思想史论》是研究先秦儒、道、墨、法四个重要派别的思想家的经济思想,儒家经济思想是其重点研究的问题之一。《中国经济思想史》是采用通史体裁,自西周至清,叙述了十二个朝代。上野直明认为,中国的经济思想以儒学为主干,被包含在先秦哲学体系之中,并认为在先秦"诸子百家辈出,争奇斗妍"之后便停滞不前了。这种观点当然是值得商榷的。本书的研究,在很大程度上吸收了中国学者的研究成果,特别是受胡寄窗教授《中国经济思想》上中两册的内容与观点的影响很深。

总之,日本学者对儒家经济思想的研究多数是将其放在中国经济思想史的框架中去探讨的,他们研究的目的在于,讨论包括儒家经济思想在内的中国文化对日本文化的重大影响,同时认为研究包括儒家在内的经济思想,对研究今天的中国社会也有重大意义。他们的著作提法大胆、新颖,研究方法和体裁也多样化。但与中国学者相比他们的研究就显得简单些、薄弱些。

二、儒家经济思想研究观点述要

如前所述,儒家经济思想的发展过程,大体分为形成期、发展期、衰败期,我们也按这三个时期,分别叙述20世纪对历史上著名的儒家学者经济思想研究的观点。

(一)形成时期的儒家经济思想研究

1.孔子经济思想研究

历来人们对孔子思想的研究,不甚注重他的经济思想,实际上,为了研究我国古代经济思想本身的发生和发展,有必要研究孔子的经济思想;同时为了全面地批判总结孔子的学术思想,也有必要研究他的经济思想。在如何评价孔子的经济思想方面,学术界也存在着不同的观点。一种看法认为孔丘的经济思想代表着新兴地主阶级利益;一种则认为孔丘代表没落奴隶主阶级利益,是奴隶主阶级的顽固派;还有一种认为孔丘是奴隶主阶级的改良派等等。

关于孔子经济思想的研究,有代表性的是胡寄窗、赵靖、匡亚明、蔡尚思诸先生。

　　胡寄窗先生认为,"孔子及其学派是先秦代表新兴地主阶级利益的各学派中最重要的学派。他们为新兴的地主阶级提出了有系统的思想理论体系。由于孔子是旧贵族领主阶级的没落分子,在他的经济思想中必然会保存一些封建领主阶级的思想因素"。胡先生着重论述了孔子的"财富观"、"生产与流通概念"、"分配与消费观念"、"财政思想",并指出孔子对待经济问题的基本态度,就是"罕言利"。这一基本态度,"自汉武帝崇尚儒术,儒家学说定于一尊以后,支配着封建社会二千余年"。他还认为"孔子的思想是比较单纯的。他只提出了一些简单的原则和对待某些经济现象所持的态度,远不足以构成一个系统的经济理论体系"(见《中国经济思想史》上,第4章,上海人民出版社1962年版)。

　　赵靖、张守军则认为:"孔丘是一个具有两重性的历史人物。他的思想在一定程度上反映了春秋时代历史前进的动向,但其主要方面则是保守的。"赵靖、张守军指出,在孔丘经济思想中,对后代的积极影响尤为显著的是他的富民思想、轻徭薄赋思想和重视民食的思想。其消极影响最严重、最深远的是其分工思想(见赵靖主编《中国经济思想通史》第1卷第4章,北京大学出版社1991年版)。

　　匡亚明先生在论述孔子经济思想时,"主要是抓住孔子经济思想中含蕴着的有决定意义的两条纲","一条是如何对待生产劳动和劳动成果的问题;一条是如何对待封建统治阶级经济利益和被统治的广大劳动人民经济利益的问题"。由此指出,孔子"重视劳动生产的经济成果,却又轻视生产劳动本身的社会价值和意义"。"既照顾封建贵族阶级的经济需求,也关心劳动人民的经济利益"。这种"保守性和进步性相结合,正是孔子经济思想矛盾的辩证统一的一种表现形式"。在孔子的义利观方面,匡亚明指出:

"孔子则一方面突出义和利的区别与矛盾的一面,而另一面,其目的又是为了通过伦理道德的制约达到它们之间的和谐与统一。""孔子的义利观既有消极作用的一面,又有积极作用的一面。二者有时在一定情况下,又可相互转化。""义利观是贯穿在孔子思想各个领域特别是经济领域中的一条主线。"(见匡亚明《论孔子的经济思想》,《江海学刊》1990年第1期)

2. 孟子经济思想研究

孟轲在中国封建社会中被尊为"亚圣",他的思想在中国历史上发生过重要影响。对于孟子的经济思想,学术界的评论褒多于贬。多数认为,孟轲经济思想基本倾向是进步的,它反映了新兴地主阶级的利益;有的则认为,其经济思想的基本倾向是保守的,它所反映的是腐朽的封建领主阶级的利益。

虞祖尧认为,孟子的"民为贵,社稷次之,君为轻"的观点"成为他全部政治学说的理论基础。同时,又是构成他全部经济主张的基本内核"。"孟子经济思想的基本核心是民本主义,而'先富民后富国'作为孟子经济思想的基本特征显示出令人注目的光彩"。在论述孟子的"分田论"时,虞祖尧指出:"孟子的分田论,就是要求国君把耕地分配给劳动农民永久经营,也即要求'为民制产'。它是孟子经济思想中很重要的一项主张,具体表达了孟子在处理社会生产关系方面的观点。""是孟子仁政学说中重要的组成部分。""是一项具有进步意义的经济思想。"对孟子的财利观,虞祖尧认为,"孟子在获得财富与道德规范之间的关系方面是坚决主张发挥礼义道德规范的制约作用。但对'民'来说他采取了比较灵活的态度",对于统治阶级来说,"首先要遵守礼义道德规范的原则行事","如果不遵守礼义道德的规范制约,即使取得了富贵,也不值得称道"。"当这个问题提到治国活动中来的时候,孟子却坚决主张把礼义道德规范放在第一位,而把个人私利排斥在外"(虞祖尧《略论孟子的经济思想》,载《经济学集刊》2,中国社会科学出版社1982年版)。

胡寄窗先生认为孟轲和孔子一样"是以一个没落的贵族而作新兴地主阶级的代言人,更露骨地宣扬封建等级制度和更坚决地维护封建道德规范"。他的思想"具有一定程度的民主思想"。关于孟子对待财富的基本态度,胡寄窗指出:"他的财富观念比孔子的鲜明而具体。他不像孔子把个人财富放在次要地位。""如遇到物质财富之获得与社会伦理相矛盾时,孟轲也不绝对主张为了维护伦理规范而放弃物质财富。""不是像孔子一样将个人财富观念绝对地从属于道德标准。""但从国家角度来谈财富问题时,他却鲜明地主张把伦理放在第一位,财富放在第二位。"对孟子的恒产论,胡寄窗认为,"这是中国历史上第一次明确提出的拥护私有财产制度的理论","孟轲认为人们拥有一定数量的财产,是巩固社会秩序、维护'善良习惯'的必要条件"。"在土地私有制广泛发展的战国初期的社会经济条件下,这是一种进步思想,因为私有财产之建立可以进一步提高劳动生产率"。认为孟轲所想像的典型土地经济情况是,"五亩之宅","百亩之田","这种小土地经营是孟轲非常强调的经济主张","一向研究孟子思想的人却将他的恒产论中的小土地经营主张理解为其井田学说的一部分,这是不妥当的"。"井田之说决非孟轲的基本经济主张,小土地经营的小农经济才是他急于实现的土地经济制度"。关于孟轲的井田思想,胡寄窗认为"是一种土地所有制形式,它除开井字形的土地划分状态外,还包括一系列的生产和分配问题。这样的所谓井田制历史上是不曾存在过的。我们认为,井田制只是孟轲的一种乌托邦思想"(见胡寄窗《中国经济思想史》上)。

3. 荀子经济思想研究

荀子是先秦杰出的唯物主义思想家,他的经济思想在先秦诸子中也是比较杰出的。对于荀子的经济思想,学术界的认识基本一致。俞敏声认为,"从经济思想上看,荀子不仅是集了儒家之大成,而且也是集了先秦各家之大成"。同时也指出荀子在经济思想上的缺陷,即"很少从微观的角度上去分析经济问题"(俞敏声《论荀子的经济思想》,见《中国经济思想史论》,人民出版社1986年版)。

赵靖对荀子经济思想的内容作了概括,指出:"'富国论'是荀况经济思想的核心。""他的以'重农'为主要内容的'强本'论实际上不过是'富国'论的组成部分,是'富国'论的继续和深入。他的以'制礼明分'为纲的分配论和以'开源节流'为基本原则的理财论,都是以'富国'论为基础的,是他的'富国论'在分配领域和财政领域的延伸。"(赵靖主编《中国经济思想通史》,第1卷第11章)

俞敏声对荀子的经济思想从欲望论、明分论、富国论等三个方面加以论述。关于欲望论,俞敏声指出:"在先秦思想家中,荀子第一次对欲望问题做了深入细致的分析。首先……把欲望归结为人的生理本能,并在这个基础上,肯定了欲望发生的必然性,批驳了无欲论和寡欲论。其次,他指出了'欲多而物寡'的矛盾,他认为只有通过'礼'对人们的欲求活动加以限制。"(见俞敏声《论荀子的经济思想》,《中国经济思想史论》)

关于富国论,石世奇从强本、裕民、节用相互联系的三个方面进行了论述。石世奇认为荀子所讲的"强本"的"本"是指农业。这种强本"具有我们现在所讲的大粮食、大农业观点"。正由于荀子重视农业,所以荀子就提出了"众农夫","则国富","工商众,则国贫"的观点。"省工贾,众农夫"这种观点和认识实际涉及到农业在国民经济中的地位和作用问题。但是,在实际上,荀子对工商业在国民经济中的作用还是做了比前人更加充分的肯定。荀子不是否定工商业的作用,而只是要限制其数量。这同法家重农抑商的主张不同,荀子没有提出任何打击、困辱工商业的主张(石世奇《论荀子的经济思想》,载《北京大学学报》1982年第1期)。石世奇对荀子经济思想之所以达到先秦最高水平的原因指出,一是战国末期的经济、政治形势成为荀子经济思想形成的客观条件。二是荀子批判地继承了战国时期各家思想,不仅集儒家之大成,而且可以说集了百家之大成。

(二)儒家经济思想发展时期——第一阶段儒家经济思想研究

这一阶段是从秦汉至于五代。

1.董仲舒经济思想研究

董仲舒生活在西汉文、景、武帝时期。这一时期西汉经济得到恢复和发展,但是由于专制主义中央集权制度所造成的各种社会弊病也逐渐显露出来。如何使这一统治制度更加完善,以维护西汉统治的长治久安,是当时思想理论界面临的一个重大课题。董仲舒承担了这一历史课题,他把道家、阴阳家、法家等思想融于一炉,铸造出新儒家的思想体系,董仲舒的经济思想是这一思想体系的有机部分。学术界对董仲舒的经济思想研究虽然不如对其哲学、政治思想研究深入,但也有著作和论文发表。

陈正炎等在探讨董仲舒的统治思想时指出,"更化"是董仲舒在经济思想上主张改良的哲学基础。董仲舒"更化"的经济思想包括义利论、限田论、不与民争利的主张、轻徭薄赋以宽民力、废除奴婢、除专杀之威等。关于义利论，陈正炎说："董仲舒的义（伦理道德）利（物质利益）论的特点是贵义贱利。""但他的义利观较之孔孟的义利论具有更加落后的一面。"因为孔子的"罕言利"和孟子的"何必曰利"都没有达到董仲舒"正其谊不谋其利"的程度。虽然董仲舒的义利论是落后的、保守的，但其"限民名田"的主张，"从当时的历史条件看，则具有一定的进步意义"。同时也指出："董仲舒限田论在历史上没有得到实施"，"限田尽管是个抽象的原则，没有实践价值，但作为一种经济思想却对后世产生了深远的影响，成为以后依托井田提倡限田的发端。"（陈正炎主编《秦汉经济思想史》第7章，中华书局1989年版）

　　吴显海对董仲舒的义利观作了深入论述。他指出，"对董仲舒的义利观，要作具体分析，不能简单地归结为主张功利或否定功利。在不同的情况下他有所侧重，提出不同的主张，大体有三种情况：其一，作为一种统治术，他提倡功利，主张通过利用功利来维护封建统治；其二，当社会各阶层的经济利益发生矛盾冲突时，他主张调节义利关系来调整各阶级的经济关系，这时他主张义利双行，以义制利；其三，当某种势力为扩展自己的政治经济利益，而危及封建大一统有害于封建中央集权时，董仲舒从地主阶级的根本利益出发，突出道义，主张存义去利"（吴显海《董仲舒义利观初探》，《湖北财政学院学报》1981年第1期）。

2. 司马迁经济思想研究

　　司马迁是一个伟大的历史学家、文学家，而在经济思想领域中，也是成一家之言的。对司马迁经济思想的研究，特别是自20世纪80年代以来，已成为一个热点专题。无论是在微观经营的考察和义利之辨上，或是对宏观治国、财政货币、区域经济几个方面，都有大量的论文以及专著问世。

　　巫宝三发表专门文章,论述了司马迁法自然的经济思想。巫宝三认为司马迁在《史记》中提出了"因"或"法自然"的学说,并认为"司马迁关于'因'或'法自然'的社会经济发展的学说,可以说是他的经济思想的纲。我们认为他的许多关于各种经济问题的卓越见解,都要从这个基本思想去理解"。巫宝三对司马迁经济思想的历史地位作了分析,认为司马迁"崇尚货殖,重视求富,他的经济思想卓越之处正在这里"。司马迁所提出的关于求富等一系列原则和学说,"在中国经济思想史上是前所未有的,是最具有创新性的","是在封建专制主义社会中永放光辉的思想"(巫宝三《司马迁"法自然"的经济思想》,见《中国经济思想史论》)。

　　石世奇认为司马迁的"善因"论是一种和"轻重"论不同的宏观经济管理思想,"它反对封建国家对国民经济的过多干预和控制,它的主张是放任"。石世奇认为司马迁讲的"因",同孔丘的"因民之所利而利之"的"因"基本上同义,即都是听任百姓为自己求利。但二者又有所不同,孔丘只"是一个零散、孤立的论点",而司马迁的"善者因之","却是他的经济放任主义的集中表现,是他的全部经济学说的脊梁;而且又有道家'道法自然','天道无为'的哲学思想作为自己的理论基础,其意义就大不相同了"(见赵靖主编《中国经济思想通史》第 1 卷第 19 章)。

　　对司马迁的"善因"论,陈正炎指出,司马迁对汉武帝在经济上实行一套专制主义的政策措施持有异议,他不赞成由政府经营盐铁、干涉人民的经济生活,而是主张"善者因之",即"按照经济发展的自然规律,采取自由放任政策,因势利导,不要横加干涉,放手让人民去追求财富"。"最要不得的是与民争利"(陈正炎主编《秦汉经济思想史》第 8 章)。

　　台湾学者侯家驹在其所著《先秦儒家自由经济思想》一书附

录中有《司马迁的自由经济思想》一文。在其"渊源"部分,侯家驹认为,司马迁的自由经济思想,"不仅上接孔子,亦且承袭孟子的观念"。同时又说,司马迁有一位道家之父亲,"当然亦会受到道家思想的熏陶,是以,他把道家顺乎自然的精神带到儒家思想之中,更发挥了自由经济意念"。在"本论"中,作者认为,司马迁的自由思想和老子的自然观,是有相当距离的,"那就是老子的自然观中没有'利益'或'货殖'动机,是种形而上的自然观,而司马迁则是以'财富'为引力的形而下之自然观"。因而司马迁的经济上的自由主义,"乃是顺乎人性发展的一种经济思想"。司马迁提出了"善者因之"论,作者认为,司马迁主张自由经济,发挥真正的自然观,不但要尽物之性,亦要尽人之性。而基本人性,乃是好利。人性既然好利,司马迁则要求执政者顺乎人性发展经济,主张"善者因之",政府不干预经济。但是,汉武帝却为着财政上的目的,而实施盐铁专卖,均输平准等公营事业,与民争利。这是司马迁所反对的。作者认为司马迁的个体经济思想包括供需法则以及区域经济与产业理论。

3. 班固经济思想研究

班固出生于豪富官宦并具有儒学正宗家学渊源的家庭,这对他的学术思想的倾向有着重大影响。班固生活的东汉中期,已逐渐向后来外戚宦官当政的长期动荡局面转变。在这种背景之下,班固的经济思想基本沿着国家干涉主义的方向发展。因此,对班固经济思想的研究以及对"班马"经济思想的比较研究也是一个热点。

石世奇对班固经济思想的主要内容作了总结,主要内容包括:"(一)重视研究经济问题。开启了研究中国封建经济的新模式:'食与货'"。认为《汉书》改司马迁的《平准书》为《食货志》,"不仅增加了'食'而且把'食'放在'货'之前,这是一个创造。开启了一个研究中国封建经济的新模式"。"(二)表达经济发展要求的新提法:'食足货通'"。认为这一提法,"是自战国以来,中国封建社会内部商品货币经济持续发展的反映"。"(三)对私人工商业的态度"。认为班固重视商品货币经济,但是,他对私人工商业的发展是忧虑重重的。班固"主张工商业应在封建国家控制之下来经营、发展"。"(四)对国家干预经济的看法"。认为中国古代在西汉中叶形成了两种国民经济管理模式:干预主义的轻重论和放任主义的善因论。"班固是干预主义者"(赵靖主编《中国经济思想通史》第2卷第24章)。

　　唐任伍对司马迁与班固的经济思想进行了比较研究。作者首先对班马经济思想产生的背景进行了比较,认为司马迁生在西汉鼎盛时期,也看到了汉武帝使盐铁专卖,建均输、平准等制,与民争利。因而批判武帝的"功利",怀念汉初的"无为",觉得扰民不如安民,与民争利不如使民富足,从而融成司马迁的自由经济思想。而班固生在东汉中期,虽然当时政局稳定,但隐藏的种种社会矛盾也即将爆发,在这种背景下,班固的经济思想基本上沿着国家干涉主义的方向发展。同时班、马家学传统不同,司马迁生于史学世家,其父司马谈崇尚黄老,讥刺汉儒,司马迁的经济思想受到其父很深的影响。而班固之父班彪崇尚儒学,两者思想渊源不同。

　　唐任伍还对班、马的经济思想内容进行了比较,认为"二人经济思想完全是两种不同的类型。二者的区别是自先秦以来中国两种不同类型的经济思想的总结,即自由经济思想和国家干涉经济思想的总结"。具体而言,可分为"(一)放任与干涉。司马迁的基本经济思想是自然主义","他主张国家对各行各业采取放任政策,任其自然发展,因民之所利而利之"。"班固的基本思想是干涉主义","在经济制度上,他强调国家统制;在政治制度上,则倾向于专制集权"。"(二)养欲与制欲"。认为司马迁把欲望看作是驱使人民求富谋利的原动力,因此主张"养人之欲"。班固则把人们追求物质生活满足的欲望看作是导致为非作歹的罪恶之源,因此主张"制欲"。"(三)'无种'与'有分'"。司马迁认为"富贵"本"无种",只要有能力都可以致富。司马迁强调了"人"的作用,而班固认为人与人之间应该"有分","上下有序"。"(四)'求富'与'求均'"。认为司马迁经济思想中一个重要的特点是:大力鼓励世人追求财富。在司马迁看来,求富是人的本性。班固不同,他不讲求富,而大讲"长贫贱,好语仁义"。班固崇尚儒学,不求富而求均。"(五)各业并重与崇本抑末"。认为班固是典型地继承了先秦崇本抑末的思想。而司马迁则不同,他基本上继承了先秦思想家各业并重思想的优良传统,既重农,又不轻工商,而是使农、工、商并重。唐任伍的结论是:"无论是从对经济问题的分析方法还是从经济思想的本论上来看,应当说,司马迁高出班固一筹。因此,从对后代的影响来看,司马迁的经济思想也远远超过班固。"(唐任伍《司马迁与班固经济思想之比较》,《河北师范大学学报》1989 年第 2 期)

4.杜佑经济思想研究

李唐一代谈经济问题的儒家学者绝大部分生活在安史之乱以后。在封建秩序不稳定、封建财政窘迫的情况下,财政经济问题已成为儒家学者研究的重要问题。杜佑、陆贽、韩愈、白居易则是这一时期的代表人物。

杜佑出身于具有儒学传统的士族之家,其著作《通典》是现存记载古代典章制度的最早而又极有价值的文献。杜佑的经济思想主要蕴含在他的《通典·食货》之中。胡寄窗认为,杜佑的"基本经济概念虽然祖述儒家,但对《管子》经济学说却备极推崇"。杜佑"主要是用管子经济言论去补充儒家之不足或充实儒家的论点"。胡寄窗对杜佑的经济思想评价不高,认为他的经济观点,"大都平淡,无所创见"。但又认为"我们绝不能因杜佑经济思想之无特殊创见,而贬低《通典》一书,特别是其中《食货典》在经济思想史中的地位"(胡寄窗《中国经济思想史》中)。

劳为民与胡寄窗的认识有所不同,他认为"杜佑经济思想在中国历史上有重要地位",杜佑生活的时代正处于唐朝由盛转衰的时代,因而他的"经济思想正是根植于这一深刻社会变化的基础之上"。"杜佑经济思想是在前人的思想基础上,根据自己的实践经验,再结合儒家的传统观念而形成的"。杜佑的经济思想则超越了前人,"表现在他对整个经济体系的全面认识"。劳为民对杜佑《通典·食货典》作了高度评价,从而也分析了杜佑的经济思想内容。但他又认为杜佑的经济思想也有不足之处,如认为杜佑不理解工商业在封建经济中的作用,"反对发展工商业"(劳为民《杜佑经济思想初探》,《暨南大学研究生学报》1985 年第 2 期)。

5.陆贽经济思想研究

胡寄窗认为陆贽的经济思想,"事实上并无什么特殊创见。他基本上继承了以往儒家的经济概念,兼采战国秦汉各家若干经济言论,结合当时的历史条件,综合地加以运用"。认为陆贽所涉及的问题面稍广,"从财政角度出发联系到财富、价格、货币等方面"。陆贽在所有维护封建地主经济体系的经济思想家中,"他是一个折衷派,既不完全墨守陈规,但也反对大力改革;只求对具体经济问题的处置得宜,没有远大的理想;具有融会前人陈说的智慧,缺乏独创的想像力;有减轻人民痛苦的意愿,而又坚持对封建统治者的忠诚。"关于财富不均的问题,认为陆贽将原因"归结为地主阶级的剥削,这是在他以前的思想家很少提到过的新的正确观点"。"陆贽以一般地主阶级的残酷的地租剥削为出发点进行分析,这是把封建地租的考察,提到一个更高的认识水平。在他的全部经济思想中,这是唯一的、最值得称述的观点"(胡寄窗《中国经济思想史》中)。

叶世昌认为"陆贽是两税法的批评者"。陆贽提出了实行两税法后使"人益困穷"的七大弊端,叶世昌认为这七条"大多不是两税法本身的弊病"。关于陆贽反对赋税征钱的理由,反映了陆贽的保守倾向,并且在理论上也站不住脚。但又认为"反对赋税征钱的主张在当时的历史条件下却又有它的合理性"。叶世昌认为"陆贽是旧税制的坚决主张者"。并且认为,用经济原因来说明人心的向背,陆贽并不是第一人。但作出"财者,人之心也"的概括,"却是一个新的发展"。在限田减租问题上,叶世昌认为"限田从西汉以来常有人提出,主张减租则陆贽是中国历史上的第一人"(叶世昌《中国经济思想简史》中册)。

6.韩愈经济思想研究

胡寄窗认为,韩愈的经济观点"突破了儒家的经济观点的局限,标志着儒家经济思想的重要转变"。胡寄窗对韩愈的"农工商并重论"、"财政概念"、"货币观点"进行了研究。关于"农工商并重"说,认为韩愈"和先秦儒家极不相同之处,最突出地表现在他不单纯重农,而是农工商并重"。"他已不再将工商看作是妨碍农事的末业,这标志着儒家传统的重农思想已发生了根本变化"(胡寄窗《中国经济思想史》中)。

赵靖、张守军则研究了韩愈经济思想的主要内容——"相生相养论"、其独特的人口思想——"六民论"、以"事上论"为基础的财政、赋税观点以及其货币主张——轻钱论。赵靖、张守军认为,

"在重农或重本方面,韩愈并无异于前人或时人,但他确实没有抑末的主张"。"韩愈肯定分工、重农而不抑工商的思想,一定程度上是对秦、汉以来封建正统经济思想的重本抑末教条的背离,但却不是对儒家传统经济观点的背离或突破"。韩愈认为士、农、工、商是古之四民,当时的六民是指原来的四民再加上僧、道。古之四民是社会所需要的,而今之六民中多出的僧、道二民是社会所不需要的,"非特无益于人们的相生相养,而且会导致社会'穷且盗'"。因此,必须从总人口中消除僧、道二民,这就是韩愈的六民论。赵靖、张守军认为,"韩愈的六民说是他的独特人口论。它处处渗透着韩愈的宗教门户之见,但却又是深深根植于当时社会经济事实之中"。他的六民论作为人口思想,赵靖、张守军认为有许多方面是错误的:"第一,他把僧、道等同于过剩人口,这是极不全面的。" "第二,僧、道中存在一部分过剩人口,但僧、道并不都是过剩人口。""第三,韩愈还没有关于过剩人口的正确概念。""第四,韩愈把僧、道的存在看作是社会贫困的原因,也是有问题的。"(见赵靖主编《中国经济思想通史》第3卷第39章)

(三)儒家经济思想发展时期——第二阶段儒家经济思想研究

这一阶段是从北宋建国至鸦片战争前夕。从宋代开始,儒家经济思想出现了转折时期的特点,特别是反对轻末的趋势更加明显。并且与唐代国势强盛而经济思想却比较沉寂的情况造成鲜明的对照,积贫积弱的宋王朝,经济思想却颇为丰富多采。

1. 李觏经济思想研究

宋代,首先在经济思想领域激起波澜的是李觏,而他的经济思想又是他所处的时代的产物。郑学益认为李觏的经济思想可以分为两个阶段:29 岁前是他的经济思想发展的早期阶段,之后是成熟阶段。郑学益认为,李觏是在"富国"这一课题下探讨各方面的经济问题的。"他的探讨,形成了一个包括利欲论、平土论、去冗论、轻重论以及节用论、钱币论等在内的富国之学的体系。这也就是李觏的经济思想体系"(赵靖主编《中国经济思想通史》第 3 卷第 43 章)。

关于利欲论,郑学益认为,李觏倡言改革,以求富强,首先就遇到千余年来一直在经济思想领域中处于支配地位的贵义贱利论的反对和压制。为了给改革造舆论,他必须与贵义贱利论进行斗争。他的利欲论,正是他同贵义贱利论进行斗争的理论武器。

关于平土论,针对宋代土地兼并、土地集中极为严重的现实,李觏写了《平土书》这一论述土地制度问题的专著,并且在其他作品中,也论述了土地问题。郑学益认为,李觏对土地问题的观点和主张前后也有变化:他后来的土地思想,开始摆脱了主要从分配角度批判土地兼并的前人思想局限,转向兼并和土地集中对生产力发展的束缚和阻碍,"这使中国传统的土地思想上升到一个新的水平。"但是在具体方案上,李觏所提出来的限用主张"是妥协和软弱无力的。""李觏的土地思想在理论上的激进性和方案上的软弱、妥协性之间的矛盾,是他本人所处的社会地位特有矛盾的反映"(赵靖主编《中国经济思想通史》第 3 卷第 43 章)。

关于轻重论。郑学益认为在北宋商品货币经济发展的新的历史条件下,李觏的轻重论也必然具有一些新的特点。在轻重之势方面,李觏主张"抑末"与"安富"相结合,但"李觏的抑末并不是抑一切商人。他把商人划分为三个层次:上层次是富而强者,即政治上享有特权、经济上财力雄厚的大商人兼并势力;中层是富而不强者,即政治上无特权、经济上却较为富有的一般工商业富人;下层是不富不强者,即人数众多的小手工业者、小商贩。李觏抑末主要针对大商人、兼并势力和小工商业者"。"而处于和中小地主类似的中间地位的一般工商业富人却是李觏尽可能扶植、保护的'安富'对象"。"李觏抑末与安富相结合的工商业思想,表明他一定程度上从商品经济的发展、从工商业者的利益来考虑问题,而赋予轻重之势学说以新的内容"(赵靖主编《中国经济思想通史》第3卷第43章)。

胡寄窗对李觏的富民思想作了全面论述。胡寄窗认为,从两宋开始,李觏首先以儒家资格提出了反传统的义利观,自李觏之后,"继起者愈来愈多,成为封建社会后期的经济思想的特点之一"(胡寄窗《中国经济思想史》下)。

蔡一研究了李觏富民思想的特点,认为李觏的富民思想不同于传统的地主阶级富民思想,其基本点是代表被剥削的人民大众的利益,反对土地兼并和封建剥削。要求改变封建土地制度,解决耕者"地非己有"的矛盾;反对国家专卖垄断制,要求开放市场,实行自由竞争,认为竞争优于垄断等。这种思想,在经济上反映了商品经济发展的要求。其中李觏所提出的"平土"的主张,蔡一认为其"核心是个'均'字,解决土地不均的矛盾。"这是一种"均地权"的思想。蔡一认为这种思想的产生,"是我国古代土地思想发展史上的里程碑,有重大意义,连后世反兼并的封建思想家们也是望尘莫及的。这也是历来研究李觏的学者未注意到的一点。正是这一点决定了李觏经济思想的主要倾向,集中表明其思想的人民性"(蔡一《李觏富民思想的特点》,《南京大学学报》1987年第4期)。

2. 范仲淹经济思想研究

范仲淹在北宋出将入相,勋业彪炳。他是一个实际政治家,但没有留下较有系统的经济思想,尽管如此,他的某些经济观点,还是颇有自己的特色。张守军认为这些颇具特色的经济观点,一是关于荒政的思想,二是通商贾、罢榷酤的思想。

方健认为范仲淹"确实为传统的重本抑末思想注入了全新的内容,他主张茶盐通商,发展商品经济的观念","刺激消费、以工代赈、救荒赈济的独特见解,成为十一世纪经济思想史上独具慧眼的真知灼见"(方健《范仲淹经济思想论析》,《浙江学刊》1994 年第 3 期)。

3. 欧阳修经济思想研究

欧阳修是宋代的大古文运动家,他主张并支持改革,但由于他对改革态度的软弱和动摇,使他未能在北宋中期的改革方面有所建树。张守军认为,欧阳修对经济问题议论颇多,但从经济思想上看,却极少有较深刻的、值得重视的内容,而有特色的一是欧阳修的"权商贾"论。欧阳修把工商业同农业一样看成富国的源泉,提出不应抑末以自窒富源,自缚手足。欧阳修主张官、商并行。对商业活动,反对完全由国家垄断,而主张采取与商人分利的方式经营,增加国家收入。至于民间各种小本经营活动,欧阳修则主张完全由民间自由经营,反对与民争利。张守军认为,欧阳修的"权商贾"论的实质是:"以官府为主体,以商人为辅翼,采取多种结合、配合的形式,活跃工商业,改善国民经济状况,增加财政收入。"(赵靖主编《中国经济思想通史》第 3 卷第 44 章)二是欧阳修对城市建设和环境的改善深感兴趣,并且积极提倡。

4. 王安石经济思想研究

王安石是中国 11 世纪的改革家,他主持推行的熙宁变法,包括政治、军事、经济、教育等各个方面,而其核心内容则是财政经济领域的改革。王安石的经济思想主要体现在新的法令以及他为新法所作的解释、论辩之中。孙树霖认为,王安石的经济思想包括三个方面:一是"以义理财"论,这是王安石经济思想的主要内容;二是操轻重敛散之权的抑兼并思想;三是恶其盛又恶其衰的商业思想(赵靖主编《中国经济思想通史》第 3 卷第 46 章)。

王安石主持和推行的熙宁变法,扭转了北宋王朝内外交困、危机四伏的"积贫积弱"的局面,达到富国强兵的目的,因而,理财是变法的核心问题,关于理财的意义和生财的方针、方法的论述,构成了王安石经济思想的主要内容。

孙树霖认为"以义理财"是同贵义贱利相对立的观点。贵义贱利一直被各封建王朝下的保守势力用作反对财政、经济改革的理论武器,他们指责财政、经济改革为"言利",攻击改革者为"聚敛之臣"。而王安石则宣称:"政事所以理财,理财乃所谓义也。"相反,反对理财即反对治国安民的政事,则成为不义的了。王安石的以义理财包括两个方面:第一,以增加社会生产来增辟财源。第二,把一部分人垄断、兼并的财富收归国家,以充实国家财政。孙树霖认为抑兼并是王安石"以义理财"的经济思想的重要组成部分。王安石抑兼并的要求是强烈的和一贯的。在王安石看来,要有效地摧抑兼并,则要实行国家对经济、财政的全面控制。在王安石操轻重敛散之权的抑兼并的思想之中,有两点值得注意,"第一,强化国家阛阓散经济的职能,防止和摧抑新的兼并势力";"第二,王安石没有触及封建社会最根本的土地兼并问题"。王安石不能夺取大地主的土地以予农民,那么王安石又怎么去摧抑兼并?孙树霖认为"唯一的办法是采取他所热衷的运用财政手段去使兼并者不敢保过限之田,使农民不愿耕过限之地","这无疑是根本办不到的幻想",这也表现了王安石对待大地主兼并势力的妥协性(赵靖主编《中国经济思想通史》第 3 卷第 46 章)。

　　孙树霖认为,王安石的"权商贾"论是他的经济思想的一个重要组成部分。"这一思想沿袭了传统的农本、工商末的概念,强调重本而并不主张抑末"。王安石虽讲过"抑末"、"抑商"的话,但其含义不是抑一切商业和商人,而只是抑那些操轻重敛散之权的垄断性大商人。对一般性的商业和商人,王安石的主张不是抑而是"权"或"制",王安石提出了对商业的基本态度,"即通过制定和调整政策来控制和调节商人的数量,使商业的发展在不影响农业生产的前提下,保持'不盛不衰'的理想局面"(赵靖主编《中国经济思想通史》第3卷第46章)。

　　孙树霖对王安石经济思想的历史地位作了论证,认为王安石的经济思想,虽然从理论上看并没有很多前人没有提到的新观点,却有一些更明确、更强烈地反映时代新动向的特点。同时"也有一些违异社会经济前进趋向的内容"(赵靖主编《中国经济思想通史》第3卷第46章)。

5. 司马光经济思想研究

　　自王安石推行新法之日起,司马光就坚决反对新法,成为新法反对派的首要代表。宋哲宗即位,经他的建议,将熙宁新法全部废除。不仅如此,并将推行新法的人一律罢黜,造成历史上有名的元祐党祸。胡寄窗认为,"在北宋地主阶级内部矛盾中,从理论上与王安石形成尖锐的对立面的应以司马光为代表"。并从四个方面对司马光的经济思想作了论述,其中重要的有两点:一、"反对变革的基本经济观点"。认为王安石的新法是以"变"的唯物观点为其哲学基础,而司马光则从形而上学出发,"认为天地万物以及人们的性情是一成不变的"。"一切变革在他看来均是违反自然规律的"。这种否定变革的思想成为司马光的"理论基础","也是他对经济万物的基本看法"。二、"肯定贫富不均现象的合理性"。

司马光认为"富贵贫贱,天之分也"。"他反对任何有损于富人的政治措施"。李觏、王安石等人,是顺应商品经济的发展,用批判的、变革的观点来为富民辩解,体现了时代的新事物新精神。"而司马光则是从形而上学的唯心观点出发,反对变革,维护旧事物,尤其是专为大地主的既得利益而辩护,完全是一种落后保守思想"(胡寄窗《中国经济思想史》下)。

叶坦对司马光与王安石的经济思想作了比较研究。她从"分工与生产"、"理财与言利"、"开源与节流"、"实物与货币"等四个方面论述了二者经济思想的异同,对司马光的经济思想作了全面的肯定。叶坦认为,"在'重本'同时,司马光并不主张'抑末'"。"对于历来被视为末业的商业,司马光给予了重视,认为是社会生产中不可缺少的部门之一"。"反对官府垄断商业",主张"商业利润不应由政府全部垄断起来,而应以适当比例在政府与商人之间分配,多少也给商人一些可图之利,保证商业正常发展"。"同时,司马光并非主张政府采取放任政策,只是要求不必统得太死而已"。对待手工业,王安石的观点是"处工于官府",要求对"工商逐末者,重租税以困辱之"。叶坦认为"王安石思想中主张集权干预的倾向很明显","显见在对'工'的问题上,王安石逊色多了"。对商贾,王安石主张"恶其盛",又"恶其衰"。叶坦认为王安石"重本抑末"的观念较浓厚,而且抑末的手段如"困辱"、"重税"等也很严厉。"相比之下,司马光重农的方式则主要是'养农',实行轻徭薄赋,使之'敢营生计',应当说可取得多"。叶坦总括说:"司马光主张农工商并重,而王安石'抑末'的倾向明显。深入分析,司马光的主张一方面对各行业协调发展起促进作用,但另一方面对兼并势力是一种怂恿。王安石的主张恰好反之,政府干预的结果,有利于'富国',却不利于民间诸业正常发展。"(叶坦《司马光王安

经济思想比较》，《西南师范大学学报》1991年第1期）叶坦认为，
"王安石变法重在理财"，"而小心谨慎地避讳言利"。司马光同样
不能摆脱传统思想的束缚。但司马光曾说："为国者当以义褒君
子，利悦小人。"叶坦认为这是司马光"义利观的核心。给予义利
以阶级的内涵，比以往贬斥人们对物质利益需求的传统思想大大
进了一步。'利悦小人'是他比他的前人提出了的新东西。主张
治国者应当满足广大人民物质利益，而且没有任何贬意于其中"。
在"富民"和"富国"的问题上，叶坦认为"王安石坚持利权归于国
家，以'富国'为基础；司马光却沿袭'藏富于民'的思想，主张兼顾
国家与百姓，这是二者分歧之所在"（同上）。叶坦总的评价是：
"具体地、有区别地分析司马光与王安石的异同是必要的。以往
那种一概否定、一概肯定或甲是或乙非的作法都是不科学的。"
"王安石、司马光都是杰出的政治家、思想家，各有所长、所短。"
"司马光并不比他同时代人落后，应予其应有地位。"（同上）她曾
发表文章说："无论从继承，还是从发展角度，北宋时代的司马光
经济思想并不比同时代人落后，决不像以往人们强加给他的'守
旧派'、'顽固派'等等罪名那样，应当还其历史本来面目，在中国
古代经济思想史中，予以其应有地位。"（叶坦《论司马光的理财思
想》，《北京师范大学学报》1986年第5期）

6.朱熹经济思想研究

朱熹是中国古代最有影响的哲学家和思想家之一，宋代理学
的集大成者。对朱熹的经济思想，裴倜认为"朱熹的成就主要在
哲学方面，经济方面的议论不多。他的经济思想大致可以概括为：
以'天理'为指导思想，以'恤民'为核心，以'重农'为基础，以'省
赋'、'救荒'、'经界'等为主要内容，以强国富民为目的"。裴倜
认为朱熹的义利观和欲望论，基本上因袭孔孟之说，"他在理论上

没有什么新的创见,只是强调义理的重要性,把'义'提到了更加神圣的、绝对化的'天理'高度"。认为朱熹也并不是完全不谈财利,而是坚持把财利问题纳入其天理、人欲之辨的界限之内,朱熹"反对的是剥民以自肥的私利"。"对于'天理之公'的国家和人民的利益,非但不应否定,还应大讲特讲,而对于'人欲之私'的利己之心,则应受道德和伦理的规范和限制"。认为朱熹的欲望论和他的义利论密切相联系,或者说朱熹的"欲望论是建立在其义利论的基础之上"。朱熹所主张的"存天理,灭人欲",就是指的"不顾'天下之公',而只顾'一己之私'的私欲"。"因此,不能简单地认为'存天理,灭人欲'的口号就是取消人们一切求生的物质欲望和物质要求"。朱熹的"灭人欲","主要还是针对统治阶级的'人欲横流',矛头所向是贪官污吏的穷奢极欲"(赵靖主编《中国经济思想通史》第3卷第54章)。

7. 黄宗羲经济思想研究

黄宗羲是我国明清之际最杰出的启蒙主义思想家。

赵靖、裴倜对黄宗羲的经济思想也作了深入研究,认为"黄宗羲解决农民土地问题的中心思想是'授田以养民'"。黄宗羲所提出的田制是复井田。赵靖、裴倜分析了黄宗羲复井田方案的特点:"第一,他的复井田方案,是从明代的屯田悟出来的。""第二,推广屯田办法以复井田。""第三,复井田是利用国有土地授田。""第四,黄宗羲的授田方案不止是对无地农民授田,而且是对全体民户授田。""第五,复井田后的土地制度……坚决维护土地私有制,认为它是合乎人的自私、自利本性的土地制度。"赵靖、裴倜对黄宗羲的田制思想作了总的概括:"是一种在理论上没说清楚,在实际运作方案方面又充满着矛盾和漏洞的思想。""但他仍然包含着反对土地兼并的积极内容。"(赵靖主编《中国经济思想通史》第4卷

第71章）

赵靖、裴倜认为黄宗羲"对传统的本末观作了重新的评论和界定,从而提出了'工商皆本'的理论和观点"。认为"黄宗羲的'工商皆本'论,在继承前人的这些优秀思想的基础上,从新的理论高度,对传统的本、末概念,作了重新的划分和界定,明确地以对社会生产和广大人民生活的作用作为划分本末的界限,从而对传统思想的那种以国民经济不同部门的界限作为划分标准的做法,从理论上予以否定"。他们认为黄宗羲的工商皆本论在明清之际出现,不是偶然的。明代中叶后,商品生产者、工商业者的经济和社会力量有所增强,工商皆本的思想就是"这种形势变化在意识形态领域中的反映"。但又认为,"黄宗羲'工商皆本'论还不可能是对传统'重本抑末'论的最终扬弃"。"工商皆本的口号,还不是一个要求发展资本主义生产的口号"。但"'工商皆本'论,毕竟是这一时代动向在意识形态领域中的较早的表现"(赵靖主编《中国经济思想通史》第4卷第71章)。

叶世昌却提出了不同的看法,认为"黄宗羲曾提出工商皆本的论点,有的同志认为这反映了资本主义萌芽的要求,有的同志甚至因此认为黄宗羲是'市民阶级'的代表,这些都不是恰如其分的评价"。叶世昌认为"全面理解黄宗羲的工商皆本论,并不能断定他这样说就是为了发展资本主义萌芽"。"正确的结论应该是:黄宗羲提出的工商皆本论,从概念所起的作用来看,是符合商品经济和资本主义萌芽发展的要求的。但是工商皆本论的实际内容以及黄宗羲的整个经济思想却又是不利于商品经济和资本主义萌芽的发展"(叶世昌《关于黄宗羲的工商皆本论》,《复旦学报》1983年第4期)。

8. 顾炎武经济思想研究

顾炎武是清初一位有重大影响的学者,是经世致用之学的倡导者,开一代学术新风的大师,也是我国古代启蒙时代的思想家。胡寄窗认为他同黄宗羲一样,"肯定'自私'是合乎规律性的行为"。"顾炎武把与自私自为不可分割的财产私有制看成是杜绝纷争和促进生产的决定因素"。还认为顾炎武的自私自为概念,具有一个与其以前的思想家不同的特点,"即以往思想家多言'自利',而启蒙思想家则多宣扬'自私'。'自利'与'自私'固仅一字之差,而在体现财产权利这一问题上,'私'的意义就更加深刻,更能表现市民社会的特质"(胡寄窗《中国经济思想史》下)。

田泽滨认为,16世纪以后,我国的社会经济开始出现了一种深刻而重大的变化,即"资本主义的幼芽破土而出。它的出现预示着货币权力与土地权力相互争夺的局面加剧展开"。顾炎武不仅尊重历史,热爱历史,他更重视历史变化中的客观实际。在商品经济的条件下,顾炎武从三个方面对官田进行了深刻批判:"首先揭示明之官田增长不是经济的行为而是政治的手段,它强化了封建地产的僵化结构。""其次,明代的重赋特别是江南重赋之害与官田之弊密切相关。""再次,由于官田民田渗浸交错,田赋高下悬殊,政府管理困难,里胥易于售奸,民间产权、赋税的纠纷与日俱增,官受其累,民罹其难。"提出的办法是保留必要的屯田和学田之外,废除官田。田泽滨认为,顾炎武的这些富有时代气息的深刻批判,"是立论于土地自由流通的私有制基础上的"。关于封建国家宏观控制社会经济的一个重要内容的货币发行问题,田泽滨认为,"目前有的学者认为顾炎武在这方面'谈得甚多而缺乏新创见解'。我看这多半是从货币史理论角度,而不是从明代整体社会经济、政治历史的实际情况出发,所以其评价未必公允"。"相反,顾炎武对明代货币流通中存在的问题提出了十分中肯而又富时代

色彩的精辟意见"。田泽滨的结论是："顾炎武的经济思想是丰富
而深刻的。既有尖锐的批判性，又有鲜明的建设性。"（田泽滨《顾
炎武经济思想简论》，《苏州大学学报》1992 年第 3 期）

9. 王夫之经济思想研究

王夫之是中国 17 世纪卓越的唯物主义思想家。他学识渊博，
著述宏富。王夫之没有专门的经济著作，他的经济思想以其深厚
的哲学思想作为其理论基础。

李守庸对王夫之在有关商人、贸易、货币以及土地制度等问题
的观点作了较深入的分析，他的总体评价是："第一，在王夫之的
经济思想中，确实具有一些近代特点。这主要反映在他对于中国
资本主义萌芽时期商品货币关系的发展，和商人的社会作用，都有
一定程度的认识，并在一定程度内取肯定的态度。他的土地民有
论和保护、发展以自耕农民为主体的小土地所有制的设想，也是具
有时代特点的。第二，由于商品货币关系在中国资本主义萌芽时
期发展得还不充分，还由于王夫之本人所受中国地主阶级旧的思
想、文化传统的影响较深，这就使得他的经济思想中的近代特色显
得不是那么鲜明，那么突出。同时使得他的经济思想中除了一些
反映近代特色的进步观点之外，还夹杂不少、甚至更多的维护旧的
生产方式的保守的观点。第三，王夫之经济思想中具有近代特点
的部分，客观上对于萌芽中的资本主义生产关系的发展，以至对于
农民地位的改善，都是有利的。但我们应当同时看到其经济思想
中的维护旧的生产方式维护整个封建统治和地主阶级利益的保守
部分。因此无论把他当作新兴市民阶级或农民利益的代表者看
待，可能都欠允当。从经济思想的角度看，似乎仍然只能认为王夫
之是地主阶级中较具有远见的、进步的思想家。"（李守庸《王夫之
经济思想中的近代特点评议》，《经济研究》1983 年第 9 期）

（四）危机和衰败时期的儒家经济思想研究

1. 龚自珍经济思想研究

龚自珍是近代地主阶级改革派中具有很大名声和影响的人物，是近代初期的进步思想家。

胡寄窗认为，龚自珍的经济思想，"就我国经济思想的历史发展过程考察，给他的经济思想以过高的评价是不一定妥当的。因为他虽接触到一些时代的新命题，而受旧的封建意识的束缚较重，连16、17世纪早期启蒙思想家所已达到的水平，还有未逮，更谈不上有新的发展"（胡寄窗《中国经济思想史》下）。

陈为民则认为龚自珍乃是"一代新风的开创者"。他论述了龚自珍的"平均"论、"农宗"论以及关于商品经济与中外通商的观点，认为"在中国经济思想史上，像龚自珍这样明显地、尖锐地从财富分配状况来分析社会危机，并把社会财富分配的均与不均，视为决定封建王朝兴衰动乱的根本因素，在地主阶级思想家中还是不多见的"。同时认为"他对商业的认识也是片面和落后的，对于商业在社会经济中的地位与作用，尚没有清晰而全面的认识，他对造成'贫富不均'现象的土地兼并问题并未触及"。关于"农宗"，这是龚自珍所提出的"社会经济改革的主要方案"，"是以封建宗法关系来组织农业生产为基本内容的"，"其良苦用心在于利用宗法制度保护中、小地主能不受贵族、官僚政治特权兼并、掠夺的威胁"（赵靖主编《中国经济思想通史》第4卷第80章）。

2. 魏源经济思想研究

魏源是近代地主阶级改革派经济思想成熟阶段的代表人物，他比同时其他地主阶级改革派的经济思想更能全面地反映近代初期的时代动向。但是，他的经济思想基本上仍未摆脱封建主义思想体系的限制。

石世奇认为魏源是鸦片战争前后地主阶级改革派经济思想成熟阶段的代表，及以后的资产阶级改良主义经济思想的直接前驱；其经济思想中"最有价值、最有影响的部分，还是鸦片战争以后形成和发展起来的"。认为鸦片战争之前魏源主要是"除弊"，之后"着重点转向'兴利'，把地主阶级改革派的经济思想推向一个新阶段，更多地反映了时代的动向"（石世奇《试论魏源的经济思想》，《北京大学学报》1963 年第 5 期）。

3. 康有为的经济思想研究

康有为是 19 世纪末期资产阶级变法维新运动的中心人物，他的著作也为这一政治运动提供了主要的政治纲领和理论基础。赵靖、易梦虹认为，"康有为的经济思想，大体上可以分作两个发展阶段：1902 年以前，特别是 1898 年变法维新运动失败以前，他的经济思想主要反映了新兴资产阶级发展民族工商业的要求，基本上是进步的；1902 年后，他的经济思想则成了反对资产阶级革命、为国内外反动势力的统治进行粉饰和辩护的工具。这种变化是由时代形势的发展以及他本人的阶级地位所决定的"。"在康有为的变法主张中，发展资本主义经济的要求，占着重要地位"。在他的《公车上书》中，提出的"富国"、"养民"的各项主张，尤其构成了一个相当完整的发展资本主义经济的纲领。康有为所说的"富国"包括"钞法"、"铁路"、"机器轮舟"、"开矿"、"铸银"、"邮政"等六项具体主张。各项具体主张，"比他的前驱者前进到了一个更高的水平"。"而且在生产和流通、政治改革和经济改革的相互关系上，都比初期改良派有了更进一步的认识"（赵靖、易梦虹主编《中国近代经济思想史》上册）。

胡寄窗认为，康有为在戊戌以前的经济思想，"基本上是汇集同时的和稍早的人们的观点,而形成自己政治斗争的经济纲领,很少独特的创见"。康有为坚持变法的指导思想是"富国"和"养民"两类发展资本主义经济的纲领。认为"他的变法的经济纲领的特点不在于具有多少他自己的创见,而在于他能将前人和同时代人的进步观点加以综合,构成其政治斗争的整套经济纲领。"对于康有为的《大同书》,则认为"《大同书》确是旧的佛家思想、儒家大同学说和西方的某些空想社会主义思想特别是许多资产阶级社会的现行措施及观点的大凑合","自会产生多得难以枚举的矛盾或离奇观点","其宣扬的所谓理想如还不是陈旧过时的,至少没有新东西"。对康有为《物质救国论》等经济著述评价也很低,如认为《物质救国论》"多为反对资产阶级民主革命而作"。胡寄窗对康有为经济思想的总体评价是:"康有为的经济主义论也和他的其他著作一样,有的曾煊赫一时起过一定的进步作用,稍后很快就被证明为没有什么学术理论价值的东西。他的戊戌以前的经济思想,只是把一些向西方资本主义经济学习的先行者的意见加以综合,虽在个别问题上有所发展,仍谈不上增加了中国经济思想的什么新内容。""康有为在戊戌以后的主要经济著作《大同书》,在基本精神上并未较戊戌前的未来理想有所发展,反而掺入了许多资产阶级社会才应有的社会经济体制以及一些落后反动的方式,致使一些不无可取的、原有的、未来理想在大量矛盾的、谬误的乃至荒唐反动的论述中黯然失色。""至于《金主币救国议》等三部著作,其内容之荒谬更不用提。""总之,对康有为在戊戌前经济思想的进步作用,应加以肯定,……对他在戊戌的政治立场的日趋落后反动,也须予以提出,但不能过分强调"。(胡寄窗《中国近代经济思想史大纲》,中国社会科学出版社1984年版)

4. 谭嗣同经济思想研究

赵靖认为,谭嗣同是我国 19 世纪末期的一位伟大的启蒙思想家,他在理论上和实践上却并没能最终冲破改良主义的门槛。"谭嗣同的经济思想,也比他同时期的其他改良派思想家更为强烈地表达了正在形成中的中国资产阶级发展民族资本的要求"(赵靖《谭嗣同经济思想》,《北京大学学报》1963 年第 1 期)。谭嗣同提出了"仁—通"学说,在社会生活领域中,必须实现中外通、上下通、男女内外通和人我通。他的经济思想的主要内容,"是他的以'人我通'、'中外通'的概念表现出来的经济自由主义观点"。"谭嗣同的'人我通',不仅意味着要求在国内给予私人资本以充分活动的自由,而且还要求在国与国之间实行自由的国际贸易,做到'中外通'"(赵靖、易梦虹主编《中国近代经济思想史》下册)。

5. 梁启超经济思想研究

梁启超是近代中国资产阶级改良派中著名的思想家和政治活动家。赵靖、易梦虹认为和康有为情况相类似,梁启超的经济思想也可以 1902 年为界线分作前后两个发展阶段。在前一阶段,尤其是在 1898 年变法运动失败以前,"他的经济思想反映了新兴资产阶级反对清朝廷的'病商'之政、企图为资本主义工商业的发展争取较有利的经济、政治条件的要求,是起着进步作用的;在后一阶段,他的经济思想则成了资产阶级上层分子反对革命的工具,成了当时社会中同革命舆论相对立的反革命舆论的一部分"。并认为梁启超谈论经济问题的文章、著作,数量之多,在中国近代的思想家中是罕有其匹的,但是"称得上具有创见的东西却很少"(赵靖、易梦虹主编《中国近代经济思想史》下册)。

夏国祥对梁启超的经济思想却有一些新的看法,认为"梁启超对经济理论虽然罕有建树,但在 19、20 世纪之交的中国,他对西方经济学的理解毕竟属一流水平,除严复、马建忠之外,无有出其右者"。夏国祥分析了梁启超的"乘数思想"和"规模经济思想"。
关于乘数思想,夏国祥认为,"梁启超具有乘数思想,看似耸人听
闻,但确不乏证据"。梁启超认为富有者把钱财用于投资,不仅可
以使本人获得大利,同时还能带动各行各业,使所有人都得利,
"这是十足的乘数思想。当然,毋庸置疑,梁启超的乘数思想还很
粗陋"。"梁启超能在凯恩斯前三、四十年产生乘数思想,尽管尚
不完善、精致,实属不易"。因而得出结论,认为梁启超"并非像某
些学者所说的那样,在经济领域缺乏独立、深入思考的能力"。关
于规模经济思想,谢国祥认为,这一思想集中反映在梁启超的《二
十世纪之巨灵托拉斯》一文中,在文章中,梁启超推崇股份有限公
司,"正是在于认识到它能带来规模经济"。梁启超的规模经济思
想固然存在许多缺陷和错误,然而,"如若撇开其阶级性不谈,能
在19世纪与20世纪之交洞察到规模经济的优越性并力主在中国
加以实行,本身就是不俗的思想"(夏国祥《梁启超经济思想新
论》,《财政研究》1998年第8期)。

三、儒家经济思想研究中的几个问题

(一)儒家经济思想与儒法道的关系

　　儒家思想体系在其形成和发展的过程中,不是一个内封闭的
体系,而是一个开放的思想体系。它不断地吸收其他各学派的观
点充实丰富自己的思想内容。如,孔子受春秋时期"重民"思想影
响,加重了天自然意义的一面,淡化了西周的神本论的思想影响;
孟子以辟杨墨为己任,但同时又吸收杨墨的某些思想内容;荀子不
仅吸取了道家天道自然的思想,把儒家的人文主义和道家的自然
主义传统结合起来,而且还吸取了墨、法两家的思想,加以综合改

造,进一步发展了儒家学说。儒家的经济思想也是如此。如战国时期荀子的"富国论",他把战国时期各家的富国、富民主张作了总结、批判,吸取、融合了各学派在富国、富民问题上的主张,创建了他的颇具特色的"富国论"。秦汉时期,儒家经济思想也是在与儒法、儒道的融合斗争中发展的。汉承天下大乱之后,经济凋敝,为了恢复经济,休养生息,于是清静无为的黄老之术,成为当时的思潮和指导思想。陆贾在《新语》中,用儒家观点解释道家的"无为"思想,标志着儒道的和睦相处和融合。随着经济的恢复与发展,儒学一方面与法家融合,一方面与道家展开了斗争。晁错对汉初经济的自由发展表示不满,要求统治集团用权力干预经济生活,在他身上就体现了儒法的结合,并揭开了儒道在经济思想上的斗争。汉武帝时董仲舒建议罢黜百家,独尊儒术,标志着儒家独尊地位的形成。这时的儒家实际上乃是荀派儒学的变种,因为荀派儒学接近法家,在经济上倾向于对经济的干预。于是武帝时期,随着形势发展对经济的要求,任用"言利之臣"桑弘羊,在全国范围内推行大规模的干预经济的政策。但当时的司马迁却有着与此不同的经济思想。司马迁曾受学于西汉大儒孔安国、董仲舒,同时他又受其父司马谈道家思想的影响,在经济思想上则提出"善因"论这一宏观经济管理思想。这种理论反对封建国家对国民经济的过多干预和控制,它的基本主张是放任。

因此可知,对儒家经济思想的研究,不能只注重对儒家本身思想体系的研究,还必须研究儒家与其他各派之间的斗争与融合,懂得儒家与其他各派之间的"你中有我"与"我中有你"的关系,这样才能够深刻认识和分析儒家经济思想的内容。

（二）儒家经济思想与重本抑末

重农抑商或重本抑末政策是我国经济思想史中的一个重要的传统思想和政策，在两千多年封建社会中一直处于支配的地位，对社会经济生活产生过深远而巨大的影响。重本抑末在儒家经济思想中也占有极其重要的地位。当然，在儒家内部也有反对这一思想和政策的。这一思想和政策虽然在其初期曾对地主阶级经济发展起过积极作用，但在以后的漫长岁月中，却主要起着阻碍社会经济发展的消极作用。

认真研究儒家经济思想中的重农抑商问题，科学地评价其性质和作用，对于揭示儒家经济思想的内容及其运动变化的规律有着重要的意义。

重农抑商的主张产生于战国，然而并不是儒家所创，最早提出重农抑工商的是战国初年的著名政治家李悝。商鞅变法，则以法令的形式提出重农抑商的主张。在儒家学派中，最早涉及这一问题的是荀况。他提出了"工商众则国贫"（《荀子·富国》）的论点，主张限制工商业的发展规模及从业人数，提出了"省工贾，众农夫"（《荀子·君道》）的观点。荀况的这一主张，同法家重本抑末的思想有重大区别，他不是企图压制工商业，使其不发展，而只是主张对工商业发展进行一定的调制。西汉时期，贾谊提出了驱民归农的主张，桑弘羊则是汉武帝时期抑商政策的制定者和执行者。北宋时李觏亦主张抑末，但他的抑末并不是抑一切商人。他把商人划分为三个层次：上层指政治上有特权，经济上财力雄厚的兼并势力；中层指政治上无特权，经济上富有的一般工商业富人；下层指人数众多的小手工业者、小商贩。李觏抑末主要针对大商人和小工商业者。王安石的权商论也是沿袭传统的农本、工商末的概念,但他强调重本而并不主张抑末。他也讲抑商抑末,但其含义不是抑一切商业和商人,只是抑操轻重敛散之权的垄断性大商人。对一般的商业和商人主张不是抑而是"放"或"制",即尽量把它们的数量和作用控制在有益的活动范围之内。明末清初的王夫之提出:"商贾者,王者所必抑。"(《读通鉴论》卷14)但他对商人的态度矛盾,既斥责又称道,这是因为他受重本抑末的传统思想影响甚深,同时,他又是一个有启蒙主义色彩的学者,对时代趋向较为敏感。

在儒家学者中有一部分人则反对抑商,司马迁认为农、工、商、虞都是"民所衣食之原",主张实行自由放任的政策。欧阳修反对夺商之利;苏轼较少受传统重本抑末思想的束缚,他把农、工、商三者视为养民所不可或缺的,反对官营工商与民争利,批判困商之政,主张安商、利商。叶适则批评"抑末厚本"不是"正论"。而黄宗羲则提出了"工商皆本"的观点。综观整个封建社会,重农抑商思想是主流,但是随着社会商品经济的发展,反对这一思想的人也随之增多。

(三)儒家经济思想与义利之辨

儒家学派的义利观是个老问题,但也是个新问题。说它是老问题,因为自秦汉以来,人们要探讨儒家统治思想,其义利观是无法回避的要害问题;说它是新问题,因为这一问题至今仍是聚讼纷纭、无定论的理论悬案。

古代所谓义,一般指与礼制紧密相关的封建道德规范。所谓利,泛指利益,主要是人们的物质经济利益。能否处理好义利关系,历来被认为是事关国家治乱安危的大问题。至于具体主张,在儒家内部分为两种不同的观点。

第一，儒家正统的贵义贱利论。孔子最先赋予义、利以鲜明的褒贬色彩，他提出"君子喻以义，小人喻以利"（《论语·里仁》）。并严守"见利思义"的原则。但同时，孔子论义利乃是重视封建国家的公利，要求统治者"因民之利而利之"（《论语·子罕》）。由此看来，孔子是贵公利、贱私利而又不否定正常的私利。但从孔子主观上言，他力图行仁义，而提倡"罕言利"。孟子则将孔子"罕言利"的倾向推向极端，强调"何必曰利？亦有仁义而已矣"（《孟子·梁惠王上》）。这种否定一切求利的活动，使得孟子成为标准的贵义贱利论者。

西汉大儒董仲舒发挥孟子贵义贱利观，提出了"正其谊不谋其利，明其道不计其功"（《汉书·董仲舒传》）的反功利主义理论，影响深远。程朱学派把人的一切活动都归结为义或利。他们不像孟轲那样绝对否定利，承认"君子未尝不欲利"（朱熹《孟子集注·梁惠王上》），但又认为"圣人以义为利，义安处便为利"（《河南程氏遗书》卷18），把利定为义的派生物和必然结果。明清之际大儒王夫之在贵义贱利的问题上，比之朱熹有过之而无不及。

第二，义利并重论。这种观点乃是对上种学说的修正。开其端者是荀子。他认为人性天生是恶的，是好利的。对这种求利欲，主张引导，他总的认识则是"义与利者，人之所两有"（《荀子·大略》）。汉代司马迁把人的活动都归结为对利的追求："天下熙熙，皆为利来；天下攘攘，皆为利往。"明确提出仁义是财富的派生物。白居易也认为好利是人生的本性，主张用利的原则治理国家。宋代李觏肯定言利言欲的正当性，他对孟轲"何必曰利"的主张进行了批评，指出"焉有仁义而不利者乎！"（《李觏集·原义》）

以上简括提到的两种观点，代表了儒家学派义利之辨亦即关于道德与物质经济利益关系问题的严肃思索和争辩中的典型观点。批判地继承古代义利之辨所包含的合理成分,是研究儒家经济思想的重要课题。

四、儒家经济思想的特点及研究
儒家经济思想的意义

　　儒家经济思想是儒家思想体系中的一个重要组成部分,也是中国传统文化的重要组成部分之一,是在古代中国特定的历史条件下形成和发展起来的,因此也就成为反映中国社会特点的独特的经济思想。儒家经济思想从整体上而言最基本的特点,可以归纳为以下四个方面:

　　(1)源远流长　儒家经济思想同中国传统文化一样,具有源远流长的特点,它已绵延两千多年,代代相承,从未间断。它经历了早期的儒学,孔子以一个正视现实的没落贵族,建立起一套适合于当时社会的伦理规范,提出了一些受伦理规范制约的经济原则。孟子继承孔子衣钵,除坚持以封建等级秩序为核心的基本经济观点外,还提出了巩固私有财产权的恒产论。荀子是先秦诸子中的最后一位大师,他不仅集儒家之大成,而且完成了对百家汇融,实在意味着先秦诸子尤其是儒学的终结。汉武帝时期是我国历史上的一个转型时期,更是儒家学说发展史上的一个关键时刻。由于董仲舒所提倡的独尊儒术,使儒学上升为统治阶级的意识形态,儒家经济思想也日益取得支配地位。后经魏晋儒学的衰败至唐代儒学复兴和宋代理学的产生,其经济思想仍然以孔子的经济理论为其源头。

　　(2)儒家经济思想受伦理规范的制约　儒家学派探讨中国经济问题,往往不是只从经济角度,而是把它同伦理道德方面的要求联系在一起,强调谋取物质利益的行为必须受一定伦理道德的规范和制约,也即受"义"的制约,义、利关系问题一直是儒学内部以及对外不断辩论、斗争的一个重大问题。这就出现了"义主利从"论和"贵义贱利"论等等。尽管这两种义利论存在着很大的不同,但他们又都认为在利和义、经济和伦理道德的关系中,义或伦理总是起着主要的和决定性的作用。然而,从哲学的角度看,这是一种倒立的历史唯心主义的理论。因为,伦理是以一定的经济为基础的,一定经济的存在、运行和发展,总有与之相适应的伦理来维护。但是二者之间是经济决定伦理道德,而不是伦理道德决定经济。儒家的义主利从或贵义贱利的理论,同经济发展的要求不相适应,对经济发展起着消极、阻碍的作用。因此,受伦理规范制约的儒家经济思想必须批判。

(3)从政治着眼,以治国为目标　儒家经济思想是从属于政治思想的,即以巩固和加强封建统治为目标。儒家提出了格物、致知、诚意、正心、修身、齐家、治国、平天下八个条目,治国平天下成了儒家知识分子的信条。因此,绝大多数称得上政治家或思想家的地主阶级知识分子,都是从现实社会实际出发,从实行何种经济政策符合封建国家的根本利益的角度提出自己的经济观点和政策。然而尽管都是从国家利益出发,面对相同的社会问题,也往往是非不同,甚至是完全对立。如有人主张复井田,有的则极力反对;有人主张抑兼并,而有人则对这一政策提出尖锐批判。又如,儒家经济思想是国家本位的经济思想,然而表现在富国之学上就有重大的分歧,这就出现了富国、足君、富民和富家等不同的观点。其所以分歧,重要的原因,是各人对什么是国家的根本利益有不同的理解,或是对现实问题有不同的视角,或是每个人又有各自具体的政治立场等等。这种思想上的分歧就造成了治国政策的不同。

但从主观上来说,他们都认为自己是从国家利益考虑问题的。正是因为儒家学者面对不同的现实问题提出不同的见解,这实际上,为了政治上的需要,从经济思想上为其统治作出补掇,现实需要什么就提出什么,这就使得儒家经济思想内容缺乏系统性和深邃的思辩的经济理论。

(4)**宏观经济论**　正是由于儒家学者从政治出发,这就决定了儒家经济思想大多考虑宏观而不是微观经济问题,而且这些经济观点绝大多数都是夹杂在他们的政治、哲学、史论乃至于文学著述之中,同他们的政治思想、哲学思想等融为一体。要想研究其经济思想还需要将其经济观点与政治、哲学思想相剥离。这种剥离出来的经济观点大多是站在政治的高度,对各时代的宏观经济作出判断。在中国传统著作中,真正的经济史著作不多。而在经济著作中,专门研究经济理论的著作又很少见。因此缺乏那种微观的具体的经济运行规律的理论研究著作。但在历史实际中,儒家经济思想仍然是丰富多采和充满活力的,二者之间并不矛盾。

研究儒家经济思想的意义,学术界有着不同的观点,一种意见认为,儒家经济思想是一种历史的存在,它只能作用于某一特定的历史时期,对现代社会已经产生了阻碍作用,更谈不上对未来社会产生影响和价值。一种意见则认为,儒家经济思想作为中国传统文化的一部分和前人的思想智慧,不仅对当代社会,并且对未来社会也会产生影响和价值。

其实,这里存在着一个如何对待历史文化遗产的问题。任何一个民族和国家的思想文化,其发生、发展都离不开对历史遗产的继承、吸收和创新。今天是昨天的继续,未来也是在今天基础之上的发展。孔子的经济思想、儒家的经济思想不可能超越其时代。但是,一种思想理论体系产生,并在一定程度上反映了客观经济发展的某些运行规律时,它就不会因为历史的演进而消失,它必然成为真理中的一部分而成为整个人类的精神财富,并永远具有活力。

毛泽东关于对待文化遗产的理论,可以指导我们如何认识和分析儒家经济思想的历史地位和意义。毛泽东说:"我们这个民族有数千年的历史,有它的特点,有它的许多珍贵品。对于这些,我们还是小学生。今天的中国是历史的中国的一个发展;我们是马克思主义的历史主义者,我们不应当割断历史。从孔夫子到孙中山,我们应当给以总结,承继这一份珍贵的遗产。这对于指导当前的伟大运动,是有重要的帮助的。"(《毛泽东选集》四卷合订本,第 499 页)这段话告诉我们两点:其一,思想文化发展的连续性观点。历史不能割断,思想传统文化不仅仅与过去的历史联系,而且会与现实和未来发展联系,持续不断地发挥其正面和反面的作用以影响后来思想文化的发展。新的思想、新的观念的产生,都不是从天上掉下来的,它都是对以往的思想、概念、原理的加工、改造、制作而形成的。然而,继承又不是照搬,而是辩证的否定,即对历史遗产重新认识和扬弃。其二,要从现实出发,联系实际的观点。对历史文化遗产要进行总结,要继承这一份珍贵的遗产。我们继承它,是要从中吸取精华,用于指导我们当前的运动。这就有一个继承与创新的关系问题,创新只能是在批判继承的前提下有所前进,要超越传统必须首先了解传统。

目前我们的现实就是要实现中国社会主义的现代化。我们要建设的是有中国特色的社会主义,我们的事业离不开中国特有的历史条件,否则,就谈不到中国的特色了。就儒家经济思想遗产而言,其中的精华内容,不但对我们研究历史、弄清我们当前所进行的活动的条件和出发点有重要意义,同时还能为我们提供重要的历史经验和历史借鉴。特别是近代,关于独立富强的思想,关于中学为体西学为用的思想,关于振兴实业的思想,关于经济开放的思想等等,对当前认识世界指导中国经济建设,其意义仍是显而易见的。

孔子经济思想的研究

朱 家 桢

一 导 言

孔子是我国古代的一位著名思想家。二千多年来,他的思想,无论是正确的方面和谬误的方面,都曾对我国思想文化的发展,产生过重大影响,成为我国悠久思想文化遗产之一。我们对于孔子的思想,如同对待历史上一切思想文化遗产一样,须要用马克思主义的观点和方法,进行批判总结。诚如毛泽东同志所说:"从孔夫子到孙中山,我们应当给以总结,承继这一份珍贵的遗产。"(《毛泽东选集》第 2 卷,第 499 页,人民出版社 1967 年版)

历来人们对孔子思想的研究,往往比较注重他的哲学思想、伦理思想、政治思想和教育思想,而不甚注重他的经济思想,认为孔子"罕言利",他没有堪足称道的经济思想,殊不知"罕言利"本身亦是一种经济思想。孔子不仅有经济思想,而且经济思想还是他整个思想体系的必要组成部分。经济思想是现实经济运动在人们头脑中的反映,研究思想家的经济思想,对于了解人们对客观经济运动规律认识的程度和弄清思想家的思想实质,都有着重要的意义。如所周知,法国资产阶级重农学派在政治上是封建主义的最虔诚的拥护者,但是,他们所表述的经济理论,却"是对资本主义生产的第一个系统的理解"(《马克思恩格斯全集》第 24 卷,第 399

页）。他们的经济学说,正是代表了资产阶级的历史要求。只有研究了他们的经济思想,才能透过其封建主义的政治外貌认识他的资产阶级的实质。因此,为了研究我国古代经济思想本身的发生和发展,有必要研究孔子的经济思想,同时为了全面地批判总结孔子的学术思想,也有必要研究他的经济思想。

关于孔子经济思想的研究,较早的有陈焕章的《孔子及儒家的经济学说》,其后有甘乃光的《先秦经济思想史》,熊瘿的《晚周诸子经济思想史》,唐庆增的《中国经济思想史》上卷,阮子宽的《先秦儒家之财政思想》。解放后,对孔子经济思想的研究进入了一个崭新的时期,胡寄窗的《中国经济思想史》上,陈绍闻等的《中国经济思想简史》上册以及关于孔子经济思想研究的许多专题论文,都程度不同地对孔子的经济思想作了进一步的探讨。特别是运用马克思主义的观点和方法,对孔子的经济思想进行了阶级的分析,为在马克思主义理论指导下,正确地批判总结孔子的经济思想,作出了有益的努力。此外,台湾学界周金声的《中国经济思想史》,李玉彬的《先秦儒家经济思想与民生主义》,也从不同角度对孔子的经济思想作了探讨。

孔子的学术思想,无论在哲学、伦理、政治、教育、经济等方面,都是以治国为中心的。以教育思想来说,其目的就在于为"从政"、"治国"而培养人材。"仕而优则学,学而优则仕"(《论语·子张》),教学与从政是密切不可分的,如果学而不能从政,就失去了学的目的。"诵《诗》三百,授之以政,不达,使于四方,不能专对,虽多亦奚以为?"(《论语·子路》)在孔子看来,教学是毫无疑义地必须从属于政治的。对于哲学思想和伦理道德观念也是如此。他说:"君子笃于亲,则民兴于仁,故旧不遗,则民不偷。"(《论语·泰伯》)"一日克己复礼,天下归仁焉。"(《论语·颜渊》)又说:"上好礼则民易使也。"(《论语·宪问》)"上好礼则民莫敢不敬。"(《论语·子路》)"慎终追远,民德归厚矣。"(《论语·学而》)可见孔子所说的仁义道德、君臣父子以及对天命鬼神的解释,无不立足于"为政"、"治国"这一根本目标的。他的经济思想亦完全是这样,它是构成整个治国学说的组成部分。他的经济思想主要表现为对现实经济生活和经济政策提出他的批判和主张。

二 欲利观念与义利思想

孔子对财富和欲利的态度是十分肯定的。他并不讳言对追求财富的强烈欲望。他说:"富而可求也,虽执鞭之士吾亦为之。"(《论语·述而》)直率地道出了他只要是求富有道,就乐于躬求的心情。他并把这种求富之心,概括为一般的人性。他说:"富与贵是人之所欲也,不以其道得之,不处也。贫与贱是人之所恶也,不以其道得之,不去也。"(《论语·里仁》)这里所说的"人之所欲"与"人之所恶"是包括了君子与小人在内的一切人的求富欲望。他说:"君子喻于义,小人喻于利。"(《论语·里仁》)小人是唯利是喻的;对于君子,他说:"邦有道,贫且贱焉,耻也。"(《论语·泰伯》)则在一定条件下,君子亦富贵是求的。可见在孔子看来,君子和小人都是有求富欲望的。这种求富欲望的普遍性的观念,正是我国封建领主制经济特点的反映。我国西周以来的封建贵族领主制度是建立在农村公社基础上的,它的主要的直接生产者是村社农民,其中一部分是以周族人为主的自由村社农民,他们有参与某些政治活动、受教育、服兵役和被选拔为官吏等权利和义务。他们可以自由迁徙,统治者待他们好,则"襁负其子而至",如不好,则"逝将去汝,适彼乐土。"(《诗·魏风·硕鼠》)这种自由村社农民,称为国人。另一部分是以异族(主要是殷族)人为主的村社农奴,他们无权参与政治,也无权当正式战士。他们为封建领主耕种公田,承担徭役和赋税,是主要的被剥削者。他们没有迁徙自由,"徙于他邑,则从而授之。"(《周礼·地官·司徒下》)这种固着于土地的村社农奴,称为野人。西周的建封领主制经济便是主要地建立在农奴村社的基础之上的。在这种封建领主制下,被统治阶级,包括作为直接生产者的自由村社农民和村社农奴,都被认为是具有求利的欲望和能够从事求利活动的人。《周书·无逸》说:"君子所其无逸。先知稼穑之艰难,乃逸,则知小人之依。相小人,厥父母勤劳稼穑,厥子乃不知稼穑之艰难,乃逸,乃谚既诞。"又《周书·酒诰》说:"沫土嗣尔股肱,纯其艺黍稷,奔走事厥考厥长,肇牵车牛,远服贾,用孝养厥父母。"这说明在西周时代"小人"主要是劳动农民以及工商业者,直到春秋时代也还是如此。证诸《论语·子路》:"樊迟请学稼,……子曰:小人哉,樊须也!"又据《左传》成公三年:"荀罃之在楚也,郑贾人有将置诸褚中以出。……贾人如晋,荀罃善视之,……贾人曰:……吾小人,不可以厚诬君子。"说明在春秋时代,从事农业和工商业的人,仍属"小人"的泛称。在西周时代,人们求利的欲望和求利的活动,绝不限于统治阶级或非劳动阶层,而是包括了作为平民的直接生产者在内的。因此反映在人们思想中,欲利观念不仅君子有,小人(包括直接生产者)也有。孔子所说的"人之所欲也"就是包括了直接生产者在内的,它是西周以来的传统观念。到了春秋时代,求富观念作为普遍的合乎人性的观念,已很流行。如在孔子出生前一百多年楚国的令君子文"三舍令君,无一日之积,……成王每出子文之禄,必逃,王止而后复。人谓子文曰:'人生求富,而子逃之,何也?'"(《国语·楚语》)这里就明确表明当时人认为求富是人生而就有的欲望。又公元前545年"崔氏之乱,……及庆氏亡,……与晏子邶殿,其鄙六十,弗受。子尾曰:'富,人之所欲也,何独弗欲?'"(《左传》襄公二十八年)这里也是把求富作为普遍的人性来肯定的。一方面孔子继承了前人关于求富的普遍性的观念。另一方面,他把求富者区分为君子和小人,给予了等级的涵义,从而发展了前人关于求富的观念。

虽然孔子认为君子和小人都有求富的欲望,但是他并不认为君子和小人在实际的求利活动中是以平等为基础的。恰恰相反,他认为是以不平等为基础的。他说:"君子谋道不谋食。耕也,馁在其中矣;学也,禄在其中矣。"(《论语·卫灵公》)又说:"上好礼,则民莫敢不敬;上好义,则民莫敢不服;上好信,则民莫敢不用情。夫如是,则四方之民襁负其子而至矣,焉用稼。"(《论语·子路》)在他看来,君子与小人、统治者与劳动人民之间,由于地位的不同,相应地他们谋取经济利益的范围和方式也应是各不相同的。尽管在现实社会里,人人都有获取财利的欲望,但是不同阶级的人(君子、小人等)和不同等级的人(国君、大夫、士等),他们各自牟利的方式和所能获得的利却是不同的。他们都只能在各自等级所确定的范围之内,以一定的方式去求利。孔子认为只有这样,人们才能各安其分,不相侵夺,从而达到统治秩序的稳定。反之,若是超越了各自等级所确定的范围和方式去求利,则必然要造成相互侵夺,犯上作乱,从而破坏固有的统治秩序,这是必须反对的。所以孔子说:"富与贵是人之所欲也,不以其道得之,不处也。"孔子把普遍存在的求利欲望,严格地限制在既定的等级范围之内,把这种不平等,作为人们普遍的求利欲望的现实基础和求利行为所必须遵循的基本原则。这种以不平等为基础的欲利思想,正是现实的贵族领主宗法制下社会财富占有关系的反映。自西周以来,在宗法贵族领主制社会里，贵族领主阶级垄断着社会的主要财富，而劳动者虽然也有求富的欲望，但"耕也，馁在其中矣"，劳动人民为求一温饱而不可得，求富更是难乎其难。孔子所属的士人阶层，也不是生而富贵者，他们必须学习掌握一套知识和才能（语言、文学、礼仪、理财等），供贵族驱使（即"干禄"），以求上达，获取富贵。对于他们来说，求富之道，实多坎坷。孔子一生栖皇，深谙其中艰辛，所以他说："如不可求，从吾所好。"他面对普遍的求富欲望与贵族阶级垄断财富这个矛盾，不是着重于冲破这种垄断，而是着重于宣扬安贫乐贫的精神；不是要求积极去满足人们的欲望，而是宣扬自我节制；不是为求富而去改变现实的条件，而是宣扬在承认现实的前提下去求富。这表明孔子的欲利思想事实上是一种为维护现存贵族领主制下社会财富占有关系的理论。虽然在他的举贤尚能、博施薄敛等惠民思想中，也不乏某些改善社会财富占有关系的要求，但他的理论出发点，始终是为巩固既有的统治秩序。他的这个立场，不能不阻碍了他对财富和欲利观念的积极意义的认识。

孔子的欲利观念的普遍性和他提出的对于求利行为的等级不平等的原则，构成了他的义利观的思想基础。他一方面承认一切人都有求富逐利的欲望，但另一方面他又认为不是任何求富的行为都是可取的。他坚决反对无限制地追逐个人的欲利。他说："放于利而行，多怨。"（《论语·里仁》）过分追求个人欲利是有害的，因此必须反对。为了区分求利的合理性与非合理性，孔子提出了"义"的概念，并指出义和利的关系应该是先义后利，"义然后取"（《论语·宪问》）。取利必须合乎义，合乎义的利，多取不为贪，不合乎义的利，虽少也不能取。"不义而富且贵，与我如浮云。"（《论语·述而》）这便是孔子的义利观。义利观是孔子观察和处理各种利害得失关系的一个基本原则。

　　"义"是一种道德规范。但是，作为相对于"利"的"义"，即与一定的物质利益构成矛盾统一体的"义"，就不仅仅是道德观念。因为一定的物质利益不是从某种道德观念中得到解释的。相反，特定的道德观念却是要从一定的物质利益即经济关系中去得到理解。在原始时代，人们把战俘处以火刑，或干脆吃掉，被认为是完全合理的。在某些后进民族中，对偷窃看作是可耻的行为，而把公开的抢劫视为英雄豪迈的事业。对于吃人和抢劫的行为，既不是从现存的道德观念中产生，也不能从道德观念中去得到解释。恩格斯说："一切已往的道德归根到底都是当时的社会经济状况的产物。而社会直到现在还是在阶级对立中运动的，所以道德始终是阶级的道德；它或者为统治阶级的统治和利益辩护，或者当被压迫阶级变得足够强大时，代表被压迫者对这个统治的反抗和他们的未来利益。"（《马克思恩格斯选集》第 3 卷，第 134 页）因此，所谓道德，无非是某种经济利益的观念反映，它是这种经济利益在观念上的表现，并为维护和巩固这种经济利益服务的。所以当我们探讨义利观的"义"时，就不能仅仅停留于道德规范的一般分析，而必须深入分析这种观念所反映的经济利益的实质。事实上孔子在说明他的义利观时，也反映了"义"的阶级含义，即"义"是属于君子的（"君子喻于义"）。孔子认为"义"体现着统治阶级的共同的利益，是至高无上的，所谓"君子义以为上"（《论语·阳货》），所有统治阶级的成员，都必须把它放在首位，并无条件地服从它。当个人私利与这种共同的阶级利益相矛盾时，为了维护共同的阶级利益，有时就需要放弃某些个人利益，甚至为此不惜牺牲个人的一切，这就是所谓"杀身成仁"、"舍生取义"的阶级含义。在孔子看来，作为君子，特别是统治阶级的代表人物，必须懂得如何维护统治阶级的最高利益，即"喻于义"。君子是应该喻于义，也必须喻于义的。孔子一再告诫为政者必须"毋见小利，……见小利则大事不成"（《论语·子路》）。孔子所说的小利，即是统治阶级的局部的、暂时的或个人的利益，相对于这种小利的是全局的和长远的阶级利益，即是"义"。孔子的重义轻利思想是由他的义利观所决定的，他的轻利、罕言利，只是相对于"义"来说才是如此，它绝不意味着反对利本身。相反，在符合于义的情况下，孔子不仅不反对求富逐利，而且认为不求富贵，才是可耻的。因此，把孔子说成在任何情况下都反对求利，只尚空谈仁义道德的教条，是没有正确理解孔子的义利观，是对孔子经济思想的误解。

孔子的义利观，即取利必须合乎义，只是提出了理论原则，要使这个原则成为社会实践中的行动准则，还必须使"义"的概念具体化、制度化，使之成为可以依循的准则。孔子认为这个准则就是"礼"。

礼是人们在各种社会活动中制度化了的行为准则，它几乎包括了人们生产、生活的一切方面，通过成文的或不成文的形式制约着人们的行为。因此，礼具有极大的社会作用。所谓"礼，天之经也，地之义也，民之行也"（《左传》昭公二十五年）。"礼，国之干也"（《左传》僖公十一年、《左传》襄公三十年）。"礼，人之干也"（《左传》昭公七年）。"礼，经国家，定社稷，序民人，利后嗣者也"（《左传》隐公十一年）。都说明礼所具有的极大的社会作用。在全部礼制中，反映经济生活的礼制是它的重要组成部分。礼的首要内容，是确定各阶级、各等级间的利益范围。所谓"明等级以导之礼"（《国语·楚语上》），"礼者，贵贱有等，长幼有差，贫富轻重皆有称者也"（《荀子·富国》）。都说明礼的本质要求，在于把各阶级、各等级的权力和利益的差别固定化、制度化。《礼记·曲礼》中描述在古代等级礼制下的财富占有是："问国君之富，数地以对,山泽之所出。问大夫之富,曰有宰食力,祭器衣服不假。问士之富,以车数对。问庶人之富,数畜以对。"这就是说,上自国君,下至庶民,都有各自的财富和利益的范围。《韩诗外传》中也说:"驷马之家,不恃鸡豚之息。伐冰之家,不图牛羊之入。千乘之君,不通货财,冢卿不修币施,大夫不为场圃。委积之臣,不贪市井之利。是以贫穷有所欢,而孤寡有所措其手足也。诗曰:彼有遗秉,此有滞穗,伊寡妇之利。"(《大学》孟献子也有相同说法)它说明各等人都有其确定的获取合乎其本分利益的范围,不能任意逾越。孔子极端重视礼对于治理国家的作用。他说:"为国以礼。"(《论语·先进》)他认为只要使人们各自在礼制规定的范围内去求利而不相侵夺,就能达到全社会的和谐与均衡,所以说:"礼之用,和为贵。先王之道,斯为美。"(《论语·学而》)就是肯定礼在实现社会利益的和谐与均衡中的重要作用。孔子把礼看作是"义"的制度化,是实现"义"的标准。因此,合于礼的行为谓之义,合乎义的利,才是君子所求的利。在孔子看来,利是必须从义生出的,所谓利生于义,或义以生利。如果利生于不义,即违礼以求利,则是不义,不义之利,君子是不取的。关于礼、义、利三者的关系,孔子自己是这样说明的:"礼以行义,义以生利,利以平民,政之大节也。"(《左传》成公二年)意思是说,礼为社会各阶级规定了各自的利益范围,义者宜也,按照礼制的规定去求利,就能各得其宜;各得其宜,则人人都能求得自己应得的利益,是利生于义也;人人都得到了自己应得的利益,则全社会也就达到了国治民安;这是为政治国所必须掌握的关键。从这里说明孔子的义利观是以维护既有的等级礼制所体现的阶级利益为目的的。

关于义利的思想,在孔子以前春秋时代的思想界,早就有所论述。如:

周襄王的大夫富辰说:"夫义所以生利也,……不义则利不阜。"(《国语·周语中》)

周简王的卿士单襄公说:"利制能义。"(《国语·周语下》)

晋大夫丕郑说:"义以生利,利以丰民。"(《国语·晋语一》)

晋大夫里克说:"夫义者,利之足也;……废义则利不立。"(《国语·晋语二》)

晋大夫臼季说:"义以导利,利以阜姓。"(《国语·晋语四》)

晋大夫赵衰说:"德义,利之本也。"(《左传》僖公二十七年)

齐大夫晏婴说:"利不可强,思义为愈。义,利之本也。"(《左传》昭公十年)

楚大夫申叔时说:"义以建利。"(《左传》成公十六年)

鲁穆姜说:"利,义之和也,……利物足以和义。"(《左传》襄公九年)。

孔子继承了春秋时代的义利思想,并进而把它同"礼"的概念相结合,使义、利、礼三者统一起来,从而发展了义利思想,成为他在经济方面贯彻其治国学说的理论基础。

孔子义利思想的重要特点,是强调"义"对"利"的制约作用,"利"必须服从"义"。这是与春秋时代随着封建领主制经济日趋没落所形成的各阶级、各等级间错综复杂的利益关系的状况相联系的。封建贵族领主制的特点是,在大小各级领主之间,统治阶级与被统治阶级之间,存在着金字塔式层层统属的关系,它具有与欧洲中世纪封建领主制相同的基本特点,即"我的附庸的附庸,不是我的附庸"。如齐大夫子韩皙说:"家臣而欲张公室,罪莫大焉。"(《左传》昭公十四年)又叔孙氏家臣鬷戾说:"我家臣也,不敢知国。"(《左传》昭公二十五年)这些都说明,按传统的封建领主制统属关系的原则,家臣只知从主(大夫),不知从国(公室),家臣不能越级干预国政。同样的原则,各国的大夫也只听从本国国君的命令,并不听从周天子的命令。这样"我的附庸的附庸,不是我的附庸"的统属关系,必然形成利益关系的多层次形式。一方面,上自国君,下至庶民,都有规定的利益范围,并为固有的统治秩序所制约,不得任意逾越;另一方面,他们之间又层层相隶,存在着利益上的从属和相互保证的关系。下级领主需要上级领主的封赐,上级领主则需要下级领主在政治上、经济上的支持和保证。庶民百姓的生产、生活条件,有赖于统治阶级的惠民利民政策的庇护,所谓"无夺农时,则百姓富"(《国语·齐语》),而民富则又是统治阶级取得财富的根本保证,所谓"百姓足,君孰与不足"。这种为旧的统治秩序所固定了的各阶级各等级的求利范围和利益的从属关系,随着统治集团间争权夺利、兼并侵夺斗争的发展,在不同统治集团间、统治集团与被统治的平民阶级间,产生了错综复杂的利益关系。某些统治集团的代表人物,为了争取人民的支持,采取惠民恤民的措施,给人民以较多的实际利益,从而使人民在利益上更多地从属于自己。这种状况常常使得为旧的统治秩序所固定了的各阶级各等级的利益范围和利益的从属关系,随之发生变化。有时公室的统治者做些相对地有利于人民的事,因而在公室与大夫的争斗中,人民助公室以伐大夫,如宋人叛桓氏(大夫)而助宋君(参阅《左传》哀公十四年)。有时大夫做些相对地有利于人民的事,因而在公室与大夫的争斗中,人民助大夫以逐国君,如鲁人助季氏逐鲁昭公,莒人助乌存(大夫)逐莒子(国君)等(参阅《左传》昭公二十三年)。有时陪臣做些相对地有利于人民的事,因而在大夫与陪臣的争斗中,人民助陪臣以打击大夫,如费人从南蒯叛季氏(参阅《左传》昭公十三年),反之亦然。这种多层次的错综复杂的利益关系,使得不同统治集团的人,往往首先考虑的是自己及其集团的利益,而缺乏整个国家和阶级的整体利益和根本利益的观念。在春秋时代,大夫出奔他国或敌国时,可以把领地所有权随同转移。如"齐乌余以廪丘奔晋"(《左传》襄公二十六年)。"邾庶其以漆、闾丘来奔"(《左传》襄公二十一年)。而士人投靠他国或敌国以攻伐本国的事例则更多。这明显地反映出统治阶级中缺乏整体的、根本的阶级利益的观念,孔子的义利观强调从统治阶级的整体利益和根本利益出发处理局部的、暂时的和个人的利益关系,就这一点来说,它表现了作为统治阶级思想家所具有的深思和远见。

三　生产观点

孔子在生产上,一方面,反对士人、君子直接从事生产劳动。他说:"君子怀德,小人怀土。"(《论语·里仁》)"君子谋道不谋食"。他认为君子的职责在于掌握为政之道,而具体的生产劳动,乃是小人之事。所以当樊迟向他请教农业生产知识时,他说:"……小人哉,樊须也。……焉用稼。"但另一方面,他对于物质生产的社会意义则是重视的。《论语·尧曰》载,"所重:民、食、丧、祭",把民与食列为为政的重要内容。他还说"足食足兵,民信之矣"(《论语·颜渊》),把足食置于政务之首。孔子作为剥削阶级的代表人物,他反对士人、君子从事生产劳动;但同时作为统治阶级的思想家,从巩固国家统治的需要出发,又认为必须重视物质生产。他虽然十分强调政治和思想道德教化的重要性,但也认识到统治阶级对人民的教化是必须以一定的物质基础为条件的。要有效地驱使人民,就必须使人民有基本生活的物质保障。"民匮其生,饥寒切身而不为非者寡矣。"(《孔丛子·刑站·第四》)这话是否真是孔子所说,可以研究,但在当时社会大动荡、民不聊生、犯上作乱的现实中,有这样的体会亦是可能的。在孔子以前,管仲就已提出"仓廪实则知礼义,衣食足则知荣辱"的思想,揭示了物质生活与礼义道德和社会安定之间的联系。孔子的足食、富民的思想,进一步发展了衣食足知荣辱的观点。据《论语·子路》载:"子适卫,冉有仆。子曰:'庶矣哉!'冉有曰:'既庶矣,又何加焉?'曰:'富之。'曰:'既富矣,又何加焉?'曰:'教之。'"孔子的庶、富、教,即富民的思想,是他的经济思想中一个突出的部分。唐庆增说:"富民之论,不但为孔子经济学说之基础,亦为儒家主张之一大特点。"(唐庆增:《中国经济思想史》上卷,第75页)但亦有人认为孔子的"富之"的主张,"决不会主张劳动人民富",而是"奴隶主贵族富"(《中国经济思想简史》上册,第45页)。完全否定了孔子有富民的思想。据赵纪彬的《论语新探》考证:"此章所说'教之'是指'教民'而言。"(赵纪彬:《论语新探》第8页)如果说"教之"是教民,而"富之"是富奴隶主,这在文理逻辑上也是说不通的。"富之"、"教之"都应该是对人民而言的。从《论语》所述来看,孔子有富民思想应是肯定的。从孔子的后继者孟子和荀子的阐发中,也可得到进一步的证实。孟子说:"是故明君制民之产,必使仰足以事父母,俯足以畜妻子,乐岁终身饱,凶年免于死亡,然后驱而之善,故民从之也轻。今也制民之产,仰不足以事父母,俯不足以畜妻子,乐岁终身苦,凶年不免于死亡。此惟救死而恐不赡,奚暇治礼义哉!"(《孟子·梁惠王上》)荀子说:"不富无以养民情,不教无以理民性。故家五亩宅,百亩田,务其业而勿夺其时,所以富之也。"(《荀子·大略》)这些说法,与孔子的富民思想是一脉相承的。

对于实现富民的途径,从孔子的经济思想来看,主要包括两个方面,即保证和鼓励直接生产者发展生产以及减轻统治阶级的剥削。关于后者,我们将在孔子的分配观点中加以讨论,这里主要考察孔子对发展生产的观点。孔子的主张主要有"使民以时"(《论语·学而》)、"因民之所利而利之"(《论语·尧曰》)、"废山泽之禁"等(《孔子家语·五仪解第七》)。这些主张与当时的现实生活都是密切相关的。

"使民以时"就是要求统治者在役使人民时,要注意保证农时的需要,不影响农业生产。

在古代,农业是决定性的生产部门,农业生产的好坏,直接关系到广大人民的生活,也影响到统治阶级的经济和政治的稳定。因此,我国很早以来就十分重视研究和掌握天时与农业生产的关系。在封建领主制经济下,农民按照贵族领主的命令,到领主的土地上从事指定的农作,整个公田的经营是由领主及其代理人掌管的。为了做到适时耕作,统治阶级必须掌握农时。因此,每年秋冬之交,周天子就须把第二年的历书颁发给诸侯,称为"颁告朔"。各诸侯把历书藏于祖庙,每逢初一,须宰一羊祭于庙,是为"告朔"。这些制度体现了统治阶级对农时的极大重视。但是随着公田制度的废弃,劳动地租转变为产品地租,统治剥削阶级自己不再直接经营公田了,整个农业的直接生产过程主要由农民自己独立地进行了。统治剥削阶级只是从生产的成果中征取租税,而不再过问具体的生产过程,从而统治剥削阶级对掌握农时的观念也逐渐淡薄,原有的一套掌管农时的制度也日渐湮废。据《左传》文公六年载:"闰月不告朔,非礼也。闰以正时,时以作事,事以厚生,生民之道,于是乎在矣。不告闰朔,弃时政也,何以为民?"这里谴责了鲁文公的"弃时政",认为这不利于农时,不符合生民之道。事实上此时的"告朔",早已失去了掌握农时的意义,仅是徒具形式的祭礼而已。后来甚至连子贡也要求"去告朔之饩羊"了(《论语·八佾》),统治剥削阶级的"弃时政"是农业中生产关系变化的必然结果。统治剥削阶级离直接生产过程愈远,农时的观念也就愈淡薄,从而统治者侵夺农时的现象也就愈多。特别是随着生产力和商品经济的发展,统治阶级对物质享受的追求也大大增长了,他们奢靡无度,不断大兴土木,大量征调农民服劳役。如"晋平公春筑台,叔向曰:不可,……今春筑台,是夺民时也"(《说苑·贵德》)。又"赵简子春筑台于邯郸,天雨不息,谓左右曰:可无趋种乎? 尹铎对曰:公事急,厝种而悬之台,夫民欲趋种,不能及也"(《说苑·贵德》)。又"楚庄王筑层台,延石千重,延壤百里,士省反三月之粮者。……"(《说苑·尊贤》)又"景公为台,台成,又欲为钟,晏子谏曰:君不胜欲,为台,今复为钟,是重敛于民,民之哀矣"(《说苑·正谏》)。又如鲁昭公八年,晋侯筑虒祁宫,谣传晋魏榆地方的石头开口说话了。晋候问师旷,石头为何说话,师旷说:"今宫室崇侈,民力凋尽,怨仇并作,莫保其性石言,不亦宜乎?"(《左传》昭公八年)说统治者穷奢极欲,大兴土木,弄得民怨沸腾。可见当时对农民征役过度的情况十分严重。同时,频繁的战事,又把大量的农民劳动力投入兵役和筑城修备等徭役中。如越王勾践在出征前"大徇于军曰:有父母耆老而无昆弟者,以告。……明日徇于军曰:有兄弟四五人皆在此者,以告。……明日徇于军曰:筋力不足以胜甲兵、志行不足以听命者归,莫告"(《国语·吴语》)。可以看到,在越王征集的军队里,一家兄弟四五人乃至独生子以及有各种病疾的青壮年都统统被征入伍了。在这种情况下,农民的正常生产就不可能不受到严重影响。此外,还有大量的筑城徭役,如前 644 年,齐国以霸主的身份,征发十国的庶民去筑鄟城。又如前 641 年,"梁伯好土功,亟城而弗处,民罢而弗堪,则曰某寇将至。乃沟公宫,曰:秦将袭我"(《左传》僖公十九年)。统治者以防御敌国为借口,大兴土木,筑城建宫,弄得民不堪命。由此造成农业失时,生产得不到保证的后果,不能不在根本上损害了统治阶级赖以生存的物质基础。因此不少统治阶级的思想家都提出了要求保证农时的问题。早在孔子以前,周宣王的卿士虢文公就对保证农时的重要性有过论述,他说:"王事唯农是务,无有求利于其官,以干农功。三时务农而一时讲武,故征则有威,守则有财。若是,乃能媚于神而和于民矣。"(《国语·周语上》)周定王时单襄公也指出:"周制有之曰:……民无悬耜,野无奥草,不夺民时,不蔑民功。"(《国语·周语中》)曹刿对鲁庄公说:"动不违时,财不过用,……是以用民无不听,求福无不丰。"(《国语·鲁语上》)管仲也说:"无夺民时,则百姓富。"(《国语·齐语》)他们都极力告诫统治者不要侵夺农时。孔子的使民以时的思想,正是在继承前人思想的基础上,为解决现实经济生活中存在的问题而提出的。他认为要使农民的农时得到保证,很重要的一点是要求统治者改变过去奢靡的时风。他盛赞大禹"菲饮食而致孝乎鬼神,恶衣服而致美乎黻冕,卑宫室而尽力乎沟洫"的精神(《论语·泰伯》),要求统治者在礼仪交往中注意节俭。他说:"礼,与其奢也,宁俭。"(《论语·八佾》)在征调力役时,应取法古代"任力以夫而议其老幼"(《国语·鲁语下》)。在使用民力时,要十分谨慎郑重:"使民如承大祭。"(《论语·颜渊》)他认为只要统治者认真提高思想品德,减少奢靡,实行节用爱民的政策,就能使农时得到保证,国家得到治理。所以他说:"道千乘之国,敬事而信,节用而爱人,使民以时。"

　　孔子的使民以时的主张是以巩固统治阶级的统治为出发点的;但是,这种主张本身在客观上是适应了生产力发展的需要,它对于保证和发展农民的生产,无疑是有积极意义的。

　　孔子的"因民之所利而利之"和"废山泽之禁"的思想,是一个很值得注意的经济思想。它与传统的反映垄断性的封建领主经济的宗法自然经济观不同，是一种基于要求打破领主阶级垄断经济的开禁利民的经济思想。胡寄窗教授认为，孔子的这个思想同他的建立封建等级秩序的基本精神是相矛盾的。他说："孔子……主张'因民之所利而利之'，……财富的生产，在他看来，……只好顺势利导，不必横加干涉。仅就这一点来说，它和孔子建立封建等级秩序的基本精神是不符合的。"（胡寄窗：《中国经济思想史》上，第 87 至 88 页）我认为这是一个很值得研究的问题。

关于要求打破贵族领主对经济的垄断的思想，在孔子以前，已有人提出。如周厉王时大夫芮良夫指出："夫利，百物之所生也，天地之所载也；……天地百物，皆将取焉，胡可专也。"（《国语·周语上》）他首先从理论上提出了打破贵族领主的经济垄断的思想。管仲也说："山泽各致其时，则民不苟。"（《国语·齐语》）他也主张把山泽之利，按时向人民开放。晋平公时的士文伯也提出，为政除"择人"而外，一要"因民"，二要"从时"（《左传》昭公七年）。孔子继承了前人对贵族领主的经济垄断的批判，进一步提出了开禁利民的思想。它一方面要求在财富的生产上因顺民情，国家不任意干涉，让人民自己经营对他们有利的事，并从中得到实利；另一方面则反对贵族领主为扩大牟利而与民争利。孔子批评鲁大夫臧文仲"妾织蒲"是"不仁"的行为，认为它是与民争利。《春秋繁露·制度篇》说："君子不尽利以遗民。故君子仕则不稼，田则不渔。"阐发了统治阶级不与民争利的思想。认为统治阶级不应超出传统范围以外去经营牟利的事业，而应把它留给人民。孔子的这些开禁利民的思想，被陈焕章称作是自由放任的政策，他说："普遍的平等、普遍的机会和经济的自由，是孔子最重要的学说。等级制度、垄断和关税，是孔子谴责的对象。……一方面我们在孔子主义中找到他是赞成社会立法的;另一方面我们也找到他是赞成自由放任政策的。……关于'自由放任政策'的确切的表述,我们从孔子自己对一般经济原则的表述中可以找到:当他的弟子子张向他问为政之道时,孔子举出五种美德,其中第一种美德是'惠而不费',子张又问:何谓'惠而不费?'孔子回答说:'因民之所利而利之,斯不亦惠而不费乎?'这一表述是最全面的,已无需特别解释了。"(陈焕章:《The economic principles of Confucius and his school》第 175 至 176 页)唐庆增亦说:"因民所利而利者,如治田薄税、通商惠工等事,谓导民固有之福利也。孔子反对政府有何压迫或干涉行为,盖主张政府费小费,作小事,设法收莫大之利益与效果,……能如此则政府所费小,而人民得益多。进一步言,孔子实主张放任主义(Laissez—faire),而反对干涉政策(Intervention)。"(唐庆增:《中国经济思想史》上卷,第 76 页)他们都把孔子的开禁利民的思想,同欧洲古典经济学家提出的自由放任主义思想等同了起来,其实两者是不同的。自由放任主义思想最早是在17 世纪末 18 世纪初由英国和法国的一些资产阶级思想家提出来的。随后由亚当·斯密作了充分的论述。它是从资产阶级利己的本性出发,要求让每个人都自由地追求自己的利益,即让资产阶级完全自由地经营工商业,自由地剥削劳动者,自由竞争,自由地发展国内外贸易,反对封建主义和重商主义的限制,反对国家干预资产阶级的经济活动,要求取消保护关税、行会制度等封建主义残余。这同孔子的开禁利民思想在根本上是不同的。孔子并没有主张资产阶级的平等和经济的自由,也没有反对过等级制度。那些自由平等的资产阶级原则,孔子是没有的,也不可能有的。孔子只是在符合其巩固封建统治秩序的前提下,对现实经济关系的某些方面,提出一些调整,适当给直接生产者一些实际利益,以利于促进劳动者的生产积极性。他说:"因民之所利而利之,斯不亦惠而不费乎?"他是把"君子惠而不费"作为"因民之所利而利之"的前提和条件的,即是一方面要使人民得到实利,而另一方面则是以不损及统治阶级的利益为度,超出这个限度,君子就不能接受了。他把所能给予人民的利益,限制在统治阶级所能允许的范围之内。因此,孔子的开禁利民思想,决不是要求不加任何限制地让人民自由发展经济的思想。它同资产阶级的自由放任主义思想有着根本的区别。但是,孔子的开禁利民的经济思想,毕竟是对贵族领主经济的垄断性的一种批判,它较之宗法的自然经济观是一种进步。

四　分配和流通观点

分配问题首先应是生产资料的分配,孔子在反对统治阶级内部相互侵夺时,提出了"不患寡而患不均"的思想(《论语·季氏》)。董仲舒《春秋繁露》引为"不患贫而患不均",俞樾《群经评议》亦认为"寡"应作"贫",因为"贫"与"均"是对财富而言的。下文"均无贫"可以为证。我认为董、俞的意见是正确的。孔子的"均无贫"可说是反映了他对统治阶级内部生产资料分配关系的一种观点,即生产资料的占有应与其等级身份和地位相一致,以保证社会的均衡与和谐。孔子认为,如果破坏了这种均衡,必将导致贫富的扩大和对立的加剧。但是,孔子的"均无贫"思想,长期以来被人们误解为"均贫富"的思想。唐庆增认为,孔子为了解决社会上贫富不均的问题,提出由政府调整人民的财富,使之趋于均平(唐庆增:《中国经济思想史》上卷,第78页)。胡寄窗教授指出,这是一种误解。孔子是尊卑贵贱等级秩序的维护者,绝无对各阶级财富强行平均分配的思想。这是正确的。但是他又认为,孔子的"均无贫"是指被剥削阶级成员间的财富分配彼此相近（胡寄窗：《中国经济思想史》上，第 92 页），我认为这是值得商榷的。因为孔子说得很清楚，他的均无贫是对"有国有家者"而言的，在这里他并没有谈到被剥削阶级。因此，孔子在这里说的贫富，指的都是贵族阶级。孔子认为，统治阶级之间的相互侵夺，会造成统治阶级内部的不稳定，因为相互侵夺的结果，一些贵族富起来，一些没落贫穷，造成贫富不均和国家的分裂动乱。他说："贫而无怨难。"贵族阶级内部贫富的对立，往往是动乱的根源。因此，他要求富者要"富而好礼"，对财富的占有要遵循礼制的规定，不要见利忘义。孔子的这种反对任意侵夺财富和扩大贫富矛盾的思想，是当时统治阶级间存在着严重兼并现象的反映，而不是被剥削阶级内部财富分化的反映。

　　孔子对分配问题说得较多的是关于足食、租赋、济贫等生活资料的分配和再分配问题。孔子提出"足食"、"所重民食丧祭"的论点，把解决人民最必需的生活资料问题置于为政的首位，正是当时统治剥削阶级横征暴敛，人民连基本的生活资料也难以保障的现实情况的反映。有一次，鲁哀公问有若："年饥，用不足，如之何？"有若回答说："盍彻乎？"鲁哀公说："二吾犹不足。"地租增加了一倍，还是不够用。晏子称当时齐国的状况是："民参其力，二入于公，而衣食其一。公聚朽蠹而三老冻馁，国之诸市，屦贱而踊贵。"（《左传》昭公三年）统治剥削者聚敛的财富朽蠹腐败，而人民群众则冻馁而死。为了缓和日益严重的阶级矛盾，孔子极力主张实行轻赋薄敛的政策。有若要求鲁哀公在凶年首先考虑减轻对人民的赋敛，就是从稳定民心，避免社会动乱的政治高度着眼的。但是只知聚敛的鲁哀公却大惑不解："二吾犹不足，如之何其彻也？"有若回答说："百姓足，君孰与不足，百姓不足，君孰与足？"（《论语·

颜渊》)指出了在租税问题上培养财源的重要性,要求把国(政府)富建立在民富的基础上。这些见诸《论语》的话,虽是有若所说,但一般都认为是反映了孔子的思想观点。这个思想,以后成为荀子的民富为源,国富为流思想的发端。这种财政思想,在当时的统治阶级中可说是相当有远见的思想。

关于要求减轻赋敛的思想,在孔子以前已有不少人提出过,如楚大夫斗且说:"夫古者聚货不妨民衣食之利,聚马不害民之财用,国马足以行车,公马足以称赋,不是过也。……夫货、马邮则厥于民,民多厥则有离叛之心,将何以封矣。"(《国语·楚语下》)楚大夫伍举对楚灵王说:"夫君国者,将民之与处,民实瘠矣,君安得肥?"(《国语·楚语上》)孔子在继承前人要求减轻剥削的思想基础上,进一步提出了他的薄赋敛的主张。但是他并不认为租税越轻越好,而是主张轻重适度。他在批评季康子用田赋时说:"先王制土,籍田以力而砥其远迩;赋里以入而量其有无;任力以夫而议其老幼。于是乎有鳏、寡、孤、疾,有军旅之出则征之,无则已。其岁收田一井,出稯禾、秉刍、缶米,不是过也,先王以为足。若子季孙欲其法也,则有周公之籍矣。若欲犯法,则苟而赋,又何访焉。"(《国语·鲁语下》)在这里孔子提出了适度赋敛的标准,即应像周公所规定的那样,农民为贵族耕种公田,公田收入归贵族;商贾则根据其财产和收入的多少征税;徭役以户计数而免除老人和小孩,并照顾到鳏寡孤疾者;每年一井田所缴的赋额是有一定的,超过上述规定,就是"不度于礼,而贪冒无厌"。有人认为"由这一段话可以看出,孔子想恢复周公的籍田法"(王先进:《孔子在中国历史上的地位》,载《孔子哲学讨论集》第 123 页,中华书局,1962 年版),即回到井田制的劳动地租去。我认为这是一种误解。在孔子生活的时代,劳动地租已为产品地租所取代,而且孔子主张"彻"法(产

20世纪儒学研究大系

品地租)是有据可查的。季氏征求孔子的意见,也只是关于田赋应否加重的问题,而不是关于应实行何种地租形式的问题。我认为孔子的薄赋敛主张,虽然在形式上是以赞颂西周封建领主制下劳动地租的方式提出来的,但实质上它是在赞颂井田制下人民负担较轻的状况,要求季氏实行像周公时代井田制下那样取于民有制的轻赋政策。从《论语》"盍彻乎"的记载看,孔子是把"彻"法视作轻重适度的理想租赋率的。据孟子解释,彻法"其实皆什一也"(《孟子·滕文公上》),即是什一地租率。什一率一直被儒家学派奉为理想的赋敛标准。《公羊传》说:"什一者天下之中正也,多乎什一,大桀小桀,少乎什一,大貉小貉。"孔子呼吁实行什一率,说明现实经济生活中已远远高于什一的标准。

在春秋时代,租赋的不断加重,是一个普遍性的社会经济现象,它的深刻的社会经济原因在于:随着社会生产力的提高和商品经济的发展,封建领主制经济正在向着封建地主制经济转化。地主制经济由于它本身的性质和特点,它的剥削量在客观上有着比领主制经济更高得多的可能性和现实性。因此,当时不少的思想家都发出了限制和减轻剥削的要求。但是他们不可能懂得,剥削量的增大,除表现剥削阶级的贪欲而外,却正是反映了社会经济的发展。在西周初期封建领主制下,其剥削量所以较少,并不是由于统治阶级的仁德,而是由于社会生产力水平低下,整个剩余产品生产很小,"这种收效很小的、为少数从事剥削的私有者进行的剩余劳动借以实现的剩余产品,也都是微小的"(《资本论》第3卷,第893页)。但是孔子却把它归诸西周的制度和统治者个人品德的完美。他崇誉尧舜禹汤文武的品德,盛赞周公确立的典制,要求实行先王之道,这就使他的体现着时代要求的轻剥削的思想,完全笼罩在强烈的复古外观之中。

孔子对于流通领域里的问题说得极少。他反对鲁大夫臧文仲置六关以征税,并可能有"关讥市鄽皆不收赋"的说法(《孔子家语》卷1)。从他主张开禁利民,反对干涉过多的态度来看,孔子是倾向于自由通商政策的。主张自由通商的政策,在春秋时代,不只在思想界存在,而且某些执政的统治者也以此作为开明政纲来标榜的。如晋文公即位后,在他的施政纲领里就有"通商宽农"的政策(《国语·晋语四》);卫文公也把"通商惠工"作为他的节用惠民政策的组成部分(《左传》闵公二年)。孔子继承了这种发展商业的政策,提出"关讥市鄽皆不收赋"的主张也是有可能的。孔子说过:"赐不受命而货殖焉,亿则屡中。"(《论语·先进》)对此,《论衡·知实篇》认为孔子此语是"罪子贡"。《史记·货殖列传》也说是"孔子贤颜渊而讥子贡"。但是唐庆增认为,对于子贡的经商,"孔子对之并无所贬黜,且深许子贡能'亿则屡中'焉。……孔子本人并无贬商言论"(唐庆增:《中国经济思想史》上卷,第74页)。胡寄窗教授也说:"在《论语》中我们找不出一点孔子反对儒者经营商业的痕迹。"(胡寄窗:《中国经济思想史》上,第91页)我认为唐、胡的看法较近实际。从当时的实际情况看,"子贡结驷连骑,束帛之币,以聘享诸侯,所至国君无不分庭与之抗礼"《史记·货殖列传》)。统治阶级对富商巨贾且如此礼遇,何独孔子要讥贬?尤其是子贡在经济上对孔子是颇有资助的,"夫使孔子名布扬于天下者,子贡先后之也"(《史记·货殖列传》)。孔子是没有理由对子贡的经商进行讥贬的,所谓"亿则屡中"应是对子贡经商才能的嘉许。

孔子对于商品经济的态度,还可从《论语》所载他进入卫国都城时的赞赏态度中表现出来。卫国是有重商传统的国家,自卫文公复国后,采取了"通商惠工"等经济政策,经二十年的经营,工商业有了很大发展,市容繁华殷庶。所以当孔子进入卫都时,发出了"庶矣哉"的赞叹。从这里也表现了他对于商品经济的繁荣所持的赞赏的态度。

五　消费观点

孔子的消费观是节用克俭的消费观,它包括个人消费的克俭和国家财政开支的节用这两个方面。在个人消费方面,他是等级消费论者。在他看来,不同等级的人,由于占有财富的状况不同,他们的生活消费水平亦应是不同的。当士人未能取得爵禄时,他们"饭疏食,饮水,曲肱而枕之"(《论语·述而》),"食无求饱,居无求安"(《论语·学而》),过着贫苦的生活,这与其身份地位的卑下是相适应的。但一旦取得了爵禄,消费水平亦应随之改变。"吾从大夫之后,不可徒行也"(《论语·先进》)。他自从取得大夫的地位后,出门就必须坐车而不再步行了。这是等级消费观的一个方面。另一方面,他还认为,在消费水平与其等级身份相符的情况下,人们就应满足于这个消费水平而不应有任何异议。如对于未取得爵禄的士人,他认为就应安心于"君子固穷"的状况(《论语·卫灵公》),要不耻恶衣恶食(《论语·里仁》),像颜回那样,"一箪食,一瓢饮,居陋巷,人不堪其忧,回也不改其乐"(《论语·雍也》)。做到安贫乐贫。对于已经取得富贵的人,也要满足于已有的消费水平,而不应作更高的追求。他赞赏卫公子荆善居室:"始有,曰苟合矣;少有,曰苟完矣;富有,曰苟美矣。"(《论语·子路》)公子荆随着财富占有状况的变化,消费水平也不断提高,但他能够始终满足于已达到的消费水平。孔子认为,这种知足的态度是值得赞赏的。孔子强调知足,是同他维护固有的统治秩序的立场相联系的。他认为社会之所以动乱不安,原因之一就在于人们不知足。他说,"贫而无怨,难"(《论语·宪问》),"小人穷斯滥矣"(《论语·卫灵公》)。在下的小人,因不知足,不安于贫穷,所以就犯上作乱;而在上的富者,亦不满足于已有的富贵,因而就"不度于礼","贪冒无厌",破坏了固有的礼制和秩序。因此,在孔子看来,无论对于贫者和富者,知足都是一种必要的美德。贫者知足,就能"贫而无怨",并进而"贫而乐";富者知足,就能"富而无骄"(《论语·宪问》),并进而"富而好礼"(《论语·学而》)。如若人人知足,也就上下相安,没有动乱了。

但是,要做到知足,就必须自觉地节制欲望,即自觉地实行个人消费的克俭。因此,孔子把克俭看作对于君子、小人都是必要的美德。当然不同等级的人,有俭的不同标准,这就是必须遵照礼制的规定。如果俭于礼制的规定,则就近乎吝啬而非美德了。孔子认为像晏婴那样,一件狐裘穿三十年,祭祖用的猪腿连盘子都放不满,这样的克俭,就是近乎吝啬,是不符合统治阶级身份的要求的。所以孔子虽然主张人人都要克俭,但并不认为越俭越好,而是要求俭不违礼。

在国家财政开支方面,孔子是节用论者,这同他的轻赋薄敛的惠民经济思想是密切有关的。孔子的财政思想,与古代其他思想家一样,是以"量入为出"为原则的。在财政收入上孔子既然主张轻赋薄敛,则根据量入为出的原则,在国家财政开支方面就必然要求厉行节约,否则就不可能做到财政平衡。因此他提出"节用而爱人",把爱人与节用联系起来,一方面要施惠于民,减轻人民的负担;另一方面在财政开支上,须采取节用的方针。但是,他认为国家的财政开支,也如同个人的消费支出一样,并非愈少愈好,而是要适度。所谓适度的标准,也就是礼制的规定。他说:"君子之行也,度于礼,施取其厚,事举其中,敛从其薄。"(《国语·鲁语下》)国家兴办事业要适中,不能太多,亦不能太少,其适度的标准就是"礼"。《周易·系辞》说:"理财正辞禁民为非曰义。"管理国家财政,须依据法令条文才能正确合理。总的说来,"节以制度,不伤财,不害民",这便是国家用财的方针。

孔子的节用克俭的消费思想,实际上是西周以来的传统消费观。《周书·无逸》:"周公曰:'呜呼!君子所其无逸,先知稼穑之艰难,乃逸。'"又说:"昔在殷王中宗,严恭寅畏,……不敢荒宁。……其在高宗,时旧劳于外,……不敢荒宁。……自时厥后,立王生则逸;生则逸,不知稼穑之艰难,不闻小人之劳,惟耽乐之从。……文王卑服,即康功田功,……文王不敢盘于游田,……继自今嗣王,则其无淫于观、于逸、于游、于田。……"极力申述了艰难足以兴邦,逸乐足以亡身的思想,要求统治者克勤克俭。但是到了春秋时代,统治阶级侈靡之风日甚,呼吁节用克俭的思想也就更加突出了。如鲁大夫臧哀伯对鲁桓公说:"清庙茅屋,大路越席,大羹不致,粢食不凿,昭其俭也。"(《左传》桓公二年)晋大夫御孙对鲁庄公说:"俭,德之共也,侈,恶之大也。"(《左传》庄公二十四年)刘康公对周定王说:"俭所以足用也,……以俭足用则远于忧。……侈则不恤匮,匮而不恤,忧必及之。"(《国语·周语下》)鲁大夫臧文仲对鲁僖公说:"贬食省用,务穑劝分,此其务也。"(《左传》僖公二十一年)晋大夫叔向对韩宣子说:"昔栾武子无一卒之田,其宫不备其宗器,……诸侯亲之,戎狄怀之,以正晋国。……及桓子骄泰奢侈,贪欲无艺,略则行志,假货居贿,宜及于难,而赖武之德以没其身。……夫郤昭子其富半公室,其家半三军,恃其富宠以泰于国,其身尸于朝,其宗灭于绛。"(《国语·晋语八》)他们无不力言节俭之善,泰侈之祸。可见在春秋时代,节用克俭的思想是思想界颇为流行的一种消费观。孔子继承发展了这个传统观点,把它纳入自己的等级礼制的思想体系中去,成为他的惠民经济思想的一个组成部分。

六　孔子经济思想的时代意义及其评价

经济思想如同一切思想理论一样,它的时代历史意义和作用,取决于各该时代的需要以及这种思想所能适应于时代需要的程度。同一学说,在不同时代、不同国家中,其意义和作用往往有很大的不同。孔子学说在传入欧洲后,曾经成为欧洲资产阶级革命推倒中世纪封建制度的思想武器之一。在法国,百科全书派把孔子哲学作为无神论和唯物论来接受的;而在德国,古典哲学则把它作为辩证法和观念论来接受的①。尤其在法国,许多资产阶级进步思想家为孔子哲学所倾倒,重农学派的鼻祖魁奈十分推崇孔子,致使他本人有"欧洲孔子"之称。1789 年资产阶级革命后,在1795 年的法国宪法中,把"己所不欲,勿施于人;欲人施己,先施于人"写进了宪法。无疑地,孔子思想在欧洲曾是当时进步思想家所吸取的思想源泉之一。但是在中国,孔子学说却成了社会进步的严重障碍,以致"五四"运动把"打倒孔家店"作为自己的革命旗号。这种差异性,反映了不同国家、不同时代需要的差异。马克思说:"极为相似的事情,但在不同的历史环境中出现,就引起了完全不同的结果。"(《马克思恩格斯全集》第 19 卷,第 131 页)因此,在分析和批判任何一种思想理论时,极为重要的是"要把问题提

20世纪儒学研究大系

---

① 参阅朱谦之:《十七八世纪西方哲学家的孔子观》,《人民日报》1962年 3 月 9 日。

到一定的历史范围之内"(《列宁选集》第 2 卷,第 512 页。人民出版社 1960 年版)。孔子的经济思想产生于春秋季世,我们考察和评价它的时代历史意义,就必须把它置于春秋时代的历史环境之中。

春秋季世正是封建领主制经济日趋没落,逐步向着封建地主制经济转化的历史时期。这一变革的历史进程是:随着诸侯国之间的相互兼并和各国内部政治经济关系的变革,各诸侯国内政治经济逐步向中央政权集中,各级地方贵族领主所拥有的政权、军权、征役权、司法权等封建领主特权,不断被削弱,被剥夺,原有的贵族领主,有的被消灭,有的转化为食禄于国的官僚,有的则逐步转化为单纯拥有土地所有权的地主。最初的地主阶级,除了某些庶民上升的官僚和因军功得地的地主外,主要是由旧贵族领主转化来的。与此同时,随着农村公社的日趋解体,村社农奴逐渐从对贵族领主的隶从关系中解脱出来,转化为直接属于国家统治下的农民。随着经济基础的从领主制经济向地主制经济的转化,整个政治制度也从封建领主制的割据状态,逐步走向地主制的中央集权的统一国家。封建地主制不同于封建领主制的一个显著区别是:在领主制下,农奴是属于各该贵族领主的,而在地主制下,农民则直属于国家(其最高代表即君主)。全国在经济和政治上都统属于中央集权的国家,不再是分级所有了。所谓"尺土一民,皆自上制之"(《文献通考》)。由封建领主制转化为封建地主制是一个漫长的历史过程,春秋时代正是处在这个转化的前期。孔子的经济思想在本质上反映了这个转化的时代特点:它一方面继承了西周以来的传统经济思想,如他的财富和欲利的观念以及义利思想等;另一方面也有某些反映春秋时代社会经济关系变革特点的新思想,这主要是他以惠民富民为中心的经济思想,如他要求保证农民的农时,打破贵族领主对山泽的垄断,放宽对人民经济活动的限制,让人民在一定条件下经营对他们自己有利的事;要求统治者减少奢靡和减轻租税赋役。孔子并不强调用超经济强制的手段把农民束缚于土地上,而是主张用给人民以实际利益的办法,使"近者悦,远者来",达到"四方之民襁负其子而至"。这些思想在一定程度上反映了村社农奴逐步摆脱各级贵族领主的人身依附关系,向国家政权直接统治下的独立农民小生产者转化的现实。可见在孔子的经济思想中,旧的与新的两者是错杂并存的,但后者是作为前者的必要补充而不是作为对立物存在的。在孔子看来,随着时代的变迁,旧事物就需要相应地作出某些调整和补充。他说:"殷因于夏礼,所损益可知也;周因于殷礼,所损益可知也;其或继周者,虽百世可知也。"(《论语·为政》)孔子的损益史观,一方面承认事物将随着客观条件的变化而变化;但另一方面,他把这种变化仅归结为量的增减。新事物的出现,不是被看成对旧事物的否定,而是被看成对旧事物为适应新情况所作的必要的调整和补充。它强调了事物发展中的继承性的一面,而忽视了革命变革的一面,因此,他虽然看到了现实经济生活中的某些发展着的矛盾,并提出了某些反映这种矛盾特点的经济主张,但它的目的并不是要否定旧事物本身,恰恰相反,而是在于向统治者说明,只要统治者认真实行惠民富民的经济政策,现实的社会经济矛盾就能够得到调和,从而原有的社会经济秩序也能够在变化了的情况下继续存在下去。他的形而上学的损益史观决定了他的理论观点只能是调和的,而不能是革命的。但是,惠民富民的经济思想本身却有它的时代合理性,它反映了社会经济条件的变化,较之传统的经济思想,是一种更加富有时代新内容的思想,是应该予以肯定的。

　　但是,孔子的所有这些反映了时代特点的新思想,都是以复古的面貌出现的。如他的薄赋敛思想，是以赞颂西周封建领主制经济下劳动地租的方式提出来的；他的开禁利民的思想，则是以理想的村社经济为基础的，在那里统治者在经济上没有过多的直接的干涉，农民能比较独立地经营自己的经济；他把村社农奴摆脱领主的经济垄断和依附关系，向独立小农转化的向往，看成了回到古代农村公社下自由村社农民去的要求；与此相适应，他把国家政权走向集中统一的客观趋势，看成了回到领主制的政治统一的过程。他把西周封建领主制的经济和政治高度理想化，所谓"周之德，其可谓至德也已矣"（《论语·泰伯》），把西周社会想像为人人臻于至善，充满着协调与和谐。他全然不懂得春秋时代"礼崩乐坏"的现实，正是西周封建领主制度发展的必然结果。时代的和阶级的局限性，使孔子从理想化了的古代中去反映现实的时代要求。孔子思想的这种特点，是与当时地主制经济尚处在萌发阶段的社会经济状况相适应的。上层建筑落后于经济基础。当新的基础刚刚产生并处于演变之中，人们还无从给以正确的认识和描述，因而往往求助于过去，从已经过时的事实出发去考察现实中的变化，他们援引过去，称颂先王，也就不足为怪。事实上春秋时代的思想家几乎是无不称先王，颂古制的。如管仲对桓公说："昔吾先王穆王，世法文武远绩以成名。"（《国语·齐语》）子产也说："辟邪之人而皆及执政，是先王无刑罚也。"（《左传》昭公十六年）恩格斯指出："当一种生产方式处在自身发展的上升阶段的时候，……那时即使发出了抗议，也只是从统治阶级自身中发出来"，而这种抗议往往采取诉诸道德的做法，即"从已经过时的事实出发诉诸所谓永恒正义。"（《马克思恩格斯选集》第 3 卷，第 188 至 189 页）春秋季世，随着政权、军权等的进一步集中，对农民在政治上的统治和经济上的剥削也进一步加强了。一方面，地主制经济使农民对生产有了更大的主动积极性,但另一方面,它是以更加苛重的剥削和压迫的面目走向历史舞台的。面对繁重的赋税,孔子发出了"苛政猛于虎"的强烈批判(《礼记·檀弓》)。但是他对现实的批判,不是立足于面向未来,而是寄托于对过去的憧憬,这种颂古非今的态度,无疑是错误的。但是我们的批判并不在于一般地指出它的错误,而须要进一步指出它的时代历史的根源。马克思说过:"资产阶级初次获得对封建贵族的决定性胜利的时候,也就是对民实行露骨的反动的时候。这个现象,曾迫使不只一个科贝特那样的平民作家,不向未来而向已往去寻找人民的自由。"(《马克思恩格斯全集》第9卷,第168页)马克思在分析重农学派魁奈的资产阶级经济理论所以具有"封建主义外观"这一现象的根源时指出:"重农学派所根据的是法国的尚不发达的经济关系。"(《马克思恩格斯全集》第3卷,第482页)"那时资本主义生产正从封建社会内部挣脱出来。暂时还只能给这个封建社会本身以资产阶级的解释,还没有找到它本身的形式。"(《马克思恩格斯全集》第26卷,第1册第26页)孔子经济思想中某些反映了时代特点的新思想所具有的复古外观,也必须从它的时代历史条件中去加以说明。这种复古外观在当时的时代历史条件下,在一定意义上是不可避免的。只有当地主制经济有了进一步的发展,矛盾已经进一步展开,人们已能从现实经济关系中而不是从过时的事实中去寻求理论根据的时候,才可能给过去以公开的否定,并以全新的面貌去描述未来。在我国历史上,这个历史时期便是战国时代。战国时代的思想家不同于春秋时代思想家的一个显著特点是:他们中的许多人已经能够公开地否定过去,贬抑先王之道,并满怀信心地去描述新的社会经济发展的前景。思想意识领域里的这一变化,反映了社会经济发展阶段的不同。这种差异性,只要人们对历史现象进行比较就不难发现。顾炎武指出："春秋时犹尊礼重信,而七国则绝不言礼与信矣;春秋时犹宗周王,而七国则绝不言王矣;春秋时犹严祭祀,重聘享,而七国则无其事矣;春秋时犹论宗姓氏族,而七国则无一言及之矣;春秋时犹宴会赋诗,而七国则不闻矣;春秋时犹有赴告策书,而七国则无有矣。邦无定交,士无定主。此皆变于一百三十三年之间,史之阙文,而后人可以意推者也。不待始皇之并天下,而文武之道尽矣。"(顾炎武:《日知录》卷13)战国时代随着地主制经济逐步取得主导地位,反映在思想界,"文武之道"也渐趋泯灭,复古思想虽还存在,但作为经济思想的复古外观则日趋消失了。

因此,对于复古的观点,需要作时代的历史的分析,因人因时而异,其中也有时代局限性的问题,并非一概都是反动倒退。孔子经济思想中某些反映了时代特点的新思想所具有的复古外观,是他的局限性的表现,历史地看,它具有时代的必然性。

孔子自称"述而不作"(《论语·述而》),以承继传统思想文化为己任。事实上他是既有继承,也有所创新的。他的仁的学说及其仁政思想,就是在总结前人思想成果的基础上的创新,在我国古代思想史的发展上,有它的贡献。他的惠民的经济思想,在他的经济思想中,属于反映了时代特点的创新思想,在我国古代经济思想史的发展上,有它的时代历史意义。因此,在我们考察和评价孔子的经济思想时,既要看到他的反映旧的传统的经济思想的一面,也要看到他的某些反映现实社会经济特点的创新思想,不作这样的区分,笼统地简单地对孔子的经济思想作全盘否定或全盘肯定,都不是正确的历史唯物主义的态度。

孔子的经济思想是春秋时代封建领主制经济向地主制经济转化的早期阶段的代表。他的那些反映了时代特点的经济思想,是形成我国历史上地主阶级经济理论的源流之一。而他的那些在实质上反映了在领主制经济基础上形成的旧的传统经济思想，则随着领主经济的逐渐没落和地主经济的不断发展，通过他的后继者们的不断改造，逐步转化为与地主制经济相适应的经济理论。随着地主制经济的成熟，儒家学派在政治学术思想领域里取得了主导的地位，孔子的经济思想也日益发展成为地主制封建社会里具有重大影响的经济思想。

（本文选自：中国社会科学院经济研究所中国经济思想史组编《中国经济思想史论》，人民出版社 1986 年）

朱家桢，江苏吴县人。中国社会科学院经济研究所研究员、博士生导师。著作有《中国经济思想史》，人民出版社 1994 年。

文章主要研究了孔子经济思想的如下几个方面：欲利观念与义利思想、生产观点、分配和流通观点、消费观点等。春秋时代封建领主制经济向地主制经济转化的早期阶段，孔子的经济思想在本质上反映了这个转化的时代特点，即一方面继承了西周以来的传统经济思想；另一方面也有某些反映春秋时代社会经济关系变革特点的新思想。但是，这些反映了时代特点的新思想，都是以复古的面貌出现的，也是形成我国历史上地主阶级经济理论的源流之一。

论孔子的经济思想

匡 亚 明

经 济 思 想

孔子的经济思想和他的哲学思想、伦理思想、政治思想,以至教育思想一样,是零散的、不系统的,分别见于现存的有关文献,其中主要是《论语》中。要从这些零散的、不系统的文献中理出一个头绪来,我考虑主要是抓住孔子经济思想中含蕴着的有决定意义的两条纲,然后加以论述方可纲举目张。我认为这两条纲:一条是如何对待生产劳动和劳动成果的问题;一条是如何对待封建统治阶级经济利益和被统治的广大劳动人民经济利益的问题。下面就根据这个思路加以阐述。

一、重视劳动生产的经济成果,却又轻视生产劳动本身的社会价值和意义。

在孔子心目中,西周领主制封建宗法社会是最理想的社会。他曾说过:"周监于二代,郁郁乎文哉,吾从周。"(《论语·八佾》)他认为这个封建社会就总的社会分工而言是两种人组成,一种是少数完全脱离生产劳动而占有丰富物质财富的贵族统治阶级(天子、诸侯、各级臣僚,或统称"君子");一种是广大从事创造物质财富却又只占有很少物质财富的被统治阶级(或统称"小人"),即后来孟子据此而概括的话:"或劳心、或劳力;劳心者治人,劳力者治于人,治于人者食人,治人者食于人;天下之通义也。"(《孟子·滕文公上》)前者是贵族统治阶级("君子"),后者是劳动者被统治阶级("小人")这种把劳心(脑力劳动)和劳力(体力劳动)相分割的现象,在社会生产力发展过程中的低级阶段,即人类从原始社会进入阶级社会后,是不可避免要发生的。正如恩格斯所说:"当实际劳动的人民要如此忙于自己的必要劳动,使其没有多余的时间来从事那些有共同意义的社会事务——领导劳动、领导国事、进行审判、从事艺术科学等等——当这时候,特殊的解脱了实际劳动的阶级的存在是不可避免的。"(恩格斯:《反杜林论》)这就是产生极不公平的劳心者治人、劳力者治于人的社会历史背景。

　　孔子当然知道任何人的生存,任何国家的生存,首先必须具备一定的物质条件和一定的生活资料,而且物质条件和生活资料是愈丰富愈好。例如子贡问如何治国(问政),孔子回答说"足食、足兵,民信之矣"(《论语·颜渊》)。孔子把"足食"(充足的粮食)放在治国的重要地位。又如本书政治主张(五)所谈的"庶"、"富"、"教"思想,也是把人口兴旺和物产丰富并提而放在首位,用以表示当时他对卫国经济富裕的良好印象(《论语·子路》)。难道这不是说明孔子对经济利益,对物质生产成果(这里指的主要是农业经济利益和成果)很重视的思想吗?但对经济行为本身,对从事物质生产者的劳动和技术本身,却又表示贬低和轻视的态度。例如樊迟提出关于学种地、学种菜的问题时,孔子不仅干脆回答说"吾不如老农"和"吾不如老圃",而且樊迟一出去,孔子就评论说:"樊迟真是小人啊!上面的人(贵族统治阶级)讲究礼仪,老百姓就不敢不尊敬;上面的人办事公正,老百姓就不敢不服从;上面的人说话算数,老百姓就不敢不勤恳。能够这样做,四方的老百姓就会抱儿带女来投奔和从事农业生产,为什么我们自己要去种庄稼呢?"(《论语·子路》)孔子认为贵族阶级"君子"从来就是"坐而论道","学以致其道"(这些指的自然是治国人之道),从来就不该从事劳动生产,他们该做的事就是学道,就是治国治民。"天生民而立之君,使司牧之"(《左传》襄公十四年)。而"小人"该做的才是从事生产劳动供养"君子",这是天经地义的准则("天下之通义")。因此有关生产劳动和生产技艺等事,"君子"无需过问。于是不仅大人君子和黎民百姓(小人)尊卑的社会政治地位被确定了,同时,把赖以创造物质财富的生产劳动及与之密切相关的生产技艺和劳动者本身也一道贬低了。毫不奇怪,孔子自己少年时曾因贫困而参加过多种劳动并学会多种技艺,竟亦以惋惜的口吻对子贡说:"吾少也贱,故多能鄙事。"接着又强调说:"君子多乎哉?不多也。"(《论语·子罕》)很明显,这种把促进社会发展的崇高的创造物质财富的生产劳动及与之密切相关的生产技艺连同劳动人民一道加以轻视和贬低的思想,是阶级社会少数人剥削和掠夺多数人劳动成果的极不公平的怪现象所产生的怪思想,正是这一怪思想影响了往后长达二千余年的中国社会轻视生产劳动,忽视自然科学和技术开发,从而造成至今仍是沉重的包袱的经济和科技落后的历史后果。这是孔子经济思想中反映封建社会不合理不公平现象的消极因素。指出这一点,是非常必要的。

二、既照顾封建贵族阶级的经济需求,也关心劳动人民的经济利益。

孔子主张既要合理满足贵族统治阶级的经济剥削要求,也应关心劳动人民的经济利益。孔子一直把西周领主制封建社会视为理想规范,因此,在社会经济利益的分配上或"与""取"上的是否合理,也常以西周制度为标准。这里说的西周制度,指的就是周公根据"惟文王之敬忌,乃裕民"(《尚书·康诰》)的比较开明的征收政策而制定的助耕公田的贡赋法,所谓"什一而藉"(《公羊传》宣公十五年)。时至春秋时代,社会经济情况已起了很大变化,特别表现在领主制封建社会已开始向地主制封建社会过渡的历史性变革上,孔子仍固执地推崇已不适应发展了的时代要求的周公之法,反映了他的保守性。另一方面,他虽然维护封建统治阶级对劳动人民剥削的制度,但主张这种剥削,这种索取,应该有个限度。他心目中的限度,大概就是"什一而藉",超过这个限度,他就认为不合理,就要坚决反对。这又充分说明他企图以"什一而藉"为根据,借以抑制统治阶级超过他认为合理限度的对劳动人民的勒索,在当时各诸侯国竞向各该国劳动人民横征暴敛的情况下,他公然反对这种横征暴敛,难道不又可以从另一方面反映他作为伟大思想家能够突破时代局限性而对劳动人民倾注同情,说明他的进步性吗?上述保守性和进步性相结合,正是孔子经济思想矛盾的辩证统一的一种表现形式。

于是,孔子经济思想中既照顾领主制封建贵族从天子到诸侯国各级统治阶级的经济要求,又关心劳动人民的经济利益这个二者兼顾的愿望,由于自天子到诸侯国贵族统治阶级对劳动人民的无止境的横征暴敛而遭到挫伤,注重点不得不移到了反对横征暴敛和满足人民的经济利益上来。如:"季孙欲以田赋,使冉有访诸仲尼。仲尼曰:'丘不识也。'三发,卒曰:'子为国老,待子而行,若之何子之不言也!'仲尼不对。而私于冉有曰:'君子之行也,度于礼,施取其厚,事举其中,敛从其薄。如是则以"丘"亦足矣。'若不度于礼而贪冒无厌,则虽以田赋,将又不足。且子季孙若欲行而法,则周公之典在;若欲苟而行,又何访焉。弗听。"(《左传》襄公十一年)(重点符号系作者所加)这段话充分反映了孔子当时以"周公之典"为准则反对横征暴敛和关心劳动人民经济利益的鲜明态度。后来孔子对冉有未能劝阻季孙氏实行"田赋",非常不满,严厉地批评他。《论语》上有一段话记载此事说:"季氏富于周公,而求也为之聚敛而附益之。子曰:'非吾徒也。小子鸣鼓而攻之,可也!'"(《论语·先进》)孔子这个反对横征暴敛和关心人民利益的态度,对往后中国历史上开明统治阶级及各级官吏提倡清政廉政之风,是有积极影响的。

总之,孔子经济思想中既有消极因素(轻视劳动人民和劳动技术)和正反相混的因素(固守"周公之典"),也有积极因素(关心劳苦人民利益)。我们应该以历史的和科学的态度,排除其消极因素,扬弃其正反相混因素,继承和发扬其积极因素,用以发扬中华民族的优秀传统。

经 济 主 张

孔子重人事,讲实际,反对空谈,所以他的经济主张都是较具体并有针对性的,既利于行,又易见效。在孔子看来,不是经济决定政治,而是政治决定经济,不是政治为经济服务,而是经济为政治服务。也就是说,他的经济思想和经济主张,都是为他的仁政德治的政治服务的。二千五百余年前的孔子,虽然在理论上把经济与政治的本来关系颠倒了,但我们仍能从颠倒了的关系中看到问题的实质。现在特就以下四个方面阐述孔子经济主张的主要内容。

一、在农业上主张决不能耽误农民季节性劳动时间,合理使用土地资源,爱惜良田。

中国古代特别是殷周以后,就一直明确了以农立国。所谓国家经济,就是农业经济,所谓社会生产,就是农业生产。农业生产情况的丰歉,决定了国计民生的好坏。但农业季节性很强,所以孔子特别提出"使民以时",决不能耽误农民季节性劳动时间的主张。这是针对当时各级领主征派农业劳动者建宫室,治苑囿,竞相侈靡,还有修桥筑路等等劳务,常常征用大批人,以致影响季节性很强的农业生产,使土地荒芜,收成大减。这不仅影响广大农业劳动者的生活,也大大降低了各级贵族统治阶级的收入。所以孔子大声疾呼地提出"使民以时"的主张。同时,"使民以时"还有另一层意思,这就是他对当时用的周历不满,提出"行夏之时"(《论语·卫灵公》),即以夏历(夏代历法)代替周历(周代历法)。这在农业上是一个至关重要的问题。此外,还因为为当时各级领主统治阶级在周历元旦之前,都要征用大批劳力,为他们庆贺新年作各种准备,而此时正值夏历的九、十月间,正是农作物收获,播种和贮藏的紧急和繁忙时刻,是农民一年中最关键的时刻,正在这时被征用,将造成农业经济的莫大损失。孔子针对这一严重情况,提出了改变历法,废除"周历","行夏之时",即改用"夏历",做到"节用而爱人,使民以时"(《论语·学而》),才能有利于农业的好收成,充实粮食的供应贮备。孔子认为治国之道,重要的是一要人民安定,二要粮食充足,三要治丧尽礼,四要祭祀慎重。后二者为当时习俗所重,现在可以不谈。前二者则现在仍有现实意义,孔子把它们放在前面,说明他思想上的远见卓识和重实际的精神,"使民以时"和重民、重食的主张,后来为孟子所继承和发扬。孟子提出意义相同的农业上"不违农时"的主张,原话如下:"不违农时,谷不可胜食也;数罟不入洿池,鱼鳖不可胜食也;斧斤以时入山林,材木不可胜用也。谷与鱼鳖不可胜食,材木不可胜用,是使民养生丧死无憾也……"接着又说:"五亩之宅,树之以桑,五十者以可衣帛矣;鸡豚狗彘之畜,无失其时,七十者可以食肉矣。百亩之田,勿夺其时,数口之家可以无饥矣。谨庠序之教,申之以孝悌之义,颁白者不负戴于道路矣。七十者衣帛食肉,黎民不饥不寒,然而不王者,未之有也。"(《孟子·梁惠王》)孔子的"仁政德治"和孟子的"王道",其实意思很相同。他们一方面重视劳心者的地位,一方面轻视劳力者的地位,而他们又不得不把实现"仁政德治"或"王道"的经济基础,主要是农业经济的重担压在农业劳动者身上。这种二重性的矛盾现象,正是贯穿在从西周领主制到往后地主制长达三千年的封建社会的一条主线,理解它,也就基本上理解了封建社会和孔孟思想的实质。看了上述孟子的话,作为孔子和孟子的"仁政德治"和"王道"标志的经济实体,不过是一幅封建社会满足于"周而复始"的停滞状态和自足自给的简单再生产的小农经济景象。而在他们所在的那个社会的历史阶段,就这点也是一个难以实现的理想境界。主要是因为:第一,他们访问了许多邦国,没有遇到一个他们所希望的那样的"明君",遇到的都是些庸君、昏君,"贪冒无厌"的欲求不允许他们这样做;第二,整个领主阶级和地主阶级的剥削本性不允许他们这样做。于是这个像孟子所描绘的小农经济的温饱景象,只能是一个不可能实现的"美妙"意境。

此外,孔子非常重视农用土地资源的合理使用问题。孔子在鲁国任中都宰和小司空时,曾将土地分为五类,即一是山林地带,二是川泽地带,三是丘陵地带,四是高原地带,五是平整地带,这样,耕作就可以根据不同土地因地制宜种植不同作物,就可以做到"物各得其所生之宜,咸得厥所"(《孔子家语·相鲁》)。这在现在来看,已是普通常识,在二千余年前的时代,不能不说是农业上的一个进步。

还应特别指出,孔子是提倡"父死葬之以礼"的孝道的,但为了保护和节约可耕良田，又竭力主张"因陵为坟，不封不树"(《孔子家语·相鲁》)。就是说，墓地只能选在山坡上("因陵为坟")，一不积土为坟("不封")，二不植树或树碑以为坟之屏蔽("不树")，以免占用良田。那样提倡"父死葬之以礼"的孔子，在这里却又把保护良田，发展农业放在比墓葬更突出的地位，亦即表示一贯轻视农业劳动和技艺的孔子，同时在思想深处又是非常关注农业的实际效益的。

二、在手工业上主张招"来百工"，按各人劳动成绩付给工资。

前面已经说过，中国自古以来特别自西周以后，即明确了以农立国的国策，工业(主要是手工业)虽已逐渐开始被重视，但和农业相比，毕竟是处于次要地位。当然，和重视农业成果而又轻视从事农业劳动者的庶民和农奴等目之为"小人"一样，对待手工业的情况亦复如此。即一方面重视和享用以至夸耀手工业创造的各类精美豪华产品(包括宫殿、礼器、服饰、用具等等)，另一方面又贬低手工业劳动者的社会地位。由于孔子比较重视手工业，并把"来百工"列为治理"天下国家"所必须遵循的九条原则("经")中的一条。因为他知道，除了靠农业提供粮食外，还必须靠各种手工业工匠，发展各类手工业，方能使必要的手工业产品富足起来，满足生活(首先是贵族生活)、生产和战争武器的需要。所以说："来百工，则财用足。"(《礼记·中庸》)

孔子生活的春秋时代，沿袭西周以来手工业生产经验的积累和发展，手工业已有很大进步，大概可以分为三类：一类是官工业，一类是亦农亦工"男耕女织"的家庭手工业，一类是私人专业手工业。孔子所提"来百工"看来主要是就第一类官工业而言。

所谓官工业，就是为各级贵族统治阶级的服饰、礼器以及豪华生活奢侈品和作战武器的制作而设在王宫内的工场作坊。凡国内具有一定专业技艺的各类工匠,都被官府无条件征用,按专长分工作业,即"处工就官府"(《国语·齐语》)的总称为"百工"的各类工匠,"言百者举大数耳"(《周礼·考工记·疏》)。所有官工都在各类工官(相当于现在工头)严格管辖下劳动,都在一定程度上丧失了人身自由。他们不仅生活很差,而且社会地位很低,不能和自由民并列,即《礼记·王制》所谈:"出乡不与士齿",士是自由民,齿是并列,意即离工场外出,不得和自由民行坐相并列。由于工作时间长和饩廪(实物工资)微薄,加上各级工官的克扣剥削,使得许多工匠不得不寻找各种机会逃跑,所以百工的队伍很不稳定。孔子正是在这种情况下提出"来百工",以便使封建贵族国家通过百工生产而达到"财用足"的目的。孔子提出"来百工"是有条件的,这条件就是"饩廪称事",就是废除各级工官对百工的克扣剥削,改善他们的物质待遇,取得应有的合理报酬,这样百工队伍就可稳定了。

"饩廪称事"这句话,出自《礼记·中庸》,原文如下:"日省月试,饩廪称事,所以劝百工也。"在一定意义上讲"饩廪称事"相当于现在的"按劳付酬"。在二千余年前的春秋时期,超经济剥削盛行,孔子在关于手工业工匠(百工)的工资(饩廪)问题上,能够主张"饩廪称事",这确实是难能可贵的。其可贵处就在明确地提出反对残酷的超经济剥削,主张在当时条件下可以做到的合理付给百工以应得的工资("饩廪称事")。这在现在看来,已是普通人都懂得的常识。但即使现在,真正地而不是歪曲地彻底实现"按劳付酬",不仅在实践上,而且在理论上,都尚非已经完全解决了的问题。在二千余年前的社会里,领主贵族阶级对人民的残酷的超经济剥削是:"民三其力,二入于公,而衣食其一。公聚朽蠹,而三老冻馁。……民人痛疾。"(《左传》昭公三年),就是说当时情况已严重到农民的劳动果实三分之二归公,自己只能以三分之一(再加其他各种层层剥削,实际上连三分之一也得不到)维持衣食,公家粮库的粮食腐烂,而老人冻馁,……人民痛疾。百工的情况自不例外。在这种情况下他主张"饩廪称事",自然是切中时弊的。孔子在对工人工资待遇问题上主张相当于现代"按劳付酬"精神的"饩廪称事"这样的办法,不能不说在当时是有先驱意义的。一个生长在封建社会同时又一心一意地维护这个社会制度的人,如果不是抱有"泛爱众而亲仁"(《论语·学而》)的伟大思想家和政治家,能透过重重时代的、社会的阻力,而提出这样的主张吗?"饩廪称事"和"按劳付酬"这两个相隔二千余年各带有自己时代特点的不同提法,谁也不能否认它们之间在出发点上有一定程度的相似处,这就足够显示孔子这一主张的历史意义和价值了。

三、商业上主张废关卡,便利商贾行人,统一度量衡,制止伪劣商品。

在孔子时代,"重本抑末"即重农抑商的思想,虽已开始萌芽,尚不严重,而孔子对待商业,则全部《论语》找不到他对之贬低和轻蔑的言论,像对樊迟"问稼"、"问圃"那样的鄙视性语言一句也没有。特别对年轻时曾经经营过商业活动的管仲,仍褒扬他后来的功绩是"如其仁,如其仁"(《论语·宪问》)。对他的学生子贡经商,成为巨富,孔子赞扬说"端木赐(即子贡)不受约束,去做买卖,猜测行情,屡屡猜中"(《论语·先进》)。即此二例,就可以说明孔子对儒生经商并不反对。不仅如此,而且批评鲁襄公时仕鲁的臧文仲有三不仁,其中一不仁就是臧文仲置六关向行商收税。后来孔子说服鲁襄公废除六关,目的是为了方便商贾和行人。这反映了孔子当时已有商业上不收税或少收税的开放性自由贸易的想法。他还提出"谨权量,审法度"(《论语·尧曰》)的统一度量衡的主张,这对于稳定和发展商品流通,革除商品分量尺寸上弄虚作假的弊端是必要的前提。至于严禁市场中擅自抬价,更是端正经营作风,维护消费者利益的正确主张和措施,所有这些,在孔子仕鲁任中都宰和小司空期间,大概都曾付诸实施。结果是:"初,鲁之贩羊有沈犹氏者,常朝饮其羊以诈市人,……鬻六畜者饰之(矫饰外表——作者)以豫价(豫作诳解,豫价即诳抬物价——作者)……三月,则鬻马牛者不豫价,卖羔豚者不加饰。"(《孔子家语·相鲁》)整治三个月,成绩斐然如此,即使可能有点溢美之处,不能说没有一定事实根据。

孔子还主张"器不雕伪"(《孔子家语·相鲁》)。这句话对市场商品提出一个很重要的原则问题,即如何对待实用与形式和真与伪的问题。孔子主张的"器不雕伪"实质上就是提倡商品的外观要服从实用,并严禁以伪乱真。如果略有不足之处的话,就是他过分强调"不雕",假使再补充一句"雕不过质",即外观的美不应超过实用的质,那就更好了。但我们也不宜求全于古人,对二千多年前的孔子能提出"器不雕伪"的主张,已很值得我们借鉴了。

四、在消费上主张依"礼"而行,既反对奢侈,又反对吝啬。

消费是生产和分配的结果,有怎样的社会生产和分配就有怎样的消费。春秋时期封建社会的主要特点,就是一方面各级贵族及其臣僚组成的等级森严的统治阶级(包括有些士在内),他们不参加劳动,但占有大部分社会财富,过着豪华的或富裕的生活;另一方面广大庶民包括农奴、自由农民和百工在内的被统治阶级,他们承担了全部社会生产劳动,劳动的成果通过统治阶级以各种形式的横征暴敛绝大部分被剥夺,留给他们的只是勉强维持温饱,有时连温饱也难以维持的贫困生活。这就是当时整个社会生产、分配和消费的情况。因此,孔子谈的消费问题实际上主要是统治阶级内部如何分享从劳动人民剥夺来的财富问题,与广大被统治阶级——劳动人民关系甚少。而历代统治阶级及其知识分子总要以一定的温情脉脉的伦理道德观念美化他们的残酷剥削行为,一以自慰,同时安抚被剥削阶级。例如"素富贵行乎富贵,素贫贱行乎贫贱。"(《礼记·中庸》)实际就是从生产关系和消费关系的现实经济生活中抽象出来的伦理概括,这样就可以使统治阶级安于奢侈生活和被统治阶级安于贫困生活,从而维持这种不公平的社会得以稳定和安宁。孔子在消费问题上的许多主张就是在这种社会背景中产生的。

　　首先孔子企图用来作为消费分配标准的是"周礼"。用"礼"作为消费的准则就是规定统治阶级内部尊卑的消费等级,一切消费行为包括衣、食、住、行的各种消费,都要以此为准。庶民不可能也没有条件实行这样的礼。所以《礼记》上有这样的话:"礼不下庶人。"(《礼记·曲礼》)孔子曾试图将庶人包括在礼之内,即"礼下庶人",他说:"道之以德,齐之以礼。"(《论语·问政》)实际上当然行不通。因为孔子所面临的正是"礼崩乐溃"的春秋时期,由于政治经济的不断发展,使得贵族内部以及整个社会的情况有了很大改变,孔子所要坚持的"周礼"的规范与约束即使在贵族统治阶级内部也已经失效。孔子自己就遇到许多违"周礼"之事,例如孔子说,季氏"八佾舞于庭,是可忍也,孰不可忍也?"(《论语·八佾》)又如"三家者以'雍'彻,子曰:'相维辟公,天子穆穆,奚取于三家之堂?'"(《论语·八佾》)再如,"子贡欲去告朔之饩羊,子曰:'赐也!尔爱其羊,我爱其礼。'"(《论语·八佾》)如此等等都是不遵守"周礼"的事例。在这种情况他仍要固守以不合时宜的"周礼"作为贵族阶级消费分配的标准显然是行不通的,庶民则更谈不上了。虽然如此,他有些关于消费的主张还是值得注意和借鉴的。

一是生活消费上知足的主张。关于知足的主张有人误解为满足现状不求进取的消极的意思。其实,这不是孔子的原意。孔子的原意是从积极方面着想的。他认为一个知识分子在物质生活上不要要求过高,而在学习上和事业上则应严格要求自己。例如在学习和事业上,他说"学而不厌"(《论语·述而》)。又说:"士志于道,而耻恶衣恶食者未足下议也。"(《论语·述而》)在事业上当时的人称孔子"是知其不可而为之者"(《论语·宪问》),就是说他是不怕困难,积极进取的人。他主张把主要精力放在事业上、学习上,而不要把精力过分用在生活享受的追求上,以至影响到学习与事业的进取,这怎能说是消极呢? 如果说孔子在消费上知足的话是专对劳动人民而言,要劳动人民满足于生活的饥饿状态,那当然是不对的。但孔子这里讲的主要是对知识分子(士),要求知识分子学习上刻苦,事业上求进,这是无可厚非的。当然,所谓生活消费上知足,在现代意义上讲则是以能够保证必要的健康为前提。

二是既反对奢侈,又反对吝啬的主张。孔子对整个贵族统治阶级(包括士在内)是一贯反对生活消费上的奢侈行为而提倡节俭的。例如,礼和丧在当时认为是头等的大事,对于这种头等大事,孔子也主张:"礼,与其奢也宁俭;丧,与其易也宁戚。"(《论语·八佾》)其他衣、食、住、行等,也主张所有贵族(包括士在内)要节约,力避奢侈态度。例如孔子说:"奢则不孙,俭则固,与其不孙也,宁固。"(《论语·里仁》)又如孔子赞扬子路:"衣敝缊袍,与衣狐貉者立,而不耻者,其由也与!"(《论语·子罕》)另外,甚至帽子这样的小事,孔子也很注意。他说:"麻冕,礼也;今也纯,俭,吾从众。"(《论语·子罕》)这里说的是戴帽子,按照用礼规定应该戴麻制的帽子,但麻制的帽子很费工、费事、费钱,当时有一种用黑丝织的帽子比较省工、省事、省钱,孔子就赞成采用丝制的帽子。但他主张俭约应有一定限度,超过这个限度变成吝啬,他也是反对的。孔子自己是一个慷慨的助人为乐的人,例如,大概在他做大司寇时,他命弟子原思做他的管家,孔子给其粟九百,原思嫌多推辞,孔子说你不要客气,如果你用不了就用它帮助你乡里的穷苦人就是了。原文是:"原思为之宰,与之粟九百,辞,子曰:'毋! 以为尔邻里乡党乎!'"(《论语·雍也》)因为孔子是助人为乐的,所以对吝啬采取严肃态度加以反对。例如,周公是孔子最崇拜的人,而孔子认为一个人即使有周公那样完美的才德,如果犯有骄傲、吝啬的毛病,他的完美才德也就被淹没了,其他也就不值一观了。原文如下:"如有周公之才之美,使骄且吝,其余不足观也已。"(《论语·泰伯》)不仅如此,孔子把吝啬提到从政四恶之一,原文:"犹之与人也,出纳之吝,谓之有司。"意思是说,如像给人以财物,当给的时候又很吝啬就叫做小气的守财奴。

三是赞成不违礼的合理享受。孔子常用"周礼"和义来约束人们的生活消费,认为生活享受不能违反礼的规范和义的准则,但并不是只讲礼义,不关心物质生活。例如他说:"食不厌精,脍不厌细。"(《论语·乡党》)说明他在吃的问题上也是满讲究的。其他方面也如此,只是不要超过所规定的一定限度而已,当然,周礼规定的贵族统治阶级内部享受标准的高低,悬殊很大,现在看来并不合理,但当时孔子认为,有个标准(限度),总比漫无限制要好些。

经济生活中的义利观

现在着重从经济生活的角度谈一下孔子的义利观问题。

一、义、利问题的提出。

中国历史上在孔子以前很早就有义和利这两个字。这里讲的利和义主要是强调它们和谐和统一的一面。孔子则一方面突出义和利区别与矛盾的一面,而另一方面,其目的又是为了通过伦理道德的制约达到它们之间的和谐与统一。孔子的最高理想是"大同世界",由于孔子认为实现"大同世界"一时难以做到,因而他毕生为之奋斗的则是他的低于"大同世界"的以西周为模式的小康社会。他理想中的所谓"大同世界"的主要特点是"天下为公"和"货,恶其弃于地也,不必藏于己;力,恶其不出于身也,不必为己"(《礼记·礼运》)。这就是从社会制度和物质条件上保证了促成义利的和谐和统一的可能性。而小康社会的特点则是"天下为家""货力为己"和"谋用是作"。这就形成了相互争权夺利和义利矛盾的局面,为了达到在这种局面下社会的安定,就要强调"礼义以为纪"(《礼记·礼运》),就是说要力求用伦理道德的力量,即公平合理的义的力量,去抑制人们争权夺利的欲望而达到义和利的和谐和统一,达到贫富不均难以安宁的社会的相对安宁。

二、孔子所处的时代能实现真正"公平合理"(义)的原则吗?

如前所述,孔子所处的时代是领主制封建社会向地主制封建社会过渡的春秋时代,是礼崩乐溃的时代,是等级森严、贫富不均、战争频繁的动乱时代,这个时代的社会情况离开孔子所希望达到的低级理想——西周式小康社会又有很大距离,在这种动乱社会中要实现真正"公平合理"(义)的原则是不可能的。各级贵族统治阶级横征暴敛,过着花天酒地的豪华生活,而一般庶民特别是广大从事农业劳动的农奴和农民则过着饥寒交迫难以为生的苦难生活,加上战争频繁不得安宁。在这种情况下正是顾了利就顾不了义,顾了义就顾不了利,在财富分配(利)中根本谈不上公平合理

（义），因为从整个社会而言，各级贵族统治阶级不论用任何名义、任何形式向广大劳动人民（主要是农民）横征暴敛，掠夺和剥削别人的劳动成果作为自己享受的财富，这里面有什么"公平合理"（义）可言呢！而对于广大劳动人民来说，自己的劳动成果绝大部分被掠夺剥削，过着饥寒交迫的生活，更有什么义和利可讲呢！前者是不劳而得（富且贵），后者是劳而无得或所得甚少（贫且贱），在这种情况下，孔子又提出富贵是天命决定的，不是人力可求的。"生死有命，富贵在天"（《论语·颜渊》），"富而可求也，虽执鞭之士，吾亦为之。如不可求，从吾所好"（《论语·述而》）。这样就把义和天命相结合，也就是体现了天命。于是孔子提出所谓"义然后取"和"见利思义"（《论语·宪问》）等等就等于虚晃一枪，既维护了封建贵族的利益（他们的富贵是天命决定的，是合乎义的），又安抚了劳动人民（他们的贫贱也是天命决定，非人力所能改变）。为此，孔子又进一步提出"贫而乐，富而好礼"，对贫富不均的不义的社会，在义的名义下，求得"乐天安命"而又极不稳定的安宁。其实，即使在孔子所向往的"小康社会"（实质上是西周文武周公时期的社会）中，仍然存在着等级森严贫富不均的制度，在经济生活和财富分配中实现真正的公平合理（义）也是不可能的。要真正地完全地实现经济生活和财富分配（利）中的公平合理（义），只有进入"大同世界"，用现代语言讲就是以公有制财富的大大丰裕、人的文化水平和品德素养大大提高和生产上各尽所能、分配上按需分配为前提的科学的共产主义社会才可能。

　　三、义利观的消极作用和积极作用。

　　就整个社会历史而言，孔子的义利观既有消极作用的一面，又有积极作用的一面。二者有时在一定不同情况下又可相互转化。

　　义作为公平合理的伦理道德，本来是无可非议的，但如前所述把义和天命结合起来,成为体现天命的宿命论的一种行为准则,情况就完全不同了。封建社会秩序和贵族统治阶级既然是天命决定的,于是,要触动它、改变它、推翻它就成为"犯上""作乱"(《论语·学而》)的不义的行为。孔子对于舜得天下毫无意见,而对武王伐纣建立西周则有微辞,这些都通过对于两支古乐的评价表现出来。他对歌颂舜的"韶"乐认为"尽美矣又尽善也",而对歌颂武王的"武"乐则说"尽美矣未尽善也"(《论语·八佾》)。为什么说"韶"乐尽善尽美,而"武"乐则尽美而不尽善呢?因为舜得天下是由尧的禅让,而武王则是通过以武力推翻纣王(伐纣)而取得天下,意思就是说即使纣王无道,也不该用武力推翻它,用武力推翻一个王朝总不免带有"犯上作乱"的嫌疑。既然推翻一个王朝总是不义的行为,那么取得天下(得利)也就是不义的了。这样,义利观就成为维护封建社会秩序和贵族统治阶级利益的精神上的"护身符",同时成为强制被统治被剥削的广大庶民的安于被奴役的精神上的"金箍咒"。这个"护身符"和"金箍咒"就成为尔后二千余年长期维持封建社会的精神力量之一。这正是这个义利观在中国社会历史上所起的消极作用。

把义和天命的联系区别开来,还它的本来面目,那义就成为公平合理的伦理标准而起作用。孔子在多数具体场合下,正是在这个意义上使用"义"这个字的。例如,他劝告贵族统治阶级对待广大被统治阶级的庶民要实行"施取其厚、事举其中、敛从其薄"(《左传》哀公十一年)的政策,这无疑既可抑制贵族统治横征暴敛的贪欲,在一定程度上也可以起到为政清廉的作用,减轻人民的负担,改善人民的生活。又如孔子说"见利思义,见危授命"(《论语·宪问》),又说"义然后取,人不厌其取"(《论语·宪问》),这在一定程度上有利于形成敦厚的民风和良好的社会秩序与经济秩序。又如前已引过的孔子的话"士志于道而耻恶衣恶食者,未足与议也"(《论语·里仁》),这种把追求道义放在追求物质享受之上的刻苦好学上进的精神,鼓舞了中国历史上一批又一批在学习上事业上有成就的知识分子(士)。以上数例可以说明义利观在中国漫长的历史中又起了很大的积极作用。由于社会历史和阶级的复杂性,有时会产生消极作用和积极作用相互转化的情况。例如"未若贫而乐,富而好礼者也"(《论语·学而》)这句话,在贫富距离特别大,等级特别严的孔子时代,前面曾指出了它的消极作用;然而在另一种情况下,例如目前的中国,虽仍有贫富差别,但距离不太大,而且整个社会经济正不断地健康发展,距离不断缩小,在这种情况下,这句话就又可以起到促进社会团结的积极作用。

四、义利观积极作用的现代价值

孔子义利观的积极作用的核心是义和利的统一和谐,即重视义也不轻视利,只有在义利之间不能兼顾而只能取其一的情况下,他才毫不犹疑地选择前者(义),他曾经说过的"富与贵,是人之所欲也,不以其道得之不处也"(《论语·里仁》)和"不义而富且贵,与我如浮云"(《论语·述而》)就是讲的这种情况。"富与贵"是利,"不以其道得之",就宁可要义不要利,反过来,如果"富与贵"(利)"以其道得之"(义),那利和义就统一和谐了。富与贵就可心安理得地处之了。根据这一精神,在现代经济生活中,不论是从事生产还是经营贸易,如果以劣充优,以假充真,投机取巧,哄抬物价,就是不义,按义利观的精神就不应该这样做。不然就是损人利己,即使挣了钱也是不义之财,在这种情况下宁可要义不要这种损人利己的不干净的利。所以孔子的义利观并不是只讲义不讲利,他只是强调利应该"以其道得之",强调"公平合理"的利,这和汉儒董仲舒提倡的"正其谊,不谋其利"和宋儒二程所提倡的"存天理,灭人欲"意义是迥然不同的。前者合于情理,后者逆于情理。难道我们现在不也正是反对既不合理又不合法的唯利是图的不正的经营作风,而且对其情节严重的还必须绳之以法吗!难道我们能允许不讲义利统一和谐的不正之风合法存在吗!难道我们可以忽视孔子义利观的积极作用在各行各业经济生活中的现代价值和意义吗!

义利观是贯穿在孔子思想各个领域特别是经济领域中的一条主线。当然,义利观中"义"的具体内容是随着时代社会的不同而不同的,永远不变的永恒内容是不存在的。但有一点是肯定的,如果义作为公平合理的行为准则,那么,它不过是各个时期人类社会在以往不断积累损益中形成的人与人之间在经济生活中应该遵循的共同准则而已。在经济生活中如果不遵循这个共同准则,经济领域的正常秩序就要遭到破坏,经济生活就无法正常进行下去了。由此可见,孔子的义利观像前面所指出的那样,虽然带有某些过时的局限性(如将义和天命相结合),但确实也有我们值得借鉴和损益而用之的仍有现代生命力的积极因素。

(本文选自《江海学刊》,1990 年第 1 期)

匡亚明,江苏丹阳人。曾担任东北人民大学(吉林大学)和南京大学党委书记兼校长等职,1982 年起为南京大学名誉校长。著作有《孔子评传》等。

文章主要论述了孔子的经济思想、经济主张和义利观。关于经济思想,主要抓住孔子经济思想中含蕴着的有决定意义的两条纲:一是如何对待生产劳动和劳动成果的问题;一是如何对待封建统治阶级经济利益和被统治的广大劳动人民经济利益的问题。关于孔子的义利观,认为孔子一方面突出义和利区别与矛盾的一面;另一方面,其目的是为了通过伦理道德的制约达到它们之间的和谐与统一。孔子的义利观,既有消极作用的一面,又有积极作用的一面。

孟轲的经济思想

胡 寄 窗

一 孟轲与儒家哲学的唯心主义倾向

　　孟轲(公元前372——前289年)①,字子舆②,邹人,系鲁国公族孟孙之后。幼年由其母抚养成人,孟母为注意他的教育曾三次迁居,后世传为美谈。稍长,受业于孔子之孙子思,或说他是子思的私淑弟子,并非子思的嫡传门徒。孟子自命已得孔门真传,继承道统,极力排斥当时流行的杨朱、墨翟学派,以捍卫儒学之责自任。他曾周游列国,"后车数十乘,从者数百人,以传食于诸侯"。齐宣王时游学于齐,位列上大夫,不任职而论国事(桓宽:《盐铁论·论儒》),食禄万钟,与稷下③先生淳于髡、彭蒙、宋钘等七十余人均为

---

　　① 参见杜国庠著《先秦诸子思想概要》,第31页。但孟子生卒年代也无定说,如钱穆即谓其约生于公元前389年,死于305年,享年八十四岁。

　　② 王应麟《困学纪闻》称孟子之字未闻。孔丛子谓其字子车,或谓子居,一字子舆。后人多谓其字子舆。

　　③ 刘向《别录》云:"齐有稷门,齐之城西门也。外有学宫,即齐宣王所立学宫也。故称稷下之学。"(《太平御览》卷十八益都条下所引)齐自威王以来即有稷下学宫之设立。招致天下有名学士到稷下讲学,皆赐列第为上大夫,不治而议论。历威、宣、湣、襄诸王均如此,对战国学术之发展起了很大的作用。

当时有名学者。后又游于梁、宋、滕等国，迄无可能将学说付诸实施，乃返邹与其徒万章等"序诗书，述仲尼之意，作《孟子》七篇"（《史记·孟子荀卿列传》）。孟轲对昌大儒学有很大的功劳。在汉人眼中还未被特别推崇，唐人肯定他为儒家道统的嫡传（《韩昌黎集·原道》）。到宋、元间追封邹国公，配享孔庙。元文宗时更尊他为"亚圣"，成了儒家孔子而下的第一人。

孟轲继承并发挥了孔子思想的唯心主义倾向，成为后代儒家唯心主义哲学的奠基者。他也和孔子一样是以一个没落的贵族而作新兴地主阶级的代言人，更露骨地宣扬封建等级制度和更坚决地维护封建道德规范。封建等级秩序在他的手中已形成一套明确的制度，如对爵位的划分、领土的大小、俸禄的高低等均提出了较具体的方案①。封建道德规范——仁、义、礼——更是他终日不离的口头禅。孟轲猛烈地攻击杨朱学派和墨翟学派。在他看来，"杨氏为我，是无君也；墨氏兼爱，是无父也；无父无君，是禽兽也"（《孟子·滕文公下》）。"君"和"父"象征着他的封建等级秩序，任何不利于封建等级制度建立的学说，都是他打击的对象。我们

①　"天下一位，公一位，侯一位，伯一位，子男同一位，凡五等也。君一位，卿一位，大夫一位，上士一位，中士一位，下士一位，凡六等。天子之制，地方千里，公侯皆方百里，伯七十里，子男五十里，凡四等。不能五十里，不达于天子。附于诸侯，曰附庸。天子之卿，受地视诸侯，大夫受地视伯，元士受地视子男。大国地方百里：君十卿禄；卿禄四大夫；大夫倍上士；上士倍中士；中士倍下士；下士与庶人在官者同禄，禄足以代其耕也。次国地方七十里：君十卿禄；卿禄三大夫；大夫倍上士；上士倍中士；中士倍下士；下士与庶人在官者同禄，禄足以代其耕也。小国地方五十里：君十卿禄；卿禄二大夫；大夫倍上士；上士倍中士；中士倍下士；下士与庶人在官者同禄，禄足以代其耕也。耕者之所获，一夫百亩。百亩之粪，上农夫食九人，上次食八人，中食七人，中次食六人，下食五人。庶人在官者，其禄以是为差。"（《孟子·万章下》）

知道,墨家并不反对等级制度,但在孟轲眼中似乎墨家比杨朱学派更应该反对①。因为杨朱学派毕竟也是没落贵族知识分子所组成的学派,而墨家却是代表劳动人民利益的学派。另一方面,孟子政治哲学中包涵着不少的民主因素②,也是人所共知的。古希腊奴隶主阶级的代言人柏拉图的所谓民主思想不足为奇,列宁指出:当时所谓"民主"是奴隶主的民主,奴隶是除外的③,而孟子的民主概念决不能说不包括农民在内。为什么一个地主阶级的代言人会具有某种程度的民主思想?为什么他既具有若干民主思想而又坚决反对代表农工小生产者利益的墨家和代表小农利益的农家许行?搞清楚这些问题,对我们理解他的经济观点是很有帮助的。马克思主义的奠基者早就这样教导我们:当一个新兴剥削阶级最初出现于历史舞台时,它总认为自己可以去与它对立的阶级以及其他的被压迫群众站立在一起以反对旧的统治阶级,因此,一人新兴剥削阶级的代表"能够标榜自己不是某一个别阶级的代表,而是全部受苦的人类的代表"(恩格斯:《反杜林论》,人民出版社1956年新1版,第15页)。孟轲正是这样一个思想家,所以他能以一个新兴地主阶级的代表而具有一定程度的民主思想。他所代表的地主阶级在这个时候还是一个被统治的阶级,当然也包括在被统治的所谓人民群众之内。毛泽东同志天才地指出,"人民这个概念在

---

①　"逃墨必归于杨,逃杨必归于儒,归,斯受之而已矣。"(《孟子·尽心下》)可见墨家与儒家之距离较大,更应该反对。

②　"民为贵,社稷次之,君为轻。"(《孟子·尽心下》)"……君之视臣如犬马,则臣视君如国人;君之视臣如土芥,则臣视君如寇仇。"(《孟子·离娄下》)

③　参见《论国家》。《列宁全集》第29卷,人民出版社1956年第1版,第436—437页。

不同的国家和各个国家的不同的历史时期,有着不同的内容"(毛泽东:《关于正确处理人民内部矛盾的问题》,人民出版社1957年第1版,第1页)。正因为他标榜自己是被统治的人民的代表,所以他反对任何一个能代表某一个被压迫阶级的利益的学派。他坚决反对墨家和农家,就是向他们争取思想上的领导权。孟轲在政治思想斗争中所采取的这种姿态,只有在阶级关系相当复杂而新旧剥削阶级的斗争已相当尖锐的条件下才可能出现。反对旧封建领主的斗争,是当时新兴地主阶级与工农小生产者暂时的共同要求。基于这种一时的共同利害关系,一个新兴地主阶级的代言人也可能为小生产者的利益而辩护。因此,孟轲的经济思想虽是全部接受了孔子为封建地主经济所奠定的若干重要原则,却补充了不少的新的内容。例如,他提出恒产论,强调财产私有的重要作用,尤其是小农个体经济的重要作用,便是他的独特经济观点之一。在新兴地主阶级与农民的矛盾还未充分展开以前,在地主阶级还未取得政权以前,地主阶级利益的代表者还可能朴素地把某些社会经济问题当作客观规律来研究,等到新兴地主阶级建立起自己的政权以后,矛盾转化了,这时新兴地主阶级与广大农民之间的矛盾已经形成了社会的主要矛盾,这些经济观点亦必随之而发生变化。有的会因为符合了取得政权后的地主阶级的利益,而加以发展或加强,最后变成极反动的封建经济观点;有的会因为不再适合于地主阶级的需要而被放弃,可是这些却很可能被封建时代的劳动农民或进步思想家用来作为反对地主阶级政权的思想武器,正如从前的地主阶级用它们来反对贵族领主政权一样。19世纪初期欧洲的若干为无产阶级利益而斗争的思想家,也曾利用资产阶级自身的理论武器来与资产阶级相搏斗(参见马克思:《资本论》第2卷,人民出版社1953年第1版,《编者序》第17页)。

二　对财富的基本态度

《孟子》七篇一开始就提到"仁义而已矣,何必曰利"(《孟子·梁惠王上》)。这句话首先就给人一种印象,以为他也和孔子一样是"罕言利"的,其实,这完全是一种错觉。在初期儒家中最重视经济问题的莫过于孟轲,《孟子》中不独讲了许多经济问题,而且其中还有不少杰出的经济见解。

孟轲在经济问题上,强调行为的后果而不甚重视其动机,这与他在道德问题上注重行为的动机和内心的道德生活的主张①是不相同的。他和弟子彭更有这样的一段谈话:

> 彭更说:"梓匠轮舆,其志将以求食也。君子之为道也,其志亦将以求食与?"孟子曰:"子何以其志为哉!其有功于子,可食而食之矣。且子食志乎,食功乎?"曰:"食志。"孟子曰:"有人于此,毁瓦画墁,其志将以求食也,则子食之乎?"曰:"否"。孟子曰:"然则子非食志也,食功也。"(《孟子·滕文公下》)

一个人能不能得到报偿要看他对社会有没有功劳。如果有工匠为了要画墙壁之饰物而把屋顶的瓦也毁掉了,这种人的目的虽是为了求食,但社会也不会给他以报酬。所以,人是"食功"而不是"食志",也就是重视经济行为后果。从这样的基本观念出发,孟子大谈其财利。他的财富观念比孔子的鲜明而具体。他不像孔子把个人财富放在次要地位。他还认识到人们在社会生产过程中

---

　① 北京大学哲学系:《中国哲学史进授提纲》,第四章第一节,《孟子的哲学观点和社会政治思想》。

的地位对于人们的影响，认识到物质生活条件对于人们的影响。"富岁子弟多赖，凶岁子弟多暴"（《孟子·告子上》），并非人有什么不同，而是物质环境所使然。他认为贵族统治者之子弟所以不同于众人者，"其居使之然也"；又说鲁君之声音所以同于宋君之声音者，"居相似也"（《孟子·尽心上》）这里所谓"居"，即意味着人们在社会生产过程中所处的地位，可见孟轲把物质环境对人们的影响看得非常重要。

如遇到物质财富之获得与社会伦理标准相矛盾时，孟轲也不绝对主张为了维护伦理规范而放弃物质财富。在这一点上，他和孔子对待个人财富的态度也不完全相同。

"任人有问屋庐子曰，礼与食孰重？曰，礼重。色与礼孰重？曰，礼重。曰，以礼食则饥而死，不以礼食则得食，必以礼乎？亲迎则不得妻，不亲迎则得妻，必亲迎乎？屋庐子不能对，明日之邹，以告孟子。孟子曰，于答是也何有！不揣其本而齐其末，方寸之木可使高于岑楼。金重于羽者，岂一钩金与一舆羽之谓哉！取食之重者与礼之轻者而比之，奚翅（啻也）食重！取色之重者与礼之轻者而比之，奚翅色重！往应之曰，绐（击也）兄之臂而夺之食则得食，不绐则不得食，则将绐之乎？逾东家墙而搂其处子则得妻，不搂则不得妻，则将搂之乎？"（《孟子·告子下》）

从这一段对话中可以看出，他认为物质财富之获得与道德标准如有矛盾时，要权衡二者之轻重本末后再决定取舍，不是像孔子一样将个人财富观念绝对地从属于道德标准。不仅在财富的获取上如此，在其他社会生活过程中发生与道德标准相矛盾时也须权衡轻重的思想,在《孟子》七篇中也是比较强调的①。另一方面,孟轲也反对完全离开道德标准来谈财富,例如,他说:"如以利,则枉寻直尺而利,亦可为与?"(《孟子·滕文公下》)"人悦之好色富贵,无足以介忧者,惟顺于父母可以介忧。"(《孟子·万章上》)

但从国家角度来谈财富问题时,他却鲜明地主张把伦理放在第一位,财富放在第二位。梁惠王问他说:"叟,不远千里而来,亦将有以利吾国乎?"他一再说:"仁义而已矣,何必曰利?"又说:"苟为后义而先利,不夺不餍。"(《孟子·梁惠王上》)宋轻闻秦、楚将发生战争,想以战争之不利为理由劝秦楚的统治者不要打仗,孟轲也认为应以"仁义说秦楚之王……何必曰利?"(《孟子·告子下》)他更明确地指出:

"善战者服上刑,连诸侯者次之,辟草莱任土地者又次之。"(《孟子·离娄上》)

"田野不辟,货财不聚,非国之害也。上无礼,下无学,贼民兴,丧无日矣。"(《孟子·离娄上》)

"今之事君者曰,我能为君辟土地,充府库。今之所谓良臣,古之所谓民贼也。君不乡(向也)道,不志于仁,而求富之,是富桀也。"(《孟子·告子下》)

孟轲坚决反对为政而先谈财利的态度非常突出。他不仅反对为政先谈一般的利,连先谈"辟草莱、任土地"等生产经济活动都在被反对之列。在这一点上,他与孔子对待社会财富的态度又不同。

---

① 如"男女授受不亲,礼也","嫂溺援之以手者,权也"(《孟子·离娄上》);"舜不告而娶,为无后也,君子以为犹告也"(《孟子·离娄上》);"且夫枉尺而直寻者,以利言也"(《孟子·滕文公下》);"今有同室之人斗者,救之,虽被发缨冠而救之,可也"(《孟子·离娄下》);等等。

实际上孟轲决不主张"为国"而不注重经济,如滕文公向他请教治理国家的办法,他也指出"民事(即农事),不可缓也"(《孟子·滕文公上》)。从后面的分析中还可以看出,他对整个国民经济倒很有一套办法。他口头上反对为国先谈财利,主要是想通过强调伦理规范以抑制当时只注意经济问题的倾向。他对财富的基本态度实质上应和孔子"放于利而行多怨"的主张是一致的。他说:

"王曰何以利吾国,大夫曰何以利吾家,士庶人曰何以利吾身。上下交征利,而国危矣。"(《孟子·梁惠王上》)

"为人臣者怀利以事其君,为人子者怀利以事其父,为人弟者怀利以事其兄。是君臣、父子、兄弟终去仁义,怀利以相接,然而不亡者,未之有也。"(《孟子·告子下》)

由于他在政治上猛烈而坚决的反对先谈财利,一味的标榜所谓仁义,所以被当时的贵族统治阶级认为"迂远而阔于事情"(《史记·孟荀列传》)。社会经济既在长足发展,社会各阶级的力量对比正急剧地发生变化,各阶级间以及每一阶级内部各成员间的经济关系也空前加深,在这样的条件下,如非出世、厌世的道家,拒绝在政治上谈利是不可能的。尽管他总是说"何必曰利",实际上他讲的经济问题却不比其他学派为少。

在个人财富及国家财富问题上,孔孟间的出入,是基于这一客观事实:社会经济的巨大发展使人们的经济关系比以往更加复杂,人们物质生活随商品经济的扩展而日益扩展,过多的伦理限制为人们的经济生活所不许可,因此,在个人财富方面不能不把伦理的限制放松一些;同时,由于贵族统治集团的财政压榨随战争的频繁和官僚机构的庞大等等原因而更加沉重,故对国家财富方面的伦理要求不能不加紧一些。无论放松与加紧,总不外乎是要使封建道德规范,更有效地对财富发挥制约作用。"仁""义"这些新的封建道德规范,在其为自己的经济基础服务的作用方面,当封建地主阶级还是一个被压迫的阶级时,它们作为反对旧贵族统治集团压迫的挡箭牌而存在;当封建地主阶级实际掌握政权以后,它们作为欺骗被压迫的劳动群众的魔棒而存在。孟轲在贵族统治者面前只谈仁义,拒绝谈财利,正是充分地加强和扩大这一挡箭牌的作用,而实际上更多地谈财利,则是适应新兴阶级及阶层的要求。这就是他的伦理规范在某一方面更为加紧,而在另一方面稍事放松的客观原因。对个人财富的伦理尺度稍事放宽,并不意味着伦理观念之削弱,而是要使它能更有效地实际发生作用。

思孟学派的儒家对财富生产的根源,还是归结为土地,不过他们的土地概念却相当的扩大。土地在此时,包括生长草木禽兽的山和产生鼋鼍蛟龙鱼鳖的水在内(《中庸》第 26 章)。土地概念的扩大反映了财富来源之增多,所以,他认为"不违农时,谷不可胜食也;数罟不入洿池,鱼鳖不可胜食也;斧斤以时入山林,林木不可胜用也"(《孟子·梁惠王上》)。如与春秋以前只重五谷者比较,财富范围与财富的来源都扩大了不少。这当然还未超越自然的财富观,所以天时还被视为财富生产的决定性因素。比孟轲早数十年的墨子已认识到劳动创造财富的意义,而孟轲还只注意天时对财富生产的影响,可见阶级的局限对人们思想意识影响之大。

三　恒　产　论

恒产论是孟轲的特出经济思想,在他的思想体系中占很重要的位置。这是中国历史上第一次明确提出的拥护私有财产制度的理论。它与希腊哲学家亚里斯多德从"人类之天性"出发为私有

财产制度辩护之主张①异曲同工。他说:

> "民之为道也,有恒产者有恒心,无恒产者无恒心,苟无恒心,放辟邪侈,无不为已。"(《孟子·滕文公上》)

> "无恒产而有恒心者,惟士为能,若民,则无恒产,因无恒心,放辟邪侈,无不为已。"②

这里所谓"产"就是财产,"恒产"就是长期占有的财产,亦即占有的生产资料。恒产的范围包括农工商业的财产,在当时条件下,最主要的财产却是土地。一切土地所有者,不论是地主或小土地所有者的土地财产都属于恒产的范围。对于农民来说,孟轲所想象的农民的个人财产是要求有"五亩之宅","百亩之田"。马克思指出,在封建时代,一切军事、政治、司法的权力,都不过是"土地所有权的属性"③。当时的思想家都会认识到土地是财产中极重要的部分。孟轲说:"广土众民,君子欲之。"(《孟子·尽心上》)又说:"诸侯之宝三:土地,人民,政事。"(《孟子·尽心下》)所以,他认为制民之产仍须从土地入手。

孟轲认为人们拥有一定数量的财产,是巩固社会秩序、维持"善良习惯"的必要条件。人民之所以"放辟邪侈",是由于无恒产之所致。他从安定社会秩序出发,为私有财产制之建立作了辩护。在土地私有制广泛发展的战国初期的社会经济条件下,这是一种进步思想,因为私有财产之建立可以进一步提高劳动生产率。特

---

① 亚里斯多德以为"人们对于其私有的财产能为更多的留心,对于与他人共同的财产,则不大留心"。见亚氏:《Politics》,Bk. II, Ch. V.

② 《孟子·梁惠王上》。朱注:"恒,常也。产,生业也。恒产,常生之业也。"朱熹把"恒产"理解为农工商贾等固定职业,不妥。

③ 参见马克思:《资本论》第1卷,人民出版社1953年第1版,第398页;第3卷,第488页。

别是他所主张以八口之家为单位占有一定数量的土地,使之成为自足自给的小农,是很可以鼓励农民的生产积极性的。经济行为的"内容,只要与生产方式相适合,对于它是妥当的,便是合乎正义的"(马克思:《资本论》第3卷,人民出版社1953年第1版,第421页)。

以一个新兴地主阶级代言人的孟轲而主张发展小农经济是不是一个矛盾呢? 马克思指示我们:"小农民经济与独立手工业经营二者,在某程度内,是封建生产方式的基础……。"(马克思:《资本论》第1卷,人民出版社1953年第1版,第401页注)恩格斯指示说:

"在资本主义生产未出现之前,即在中世纪,到处存在以生产者的生产资料的私有为基础的小生产;在农村中占支配地位的是小农——自由的农民或受农奴制束缚的农民——所经营的农业,……。"(恩格斯:《社会主义从空想到科学的发展》,人民出版社1956年第1版,第62页。重点是引者加的)

马克思主义者所谓小农,通常都是指小块土地私有者的自由农民和受农奴制拘束的农民[①],后者又包括为封建地主服劳役的封建依附农民和小块土地的租佃农民[②]。小农经济从中世纪起一直是

---

① 恩格斯的指示除上一段引文外,他在《法德农民问题》中又指出:"在德国西部,正如在法国和比利时一样,占着统治地位的是小块地农民的小生产,这些农民在大多数场合是自己小块土地的私有者,在少数场合则是自己小块土地的租佃者。"以上见《马克思恩格斯文选》(两卷集)第2卷,人民出版社1958年第1版,第423页。

② 恩格斯在《德国农民战争》一书的序言中将小农分为三种成分:封建的农民,佃农和私有小块土地的农民。以上参见《马克思恩格斯文选》(两卷集)第1卷,人民出版社1958年第1版,第621—622页。

农业中占优势的经济形式①,马克思曾特加指出,英国在封建时代的土地,虽分裂为巨大的男爵领地,但小农仍散见于全国各地,"大领地不过稀疏地介在其间"②。马克思甚至提醒我们说:"决不要忘记,就连农奴也不仅是他的住宅所附属的小块土地的所有者(虽然是有纳贡义务的所有者),且还是共有地的共同所有者。"③所以,小农经济之所以成为封建经济的基石,那就是说无论是农奴,或佃农,或自耕的小土地私有农民,都是分散的,都经营小块土地,这和领主贵族或一般地主之占有大量土地,不但不矛盾,而且正是和他们的剥削相适应的"经济形式"。中国自封建贵族领主经济及其基层组织农村公社瓦解以来,不曾出现像欧洲中世纪那样典型的农奴制,作为中国封建生产方式基础的小农经济,即由佃农及小土地私有农民所组成。"小块土地所有制按其本性说来是全能的和无数的官僚立足的基地"④,也是封建国家繁重赋税的主要承担者。所以,在中国历史上,封建大地主政权曾不时采取一些防止小农破产和稳定小农阶层的政策。在英国,马克思也指出,自 15 世纪以来甚至到 18 世纪上半期,尽管原始积累在疯狂地进行,而英国统治者的政策却企图阻止小农破产⑤。

由此可知,孟轲以一个新兴地主阶级的代表而主张发展小农

---

① 参见恩格斯:《英国工人阶级的状况》。《马克思恩格斯全集》第 2 卷,人民出版社 1957 年第 1 版,第 562 页,注 2。

② 参见马克思:《资本论》第 1 卷,人民出版社 1953 年第 1 版,第 907 页。

③ 马克思:《资本论》第 1 卷,人民出版社 1953 年第 1 版,第 906 页注。

④ 马克思:《路易·波拿巴的雾月十八日》。《马克思恩格斯全集》第 8 卷,人民出版社 1961 年第 1 版,第 221 页。

⑤ 参见马克思:《资本论》第 1 卷,人民出版社 1953 年第 1 版,第 908—911 页。

经济,正符合中国封建生产方式的这个新发展阶段的要求。战国初期和中期,土地自由买卖虽已盛行而土地兼并之风尚未大盛,一般的土地所有者以新兴中小地主和独立小块土地所有者为最多。到战国后期虽已有由贵族领主转变出来的大地主阶级如齐国的田文,赵国的赵胜等,但那还是个别的事例。一般新兴地主所占有的土地面积之大小,无可稽考,不过我们可以从当时一般人的言论中推测出来。苏秦合纵之策被六国采用后,曾发出感慨说:"且使我有雒阳负郭田二顷,吾岂能佩六国相印乎?"(《史记·苏秦列传》)可见当时理想中的典型地主有良田二百亩,约合现在的六十余亩。这些新兴的具有代表性的中小地主本身的存在就需要有佃农的存在,而且它们和小农民(自耕的土地小私有农民)之间还不曾发展为尖锐的矛盾。这是孟轲既代表新兴地主阶级的利益而又强调小农民经济的发展的客观基础。

他所想象的典型土地经济情况是:

"五亩之宅,树之以桑,五十者可以衣帛矣。鸡豚狗彘之畜,无失其时,七十者可以食肉矣。百亩之田,勿夺其时,八口之家可以无饥矣。谨庠序之教,申之以孝悌之义,颁白者不负戴于道路矣。老者衣帛食肉,黎民不饥不寒,然而不王者,未之有也"(《孟子·梁惠王上》)。

这种小土地经营是孟轲非常强调的经济主张,在《孟子》七篇中曾经提起过三次[1]。一向研究孟子思想的人都将他的恒产论中

---

[1]　孟轲对梁惠王与齐宣王均曾提出此主张,见《孟子·梁惠王上》。《孟子·尽心上》又提到一次。至于专提"百亩之田"的还有好几处,如《孟子·万章下》:"耕者之所获,一夫百亩。"《孟子·滕文公上》:"夫以百亩之不易为己忧者,农夫也。"又孟子所讲的井田制,也以百亩为基础。

的小土地经营的主张理解为其井田学说的一部分,这是不妥当的,因小土地经营并不一定采取所谓井田的形态。《孟子》中有三次详细提到这种小土地经营制,完全未涉及所谓井田制。两次论恒产也未涉及所谓井田制。而且五亩宅地和百亩耕地共一百零五亩的土地面积,同他所谓的井田编制(关于井田制我们以后还要详细分析,这里不谈)也不相配合,不可能是其井田思想的一个部分。我们可以认定井田之说决非孟轲的基本经济主张,小土地经营的小农经济才是他急于实现的土地经济制度。地主经济的发展,要求有比领主经济下公社农民的劳动兴趣为高的一家一户的小农个体生产。孟轲认识到小农民经济在巩固封建秩序和作为封建经济的基础的重要作用,并坚持加以强调,在当时条件下,自有它的现实意义。可是,他未明确指出,这一百零五亩的小块地是由封建国家发给,或从地主阶级手中以租佃方式取得,抑或由农民以买卖方式取得。这三种不同的土地获得形式,虽然在土地所有权形态上,从而在被剥削的形式上和程度上大不相同,但是毕竟都属小农经济,都是以一家一户作为一个生产单位,都是或在某种程度上是封建经济的基础。其中第三种土地占有形式,即小土地私有制,虽然可和封建地主土地所有制经常并存,但由于生产资料的无穷分裂,生产者自己的分立,人力的可惊浪费,生产条件的日益恶化和生产资料的昂贵化,纵使它处在"好的年成也是不幸"(马克思:《资本论》第 3 卷,人民出版社 1953 年第 1 版,第 1054 页)。孟轲真诚地相信这种小农经济是理想的永恒制度,足见他不懂得这种小农经济的发展规律,不知道它本身是要不断分化的不稳固的经济。

　　至于作为封建生产方式基础之一的独立小手工业生产,则在城市中占统治地位,他们的作坊,手工工具等是各生产者个人所有的劳动资料①，当然会包括在孟轲所谓的恒产范围之内，这是无待说明的。

恒产论不仅是为私有财产制度辩护，而且是为作为封建生产方式的新历史阶段的基础的小农民经济及独立手工业生产辩护。它是一般的为私有财产辩护，特别是为土地所有权辩护，更为有利于封建地主经济发展的小农经济辩护。至于他认为士人阶层可以无恒产而有恒心，这完全是他的唯心主义倾向的表现。

四　分工与劳动

（一）分工理论　分工是孟轲的重要经济思想之一。当然，他所理解的分工，事实上还只是谈的一般的社会分工，没有谈劳动过程中的分工。墨子虽曾提到劳动过程的分工，但对于分工的必要性及分工之利益均未提到。孟轲在这些方面认识之清晰，特别是其立论的犀利，在古代学者中是很少见的。孟轲对于分工的必要性所发表的意见，可以从他反对许行的并耕论的问答中体现出来。所谓"并耕"是要求社会上每一个人都自己生产自己所需要的物品，并主张统治者也须与人民一起从事劳动生产，不得厚取于人民以奉养自己。下面是孟轲就反对并耕与陈相的一段对话（《孟子·滕文公上》）。这里我们并不完全同意孟轲对许行的批评，只借此考察他如何认识分工的必要性：

孟子问："许子必种粟而后食乎？"　陈相答："然。"

　　问："许子必织布而后衣乎？"　答："否，许子衣褐。"

---

①　参见恩格斯：《社会主义从空想到科学的发展》，人民出版社 1956 年第 1 版，第 62 页。

问:"许子冠乎?" 答:"冠。"

问:"奚冠?" 答:"冠素。"

问:"自织之与?" 答:"否,以粟易之。"

问:"许子奚为不自织?" 答:"害于耕。"

问:"许子以釜甑爨(烧饭),以铁耕乎?" 答:"然。"

问:"自为之与?" 答:"否,以粟易之。"

问:"以粟易器械者,不为厉陶冶。陶冶亦以其械器易粟者,岂为厉农夫哉? 且许子何不为陶冶,舍皆取诸其官中而用之? 何为纷纷然与百工交易? 何许子之不惮烦?" 答:"百工之事,固不可耕且为也。"

问:"然则治天下,独可耕且为与? ……且一人之身而百工之所为备。如必自为而后用之,是率天下而路也。"

这一段对话最后引伸出孟轲的劳心劳力的反动理论。但是,正如马克思和恩格斯所称赞的希腊哲学家瑟诺芬的分工原则,不因为是从波斯国王餐桌上所得出来的结论(卡拉达耶夫:《经济学说史讲义》上册,中国人民大学出版社1957年版,第16—17页),就否定其为很好的古代分工理论一样,孟轲的反动结论也不应妨碍其对分工本身的正确理解。他对分工的观察,明确、锋利而又结合实际,使任何人一看就可以很清楚地了解社会分工的必要性,真是讲述社会分工的典籍中的稀有妙文。不仅指出以小米交换器械无害于作器械的人,以器械交换小米无害于农夫,他还指出:以一人之身所用的东西,都需百工为之准备,如必须自己制造而后用之,是使天下之人都疲于奔命而不足以自给①。

----

① "且一人之身,而百工之所为备。如必自为而后用之,是率天下而路也。"(《孟子·滕文公上》)

孟轲不仅明确分工的必要性,并已能透彻地认识分工的利益。他说:

> "子不通功易事,以羡(有余)补不足,则农有余粟,女有余布。子如通之,则梓、匠、轮、舆皆得食于子。"①

所谓"通功易事"是指通人之功而相互交易其事,也就是使各有专业的人可以在社会生产中相互交换其活动,这一方面说明了交换的功用,同时也说明了社会分工的利益。通功易事无论对工人或农民都是有利的。倘使不通功易事,则农民每年出产的粮食除去自己消费部分外就卖不出去。经营农副业的家庭妇女所织之布也无法从交换中以获得其所需要的物品。在手工业方面也会因不能通功易事,以致无法用自己的产品以换取所需要的食粮与布匹。工农分工,以有易无,彼此都有利益;否则双方都受影响。百工只须各从事自己本身的工作,不必亲自耕种或织布,当然农民也不必兼作百工的工作。双方分工合作,人己两利。古代思想家论述分工,无论怎样精辟,他们总是从"使用价值为主的立场"出发,柏拉图与塞诺芬就是如此(马克思:《资本论》第1卷,人民出版社1953年第1版,第441—443页)。孟轲从"通功易事,以羡补不足",即从使用价值出发来论述分工的重要性,正是合乎经济思想发展规律的。战国时代分工已甚细致。《考工记》所载,木工分为七类,金工分为六类,皮工分为五类,染工分为五类,玉工分为五类,陶工分为两类,共计三十种工。《考工记》据说还是春秋时代齐国的官书(郭沫若:《十批判书》第484页),战国的分工当更为细致。马克思主义经典作家告诉我们:"一切发展了的以商品交

---

① 《孟子·滕文公下》。又根据《考工记》所载:梓人是制造乐器、饮器等的工人,匠人是土木建筑工人,舆人作车辆,轮人专作车轮。

换为媒介的分工,都以城市与农村的分裂为基础。"(马克思:《资本论》第 1 卷,人民出版社 1953 年第 1 版,第 424 页)孟轲当然还未认识到这一点。战国都市的蓬勃发达,手工业日益脱离农业而向城市集中这一事实,正是他的分工概念产生的客观基础。他分析分工总是以工农业为事例,似乎他对这一客观过程已有所感知,只是不那么明确清晰而已。孟轲能正确地认识并阐述分工的利益,是他值得称述之处。但他据此而引伸出"劳心者治人,劳力者治于人"的结论,不仅是错误的而且是反动的,我们在下面就分析他的这一反动观点。

(二)劳动概念　孟轲还将分工概念作进一步的发展,把它应用到脑力劳动(劳心)与体力劳动(劳力)上面。在这个问题上,他得出了一个绝对有利于封建统治阶级的很反动的结论:

> "故曰,或劳心,或劳力,劳心者治人,劳力者治于人;治于人者食人,治人者食于人;此天下之通义也。"(《孟子·滕文公上》)

他以为治天下是"大人"或"君子"之事,也是"劳心"的事;百工、农耕是"小人"或"野人"之事,也是"劳力"的事。这种区分已经大成问题。他又进一步推论说:劳心者统治别人,劳力者被人统治;被人统治者须供养别人,统治人者应受别人的供养;这是普遍的规律。所以,他认为统治阶级的任务在于统治人民,不能要求他们从事体力劳动,而人民群众之天职是专从事体力劳动以供养所谓君子。"无君子莫治野人,无野人莫养君子"(《孟子·滕文公上》)。孟轲的阶级出身和他所代表的新兴剥削阶级以及当时经济条件,使他不可能了解劳力者也可以作"大人之事",即管理自己的国家。因此,人人可以"食人",人人可以"食于人",而不是某一些人必须受别人供养,另一些人必须供养别人。而且这也不是永恒普遍的规律,只有在存在阶级对抗的社会中才是如此。他这个结论成为中国以往的剥削阶级经常背诵的经典,在这个意义上,它所产生的反动作用之大是很难估计的。

但是,对孟轲的劳心劳力的反动理论,我们不应该简单的予以否定,而不作进一步的辩证的分析。任何经济观点,不管是进步的或反动的,除了它的阶级根源而外,还有它赖以产生的社会经济条件。恩格斯指出:当人类劳动还很少生产性,除了必需的生活资料以外,还只能提供很少的剩余的时候,此时,生产力的提高,交换的扩大,国家及法律的发展,艺术及科学的创造,所有这些进步,都只能在加强分工的助力之下,才有可能。此种分工的基础,当时即在于群众与少数特权分子的大分工,群众负担了单纯的体力劳动,而少数特权分子,领导工作,经营商业、国事,再后,更从事于科学及技术。所以,在这样的条件下,特殊阶级的存在是不可避免的,这个阶级脱离实际劳动,它可以管理上述所有的事务,并且它永不会错过机会,为着自己利益而把更多的劳动重负加到劳动群众的肩上(恩格斯:《反杜林论》,人民出版社 1956 年新 1 版,第 187 页)。孟轲劳心劳力的反动观点,正是这种社会经济条件的产物,而且是无可避免的产物。孔子在他所谓"君子喻于义,小人喻于利"一概念中已发其端,孟轲只不过把这一反动观点作了系统的、露骨的表述。在以后的分析中,我们会发现,战国时代具有这种反动观点的,还不只儒家学派。这一事实表明,在以阶级矛盾为基础的社会中,剥削阶级与被剥削阶级间,统治阶级与被统治阶级间的一切历史对立,都可以在人类劳动这种相对不发展的生产性中,找到说明。"无论个人主观地说可以怎样超出他所加入的各种关系,社会地说,他总归是这各种关系的产物。"(马克思:《资本论》第 1卷,人民出版社 1953 年第 1 版,初版序第 5 页)

同时,孟轲既为统治者的不劳而食辩护,也就暴露了他及其所代表的新兴封建地主阶级对体力劳动的鄙视。西周以来,领主贵族阶级虽不可能有重视体力劳动的思想,但尚未公开鄙视劳动。墨家学派比较重视劳动。孟轲将劳动进一步划分为脑力劳动与体力劳动本来是很正确的,但由于他错误地将"劳心"、"大人"及"食于人"结合在一起,又将"劳力"、"小人"及"食人"结合在一起,于是,轻视体力劳动的观点就第一次为他所公开宣扬。墨家者流所提倡的劳动创造财富的正确观点,在孟轲手中又被否定;孟轲仍然把财富产生的根源又归结到自然的赐予这条唯一的途径上去。在所有孟轲的经济思想中,劳动概念是他完全站在新兴剥削阶级立场所赤裸裸地暴露出来的反动观点。

五　价格与垄断

（一）价格与价值　孟轲认为价格之大小应该决定于商品本身的质量。由于各商品本身的质量不同,所以它们的价格也不应该相同。他反对许行专按个别商品的数量关系以决定商品价格的见解。在他看来,许行主张只要"布帛长短同,则价相若;麻缕丝絮轻重同,则价相若;五谷多寡同,则价相若;屦大小同,则价相若"（《孟子·滕文公上》）。这也就是说在考虑商品价格（或价值,两者他们是不能严格区分的）问题时,只注意长短、轻重、多寡、大小等数量关系,数量相等,就不必有两个价格。孟轲反驳说:

> "夫物之不齐,物之情也。或相倍蓰,或相什百,或相千万。子比而同之,是乱天下也。"（《孟子·滕文公上》）

孟轲反对许行所提出的同类商品只要数量相同都可按同一价格出售的办法。孟轲所说"夫物之不齐,物之情也。"这句话,是指商品的品质大有差别。正是这个原因，所以他才怀疑：倘使"巨屦、小屦同价，人岂为之哉"？从这一段话里，可以看出，孟轲似乎有一点极模糊的价值概念，似乎认识商品之内都包涵有某种东西，这某种东西可能使各种商品产生极大的差别，而价格的大小要以它们为决定因素。可惜他没有进一步明确指出这种内在于商品里面的某种东西究竟是什么。就"物之情也"的"情"字看来，这某种东西应该是指商品的自然属性，这样，才能在商品的长短、轻重、大小等方面相一致时，发生"倍蓰"或"什百"的差异。这就是以商品的使用价值来决定它的价值。古代思想家，在为获取使用价值而生产占支配地位的条件下，除极少数例外，大都非常重视商品的质与使用价值①，连那些具有较正确价值概念的思想家如亚里斯多德、墨者，也不能把搅混在他们的价值概念中的使用价值因素，加以清除。孟轲反对许行，说他强调了商品的自然形态如轻重、长短等等（关于许行的意见，我们以后还要分析，现在不谈），而自己仍然陷入于以商品的自然属性或使用价值决定价值的泥坑。我们在这里分析他的价格或价值概念，并不在于它本身的正确与否，而是由于他在不大言利的儒家中，正面地接触了这一重要经济范畴，虽然他的看法是错误的。特别是孟轲在和别的学派的斗争中，猛烈地展开了对这一问题的争辩，这种事例，在中国经济思想的历史上是很少见的。

他也意识到不适当的价格会影响生产。如"巨屦、小屦同价"，谁又愿意生产精细的屦呢？如生产的话，只有使人相率而"为伪"。倘使我们问，为什么巨屦、小屦同价就会影响生产？那

---

① 参见马克思：《资本论》第 1 卷，人民出版社 1953 年第 1 版，第 441 页。

就必然要涉及价格与价值不相适应的问题,这是孟轲不曾接触到的问题。他的价格概念之又一特点是他和子贡、范蠡都不同,不是以供求关系决定价格之高低,而是从商品本身所包涵的某种东西之多少去寻求价格高低之原因。

(二)垄断 孟子所谓的"垄断"当然与我们现在所指现代资本主义的那种垄断在科学上、涵义上是风马牛不相及的,但仅从它所指的一种经济行为来看,垄断这一概念也是孟轲第一次提出来的。西周末年芮良夫因反对荣夷公之好专利而间接阐扬了他的自然财富论①。那时之所谓"专利"是指领主贵族统治者们利用政治权力以把持某些营利活动。这虽也属于垄断的范围,究竟还是通过政治特权所享有的垄断。孟轲所讲的垄断是商人在市场上所进行的垄断。他说:

> "古之为市也,以其所有易其所无者,有司者治之耳。有贱丈夫焉,必求龙断而登之。以左右望而罔市利。人皆以为贱,故从而征之。征商,自贱丈夫始矣"。(《孟子·公孙丑下》)

他以为古来的市,主要在以其所有换其所无,官吏只是在发生争执时加以治理而已。有一种贪利的"贱人",常要寻求地势略高之处,左右顾盼,以窥测市场之动态,而网罗私人的利得。古来的市易多在空圹之处举行,人头钻聚,各组买者与卖者间的交易,各别进行,行情不能互通。有些商人集团使人占据土冈高处(即垄断),与其分布在市场各方面的集团成员暗示市场的行情与动态,这样就可获得暴利。相沿日久,"龙断"二字成了这种活动的代名

---

① 参见本书第二章第一节。

词。近代资本主义投机市场有所谓"Cornering"①，即垄断操纵，也是这样发展出来的。垄断这个名词是否当时商业市场之流行术语以及垄断活动产生之经过是否如《孟子》所描绘的那样，不得而知。但这个名词在中国确是最早见于《孟子》。他还把一人或一系久据富贵地位亦称之为"私龙断"(《孟子·公孙丑上》)。可见，孟轲把垄断这一概念应用于商业市场，也应用于政治场合。

孟轲反对商业垄断，以为只有贱丈夫才从事这种活动。并说商业税之征收都是因为这些贱丈夫而起。这种说法不见得有什么根据。垄断必须在市场交易十分发达以后才能产生，而市场征税《周礼·地官》是有记载②，很可能在垄断行为发生以前。但我们也没有证据证明商税之产生绝对不是由打击垄断而起，因为"寓禁于征"一向是财政上的古老手段。无论如何，孟轲留心市场活动，首先反对垄断是肯定的。在反对垄断这一问题上，他既代表了地主阶级的要求，更代表了独立小生产者的要求。

六   财政思想

孟轲的财政思想也以他的政治思想——仁政为基础。封建政权要实行所谓仁政就非有较充裕的财政收入不可，因为要"春省耕而补不足，秋省敛而助不给"(《孟子·告子下》)。凡人民之"所欲，与之聚之；所恶，勿施尔也"(《孟子·离娄上》)。封建财

---

① Corner 是房屋之一角或隐蔽处。垄断集团先是在市场的角隅或隐蔽之处秘密设谋操纵市价。后来凡操纵垄断市价之阴谋活动，不论是否在市场之角隅举行，都谓之 Cornering。

② 《周礼·地官》廛人掌敛布、敛布、总布、质布、罚布、廛布，而入于泉府。

政税收要以是否与人民有利以为断,如果不利于人民或政治不良就不应增加租税,这是他的最突出的财政观点。他说:

　　"君不乡道,不志于仁,而求富之,是富桀也。"(《孟子·告子下》)

　　"君不行仁政而富之,皆弃于孔子也。"(《孟子·离娄上》)

　　他将租税之应否增加或征收决定于是否对人民有利。必须指出,孟轲所谓人民通常是包括新兴地主阶级在内的。相反的,征课捐税的国家或君主,是指当时的贵族领主政权。在反对贵族领主政权的斗争中,他代表了新兴地主阶级及被残酷压榨的群众的暂时的共同要求,即要求减轻财政负担,要求课税须于人民有利。这种主张与当时阶级斗争的客观形势,尤其是与当时地主阶级的利益是相符合的。这样的财政思想颇与初期资产阶级的相类似,因为二者皆是新兴剥削阶级在反对旧的剥削统治阶级的斗争中所提出的。资产阶级的国会制度就是由纳税人会议发展起来的,总的精神是要封建政府为纳税的资产阶级服务。孟轲心目中的主要纳税人是新兴地主与工农小生产者。如君主"不乡道","不志于仁","不行仁政",仍给他纳税,那就无异是给贵族领主阶级的统治者增加其荒淫和为害人民的程度。故他的基本精神也是以政治之良否为人民应否纳税的条件。但这和初期资产阶级的纳税概念仍然是有区别的。初期资产阶级的纳税观点主要是为了维护本阶级的利益,并利用纳税方式以获取政治权力。而战国新兴地主阶级在财政上的要求仅是为消极减轻自己的负担而已。他的这一财政观点,在地主阶级取得政权以后的封建社会中,由于社会主要矛盾的转化,也就成了劳动阶级及进步思想家反对封建地主政权的有力思想武器。

孟轲主张实行农业单一税制。这是封建生产关系的新的历史阶段逐渐发展,农村对城市的政治控制逐步加强情况下的产物①。在欧洲,这样的租税政策只有到 18 世纪才由捧着封建招牌的资产阶级经济学派——重农学派提出来。孟轲能不囿于自己所代表的地主阶级的浅见,了解到封建经济以农业劳动生产为基础的实质,提出农业单一税制,倒是很难得的。比较合理的封建租税制度,从长期看来,对维持封建经济秩序和巩固地主阶级的政权都有利。他说:

> "市廛而不征,法而不廛,则天下之商皆悦而愿藏于其市矣。关讥而不征,则天下之旅皆悦而愿出于其路矣。耕者助而不税,则天下之农皆悦而愿耕于其野矣。廛无夫里之布,则天下之民皆悦而愿为之氓矣。"(《孟子·公孙丑上》)

市场中的商舍不征税,货物按照规定办法出售而不收税,即所谓"市廛而不征,法而不廛"②。关门也只缉查行旅而不征关税。宅地无生产不纳房地税,即"里布"。无职业之人不收人头税即"夫家之征"。这些租税都不征收,则财政来源只剩农业生产上的收入一项。他对宋国大夫载盈之讲,也主张"去关市之征"(《孟子·滕文公下》),而独征农业。

对农业的征课,他主张"助而不税",即国家以大地主资格使人民代耕公田(即所谓"助")而榨取劳役地租。在封建财政形态

---

① 参见马克思:《资本论》第 3 卷,人民出版社 1953 年第 1 版,第 1045 页。

② "廛而不征,法而不廛",向来注疏家聚讼纷纭,莫衷一是。我认为两廛字之意义是不同的。第一廛字作商人所居之房舍解,即免征商舍租税之意。第二廛字是税名,即《周礼·地官》所谓廛布是也。第二廛字与"征"字对称,应作征税或所征之税名解。"法"即按市场规定出售其货物,例如《王制》所规定的十四条禁令,以及《周礼·地官·廛人》"凡珍异之有滞者,敛而入于膳府"等等。简言之,第二廛字是指货物税。拙见如此,待正。

上,特别是在亚细亚古代国家,国家就是"最高的地主","地租和课税就会合并在一起",不再有和这个地租形态不同的课税①。不论是劳役地租的"助"或其他形式的实物地租,在本质上是以"税"表现的地租,不过在交纳与征收的方法上可能很有区别而已。因此,"助而不税"就是在劳役地租之外不再征课其他的农业税。

"助而不税"是孟轲想象的租税政策,并非当时的租税制度。在孟子所处的时代,对农民的榨取可能同时存在三种形式:"有布缕之征,有粟米之征,有力役之征"(《孟子·尽心下》)。前两种是直接征课实物,后一种是力役。他反对三者同时征课,主张最好是"用其一,缓其二"。在只采用一种征课形式时,以哪一种形式为最佳,未加说明,只说如采用两种形式,则民有饿莩之可能;倘使三者同时采用,那就连父子都要离散了。这里,他只谈到三种形式同时重复征课所引起的后果,未考虑同一税额分作三种形式征课可能产生的问题。

除在租税制度上主张单一税制外,他于课税方式也有透彻的分析。孟轲赞同龙子的主张,认为"贡"的方式最差,"助"的方式最好。贡纳制度为什么不好呢? 因为纳贡的多寡(即税率),必须事先加以确定。而确定的方法是根据当地几年中的收获加以平均,贡物的多寡即照此平均额交纳,即所谓"贡者校数岁之中以为常"。但采用此方式,则会产生这种毛病:

"乐岁粒米狼戾(狼藉),多取之而不为虐,则寡取之。凶年粪其田而不足,则必取盈焉。"(《孟子·滕文公上》)

换言之,贡额(即税率)规定以后,缺乏灵活性与伸缩性。年岁丰收时人民粮食很多,多征收一点也不算苛虐,但限于贡额不能

① 参见马克思:《资本论》第3卷,人民出版社1953年第1版,第1032页。

骤然改变而加以多收。凶荒之年人民收获甚少,连粪肥之用都不够,却仍须按贡额交纳,当然人民不胜其负担。"助"法则不然,借民力以助耕公田,即以公田收获上缴。这样的交纳即不会因年岁的丰歉而产生上述矛盾,所以在他看来是最好的制度。地租由劳役形式向实物形式的发展,是一种历史进步的表现,它可以提高劳动生产率,促进生产力的发展,孟子不理解这一点,才对劳役地租如此留恋。还有第三种制度是周人所行的"彻"法。究竟"彻"法是怎样一种交纳方式,孟轲没有详细说明,他只说:"周人百亩而彻","彻者彻也"(《孟子·滕文公上》)。这样说法等于没有解释。我们只知道彻是一种什一税,至于如何"彻"法就莫名其妙了。历代学者对这个问题不知花费了多少脑力,到现在还是个争论不休的问题①。但有一点是肯定的,即他不赞成平均税率,而赞

① 关于彻法的种种解释,赵岐和焦循的说法基本上是正确的,但亦有未尽之处。我认为借民力以助耕公田的方式,古代可能存在过,否则古代典籍中不会常提到公田。不论公田是奴隶国家之所有或为封建贵族的庄园,总之决不会是农民的私田,而且必须由农民代其耕种。在私有观念流行的阶级社会中,农民助耕公田,必然不如自耕私田之尽力,从而公田的收获量就不及同面积的私田收获量之多。统治阶级为使财政不受损失和进一步加紧剥削,不得不改变办法,将公田并入私田。所谓"彻"就是打通公田与私田的界限,"家耕百亩,彻取十亩以为赋"(《孝经正义》引刘熙《孟子注》)。农民分得一部分公田以为私田之后,即可避免助耕公田不力之弊。所以周人百亩而彻与殷人七十亩而助这两者间亩数的差额,可能有一部分是由于亩制大小的变动而来,另一部分可能是增加的公田。顾炎武《日知录》及《钱氏塘溉堂考古录》均主夏五十亩,殷七十亩,周百亩都是名异而实同,其原因是度量之长短不同耳,特别是钱氏的推算法,刻意使其相等,未必合乎事实。如照上面所说公田并入私田,则封建税收必然由私田负担,甚至将原来无助耕负担的私田也逐渐按照规定纳税。春秋前期鲁国"初税亩"就是这种情况的反映。最初的税率是十分之一,至于税率是按年实收或各年平均计算,则无法查考。

成每年按实际收获量的一定比例征收。

最后，孟轲基本上主张抽十分之一的农业税。他说夏、殷、周三代的税率"其实皆什一也"，又说"国中什一使自赋"，又对戴盈之也提出要迅速实行税"什一，去关市之征"（《孟子·滕文公下》）。他虽宣传什一税，但理想中的税率仍是"耕者九一"。孟轲不主张完全采用所谓文王时代的九一税制而在颇多的时候主张什一税，这是他在税率问题主张上的一个矛盾。他虽主张薄赋敛，但有人主张更轻的税率——二十而取一，他又不赞成。

> "白圭曰，吾欲二十而取一，何如？ 孟子曰，子之道，貉道也。万室之国，一人陶，可乎？ 曰，不可，器用不足也。曰，夫貉五谷不生，惟黍生之。无城郭宫室宗庙祭祀之礼，无诸侯币帛饔飧，无百官有司，故二十取一而足也。……欲轻之于尧舜之道者，大貉小貉也；欲重之于尧舜之道者，大桀小桀也。"（《孟子·告子下》）

白圭是战国大理财家之一，他主张二十而取一，必然是主要依靠农业以外的其他税收来弥补。孟轲从他的农业单一税，更考虑到封建国家财政开支的需要，故反对白圭的办法。一个代表被统治阶级利益的思想家，反对统治阶级的重税剥削，这个道理是很容易理解的。但像孟轲这样，不仅反对重税，而且也反对不足以适应封建国家开支的轻税政策，确还少有。关于具体的税率问题，所谓尧舜之道究竟取民多少，孟轲没有明确地讲。如果是什一之税，则文王之九一税是"大桀小桀也"。如果是九一之税，则孟轲的什一税又是"大貉小貉也"。孟轲在税率问题上实在弄了一大篇糊涂帐，既认为助法是九一之说，同时又说夏、商、周三代之税率"其实皆什一也"。照他所想象的井田制，殷人七十而助，不但不是九一之税，甚至比八分之一还要重些。顾颉刚先生以为孟轲"最没有地理、历史常识"①,我看他还是没有数学常识而又最喜欢搬弄数字,在税额问题上就是很明显的表现。又如,他还说这样的话,"五母鸡,二母彘,无失其时,老者足以无失肉矣"(《孟子·尽心上》)。只说二母彘吧,一家二头母猪,每年要生产多少小猪,如此,岂仅老者可以"无失肉矣"? 一个农户既要耕种百亩之田,又要照顾五亩宅地的蚕桑,还要经常饲养几十头猪,其他的畜禽饲养尚不在内,这在当时是可能的吗? 然而孟轲在这些问题上的矛盾言论虽给我们带来很多麻烦,却也暗示了我们不少可资探求的线索。如果他也像《春秋》作者那样把天大的事用三、四个字来表达,如"鲁初税亩"、"作丘甲"之类,那我们对古代的财政经济情况恐怕简直就更无从探索了。②

七 井田思想

现在我们研究孟轲所留给后代的最头痛的问题之一——井田制。

孟轲以前没有井田制的记载,甲骨文及金文中也找不出井田

---

① 顾颉刚:《战国秦汉间人的造伪与辨伪》,燕京大学,《史学年报》第2卷,第2期。

② 这里我们附带谈一个问题。近代学者多认为《尚书·禹贡》为思孟学派所伪作。从经济思想角度看来,《禹贡》所体现的财政思想有强烈的负担平均趋向,各州贡纳的多寡按土地肥度、距离远近、产品价值、有否水运之便等等条件来决定。一般地说,除有水运之便外都是愈远而愈轻,这和"野九一而助,国中什一使自赋"的原则是矛盾的。同时,孟轲主张农业单一税,而《禹贡》则对工农业产品无所不征,二者也是不相侔的。财政是《禹贡》的主要内容,它的基本概念既和孟轲的财政观点如此不一致,我们就似乎很难断定《禹贡》为思孟学派所伪作。

制的痕迹。自他提过井田说以后，从汉代开始一直到清初，断断续续都有人主张恢复井田制度①，足见它的影响之深远。关于井田的研究到现在还无大家公认的结论。目前比较为历史学者所同意的说法是：古代的土地耕作单位，即所谓"田"之大小必有一定之标准，否则金文中不会有"一田""二田""五田""十田"等等记载。既然田有一定的标准单位，则土地的开垦和利用的最初形态，在有水利的大平原地带，很可能形成豆腐块式的井字形，在丘陵地带，自然又当别论②。故以井字形划分的土地自然形态之存在，大体上是不生问题的。但孟轲所谓的井田，是一种土地所有制形式，它除开井字形的土地划分状态外，还包括一系列的生产和分配问题。这样的所谓井田制历史上是不曾存在过的。我们认为，井田制只是孟轲的一种乌托邦思想，决不是他力求要见诸实行的理想，还可能是他的尚未完全成熟的未来理想③。

---

① 历代主张完全实行或修正实行井田制者，自东汉以来多得不胜枚举。到清雍正二年（公元 1724 年），还在直隶省新城固安两县小规模地试行井田制，不久即废除。

② 参见岑仲勉：《贡、助、彻的涵义及怎样施行》，《中山大学学报》，社会科学版，1955 年，第 1 期。

③ 前已指出，孟轲所急欲实现的理想是小土地经营的小农经济。至于井田制，那是他的最高理想，并不亟亟要马上实现。对于孟轲来说，井田制与小农经济的关系颇类于"大同"与"小康"的关系。为什么说井田制不是他急于实现的理想呢？这可以从以下两点看出来。第一，齐宣王问他"王政可得闻与"时，他说："昔者文王之治岐也，耕者九一，仕者世禄，关市讥而不征，泽梁无禁，罪人不孥。老而无妻曰鳏，老而无夫曰寡，老而无子曰独，幼而无父曰孤。此四者天下之穷民而无告者，文王发政施仁，必先斯四者。"（《梁惠王下》）此处所谓"耕者九一"一般都理解为井田制，因为他曾说，"请野九一而助"，又说"惟助为有公田"。但他并不要求立即实行"耕者九一"，而主张先解决鳏寡独孤四种人的问题。要解决此四种人的问题不一定非实行井田不

所谓井田制的具体内容是这样的：

> "夫仁政必自经界始。经界不正，井地不均，谷禄不平。是故暴君污吏，必慢其经界。经界既正，分田制禄，可坐而定也。夫滕壤地褊小，将为君子焉，将为野人焉。无君子莫治野人，无野人莫养君子。请野（郊外边远地区）九一而助，国（郊内地区）中什一使自赋。卿以下必有圭田，圭田五十亩，余夫二十五亩。死徙无出乡，乡田同井，出入相友，守望相助，疾病相扶持，则百姓亲睦。方里而井，井九百亩，其中为公田，八家皆私百亩，同养公田。公事毕，然后敢治私事，所以别野人也。此其大略也，若夫润泽之，则在君与子矣。"（《孟子·滕文公上》）

这便是纷扰了二千多年的井田制的原始图案，不过寥寥一百八十余字，其中存在着许多矛盾，兹略举重要者数点如下：

可。第二，他在《公孙丑上》一章中提到"耕者助而不税"时并未联系到井田制。农民助耕的公田可能是一块独立的公田，也可能是贵族的庄园，不一定就是所谓井田中的公田。又他在答滕文公"问为国"时，也未直接提出井田制。等到滕文公派大夫毕战来问什么叫井田制时，他才具体的讲了出来，但最后仍说，"此其大略也，若夫润泽之，则在君与子矣"。如果井田制真是他的重要经济主张，何以不直接提出并加以坚持。我们还可以进一步说，井田制不独不是他急于要实行的理想，而且还可能是他还未十分成熟的理想。为什么呢？孟轲这个人非常坚持自己的意见，凡是他所倡导的主张，如果别人和他的意见小有不同，即使在原则上是一致的，他都会坚决予以驳斥。这种例子在《孟子》七篇很不少。例如，白圭欲行二十而取一的税，这和他的"薄赋敛"的主张在原则上是相符的，而他却指责白圭的办法是"大貉小貉"之道。总之，他说什一税就是什一税，多于十一不是尧舜之道而是亡国之君的办法，少于什一也不是尧舜之道而是番邦的办法。以这样性格的人对他自己所标榜的理想，绝不会被动地提出来，更不会提得游移不定。所以，井田制是他尚未完全成熟的一种理想。

20世纪儒学研究大系

第一，"是故暴君污吏必慢其经界"一语，本身就否定了井田制度存在的现实性。"慢"字虽有不少解释，总不外乎是"废置"或"侵凌"的意思。依照他的说法，每井九百亩，其中百亩为公田①，周围八块百亩的土地都是私田。这样，如"慢"私田与私田之间的经界于暴君污吏没有好处，要慢其经界的话，那末，慢的一定是其中的公田之经界，即缩小八家私田而扩大公田面积。但是这不仅是自毁井田之制，而且在古代地广人稀的条件下，他们这样做似乎既不省事而又容易招怨。如果是慢井与井间之经界，不独增甲井而损乙井于暴君污吏无好处，且井与井之间都有沟洫，若干井形相连，水道纵横，要慢也大非易事。所以，如果他所想象的井田制存在，则暴君污吏没有必要且不大可能"慢其经界"。只有井田制不存在的情况下，暴君污吏通过慢其经界方式，损部分人民之部分私田以为他们的公田，才完全有必要和可能。

第二，在"请野九一而助，国中什一使自赋"这两句话中，且先不谈九一或什一的税率问题。公田上的劳动是徭役劳动，而徭役劳动还是一种需要有人加以监督的劳动②。公田代耕方式在接近都城所在之处才便于监督及核计每年收获量，而郊远地区则按固定税率征收，这才是较便利的征课方式。现在孟轲主张倒转来实行，国中什一使自赋固然无问题。至于郊远地区，且不言远在百里以外者，即使在都城四周百里以内之地就约有四万井之多。这些散处在各地的约四万块公田，平时如何监督劳动已成问题；在收获

---

①　"其中为公田"的"中"字，近人理解为在九百亩之内，不一定在九百亩的中心。这并不是首要问题。如果土地划分为井字形，而且以八家为一井，无论公田是否在井的中心，都不会改变问题的性质。除非土地不成井字形或又不是八家一井，那就又当别论，可是，这样又否定了井田制本身。

②　参见马克思：《资本论》第3卷，人民出版社1953年第1版，第1037页。

时期短短的若干天内,倘不能发动数以万计的人去监视或集中收获物,如何应付裕如。只有不存在井田制情况下,公田能较大量地集中,上述困难,才能克服。所以,公田细分到各井对最高地主不利这一情况,也否定了井田制的存在。

第三,"死徙无出乡,乡田同井"。死亡搬迁都不能离开本乡,事实上是不能离开本井。每一井的耕地面积是固定的,而同井八家人口出生、死亡的变动很大,在古代尤其如此。人口增加后既不许迁出井外,必然有人分不到土地。相反,人口减少,则必有无人耕种的土地,也就会发生有公田而无人助耕或助耕人数不足的现象。且已经开垦之土地,一旦无人耕种,又有何方法可以防止附近农民越地耕种。总之,既然土地面积固定,人口不许迁徙,就必须使人口数量也没有巨大变动才能使人与地配合适当。然而人口不可能不变动。马克思指出:"……凡是在那每一个人应得若干亩土地的地方,那里居民的增长,就已妨碍了这一点"(马克思:《资本主义生产以前各形态》,人民出版社1956年第1版,第31页)。仅只一般的土地平均分配,已要受人口变动的影响,何况是所谓井田制。在人口增加的情况下,只有让人口自由迁徙,土地问题才能解决,但这与"死徙无出乡"的原则是矛盾的,事情不可能两全。

最后,井田制把社会生产和生活的范围缩小到八家,比《老子》的"小国寡民"理想的范围还要小。井与井之间既无经济联系,这就无所谓交易,无所谓市集。在这种情况下,出入相友,守望相助,没有问题,但疾病相扶持的医药材料,又从何处取给。既然禁止迁徙,必然是八家互通婚姻,最后都会变成一个大家族,而不复是八家皆私百亩。此外,他还说卿以下的贵族每人都须有圭田五十亩。广大的农村既布满了他所想象的井田,这些圭田又安插在哪里呢? 更重要是对这些圭田又到哪里去找徭役农民为他们耕种呢？

总之，这些都说明井田制是毫无实践意义的空想，比大同思想及小国寡民理想还要差些。大同与小国寡民固然都是没有实践意义的理想，它们却能给我们描绘出一种本身矛盾较少的天真幻想。井田论幻想一种既存在阶级又存在剥削的理想社会。它在土地所有权形态上，既不是绝对的私有制，也不是公有制，又不是国家所有制，而是三者的混合物。它是孟轲把一些不相配合的看法拼凑起来而形成的，这是他思想上的混乱。

但没有实践意义的混乱理想，并不妨碍我们从它里面抽出一些对经济问题的看法。关于孟轲的井田论，有必要指出以下几点：首先，他认为解决人民的土地问题是最重要的政治纲领。马克思主义经典作家告诉我们，土地所有权是小农经营充分发展的必要条件（马克思：《资本论》第 3 卷，人民出版社 1953 年第 1 版，第 1053 页），封建的政治等级编制原来就建立在土地所有权形态这个牢固的基础上的。农村公社瓦解以后，土地的取得即成为继起的重要问题。孟轲的恒产论或者井田论都以这一问题为中心，足见他已正确把握着时代的主要矛盾。在他看来，不仅农民需要有百亩之田，就是卿以下的官吏也需要一定数量圭田。因此，社会各阶级或阶层，除了他不曾提到的官府奴隶工人以外，差不多都有一定数量的土地以保证他们的阶级消费。第二，他非常强调土地的"经界"问题，所谓经界就是土地所有权的地理标志。马克思指示说："土地所有权的前提是某一些私人独占着地体的一定部分，……排斥一切其他的人去支配它。"（马克思：《资本论》第 3 卷，人民出版社 1953 年第 1 版，第 803 页）私人如此，封建制度下也是如此。正经界就是赋予土地所有权以法律效力。后代儒家，即使不一定主张实行井田制，而坚持正经界以保护土地所有权却是一贯的。历代封建统治者也常一次又一次的以正经界为幌子来进行土地掠夺。这是他的正经界的主张对后代的影响。第三，承认建筑在阶级差别基础上的脑力劳动与体力劳动间的分工，肯定剥削关系为必然的事实，拥护剥削阶级所享受的但已日趋衰微的"世禄"制度。他把封建社会内以土地所有权为基础的各种重要剥削形式，一古脑儿都嵌镶到他理想的乌托邦里去，毫不考虑它们的色调是否配合与和谐。"一个完全的矛盾，在他们看来，是完全没有什么不可思议的地方"（马克思：《资本论》第 3 卷，人民出版社 1953 年第 1 版，第 1016 页）。在孟轲看来，井田式的剥削方式是理想的、没有什么不合理之处。第四，他主张封建国家的开支全部由劳动农民负担，因为圭田是无税的。并要求人们以先公后私的精神以保证封建国家的收入。这一点又一次深刻地证明恩格斯指示的正确性：特殊阶级永不会错过机会，为着自己利益而把更多的劳动重负加到劳动群众的肩上（恩格斯：《反杜林论》，人民出版社 1956 年新 1 版，第 187 页）。最后，他反对劳动力的自由移动，这本是在农业占支配地位的社会的共同要求，不仅孟轲如此，道家与法家也有同样的主张，因为农业的基本生产资料——土地是不能移动的，当然要求劳动力也有很大的固定性。而且这和小农生产的本质也是相适应的。马克思告诉我们，庞大的小农群众就是这样一种阶层：它的成员，生活条件相同，但相互之间并没有复杂的关系，他们的生产方法并不使他们互相往来，而是使他们互相隔离（马克思：《路易·波拿巴的雾月十八日》。《马克思恩格斯全集》第 8 卷，人民出版社 1961 年第 1 版，第 217 页）。所以，"死徙无出乡"，自有它的客观基础。至于出入相友，守望相助，疾病相扶持，那是劳动力固定以后所常有的一种人与人之间的关系。

井田制是空想，但从这一空想所体现出来的一些经济观点，都可能从现实的封建生产关系中找到它们的阴影。"羊性"的基督教徒也不能不在他们幻想的"天国"中把现实世界迷人的黄金去装饰天堂的宝柱（《新约圣经》,《启示录》）。

八　结　　语

孟轲虽继承并发展了孔子哲学中的唯心主义成分,但由于他是新兴封建地主阶级的代言人并为着暂时的共同利益在某些方面也代表了工农小生产者的某些要求,因此,对待事物的分析还在一定程度上保持着一些客观态度,不像后期的唯心主义者一样,为了封建地主政权的利益而完全抹煞客观事实。所以,他在分工、价格、垄断等概念上还能提出一些基本正确的意见。也正因为他的理论所反映的阶级要求比较复杂,所以在他的经济观点中既存在极反动的理论,如劳心劳力的反动观点,也有代表个体农民土地要求的进步观点,又有既不放弃剥削而又想使农民幸福的混乱观点,如井田思想。既在某些问题上为劳动人民的利益而辩护,却又坚决打击代表劳动群众的学派如墨家与许行。他只有对新兴地主阶级的利益才是一贯维护的。

孟轲在其他很多问题的看法上也有矛盾、混乱和很片面的地方。他在复杂的阶级斗争中常为逞一时的雄辩,以图打击敌人,强调自己的主张,于是不惜牵强附会,甚至歪曲他人学说以证实自己的理论①。他的经济思想相互矛盾之处也不少。譬如,他对于税率的主张便是显明的例子。又如他既主张以救济鳏寡孤独为王政

---

① 参见《古史辨》第七册上编:第26—28页,及王充《论衡刺孟篇》,可以看出孟轲强辩、矛盾的情况。

之先声,但对子产"以其乘舆济人于溱洧"(《孟子·离娄下》)的救济行为又加以非议。有人说这是孟轲提倡生产反对救济政策的表现。提倡生产是正确的,但如对有困难的人民说,既不求"人人而济之",又不求"每人而悦之",于王政的精神总不相符。至于在他的其他政治主张上的矛盾和强辩的情况更不必提。

孟轲的经济思想本身可以说被肯定的地方多于被否定的地方,但由于他的哲学思想在后期儒家中取得了支配地位,而他的哲学中的唯心主义部分在后来又有很大的发展,因而他的经济思想中的不健康部分在后来的封建社会中也得到了广泛的发展。井田论使后人争论了二千多年,成为封建社会经济复古主义者的重要依据。恒产论中"无恒产而有恒心者,惟士为能"成了后代士大夫们饱食终日无所用心的借口。在这种情况下,他的关于分工的精辟分析被遗忘了,在政治和经济观点上的一些进步因素被抛弃了,而"劳心者治人,劳力者治于人"的反动观点却经常的被剥削阶级用作劫取劳动人民劳动果实的理论根据。垄断观念被用来作为诋毁正当商业活动的武器。尤其重要的是后期儒家忽略了孟子在实质上重视经济问题的基本精神,一味片面宣扬"仁义而已矣,何必曰利"这句话,这就在一定的程度上阻碍了中国经济的发展,使孟子的经济思想对后世只产生一些消极作用。

（本文选自:胡寄窗《中国经济思想史》
（上）,上海人民出版社 1962 年版）

胡寄窗,四川天全人。1938 年获英国伦敦大学硕士学位。任上海财经大学教授、博士生导师,《中国大百科全书·经济学》编委。著有《中国经济思想史》等多部学术价值很高的专著。1989 年获全国优秀教师荣誉称号。

　　文章认为孟子是一个没落的贵族而作新兴地主阶级的代言人。对其经济思想主要从孟子对财富的基本态度、恒产论、分工与劳动、价格与垄断、财政思想、井田思想等方面进行论述。孟子在分工、价格、垄断等概念上提出了一些基本正确的意见。因为他的理论所反映的阶级要求比较复杂，所以在他的经济观点中既存在极反动的理论，也有代表个体农民土地要求的进步观点，又有既不放弃剥削而又想使农民幸福的混乱观点。

略论孟轲的经济思想

虞 祖 尧

孟轲究竟是一位什么样的思想家,古往今来确实已经评论很多。在这篇文章里,我只就孟轲的经济思想方面进行一些初步的探讨。因为,历来评论孟轲者往往着重于哲学史、文学史方面的功过是非,而专就经济思想进行研究的为数较少,因此对他的经济思想进行一定的分析研究,不仅是中国古代经济思想史的研究所必需,而且对孟轲这个历史人物的全面评价也不是毫无裨益的。

一、孟子经济思想的基本核心及其特征

孟子继承孔子的道统,把孔子的礼治思想发展成系统的仁政学说,其基调可以说是一种民本主义。在孟子看来,一个国家必须要以"民"为根本。他说:"民为贵,社稷次之,君为轻。"(《尽心下》)这个观点成为他全部政治学说的理论基础,同时,又是构成他全部经济主张的基本内核。这既不是一个空洞口号,也不是一种理论装饰。在他流传至今的七篇著作里,可以看到那是经过一番论证才得出的结论。

首先,孟子认为:治理国家最重要的条件是获得人民的拥护。他说:"域民不以封疆之界,固国不以山谿之险,威天下不以兵革

之利,得道者多助,失道者寡助。"(《公孙丑下》)他所讲的"道",是治国平天下之道,是他的仁政学说的总称。在他看来:实行仁政,可以获得更多人的拥护(多助),反之,就会失去人们的拥护(寡助)。显然,他所说的"多助"或"寡助",也就是得天下或失天下的问题,所以他说:"寡助之至,亲戚畔之;多助之至,天下顺之。以天下之所顺,攻亲戚之所畔,故君子有不战,战必胜矣。"(《公孙丑下》)这种治国谋略告诉我们,他所说的"道"和"仁政",目的在于获得人民的拥护以便为统一天下创造条件。他认识到,君主一旦失去人民的拥护,也就失去生存下去的前提,更不可能去实现统一天下的远大目标了。

其次,孟子还曾明确地指出过统一天下的必由之路,他说:"得天下有道:得其民,斯得天下矣。得其民有道:得其心,斯得民矣。得其心有道:所欲,与之聚之;所恶,勿施尔也。"(《离娄上》)这段话实际上是为国君实现统一天下的远大目标规定了必须遵奉的原则:要统一天下,就要争取天下百姓的拥护;要得到百姓的拥护,就要争取百姓的衷心悦服,而不是武力压服;而要得到百姓的衷心悦服,就要满足百姓在物质生活上的要求,给予土地和房屋,并使他们能够积聚财富,而凡是百姓所反对者,绝不要强加到他们的身上。他这一套"得天下,治天下"的谋略,显然是发展了儒家的"己所不欲,勿施于人","百姓足,君孰与不足"的思想。他使儒家的传统经济观念"富民思想"更有魅力,更加理论化,他把满足百姓们物质生活方面的经济要求,作为获得百姓们在政治上支持的基础,这可说是一种朴素的经济决定政治的观点。

第三,孟子还论证过国君为什么必须"施恩于民"这样的命题。他说:"老吾老以及人之老,幼吾幼以及人之幼,天下可运于掌。"并且还指出:"故推恩足以保四海,不推恩无以保妻子。"(《梁

惠王上》)他认为,不论大国、小国的国君要真正巩固自己的地位,
并据之以统一全中国(天下),首先必须给自己国内广大人民以一
定的经济利益(恩惠),否则人民不拥护你,最后连国君自己的老
婆孩子都保不住,更谈不到什么统一天下了。有一次,邹国和鲁国
发生了冲突,邹国死了几十个官吏,老百姓没有一个人出来为之死
难的,邹穆公想用诛杀的办法来惩戒老百姓,孟子制止他这样做,
曾说:"凶年饥岁,君之民老弱转乎沟壑,壮者散而之四方者,几千
人矣;而君之仓廪实,府库充,有司莫以告,是上慢而残下也。曾子
曰:'戒之戒之,出乎尔者,反乎尔者也。'夫民今而后得反之也。
君无尤焉,君行仁政,斯民亲其上,死其长矣。"(《梁惠王下》)孟子
像这样劝告国君实行仁政、获取民心的言论是很多的,并且他还确
认在失去人民拥护的情况下,君主被人推翻甚至杀掉都可以不称
之为"弑君",而叫做"诛一夫"。他反复告诫当时的国君要充分认
识"民"的重要性,他认为只有"乐民之乐者,民亦乐其乐;忧民之
忧者,民亦忧其忧"。而只有做到忧乐与民相共的人,才能实现统
一天下的大业。

　　由此可见,在孟子的言论中民本主义的气息是相当浓厚的,尽
管有的同志认为孟子所强调的"民"是没落的奴隶主贵族,孟子是
继孔子之后又一个"奴隶制复辟狂",这种说法在"评法批儒"运动
中虽曾风靡一时,但现在持这种看法的人已经很少了。因为,就以
上边引述的话中所涉及的"民"来讲,将其注释为"奴隶主贵族"或
"没落奴隶主"都是毫无道理的。在《孟子》七篇中,"民"字大约
出现过二百来次,孟子笔下的"民"往往是作为与国君、社稷对立
的庶民的集合名词,从中我们可以看到的是那些"上事父母,下畜
妻子"的"民","转死于沟壑"的"民","放辟邪侈,及陷于罪"的
"民"等等,因此,我们可以断言,孟子所贵的"民",视为国本的

"民"是一般的庶民,一般的老百姓,而绝不是什么奴隶主贵族或没落奴隶主。当然,孟子是从"治国平天下"的角度看到了"民"的重要性,他的民本主义归根结蒂是他站在战国中期封建统治者的立场上,为加强封建国家和君主的地位服务的思想武器。

孟子在民本主义思想指导下,提出了一系列经济主张,诸如分田制禄理论,分田制禄的两种模式(恒产模式和井地模式),生产至足要求,财利观点,社会分工和商品价格等等论述都是对"所欲,与之聚之;所恶,勿施尔也"的儒家信条的具体化与发展。我认为由孔子所确立的儒家经济思想的主体是"先足民后足君"的思想,而经过孟子的论证,确实已经将其向前推进了一大步,儒家经济思想的完整体系是由孟子继承,发展而完善起来的。孟子经济思想的基本核心是民本主义,而"先富民后富国"作为孟子经济思想的基本特征显示出令人注目的光彩。我认为,研究孟子的经济思想,紧紧把握住它的基本核心和特征是很重要的。

二、孟子的分田制禄理论及其性质

孟子说过:"仁也者,人也;合而言之,道也。"(《尽心下》)这就是说,孟子所讲的"仁政",所讲的"道",就是研究怎样处理人与人之间的关系(君民关系,君臣关系,父子关系,夫妻关系,朋友关系等)的一种思想体系。他的分田制禄理论是这个思想体系的重要组成部分。分田论主要解决君民关系、民民关系以及君民与土地的关系。制禄论则是主要解决君臣关系、臣臣关系以及君臣与土地的关系。

孟子的分田论,就是要求国君把耕地分配给劳动农民永久经营,也即要求"为民制产"。它是孟子经济思想中很重要的一项主张,具体表达了孟子在处理社会生产关系方面的观点。他认为,凡欲行政施仁的国君必须首先为庶民置立永久的私有财产(主要是土地和房屋),所以,一般亦称之为"恒产论"。孟子虽然没有明确提出土地所有制方面的主张,但根据他的分田论应该可以推断他是反对土地王有制或土地国有制的。因为,在他的"恒产"主张中,除了士可以"无"恒产外,明确表示"民"必须要"有"恒产。

请看孟子有关"为民制产"的两段论述:

"民之为道也,有恒产者有恒心,无恒产者无恒心。苟无恒心,放辟邪侈,无不为己。及陷乎罪,然后从而刑之,是罔民也。焉有仁人在位,罔民而可为也,是故贤君必俭礼下,取于民有制。"(《滕文公上》)

"无恒产而有恒心者,惟士为能。若民,则无恒产,因无恒心。苟无恒心,放辟邪侈,无不为己。及陷乎罪,然后从而刑之,是罔民也。焉有仁人在位罔民而可为也?是故明君制民之产,必使仰足以事父母,俯足以畜妻子,乐岁终身饱,凶年免于死亡;然后驱而之善,故民之从之也轻。"(《梁惠王上》)

孟子的"分田论"并不是到此就止步了,他根据恒产的原则要求适应当时社会生产力的水平,进一步具体提出了给农民分配"五亩之宅,百亩之田"的设想。他说:

"五亩之宅,树之以桑,五十者可以衣帛矣。鸡豚狗彘之畜,无失其时,七十者可以食肉矣。百亩之田,勿夺其时,八口之家可以无饥矣。谨庠序之教,申之以孝悌之义,颁白者不负戴于道路矣。老者衣帛食肉,黎民不饥不寒,然而不王者,未之有也。"(《梁惠王上》)

孟子有关"五亩之宅、百亩之田"的思想在他的书中前后出现过三次,这说明他的分田论及其"为民制产"的具体办法是他考虑得比较成熟的经济主张,是孟子仁政学说中重要的组成部分。对于孟子的这些经济主张应该怎样评价,这是我们理论工作者还没有很好解决的问题,可能对某些问题的认识还会存在比较大的距离,这种情况在学术研究中是正常的。正因为客观上有不同的认识,才需要开展同志式的互相切磋和讨论,以期使不同的认识逐步趋向统一。

我认为,我们衡量古代思想家某一种主张究竟是进步、落后还是反动,最重要的一条原则是一定要联系当时的时代背景,考察这种思想可能的实践后果。据此,我认为孟子的分田论及其"为民制产"的桓产主张是一项具有进步意义的经济思想。

就从孟子"为民制产"的恒产论以及其他一些主张中,我们可以看到他生活的年代,已是封建领主经济濒临崩溃解体,小农经济应运而生的社会,这从孟子与梁惠王、齐宣王、滕文公以及其他一些国君的谈话中可以明显地体察出来。就从上面引录的几段话中也完全可以证明当时社会上已经大量出现摆脱了农奴地位、拥有少量耕地和宅地的自由农民。何以见得?因为孟子在提出"为民制产"主张的同时,就为我们提供了当时的社会背景资料,他说:"今也制民之产,仰不足以事父母,俯不足以畜妻子,乐岁终身苦,凶年不免于死亡"(《梁惠王上》)。孟子在这里所提供的资料,说明当时社会中最基本的生产单位已是大量自由的个体农民,它们自己拥有一定数量的土地、房屋、耕畜和生产工具。但这种小农经济的基础还十分脆弱,产业规模还不足以维持一家的温饱,抵御灾害的能力也非常低,因此,孟子要求仁贤之君进一步"制民之产",增加农民的耕地,使农民的生活有所提高,增强农家的抗灾能力,使农民上可事奉父母,下可畜养妻儿,丰年时足衣足食,歉年也不至于饿死沟壑。根据孟子的这种分田论,为民制恒产的主张来看,本质上属于一种土地私有、小农经营的主张,他赞成的正是让封建领主阶级把土地和房屋分配给无地或少地的农民作为"恒产",反对的正是封建领主阶级继续大量占有土地。如果孟子的分田论付之实施,其结果只能使封建领主经济彻底解体,整个社会可以迅速地在小农经济基础上向前发展为地主经济。依据孟子的分田论、为民制恒产的主张来看,说它一定会促使奴隶制复辟似乎没有什么根据,所以,我认为断定孟子的分田论——恒产论是一种反动经济思想是站不住脚的。

大家知道,斯大林对奴隶制生产关系作过一个经典性的表述,他说这种生产关系的基础是:"奴隶主占有生产资料和占有生产工作者,这些生产工作者就是奴隶主可以把他们当作牲畜来买卖和屠杀的奴隶。"(斯大林:《联共(布)党史简明教程》,莫斯科中文版,第156页)马克思也曾告诉我们一条最基本的原则:"奴隶直接被剥夺了生产工具。"(《马克思恩格斯选集》第2卷,第101页)而"小农经济与独立的手工业生产,一部分构成封建生产方式的基础,一部分在封建生产方式瓦解以后又和资本主义生产并存。"(马克思:《资本论》第1卷,第371页)恩格斯也曾对封建生产方式的基础有过明确的表述,他说:"在资本主义生产出现以前,即在中世纪,普遍地存在着以劳动者对他的生产资料的私有为基础的小生产:小农、自由农或依附农的农业和城市的手工业。"(《马克思恩格斯选集》第3集,第308—309页)我们运用上述这些原则来衡量孟子的分田论、为民制恒产的主张,似乎也得不出"复辟奴隶制"的结论。相反,我们却可以这样说:在我国尚属封建社会初期阶段的战国时期。孟子就大力提倡那样一种小农经济的模式,堪称是一位世界上最早为封建制生产方式鸣锣开道和思想家了。

　　从经济学的角度考察古代社会的俸禄问题,实质上是一个剩余产品的分配问题,孟子的制禄论及其性质怎样呢? 是封建社会的思想意识,还是奴隶社会的思想意识?

　　首先,关于世卿世禄问题,一般都以为是奴隶制社会特有的社会现象,其实不然。世袭爵禄不仅奴隶制社会中存在,封建制社会中也一直存在着。因此,有奴隶制的世卿世禄,也有封建制的世卿世禄,从统治阶级对剩余产品的分配制度来说,它应该从属于当时社会形态的性质,从属于生产方式的性质。所以我们不能仅仅根据孟子讲过“仕者世禄”这样一句话,就断定他在分配制度方面“复辟奴隶制”。我们知道,世卿世禄作为奴隶制的分配制度,其根本特征在于奴隶主的子孙世袭其所受的领地和奴隶,而这是与孟子反复强调的每一农户应拥有一百亩耕地、五亩宅地的恒产主张相抵触的。同时,孟子在君和臣(公卿大夫)的关系上又是主张双方可以互相选择的:国君应该根据国人的意见对臣下进行考察,决定去留(参看《梁惠王下》:“所谓故国者,非谓有乔木之谓也”一段)。公卿大夫也可以对国君进行选择:与国君同宗族的公卿,如发现国君有重大错误,在劝阻无效的情况下,可以废弃君主,改立旁人;与国君不同宗族的公卿,在劝阻无效的情况下,可以拂袖而去,离开了事。(参看《万章下》:“齐宣王问卿”一段)在国君与公卿大夫之间的关系可以互相选择的情况下,要实行奴隶制的世卿世禄恐怕是格格不入的。

　　其次,我们还可以对孟子有关爵禄的意见进行分析。孟子正面谈论爵禄问题共有二次;一次是在答滕文公“问为国”时,他说过:“夫世禄,滕固行之矣。”孟子的这句话,是为了建议滕国实行他的分田主张,在他看来,只给公卿大夫“制禄”,而不给百姓“制(恒)产”,是不符合仁政精神的。因此,孟子在这里乃是坚持全面推行他的分田制禄理论,而不是什么肯定滕国实行奴隶制世卿世禄的问题。

另外一次是一位叫做北宫锜的卫国人,向孟子请教有关西周制定爵禄的情况,孟子尽其所知为北宫锜介绍了一番,但是,他特别声明说:"其详不可得闻也,诸侯恶其害己也,而皆去其藉,然而轲也尝闻其略也。"(《万章下》)这说明西周时的文献资料到孟子时已经丧失殆尽,他所介绍的情况只是一个大略,甚至很可能还加上他本人的理解构想而成,因此,孟子回答北宫锜的"周室班爵禄"的情况,很可以看作是孟子的"制禄"主张。他介绍说,西周爵禄制度是按照诸侯国大小不同,分别为国君、卿、大夫、上士、中士、下士规定了禄田,最低一级"下士"的禄田相当于一个农民耕种的土地"百亩之田",制禄所依据的原则是"禄足以代其耕也。"然后,逐级往上成倍增加,根据孟子所介绍的内容,可构图如下:

禄田数(亩) 国别 爵位	公侯大国 (方百里)	中等国家 (方七十里)	小国 (方五十里)
国　　君	32,000	24,000	16,000
卿	3,200	2,400	1,600
大　　夫	800	800	800
上　　士	400	400	400
中　　士	200	200	200
下　　士	100	100	100

从孟子所介绍的"周室班爵禄"的大略情况中,我们可以看到:由国君到下士组成为一个依靠大量拥有"百亩之田"的小生产者供养的"俸禄收入者"统治集团,这个集团的每个成员并不直接掌握土地所有权,但他们用国家公田的名义,让农民以劳役地租的

形式(助法)来实现他们的俸禄。按照孟子所设想的 8 家共同负担 100 亩公田来计算,农民无偿的剩余劳动时间大约是全部生产时间的 11%。这种负担肯定要比当时农民实际负担要轻,这是与孟子薄赋敛的思想是一致的,由此也可以看到孟子所说的"取于民有制"的具体内容,这就是一方面他要尽量满足统治阶级不劳而获的贪欲,另一方面他又要限制统治阶级的剥削。我们还可以看到,统治阶级中最低阶层的"下士"的俸禄收入与一户农民的私田收入相当,需要 8 户农民提供一年的剩余劳动,一个大国的国君的俸禄相当 320 户农民的收入,需要剥削 2,560 户农民的剩余劳动,国君的俸禄竟比下士和农民的收入高达几百倍(小国国君 160 倍,大国国君 320 倍)之多。

孟子的分田制禄理论,主要是解决生产和分配中人与人之间关系的一套主张。与此相联系,他也很重视发展农业生产。在古代社会中,农业是最基本的生产部门。我国先秦诸子对农业生产几乎都很重视,孟子自然也不例外。滕文公问孟子治理国家要抓那些事情,他回答第一件大事就是"民事不可缓也。"(《滕文公上》)他还特别强调"使民以时","不违农时",以保证农民正常从事农业生产,他说:"不违农时,谷不可胜食也,数罟不入洿池,鱼鳖不可胜食也,斧斤以时入山林,林木不可胜用也。"他并且强调精耕细作和产品的极大丰富。他要求农事应"深耕易耨","易其田畴",以便使农产品的产量达到像水和火那么普遍,那么多,达到"至足"的地步。他说:"昏暮叩人之门户求水火,无弗与者,至足矣。圣人治天下使有菽粟如水火。粟菽如水火,而民焉有不仁者乎?"(《尽心下》)他要求尽量提高粮食生产水平,并且把粮食生产的"至足"状况作为全面实现仁政的条件。这种经济思想应该认为是有积级意义的。孟子也的确说过这样的话:"由此观之,君不行仁政而富之,皆弃于孔子者也,况于为之强哉? 争地以战,杀人盈野;争诚以战,杀人盈野,此所谓率土地而食人肉,罪不容于死。故善战者服上刑,连诸侯者次之,辟草莱,任土地者次之。"(《离娄上》)只要我们客观地评论孟子这段话的意思,就不难看到,他在这里是把矛头主要对准那些爱好战争,策划战争的人,而决不是反对一般从事开发土地的农事活动,更不是反对发展农业生产和提高社会生产力。

三、井地思想的正确诠释

孟子的井地思想是他的分田制禄理论的又一种设计,但是,历来的多数学者都把孟子的"井地"一词当作中国古代史上"井田制"的根据来理解。于是,斥责孟子志在复辟奴隶制的井田制者有之;依据孟子所云,证明殷周时代土地制度是井田制者亦有之;认为井田思想乃孟子并不成熟的经济思想者亦有之。难怪胡寄窗先生早把这个问题称之为"孟子所留给后代的最头痛的问题之一"了。(胡寄窗:《中国经济思想史》(上册),第250页)然而,产生如许不同理解的一个主要原因,就在于怎样正确诠释孟子的"井地"一词及其思想的问题。

让我们先看孟子有关井地思想的两段原文:

"〔滕文公〕使毕战问井地。

孟子曰:'子之君将行仁政,选择而使子,子必勉之! 夫仁政,必自经界始,经界不正,井地不钧,谷禄不平,是故暴君污吏必慢其经界,经界既正,分田制禄可坐而定也。

夫滕,壤地褊小,将为君子焉,将为野人焉。无君子莫治野人;无野人莫养君子,请野九一而助,国中十一使自赋。卿以下必有圭田,圭田五十亩;余夫二十五亩。死徙无出乡,乡田同井,出入相友,守望相助,疾病相扶持,则百姓亲睦。方里而井,井九百亩,其中为公田。八家皆私百亩,同养公田,公事毕,然后敢治私事,所以别野人也。此其大略也,若夫润泽之,则在君与子矣。'"(《滕文公上》)

胡寄窗先生曾就这两段文字指出:这寥寥二百来个字,"便是纷扰了二千多年的井田制的原始图案",(胡寄窗:《中国经济思想史》(上册))尽管字数不多,其中却存在着许多矛盾。(胡寄窗:《中国经济思想史》(上册))胡先生所提出的那样众多的矛盾究竟是怎样产生的? 应该怎样解决呢? 我觉得,胡先生所提的众多矛盾,都是由于既认为我国古史上未曾存在过"井田制",但又把"井地"作为"井田制"来训释而产生的。他首先肯定了"孟轲以前没有井田制的记载,甲骨文及金文中也找不出井田制的痕迹"。同时,他也肯定孟子所讲的"所谓井田制历史上是不曾存在过的"。(胡寄窗:《中国经济思想史》(上册))但是,他也和历来的学者一样,把孟子答毕战"问井地"当做"问井田制"来训释,正由于这一诠释,于是带来了一系列不可解决的矛盾和问题。

实际上,这里有二个问题必须加以严格区别:一个是我国古代奴隶制社会存不存在"井田制"的问题,一个是孟子书里所讲的"井地"是不是应该诠释为"井田制"的问题。前一个问题在我国史学界长期以来就有争论,并未得到大家公认的一致意见。但我们要研究孟子经济思想,则首先应着力解决后一个问题,它涉及我们对孟子经济思想的确切理解和对它的评价。

我个人的粗浅认识是:不论我国古史上是否存在过"井田制"这种土地制度,都不能把"井地"训释为"井田制",而应该训释为"按井分地"。理由有三:第一,"井田制"是后世(特别是近代)的古史研究中具有专门含义的概念,用来翻译孟子并非论述古史的言论,显然是不妥当的。第二,孟子所言,旨在推行他的仁政主张(分田制禄理论),说的是当时的现实问题:田如何分,禄如何制才算符合"仁政"精神,并不是与毕战介绍西周旧制。第三,"井"字原意是人们饮水之源,人群聚居之处必有水井。但在古代文献上也曾用"井"表示社会基层单位或土地面积单位的名称。如易经的《井卦·卦辞》说:"改邑不改井,无丧无得",意思是说,邑可以变动,井总是要有的。又如《周礼》的《地官·小司徒》:"乃经土地而井牧其田野,九夫为井,四井为邑,四邑为丘,四丘为甸,四甸为县,四县为都,以任地事而令贡赋。"可见古籍中"井"和"邑"的关系很密切,有时"一邑"亦可以称为"一井","井"经常被作为社会最基层的单位被人使用。在孟子论"井地"的两段话中,也正是作为最小的社会单位名称来使用的。"问井地"就是"请教按井分地的设想"的意思;"井地不钧,谷禄不平"就是"每井的田亩数多少不一,每个官吏的俸禄田租收入高低就会不平"的意思;"乡田同井","方里而井","井九百亩"中的"井"字也都是作为社会基层单位名称来使用的。

因此,我认为应该改变历来训诂家把"井地"理解为"井田制"的注释和译文,正确地诠释"井地"的含义,可以使我们看到孟子本来就不是讲古史上的"井田制",更不是要滕文公实行"奴隶制复辟",而只是在他一贯主张的分田论,"为民制产"的原则意见上增添一些新的设想罢了。正确地诠释"井地"的含义,有助于我们进一步认识孟子的经济思想。

第一段话的要旨是说明正经界(划分、整顿田界)对于实行仁政的重要性,它是给直接劳动者分授耕地、给官吏制定俸禄的前提。"正经界"是为达到"分田"和"制禄"二大仁政目标的手段。

我们知道,在政治上,孟子并不主张由周天子统一天下。在经济上,他又主张把耕地分授给直接劳动者,使直接劳动者占有自己的生产资料,可以独立地经营自己的农业和家庭手工业。让统治阶级(包括国君,公卿大夫,士)依靠俸禄的办法向直接劳动者榨取剩余生产物。这意味着割断了直接劳动者与封建领主的人身依附关系,其后果也必然是领主经济的迅速解体。所以说,孟子在政治上的倾向和经济上的主张是完全一致的。

第二段话的要旨在于说明"分田"和"制禄"如何统一考虑。原来孟子的分田论和制禄论是孤立的,不相统属的。在这里就统一考虑了制禄、赋税、分田的关系,成为孟子分田制禄理论的新设想:首先,他明确规定了各级官吏的职能就是治理劳动人民,他们的生活依靠劳动人民供养,公开规定了统治者和被统治者、剥削者和被剥削者的关系。其次,对剥削程度作了量的限制,他确定了体现薄赋敛精神的基本税率十抽一的原则,"郊野九一、国中十一"。还确定了各级官吏除规定的俸禄外,每家再给"圭田"50亩,有余夫者还要再给25亩,可见官吏除本人外,家属中有成年劳动力的还要参加劳动。第三,中国古代有所谓"一邑十室"制,他提出了"一井八室"的新设想,他把全国农田按每方里为一井划分,每井有田900亩,分给8家,每家私田100亩,8家共同负责公田100亩。(后来的韩婴对此有所"润泽",把公田也按8家分开,每家分田110亩,其中10亩为公田数,余下20亩作为8家的宅地,每家2.5亩,弥补了孟子设想中无法安插宅地的漏洞。)

由此可见,孟子的井地思想在揩去"井田制"的迷雾之后,其实就是他的分田制禄理论的进一步具体化。尽管这一新的设计还有一些漏洞和无法推测的具体措施,例如,各级官吏的禄田、圭田和余夫的25亩与每一井的公田是一种什么关系;每一井的8家作为一个社会基层单位如何处理由于人口的繁衍和死亡所带来的变动等。但就其主要的倾向和特征来说，却并不妨得我们对孟子的井地思想给予恰当的分析和评价。

此外，根据孟子的井地思想，还有两个问题需要稍加说明：一个是孟子井地思想中公田的性质问题，另一个是孟子井地思想中土地所有权的问题。

关于公田的性质，我认为是劳动地租的一种形式，而且这种地租与赋税是溶为一体的。马克思在开始考察劳动地租时说过："在这个场合，直接生产者以每周的一部分，用实际上或法律上属于他所有的劳动工具（犁、牲口等等）来耕种实际上属于他所有的土地，并以每周的其他几天，无代价地在地主的土地上为地主劳动，那末，事情还是十分清楚的，在这里，地租和剩余价值是一致的。（马克思：《资本论》第3卷，第889—890页）虽然，在孟子的井地思想中讲"公事毕，然后敢治私事"，而且公田不属于某一位私有土地的地主所有，但决定事物本质的是按什么比例划分为自己劳动的时间和为别人劳动的时间，而不是劳动安排的先后。马克思还曾指出："如果不是私有土地的所有者，而像在亚洲那样，国家既作为土地所有者，同时又作为主权者而同直接生产者相对立，那么，地租和赋税就会合为一体，或者不如说，不会再有什么同这个地租形式不同的赋税。"（马克思：《资本论》第3卷，第891页）孟子井地思想中的"公田"正是作为"九一而助"，"十一使自赋"的具体体现，它既是一种赋税，又是一种劳动地租。至于劳动地租的性质，马克思也曾有过十分明确的阐述，他说过劳动地租转化为实物地租，从经济学观点来说，并没有改变地租的本质。所以，应该认为，孟子所讲的"助法"、"贡法"和"彻法"并没有本质上的区别，都是封建地租的一种形式，同时又是封建赋税的一种形式。

关于孟子井地思想中为什么没有明确谈到土地所有权的问题，我认为马克思在分析劳动地租时，谈到国家作为土地所有者和主权者的情况下，就不存在私有土地的所有权的说法，可能有助于我们理解这个问题。马克思说："在这种情况下，依附关系在政治方面和经济方面，除了所有臣民对这个国家都有臣属关系以外，不需要更严酷的形式。在这里，国家就是最高的地主。在这里，主权就是在全国范围内集中的土地所有权。但因此那时也就没有私有土地的所有权，虽然存在着对土地的私人的和共同的占有权和使用权。"（马克思:《资本论》第3卷，第819页）由此我们可以看到，孟子的分田制禄理论前后曾有过两种设计:一种可称之为"恒产"模式，它把土地私有权，占有权和使用权三位一体一起交给直接生产者;一种可称为"井地"模式，它把土地私有权交给国家，而只把占有权和使用权交给直接生产者。尽管这两种模式存在着一些差别，但它们与奴隶制经济是根本不同的。奴隶要用别人的生产条件来劳动，并且不是独立的。而即使在"井地"模式中的直接劳动者也还是具有相当大的独立性，他们在十多亩公田上的劳动由于法定的力量将成为一个不变量，而他们在由自己支配的百亩私田上的劳动，却是一个充满潜力的可变量;这将给整个社会带来经济发展的可能性。因此，孟子分田制禄理论两种模式的性质都是鼓吹封建经济的理论。

四、以义为规范的财利观

我们研读《论语》和《孟子》可以明显感到时代发展的脉博。孟子所处的时代，社会经济比孔子时代已有很大进步。因此，反映在孟子治国的言论中,不仅没有排斥言财、言富、言利,而且谈得颇为犀利、明确而深刻。孟子是初期儒家重视国计民生,深入寻求发展社会经济途径的一位代表人物。孟子的财富观念比较广泛,不仅包括粮食、土地,而且金玉珠宝,山林和木材,广阔的水域和丰富的渔业资源都是属于财富的范围。孟子谈论治国之道,强调仁义,但也并没有就此而忽视生财致富的途径。

我们知道,仁义学说在孟子手中,实际上是为统治阶级获取民心、增加民富,进而增加君富、巩固统治地位的一个药方,一种手段。例如,孟子认为土地是一个国家最重要的财富来源,因此,他主张首先应该"为民制产",制立足以养畜父母妻儿的"恒产"。同时,他也承认国君对土地的"大欲",但他反对用连年战争的办法来满足国君对土地的欲求,而称之为"缘木求鱼"。他主张对善战者、连诸侯者和辟草莱、任土地者给予一、二、三等刑罚,就是因为没有按照"仁义"的原则去夺取、侵占别国的土地和人民。倘若在符合"仁义"的原则下,他也并不反对吞并别国的土地和人民。齐宣王五年(公元前316年),燕国发生了一件"禅让"的闹剧,燕王哙把燕国让给了相国子之;将军市被和太子平进攻子之,子之反攻,杀了市被和太子平。这时,齐宣王派匡章趁机攻打燕国,很快取得了胜利。齐宣王对于要不要吞并燕国曾前后二次向孟子请教(《梁惠王下》),我们从孟子前后所讲的内容分析,可以看到孟子的"仁政"并不排斥吞并别国的土地和人民,只是要根据当时的"国际"条件和民心的向背来决定"取或不取"罢了。

因此,孟子这种对财富的基本态度,说明他是非常重视经济和财利的思想家。他不仅对于增加君民的财富有明确的见解,还特别注重和平环境对于稳定增加财富的重要性,他的"迂阔于事"也正在于此,他反对战争,反对滥杀人民,他主张在和平安定的条件下,努力发展农业生产,使粮食产量达到"至足"的地步;在他的财利观念中,把依靠积聚私人财富放在首位,主张先富民后富国。所以,他极力反对国富民穷的治国方针,要求统治者应与民"共有","共乐",要按照制度取之于民,"取之有制,用之以礼",才能使国家的财富"不可胜用"。孟子不止一次批评过只顾国君的富足而不管人民死活的现象,批评"庖有肥肉,厩有肥马,民有饥色,野有饿莩"的状况,他明确宣布那些不考虑民富、一味追求聚敛财富的国君是同桀纣一样的人物,"不志于仁,而求富之,是富桀也。"(《告子下》)

孟子的仁政主张,最终目标是要统一天下,因此,他也很懂得要有足够的财力和兵力,他继承了儒家的"百姓足,君孰与不足"的传统思想,认识到只有先富民,然后才有国富和君富。所以,他经常劝导国君在拼命搜括榨取财富的时候,应该先想到百姓有没有余粮,军队有没有充足的粮草。他在和齐宣王论政时说过:"故居者有积仓,行有裹囊也,然后可以爰方启行。王如好货,与百姓同之,於王何有?"(《梁惠王下》)这就是说,国君喜欢财货也不要紧,但一定要想到百姓也是喜欢财货的,在"好货"这个问题上,如果国君能"与百姓同之",孟子认为那便是实现"仁政"了。可是,孟子也说过这样的话:"城郭不完,兵甲不多,非国之灾也;田野不辟,货财不聚,非国之灾也"(《离娄上》)。有的同志就以此证明孟子有反对富国强兵的思想,这种论证是断章取义,缺乏说服力的。其实,孟子说的这几句话,是为了与国家统治者的人选对比而讲的,孟子认为一个国家的统治者比什么事情都重要,只有能实行仁政的"仁人"才配处于"高位"(统治者地位)上,如果不仁的人一旦占据了统治地位,就会把他的恶行传播给广大的臣民,就会把国家治理得一塌糊涂。正是从这个意义上,孟子为了强调统治者的重要作用,采用了"极而言之"的对比手法,说城郭不完、兵甲不多、田野不辟、货财不聚这些大家公认是非常重要的问题,都不及国君人选不当对国家安全的危害性为大。显然,孟子的本意是说不仁者决不能处于"高位",统治阶级要尽全力注意选择"仁人"担任国君,而并不是真的就认为一个国家就应该处于国穷兵弱的境地。

孟子在获得财富与道德规范之间的关系方面是坚决主张发挥礼义道德规范的制约作用的。但对"民"来说他采取了比较灵活的态度,首先承认了物质财富对一般庶民百姓能否遵守一定的礼义道德规范有决定意义,认识到民无恒产,"放辟邪侈,无不为己"的合理性,对于"民"来说,那些"庠序之教,孝悌之义"的道德、文化的教育都是庶民百姓解除了衣食之忧以后的事情。但是,对于统治阶级来说,次序就颠倒了一下,孟子认为,一切已经取得统治地位的人们,包括准备当官的"士"在内,首先要遵守礼义道德规范的原则行事,他认为"无恒产而有恒心者,惟士为能"。可见他对参加国事管理的读书人要求倒是比较严格的。在他看来,如果不遵守礼义道德的规范的制约,即使取得了富贵,也不值得称道。在这里他继承了孔子的"安贫乐道"思想,并作了进一步的发挥,他说:"居天下之广居,立天下之正位,行天下之大道;得志,与民由之;不得志,独行其道。富贵不能淫,贫贱不能移,威武不能屈,此之谓大丈夫。"(《滕文公下》)他在回答弟子陈代的"枉尺而直寻"的问题时,也阐发了同样的思想。他说:"且夫枉尺而直寻者,以利言也。如以利,则枉寻直尺而利,亦可为与?"(同上)这两段话足以说明孟子对于财利与道德规范之间应如何正确处理的观点。他是反对为了贪图小利而抛弃道德原则的。不过,他比孔子显得灵活一些,允许在两者发生矛盾时,可以权衡轻重再决定取舍。例如，他在回答"礼与食孰重"这一问题时说："取食之重者，与礼之轻者而比之，奚翅食重？取色之重者，与礼之轻者而比之，奚翅色重？"（《告子下》）食、色二事是延续人类自身生命和繁殖后代的大事，与礼的细节规定相比，哪里能比得上食、色的重要呢？这意思就是告诉人们，礼并不是神圣不可侵犯的，是可以有权宜之时的，孟子还举了一个通俗易懂的例子，他说："男女授受不亲，礼也，嫂溺，援之以乎，权也。"（《离娄上》）这是说礼的一般规定在危害到人们的生命时，也可以加以变通。

　　但是，当这个问题提到治国活动中来的时候，孟子却坚决主张把礼义道德规范放在第一位，而把个人私利排斥在外。最著名的"仁义而已矣，何必曰利"的说法就是这样性质的问题。《孟子》七篇前后两次谈到这个问题，说明孟子很重视这个问题。让我们引录其中一次的原文：

　　王曰："叟！不远千里而来，亦将有以利吾国乎？"

　　孟子对曰："王，何必曰利？亦有仁义而已矣。王曰，'何以利吾国？'大夫曰，'何以利吾家？'士庶人曰，'何以利吾身？'上下交征利而国危矣。万乘之国，弑其君者，必千乘之家；千乘之国，弑其君者，必百乘之家。万取千焉，千取百焉，不为不多矣。苟为后义而先利，不夺不餍。未有仁而遗其亲者也，未有义而后其君者也。王亦曰仁义而已矣，何必曰利？"（《梁惠王上》）

　　孟子在这里劝导统治者的是个什么道理呢？是让国君只讲仁义，而不必关怀富民、富国、强兵之利吗？显然不是。孟子认为，不论什么国家，如果要想统一天下而不为内部的征伐所干扰，那就要摆正统治者自身的私利和采取什么治国方针的问题。孟子指出，在国君、公卿大夫和士庶人之间只能以"仁义"作为统一他们活动的准则，绝不能以他们各自的私"利"作为准则，如果发生这种情况,即所谓"后义而先利",其后果就必然是"不夺不餍"了。我感到,孟子作为封建社会初期统治阶级的思想家有这样的认识,不失为是一种可以代表儒家学派的远见卓识。

五、孟子的社会分工和价格理论

社会分工是人类生产活动发展的必然趋势。马克思说:"社会分工是由原来不同而又互不依赖的生产领域之间的交换产生的。"(马克思:《资本论》第 1 卷,第 390 页)因此,它是一定会反映到人们思想上来的,社会分工理论在我国古代早就出现,春秋时期的管仲的"四民分业定居"论就是我国最早的社会分工理论。他把人们分为士、农、工、商四大社会集团,按各集团的专业在固定的地区进行集中的活动而不许他们"杂处",这样一种社会分工,使相同行业的人住在一起,从小就培养其对本行业的爱好,"少而习焉,不见异物而迁焉,是故其父兄之教不肃而成,其子弟之学,不劳而能。"其结果可以世代相传,绵延不绝,"士之子恒为士,工之子恒为工,商之子恒为商,农之子恒为农。"(《国语·齐语》)

到了孟子的时候,国家的体制和社会生产的规模显然大大向前发展了。在孟子和陈相辩论君民能否并耕、商品能否同价的问题时,我们可以看到孟子所涉及的社会分工范围和商品交换的规模已经广泛得多了。

许行、陈相、彭更等人认为:贤明的国君应该像古代的圣君一样,"与民并耕而食,饔飧而治。"可是,现在的国君都不直接参加生产劳动,却又拥有仓廪府库,生活非常富裕,这是"厉民而以自养"。许行、陈相等人察觉统治阶级不劳而获,厉民自养,这是很了不起的进步思想,但是他们不了解君民并耕是与原始社会里生产力极其低下相适应的一种生产关系的现象。他们当然更不清楚奴隶制的出现和封建制的发展是人类社会的很大进步。虽然,孟子并不认识这种进步,但他却认识到再像原始社会那样让君民并耕是不可能的事。他创造了一套社会分工的理论来解释其合理性,成为二千年来统治阶级掩盖剥削、蒙蔽群众的理论武器。

孟子认为,国家不论大小,都得有君子和野人。"野人"是指乡野之民,即农民、手工业者和其他从事体力劳动的人们,而"君子",则指是包括国君在内的一切脱离体力劳动的人们,不仅有从事国务管理、劳动管理的各级官吏,也包括从事文学艺术、教育工作的各种文士和保卫国家安全的武士。孟子说:"无君子莫治野人,无野人莫养君子。"(《滕文公上》)他把从事农业耕作和手工业劳动的人称为"劳力者",把从事各种治国活动的人称为"劳心者"。孟子认为不论劳心者还是劳力者都是依靠各自的社会功能、各自的社会需要而存在的,他认为任何一种职业的人都是"食功"而取得他所应得的一份报酬,而不是依靠"食志"。因此,不论是劳心者还是劳力者,彼此都是互相需要的,而不是互相排斥的。因为任何一个人都不可能样样事情都由自己来完成。他说:"百工之事,固不可耕且为也,然则治天下,独可耕且为与?"于是,他提出了自己对社会分工的著名见解,他说:"有大人之事,有小人之事。且一人之身,而百工之所为备,如必自为而后用之,是率天下而路也。故曰:或劳心,或劳力,劳心者治人,劳力者治于人,治于人者食人,治人者食于人,天下之通义也。"(《滕文公上》)

孟子在他的这种分工论的基础上,又进一步论述了在劳心者和劳力者之间进行"通功易事"(交换)的必要性,他指出在农与工之间、农与农之间、工与工之间倘若不进行交换,就会出现农民有多余的粮食,别人得不到吃的,妇女有多余的布帛,别人得不到穿的,依此类推,车工得不到铁锅做饭,画师买不到鞋穿,等等。孟子认为如果发生这种情况,整个社会就将不像样子了,就是"率天下而路"了。孟子不仅认为劳力者之间进行交换是必要的,而且还指出,在整个社会分工及其交换中,把从事教育工作的"仁义者"排斥在交换活动之外,是极不合理的。孟子问弟子彭更说:"你为什么那么重视木匠车工,却轻视仁义之士呢?"(见《滕文公下》)孟子认为像他这样的"仁义者",用孝悌礼义等文化知识去培养后代的学生,也是社会所需要的"功",这种"功"应该与木匠和车匠的"功"一样参加到社会上的交换中去。

毫无疑问,孟子的这种分工理论具有鲜明的统治阶级的烙印,是为剥削阶级利益辩护的理论。他站在统治阶级立场上抹杀了体力劳动和脑力劳动之间的阶级对立和阶级剥削的事实。但是,我认为对于古代统治阶级的思想家来说,这是不足为怪的。因此,我们一方面需要清楚认识统治阶级理论的阶级属性,另一方面还应看到,孟子把社会分工同发展产品交换联系起来,把"君子"和"小人"的社会功能放在交换的行列中加以考察的理论价值。这在经济思想史上是具有一定积极意义的见解。

在古代社会分工的理论中,孟子也有独到之处。他的认识显然要比陈相、许行的"君民并耕论"高明一些。因为他的理论概括符合阶级社会里社会分工的实际情况,是肯定社会进步的理论。我们不能一方面承认奴隶制比原始社会进步,封建制比奴隶制进步,另一方面却认为那些为封建统治阶级利益辩护的观点是反动的。所以,有不少学者对孟子所讲的"劳心者治人,劳力者治于人"等一类观点总是一概斥之为反动透顶的理化,我认为似乎缺少一点历史唯物主义的具体分析。

恩格斯有一段话说得十分中肯,他说:"用一般性的词句痛骂奴隶制和其他类似的现象,对这些可耻的现象发泄高尚的义愤,这是最容易不过的做法。可惜,这样做仅仅说出了一件人所周知的事情,这就是:这种古代的制度已经不再适合我们目前的情况和这种情况所决定的我们的感情。但是,这种制度是怎样产生的,它为什么存在,它在历史上起了什么作用,关于这些问题,我们并没有因此而得到任何的说明。如果我们对这些问题深入地研究一下,那我们就一定会说——尽管听起来是多么矛盾和离奇——在当时的条件下,采用奴隶制是一个巨大的进步。"(《马克思恩格斯选集》第3卷,第220页)

恩格斯的这条原则,同样适合于对古代思想家理论观点的考察。柏拉图是奴隶主阶级的思想家,恩格斯曾经称赞他有关分工的见解是"天才地陈述了分工",恩格斯批评杜林说:柏拉图天才地把社会的分工"当作城市(国家)的自然基础",因为柏拉图的陈述仅限于此而引起了杜林先生的"高傲的蔑视"(《马克思恩格斯选集》第3卷,第269页)恩格斯不仅丝毫没有丧失无产阶级立场,相反还给我们作出了具体运用历史唯物主义的光辉典范。因此,我们对孟子的分工理论和其他一些理论观点也应采取这种科学态度进行分析,我们可以分析孟子经济思想的阶级实质、理论产生的背景以及历史影响等等,而不必像杜林那样以发泄"高尚义愤"为能事,简单地给孟子贴上"反动理论"、"奴隶主复辟狂"一类的标签。

孟子在反驳了许行、陈相有关"君民并耕论"的同时,还批驳了许行的商品同量同价的理论。

孟子主张社会必须有所分工,必须通过交换活动满足各自的需要,同时还主张根据商品本身的质量和品种来规定不同的价格。而许行却主张同一类属的商品(如布和帛,麻线和丝线,大鞋和小鞋等)只要数量相同(指长短,轻重等)就都按同一价格出售。许行的主张是否原意就是如此,现在已无法查考。根据孟子所转述的内容来看,那当然是十分荒谬的价格理论,许行在主观上可能是由于想抵制奸商的欺诈或投机倒把行为,客观上却犯了常识性的错误。孟子批评许行的观点说:"夫物之不齐,物之情也,或相倍蓰,或相什佰,或相千万,子比而同之,是乱天下也。巨屦小屦同价,人岂为之哉? 从许子之道,相率而为伪者也,恶能治国家?"(《滕文公上》)

从孟子的这段话来看,他对于不同质量的商品应有不同价格的论证是基本上正确的,符合于商品经济发展的历史要求。孟子已经模糊地感到内在于商品内部的"情"是商品价格的决定因素,这是一种颇为杰出的见解,他认识到由于"情"的不同,所以必须顺"情"而行,否则就会导致无人生产优质的产品,好草鞋和粗草鞋一个价格,谁还愿意生产好草鞋呢? 孟子指出,如果真的按照许行的办法,国内就会充斥粗制滥造的商品,势必造成社会的混乱。孟子从商品的价格考虑到天下的治乱,他前后两次提到这个问题,指出如果违反了商品价格的合理规定,就会使天下受到扰乱,使国家不能治理,说明他对物价在治理国家中的作用已经具有充分的理解。

六、简短的结论

孟子还有一些有关薄赋敛、免关市之征、任人唯贤等言论,由于比较琐细就略而不谈了。我们根据上述孟子经济思想的主要方面,可以得到几点简短的结论:

第一,孟子作为一位封建社会初期的政治活动家,从民本主义的政治主张出发,导致在经济上以富民为先的认识,正是合乎逻辑的必然结果。因此,我们说民本主义是孟子经济思想的基本核心,而围绕着这个核心思想衍化出以富民为基本特征的各种经济主张构成了孟子的一整套经济思想。

第二,孟子经济思想表明:孟子是一位为发展和巩固封建制生产方式鸣锣开道的思想家。他对当时社会弊病的揭露有些地方颇为深刻。他的经济思想正是为了解决当时他所看到的一些社会弊政而提出的设想;他的分田制禄理论、井地思想、粮食生产要求至足、薄赋敛、免关市之征的主张等等,都是当时社会内部矛盾的产物,是当时社会的生产关系和生产力矛盾在孟子思想上的反映。

第三,孟子经济思想具有非常鲜明的阶级立场,它完全是为当时的封建统治者的长远利益服务的;既为老的封建领主找寻新的剥削方式,又为新的封建地主阶级设计恰当的剥削方案。他的民本主义、富民思想归根结蒂只不过是为统治者获取民心,更巧妙、更隐蔽地进行剥削和统治人民的手段。

第四,孟子经济思想始终只是孟子的一种理想,它要求在小农经济的基础上,国家作为名义上的最高地主,让各级封建统治者(包括国君在内)严格按照礼义规定的等级,享受劳动地租的俸禄收入。这是一个永远不能实现的空想。

(本文选自:北京师范大学政治经济学系《经济学集刊》编委会所编《经济学集刊》2,中国社会科学出版社,1982 年)

虞祖尧,中国人民大学教授,博士生导师。

文章论述了孟子的经济思想的基本核心及特征、分田制禄理论及其性质、井田思想、以义为规范的财利观、社会分工和价格论等。认为孟子的经济思想的基本核心是民本主义，而"先富民后富国"作为孟子经济思想的基本特征显示出令人注目的光彩。孟子的经济思想是当时社会的生产关系和生产力矛盾在孟子思想上的反映，因此孟子是一位为发展和巩固封建制生产方式鸣锣开道的思想家。但是，孟子经济思想始终只是孟子的一种理想，它要求在小农经济的基础上，让各级封建统治者严格按照礼义规定的等级，享受劳动地租的俸禄收入。这是一个永远不能实现的空想。

论荀子的经济思想

石 世 奇

荀子是先秦杰出的唯物主义思想家。他的经济思想在先秦诸子中也是比较杰出的。战国末期,封建经济已有了几百年的历史,获得了很大的发展,显示了自己的优越性。统一的中央集权的封建国家的建立已是大势所趋。但是这一社会所包含的某些矛盾也日益显露出来。摆在地主阶级思想家面前的任务就在于解释这一社会制度,说明它的合理性,并为它的发展和巩固提供方案。荀子的经济思想正是围绕着这两个方面,提出了自己的答案,并且使自己论述的深度,超过了前人,达到先秦经济思想的最高水平。

一

封建制度是一种以私有制为基础的剥削制度、等级制度。社会上存在着贫富贵贱的阶级对立。这样一种社会制度,在它的发展过程中,内部矛盾日益显现,不断受到挑战和责难。劳动人民不堪忍受压迫、剥削,起而反抗者有之;对这种压迫剥削制度提出种种怀疑者有之。农家指责封建统治者"厉民而以自养"(《孟子·滕文公上》)。连孟子的弟子也对"君子之不耕而食"(《孟子·尽心上》),"士无事而食"(《孟子·滕文公下》),提出了疑问。面对这个问题,各家各派提出了不同的见解和主张。儒家和法家都认为这一社会制度是合理的。儒家着重于说教辩护。他们或用"义"来限制"利",或用天命来麻痹人民,或以分工为借口来诡辩。法家则主张充分利用政权的暴力,企图通过法令刑赏来巩固这一剥削压迫的社会制度。但是,他们都没有系统地从理论上论证这一社会制度的合理性。墨家从小生产者的要求出发,提出"兼相爱,交相利",幻想以此来取得安宁。道家则主张倒退。老子鼓吹回到"小国寡民"的原始公社去。庄子更主张退到人兽杂处的时代。荀子对封建制度是充满信心的。他充分地肯定了这样一个剥削、压迫的等级制度的合理性,为它进行了精心的辩护,编制出相当系统的辩护理论。这种辩护表明,他和他以前的儒、法两家一样,都是地主阶级的代表人物。而他的辩护理论,又告诉我们,他继承的是儒家的思想传统,同时又吸收了法家的若干观点,融合了儒法两家的思想。

荀子把封建社会永恒化了。他分析的是封建社会,但他认为这是永恒的人类社会。他从人的"欲望"出发来分析当时的社会。他认为人生而有欲。这种欲望包括生存的欲望,"饥而欲食,寒而欲暖,劳而欲息,好利而恶害"(《荀子·非相》,以下引《荀子》只注篇名)。还包括享乐的欲望,"目欲綦色,耳欲綦声,口欲綦味,鼻欲綦臭,心欲綦佚"(《王霸》)。"食欲有刍豢,衣欲有文绣,行欲有舆马",还追求"余财蓄积之富","穷年累世不知足"(《荣辱》)。他还认为,"贵为天子,富有天下,是人情之所同欲也"(《荣辱》)。他把人的生理上的需要和阶级社会中剥削阶级的贪欲混为一谈,把它视为普遍的人性,并进一步把它作为分析人类社会的出发点。我们知道,人类生理上的需要,都是在一定的生产力和一定的生产关系下得到满足的。剥削阶级的贪欲,则产生于阶级社会的生产关系。荀子把这些视为普遍的人性,并作为分析人类社会的出发点,当然是错误的;但他不从天命出发,而从所谓的人的欲望出发,来分析人类社会,则是一个有益的探索。

荀子认为,人人都有欲望,都有贪欲。这是不分君子小人,都一样的。他明确地讲,"好荣恶辱,好利恶害,是君子小人之所同也"(《荣辱》)。在他看来,人人都有欲望,并且欲望相同,就发生了矛盾,发生了争斗。"欲恶同,物不能澹则必争,争则必乱,乱则穷矣"(《王制》),如何解决这个矛盾呢?"先生恶其乱也,故制礼义以分之,使有贫富贵贱之等"(《王制》)。这就叫"明分"。

"明分"的必要性还不只于此。荀子认为,"故百技所成,所以养一人也。而能不能兼技,人不能兼官;离居不相待则穷,群而无分则争"(《富国》)。这就是说,为了满足一个人的需要,需要很多人生产的物品。一个人的本领无论如何大,也不能兼做各种物品,兼任各种职务。这就需要分工,需要组成"群"。人们要互相依赖,互相帮助,不能离开"群"。离群索居,就无法生活,就会"穷"。而群居在一起,没有"分",就会"争"。"穷者患也,争者祸也。救患除祸,则莫若明分使群矣"(《富国》)。这就是说,只有通过"明分",才能使人分工合作,群居在一起。

根据上述可见,在荀子看来,"明分"之所以必要,一方面由于人有欲望,有贪欲,"物不能澹",就要争。另一方面由于人要生活,就要组成"群",群居在一起也会争。荀子所讲的"争",实际上就是对物质财富的争夺。为了避免这些争斗,使人类能正常生活,所以需要"明分"。

所谓"明分",就是"制礼义以分之,使有贵贱之等,长幼之差,知愚、能不能之分,皆使人载其事而各得其宜,然后使悫(当作谷)禄多少厚薄之称"(《荣辱》)。所以,"制礼义以分之",从根本上说是调节人们的物质利益关系的,调节人们对物质财富的追求和占有的。通过确定贫富贵贱的等级,使每一个人都处于一定的等级中,从事不同的职业、不同的工作,以取得不同数量的物质财富,满足不同的欲望。荀子说,"礼者养也"(《礼论》)。礼,是用来满足人们的欲望的。"农以力尽田,贾以察尽财,百工以巧尽器械,士大夫以上至于公侯莫不以仁厚知能尽官职,夫是之谓至平"(《荣辱》)。在此基础上,"上贤禄天下,次贤禄一国,下贤禄田邑,愿悫之民完衣食"(《正论》)。帝王富有天下,也不自以为多,而管城门的小官,旅舍的职工,守城门的士兵,巡逻打更的人,收入菲薄,也不自以为寡(《荣辱》)。只有这样,"有贫富贵贱之等",才能使每一个人的欲望得到适当的满足。所以荀子认为"明分"是"兼足天下之道"。所谓"兼足天下之道",实际上是削减贫贱者的消费,保证富贵者的欲望得到满足。荀子说,"君子既得其养,又好其别"(《礼论》)。君子是要求满足超出常人的更多的欲望的。

荀子还说:"得百姓之力者富"(《王霸》)。这就是说,富来源于力,百姓的劳动使统治者富有,只有小人才应从事劳动,君子是不应该劳动的。"君子以德,小人以力"。小人要供君子驱使剥削,"力者,德之役也"(《富国》)。

这样,当然是不均不等的。但是,荀子认为这是完全自然的、合理的。因为"分均则不偏,势齐则不壹,众齐则不使"(《王制》)。所以,贱事贵,不肖事贤,君子役使小人的等级制度是必然的。政治上、经济上都不能均平,均平了就没有秩序,他并且说,这就是《尚书》中所说的"维齐非齐",只有不齐才能齐。荀子从人的欲望出发,论证了等级制度的合理性。这也是他的礼的起源论。这种理论是为封建统治、封建剥削辩护的理论。劳动人民处于最底层,他认为是合理的。荀子说:"愿悫之民完衣食。"这在封建社会是做不到的。

孟子所讲的"乐岁终身苦,凶年不免于死亡",倒比较接近现实。但是,荀子把人的物质利益上的矛盾作为贫富贵贱等级的产生和礼的起源的原因,则是当时的一种创见,高于前人。

荀子在上述理论的基础上,形成了自己的义利观。荀子既然从人的欲望、贪欲出发来分析人类社会,当然就不能完全否定人们对利的追求。如果否定了这点,也就动摇了他自己理论的基础。这是因为,按照荀子的逻辑,没有人对利的追求,也就不需要制礼义以分之,从而也就不需要有"贫富贵贱之等"。

《荀子·大略》①中写道:"义与利者,人之所两有也。虽尧、舜不能去民之欲利,然而能使其欲利不克其好义也。虽桀、纣亦不能去民之好义,然而能使其好义不胜其欲利也。"在这里,"利"的地位比在孔孟的思想中提高了。但是,也不是"义"和"利"并列,实际上也是有高下之分的。在荀子看来,"义"还是比"利"更重要。因为,从个人来讲,"先义而后利者荣;先利而后义者辱"(《荣辱》);从整个社会来讲,"义胜利者为治世,利克义者为乱世"(《大略》)。究竟是义胜利,还是利克义,决定于统治者。上重义则义胜利,上重利则利克义。根据荀子的性恶论,人的好义,与人的好利不同。好利来源于人的本性,而好义则是后天的,是"群"的要求、社会的产物。在荀子看来,"有义"是人与禽兽区别的标志。他写道:"水火有气而无生,草木有生而无知,禽兽有知而无义,人有气、有生、有知亦且有义,故最为天下贵也"(《王制》)。

荀子所论述的人类社会,实际上是封建社会。封建社会是人类历史发展中的一个阶段。但是,荀子从人性、人的欲望出发来论

① 不少学者认为《大略》不是荀子所作,而是"汉儒所杂录"。这是有道理的。但是,这里所引的这段话,在我看来是符合荀子思想的。

证,就把封建社会永恒化了。这是由于,在荀子看来,他所说的人性、人的欲望、贪欲,是自然的;而"有义"又是人与禽兽区别的标志。这些都是永恒的。因此,基于此而出现的"有贫富贵贱之等"的封建社会,也必然是与人类共存的永恒制度。荀子自己也明确地讲,当时的君臣、父子、兄弟、夫妇关系,"与天地同理,与万世同久"(《王制》)。荀子是为封建剥削制度辩护的。但是,在荀子看来,尽管这种制度是永恒的,可是处于这种制度中的富贵等级的家族不应是永恒不变的。他反对世袭。按照世袭制,"先祖当贤,后子孙必显,行虽如桀纣,列从必尊"(《君子》)。荀子把这叫做"以世举贤",并认为是不合理的,会导致动乱。他认为不论任何人,只要学习好礼义,贱可以变为贵,贫可以变为富;而不符合礼义标准,虽为王公大夫的子孙,也要转为庶人。这种思想反映了当时正在兴起的以封建地主土地所有制为基础的中国封建制度的某些现实,特别是反映了庶族地主的要求。

二

荀子非常关心封建经济的发展。他专门写了《富国篇》,探讨如何发展封建经济。《荀子》一书中,有不少篇涉及了这个问题。荀子对经济问题的研究,不像某些封建理财家那样,单纯从增加封建国家财政收入的角度出发;也不像商人那样,从如何在经营中获利出发;而是着眼于整个封建经济的发展,在生产发展的基础上增加国家财政收入。

荀子认为当时的封建制度是合理的、永恒的,所以对封建经济的发展充满信心。他批判墨子"为天下忧不足",认为这是不符合实际的,只是墨子个人的"私忧","非天下之公患"。根据当时的情况,完全可以做到足衣足食。如果能够实行正确的政策,生产是会非常发达的。他说:"儒术诚行,则天下大(同泰)而富。""财货浑浑如泉源,汸汸如河海,暴暴如丘山,不时焚烧,无所藏之。"(以上均见《富国》)荀子讲的是产品的绝对过剩。当然,认为封建经济能达到这样的水平,是不符合实际的。即使在未来的社会中生产力高度发达,产品的绝对过剩也不是必然发生的,会有计划来调节。至于说产品的相对过剩,这也不是以使用价值为生产目的的封建社会的经济特点,而是资本主义的经济现象。荀子之所以有这种乐观的估计,除了因为当时封建生产关系是一种进步的生产关系,促进了生产力的发展,使他充满信心外,还和他的"制天命而用之"的思想有关。在他看来,事在人为。"强本而节用,则天不能使之贫"(《天论》)。不但不能贫,而且"务本节用财无极"(《成相》),可以有"富厚丘山之积"(《富国》)。荀子对生产发展的乐观估计,和他讲的人的"欲恶同,物不能澹则必争"是否矛盾呢? 并不矛盾。这是由于,他讲的物不能澹,是讲历史和现实,而对生产的乐观估计则是讲未来。

"儒术诚行,则天下大(同泰)而富"。作为大儒的荀子,为封建经济的发展提出了什么样的"术"、什么样的主张呢? 他提出的根本主张是"强本节用"和"节用裕民"。我们可以清楚地看到,他的主张实际上包含着互相联系的三个方面的内容,即强本、裕民、节用。

(一)强本

"强本"的"本"指什么? 荀子没有明确地讲清楚。因此,有的同志认为他讲的"强本"的"本"并非专指农桑①。荀子的确没有

---

①　罗根泽:《古代经济学中之本农末商学说》,见《诸子考索》,人民出版社,1958年版,第107—108页。

农本工商末的明确提法。他运用本末这一对概念探讨经济问题时,比较明确的是用来说明生产与财政的关系的。他说:"田野县鄙者财之本也,垣窌仓廪者财之末也;百姓时和、事业得叙者货之源也,等赋府库者货之流也。"(《富国》)这就是说,生产是财富的本和源,而储藏的财物和国家财政收入是财富的末和流。荀子的这种思想是值得称道的。荀子在这里用本末说明生产与财政的关系,并不妨碍他同时用本末来说明国民经济各部门的关系。从荀子关于国民经济各部门关系的论述来看,可以认为他所讲的"强本"的"本"是指农业。其实,荀子在讲生产与财政关系时所讲的"田野县鄙者财之本也","百姓时和、事业得叙者货之源也",都是讲农业,认为农业生产是财货的本源。他在讲农工商的关系时,提出"众农夫,省工贾",主张大力发展农业。这都表明,他所讲的"强本",就是指加强农业,努力发展农业生产。

"强本",并不是单纯发展谷物生产。荀子是很重视谷物生产的。对于五谷的生产,他主张精心种植,增加产量,一年两获。但是,他认为可供人们食用的,并非只有粮食。他还主张发展"瓜桃枣李"、"荤菜百疏"、"六畜禽兽"、"鼋鼍鱼鳖鳅鳣"。此外,"飞鸟凫雁","昆虫万物",不少也是可以吃的。供人穿的,荀子讲了麻葛、茧丝、"鸟兽之羽毛齿革"(《富国》)。他还主张"斩伐养长不失其时,故山林不童而百姓有余材也"(《王制》)。可见,荀子具有我们现在所讲的大粮食、大农业观点。他所讲的"强本",更准确地讲,应指农林牧渔猎的全面发展。在他看来,只要全面发展,天地间生长的万物是可以使人足食足衣而有余的(《富国》)。

正因为荀子重视农业,认为农业生产是财货的本源,主张"强本",所以他认为"众农夫","则国富"。相反,脱离农业的人口多,国家就会贫困。基于这种认识,荀子认为脱离农业生产的"工商众,则国贫"(《富国》)。因此,他提出"省工贾,众农夫"(《君道》)。这种认识实际上涉及到农业在国民经济中的地位和作用问题。农业是国民经济的基础。马克思说:"超过劳动者个人需要的农业劳动生产率,是一切社会的基础。"①封建社会的农业劳动生产率是相当低的,它不能提供更多的农产品,使更多的人脱离农业去从事工商业。所以,荀子提出的"省工贾,众农夫",是正确地反映了当时的经济情况的。荀子的这个认识和两千年后西方的重农学派的认识是很相近的。西方重农学派认为,"能够投于工商业上面而无须从事农业的劳动者人数⋯⋯是取决于农业者在他们自身的消费额以上能够生产多少的农产物"②。这就是说,农业劳动生产率越低,当然能够从事工商业的人数越少。

我们在前面讲到,荀子对经济发展有一个非常乐观的估计。如果根据这个估计,农业劳动生产率是相当高了,生产的物品都没有地方储存,需要不时焚烧,这样,可以脱离农业生产的劳动者人数当然应是很多的,也就不必再强调"众农夫"了。很显然,荀子在考虑实际措施时,并没有从他对未来的乐观估计出发,而是从当时的实际出发,因此提出了"省工贾,众农夫"。理想是理想,实际是实际,这种精神当然是可取的。

荀子不仅认为"工商众,则国贫",而且认为"士大夫众","则国贫"(《富国》)。只要是脱离农业生产的,不管他是干什么的,人数多了,都会造成国贫。荀子对士大夫的作用,估计很高。但是,他把士大夫的社会作用和财富的生产严格地区分开来。这说明他有明确的生产观点。荀子的这种看法和亚当·斯密关于牧师、律

---

① 马克思:《资本论》第3卷,《马克思恩格斯全集》第25卷,第885页。
② 马克思:《剩余价值学说史》第1卷,三联书店,1957年版,第41页。

师、医师、文人都是"很尊贵很重要"的"不生产的劳动者"的观点①，有某些类似之处。荀子自己属于士大夫阶层，他能够如此明确地提出"士大夫众"，"则国贫"，说明他摆脱了士大夫阶层的局限，从整个国家的经济发展考虑问题。从这点来看，不能不承认荀子是具有一定的科学态度的。

荀子虽然认为"工商众，则国贫"，但是，对工商业在国民经济中的作用，还是做了比前人更加充分的肯定。他认为铁工、木工、陶工等生产的生产工具和生活用具，有利于农事，能够使"农夫不斫削，不陶冶而足械用"（《王制》）。他还特别注意手工业品的质量，提出"百工忠信而不楛，则器用巧便，而财不匮矣"（《王霸》）。产品质量好，器用巧便，是有利于增加财富的。他对于商业的作用也给了相当的肯定。他认为商业可以使住在水边的渔民能够有足够的木材，住在山里的山民不愁没有鱼吃，农民不砍削、不陶冶也有充分的器械用具，工匠、商贾不耕种而能得到充分的粮食供应。因此，他主张封建国家为商业发展提供各种方便条件，使"通流财物粟米，无有滞留"（《王制》）。荀子设想的是一个非常大的市场，北海、南海、东海、西海的物资都能得以交流。这就是说，荀子心目中的世界是一个统一的大市场。他在谈到交换时，还表达了等价交换的思想。他说："易者，以一易一，人曰无得亦无丧也。""以一易两，人曰无丧而有得也。以两易一，人曰无得而有丧也。"（《正名》）这里讲的"以一易一"，当然不应指任意的一件使用价值与另一件使用价值的交换。因为任意的两种不同的使用价值相交换，从使用价值来说难以比较"得丧"，从价值来说又不一定相等。

①　亚当·斯密：《国民财富的性质和原因的研究》上卷，商务印书馆，1972年版，第304页。

"以一易一"，"无得亦无丧"，应指具有同等价值或价格的两种商品的交换。

荀子对工商业在国民经济中的作用的肯定和他主张"省工贾"是不矛盾的。在他看来，工商业是需要的，但需要多少是另一个问题。荀子认为工商业不能过多，否则就影响了农业，影响了人们的衣食。既需要，又不能过多，这就是荀子提出"省工贾"的原因。《荀子》一书中，讲"省工贾"、"省商贾"又讲"工商众，则国贫"。他的这些提法本身就不是否定工商业的作用，而是要限制它的数量。"省"和"众"，都是数量问题。"省工贾，众农夫"，实际上是荀子提出的劳动力在国民经济各部门进行分配的原则。荀子提出的"省工贾，众农夫"，和商鞅、韩非等法家的重农抑商的主张有所不同。他没有提出任何打击、困辱工商业的主张。相反，他倒主张给工商业以各种方便。荀子的"省工贾，众农夫"的主张，完全是从封建社会整个国民经济的发展出发的。

在《荀子》一书中，只是在《君道篇》里提到了"务本禁末"。但是，这个"末"指什么？并不清楚。这个"末"不应指工商业。因为荀子并没有禁止工商业的思想。是否指生产"雕琢文采"的奢侈品手工业呢？荀子认为帝王还要靠这些东西显示威严。他只是反对手工业者在家里私自制造这类东西。他说："使雕琢文采不敢专造于家。"（《王制》）这可能是由于当时满足帝王需要的奢侈品手工业是官营手工业，为了避免臣下的僭越，为了避免奢侈浪费，荀子反对私自制造。因此，这里的"禁末"，不能理解为禁止工商业，甚至也不能理解为禁止全部奢侈品手工业。《荀子》书中的"禁末"，可能是指除官营手工业外，禁止私人制造奢侈品。

（二）裕民

荀子所谓的裕民，就是指在"民"努力生产的基础上，不仅能满足自己的需要,而且"使衣食百用出入相揜,必时藏余"(《富国》)。裕民就是使民有积蓄。

荀子为什么提出裕民呢?

首先,裕民可以发展生产。荀子有一个很值得重视的思想,就是民富了,生产才能获得发展。而民贫,生产越搞越糟。他说:"裕民则民富,民富则田肥以易,田肥以易则出实百倍。"(《富国》)这就是说,民富了,土地肥沃,就能治理得好,结果产量就会增长百倍。同时,他还说:不知节用裕民则民贫,民贫则田瘠荒芜,产量减少,不及正常产量的一半。

这种思想之所以值得重视,是由于他具有积累和扩大再生产的思想。为什么民富就"田肥以易"呢?因为民富就可以有积累,向土地多投资,用荀子自己的话说,就是可以"多粪肥田"(《富国》)。这样,土地就可以肥沃,产量就可以增加。而民贫,无力向土地投资,土地贫瘠,连简单再生产也不能维持。

在资本主义以前的各社会形态中,生产基本上是简单再生产。生产发展十分缓慢。奴隶社会和封建社会中虽然有剩余产品,但都被剥削阶级挥霍掉了。地主阶级是以地租的形式占有剩余劳动。他是靠提高地租和兼并土地来增加对剩余产品的占有的,而不需要扩大再生产。因此,古代思想家很少有扩大再生产的思想。在荀子以前,富民的思想早已有了,但没有人提出把增殖的财富作为积累,投入生产中,进行扩大再生产,在中国经济思想史上,这种积累和扩大再生产的思想是荀子首先提出来的。他之所以能够提出这个思想,恐怕是从自耕农民的发家、上升中总结出来的,把生产发展的技术因素和社会因素结合起来考虑的结果。

其次,裕民可以增加国家财政收入,能使国富。在荀子看来,只有生产发展了,民富了,国家才能富。民富了,生产增加,"上以法取焉"(《富国》),收取"田野什一"之税(《王制》)。生产的粮食多了,国家的税收自然也就多了。这就叫"下富则上富","上下俱富"。这样,封建君主不仅可以有"仁义圣良之名,而且有富厚丘山之积"。如果不采取裕民的政策,民贫,生产搞不好,收成很少,"上虽好取侵夺,犹将寡获也"。这样,君主不仅有贪利的坏名声,而且也会空虚穷乏。所以,荀子认为"上好利则国贫"。贪利,搜刮越多,民越贫,生产越坏,君主取得的只能越来越少。结果是"下贫则上贫"。"裕民"是个良性循环;而上贪利,则是个恶性循环。荀子认为生产是财富的本源。所以,他提出如果不搞好生产,"田野荒而仓廪实,百姓虚而府库满,夫是之谓国蹶",那就是倾覆之国了(以上引文均见《富国》)。此外,荀子还认为在政治上,裕民可以"使民夏不宛暍,冬不冻寒",从而使"百姓皆爱其上",有利于封建统治的巩固(《富国》)。

如何才能裕民呢?

荀子提出"以政裕民",就是通过封建国家的政策,使民富起来。那么国家采取什么政策呢? 荀子说:"轻田野之税,平关市之征,省商贾之数,罕兴力役,无夺农时,如是则国富矣。夫是之谓以政裕民。"(《富国》)在这几条措施中,除了"省商贾之数"外,都是减轻赋税徭役的税收政策。这些税收政策并没有什么新东西,都是孟子讲过的,是儒家薄赋敛的传统主张。但这几条措施与"裕民"联系起来,就有了新意。它的实质是:使"民"能够把财力、人力、物力集中到农业生产中去,以便"田肥以易","出实百倍"。这样,下富,上也就富了。所以,荀子的轻徭薄赋的思想,具有发展生产的积极意义。"省商贾之数"与国富的关系是显然的。在封建社会,农业是最重要的生产部门。荀子认为农业是财货的本源,"省商贾之数"可以"众农夫",生产更多的农产品,从而使封建国家可以掌握更多的农产品。但与"裕民"有什么关系呢？荀子没有讲。这可能是由于"省商贾之数"有利于整个封建经济的发展，民就在整个经济发展中富裕起来。

从上所述，我们可以看到，荀子的"裕民"主张的目的，从经济上看虽然还在于富国、增加封建国家的财政收入，但他着眼于发展生产。他继承和发展了儒家的百姓足君孰与不足的传统思想，把富国建立在裕民、发展生产的基础上。这种思想和法家的思想不同。商鞅主张"家不积粟"，所有的粮食都收在封建国家的粮库里（《商君书·说民》）。商鞅是主张国富民贫的。荀子的"裕民"措施，主要是继承了儒家的传统主张。而"省商贾之数"是荀子之前的儒家没有提出过的，荀子提出这种主张，一方面是封建经济发展的要求，另一方面则是受到了法家思想的影响。

（三）节用

"节用"是一种关于消费的思想。荀子之前谈论节用的人很多，儒、墨、道都讲节用，可以说是一种传统的思想。荀子的节用思想有自己的特点。

第一，荀子认为，节用是为了积蓄，而积蓄的目的在于满足以后的欲望。荀子从其欲望论出发，论述了节用的必要性。荀子认为人是有欲望的，并且追求物质享受，要吃得好，穿得好，"穷年累世不知足"。然而，人还是要节用的。这是为什么呢？这就是从长远考虑的结果。"长虑顾后而恐无以继之故也"，为了以后的欲望能够得到满足。如果不懂节用，只图一时的享受，"粮食大（读作太）侈，不顾其后"，就会因为消费光而陷于贫困，不免于冻饿，结果只能去讨饭，以至饿死（《荣辱》）。如果上下都知道节用储备，那么就是遇到天灾，也会"民无菜色"。所以，节用是"长虑顾后而保万世"的重大措施（《荣辱》）。联系到荀子的裕民思想，他认为"民富则田肥以易"，"出实百倍"。为什么"民富则田肥以易"呢？就是因为节用而能"藏余"。这个"余"的一部分又投入了生产。所以，在荀子看来，节用不仅是为了满足以后的生活需要，也是为了满足以后的生产需要。

第二，荀子认为，他的节用主张不同于墨子。他批评墨子的节用是使天下贫的办法。荀子反对衣粗食恶。他认为这样就会使人们的奉养太薄，从而使奖赏行不通。荀子还认为，对于君主，如果按照墨子的节用主张去办，役使的人也太少，太简陋。这样，就没有威严。没有威严，刑罚就行不通。奖赏和刑罚都行不通，国家用人就不会合适。不肖者不能罢退，贤者不能选拔上来，整个国家就治理不好。国家治理不好，生产的东西就少，少得像经历了一场大火一样。在这样的情况下，即使像墨子那样穿粗衣，吃豆子，喝凉水，也还是不够的。

第三，荀子认为节用有两条原则。一是"节用以礼"。按照礼的规定，不同等级都根据各自等级的标准来消费，达到了这个等级所必需的要求就行了，不要追求更多。二是根据当时的生产水平。在当时的生产水平下，"养人之欲，给人之求"，满足人们的欲望。他认为要"使欲必不穷乎物，物必不屈于欲，两者相持而长"（《礼论》）。这就是说，一方面人的欲望不超过物资所能满足的限量；另一方面，物资的供应不至于无法应付人的欲望。使欲望和物资互相制约，共同增长。这实际上讲的是生产与消费的关系，消费不超过生产，生产满足消费，两者保持平衡。荀子提出"两者相持而长"，表明他比较全面地认识了生产与消费的相互关系。荀子认为消费是随着生产的发展而不断增长的。他不是禁欲主义者。荀子的节用思想不仅不同于墨子，也不同于以后形成封建教条的黜奢崇俭。他的节用思想不是消级的，而是积极的，有利于封建经济的巩固和发展。

从上述可见,荀子在论述强本、裕民、节用时,比较全面地涉及了生产、交换、分配、消费各方面的问题。而荀子的论述又是从整个封建经济发展的角度出发的。可以认为,他的这一部分经济思想是较早出现的、较为系统的封建的经济管理思想,开了以后儒家某些人治经世致用之学的先河。

三

荀子的经济思想涉及的问题并不算广泛,比如,他对商品货币就几乎没有论及。但是,他所关心的前述两个问题,的确是当时封建经济发展的重大问题。任何一个社会的统治阶级思想家,在研究经济问题时,总是要抓住这样两个根本问题:一个是论述这个社会的合理性、优越性;另一个是要探讨如何在这个社会制度下发展经济。荀子的经济思想主要是围绕着这两个问题,说明他抓住了问题的关键。而他对这两个问题论述的深度,如前所述,也超过了前人。他的经济思想之所以能够达到这样的水平,主要有以下两个原因:

(一)战国末期封建生产关系更为成熟了,生产力有了较大的发展。这就使作为新兴地主阶级代表的荀子,对封建生产关系的合理性充满信心,对封建经济的发展充满信心。由于他对封建生产关系的合理性充满信心,所以就不掩盖矛盾,承认人类社会存在着物质利益上的矛盾。由于他对封建经济的发展充满信心,具有进取精神,所以能对经济发展提出积极的措施。同时,战国末期已处于统一的封建专制主义国家建立的前夕,荀子向往统一,向往"四海之内若一家"(《王制》)。所以,他的发展封建经济的思想也是从"王天下"的角度提出来的,视野广阔,气魄宏大。战国末期的经济、政治形势,成为荀子经济思想形成的客观条件。

（二）战国时期百家争鸣,儒墨道法农各派都有自己对经济问题的见解。荀子批判地继承了各家的思想。郭沫若同志认为,荀子"不仅集了儒家的大成,而且可以说是集了百家的大成的"①。在经济思想方面也可以这样认识。

荀子在总结先秦各家思想的基础上,形成了自己的唯物主义的世界观。在对人类社会的研究上,他否定了"天命",提出了"制天命而用之"的思想,是可贵的,有积极意义的。他对封建经济发展充满信心,与他的这种唯物主义世界观是密切相关的。但是,他忽视了自然与社会生产关系对经济发展的制约,夸大了人的主观能动性,因而在对未来经济发展的估计上,得出了生产的产品"余若丘山,不时焚烧,无所藏之"的不切实际的结论。

在先秦各家经济思想中,荀子主要是吸取了儒法两家的思想,而和墨道农等家是对立的。当然这并不排除荀子在某些个别观点上受到他们的影响。总的说来,荀子是以儒家的礼义和仁政思想为主体,融合了法家的若干思想观点形成了自己的经济思想体系。

儒家讲礼义;但是,孔孟并没有论述礼义的起源。荀子吸收了法家的思想,强调人们的欲望和求利的本性,论述了规定人们贫富贵贱等级的"礼"的起源。他明确提出"礼者养也",公开地把礼义作为调节人们物质利益的制度规定和道德原则,从而把经济视为决定人类社会面貌的根本原因。荀子继承了儒法两家的思想,又加以发展,达到了新高度。

孔子讲"为政以德",孟子讲"仁政"。荀子吸取了他们的思想

---

① 郭沫若:《十批判书·荀子的批判》,科学出版社,1960 年版,第 209 页。

提出了"王道"。在哲学思想方面,荀子和孟子是对位的;但在"王道"的经济主张方面,却大量地吸取了孟子的仁政思想。当然,荀子的"王道"的经济主张并非都是儒家的思想。孟子重视农业,不仅重视谷物,也重视林牧渔,可以说具有现在所讲的大农业、大粮食观点。荀子继承了他的思想。但是孟子并没有把农业看作"本"。荀子则把包括农林牧渔猎在内的"农",放在国民经济各部门的第一位,称之为"本",并特别强调了"务本"、"强本"。孟子重视工商业的作用,荀子同样重视工商业的作用。所不同的是荀子在重视工商业的同时,又提出了"省工贾"的主张。至于"强本"和"众农夫,省工贾"的提出,则显然是受到法家思想的影响。

儒家强调富民,法家强调富国。荀子综合了二者。他写了《富国篇》,又提出了"裕民",主张在"裕民"的基础上富国,把富民和富国统一起来了。

总之,荀子是把他之前的一切有利于封建经济的巩固和发展的思想都集中起来了。但是,这种集中并非简单的汇集,而是经过批判、扬弃、发展,形成了自己的经济思想体系,在某些方面具有一定的科学性,对以后两千多年中国封建经济思想的发展具有重要的影响。

（本文选自:《北京大学学报》1982 年第 1 期）

石世奇,北京大学经济学院教授、院长。

荀子是先秦杰出的唯物主义思想家,他的经济思想在先秦诸子中也是比较杰出的,关于荀子的富国论,主要从强本、裕民、节用相互联系的三个方面进行了论述。荀子所讲的"本"是指农业,所谓"强本",具有我们现在所讲的大粮食、大农业观点。正是由于荀子重视农业,所以荀子提出了"众农夫","则国富","工商众,则国贫"的观点。"省工贾,众农夫"这种观点和认识实际涉及到农业在国民经济中的地位和作用问题。荀子不是否定工商业的作用,而只是要限制其数量。这同法家重农抑商的主张不同。荀子没有提出打击、困辱工商业的主张。

论荀子的经济思想

俞 敏 声

　　荀子(公元前298年——前238年)名况,字卿,是战国末年的大思想家。荀子的学术思想是以儒家关于礼的学说为中心,同时又吸取了先秦各家的思想成果。他是先秦儒家的最后一位大师,又是先秦各家思想的集大成者。但是,当人们这样高度评价荀子的学术思想时,通常注意的主要是荀子的哲学思想和政治思想,而对于荀子的经济思想,人们往往没有给予充分的注意和应有的评价。例如,胡寄窗先生认为:荀子不是一个"独立的经济思想家","他所涉及的经济思想的范围仅止于比孔孟广阔而深入,连墨家所达到的经济思想水平还有所不及,更谈不上和《管子》相比拟"(胡寄窗:《中国经济思想史》上,第415页)。我觉得,这个问题还需要做进一步的讨论。

　　我认为,从经济思想上看,荀子也不仅是集了儒家的大成,而且也是集了先秦各家的大成。从经济思想上看,荀子是我国第一个从总体上对封建经济制度进行了理论分析的思想家。荀子的经济思想包括欲望论、明分论、富国论三个部分。在欲望论里,他提出了"欲多而物寡"的矛盾,并从而把封建等级制度的存在归结为解决人类的物质生活问题。在明分论里,他不仅从分工出发,分析了封建统治者和劳动人民在生产中的关系,而且还提出了在产品的分配中要有贫富之等。他的富国论对于封建国家在生产和财政方面应采取的经济方针也做了比前人更进一步的研究。

荀子的经济思想也有缺陷,荀子很少从微观的角度上去分析经济问题。在这方面,他不仅不如《管子》,而且"连墨家所达到的水平还有所不及。"但是,就对于整个封建经济制度认识的正确性来说,荀子经济思想所达到的水平,不仅远远高出于墨子,而且也高出于《管子》一书的经济思想。

一　欲　望　论

欲望是物质生产观念上的内在动力和内在目的,并直接影响着物质产品的交换和消费。在研究社会总产品的运动时,欲望是出发点。

关于欲望问题的讨论,在先秦经济思想史中占有一定的地位。在欲望问题上,先秦诸子的思想各有特色。孔子虽然承认"富与贵,是人之所欲也",但更强调"君子喻于义,小人喻于利"(《论语·里仁》)。孟子在承认人们存在多种欲望的前提下,进一步将欲望和道德规范对立起来,提出"养心莫善于寡欲"(《孟子·尽心下》)。墨子从节用观出发,主张满足人民必需之欲望(《墨子·节用》),反对统治者危害民生之欲望(《墨子·非乐》),对两种不同的欲望作了简单的区分,但也没有对欲望本身作进一步分析。在道家那里,欲望问题占有重要地位。其中老庄一派,视欲望为社会之祸根,提出"罪莫大于可欲"(《老子》),主张"无欲"或"寡欲",从根本上否定了欲望的积极作用。宋钘一派提出"人之情,欲寡"(《荀子·正论》),即认为人的性情本来是少欲的,主张"虚其欲,神将入舍"①,也像孟子一样,把欲望和理性思维活动对立起来。而杨朱一派从"重己"、"贵生"出发,提出"适欲"②,并把欲望归之于感官的情欲③。他们虽然肯定了欲望的积极作用,但他们又只强调满足一己之私欲,而不重视欲望在社会中的作用。法家则把欲望看做是人之本性,并强调了欲望在社会中的作用。其中《管子·禁藏》中提出,要顺民欲而为政,达到"民自美安"。《商君书·算地》主张,国家要"操民利之柄","入令民以属农,出令民以计战",达到"富强之功"。欲望问题尽管在诸子各家的思想中占有重要地位,但是他们都没有对欲望做深入分析。

在先秦思想家中,荀子第一次对欲望问题做了深入细致的分析。首先,他从唯物主义自然观出发,把欲望归结为人的生理本能,并在这个基础上,肯定了欲望发生的必然性,批驳了无欲论和寡欲论。其次,他指出了"欲多而物寡"(《荀子·富国》)的矛盾,他认为只有通过"礼"对人们的欲求活动加以限制,才能使得欲望本身和满足欲望的物质产品之间相互协调,相互促进,并且因而才能使得人们对于物质产品的争夺得以避免。最后,他将作为生理欲望的"欲"和人们准备见之于行动的对物质产品的"求"区分开来。在这个基础上,他提出了"导欲"的主张。"导欲"就是以礼义为原则来引导和节制欲望,使人们对物质产品的"求",符合于"礼"的规定。总的来看,荀子强调了"礼"对欲望的满足有决定性的作用。这里的"礼"主要指包括贵贱有等、贫富有等在内的封建社会的等级制度。

---

① 《管子·心术上》,据郭沫若说,该篇属宋钘、尹文派的思想。
② 《吕氏春秋·重己》,据侯外庐说,该篇属杨朱派的思想。
③ 《吕氏春秋·情欲》,据侯外庐说,该篇属杨朱派的思想。

（一）人生而有欲

关于欲望的产生,荀子首先从唯物主义自然观出发,把欲望产生的基础归之于人的物质形体。他说:"天职既立,天功既成,形具而神生。好恶、喜怒、哀乐藏焉,夫是之谓天情。"(《荀子·天论》)又说:"性者,天之就也;情者,性之质也;欲者,情之应也。"(《荀子·正名》)这是说,当人的物质形体存在以后,在人的物质形体内部就包藏了人的感情,而有了感情,就会对事物作出反应。

但是荀子否定欲望本身受人的社会存在的影响,他强调了欲望的先天性质。他说:"人生而有欲"(《荀子·性恶》);"欲不待可得,受之于天也"(《荀子·正名》);"生之所以然者谓之性,性之和所生,精合感应,不事而自然谓之性"(《荀子·正名》)。荀子这里说欲望"受之于天",是"生之所以然者",是说欲望是人类从自然界禀受来的本性。说它"不待可得","不事而自然",是说它的发生不依赖于人的社会条件。

既然荀子把欲望产生的基础归之于人的物质形体,并否认欲望的产生和人的社会存在有关,这就必然地要把欲望的本质归结为人的生理本能,归结为人的生理器官对于外界的物质需要。实际上,荀子正是根据这个观点来分析欲望的。

荀子所说的欲望包括以下几种:

一种是:"今人之性,饥而欲饱,寒而欲暖,劳而欲休,此人之情性也"(《荀子·性恶》)。这类欲望实际上是人类生存所必须的物质需要,也正是在这类欲望里,更多地是以人类的生理本能作为基础。

一种是:"目好之五色,耳好之五声,口好之五味。"(《荀子·劝学》)这类欲望主要是人的物质享受的欲望。荀子虽然把它归之于人的外部感官的生理本能,但实际上,这类欲望中的绝大部分却是随着社会物质生活和精神生活的发展而发生和发展的,因此这类欲望虽然也有生理需要做为基础,但从本质上看并不属于人的生理本能。

还有一种是:"贫愿富,贱愿贵"(《荀子·性恶》),"心利之有天下"(《荀子·劝学》)。这是指物质财富的占有欲和权势欲。虽然荀子把它说成是人的思维器官——心的生理需要,但实际上,这类欲望只是伴随着私有制和剥削阶级的出现而出现的,因此它纯属社会关系的产物。

荀子不仅指出了人的欲望具有质的多样性,还指出了人的欲望具有不断发展的数量特点。他说:"人之情,食欲有刍豢,衣欲有文绣,行欲有舆马,又欲夫余财蓄积之富也,然穷年累世不知足,是人之情也。"(《荀子·荣辱》)关于欲望的这个数量上的特点,他也归之于生理需要。他说:"夫人之情,目欲綦色,耳欲綦声,口欲綦味,鼻欲綦臭,心欲綦佚。此五綦者,人情之所不免也。"(《荀子·王霸》)

正因为荀子把所有的欲望都归结为人的生理本能,所以他又把一切人的欲望都看成是本质上相同的。他说:"人之生故小人,无师、无法,则唯利之见耳。"(《荀子·荣辱》)又说:"凡人之性者,尧舜之与桀跖,其性一也;君子之与小人,其性一也。"(《荀子·性恶》)在这里,荀子把君子与小人、天子与庶人等同起来,否定了人在本性上有先天的不同是他比前人高明的地方,反映了他思想中的进步因素。但是他又说:"夫贵为天子,富有天下,是人情之所同欲也。"(《荀子·荣辱》)这却把封建统治阶级所特有的贪欲和权势欲也说成了人类共有的生理本能,当然是错误的。不过,正如恩格斯所说:"自从阶级对立产生以来,正是人的恶劣的情欲——贪欲和权势欲成了历史发展的杠杆。"(《马克思恩格斯选集》第 4 卷,第 233 页)荀子提出人们这种欲望,这是符合新兴封建统治阶级巩固其政治统治和经济统治的要求的。

从欲望是人的生理本能这一点出发,荀子批驳了宋钘的寡欲论。宋钘主张:"人之情,欲寡;而以己之情为欲多,是过也。"(《荀子·正论》)对此,荀子的批判是依据了这个事实,即:人的生理器官的物质需要是大量的,多方面的。他说:"然则亦以人之情为目不欲綦色,耳不欲綦声,口不欲綦味,鼻不欲綦臭,形不欲綦佚?"他说,如果人们承认这个事实之后还认为"欲寡",这就好像说,人们爱好富贵而不爱好财货,爱好美女而不爱好西施。荀子还从欲望和赏罚之间的关系出发来批驳寡欲论。他指出赏罚的基础是"人之情为欲多而不欲寡,故赏以富厚,而罚以杀损,是百王之所同也"(《荀子·正论》),而按照宋钘的理论,赏罚就成了"以人之所不欲者赏,而以人之所欲者罚邪?"荀子对宋钘的批判基本上是合理的。

荀子把欲望的发生完全归结为人的生理本能,这当然是错误的。马克思主义告诉我们,欲望作为一种意识现象,主要是由一定的社会经济关系及人们的经济地位所决定的。但是,荀子的这一看法中也包含着合理的成分。这就是,人的欲望确实是以人的生理需要作为其自然的基础。恩格斯说过:"人们必须首先吃、喝、住、穿,然后才能从事政治、科学、艺术、宗教等等。"(《马克思恩格斯全集》第 19 卷,第 374 页)所以,从人的生理需要出发,我们也可以在一定程度上认识到物质生产在社会生活中的重要意义。荀子正是从这一点出发,认识到了欲望发生的必然性和重要性,并在这个基础上认识到了经济因素在社会生活中的重要作用。

(二)制礼明分是为了解决"欲多而物寡"的矛盾

荀子在对欲望本身进行了分析之后,进而研究"欲"和"物"的矛盾。

他首先指出，欲望作为人的生理本能，如果任其自由发展，将使社会发生混乱。他说："从人之性，顺人之情，必出于争夺，合于犯分乱理而归于暴。"（《荀子·性恶》）之所以这样，是因为存在"欲多而物寡"的矛盾，而解决这一矛盾的办法就是制礼明分。这里的"分"，主要指封建的等级制度和封建的分工分配制度；而礼则是指关于封建等级制度的具体规定，礼节仪式，有时还包括了道德规范。荀子说："欲恶同物，欲多而物寡，寡则必争矣。……救患除祸，则莫若明分使群矣。"（《荀子·富国》）又说："势位齐，而欲恶同，物不能澹则必争，争则必乱，乱则穷矣。先王恶其乱也，故制礼义以分之，使有贫富贵贱之等，足以相兼临者，是养天下之本也。"（《荀子·礼论》）这里荀子认为，礼和分——封建等级制度和分工分配制度起源于"欲多而物寡"的矛盾，而制礼明分又解决了这一矛盾。

制礼明分是怎样解决了欲和物的矛盾呢？荀子说："人生而有欲，欲而不得，则不能无求，求而无度量分界，则不能不争，争则乱，乱则穷。先王恶其乱也，故制礼义以分之，以养人之欲，给人之求，使欲必不穷乎物，物必不屈于欲，两者相持而长，是礼之所起也。"（《荀子·礼论》）首先，礼通过"分"，这包括封建的分工分配制度和等级制度，把社会的欲求活动限制在一定的范围内，从而使得有限的社会产品不致不能满足人们的物质欲望，所谓"物必不屈于欲"。其次，礼又通过"分"，给每个等级的人们提供了不同的欲求活动范围，并从而使得人们的欲望不致因为物资不足而得不到满足，所谓"欲必不穷乎物"。最后，礼的这种对欲求活动又限制又保证的双重作用，会促进生产发展，这又可以使得人们的物质欲望得到更大范围的满足。所以，总的来看，制礼明分的作用就是使人的物质欲望和社会产品两个方面相互制约,相互协调而又不断增长,所谓"相持而长"。

上述思想说明了荀子的欲望论已经达到了一定的理论水平。首先,荀子这里所说的欲望,已不全是个人的欲望,而主要是指社会的欲望,即社会对于物质产品的需求。特别是,他把"贫富贵贱之等"的产生归结为"物不能澹"欲,这个思想也包含着合理的因素。恩格斯说:"只要生产的规模还没有达到既可满足社会全体成员的需要,又有剩余去增加社会资本和进一步发展生产力,就总会有支配社会生产力的统治阶级和另外一个阶级即贫穷和被压迫的阶级存在。"(《马克思恩格斯选集》第 1 卷,第 218 页)其次,荀子关于欲和物"两者相持而长"的思想也是较深刻的。马克思说:"需要是同满足需要的手段一同发展的,并且是依靠这些手段发展的。"(《资本论》第 1 卷,第 553 页,人民出版社 1975 年版)荀子当时对此有所认识,是可贵的。

(三)导欲

荀子在指出了礼和分对于欲求活动的限制作用后,又研究了这种客观上的限制是怎样反映到人的主观思维活动中来的。

他首先提出了"欲"和"求"的区别。他说:"欲不待可得,而求者从所可。欲不待可得,所受乎天也;求者从所可,所受乎心也。所受乎天之一欲,制于所受乎心之多计,固难类所受乎天也。"(《荀子·正名》)这是说,欲望本身是一种感性思维活动,它发生在人的理性思维的判断之前。而满足欲望的"求"则是理性思维活动的产物,它是人们通过思维活动对生理欲望作出判断,决定取舍后的结果。

在上述区分的基础上,荀子批判了企图以"去欲"或"寡欲"来治国的主张。持这种主张的不仅有老子和宋钘,而且也有孟子。

荀子一方面指出"欲不可去,性之具也"(《荀子·正名》),从欲望的生物性出发批判了这种主张。另一方面又指出,对社会治乱发生实际影响的并不是"欲",而是"求",因为人们的行动是根据理性思维的判断而采取的。所以,"治乱在于心之所可,亡于情之所欲"(《荀子·正名》)。

荀子在批判"去欲"、"寡欲"的同时提出了"导欲"的主张。他说:"凡语治而待去欲者,无以道(导)欲而困于有欲者也。"(《荀子·正名》)这里的"导欲"是指要按照"道"的原则来引导和制约欲望。他说:"凡人之取也,所欲未尝粹而来也;其去也,所恶未尝粹而往也。故人无动而可以不与权俱。道者,古今之正权也。离道而内自择,则不知祸福之所托。"(《荀子·正名》)荀子所说的"道",主要是指礼义,其中又首先是指礼。他说:"礼者,人道之极。"(《荀子·礼论》)又说:"行义以礼,然后义也。"(《荀子·大略》)所以,"导欲"实质上就是以礼义为标准来引导和制约欲求的思维活动,它的根本目的是要把礼这个欲求活动的客观标准转化为主观上的标准,即转化为"求"的"度量分界"(《荀子·正名》)。

那么,以礼为标准,人们应该怎样引导和制约欲望呢? 荀子说:"故虽为守门,欲不可去,性之具也。虽为天子,欲不可尽。欲虽不可尽,可以近尽也;欲虽不可去,求可节也。所欲虽不可尽,求者犹近尽;欲虽不可去,所求不得,虑者节求也。道者,进则近尽,退则节求,天下莫之若也。"(《荀子·正名》)这是说,人们追求欲望应根据于礼为不同等级的人们所规定的不同的经济条件。在条件优裕的时候,要尽量设法使欲望接近于最大限度的满足,所谓"进则近尽"。他还在《解蔽》中说过:"圣人纵其欲,兼其情,而制焉者理矣。"而在条件低下的时候,则应该节制对于欲望的追求,所谓"退则节求"。所以,人们对于欲望的追求应决定于礼为人们所规定的经济条件,换句话说,它决定于人们在封建等级中所处的经济地位。从这点上看,荀子的导欲思想更具体地体现了封建等级制度的要求。

荀子的导欲思想中也有唯心的一面。他认为"心平愉"则"无万物之美而可以养乐";反之,"志轻理"、"行离理"就会"向万物之美而不能嗛也"(《荀子·正名》)。这里荀子把欲求是否符合封建伦理规范看成是欲求能否得到满足的决定性条件,显然是唯心的。

(四)义利观

从欲望论出发,荀子对儒家传统的义利观有所继承,又有所改造。

荀子对儒家传统的义利思想的继承表现在:第一,荀子坚持了儒家"见利思义"(《论语·宪问》)的观点,他要求统治阶级要用礼义等伦理规范,作为求利活动是否正当的标准。他提出:"先义而后利。"(《荀子·王霸》)又说:"义胜利者为治世,利克义者为乱世。"(《荀子·大略》)第二,他继承了儒家的"因民之所利而利之"(《论语·尧曰》)的重视民利的传统,他提出,"利足以生民"(《荀子·富国》)。他把"善生养人"放在"君道"的第一位(《荀子·君道》),又说:"兴天下之利,除天下之害,天下归之。"(《荀子·王霸》)

更重要的是,荀子对儒家的义利观有所改造,这表现在以下方面:

首先,荀子从欲望论出发,把"心好利"(《荀子·性恶》)归之于人的本性,认为礼义等道德观念属于后天的"积伪",否定了早期儒家的先天的道德观念。在欲望论的基础上,他认识到了人们求利活动的必然性和必要性。他说:"欲不可去,性之具也。"(《荀子·正名》)又说:"事知所利,则知所出矣。"(《荀子·君子》)他甚至提出"正利而为谓之事"(《荀子·正名》),也就是把封建统治阶级所进行的事业归结为某种求利活动。这显然和早期儒家的"君子喻于义,小人喻于利"(《论语·里仁》)的观点有所不同。荀子正是从上述认识出发,多次强调了满足统治阶级物质利益的重要性,一反早期儒家"罕言利"的传统。

其次,如前所述,他提出了礼义的经济起源说(《荀子·礼论》)。荀子一方面提出:"礼者,养也",即把满足封建统治阶级的物质利益看成是礼的重要内容;另一方面又指出,只有通过礼义,才能达到"养人之欲,给人之求"的目的。正因为这样,荀子认为礼义代表了封建统治阶级的根本利益。他说:"以义制事,则知所利矣。"(《荀子·君子》)"故人莫贵乎生,莫乐乎生,所以养生安乐者,莫大乎礼义。"(《荀子·强国》)

最后,在上述二点的基础上,荀子同时提出了"义与利,人之所两有也"(《荀子·大略》)和"先义而后利"(《荀子·王霸》)的观点。由于荀子反复强调了"义"代表了封建统治阶级的根本物质利益,所以他的"先义而后利"的观点是和早期儒家"见利思义"的观点是有所继承又有所不同的。这种不同表现在,荀子的"先义而后利"首先是从保障封建统治阶级的根本物质利益出发的,而早期儒家的"见利思义"则首先是从"克己复礼"(《论语·颜渊》)的政治目标出发的。

荀子批判了墨子的义利观。在义利观上,墨子主张把"利民"作为"义"的标准(《墨子·耕柱》),提出"义,利也"(《墨子·经上》)。他反对"别",说"吾本原别之所生,天下之大害者也"(《墨子·兼爱》)。显然,荀子的"礼者,养也"(《荀子·礼论》)的观点和墨子的"义,利也"的观点有某种形式上的承继关系,但是,墨子这种反对"别"的立场是荀子所坚决不能接受的。因为在荀子看来，"别"，也就是荀子常说的"分"，乃是"养人之欲，给人之求"（《荀子·礼运》）的必要条件。他批判墨子说："君子既得其养，又好其别。曷为别？曰：贵贱有等，长幼有差，贫富轻重皆有称者也。……故人苟生之为见，若者必死；苟利之为见，若者必害；苟怠惰偷儒之为安，若者必危；苟情说之为乐，若者必灭。故人一之于礼义，是两得之矣；一之于情性，则两丧之矣。故儒者将使人两得之者也，墨者将使人两丧之者也，是儒墨之分也。"（《荀子·礼运》）荀子强调礼义不但是为了"养"，而且要体现"别"的原则，这表明了荀子的维护封建等级制度的剥削阶级立场。

二　明　分　论

荀子的明分论论述了封建社会的等级贵贱之分、士农工商分工分职之分和贫富之分。后二个方面，构成了明分论的经济内容。

"分"在荀子的社会经济思想中占有重要地位。他说："人何以能群？曰分。"（《荀子·王制》）"兼足天下之道在明分。"（《荀子·富国》）"有分者，天下之本利也。"（《荀子·富国》）荀子把"分"看作人类组成"群"——社会的必要条件，看作解决社会经济问题的关键，看作社会的根本利益之所在。

（一）分工的必要性及作用

关于明分的必要性，荀子说："故百技所成，所以养一人也。而能不能兼技，人不能兼官；离居不相待则穷，群而无分则争。穷者患也，争者祸也。救患除祸，则莫若明分使群矣。"（《荀子·富国》）这里的明分显然包含着分工的内容，这里所说的明分的必要性，主要是指分工的必要性。"兼技"，注家多释为"兼通各种技能"。《说文》释"兼"字为"持秝;兼持二禾,秉持一禾"。故"兼"字本意为持二物,非持多物也。荀子说"能不能兼技,人不能兼官",是说一个人不能兼通二种以上的技能,不能兼管二种以上的事物。他还说过:"人之百事,如耳、目、鼻、口之不可以相借官也。"(《荀子·君道》)这样,荀子就发展了孟子的分工理论。孟子说:"且一人之身而百工之所为备,如必自为而后用之,是率天下而路也。"(《孟子·滕文公上》)在对于分工必要性的认识上,孟子是从个人需要的多样性和个人能力的有限性出发,认为一个人不可能同时做好各种工作。而荀子则是从个人需要的多样性和个人能力的专一性出发,认为一个人只能够做好一种工作。所以,荀子比孟子又进了一步。

对于分工的社会作用,荀子也做了比先秦其他思想家更为详尽的分析。它包括以下几点:

第一,分工使人们能联合组成为社会的生产力,以取得战胜自然的力量。他说:"人何以能群? 曰:分。故义以分则和,和则一,一则多力,多力则强,强则胜物。"(《荀子·王制》)荀子把分工看做是社会("群")的分工,并认识到了它是人战胜自然的必要条件,这是荀子对前人思想的发展。

第二,分工有助于使人的能力得到最大限度的发挥。他说"职分而民不慢"(《荀子·君道》),又说:"分不乱于上,能不穷于下。"(《荀子·儒效》)

第三,分工有助于提高人的生产技能和提高产品质量,并有助于改进生产工具。他说:"故好书者众矣,而仓颉独传者,壹也。好稼者众矣,然后稷独传者,壹也。好乐者众矣,而夔独传者,壹也。好义者众矣,而舜独传者,壹也。倕作弓,浮游作矢,而羿精于射。奚仲作车,乘杜作乘马,而造父精于御。自古及今,未尝有两

而能精者也。"(《荀子·解蔽》)

第四,分工使人们的工作能力各向不同的专业方向发展,并使人们在能力和品质上发生重大差异。他说:"人积耨耕而为农夫,积斫削而为工匠,积贩货而为商贾,积礼义而为君子。"(《荀子·儒效》)又说:"相高下,视硗肥,序五种,君子不如农人。通财货,相美恶,辨贵贱,君子不如贾人。设规矩,陈绳墨,便备用,君子不如工人……。"(《荀子·儒效》)

第五,分工使人们的工作固定于一项职业,并使这种职业有世袭化的倾向。他说:"人习其事而固。"(《荀子·君道》)又说:"工匠之子莫不继事。……是非天性也,积靡使然也。"(《荀子·儒效》)这个观点似乎与荀子的下述观点相矛盾,他说:人只要通过"学",就可以"贱而贵,愚而智,贫而富"(《荀子·儒效》)。对此,荀子是这样解释的:"夫工匠农贾,未尝不可以相为事也,然而未尝能相为事也。由此观之,然则可以为,未必能也。"(《荀子·性恶》)这就是说,在荀子看来,分工决定了人们有固定的职业,这是现实性;而人们可以通过"学"来改变自己的职业,这仅仅是一种可能性。

第六,分工能安定社会秩序,有助于消除人们之间在物质利益方面的争夺。他说:"事业所恶也,功利所好也,职业无分,如是,则人有树事之患,而有争功之祸矣。"(《荀子·富国》)"救患除祸,则莫若明分使群矣。"(《荀子·富国》)

从以上论述中,我们可以看到,荀子强调了社会分工对于人的活动能力发生了重大作用,这是前人较少注意到的,这是荀子对于分工理论的重大贡献。荀子思想的局限性在于,他不仅没有把一般的社会分工和封建社会特殊形态的社会分工区分开来,甚至他还经常在一个"分"字内把一般的社会分工和封建等级制度两者混为一谈,模糊了封建制度的剥削实质。

(二)士农工商的分工分职

士农工商的分工分职是荀子明分思想的重要内容。他说:"农农、士士、工工、商商一也。"(《荀子·王制》)这里的"一"是"以一行万"(《荀子·王制》)之"一",是说士农工商各尽其职是个一贯的原则。他又说:"传曰:'农分田而耕,贾分货而贩,百工分事而劝,士大夫分职而听,建国诸侯之君分土而守,三公总方而议,则天子共己而已矣!'出若入若,天下莫不平均,莫不治辨,是百王之所同也,而礼法之大分也。"(《荀子·王霸》)这里的"百王之所同",是说士农工商的分工分职是个一贯的原则,他说过"百王之无变,足以为道贯"(《荀子·天论》)。这里的"礼法之大分"是说士农工商的分工分职是礼法的总纲。荀子曾把礼说成是"法之大分"(《荀子·劝学》),以说明礼的重要,这里他却把士农工商的分工分职说成是"礼法之大分",这就说明了士农工商分工分职的理论在荀子的社会经济学说中占有十分重要的地位。荀子还指出:"若夫贯日而治平,权物而称用,使衣服有制,宫室有度,人徒有数,丧祭械用皆有等宜,以是周挟于万物,尺、寸、寻、丈,莫得不循乎制度数量然后行,则是官人使吏之事也,不足数于大君子之前。"(《荀子·王霸》)他把构成仪礼重要内容的关于不同等级有不同消费标准的规定称为"官人使吏之事也,不足数于大君子之前",这表明荀子的礼和孔子的礼在重点上有所不同。孔子讲礼,非常重视仪礼。他说:"唯器与名不可以假人。"(《左传》成公2年)孔子未谈过"分",更没有谈过士农工商的分工分职。他谈过和"分"字意义相近的"别"字,他说:"至于犬马,皆能有养;不敬,何以别乎?"(《论语·为政》)可见他的"别"是封建伦常秩序之别,并不包括关于士农工商分工分职的内容。

所谓士农工商分工分职，是说在社会生产中，士农工商四个社会集团及其从事的各业分别担负着一定的社会职能，必须充分发挥这种职能作用。他说："故仁人在上，则农以力尽田，贾以察尽财，百工以巧尽械器，士大夫以上至于公侯莫不以仁厚知能尽官职，夫是之谓至平。"（《荀子·荣辱》）

关于农夫及其从事的农业在社会分工中的作用，荀子认识到农业为人们提供食物等必需品，是"生养人"的部门，是"财之本"和"百事不废"的基础。他说："善生养人者人亲之，……省工贾，众农夫，禁盗贼，除奸邪，是所以生养之也。"（《荀子·王制》）"春耕、夏耘、秋收、冬藏，四者不失时，故五谷不绝，而百姓有余食也。"（《荀子·王制》）"故田野县鄙者，财之本也。"（《荀子·富国》）"农夫朴力而寡能，则上不失天时，下不失地利，中得人和，而百事不废。"（《荀子·王霸》）荀子之前，商鞅称农业为"本业"，还是从农业是国家财政收入和军事力量的主要来源出发的。荀子称农业为"财之本"，则说明荀子已认识到了农业在物质财富生产中的基础性地位。

关于百工和手工业在社会分工中的地位，荀子说："百工忠信而不楛，则器用巧便而财不匮矣。"（《荀子·王霸》）这里的"器用"，既包括了生活用品，也包括了生产工具。但从"财不匮"三字看，荀子更强调手工业者为农业提供生产工具的作用。因为根据荀子的农业是"财之本"的思想，只有指农具，才有可能实现"财不匮"。

关于商贾和商业在社会分工中的作用，荀子认为商业使"货财通而国求给矣"（《荀子·王霸》）。所谓"货财通"，是说商业使社会各部门、各地区的物质产品相互流通。所谓"国求给"，是说商业使社会各部门、各地区的物质需求得到了满足。他具体指出：

"北海则有走马吠犬焉,然而中国得而畜使之。南海则有羽翮、齿革、曾青、丹干焉,然而中国得而财之。西海则有皮革、文旄焉,然而中国得而用之。故泽人足乎木,山人足乎鱼,农夫不斫削、不陶冶而足械用,工贾不耕田而足菽粟。故虎豹为猛矣,然而君子剥而用之。故天之所覆,地之所载,莫不尽其美,致其用,上以饰贤良、下以养百姓而安乐之。夫是之谓大神。"(《荀子·王制》)这里,荀子把分工和交换的作用说得淋漓尽致。和前人相比,荀子强调了不同经济地区的社会分工和商品交换可以充分利用各地的自然资源。

关于以士为代表的封建统治阶级在社会分工中的作用,荀子说:"农精于田而不可以为田师,贾精于市而不可以为市师,工精于器而不可以为器师。有人也,不能此三技而可使治三官,曰:精于道者也,非精于物者也。精于物者以物物,精于道者兼物物。故君子壹于道而以赞稽物。"(《荀子·解蔽》)这是说,从事直接生产活动的劳动人民不能领导社会生产,而只有精于儒家礼义之道的君子才能领导社会生产。这里的君子,是指士以上的封建统治阶级。他说:"大儒者,天子、三公也。小儒者,诸侯、大夫、士也。众人者,工、农、商贾也。礼者,人主之所以为群臣寸、尺、寻、丈检式也。"(《荀子·儒效》)关于这方面,荀子还指出:"君子以德,小人以力。力者,德之役也。百姓之力,待之而后功;百姓之群,待之而后和;百姓之财,待之而后聚;百姓之势,待之而后安;百姓之寿,待之而后长。"(《荀子·富国》)这里荀子指出封建统治阶级担负着五种社会职能,并把领导生产活动的职能,即"百姓之力,待之而后功",放在首位,并认为劳动人民应该处于被役使者的地位。恩格斯说:"政治统治到处都是以执行某种社会职能为基础,而且政治统治只有在它执行了它的这种社会职能时才能持续下去。"

(《马克思恩格斯选集》第3卷,第290页)荀子认为封建统治阶级担负着领导社会生产的职能,这符合新兴封建统治阶级的利益。但是荀子的上述观点,渗透着剥削阶级的偏见。他不但夸大了剥削阶级在社会生产过程中的作用,而且对这种作用的性质做了根本的歪曲。在封建社会里,剥削阶级虽然承担着组织社会生产、维持社会秩序等某些社会职能,但根本目的是为了榨取劳动群众的剩余产品。因此,荀子以剥削阶级承担某些社会职能为根据,就认为剥削阶级有权役使劳动群众,这是完全错误的。荀子的这些观点发展了孟子的"劳心者治人,劳力者治于人"(《孟子·滕文公上》)的思想。孟子对于"劳心者"在分工中的作用,仅仅简单地提到"治人",并没有明确地把"劳心"和经济生活联系起来。

荀子还强调了君主在社会分工中的作用。首先,他认为君主在社会生活中应有最高领导权。他说:"人君者,所以管分之枢要也。"(《荀子·富国》)他又说君主的作用是:"王天下,治万变,材万物,养万民,兼利天下。"(《荀子·富国》)其次,他主张,把剥削庶民的权力集中在以君主为代表的国家手里。他说:"事业听上,莫得相使一民力。"(《荀子·成相》)这是说,除了君主和国家的各级官吏可以按照国家的规定去役使庶民外,人们不得擅相役使。

荀子的关于士农工商分工分职的理论最早渊源于管仲的四民分业定居论。管仲在中国历史上第一次提出将人们按职业划分为士、农、工、商四民,并主张四民的职业世袭和分别聚集在固定的区域。不过管仲所说的士,是指组成为国家常备军的武士,而荀子所说的士,是指封建君主集权制下的国家官吏,因而两者的含义是不同的。管仲的四民分业定居论主要是从安定社会秩序和使国家有强大的武力出发,其中虽然也提到了农、工、商三者在社会分工中的职能,但是并没有涉及剥削阶级和被剥削阶级的分工问题,所以,它和荀子的关于士农工商分工分职的理论是既有联系又有区别的。

(三)贫富有等

贫富有等是荀子明分论的另一重要内容。荀子说,先王"制礼义以分之,使有贫富贵贱之等,足以相兼临者,是养天下之本也。"(《荀子·王制》)这是说,礼和分不仅包括社会地位上的贵贱之等,而且还包括财富分配上的贫富之等。他又说:"礼者,贵贱有等,长幼有差,贫富轻重皆有称者也。"(《荀子·富国》)就是说,人们的贫富之等应该和人们的贵贱之等相一致。

在荀子看来,贫富有等首先是士庶这两大等级在社会产品的分配上应该有贫富之分。关于庶人在分配中应得的产品数量,他说:"皆使衣食百用出入相掩,必时臧余。"(《荀子·富国》)又说:"愿悫之民完衣食。"(《荀子·正论》)也就是说,在扣除了生产费用之后,他们只能得到生活必需品。而对于士以上的统治阶级,荀子多次强调应该"赏以富厚"(《荀子·正论》),使他们能过上"重色而成文章,重味而备珍怪"(《荀子·君道》)的奢侈生活,以达到"足欲"(《荀子·富国》)。也就是说,他们不仅能够得到生活必需品,而且能够得到各种奢侈品。所以,他主张的士庶之间的贫富有等,实质上反映了剥削阶级和被剥削阶级在产品分配上的阶级对立关系。

荀子主张在产品分配上的等级之分还包括了剩余产品在剥削阶级内部的再分配。在这方面,他主张采取以"尚贤使能"为基础的官僚俸禄制度。他说:"德必称位,位必称禄,禄必称用。"(《荀子·富国》)这是说,根据封建统治阶级的德才标准来确定官职等级的高低,根据官职等级的高低来确定俸禄的多少,这样,俸禄的多少就能够和实际工作表现相符合。荀子反对"爵赏逾德"、"以世举贤"的封建领主的世卿世禄制度。他说："先祖当贤，后子孙必显，行虽如桀纣，列从必尊，此以世举贤也。……虽欲无乱，得乎哉！"(《荀子·君子》)但是，荀子也反对封建地主制的分配关系。他说："守其职，足衣食，厚薄有等明爵服，利唯仰上，莫得擅与孰私得。"(《荀子·成相》)这是说，全部社会产品由国家统一分配，人们占有产品的多寡决定于所处等级地位的高低，在国家所分产品之外，人们不得擅自占有社会产品。而在封建地主制下，人们占有产品的多寡主要决定于私有土地的多少，而不是等级地位的高低。

总的来看，荀子明分论的核心问题是士庶之间的分工和分配关系。荀子从"欲多而物寡"的矛盾出发，把明分看成是为了解决欲和物的矛盾，也就是为了解决人们在物质利益方面的分配问题。荀子一方面主张，士以上的统治阶级在生产中应处于领导者和监督者的地位，庶民应处于执行者和被役使者的地位，以解决"事业所恶也，功利所好也，职业无分，如是，则人有树事之患，而有争功之祸矣"(《荀子·富国》)的矛盾；另一方面又主张在产品的分配中士庶这两大等级之间应该有贫富之分。在荀子看来，封建的分工分配关系就是这样通过限制庶民物质利益的方法保证了封建统治阶级的物质利益并解决了"欲多而物寡"的矛盾。荀子的上述认识是符合于封建的生产关系的剥削实质，这表明了荀子对于封建经济制度的认识有独到之处。但是荀子站在剥削阶级的立场上，把这种剥削制度称为"至平"(《荀子·荣辱》)，并认为是永恒不变的"天数"(《荀子·王制》)，则是完全错误的。

在荀子的明分论里，我们既看不到封建领主，也看不到拥有土地私有权的地主。这里实行的是"量地而立国，计利而畜民，度人力而授事"(《荀子·富国》)的国家规划土地、分配土地的制度。

"事业听上,莫得相使一民力"(《荀子·成相》),说明了国家在经济生活中具有支配地位,它把榨取剩余劳动的工作集中在自己手里。剩余产品在统治阶级内部的分配,是严格根据等级高低的原则进行的,"莫得擅与孰私得"(《荀子·成相》)。荀子所主张的这种制度,实际上反映了战国时期曾经存在过的国家佃农制度。这种制度是以国家和农民的租佃关系为基础,属于地主经济的范畴,但又不同于秦汉以后建立在土地私有制之上,以私人租佃关系为基础的地主经济。郭老据《汉书·食货志》指出,魏国李悝变法后,田是"公家的田",农民"仿佛是国家佃农形态"(郭沫若:《奴隶制时代》)。《睡虎地秦墓竹简》中"入顷刍稾,以其受田之数"的秦律,说明了国家佃农制度在战国末年依然存在。先秦的许多史料[1]证明了这种制度的存在。正是这种制度,构成了荀子明分思想赖以产生的现实基础。

三　富　国　论

先秦诸子大都把主要的注意力集中在治国术上,而就经济问题来说,他们注意的中心问题往往是国家应采取何种方针来发展生产和解决财政问题。在这方面,早期儒家主张富民,并提出薄赋敛的方针;法家提出了以重农抑工商为其主要内容的富国方针;墨家提出了发展生产和节制消费并重的"生财密而其用节"的方针。荀子的富国论,综合了先秦诸子在这一问题上的成就,比较正确地回答了生产和财政的关系、如何发展农业生产以及农工商的关系

---

[1]　例如:《管子·乘马》"均地分力",《商君书·算地》"为国分田,数小亩五百",《吕氏春秋·先职览》"魏氏之行田,以百亩",等等。

等重大理论问题。

富国论在荀子的经济思想中占有重要地位。荀子是以富国为中心阐述国家的各项经济方针的。荀子是第一人以"富国"二字为题来论述经济问题的。

(一)开源节流

在富国论中,荀子探讨了生产和财政的一般关系,他提出了本末源流的思想,并提出了富国的根本方针是开源节流。他说:

> "士大夫众则国贫,工商众则国贫,无制数度量则国贫。下贫则上贫,下富则上富。故田野县鄙者财之本也,垣窌仓廪者财之末也;百姓时和、事业得叙者货之源也,等赋府库者货之流也。故明主必谨养其和,节其流,开其源,而时斟酌焉。然使天下必有余,而上不忧不足。如是,则上下俱富,交无所藏之,是知国计之极也。"(《荀子·富国》)

由此可见:

第一,荀子认为,在国富、农业生产和国家财政三者的关系上,农业生产是国富的本和源,而国家的税收和财物储备只是国富的末和流。这里值得注意的是:首先,荀子用本末源流的关系来说明农业生产和财政的关系,就十分形象地和十分正确地指出了生产对于财政的决定作用,这是对前人思想的重要发展。其次,荀子把国富同国家的财政收入、财物储备区分开来,认为一国的富裕程度不仅是由这个国家的财政收入和财物储备所决定,而且更重要的,它是由这个国家的农业发展水平所决定。这个思想也是比较深刻的。

第二,荀子把"下富"看作是"上富"的必要条件,主张"上下俱富"。之所以"下富则上富",是因为:"民富则田肥以易,田肥以易则出实百倍。上以法取焉,而下以礼节用之。余若丘山,不时焚烧,无所藏之。"(《荀子·富国》)这是说在民富的条件下,农民的生产积极性提高,这就会推动农业的发展,并最后达到增加国家财政收入的目的。

第三,基于上述认识,荀子认为,富国的根本方针是开源节流。所谓开源,就是要在富民的基础上发展农业生产。所谓节流,就是要采取轻税节用的财政政策。节流的目的不仅是为了增加国家的财物储备,而且是为了通过轻税裕民以促进农业生产的发展。

从荀子的开源节流的富国方针中,我们可以看到儒家思想的影响。早期儒家强调民富是国家的财源。有若说过:"百姓足,君孰与不足;百姓不足,君孰与足。"(《论语·颜渊》)荀子在这方面的发展是:一是他指出了民富和农业生产的关系,从生产出发说明了下富是上富的先决条件;二是他主张上下俱富,把国富也放到了重要的地位上。

从荀子的开源节流的富国方针中,我们更可以看到法家思想的影响。法家主张富国,把农业看做富国的源泉,称之为"本业"(《史记·商君列传》),认为"民不逃粟,野无荒草,则国富"(《商君书·去强》)。荀子和法家的不同点主要在于,荀子主张富国必先富民,而法家则主张国富民贫。荀子批判了法家的国富民贫的主张,荀子指出它的经济后果是"伐其本,竭其源"——破坏农业生产,而政治后果则是,由于失去了民心因而会形成"入不可以守,出不可以战,则倾覆灭亡可立而待也"(《荀子·王制》)的政治局面。荀子的这一批判是基本上合理的。

总的来看,荀子的富国方针是兼取了儒法两家之所长而达到了更高的水平。

(二)农本

荀子从开源节流的富国方针出发,把发展农业生产看作是富国、富民的基础。关于农业的重要性,他说:"轻田野之税,平关市之征,省商贾之数,罕兴力役,无夺农时,如是则国富矣。"(《荀子·富国》)"不富无以养民情,……故家五亩宅,百亩田,务其业而勿夺之时,所以富之也。"(《荀子·大略》)

在如何发展农业生产这个问题上,荀子提出:"兼足天下之道在明分。"(《荀子·富国》)这里的"明分",包括以下三方面:第一是要在农业生产中明天人之分,既要尊重客观规律,又要充分发挥人在改造自然中的能动作用。第二是要在农业生产中明士庶之分,既要充分发挥封建统治阶级在社会分工中所担负的社会职能的作用,又要充分调动农民群众的生产积极性。荀子说:"兼足天下之道在明分。掩地表亩,刺草殖谷,多粪肥田,是农夫众庶之事也。守时力民,进事长功,和齐百姓,使人不偷,是将率之事也。高者不旱,下者不水,寒暑和节,而五谷以时孰,是天之事也。若夫兼而覆之,兼而爱之,兼而制之,岁虽凶败水旱,使百姓无冻馁之患,则是圣君贤相之事也。"(《荀子·富国》)第三个方面就是要明农业和工商业之分,既要发挥工商业对农业的促进作用,又要抑制工商业的过度发展。这三个方面,让我们在下面分别说明。

第一个方面:在农业生产中要"明于天人之分"(《荀子·天论》):

在这方面,荀子主张要重视天、地、人三个方面的作用,即"天有其时,地有其财,人有其治"(《荀子·天论》)。其中,他又特别强调要发挥人的主观能动作用。他具体地提出以下几点:

第一,因时制宜,因地制宜。关于因时制宜,他说:"春耕、夏耘、秋收、冬藏,四者不失时,故五谷不绝,而百姓有余食也。"(《荀子·王制》)"养长时,则六畜育;杀生时,则草木殖。"(《荀子·天论》)关于因地制宜,他说:"所志于地者,已其见宜之可以息者

矣。"(《荀子·天论》)"相高下,视硗肥,序五种。"(《荀子·儒效》)

第二,在保护自然资源的基础上,充分利用各种自然资源,积极发展多种经营,做到农林牧渔全面发展。他说:

"圣王之制也:草木荣华滋硕之时,则斧斤不入山林,不夭其生,不绝其长也;鼋鼍鱼鳖鳅鳝孕别之时,罔罟毒药不入泽,不夭其生,不绝其长也;春耕、夏耘、秋收、冬藏,四者不失时,故五谷不绝,而百姓有余食也;污池渊沼川泽,谨其时禁,故鱼鳖优多,而百姓有余用也;斩伐养长不失其时,故山林不童,而百姓有余材也。"(《荀子·王制》)

"今是土之生五谷也,人善治之,则亩数盆,一岁而再获之;然后瓜桃枣李一本数以盆鼓,然后荤菜、百疏以泽量,然后六畜禽兽一而剚车,鼋鼍、鱼鳖、鳅鳝以时别一而成群,然后飞鸟、凫雁若烟海,然后昆虫万物生其间,可以相食养者不可胜数也。"(《荀子·富国》)

第三,兴修水利。他说:"修堤梁,通沟浍,行水潦,安水藏,以时决塞。岁虽凶败水旱,使民有所耘艾。"(《荀子·王制》)这里的"安水藏"是指修固水库,蓄藏水流。这里还指出了兴修水利的意义是使人民在灾年也能有所收获。

第四,开垦荒地。他认为"仁人之用国","将辟田野"(《荀子·富国》)。

第五,加强田间管理和施肥改土。他说:"掩地表亩,刺草殖谷,多粪肥田,是农夫众庶之事也。"(《荀子·富国》)又说"田肥以易,则出实百倍","田瘠以秽,则出实不半"(《荀子·富国》)。高度评价施肥改土和田间管理的作用。他还把"楛耕伤稼、楛耘失岁"和"田秽稼恶"都称之为"人祅",认为在已经发生的事情中,这是最可怕的现象了(《荀子·天论》)。足见他对于精耕细作的重视。这也说明了他和法家在发展农业的侧重点上是有所不同的。法家强调垦荒的作用,例如:《商君书·算地》说:"故为国之数,务在垦草。"《商君书·垦令》中还把二十条重农措施都归结为有利于垦荒。而荀子则更强调精耕细作的作用。

第六,保管好农产品。他提出"谨蓄藏"(《荀子·王制》)。

从以上六点来看,荀子和前人的不同之处在于,一方面他更加强调了对自然条件的充分利用,另一方面他充分肯定了人在改造自然中的能动作用。荀子的上述观点是从他的"明于天人之分"(《荀子·天论》)的唯物主义自然观出发的。他说:"大天而思之,孰与物畜而制之!从天而颂之,孰与制天命而用之!望时而待之,孰与应时而使之!因物而多之,孰与骋能而化之!思物而物之,孰与理物而勿失之也!愿于物之所以生,孰与有物之所以成!故错人而思天,则失万物之情。"(《荀子·天论》)正是从这种人定胜天的光辉思想出发,使荀子充分肯定了人在农业生产中的能动作用。

在上述认识的基础上,荀子对农业生产力的发展抱乐观主义的态度。他说:"夫天地之生万物也固有余,足以食人矣;麻葛、茧丝、鸟兽之羽毛齿革也固有余,足以衣人矣。"(《荀子·富国》)荀子的这种对于社会生产力发展的乐观主义态度,也反映了他对于新兴的封建经济制度的信心。他的这一乐观主义态度在先秦诸子中是比较突出的。

第二个方面:要在农业生产中明士庶之分。

在这方面,荀子主张要以鼓励农民的生产积级性为中心,充分发挥国家和农民两个方面的作用。他的主张的核心是国家要采取"计利而畜民"的经济方针。他说:

"量地而立国,计利而畜民,度人力而授事;使民必胜事,

事必出利,利足以生民,皆使衣食百用出入相掩,必时藏余,谓之称数。"(《荀子·富国》)

这是说,国家要在核算经济收益的基础上来畜养庶民,一方面要分配庶民以适当的工作,使他们的劳动能力得以充分的发挥;另一方面又要使他们的劳动所得能够支付他们的包括基本生活需要在内的日常开支。"计利而畜民"的关键是"利足以生民",这就是要给予庶民以必要的物质利益,以鼓励他们的生产积极性。

为了在农业生产中贯彻"计利而畜民"的原则,荀子提出了以下几点:

第一,实行一夫百亩的国家授田制度。荀子在"计利而畜民"中所说的"量地而立国"、"度人力而授事",其核心就是要在规划土地的基础上,由国家分配给农民适当数量的土地。关于这点,他在《王霸》中说:"农分田而耕。"他在《大略》中说:"不富无以养民情,……故家,五亩宅,百亩田,务其业而勿夺其时,所以富之也。"在荀子看来,这种授田制度除了可以为"养民情"提供基本条件,从而调动农民的生产积极性之外,它的优越性还在于,它可以使农民"百亩一守,事业穷,无所移之也"(《荀子·王霸》),就是说,它可以把农民牢牢地束缚在土地上。

第二,国家要"罕举力役,无夺农时"(《荀子·王霸》),使农民能"务其业"(《荀子·大略》)。

第三,国家在使用民力的时候,要"使民夏不宛喝,冬不冻寒,急不伤力,缓不后时"(《荀子·富国》)。

第四,国家要设置专门官吏来指导和监督农业生产活动,或者负责与农业生产有关的经济活动。他提出设置"司空"来负责水利事业的管理,设置"虞师"来负责自然资源的保护和指导多种经营,设置"治田"来专门指导和监督农业生产,设置"乡师"来指导

畜牧业和植树工作。(《荀子·王制》)

第五,国家对农业采取轻税政策,以减轻农民的负担,他说:"轻田野之税,省刀布之敛。"(《荀子·王霸》)国家还要实行"山林泽梁,以时禁发而不税"(《荀子·王制》)的政策,以鼓励林、牧、副、渔各业的发展。

第六,国家要对受灾的农民进行救济。他说:"岁虽凶败水旱,使百姓无冻馁之患,则是圣君贤相之事也。"(《荀子·富国》)

荀子的"计利而畜民"的主张,继承了早期儒家的"因民之所利而利之"(《论语·尧曰》)的观点,但是又有所不同,这就是荀子更加强调了国家在发展农业生产中的作用。国家不仅要对全国的土地进行统一规划和分配,也不仅要对全国的生产发展进行统一规划和指导,而且还要对于农业生产进行具体的指导和监督,而且还要根据农民的经济状况,在产品的分配中发挥更大的作用。

和法家相比,荀子的"计利而畜民"的主张显然也有所不同。法家虽然也强调国家在发展农业生产中的作用,但主张通过"刑九赏一"(《商君书·去强》)的赏罚政策,主要用行政手段来强迫庶民发展农业生产。而荀子则主张国家主要通过轻税等经济手段,给予农民以适当的物质利益,来鼓励农民的生产积极性,达到发展农业生产的目的。

第三个方面:既要发挥工商业对农业的促进作用,又要抑制工商业的过度发展。

荀子从他的士农工商分工分职的原理出发,认为工商业在社会分工中担负着必要的社会职能,所以他主张要在一定范围内鼓励和保护工商业的发展。如对于手工业,他提出要"佻其期日,而利其巧任",以使得"百工忠信而不楛"(《荀子·王霸》)。对于商业,则要"关市几而不征"(《荀子·王制》)或"平关市之征"(《荀子·富国》)。这种主张和法家的"重关市之赋"(《商君书·垦令》),"不农之征必多,市利之租必重"(《商君书·外内》)等主张显然是有所不同的。

荀子主张抑制工商业的过度发展,他提出以下几点:

首先,要"省工贾,众农夫"(《荀子·君道》)。这是法家的一贯主张,例如《商君书·外内》中说:"令商贾技巧之人无繁。"

其次,他主张国家要对工商业活动进行一定的控制和管理。对于手工业,他说:"论百工,审时事,辨功苦,尚完利,使雕琢文采不敢专造于家,工师之事也。"(《荀子·王制》)从这里来看,"百工"不是手工业奴隶,他们可以在家中独立生产日常用品,但他们的生产活动还要受到国家官吏的指导监督。对于商业,他主张管制物价。他说,"平室律,以时顺修"(《荀子·王制》),"关市几而不征,质律禁止而不偏"(《荀子·王霸》)。看来,荀子的管制物价的主张主要是针对投机商人的,因为他认为这样做的结果会使得商人"敦悫无诈",换句话说,会消灭商业投机活动。

最后,他提出"务本禁末之为多材也"(《荀子·君道》)。何为禁末,他这里没有解释。但从他的"使雕琢文采不敢专造于家"(《荀子·王制》)这句话来看,他的"禁末"当是指政府要严格控制奢侈品的生产,不许手工业者私自生产奢侈品。这样做一方面是为了便于维持消费上的等级差别,另一方面也是为了使奢侈品的生产有限度地进行,以免危及农业的发展。关于禁末,《荀子》全书仅此一句。和法家相比,荀子不十分强调禁末,这是因为在荀子看来,奢侈品的生产对于满足统治阶级的物质欲望和维护封建等级制度来说都是十分必要的。

总的来看,在工商业的方针问题上,荀子一方面认为,工商业的适度发展有利于农业的发展和满足社会的各种物质需要;另一方面又认为,工商业的过度发展会妨碍农业的发展并导致国贫。所以荀子主张既要鼓励工商业的适度发展以充分发挥工商业的社会职能,又要抑制工商业的过度发展以免妨碍农业的发展。在先秦思想家中,荀子的这一认识比较能够反映社会经济发展的客观要求,是比较深刻的。

(三) 节用

"节用"是荀子富国论的另一重要内容。荀子说:"足国之道,节用裕民,善藏其余。"(《荀子·富国》)"务本节用财无极"(《荀子·成相》)。

荀子的节用,就整个社会来说,并不是单纯地崇俭,而是指消费要有适当的限制,以便从长远来看,"使欲必不穷乎物,物必不屈于欲,两者相持而长"(《荀子·礼论》)。荀子认为,这种适当的限制是通过国家规定的制度实现的。他说,"无制数度量则国贫"(《荀子·富国》);"知明制度权物称用之为不泥也"(《荀子·君道》);"使群臣百姓皆以制度行,则财物积,国家案自富矣"(《荀子·王制》)。可见,荀子的"节用"是主张把整个社会的消费活动,通过国家规定的制度来加以适当的限制。

荀子认为,礼是节用的标准。他说:"节用以礼。"(《荀子·富国》)由于荀子的礼有"贫富贵贱之等",所以对于不同的等级来说,"节用以礼"的内容也是不同的。

对于庶民的消费来说,荀子认为,应该保证他们对于基本生活资料的需要,同时又不许他们的消费水平超过这个限度。他说:"圣王之生民也,使皆富厚,优犹知足,而不得以有余过度。"(《荀子·正论》)这里所说的"富厚",是相对于战国时期一般庶民的饥寒交迫的生活而言,它的标准是"愿悫之民完衣食"(《荀子·正论》)或曰"暖衣饱食"(《荀子·荣辱》)而已。而庶民的富厚相对于统治阶级所占有的社会财富来说,应该仍然是贫困,因为只有这样,才能体现出荀子主张的贫富之等。所以,对于庶民的消费,荀子是主张崇俭的。他说:"贫则用节。"(《荀子·仲尼》)"退则节求。"(《荀子·正名》)

对于封建统治阶级的消费,荀子认为应当与庶民的消费有本质的区别。这种区别一方面是为了明贵贱。他说:"圣王财衍以明辨异,上以饰贤良以明贵贱,下以饰长幼而明亲疏。"(《荀子·君道》)又说:"故为之雕琢刻镂,黼黻文章,使足以辨贵贱而已,不求其观。"(《荀子·富国》)另一方面,这也是为了尽可能满足统治阶级奢侈消费的欲望。他说:"以人之情为欲多而不欲寡,故赏以富厚,而罚以杀损,是百王之所同也。"(《荀子·正论》)又说:"刍豢稻粱,五味调香,所以养口也;椒兰芬苾,所以养鼻也;钟鼓管磬琴瑟竽笙,所以养目也;疏房檖貌越席床笫几筵,所以养体也。故礼者,养也。"(《荀子·礼论》)对于统治阶级内部的消费来说,荀子还认为应该根据等级的不同而在消费水平上有所不同。他说:"衣服有制,宫室有度,人徒有数,丧祭械用,皆有等宜。"(《荀子·王制》)他还特别强调了君主的消费水平应该十分豪华。虽然对于统治阶级的消费,荀子认为有必要达到奢侈的程度,但他同时又认为,也必须给予一定的限制。他说:"无制数度量则国贫。"(《荀子·富国》)又说:"(君王)其于声色、台榭、园囿也,愈厌而好新,是伤国。"(《荀子·王霸》)所以,对于统治阶级的消费,荀子总的观点是:奢侈有度。

荀子的这种"节用以礼"的思想表现为对于孔子消费思想的继承和发展,但又有所不同。这主要表现在,两人虽然都主张统治阶级和庶民之间在消费上应有差别,但是孔子主要是从维护贵贱之等的政治需要出发来认识这种差别,因此他主张在礼的范围内宁俭勿奢。他说："礼,与其奢也,宁俭。"(《论语·八佾》)荀子则不但是从维护贵贱之等的政治需要出发来认识这种差别,而且是从维护贫富之等的经济需要出发的。因此他强调统治阶级和庶民之间在欲望的满足上应有本质的差别。他认为,统治阶级只要不违反礼,就可以"纵其欲,兼其情"(《荀子·解蔽》),即主张在礼的范围内应鼓励统治阶级有适度的奢侈生活。

荀子批判了但也吸取了墨子的节用论。墨子主张节用,其重点是反对统治阶级的奢侈生活。他认为统治阶级如果不"自养俭",就会发生"财不足"、"食不足"的现象。

荀子首先从对生产力发展抱乐观主义态度出发批判了墨子"昭昭然为天下忧不足"的思想。他认为:"夫天地之生万物也固有余,足以食人矣;麻葛、茧丝、鸟兽之羽毛齿革也固有余,足以衣人矣。夫不足,非天下之公患也,特墨子之私忧过计也。"(《荀子·富国》)

其次,荀子从欲望论和明分论出发,认为墨子的节用不仅没有必要,而且有害。因为,它会使统治阶级"不足欲",这就会破坏赏罚制度并从而打乱士庶的分工分职制度,造成"能不能不可得而官也",它的最终后果是"万物失宜,事变失应",天下贫,天下乱(《荀子·富国》)。

最后,荀子指出,在分配和消费中必须实行等级制度,使统治阶级的生活达到豪华的水平。他说:"为人主上者不美不饰之不足以一民也,不富不厚之不足以管下也,不威不强之不足以禁暴胜悍也。"(《荀子·富国》)他认为只有使统治阶级生活豪华,才能做到"赏行罚威",并从而使得贤者不肖者、能者不能者的士庶分工制度得以实行,这样就可以人尽其材,推动生产的发展。以致达到"财货浑浑如泉源,汸汸如河海,暴暴如丘山,不时焚烧,无所藏之"(《荀子·富国》)。

荀子对墨子节用论的批判包含着一定的合理性。当时,社会生产力的发展水平虽然还很低下,但是除了必需的生活资料以外已能够提供少量的剩余。在这种情况下,墨子提出要统治阶级放弃一切物质享乐,去"自养俭",和劳动人民过一样的生活,这是不可能的。而荀子主张在保证劳动人民所必需的生活资料的前提下,封建统治阶级应该保持较高的消费水平,这是符合当时生产力发展水平的。荀子的错误在于:首先,他夸大了封建制度下社会生产力发展的可能性,因而看不到封建社会中阶级矛盾的严重程度。其次,他夸大了封建统治阶级奢侈消费的作用,而对于封建统治阶级过度消费的可能性和危害性则估计不足。而实际上,在封建社会里,统治阶级的过度消费是经常要发生的,这也就是劳动人民经常会出现衣食不足的原因之一。从这点上看,墨子的节用论中也包含着一定的合理因素。

(四)轻税

轻税也是荀子富国思想的重要方面。荀子认为,富国必先富民,而轻税是富民的主要方法。他说:"轻田野之税,平关市之征,省商贾之数,罕兴力役,无夺农时,如是则国富矣。夫是之谓裕民以政。"(《荀子·富国》)从这里我们也可以看到,在轻税的必要性这个问题上,荀子和早期儒家有所不同。这就是,荀子从充分肯定财政政策对生产的反作用的认识出发,把轻税看成是为国家开辟财源,并从而是实现国富这一目的的手段。

关于征税的对象,荀子在早期主张农业单一税,但在晚期又主张同时征收工商税。例如他在《王制》中说:"田野什一,关市几而不征,山林泽梁,以时禁发而不税。"这里主张农业单一税的态度是很明确的。这反映了儒家传统思想的影响。但是荀子在《富国》中又说："轻田野之税,平关市之征。"而只是反对"重田野之税以夺之食,苛关市之征以难其事。"这却明确地主张要征收工商税。荀子的《富国》写于《王制》之后,证据是在《富国》中有"故曰:'朝无幸位,民无幸生。'此之谓也"这句话,其中的"朝无幸位,民无幸生"八字据梁启雄先生在《荀子简注》中指出是引自《王制》的。所以,荀子后期是主张征收工商税的。

关于征税的方式,荀子主张同时征收实物租税和货币租税。他说:"轻田野之税,省刀布之敛。"(《荀子·王霸》)这里的"田野之税"是实物租税,这从他反对"重田野之税以夺之食"一句中可证。他没有提过征收劳役地租,这和孔、孟主张的"助而不税"是不同的。

关于税率和税收负担问题。他在《王制》中提出"田野什一",坚持儒家传统的什一税率。但在《王霸》和《富国》中又都只是泛泛地提到"轻田野之税",似在税率上也有灵活的余地。他在《富国》中说:"节其流,开其源,而时斟酌焉。"其中似乎也包含着税率和税收负担可以根据生产发展的情况而有变动的余地。他提出"上以法取焉"(《荀子·富国》),这里的"法"很可能就是根据那个"谓之称数"的"利足以生民,皆使衣食百用出入相揜,必时藏余"的标准(《荀子·富国》)。如果是这样的话,他是主张在保证了庶民的基本物质需要之后,通过税收将全部的剩余产品交由封建统治阶级支配,在税率上,有变动的余地。

此外,他还接受了管仲的"相地而衰征"的主张。作为儒家思想家接受这个口号的,荀子是第一人。

总之,荀子的租税思想虽然受到了儒家传统思想的很大影响,但又不完全相同。

综上所述,荀子的经济思想代表了战国时期封建统治阶级的利益。他从总体上考察了战国时期的封建经济制度,并对封建统治阶级所面临的许多重大经济问题,提出了解决的方案。荀子的经济思想在其理论上是较为完整的。他的经济思想是以欲望论为出发点,以明分论为其核心,而以富国论为其归宿。从欲望论出发,荀子提出了"明分使群"的必然性,从理论上探讨了封建经济制度存在的原因。荀子在明分论中重点分析了士庶之间的分工关系和分配关系。他认为士在生产中居于指挥和监督的地位,而庶民则居于被奴役者的地位,由贵贱有等出发,他主张在产品的分配和消费中也必须体现贫富之分。这样,荀子就比先秦其他思想家都更加深刻地揭示了封建社会内部的经济关系。在富国论中,荀子对于生产和财政的关系,生产和消费的关系以及农业和工商业的关系,都有比较正确的认识,也把问题的分析,提到了较高的理论水平。在中国经济思想史上,荀子的经济思想所涉及的范围,虽然不如《管子》广泛,但就其理论的深刻性和系统性来说,似比《管子》略胜一筹。像《管子》的经济思想一样,荀子的经济思想也是中国经济思想史上的一颗明珠。

荀子的经济思想吸取了先秦百家的思想成果。在荀子的经济思想中,儒家的影响是明显的。他的分工理论,表现为对于孟子分工理论的发展,儒家传统的义利思想、富民思想、消费以礼的思想以及薄税敛的主张都在他的经济思想中得到了反映。在荀子的经济思想中,法家的影响同样是明显的。法家的农本思想、富国思想以及推崇赏罚政策的主张都被荀子批判地吸收了。就是墨家,对于荀子的经济思想也有较大的影响。荀子的"尚贤使能"的思想,渊源于墨家的"尚贤"思想,它是荀子士庶分工分职理论的形成要素之一。荀子的关于礼的经济起源说实际发源于墨家的关于国家的经济起源说(《墨子·尚同》),荀子的"礼者,养也"的观点则是从墨家"利，义也"的观点蜕变发展而来的。而荀子的"节用裕民"说，则是批判吸收了墨子的节用说。《管子》的经济思想和荀子也有密切关系，如《管子》的"明分任职"（《管子·小问》）的思想，俭侈有度的思想（《管子·五辅》）以及"相地而衰征"的主张等，都在荀子的经济思想中得到了直接反映或者进一步发展。谈到道家对于荀子的影响，那么老子的自然观念是荀子欲望论的形成因素之一，而欲望论是贯串荀子的许多经济观点的重要红线。由此可见，荀子的经济思想是在继承和批判各家思想的基础上，联系当时社会经济发展加以发展而形成的。所以，从经济思想上看，荀子可以说是先秦各家思想的集大成者。

（本文选自：中国社会科学院经济研究所中国经济思想史组编《中国经济思想史论》，人民出版社 1986 年）

俞敏声，中国社会科学院经济研究所研究员，博士生导师。

荀子是先秦各家思想的集大成者，从经济思想上看也是如此。荀子的经济思想包括欲望论、明分论、富国论。在欲望论里，他提出了"欲多而物寡"的矛盾；在明分论里，他不仅从分工出发，分析了封建统治者和劳动人民在生产中的关系，而且还提出了在产品的分配中要有贫富之等。他的富国论对于封建国家在生产和财政方面应采取的经济方针也做了比前人更进一步的研究。荀子的经济思想也有缺陷，他很少从微观的角度上去分析经济问题。但是，就对于整个封建制度的认识的正确性来说，所达到的水平，不仅远远高出于墨子，而且也高出于《管子》一书的经济思想。

论董仲舒的经济思想

李 普 国

董仲舒约生于汉文帝前元元年(公元前 179 年),卒于汉武帝太初元年(公元前 104 年),广川(今河北省景县)人,汉代著名的经学家,也是当时最大的神学唯心主义哲学家。《汉书·董仲舒传》记载:"他"少治《春秋》,孝景时为博士,下帷讲诵,弟子传以久次相授业,或莫见其面。盖三年不窥园,其精如此。进退容止,非礼不行,学士皆师尊之。"汉武帝建元元年(公元前 140 年),董仲舒在举贤良对策中提出了一套巩固封建统治的哲学思想和政治主张。因其基本内容涉及天人关系问题,被称为"天人三策"。接着他被任为江都王相,六年;公元前 125 年又任为胶西王相,四年;后以老病为由辞官回家,专门从事学术著作。然而"朝廷如有大议,使使者及廷尉张汤就其家而问之"(《汉书·董仲舒传》)。无论在政治上或思想上,董仲舒都是当时一个有很大影响的人物。

董仲舒生活的时代,在经济上,由于经过汉初七十年的"休养生息",已经得到相当程度的恢复;在政治上,在平定了"吴楚七国之乱"后,中央集权得到加强和巩固。但是汉初以来的种种矛盾依然存在,诸侯王的骄纵不法,豪强大富的奢侈兼并,农民阶级与地主阶级的矛盾日益尖锐,又酝酿着爆发农民起义的危机。因此,汉武帝即位后,决定改变与现实已经不相适合的那种以黄老"无为而治"为指导的施政方针,加强对意识形态领域的控制,从理论上论证统一的中央集权的合法性,防止农民革命的发生。董仲舒所承担的历史任务,就是为巩固封建政治秩序提供一套完整的理论体系。

董仲舒的思想是以儒家学说为主,并吸取先秦各家有利于巩固封建秩序的思想加以综合、改造而成。他继承和改造孔孟的天命思想,又利用战国时期开始被神秘化的阴阳五行学说,提出了天人感应的神学目的论。这种理论把宇宙间的一切都说成是上天有目的创造的。他的政治学说,是儒家的"德治"主张和法家的"法治"主张的结合,而以德治教化为主。但是他把"德治"和"天意"联系起来,以此说明"德治"主张的神圣性。董仲舒的全部学说都是为了把封建制度全面肯定下来,论证封建统治秩序的合理性、神圣性和永恒性。这套理论对汉王朝的专制统治是非常有利的,无怪汉武帝决定采纳董仲舒的建议:"罢黜百家,独尊儒术。"正因为董仲舒把维护封建地主阶级对农民统治的理论系统化和神秘化了,所以它在整个封建社会里都是地主阶级对农民进行统治的精神支柱。

董仲舒的经济思想受他的哲学思想和政治思想的指导,是他整个思想体系的有机组成部分,在中国长期的封建社会里也产生过一定的影响。

董仲舒的著作很多,"所著皆明经术之意,及上疏条教凡百二十三篇,……十余万言"(《汉书·董仲舒传》)。至今大部分失传了,流传下来的有《春秋繁露》一书和《汉书·董仲舒传》里的《举贤良对策》,还有散见于《汉书》的《食货志》、《艺文志》、《匈奴传》、《史记·董仲舒传》中的部分材料。

一、义利观

义利的问题,先秦不少思想家都有论述,董仲舒也谈论义利。

《汉书》本传的"正其谊(义)不谋其利,明其道不计其功"二语,对后来影响甚大,宋明儒者多奉之为圭臬。如程颢云:"董仲舒曰:正其谊不谋其利,明其道不计其功。此董子所以度越于诸子。"似乎董仲舒能获得宋儒的推崇,全在此二语。今人的中国经济思想史论著多把此二语视为董仲舒的基本经济观点。案此二语是董仲舒在答江都王问时说的。江都王认为越王勾践之所以能灭吴,是因为得到了泄庸、种、蠡三个仁人辅佐的结果。他也想效法齐桓公因为得到管仲这样的仁人卒以称霸的先例,希望董仲舒能辅佐他成就一番事业。因此,这两句话的直接用意是劝江都王不要有政治野心。文中所说的道谊指的是政治上的安分;功利指的是政治上的"作为"。但是,这两句话是用评说越灭吴的故事的形式道出的,而越、吴都是当时的诸侯国,按西周初年的分封制度,它们之所以成为诸侯国,正因为它们的国君被封以土地和人民。因此董仲舒评说中的"利"和"功"实际上又有经济的内容。所以孤立地抽出这两句话认为这就是董仲舒的基本经济思想不妥,而认为它与经济问题毫无关系也不妥。这是要辨析的第一点。第二点,从《汉书》本传的这两句话来看,董仲舒所主张的是,只要行为合乎道义,根本不用考虑功利。但在《春秋繁露》"对胶西王越大夫不得为仁"章中,他又说:"仁人者,正其道不谋其利;修其理不急其功。""不急其功"与"不计其功",其意相去甚远。在《春秋繁露》"考功名"章,董仲舒说:"圣人积聚众善以为功。"又说:"不能致功,虽有贤名,不予之赏。……则百官劝职,争进其功。"……等等。可见董仲舒是重视功的。而"不计其功"的说法则只见于一处。至于"不谋其利",两书所记相同。但此处的利是指私利,对于公利他还是持肯定态度的(后面将详细论述)。因此,"不急其功"似乎更接近董仲舒的本来思想。然而由于《汉书》在史籍中的正统地位,再加上宋明儒者对这两句话的推崇,就变成董仲舒只进道、义,而不讲功、利了。

《汉书》所记二语不足以代表董仲舒的义利思想,他在这方面的论述并不贫乏。

在《春秋繁露》"身之养重于义"章,董仲舒写道:"天之生人也,使之生义与利。利以养其体,义以养其心。心不得义不能乐,体不得利不能安。义者心之养也,利者体之养也。体莫贵于心,故养莫重于义。义之养生人大于利矣。……夫人有义者,虽贫能自乐也。而人无义者,虽富莫能自存。吾以此实义之养生人,大于利而厚于财也。民不能知而常反之,皆忘义而徇利,去理而走邪,以贼其身而祸其家,此非其自为计不忠也,则其知之所不能明也。"这里的利讲的是财利,所以这段文字纯粹是从经济意义上来谈论义利关系,与上引《汉书》二语不同。这段话大体是说,由于人有肉体(体)和精神(心),故必需有义、利来滋养;用利来养肉体,用义来养精神。精神高于肉体,故义大于利。舍利取义,虽贫而乐;忘义殉利,虽富必遭祸殃,故应尚义而轻利。

这里所讲的利,其内容既是物质财利,为滋养人之肉体所必需,因此,它对于任何人来说,都是私利。

至于义又是什么?董仲舒在《春秋繁露》"仁义法"章中说:"义云者,非谓正人,谓正我。……义者,谓宜在我者。宜在我者,而后可以称义。"义即"应当"或"当然",是对行为的规范;但不是规范他人的行为,而是规范"我"的行为。然则义之标准为何?何者为应当,何者为不应当? 董仲舒在《春秋繁露》"天道施"章写道:"不顺天道,谓之不义。"如何区别义与不义,就看它是否合乎天道。《汉书》本传云:"道之大原出于天。"上引"身之养重于义"章的那段文字一开头就说:"天之生人也,使之生义与利。"对于任何人,都有义利的问题,而人是天生的,当然规范人("我")的行为的标准要由天意来决定了。这种观点正是他的天人感应学说在具体问题上的表现。天对义的具体规定是什么? 他在这里没有说。然而董仲舒创立天人感应学说的目的是在论证封建制度的合理性(这个问题,不少中国哲学史著作皆有论述,本文就不多说了)。所以董仲舒要求利服从义,即顺乎天道,也正是为了维护封建统治秩序。

义、利之于人,皆生而有之;人不仅生而知利,也生而知义,所谓"凡人之性,莫不善义"(《春秋繁露·玉英》),它是人的本性的一部分。董仲舒在这里所说的人,是泛指一切人,无论是统治者,还是被统治者,他们都是既懂得利又懂得义。《汉书》本传的"夫皇皇求财利,常恐匮乏者,庶人之意也。皇皇求仁义,常恐不能化民者,大夫之意也"。讲的是不同经济地位的人对义、利的态度问题,一个求财利,是为了免于匮乏;一个求仁义,是为了治理人民。其意与孔子的"君子喻(懂得)于义,小人喻(懂得)于利"(《论语·里仁》)不同。荀子虽然说过"义与利者,人之所两有也"(《荀子·大略》)。但是他又说"不学问,无正义"(《荀子·儒效》)。劳动人民当然没有条件去读书、受教育,也就不可能懂得义。而且荀子认为人之性恶。义则是一种"善性"。所以"义与利者,人之所两有也"是有一定条件的。董仲舒的观点虽源出于他的天人感应论,但在客观上却起了把以前有的思想家撒在劳动人民身上的灰尘掸掉的作用。

然而"万民之从利也,如水之走下"(《汉书·董仲舒传》);势不可挡地去追求利的结果,把义败坏了,所谓"不能义者,利败之也"(《春秋繁露·玉英》)。这是什么原因呢?董仲舒在"身之养重于义"章写道:"今握枣与错金,以示婴儿,必取枣而不取金也。握一金与千万之珠,以示野人,野人必取金而不取珠也。故物之于人,小者易知也,其大者难见也。今利之于人小而义之于人大者,无怪民之皆趋利而不趋义也,固其所闇也。"小者易见,大者难见,这当然是一种唯心主义的解释。利小、义大的说法,是同他的心贵于体,义高于利的观点相一致的。但在《春秋繁露》"度制"章,他在探讨贫富悬殊,社会动乱的原因时又写道:"今世弃其度制,而各从其所欲。欲无所穷,而俗得自恣,其势无极。"在这里他似乎又朦朦胧胧地意识到,人们恣意追求财富(利)的原动力是欲望。然而作为神学唯心主义哲学家的董仲舒,他的意识仅止于此。

以上考察的是董仲舒关于私利及其与义的关系的一些问题。那么董仲舒是否谈论公利及其与义的关系呢?是有论述的。

《春秋繁露·王道通三》云:"天常以爱利为意,以养长为事。……王者亦常以爱利天下为意,以安乐一世为事。"根据他的"天人感应"的神学目的论,"天子受命于天,天下受命于天子"(《春秋繁露·为人者天》),天既以爱利为意,因此君主也应爱利天下,这才是体察和代行"天意"。"考功名"章也提出要"兴天下之利"。其目的当然都不是为了天,而是求人世社会之安定而不动乱("安乐一世")。

要做到这一点,关键是统治阶级不要与民争利。他说:"故受禄之家食禄而已,不与民争业,然则利可均布,而民可家足,此上天之理,而亦太古之道,天子之所宜法以为制,大夫所当循以为行也。"统治者不与民争利是天的意志,不仅天子不应与民争利,大夫亦不应与民争利。

　　然则董仲舒要求统治者不与民争的是什么利呢？他在《春秋繁露》"度制"章说："故明圣者象天所为为制度，使诸有大奉禄亦皆不得兼小利，与民争利业，乃天理也。"可见，他所说的不与民争利是指"小利"，大利仍归统治阶级占有。劳动人民对于封建制度的大利，也应该"有所让，而民不敢争。"他还举了一个不与民争利的故事以为统治者借鉴："公仪子相鲁，之其家，见织布，怒而出其妻，食于舍而茹葵，愠而拔其葵，曰：'吾已食禄，又夺园夫红女利乎？'古之贤人君子在列位者皆如是。"（《汉书·董仲舒传》）董仲舒所称赞公仪子的，正是他不与民争小利，而予劳动人民以谋生之路，使他们从织布、种葵等生产劳动中求得一线生机。《春秋繁露》"为人者天"章的"故君民者，贵孝弟而好礼义，重仁义而轻财利。""玉英"章的"夫处位动风化者，徒言利之名尔犹恶之，况求利乎。"都是指的统治阶级不要与民争小利，以致完全断绝了劳动人民的谋生之路。

　　统治者的求利行为合乎这种要求的为义；反之，则为不义。

　　董仲舒不厌其烦地谈论这些，还有一种用意，即企图通过统治阶级的所谓"重义轻利"，来"风化"劳动人民也重义轻利。他说："尔好谊则民乡（同向，向往）仁而俗善，尔好利则民好邪而俗败。由是观之，天子大夫者，下民之所视效，远方之所四面而内望也，近者视而放（同仿）之，远者望而效之。"（《汉书·董仲舒传》）上行下效，人人都能重义轻利，"安乐一世"的局面就得以实现。如果"卿大夫缓于谊而急于利"，那么老百姓亦将"弃行谊而死财利"（《汉书·董仲舒传》），社会就要动乱。

　　我们从董仲舒关于公利的言论可以看到这样几点：（1）他倡言公利，是为了巩固封建统治秩序，是对封建地主们说的，所以这个公利，实即封建地主的阶级之利。（2）因此，他的不与民争利，实际上是要求封建统治者正确处理个人之私利与阶级之公利的关系的问题。(3)但是,他毕竟提出了"爱利天下"、"兴天下之利"这样的命题。先秦儒家所反对的利,概指私利。儒家并不反对公利,然而亦不讲公利。唯有墨家所讲的利是指公利。《墨子》书中言利,都是说"人民之大利","民之利","天下之利","国家百姓之利"。这是因为墨家所代表的是小生产者,他们经济地位低下,他们是人口的多数,为了摆脱困苦处境,所以他们大讲人民之利、百姓之利,他们是人民利益的真正代表。董仲舒作为封建统治阶级的重要思想家不可能代表劳动人民的利益。但是他从维护封建地主的阶级之利出发而提出的"爱利天下"、"兴天下之利"的主张,同某些封建统治者只顾一己之利,恣意剥夺平民百姓之利的思想,还是有区别的。董仲舒的限田论正是以公利论为其理论出发点。关于这个问题,下一节将作详细讨论。

董仲舒既探讨私利,也探讨公利,这是先秦思想家所不曾有的。从这个意义上说,董仲舒的义利思想较为全面。

二、限田论

限田,即对私人占有土地数量的限制。这是董仲舒对当时地权集中现象进行深入考虑后提出来的。

董仲舒说:"……至秦则不然,用商鞅之法,改帝王之制,除井田,民得买卖;富者田连阡陌,贫者无立锥之地。又颛川泽之利,管山林之饶。……汉兴循而未改。古井田法虽难卒行,宜少近古,限民名田,以澹不足,塞并兼之路。"(《汉书·食货志》)

限田一词即由"限民名田"节缩而来。限田是为了塞兼并之路,改变一些人占有大量土地,一些人贫无立锥之地的状况,以免

"民愁亡聊,逃亡山林,转为盗贼",而使社会达到"善治"。

董仲舒指出土地占有严重不均的现象,开始于商鞅变法,废除井田之后。案《史记·商君传》仅有"为田开阡陌封疆"一语,《战国策》《秦策》卷五,也只有商鞅"决裂阡陌"四字。因此"民得买卖"是董仲舒对历史进行深入考虑后加上去的。这句话加得很好,找到了土地兼并在经济上的契机。

在春秋战国时期,诸侯国间也已不断通过战争兼并土地,但那是封建领主间的兼并,对于农民来说,不过是变换一个领主,他们仍然是耕种份地的农民,根本谈不到有地无地的问题。农民的土地被兼并,必须以存在小土地私有农民为前提。这应是领主经济瓦解,地主经济占支配地位的时代。关于土地所有权,马克思指出:"土地所有权的前提是,一些人垄断一定量的土地,把它作为排斥其他一切人的、只服从自己个人意志的领域。"(《马克思恩格斯全集》,第25卷,第695页)这种个人意志的最高表现形式就是土地买卖。"土地所有者可以像商品所有者处理自己的商品一样去处理土地。"(《马克思恩格斯全集》,第25卷,第696页)商鞅变法的一个重要内容,就是在法律上承认私人的土地所有权。当然占支配地位的是封建地主土地所有权,但不排斥农民占有小块土地。由于小农经济的脆弱,在土地可以买卖的情况下,小私有农民的土地、逐渐地也包括中小地主的土地,会通过买卖的方式被人兼并了去。至于这种买卖是否等价,是否还有劫夺的内容,那是另外的问题。但是土地的商品化,却使土地兼并具有"公平交易"的外衣,只要准许土地买卖,土地兼并必然如影随形的存在。这就是两千多年来土地兼并不可遏止的根本原因。在中国历史上是董仲舒最早地指出了这点。这表明他的观察是多么敏锐和深刻!从中国经济思想史的角度来看,是一个可贵的成就。

　　董仲舒为了给自己反对土地兼并的主张寻找理论依据,像对待其他问题一样,他又去求助于天。他说:"夫天亦有分予(欤)?予之齿者去其角,傅其翼者两其足,是所受大者不得取小也。……夫已受大又取小,天不能足,而况人乎。此民之所以嚣嚣苦不足也。身宠而载高位,家温而食厚禄,因乘富贵之资力,以与民争利天下,民安能如之哉?是故众其奴婢,多其牛羊,广其田宅,博其产业,畜其积委,务此而亡已,以追蹑民,民日削月朘,寖以大穷。"①天生万物的原则,对于动物界,天不让任何动物大小兼得;对于人也是这样,天既然使有的人已经贵而且富,他们就不应当再图谋小利,这些都是"天数"。因此,有的人凭借资力,与民争利,以广其田宅,博其产业,是违反天理的。圣明的统治者应该按照"天所为为制度"来治理国家,所以反对土地兼并,是符合"承天意以行事"的原则的。

　　这种"亡推让之风,而有争田之讼"的土地兼并行为的发生,正是由于贵而且富者"缓于谊而急于利"(《汉书·董仲舒传》),"贪利而不肯为义"(《春秋繁露·度制》)所致。我们从他的著述中可以看到,他在经济上倡言"义高于利"时,多数情况是针对当时的兼并现象而发的。

　　董仲舒又说:"孔子曰,不患贫而患不均。故有所积重,则有所空虚矣。大富则骄,大贫则忧。忧则为盗,骄则为暴,此众人之情也。圣人者则于众人之情,见敌之所从生,故其制人道而差上下

────────────

　　① 见《汉书·董仲舒传》,《春秋繁露·度制》所记略有差异:"天不重与,有角不得上齿(师古曰:谓牛无上齿则有角,其余无角者则有上齿)。故已有大者,不得有小者,天数也。夫已有大者又兼小者,天不能足之,况人乎。故明圣者象天所为为制度,使诸有大奉禄亦皆不得兼小利,与民争利业,乃天理也。"

也。使富者足以示贵而不至于骄,贫者足以养生而不至于忧。以此为度而调匀之,是以财不匮而上下相安。"(《春秋繁露·度制》)董仲舒作为封建地主阶级思想家,并不主张均贫富,他希望的是富者不至于骄,贫者不至于有饥寒之忧。太富太贫都将影响封建社会秩序。从他所说的"有所积重,则有所空虚"看来,他已经意识到,在一定时期社会财富的总量是有一定的,一些人占有过多(大富),必然使另一些人一无所有(大贫)。前引"已受大又取小,天不能足"之说,也是在说明数量的有限性。土地更是这样。因为封建社会,财富的主要内容就是土地。所以反对土地兼并,既合天理,也合人情。

董仲舒反对土地兼并的措施是限田。他的限制私人占有土地数量的思想,受到了古井田法的启示。一方面,他认为时代变了,古井田法不宜再实行了;另一方面,他又认为古井田法分配土地的均平原则仍然可取。当然在古井田制下,并不是农民对土地有了所有权,但农民对其份地是有使用权的。限田思想就是吸取古井田法的均平原则而来。

如何限法?他没有说。但在《春秋繁露》"爵国"章,他费了相当多的笔墨考察军事编制和社会组织时,是以井田制度作为基础的。可见,他对井田制度的怀念。自商鞅变法而后,井田法已经成为历史,孟轲、韩婴等人都是把井田法作为一个历史问题来看待,具有学术探讨的性质。① 而吸取井田法中的某些原则来解决现实

_____

① 关于古井田制的描述最早见于《孟子·滕文公》篇,但并不排斥古代曾经有过类似的田制。因为意识是存在的反映(包括历史上的存在)。如果古代毫无类似井田制的影子,怎能臆想得出来哩。我认为《孟子》的井田,是历史与理想的结合物。

生活中的具体问题,则从董仲舒开始。汉哀帝时师丹的限田,亦以
"古之圣王,莫不设井田,然后治乃可平"(《汉书·食货志》)为出
发点。王莽的"王田"法规定"其男口不满八而田过一共者,分余
田与九族乡党"(《汉书·食货志》),更是以古井田法为其蓝本。
后来不少思想家为了解决土地兼并问题,都怀念过井田法。在一
定意义上说,他们都是在效法董仲舒。遗憾的是,董仲舒关于土地
兼并原因的正确分析——土地买卖,没有被后来的封建地主阶级
思想家所正确对待,他们也不可能正确对待,因为在土地商品化
后,禁止土地买卖,将是对封建土地私有制的否定①。这个历史任
务,是在中国共产党领导中国农民进行土地改革运动后,才得以完
成的。

三、其他经济主张

董仲舒的其他经济主张,可用兴利除弊四字来概括。他在
《春秋繁露》"考功名"章写道:"兴利之要在于致之,不在于多少;
除害之要在于去之,不在于南北。"兴利除弊都要讲求实效②,不可
尚空谈。虽然董仲舒谈论任何问题都请来了神圣的天,但他还是
务实的。限田也是一个兴利除弊的问题,但那是他的经济思想的
重要内容,下面谈的其他问题就不如限田论那样丰富了。

20世纪儒学研究大系

---

① 王莽的"王田",是不准许土地买卖的,但他要实行的是封建土地国
有制。这是历史的倒退,当然行不通。
② 本文第一节曾指出董仲舒重视"功"此为又一佐证。

1. 重视农业生产

董仲舒在《春秋繁露》"立无神"章写道："夫为国,其化莫大于崇本。……何谓本? 曰:天、地、人,万物之本也。天生之,地养之,人成之。天生之以孝悌,地养之以衣食,人成之以礼乐,三者相为手足,合以成体,不可一无也。""天本"讲的是封建社会秩序是天定的,"人本"讲的是后天的教化。我们来考察"地本"。他说:"秉来躬耕,采桑亲蚕,垦草殖谷,开辟以足衣食,所以奉地本也。"地本就是讲求农业生产,人们的生活资料来源于此。"地本"在三本中有着特殊的重要性。他在《仁义法》章写道:"《诗》云:'饮之食之,教之诲之。'先饮食而后教诲,谓治人也。"先食后教实际是地本和人本的关系。孔子有先富后教之说,但如何致富? 富的内容是什么? 孔子没有正面回答。樊迟请学为稼,孔子说:"上好礼,则民莫敢不敬。上好义,则民莫敢不服。上好信,则民莫敢不用情。夫如是,则四方之民,襁负其子而至矣,焉用稼?"(《论语·子路》重点号为引者所加)这里的"上好礼"、"上好义"、上好信"都讲的是统治人民的办法,即治国之道;但就是把农业生产放在次要地位。董仲舒虽号"为群儒首"(《汉书·董仲舒传》班固赞语),但却扬弃了孔子"罕言利"(不重视物质生产)的思想。董仲舒既从为农业为治国之本,教化也是治国之本,因之"先饮食而后教诲"的说法,就使教诲有了实在的经济前提。"先食后教"与"先富后教",一字之差,其意有别。先秦有的思想家有重本轻末之说,把农业看作根本,但那是从农业与商工业在当时国民经济中地位的轻重而提出的,董仲舒并无轻商之意(后面还要谈到)。

董仲舒在《春秋繁露》《五行相生》章要求有司"亲入南亩之中,观民垦草发淄,耕种五谷",使"积蓄有余,家积人足,仓库充实"。在《五行顺逆》、《五行相胜》、《五行变故》各章也都有"劝农事"的论述,再再表明他对农业生产的重视。

为了农业生产的发展,他针对时弊,提出了孔孟"薄赋敛,省徭役,以宽民力"的主张。他反对"赋敛无度,以夺民财;多发徭役,以夺民时;作事无极,以夺民方"(《春秋繁露·五行相胜》)。他提出的轻徭薄赋的具体办法,仍是行什一之税、使民岁不过三日等老调。这都是传说中的井田法实行时的赋役制度,井田既废,也就没有任何现实意义。然而薄赋敛,省徭役的原则,却是可取的。因为它的意思毕竟是要减轻农民的一些负担,有利于农业生产的增长。

关于农作物的种植,他提倡在关中种麦。他说:"《春秋》它谷不书,至于禾麦则书之,以此见圣人于五谷,最重麦与禾也。今关中俗不好种麦,是岁失《春秋》之所重,而损生民之具也。愿陛下幸诏大司农益种宿麦,令毋后时。"(《汉书·食货志》)秦汉以前之禾字即今之小米也。凡适宜种禾的地区,也适宜种麦。师古注曰:"宿麦,谓苗经冬。"今称冬小麦。禾的播种期在宿麦收获之后。董仲舒建议汉武帝下诏种宿麦,这样,一块农田每年就可能收获两季;粮食产量增加,自然有"生民之具"了。

2. 废除奴婢制度

董仲舒提出了"去奴婢,除专杀之威"(《汉书·食货志》)的主张。汉代在工商业中还有大量使用奴隶的,如《史记·货殖列传》载,冶铁致富的卓氏,"至僮千人";刁间使用"奴人""逐渔盐商贾之利"。至于权贵富豪之家畜奴使婢更是普遍现象。西汉王朝建立之初,"民失作业,而大饥馑","高祖乃令民得卖子"(《汉书·食货志》),其结果必然使社会上的奴婢数量大大增加。到董仲舒的时代,那些权贵富豪之家的"众其奴婢",和"多其牛羊,广其田宅,博其产业一起,成了严重的社会问题。董仲舒提出废除奴婢制度有三个重要意义:(1)畜养奴婢,是古代奴隶制度的残余。到西汉时,历史早已进入封建社会,废除残暴的有"专杀之威"的奴婢制度,有利于推动社会历史的进步。(2)权贵富豪之家的奴婢,主要是从事家务劳动,废除奴婢制度,是对生产力的解放,可满足社会生产发展对劳动力的需要。据《汉书·地理志》记载,平帝时(西汉末),全国有可垦田三千二百二十九万九千九百四十七顷,已垦田不过八百二十七万五百三十六顷,已垦田为可垦田的四分之一弱。从平帝上溯到武帝不过一百来年,已垦田与可垦田的比例关系不致相差太大。田可垦而未垦有各种原因,而就当时的农业生产力水平来说,劳动人手不足应是重要因素。所以,认为"董仲舒的时代已不存在劳动力的缺乏问题"(胡寄窗《中国经济思想史》,中卷,第43页),因而解放奴婢与发展社会生产的关系不大的说法,值得商榷。(3)废除奴婢制度,有利于遏制豪强的兼并。因为奴婢同牛羊、田宅一样,是豪富进行兼并的"资力"。董仲舒是公开提出"去奴婢,除专杀之威"的第一人。

3. 主张"盐铁皆归于民"①

"盐铁皆归于民",是对盐铁官营的反对。汉武帝时的盐铁官营是封建国家经营商工业,其争夺的对手应是豪强大贾。晁错疏中曾谈到汉初商人兼并农人之事。而当时的大商人有的就是经营盐铁发家的,董仲舒是反对兼并的,为什么又反对盐铁官营呢?第一,汉初实行打击商人的政策之后,看来曾经收到一定效果,使商

---

① 《汉书·食货志》。

人的兼并活动曾有所收敛。不然,董仲舒在《贤良对策》中为什么只字不提商人兼并农民呢? 第二,盐铁官营,对封建国家财政虽是件有利的事;但专卖所产生的种种弊端,其受害者首先是广大农民。"盐铁皆归于民",是针对上文"田租、口赋、盐铁之利二十倍于古"而发的。如淳注云:"秦卖盐铁贵,故下民受其困也。"师古注云:"既收田租,又出口赋,而官吏更夺铁盐之利。"这虽是指的秦朝的事,如果董仲舒参加贤良对策时,盐铁官营于民无害,也就没有提出归之于民的必要了。董仲舒反对盐铁官营的出发点,并不是为了人民,有如他主张薄赋敛、省徭役一样,是为了维护封建统治秩序。"盐铁皆归于民",将有利于民间商工业的发展。董仲舒并无抑商之意。

董仲舒经济思想的主要内容是他的义利思想和限田论,义利思想又是限田论及盐铁皆归于民照等的理论出发点,而这些思想又受他的神学唯心主义哲学思想的指导。已问世的中国经济思想史论著对他的经济思想,或失之偏颇,或语焉不详,也许同董仲舒思想的神学外衣的迷雾有关。本文试图作些探索,错误之处在所难免,敬希学者指正。

（本文选自:《中国经济史研究》1986 年第 4 期）

李普国,四川巴县人。浙江大学经济系教授。主要著作有《周礼的经济制度与经济思想》、《中国经济思想史资料选辑(明清部分)》等。

董仲舒的思想是以儒家学说为主,并吸取先秦各家的思想加以综合、改造而成。董仲舒的经济思想受其哲学和政治思想的指导。董仲舒经济思想的主要内容是他的义利思想和限田论,义利思想又是限田论等理论的出发点。已问世的经济思想史论著对他的经济思想,或失之偏颇,或语焉不详,本文试图对此作些探索。

董仲舒经济思想研究

冷 鹏 飞

目前,学术界对董仲舒的哲学、政治思想讨论热烈,但对其经济思想却有点忽略。董仲舒的全部思想形成了一个有机整体,故本文拟从其系统思想体系中探测其经济思想,不当之处,敬请指正。

董仲舒生活在文、景、武帝时期。这时由西汉王朝重新建立起来的专制主义中央集权的统治制度已逐步得到巩固和发展,但是由这种统治制度所造成的各种社会弊病也更加显露出来。如何在思想理论方面论证特定历史时期封建专制制度的必然性,如何使这一统治制度更加完善,维护封建国家的长治久安,是当时思想理论界面临的一个重大课题。好学深思的董仲舒不自觉地承担了这一历史课题。他把道家、阴阳家、法家等思想融于一炉,铸造出新儒家的思想体系。这个体系以"天人合一"为基础,以"阴阳五行"为骨架,建构成天地人、君臣民等宇宙世界诸种事物之间彼此连结、互相制约的动态平衡系统,以长期维系自然、社会的和谐、秩序和稳定。

《春秋繁露·诸侯》云:"生育养长,成而更生,终而复始,其事所以利活民者无已。天虽不言,其欲赡足之意可见也。"董仲舒在这里借助于天意,旨在说明世界万物的"生育养长",特别是全人类的生存和繁衍,是自然社会存在和发展的基础。因此,"古之圣人见天意之厚于人也,故南面而君天下,必以兼利之为其远者。"告诫帝王作为天下的统治者,必须关心人们的物质利益。于是,论证封建统治集团应该如何正确处理社会物质财富的生产、分配、消费等经济问题,成为董仲舒系统思想整体中的一个子系统。

董仲舒懂得,一定历史时期所创造的社会财富总量总是有限的。欲利活万民,维护封建统治秩序,关键在于社会财富的合理分配。由是,董在物质财富分配问题上丰富发展了儒家的中庸思想。《春秋繁露·度制》说:"孔子曰:不患贫而患不均,故有所积重则有所空虚矣。大富则骄,大贫则忧,忧则为盗,骄则为暴,此众人之情也。圣者则于众人之情,见乱之所从生,故其制人道而差上下也。使富者足以示贵而不至于骄,贫者足以养生而不至于忧,以此为度而调均之,是以财不匮而上下相安,故易治也。"这席话道破了他经济思想的真谛,董仲舒的经济思想正是围绕这一问题而展开的。

一 利禄之家 不得与民争利

董仲舒认为这一经济原则出自天意:"天不重与,有角不得有上齿,故已有大者不得有小者,天数也。夫已有大者又兼小者,天不能足之,况人乎?故明圣者象天所为,为制度使诸有大奉禄,亦皆不得兼小利与民争利业,乃天理也。"[1]董仲舒的"天意"说有其唯心主义的一面,但也是为了加强这一原则的神圣性。其实,此乃他从社会现实中总结出来的经验教训。

---

[1] 《春秋繁露·度制》。以下凡见此书者只注篇名。

　　社会财富虽然是由劳动人民创造的,但封建统治者总是运用国家机器,通过租税制度与俸禄制度等对社会财富进行再分配,以此掠夺劳动人民血汗来维护统治阶级利益。当然,这样的财富再分配方式毕竟有制度可依,问题就在于封建统治阶级往往在正常的俸禄收入之外动用职权无限制地巧取豪夺,谋取私利。当时的情况正如《汉书·董仲舒传》所指出的:"身宠而载高位,家温而食厚禄,因乘富贵之资力,以与民争利于下,民安能如之哉! 是故众其奴婢,多其牛羊,广其田宅,博其产业,畜其积委,务此而亡已,以迫蹵民,民日削月朘,寖以大穷。"于是即出现"富者奢侈羡溢",骄而僭越;"贫者穷急愁苦,忧而走险的现象,这样势必引起社会动荡不安。因此,董仲舒主张封建国家制定必要的制度,限制封建官吏"因乘富贵之资力"非法攫取钱财,扰乱封建国家统一实施的分配秩序。而且董甚至还高扬"古之所予禄者,不食于力,不动于末"的古训,明确提出高官厚禄之家,不得经营"工商之业"①的动议,避免他们利用职权干预社会经济生活,"与民争利"。

　　"食禄之家,不得与民争利"的原则除了可以节制社会财富分配外,还能使官吏在民众中树立良好的形象。《汉书·董仲舒传》说:"尔好谊,则民乡(向)仁而俗善;尔好利,则民好邪而俗败。由是观之,天子大夫者,下民之所视效,远方之所四面而内望也。近者视而放(仿)之,远者望而效之。"如果居官者不与民争利,则"下高其行而从其教,民化其廉而不贪鄙",从而建立起良好的社会风气,有利于封建国家经济秩序的和谐、稳定。

　　董仲舒把"食禄之家,不得与民争利"的原则推而广之,亦对武帝时由国家垄断经营盐铁事业,与民争利的行为表示反对,要求

20世纪儒学研究大系

————————

　　① 《汉书·董仲舒传》并师古注。以下凡引此传处,不再注明。

统治集团使"盐铁皆归于民"①。早在文帝时,封建国家弛山泽之禁,纵民得开山鼓铸,煮海为盐等,实行自由放任无为政策,带来了社会经济的繁荣。其时盐铁的生产和销售,多由民间工商业者经营。董仲舒在武帝时重申"盐铁皆归于民",显然有利于民间工商业的发展。征之《董子文集》,也未发现其中有抑工商的言论。这种态度是董的经济观点有别于古代抑商传统的独特之处。在他看来,人们通过什么行业取得"利"是次要的,主要问题在于"利"的分布要"均"。如果破坏了统治阶级与广大民众双方维系平衡的经济纽带,必然危及封建社会的和谐稳定。董仲舒曾亲眼看到,诸侯王刘濞等擅王国山海盐铁诸利,故积蓄了能与中央政权对抗的经济实力,终于酿成吴楚七国之乱。汉武帝时由中央政权专营盐铁之利,亦给人民的生产和生活带来诸多不便,更重要的是由政府垄断经营盐铁,势必加重对人民的盘剥,使劳动人民的负担除"田租口赋"之外,又加"盐铁之利,二十倍于古",致使贫民无法生活下去,引起社会动荡不安。因此,董仲舒认为,处于统治地位的任何个人、集团、国家都不得专利、争利,"然后利可均布,而民可家足。此上天之理,而亦太古之道,天子之所宜法为制,大夫之所当循以为行也。"

二　限民名田　以澹不足

　　董仲舒既然强调"食禄之家,不得与民争利",那么在以农业为主的中国古代,最大的"利"莫过于土地。故他要求"君子笃于礼,薄于利,要其人,不要其土。"(《王道》)吁请封建政权"限民名

---

① 《汉书·食货志》上。以下凡引此处,亦不再注明。

田,以澹不足。"当然"限民名田"的主张既牵涉上述"食禄之家",也对准那些无官禄的"豪民"。自从春秋战国时期土地逐渐转归私有,出现土地自由买卖以来,披着"公平交易"外衣的土地兼并之风日益严重。特别是经过汉初近百年的相对和平时期,除军功、官僚地主势力的发展外,豪强地主的势力也猖獗起来:"当此之时,网疏而民富,役财骄溢,或至兼并豪党之徒,以武断于乡曲。"(《史记·平准书》)产生了"富者田连阡陌,贫者亡立锥之地"的社会现象。封建土地兼并的发展必然导致租佃关系的发展,董仲舒可以说是我国历史上第一个明确表述封建租佃关系的经济思想家。他指出那些因土地兼并而破产的农民,"或耕豪民之田,见税十五。故贫民常衣牛马之衣,而食犬彘之食。"从这里可以看出董仲舒并非那种"三年不窥园"①的书呆子,他对当时贫富不均、土地兼并严重的社会现象有着深刻的了解和认识。

董仲舒提出以上问题,旨在引起统治者的警觉:这样无限制的土地兼并,必然出现富者"荒淫越制"而骄,贫者"民愁亡聊"而忧的失控局面。那么,如何抑制土地兼并,防止这种失控局面的产生呢?他提出:"古井田法虽难卒行,宜少近古,限民名田,以澹不足,塞并兼之路。"他依据古代井田制均分土地的原则,首创"限民名田"的主张,增添了中国古代经济思想史的新内容,且对后世产生了深远的影响。

但董仲舒的限田论是不切实际的空想,违背了封建社会的客观经济规律。恩格斯曾在《法兰克时代》一文中指出:"从自主地这一可以自由出让的地产,这一作为商品的地产产生的时候起,大

① 参看《汉书补注·董仲舒传》、《论衡·儒增篇》。

地产的产生便仅仅是一个时间问题了。"①可见大地产的形成是与贫富分化、土地买卖兼并等经济现象一道发生的,这一社会问题是中国封建社会政治、经济制度的必然产物。正因为董仲舒的限田论违反了客观经济规律,也违背了封建地主阶级的私人利益,所以历代王朝虽然不断重弹限田的老调,都在我国特定的封建地主土地所有制日益发展的潮流中破产了。而且,自董发明了这一企图解决土地问题的"专利"后,反而掯制了人们的思路,总是执著于这一老办法,不能另辟新蹊,以至于最终把人们引入邪路:由限田之议导演出王莽复古改制,推行所谓"王田"政策的历史悲剧,使所谓限田、"王田"的试验在客观经济规律面前碰得头破血流。这一古代经济思想史上的重大课题,为人们在实行经济决策时提供了血的教训。

当然,董仲舒的限田论是一定历史条件下的产物,我们不能对他提出的这一方案求全责备。因为他至少觉察到土地兼并之风必然危及社会的稳定。汉武帝虽没有采纳董的限田之议,但毕竟对强宗豪右采取了种种打击和制裁的措施。因此不能说董仲舒的这番议论丝毫没有作用。况且董提出限田论的初衷,是为了调整地主和农民之间适度的财产分配关系,而且对劳动人民充满了同情心,有一定的进步意义。

三 薄赋敛,省徭役,以宽民力

董仲舒面对土地兼并,贫富遽急分化的历史潮流,体察到广大劳动人民所受剥削压迫之苦。特别是那些失去土地而佃种地主土

---

① 《马克思恩格斯全集》第 19 卷,第 541—542 页。

地的"贫民",既要向地主交租——"见税什伍";又要受官吏的盘剥——"贪暴之吏,刑戮妄加"。他们在私家地主和封建政府的双重压迫下无法生存。于是强烈要求封建地主统治集团减轻贫民的租税徭役负担:"薄赋敛,省徭役,以宽民力。"以保护社会劳动生产力,使农民能够维持最低生活水平和进行简单再生产。这样的措施既符合经济法则,也符合封建政权的长远利益,当然是切实可行的。问题在于封建统治阶级出于压迫剥削人民的本性,他们根本不愿意减轻贫苦人民的负担,故劳动人民总是长期承受封建国家沉重的租税徭役之苦。

虽然关心民间疾苦是儒家的传统思想,但董仲舒在封建地主土地所有制已经形成的武帝时期,能够较全面、详细地分析产生贫富不均的原因,并且敏锐地觉察到当时的新情况和新问题——封建租佃关系业已普遍产生,要求统治阶级正视这些佃农阶层的切身利益,适当调整经济政策,减缓各种封建剥削压迫。同时还要求封建政权立法阻止破产农民沦为奴婢的趋势:"去奴婢,除专杀之威"等等。这些建议无疑是非常必要的和及时的,也是同时代的其他思想家所无法企及的。

为了说服统治集团减轻农民的赋役负担,使"贫者足以养生而不至于忧",董仲舒苦口婆心地费了许多口舌。他首先抬出"天",认为"天地之生万物也以养人";天"不阿党偏私,而美泛爱兼利。"(《服制象》,《天容》)其次捧出"先王",颂扬"五帝三王之治天下,不敢有君民之心,什一而税……不夺民时,使民不过岁三日,民家给人足,无怨望忿怒之患,强弱之难。"而且董还动用阴阳五行学说进行论证。《春秋繁露·五行变救》曰:"五行变至,当救之以德,施之天下则咎除……木有变,春凋秋荣,秋木冰,春多雨。此徭役众,赋敛重,百姓贫穷叛去,道多饥人者,省徭役,薄赋敛,出仓谷,振困穷矣。"

若封建统治集团果真减轻人民的负担,那就意味着封建国家减少了财政收入,而由此产生的财政亏损怎样弥补呢? 董仲舒要求统治阶级减省那些不必要的开支来补偿。上引《五行变救》云:"土有变,大风至,五谷伤,此不信仁贤,不敬父兄,淫泆无度,宫室荣。救之者省宫室,去雕文,举孝悌,恤黎元。"而且,最高统治集团挥霍浪费,好大喜功,也是加重劳动人民负担的直接原因。故董仲舒指出:"如人君出入不时,走狗试马驰骋,不反宫室,好淫乐,饮酒沉湎,纵恣不顾政治;事多发役,以夺民时,作谋增税,以夺民财。"(《五行顺逆》)因此,要达到真正减轻人民负担的目的,首先必须要求封建地主统治集团节欲,这自然是他们难以做到的。于是,董仲舒继承儒家传统,提倡用仁义道德、礼义教化来抑制人们的贪欲。

四 正其道不谋其利 修其理不急其功

董仲舒认为,人们一般对物质利益皆有所欲,关键在于封建政权必须对人们的性情欲望进行正确的引导。《春秋繁露·保位权》云:"故圣人之治国也,因天地之性情……务致民令有所好,有所好然后可得而劝也,故设赏以劝之。"因此,满足人们基本的物质要求,是封建统治者因"天地之性情",引导、治理民众的必要条件。《春秋繁露·王道通三》指出:"天,仁也。天复育万物,既化而生,有养而成之,事功无已,终而复始,凡举归之以奉人。察于天之意,无穷极之仁也。"又说:"天常以爱利为意,以养长为事,春秋冬夏皆其用也。王者亦常以爱利天下为意,以安乐一世为事。"故明主贤君应"秉耒躬耕,采桑亲蚕",或"亲入南亩之中,观民垦

草发淄,耕种五谷,积蓄有余,家给人足,仓库充实。"(《立元神》,
《五行相生》)甚至董仲舒还提议:"愿陛下幸诏大司农,使关中民
益种宿麦,令毋后时。"希冀封建君主通过重视发展农业生产来满
足人们基本的物资欲求。故董提出调节统治阶级与被统治阶级经
济关系的前提是:"富者足以示贵","贫者足以养生"。这些都是
董吸取法家营养对儒家传统的突破和发展,也表现了当时封建统
治阶级强勉事功,积极进取的精神。

　　当然,董仲舒也知道,许多人的欲望常常是无止境的。《春秋
繁露·度制》即指出:"今世弃其度制而各从其欲,欲无所穷而俗
得自恣,其势无极。大人病不足于上而小民羸瘠于下,则富者逾贪
利而冒为义,贫者日犯禁而不可止,是世之所以难治也。"因此,封
建政权在满足人们基本需求的前提下,还应注意引导臣民节制非
分的贪欲。"故圣人之制民,使之有欲不得过节;使之敦朴不得无
欲。无欲有欲,各得以足,而君道得矣。"(《保位权》)

　　董仲舒认为,节制人们的欲望除了需要封建国家采取行政手
段,"设赏以劝之","设法以畏之"外,还须通过教化来实现这一目
的。《汉书·董仲舒传》曰:"夫万民之从利也,如水之走下,不以
教化堤防之,不能止也……是故南面而治天下,莫不以教化为大
务。"而实行教化的重要任务是灌输仁义道德,"立大学以教于国,
设庠序以化于邑,渐民以仁,摩民以谊,节民以礼,故其刑罚甚轻而
禁不犯者,教化行而习俗美也。"董仲舒还指出:"以仁安人,以义
正我。"统治阶级对待物质利益的仁义观是,"君子不尽利以遗
民"。[①]"夫皇皇求财利常恐乏匮者,庶人之意也;皇皇求仁义常恐
不能化民者,大夫之意也。"这样,人们经过教化具备仁义道德后,

────────────

　　①　《仁义》、《度制》引孔子语。

就可以自然使统治者与被统治者之间的经济关系趋于均衡和谐。故《春秋繁露·身之养重于义》云："夫人有义者虽贫能自乐也,而大无义者虽富莫能自存,吾以此实义之。"由此可见,仁义道德即为人们填补物质欲望的精神食粮。

所以董仲舒认为:利和义二者都很重要,其差别仅在于作用不同:"天之生人也,使人生义与利,利以养其体,义以养其心,心不得义不能乐,体不得利不能安。义者,心之养也,利者,体之养也。"(《身之养重于义》)也就是说,"利"是人类生活的必要前提,"义"是人类交际的必备品德。二者相互依存,缺一不可:富人需要"利"以显示贵者的体面;贫者需要"利"以养活自身。"量势立权,因事制义,故圣人之为天下兴利也。"(《考功名》)任何人都不必贪图虚名而耻言利。但任何人也不得贪图"利"而忘"义"(即"正我")。因某个人或集团对"利"的分外贪求,都会危害他人的体面或生存,以致危及整个封建国家的根本利益。因此,只有通过制"度"才能维系"利"与"义"之间的对立统一。

因为统治阶级是社会财富的大量占有者,为了抑止他们对利的贪欲,董仲舒总是从统治阶级的长远利益出发,告诫他们重义而轻利:"凡人之性,莫不善义。然当不能义者,利败之也。"又说:"君子所好,民必成之。故君民者贵孝弟而好礼义,重仁廉而轻财利。"(《玉英》,《为人者天》)故从这一方面来看,"义"又先于"利"。

董仲舒为了抑制胶西王骄恣非分的政治野心,用仁人"正其道不谋其利,修其理不急其功"(《对胶西王越大夫不得为仁》)这句话来劝导他。其意是要求统治阶级必须遵循封建国家整体的大道理,不要只顾私人眼前的小功利。即使在维护封建统治阶级根本利益的前提下,也并非要他们完全抛弃功利,只是要求"不急其功",把功利摆在"道"、"理"、"仁"、"义"的第二位追求。董的这句话在《汉书》本传中却为："正其谊不谋其利,明其道不计其功。"这也许是正统史学家班固修辞的结果。但随着时代的推移,封建文人对这句话的阐释越来越偏离了董仲舒的原意,到宋代演变成"存天理,灭人欲"的反动思想。其实,认真考查董的义利观,则知他只是企图通过仁义道理来制约人们对"利"的贪求,借以调节各阶级、阶层之间的经济关系而已,并非不言利。

五　结　语

通过上述研究,可知董仲舒试图"调均"统治阶级与被统治阶级之间财产分配比例时,把注意力主要放在统治阶级方面。如以上提出的四个方面都是对地主统治阶级提出的要求。因为在统治阶级和被统治阶级的矛盾中,统治阶级是矛盾的主要方面,事物的性质及其发展趋势,往往是由矛盾的主要方面决定的。而且,封建统治阶级也总是仗势侵吞大量的社会财富,率先破坏矛盾双方的均衡状态。因此,封建统治阶级应当,而且也必须主动调控各阶级各阶层占有财富的"度"。董仲舒从统治阶级方面入手,可以说正好抓住了矛盾的主要方面。当然,作为统治阶级利益的代表人物,他的目的不是为了彻底解决也不可能彻底解决这一问题,而是为了缓和当时正在逐步尖锐激化的阶级矛盾,维持矛盾对立双方的相对统一和平衡,以巩固封建专制统治。

总起来看,董仲舒的经济思想以儒家思想为主,兼融黄老、法家等学说,着重探究如何协调国家与国民之间的经济活动问题。董仲舒反对国家全面干涉和控制经济生活,也反对放任无为的经济政策。从封建国家的整体利益和长远利益出发,他主张对社会经济活动进行"利导之"、"教诲之"乃至"整齐之",以把握社会财富在国家、各阶级阶层之间的适度分布。由于当时社会上土地兼并、贫富分化加剧,封建国家又垄断经营各项经济事业,使社会财富过度地转移到统治阶级手中,董仲舒及时指出必须顾及劳动人民的经济利益,注意到国家、集团、个人之间的经济利害冲突以及经济与政治之间的相互关系。因此,董仲舒在经济问题上所体现的整体观念、均衡原理以及民本思想,闪烁着新儒家经济理论的光辉,具有一定的积极意义。可以说,董仲舒的经济思想奠定了中国儒家传统经济思想的基本格局,在我国古代历史上具有深远影响。

但是,董仲舒毕竟是封建地主阶级的思想家,他的经济思想主要局限于社会经济分配领域,在如何进一步发展社会生产方面没有多大建树。而且他所提出的经济措施多理想化而少实用性。他贯穿在经济问题上的中庸思想以及经济从属封建政治的原则,也包含着一定的保守、封闭观念,这些弱点随着时代的推移,在那些正统儒家经济思想中越来越清楚地表现出来。

（本文选自:《求索》1991 年第 2 期）

冷鹏飞,湖南安乡人。北京大学历史硕士,现任湖南师范大学历史系教授。

董仲舒把道家、阴阳家、法家等思想融于一炉,铸造出新儒家思想体系。一定历史时期所创造的社会财富总量总是有限的,欲制活万民,维护封建统治秩序,关键在于社会财富的合理分配,董仲舒在这一问题上丰富发展了儒家的中庸思想。董仲舒主张封建国家制定制度,限制官吏"因乘富贵之资力",非法攫取钱财,"与民争利"。董仲舒还把这一原则推而广之,对当时国家垄断经营盐铁,与民争利的行为表示反对。为了抑制土地兼并,董仲舒提出了"限民名田",但这种论点是不切实际的空想。董仲舒的经济思想奠定了中国儒家传统经济思想的基本格局,在我国古代历史上具有深远的影响。

司马迁"法自然"的经济思想*

巫　宝　三

　　司马迁是一个伟大的历史学家、文学家和思想家,他留给后人的是他的一部伟大著作《太史公书》,后称《史记》。不论研究他在哪一方面的贡献,都离不开他的著作《史记》,不论研究他哪一方面的学说思想,也都离不开他在《史记》中所表述的思想。所以我们研究他的经济思想,也必须从他的著作《史记》和他在《史记》中所表述的基本思想开始。

（一）司马迁的著作《史记》和他的基本思想

　　《史记》一书是与司马迁一生相终始的。从他 42 岁(汉武帝太初元年,公元前 104 年)开始著述时算起,到他 55 岁(武帝征和二年,公元前 91 年)《太史公书》完成时止,他为此巨著共用了 13 年的时间。若从他 38 岁做太史令(武帝元封三年,前 108 年)开始搜集资料、准备著作时算起,则历时共有 17 年。再若从他 20 岁至 21 岁(武帝元朔三年至四年,前 126——前 125 年)遨游大江南

　　* 此文是根据 1980 年春在中国社会科学院研究生班讲稿整理补充而成。

北,22 岁(元朔五年,前 124 年)任郎中职随武帝巡游、奉使巴蜀滇中和负薪塞河等活动时算起(谁都认为如果司马迁没有如此丰富的阅历,没有掌握亲自考察过的活材料,他是写不出《史记》这部博学而生动的著作的。)则历时共有 35 年。若再从他 6 岁起,父亲司马谈就做太史令,并且死前嘱咐他"余死,汝必为太史,为太史,无忘吾所欲论著矣"(《史记·太史公自序》),可知从司马迁幼年起,他父亲就注意培养他接班任太史,所以说《史记》一书与司马迁一生相终始,是不过分的。

这里自然要提出以下一些问题:司马迁为什么要著作《史记》这部书?他的世界观即基本思想是什么?《史记》这部书有哪些内容?它的贡献是什么?这些问题对于研究司马迁的经济思想似乎远了些,其实是很基本的。所以我们准备在研究司马迁的经济思想之前,先简括地回答上述问题。

《史记》是中国最早的一部通史,它叙述我国从黄帝到汉武帝三千多年的历史,反映各个时代,尤其是记录了自西周至西汉各个时代的政治变革、社会经济生活面貌和学术思想源流,在著作体例上开创了纪传体,成为以后"正史"编纂的范例。

《史记》是一部大著作,共五十二万六千余字,包括十二本纪,十表,八书,三十世家,七十列传,共 130 篇。十二本纪是以一个朝代或帝王等统治人物为中心的大事记,是全书总纲。十表有世表、年表、月表三种,记载简明扼要,作为本纪的补充。八书即《礼书》、《乐书》、《律书》、《历书》、《天官书》、《封禅书》、《河渠书》、《平准书》,叙述重要的典章制度,天文现象,政治设施,山川水利,经济发展。自此以后,各代有关制度、经济、文化发展资料的整理和编著,多是继承司马迁所开创的工作。三十世家主要是各诸侯国的历史,其中有西周至战国十七个重要的侯国史,大大丰富了这一段历史的内容。七十列传,是重要人物的传记,也有少数民族和邻国的历史。特别值得提出的,司马迁不受西汉经学的拘束,传记中包括有社会上低下阶层的人物,如医士、侠客、大商人、冶铁主、优伶、占卜人等。这充分表现了司马迁视野的广阔和思想的卓越。

《史记》是私人著作,并非官书。所以司马迁在《太史公自序》中说:"藏之名山,付在京师,俟后世圣人君子。"《汉书·司马迁传》说:"迁既死后,其书稍出。宣帝时,迁外孙平通侯杨恽祖述其书,遂宣布焉。"又说:"自刘向、扬雄博极群书,皆称迁有良史之才,服其善序事理,辨而不华,质而不俚,其文质,其事核,不虚美,不隐恶,故谓之实录。"但后汉王允则说:"司马迁作谤书。"(《三国志·魏书·董卓传》注)此盖言"迁不隐孝武之失,直书其事耳"(《三国志·魏书·董卓传》注)。《史记》流布以后,各篇有所散失。《汉书·艺文志》著录"太史公百三十篇",附注说:"十篇有录无书。"《汉书·司马迁传》也说:"而十篇缺,有录无书。"张晏注曰:"迁没之后,亡《景纪》、《武纪》、《礼书》、《乐书》、《兵书》、《汉兴以来将相年表》、《日者列传》、《三王世家》、《龟策列传》、《傅靳列传》。元、成之间,褚先生(褚少孙)补缺,作《武帝纪》、《三王世家》、《龟策》、《日者》,言辞鄙陋,非迁本意也。"①

《史记》一书的经济思想集中表现于《河渠书》、《平准书》和《货殖列传》三篇。但司马迁的思想是贯穿在对史实的叙述中,研究他的思想,不可限于上述几篇。

司马迁的基本思想,最可以从他为什么写《史记》这部书的问题看出。他自己对这个问题作了表述。他在《报任安书》中说:

"仆窃不逊,近自托于无能之辞,网罗天下放失旧闻,考

---

① 《史记正义》云此十篇皆褚少孙补缺。《兵书》以《律书》补。

之行事,稽其成败兴坏之理,凡百三十篇,亦欲以究天人之际,通古今之变,成一家之言。"(《汉书·司马迁传》)

很清楚,"欲以究天人之际,通古今之变,成一家之言",就是《史记》的中心思想。意思是他力图究明自然界和社会的关系,通晓古往今来兴衰成败的规律,对此提出自己的见解。他为什么要这样做呢?为的是让后世可以有所取法和鉴戒。例如,他说:"后有君子,以览观焉。"(《史记·六国年表序》)"令后世得览,形势虽强,要之以仁义为本"(《史记·汉兴以来诸侯年表序》),等等。司马迁在著作《史记》过程中,曾由于为李陵辩解而下狱,并受到极大污辱和惨酷的腐刑。但是他负辱忍痛,以极大的毅力,出狱后继续著作以至完成。他说,他"隐忍苟活,函粪土之中而不辞者,恨私心有所不尽,鄙没世而文采不表于后也"(《汉书·司马迁传》)。说到这里,不能不令人想起欧洲文艺复兴时代一些自然科学家如哥白尼、布鲁诺、伽利略等为坚持对自然科学的发现和研究而与当时教会及经院哲学所进行的斗争。虽然司马迁在著作《史记》过程中遭受刑辱是由于推言李陵之功的原因,与哥白尼等之受教会迫害是由于提出反对上帝创造世界理论的原因不同,但是司马迁在封建专制压力下,为探讨真理的不屈不挠的精神是和他们相同的。

那末,司马迁对于自然界和社会的关系以及对于古往今来兴衰成败的规律,提出了什么见解呢?应当说,司马迁对于这些关系和规律的见解,没有用总结的形式表明出来,他是通过对于各种历史事实的叙述,来表明他对这些关系和规律的见解的。如同顾亭林所说:"古人作史有不待论断,而序事之中即见其指者,惟太史公能之。"(《日知录》卷26)也是由于这个原因,后人对他的基本思想一直有不同理解。有说他"崇道抑儒",有说他崇奉儒家思想,发挥春秋公羊学,至今犹争论不决①。我们认为"崇道"是司马迁继承他父亲司马谈的思想,但是他并不"抑儒",相反,他是十分尊孔的,他在"崇道"的基础上,发挥了儒家德治和仁政的思想。所以我们认为司马迁的基本思想是"崇道"的,但又尊儒。关于这个问题,需要从司马谈《论六家要指》说起。《要指》说:

> "《易·大传》:'天下一致而百虑,同归而殊途。'夫阴阳、儒、墨、名、法、道德,此务为治者也。直所从言之异路,有省有不省耳。尝窃观阴阳之术,大祥而众忌讳,使人拘而多所畏;然其序四时之大顺,不可失也。儒者博而寡要,劳而少功,是以其事难尽从;然其序君臣父子之礼,列夫妇长幼之别,不可易也。墨者俭而难遵,是以其事不可遵循;然其强本节用,不可废也。法家严而少恩;然其正君臣上下之分,不可改矣。名家使人俭而善失真;然其正名实,不可不察也。道家使人精神专一,动合无形,赡足万物。其为术也,因阴阳之大顺,采儒墨之善,撮名法之要,与时迁移,应物变化,立俗施事,无所不宜。指约而易操,事少而功多。儒者则不然,以为人主天下之仪表也,主倡而臣和,主先而臣随。如此则主劳而臣逸。至于大道之要,去健羡,绌聪明,释此而任术。夫神大用则竭,形大劳则敝。形神骚动,欲与天地长久,非所闻也。"(《太史公自序》)

从以上论述里,完全可以看到,司马谈对阴阳、儒、墨等五家分别判定其非与是,但对于道家则完全予以肯定。这与荀子的《非十二子篇》单纯地批判是不同的,也与庄子的《天下篇》有所非议也有

---

① 参看何世华:《司马迁思想研究中的几个问题》,《人文杂志》1980年,第6期;许绍光:《试论司马迁在思想方面的贡献》,《扬州师院学报》1981年,第4期。

所论述的中心思想是不同的。以前各家各是其是,非其非,学派之间相互对立,如司马迁所说:"世之学老子者则绌儒学,儒学亦绌老子。"(《史记·老子韩非列传》)值得注意的是,司马谈肯定的道家,已经不是一般所理解的消极的、逃避现实的道家,而是与其他五家相同"皆务为治者"的道家。司马谈上述的道家,具有"因阴阳之大顺,采儒墨之善,撮名法之要"的特点。这不能不说,这种道家至少是以经过西汉文景时代与政治密切相结合的"黄老"①思想为其内容,而由司马氏父子在理论上加以发展而成的。这种道家思想,在政治上为现实政治服务,在学说思想上则以"法自然"为其核心,即上面引文所说的,"与时迁移,应物变化,立俗施事,无所不宜。指约而易操,事少而功多"。司马迁在为他这部著作写的自序中,如此完整地提出这种思想,并在各篇"网罗天下放失旧闻,考之行事"中,验证了这种思想,这就有理由认为这种"法自然"思想,就是司马迁关于自然界和社会的关系以及关于古往今来兴衰成败的规律的"一家之言"。一般都认为司马迁记述汉初的政治,说"汉兴,承敝易变,使人不倦,得天统矣"(《史记·高祖本纪》),又说:"汉兴,至孝文四十余载,德至盛也"(《史记·孝文本纪》),等等,是他的儒家德治思想的表现,这是没有疑问的。但是这些思想不正是司马迁"法自然"思想的内容吗? 司马迁根据这一思想,除了肯定汉武帝建立的大一统帝国以及兴治水利、统一币制等功绩而外,还指出武帝加强绝对君权专制主义的危害性。这就说明了司马迁思想强烈的时代意义和持批判态度的科学精神。司马迁提出这种思想,不是无的放矢的。他明白地说,《论六家要指》的提出,是由于他父亲司马谈"仕于(汉武帝)建元、元封

---

①　"黄老"之说,最先见于《史记》。

之间,愍学者之不达其意而师悖"(《史记·太史公自序》)。所谓"师悖",颜注:"悖,惑也。各习师意,惑于所见也。"具体地说,当时儒者公孙弘等对武帝阿谀奉迎,法家张汤等专看武帝眼色行事,司马迁在写他们的列传时,都直书这些史实。通过司马迁在《史记》各篇的序事,来印证《论六家要指》中所说的道家思想,就可以领会司马迁的"法自然"的基本思想。

这里要讲一讲"法自然"思想的具体含义。《论六家要指》中关于道家思想曾提到:"因时迁移,应物变化,立俗施事,无所不宜。"还说:"其术以虚无为本,以因循为用。""有法无法,因时为业(《正义》:因时之物,成法为业);有度无度,因物与合(《正义》:因其万物之形,成度与合也)。故曰,圣人不朽,时变是守。虚者道之常也,因者君之纲也。""因"这个概念,包含有顺应事物本身发展变化的意义。司马迁一再说的"因"或"因循",就是顺应事物本身的变化。老子《道德经》中有"人法地,地法天,天法道,道法自然"(《老子》第25章)。"道"是老子所说的最高最原本的实体,这最原本的实体是以它自己本来的样子(自然)为根据①。这个"道法自然"是中国哲学史上最早提出的唯物主义学说。孔子也讲过"因",他说:"殷因于夏礼,所损益可知也;周因于殷礼,所损益可知也。"(《论语·为政》)这里所说的"因",也是说事物本身在发展变化。还有战国时期的慎到,他是早期法学家,也大讲"因"的道理。他说:"天道因则大,化则细。因也者,因人之情也。人莫不自为也,化而使之为我,则莫可得而用矣。"(《慎子·因循》)慎到已经从"因人之情"来讲天道,来讲君人之治,并且以"因循"做他著述的篇名,可惜现在此篇存留的已不是全文。所以司

---

① 参看任继愈:《中国哲学史》第1册。

马迁所说的道家"因时迁移,应物变化"的思想,是他兼采儒家和法家的思想,可以说是他所说的道家"采儒墨之善,撮名法之要"的最好证明。

以上仅就《论六家要指》所提出的关于"因循"思想的本身含义而言。关于这一思想,司马迁所言并不止于此,他还在各世家、列传序事之中,验证这一思想。例如他论曹参为相说:"其治要用黄老术,故相齐九年,齐国安集,大称贤相。"又说:"百姓离秦之酷后,参与休息无为,故天下均称其美矣。"(《史记·曹相国世家》)又如记陈平答文帝问说:"宰相者,上佐天子理阴阳,顺四时,下育万物之宜,外镇抚四夷诸侯,内亲附百姓,使卿大夫各任其职焉。"(《史记·陈丞相世家》)也是本诸黄老遵循自然,奉法守职的道理。又如写汲黯说:"黯好黄老之言,治官理民,好清静,……其治,责大指而已,不苛小,……岁余,东海大治。"(《史记·汲郑列传》)再如《货殖列传》说"故善者因之,其次利道之,其次教诲之,其次整齐之,最下者与之争",则更是直陈"因应"的道理。所以我们认为司马迁的基本思想是因时与变的思想,即法自然的思想。这种思想已经不是先秦道家的逃避现实的、消极的思想,而是顺应时变的、积极的、兼采各家、特别是儒家德治的发展了的道家思想。

对于司马迁思想与儒家公羊学派的关系,学术界也是有不同意见的。有的同志认为司马迁所说的"究天人之际",即公羊学派的"天人之学"或"天人感应"之学。但也认为司马迁所说的天道,更强调了天地变化的一面,即更多重视社会经济发展的一面①。

---

① 旋丁:《司马迁与董仲舒政治思想相通论》,《中国史研究》1981年,第2期;杨向奎:《司马迁的历史哲学》,《中国史研究》1979年,第1期。来新夏:《从〈史记〉看司马迁的政治思想》,《文史哲》1981年第2期。

有的同志不大同意这种意见,认为董仲舒公羊学的主要思想是在论述"灾异"的问题上,是在论述"天道"与"人道"的关系上("天"主宰自然与社会的作用),认为司马迁与董仲舒在学术思想上没有全面的必要的联系,更谈不上司马迁是承受了董仲舒的全面的思想(张维华:《司马迁与〈史记〉》,《文史哲》1980年,第1期)。我们比较同意后一种意见。我们认为司马迁所说的"天人之际",很难说就是董仲舒的"天人之学"。不说别的,董仲舒是用阴阳五行之气的变化以及符瑞和灾异等,来解释人世间的盛衰治乱,但司马迁讲阴阳,主要说"春生夏长,秋收冬藏,此天道之大经也,弗顺则无以为天下纲纪"(《史记·太史公自序》)。对于"天"为物质之天,自然之天,而非人格神的天的认识,从荀子起已经提出。荀子曾说:"天行有常,不为尧存,不为桀亡。应之以治则吉,应之以乱则凶。"(《荀子·天论》)司马迁对于荀子"嫉浊世之政,亡国乱君相属,不遂大道而营于巫祝,信机祥,……于是推儒、墨、道德之行事兴坏,序列著数万言而卒"(《史记·孟荀列传》),颇有引为同道之感。我们认为司马迁的"天人之际"比较恰当的解释,就是"天行有常,应之以治则吉,应之以乱则凶"的意思。《史记》中是有当时盛行的一些迷信附会的言论,例如关于"五德之传"、"受命而帝"①等。不过,这也很难说是司马迁的主要思想。一则像《历书》所述,未尝不可以用上述"天行有常"的思想来解释。另外,要说迷信之事,汉武帝时的封禅和求仙活动,可以说是最大的迷信。但司马迁记载那些活动时,一再说"终无有验"、"无有效"(《史记·封禅书》)。由此也可知道司马迁对于迷信、灾异等的基本态

---

① 《史记·历书》、《史记·天官书》、《史记·秦楚之际月表》等篇都有此言论。

度。公羊学派是讲"微言大义",不注重史实的,因而可以随意附
会怪异之事,这与司马迁《史记》从历代史实得出他的论断是完全
不同的。

(二)司马迁关于社会经济发展的学说

由于《史记》首先是一部伟大的历史著作,所以司马迁是以历
史学家和文学家而著称,而不是以经济思想家著称。不过就中国
古代经济思想家而论,司马迁无论在史料的整理上和在新思想的
阐发上,无疑都作出了巨大的贡献而应享有独特的地位的。首先
我们想提出他关于社会经济发展的思想。作为"通古今之变"的
历史学家,这个问题也必然是他想作为一个基本问题来回答的。

据司马迁说,中国历史起自黄帝,历夏商周,而经秦的统一到
司马迁生活的汉武帝时代,已经从远古社会发展到封建集权专制
主义的大一统帝国。司马迁研究古史,更研究"当代史"①。他对
于当时封建帝国经济的发展究竟是如何理解的呢?这是摆在司马
迁面前的一个大问题。他为了回答这个问题,研究了远古以来的
经济发展,着重地研究了西汉的经济发展和经济政策,写了《河渠
书》、《平准书》、《货殖列传》。在这些著作中,他提出了社会经济
发展的内部联系、发展规律以及如何看待当前各种经济现象和国
家经济政策的问题。特别是在《货殖列传》中,他集中地论述了社
会经济发展规律的问题。他很尖锐地以老子所说的"小国寡民"
社会与汉代大一统帝国对比来提出问题。《货殖列传》一开头就
说:

---

① 参看施丁:《司马迁写当代史》,《历史研究》1979 年第 7 期。

"老子曰:'至治之极,邻国相望,鸡狗之声相闻,民各甘
其食,美其服,安其俗,乐其业,至老死不相往来。'必用此为
务,輓(輓、晚古通)近世涂民耳目,则几无行矣。"①

这是说,时代发展到了今天("近世"),如果要按照老子所说的办
事,涂饰老百姓的耳目,那末一定是行不通的。这就把老子所说的
社会与后来发展的社会的不同,十分鲜明地提出来了。那末司马
迁所说的"近世"是怎样的情况呢?他紧接着上文说:

"太史公曰,夫神农以前,吾不知已。至若《诗》、《书》所
述虞、夏以来,耳目欲极声色之好,口欲穷刍豢之味,身安逸
乐,而心夸矜势能(态)之荣,使俗之渐民久矣,虽户说以眇
(妙)论,终不能化。故善者因之,其次利导之,其次教诲之,
其次整齐之,最下者与之争。"

这里司马迁把远古以来的人类社会的基本需要极其简括地描述出
来,并说这种基本需要,不管你怎么巧为说辞要它改变,是无法改
变的。根据这一认识,司马迁认为治国之道的上策,是顺应人类社
会的自然发展,其次是因势利导,再次是实行教化办法,再次是实
行刑罚干预,最坏的办法是与民争利。这几句论述,非常重要。一
则他把成为社会经济问题出发点的人类需要这个问题提到一定的
高度。再则他把人类基本需要和他的"因"的思想联系起来,成为
他的关于社会经济发展的"因"或"法自然"的基本思想。他提出
这一理论,不是迂阔之谈,而是密切结合历史实际,特别结合汉代

① 《老子》第80章原文为:"小国寡民,使用什伯之器而不用,使民重
死而不远徙。虽有舟舆,无所乘之。虽有甲兵,无所陈之。使人复结绳而用
之。甘其食,美其服,安其居,乐其俗,邻国相望,鸡犬之声相闻,民至老死不
相往来。"

的经济发展。后面将说到他在论述汉武帝的经济政策时，即指出有与民争利之处。由于这许多原因，司马迁关于"因"或"法自然"的社会经济发展的学说，可以说是他的经济思想的纲。我们认为他的许多关于各种经济问题的卓越见解，都要从这个基本思想去理解。

司马迁关于人类基本欲求以至较高欲求的理论，多少是源自荀子的人性论，但是他在这个问题的论述上，也有新的发展。荀子认为人类的自然欲望是不能去掉的，而较高的欲望要根据生产水平的可能性，按照封建等级制度尽可能予以满足①。《史记》中的《礼书》，大部分是根据《荀子·礼论篇》。例如《史记·礼书》说：

"人体安驾乘，为之金舆错衡以繁其饰，目好五色，为之黼黻文章以表其能，耳乐钟磬，为之调谐八音以荡其心，口甘五味，为之庶羞酸咸以致其美，情好珍善，为之琢磨圭璧以通其意。故大路越席，皮弁布裳，朱弦洞越，大羹玄酒，所以防其淫侈，救其凋敝。是以君臣朝廷尊卑贵贱之序，下及黎庶车舆衣服宫室饮食嫁娶丧祭之分，事有宜适，物有节文。"

这里所说的"事有宜适，物有节文"，可以说完全是照搬荀子人性论和封建等级理论。但司马迁在《礼书》中论述的侧重点不完全同于荀子，更不是完全取之于《荀子·礼论》的②。例如《礼书》有

---

①　《荀子·性恶》篇说："今人之性，饥而欲饱，寒而欲暖，劳而欲休，此人之情性也。"又说"夫好利而欲得者，此人之情性也"。《荀子·正名》篇说："故虽为守门，欲不可去，性之具也。虽为天子，欲不可尽。欲虽不可尽，可以近尽也。欲虽不可去，求可节也。"

②　《汉书·司马迁传》说"十篇缺，有录无书"。张晏注说，《礼书》是亡缺十篇之一，但他没有说褚少孙补作《礼书》。今《礼书》内容有不少司马迁自己的论述。

一段说：

> "周衰，礼废乐坏，大小相逾，管仲之家，兼备三归。……
> 自子夏，门人之高弟也，犹云：'出见纷华盛丽而说，入闻夫子
> 之道而乐，二者心战，未能自决'，而况中庸以下，渐渍于失
> 教，被服于成俗乎？"

司马迁在这里说，"礼"是会废的，"乐"是会坏的，封建等级之间是
常相逾越的。他用圣人之徒子夏等常常在"夫子之道"与人间"纷
华盛丽"二者之间的斗争为例，来说明一般人对"纷华盛丽"的追
求。这里他把封建等级制度的一套礼仪，不是看成一成不变的东
西，相反，他在探究形成"礼"和"俗"的根本因素。请看《礼书》一
开头就说：

> "太史公曰，洋洋美德乎！宰制万物，役使群众，岂人力
> 也哉？余至大行礼官（"大行"，秦官，主礼仪），观三代损益，
> 乃知缘人情而制礼，依人性而作仪，其所由来尚矣。"

"缘人情而制礼，依人性而作仪"，这是司马迁考察三代礼仪变革
之后所做的结论。于此可以看到司马迁从荀子关于礼产生于节制
人们欲求的理论，发展为礼仪的变化也是以"人情"、"人性"为根
据的理论。司马迁这种认识，又使他进一步发展了前人对于人类
社会存在的"求富"、"求利"活动的理论。即他认为农虞工商等的
普遍"求富益货"活动，是来源于人类的基本欲求和较高欲求的。

司马迁关于从远古到"近世"社会经济发展的理论，当然远不
止于上说。他还运用历史材料进一步阐述他的论点。下面是他关
于这一方面带有总结性的一段论述。

> "夫山西饶材、竹、谷、纻（纻属）、旄、玉石；山东多鱼、盐、
> 漆、丝、声色；江南出枏、梓、姜、桂、金、锡、连（铅之未炼者）、
> 丹沙、犀、玳瑁（一种大海龟）、珠玑、齿革；龙门、碣石北多马、

牛、羊、旃裘、筋革；铜、铁则千里往往山出棋置；此其大较也。
皆中国人民所喜好，谣俗被服饮食奉生送死之具也。故待农
而食之，虞而出之，工而成之，商而通之。此宁有政教发徵期
会哉？人各任其能，竭其力，以得所欲。故物贱之征贵（征者
求也），贵之征贱，各劝其业，乐其事，若水之趋下，日夜无休
时，不召而自来，不求而民出之，岂非道之所符，而自然之验
耶？"（《史记·货殖列传》）

上文有以下几点值得我们注意：

（1）重视商品流通。在先秦经济思想中，《管子》是比较重视
工商业的，如《小匡》篇对于商人的活动说："是以羽旄不求而至，
竹箭有余于国，奇怪时来，珍奇物聚。"此外，荀子也是比较重视商
品流通的，但他亦只说到"北海"、"南海"、"东海"、"西海"等地区
的产品（《荀子·王制》）。可以认为《小匡》及荀子所说的，都是
大商人为了满足封建主需要，在诸侯国外或边远地区贩运的特产
奢侈品。但司马迁所论述的，则是帝国内中心地区"山西"、"山
东"、"江南"等地区的普通产品，他说这些产品都是"中国人民所
喜好"和"奉生送死"的生活用品，这就为他重视一般工商业的发
展，提供了论据。

（2）提出农虞工商并重论。先秦诸子一般都是重农轻工商
的，即使有时就社会职能而言把工商与农并提，如《管子》提出"士
农工商四民者，国之石民也"（《管子·小匡》、《管子·治国》），荀
子提出"农分田而耕，贾分货而贩，百工分事而劝，士大夫分职而
听"（《荀子·王霸》），但就他们思想的总体而论，他们虽然与商
鞅、韩非之说有所不同，也还是重农轻工商的。这种思想在西汉时
代，已经形成法令，成为法定的正统思想。但司马迁则根据客观事
实提出不同的见解。他在《货殖列传》中说，农虞工商（虞，主要是

煮盐,冶铁的治山海之利的人)"此四者,民所衣食之原也。原大则饶,原小则鲜。上则富国,下则富家。贫富之道,莫之夺予"。(《索隐》说:"言贫富自由无予夺",或可解为这是不依人们意志为转移的致富或变贫之道。)他还引《周书》说:"农不出则乏其食,工不出则乏其事,商不出则三宝绝,虞不出则财匮少。"他在这里已经抛弃了已往的从不同社会职能而提出的"士农工商"的说法,而代之以四大社会经济活动部门的"农虞工商"的分类。这种新的提法,意谓着一方面这四个部门都属于经济活动的领域,探讨的问题更专门化了。另方面从社会经济活动和人民需要来说,虞、工、商与农业生产有的是物质生产部门,有的是商品流通部门,是同样重要的和不可或缺的。所以他说:"故待农而食之,虞而出之,工而成之,商而通之。"表明了他对这四种经济活动的实质和重要性有了进一步的理解。

（3）提出"任能"、"作力"论。更重要的是,司马迁分析了这些社会经济活动发展的动力。他认为这四种社会经济活动是完全适应社会客观发展的要求的,不是由于谁在那儿发号施令和施加影响而造成的。他说:"此宁有政教发微期会哉?"说的就是这个意思。为什么这四种经济活动各能发挥其作用呢? 他回答说:"人各任其能,竭其力,以得所欲。……各劝其业,乐其事,若水之趋下,日夜无休时,不召而自来,不求而民出之。"这就是说,若能使农、虞、工、商有机会发挥他们的才力,满足他们的欲求,他们就会如水之就下,整天整夜不停地努力去干。他在《货殖列传》中反复阐述这个思想。如:

> "故太公望封于营丘,地潟卤,人民寡,于是太公劝其女工,极技巧,通鱼盐,则人物归之,繦至而辐凑。故齐冠带衣履天下,海岱之间敛袂而往朝焉。"

"农工商贾畜长,固求富益货也。此有知尽能索耳,终不余力而让财矣。"

"是以无财作力,少有斗智(《正义》:"言少有钱财,则斗智巧而求胜也"。),既饶争时,此其大经也。"(《史记·货殖列传》)

值得注意的是,封建正统思想是墨守陈规,而歧视创新,对于古代世界最初起变革作用的工商,常常视为"奇技淫巧"。但司马迁则反其道而言之,极称技巧的作用,并引齐国之富庶作为例证。他把"作力"、"斗智"、"争时"三者总结为致富的三大原则,也最能表现他对于发挥各个人在社会经济发展中的作用的重视。这些论述应该是司马迁遨游全国各地所观察到的活生生的事实。所以最后他用反问的语句总结说,这些事实"岂非道之所符,而自然之验耶"? 也就是说,这些事实正是符合社会经济的发展规律而得到了验证的。我们可以说,司马迁这些论述扼要地表述他的"法自然"的经济思想。对于他的"人各任其能,竭其力,以得其所欲"的理论,我们不禁想起《管子·乘马》篇亦有与此颇为相同的论述①。但是《乘马篇》所说的还仅指农业生产,而司马迁所说的,则是统农虞工商各种经济活动而言。这也是司马迁发展前人论述的方面。

司马迁的顺应社会经济自然发展的"法自然"的经济思想,论者说是经济放任主义思想。胡适说"这是很替资本制度辩护的理论","这种自然主义的放任政策是资本主义初发达时代的政治哲

---

① 《乘马》篇说:"均地分力,使民知时也。民乃知时日之蚤晏,日月之不足,饥寒之至于身也,是故夜寝蚤起,父子兄弟不忘其功,为而不倦,民不惮劳苦。"

学"(《司马迁替商人辩护》,《胡适论学近著》第一集,下集,第575页)。这种理解,把司马迁的时代提到资本主义时代,显然是不符合历史的。他所提的自然主义的放任政策,亦有待于说明。胡寄窗同志说司马迁的"善者因之"的思想,是"倾向于经济的放任政策,不主张人为的干涉"(胡寄窗:《中国经济思想史》中,第53页)。我们认为司马迁不主张汉武帝时的封建专制官营经济政策,是事实,在下面第五节我们将谈到。但是"放任主义"与"法自然"各有特定的涵义,不能把二者等同起来。关于这一点,我们将在最后一节讨论。

司马迁的"法自然"的经济思想,表现在(1)"求富益货"即货殖学说上,(2)农虞工商各业经营的论述上,(3)反对封建国家绝对君权专制主义与民争利的政策上。以下依次分别论之。

(三)司马迁的货殖学说

中国最早的经济思想就提出谋求"食"与"货"的问题。《尚书·洪范篇》说:"八政,一曰食,二曰货。""食"当然是指谷物生产,"货"一般理解为货币和手工业产品[①]。至于如何增加食与货的生产,如何看待食与货经济活动,用什么方式生产食与货,食与货应以何者为重等等问题,则是春秋战国以来思想家所不断探讨并成为制定国家经济政策的重要问题。而到了西汉时代,由于社会经济发展所提出的新问题,并由于过去思想家探讨经济问题所提供的思想资料,思想家因而也提出了新的经济观点、新的经济学

---

① 《洪范传》说是殷箕子答周武王问所作,现在学者认为是战国时代作品。但其中有些思想,如关于"食"与"货"的观点,出现较早。

说。可以说司马迁是提出新的经济观点和新的经济学说最为特出的思想家。他的特出的经济观点和学说,除了表现在他对于社会经济发展的学说等而外,还表现在他对于"货殖"的学说。

食货问题到战国时代发展成为"富国"、"富民"的问题。到了西汉时代,由于工商业的发展,更概括地提出了"求富"的问题。司马迁对于这一问题从史实到理论都作了全面的论述。他的著名的《货殖列传》所论述的重点之一,就是这个问题。这里有必要先说清楚他所说的货殖的涵义。

"货殖"一义,最早见于《尚书》,仲虺谏汤王说:"惟王不迩声色,不殖货利。"(《仲虺之诰篇》)但"货殖"成为一个专门名词,还是始自《论语》"赐不受命而货殖焉"一语。朱熹注:"货殖,货财生殖也。"(《四书集注·论语·先进篇》)这是对"货殖"所作的解释。司马迁所用"货殖"概念,与此义同。但对待"货殖"问题的态度,司马迁与往前是不同的。孔子批评子贡的"货殖"活动,说他"不受命",而司马迁则反过来说,子贡"废著鬻财于曹鲁之间,七十子之徒,赐最为饶益","夫使孔子名布扬于天下者,子贡先后之也"(《史记·货殖列传》)。这不但肯定子贡的货殖活动,并且还表彰了子贡货殖活动对孔子名扬天下的作用。更值得注意的,司马迁提出他作《货殖列传》的旨意,不是在于为贵族和统治者增殖货财作解说,而是在于论述"布衣匹夫之人,不害于政,不妨百姓,取与以时,而息财富,智者有采焉"(《史记·太史公自序》)。司马迁的这种思想,应该说是前所未见的新思想、新观点。因为从战国时代至西汉,重农抑工商思想已逐渐居于统治地位,尤其以西汉时代为甚。但司马迁则认为即使是工商"末"业的货殖活动,也有可以供"智者"采择的地方。这显然提出了反对传统的和流行的抑末的观点。所说"取与以时,而息财富",就是通过商业活动以增殖财富。不正是同战国时期所说的"事商贾"之人有类于"螟螣蚼蠋"害虫的思想相对立吗(《商君书·农战》)？不正是同贾谊所说的末业是"不耕而多食农人之食"之说相对立吗(《新书·瑰玮》)？

其次，司马迁所说的"货殖"概念，是关于货财的取得和增殖，而货财的含义，既是各种自然状态和加工过的有用物品和交换得来的物品，如谷帛等物，又是可以换取各种物品的货币。《货殖列传》说白圭"人弃我取，人取我与。夫岁孰取谷，予之丝漆；茧出取帛絮，予之食"。至少从字面解释，白圭是以实物交换的方法增殖财富。但司马迁所说的"货殖"，并不全指增殖实物财富。他在很多论述中，都讲到货币。如讲范蠡、计然之术，说"积著(贮)之理，务完物，无息币"①，这里是说不要使货币呆置，而应发挥其不断周转的作用。又说范蠡"十几年之中，三致千金，再分散与贫交疏昆弟"，这也显然是说范蠡通过商业活动，增殖了大量货币财富。又说："庶民农工商贾，率亦岁万息二千，百万之家则二十万。"这些数字也指货币(钱)而言。司马迁所以列举很多经营工商业的富人，而少举依靠地租或聚集财富的大地主，也表明他所说的货殖，特别指以商品交换形式增殖的财富。司马迁还在列述汉代工商业家致富经历以后总括地说，他们"皆非有爵邑奉禄弄法犯奸而富，尽椎埋去就，与时俯仰，获其赢利，以末致财，用本守之"。这里"赢利"，"以末致财"，当然是以 G—W—G′ 形式表现的。在货币经济尚未充分发达的封建社会，商人常通过以丝换谷或以谷换茧的方式累积实物财富，但这种实物财富的累积，不是为自己使用，而是为出售，作为增殖财富的手段。司马迁对这一点说的很充分。

---

① 《史记·货殖列传》。以下引文不加注者，皆见此文。

如说："而不轨逐利之民,蓄积余物以稽市物,物踊腾粜,米至石万钱,马一匹则百金。"又说："商贾以币之变,多积货逐利。"还说："咸阳,齐之大煮盐,孔仅,南阳大冶,皆致生累千金。"[①]这些论述,都不是指获取更多的生活用品,而是指获取更多的货币或可以再出售的货物。对于这种"富"的追求,自然是没有限度的。关于这一点,司马迁也说得很清楚。他说："若至力农畜,工虞商贾,为权利以成富,大者倾郡,中者倾县,下者倾乡里者,不可胜数。""千金之家,比一都之君,巨万者乃与王者同乐。"所以司马迁的货殖概念,显然包括实物与货币财富二者,具有以交换为手段,以无限量增殖财货为目的的内容[②]。这不禁使我们想到亚里士多德的货殖学说。马克思说亚里士多德拿经济同货殖作对比:"对货殖来说,流通是财富的源泉。货殖似乎是围绕着货币转,因为货币是这种交换的起点和终点。因此,货殖所追求的财富也是无限的。""有限的是经济而不是货殖。……后者的目的是增加货币。"[③]亚里士多德所说"货殖"原文是 Chrematistik,意为以货币形式增加财富的技术,或简单地说:"增殖货币术"。亚里士多德是把无限量的增殖货币财富的经济活动同有限量的取得生活用品的经济活动相对比、相区别的,并从伦理的角度认为后者是必要的,前者是不自然的,特别认为高利贷用货币增殖货币,更应受到谴责。如果以司马迁的货殖学说与亚里士多德的货殖学说相比较,他们在无限度的增殖货币财富的论点上,可以说是一致的,但司马迁论述财富的增

---

① 皆见《史记·平准书》。

② 吴炎吾说:"货殖之涵义,殆颇与今言之'经济'主义相当",甚是,见《〈史记·货殖列传〉校释》,《华中师院学报》1981 年,第 1 期。

③ 以上均见《马克思恩格斯全集》第 23 卷,第 174 页。

殖,不像亚里士多德限于货币,还包括生活用品等实物,也不像亚里士多德那样仍然没有摆脱伦理规范的束缚。

先秦和两汉时代的思想家关于"富民"、"富国"的论述,是很多的,但都离不开重视农业生产、重视自然经济这个大框框。像司马迁这样公开提出并论证增殖财富,包括货币财富的思想家,尚找不出第二人。从这里也就产生一系列问题需要解答。首先是如何看待谋求增殖财货的活动?在这个问题上,司马迁在前人学说的基础上也作了重要的发展。道家主张弃利,儒家反对言利,法家专言君国之利。总起来说,就是关于人类"求利"、"求富"活动上,有不同的理解和主张。司马迁认为"求利"、或"求富"活动是普遍存在的,尤其是"农工商贾畜长",他们的职业就是"求富益货"。他用一大段很生动文字来描述这种情形。他说:

"由此观之,贤人深谋于廊庙,论议朝廷,守信死节隐居岩穴之士设为名高者安归乎?归于富厚也。是以廉吏久,久更富,廉贾归富。富者,人之情性,所不学而俱欲者也。故壮士在军,攻城先登,陷阵却敌,斩将搴旗,前蒙矢石,不避汤火之难者,为重赏使也。其在闾巷少年,攻剽椎埋,劫人作奸,掘冢铸币,任侠并兼,借交报仇,篡逐幽隐,不避法禁,走死地如骛者,其实皆为财用耳。今夫赵女郑姬,设形容,挟鸣琴,揄长袂,蹑利屣,目挑心招,出不远千里,不择老少者,奔富厚也。游闲公子,饰冠剑,连车骑,亦为富厚容也。弋射渔猎,犯晨夜,冒霜雪,驰坑谷,不避猛兽之害,为得味也。博戏驰逐,斗鸡走狗,作色相矜,必争胜者,重失负也。医方诸食技术之人,焦神极能,为重糈也。吏士舞文弄法,刻章伪书,不避刀锯之诛者,没于赂遗也。农工商贾畜长,固求富益货也。此有知尽能索耳,终不余力而让财矣。"

上面所述的求富情形，不仅限于"农工商贾畜长"物质财富的生产者和贩运者，并且给我们展现出一幅宽广的图画，从达官贵人至隐穴之士，从壮士陷阵却敌至闾巷少年劫人作奸，从赵女郑姬目挑心招至游闲公子连车结骑，从弋射渔猎到斗鸡走狗，从医方食技之人至舞文弄法吏士，无一不为了财用和富厚而竭其心力。正如他说："天下熙熙，皆为利来，天下壤壤，皆为利往。夫千乘之王，万家之侯，百室之君，尚犹患贫，而况匹夫编户之民乎？"司马迁所以极力描述这一幅图画，不是旨在赞美那些物质财富生产的求富活动，而是在于极言"富"的重要。尤其是他提出"匹夫编户之民"求富的不容非难的论点，更是非常可贵的。他认为"富"是礼仪的物质基础。他在引用管仲名言"仓廪实而知礼节，衣食足而知荣辱"之后，说：

> "礼生于有而废于无。故君子富，好行其德，小人富，以适其力。渊深而鱼生之，山深而兽往之，人富而仁义附焉。"

这把"仁义"的物质基础，揭示得再透彻不过了。不但如此，他还称，庶民农工商贾富者为"贤人"，他们的富厚，"皆与千户侯等"。司马迁把他们叫作"素封"，意即"千金之家比一都之君，巨万者乃与王者同乐"。司马迁对于这些"素封"，并不与传统思想相同，意在贬抑，相反，他是意在"令后世得以观择焉"，就是要后世有所取法。他还责难那些好讲仁义不务货殖的人是可耻的（"无岩处奇士之行，而长贫贱，好语仁义，亦足羞也"）。

对于有千金之家，就会产生有余和不足的贫富问题，对于财富增殖的无定问题和剥削关系问题等，司马迁不但有所论述，并且把这些问题提到规律性的高度来看待。他说：

> "贫富之道，莫之夺予（《索隐》云：'言贫富自由，无予夺'）。而巧者有余，拙者不足。"

"由此观之,富无经业,则货无常主。能者辐凑,不肖者瓦解。"

"凡编户之民,富相什,则卑下之;佰,则畏惮之;千,则役;万,则仆,物之理也。"

以上论述,可以说是司马迁为封建社会小生产者增殖财富,两极分化,以及产生的剥削关系所描绘的图景。他把封建社会"编户之民"两极分化所产生的剥削关系,叫做"物之理",即把这种关系提高到规律性来认识,这应该说是司马迁经济思想的最深刻之处。

需要指出,交换关系的发展,都是与货币的出现不可分的。货币的出现,标志着一种新的社会力量的出现,恩格斯称之谓"一种整个社会都要向它屈膝的普遍力量"(《马克思恩格斯选集》第4卷,第109页)。司马迁说"千金之家比一都之君",表明他意识到货币财富的社会力量。不过司马迁对于货币还缺乏理论的分析。《平准书》是主要论述货币问题的,在那里,他明确地说,有了贸易关系,有了商人,货币就会出现,他说这事已经"所从来久远"。他认识到"维币之行,以通农商"(《史记·太史公自序》)。但是司马迁终究没有对货币作为价值尺度、流通手段和贮藏手段等职能进行分析,没有对货币在简单商品流通中的作用和对货币在商人资本增殖货币财富中的作用等加以分析。他讲他作《平准书》的主旨是"维币之行,以通农商,其极则玩巧,并兼兹殖,争于机利,去本趋末,作《平准书》以观事变"(《史记·太史公自序》)。这就是说,货币本来是用作商品流通的手段的,但是它产生了很多流弊,这种流弊究竟会产生什么后果,还难以说清楚,有待于继续观察其发展("以观事变")。显然,司马迁所说的"其极则玩巧"等等,包括汉武帝时封建专制主义所实行的许多经济政策的流弊。

（四）司马迁关于农虞工商各业经营原则的论述

司马迁以前的思想家论述"富"和"利"，多是从一般原则或封建国家的观点提出问题。法家的"富国强兵"固然如此，儒家的"百姓足，君孰与不足"也是如此，没有人从个人以及农虞工商各业如何经营致富的问题进行考察。在这个问题上，司马迁可以说是中国历史上第一人。胡寄窗同志说："在司马迁以前的经济思想家，对商品生产一般都缺乏较详细的论述，连管子也不例外。"（《中国经济思想史》中，第 58 页）确实如此。所说"缺乏较详细的论述"，我认为就是缺乏对个人以及农虞工商各业如何经营财货的增殖进行考察。用现代的语言来说，以往思想家多进行宏观经济的论述，而少对微观经济进行考察。从这一点来说，荀子的《富国》篇所论"下富则上富"、"上下俱富"，可以说综合儒法两家立论，为先秦诸子宏观经济的论述做了一个总结。若与希腊、罗马的一些经济著作相比，他们的《经济论》或《论农业》诸书，常常论述如何管理奴隶和经营大农庄，我国先秦思想家以"富国论"为其主题，可以说是一个特点①。从这个意义来说，司马迁着重微观经济的考察，也表明了司马迁经济思想的特点。这个特点是从他"法自然"的社会经济发展思想和货殖学说派生出来的。

关于货财增殖经营原则的论述，司马迁用历史学家的笔法，列举农虞工商各业著名人物的经营业绩来做说明。我们来看他对于各业的论述。

---

① 　参看拙作：《中西古代经济思想比较研究绪论》，《经济理论与经济史论文集》，北京大学出版社，1982 年版。

（1）农牧大概因为农业是小农经济，无何特殊事例可举，司马迁所列举的是三个畜牧长。其文如下：

"乌氏倮畜牧，及众，斥卖，求奇缯物，间献遗戎王，戎王什倍其价，与之畜，畜至用谷量马牛。"（《史记·货殖列传》）

"初，卜式者，河南人也。以田畜为事。亲死，式有少弟，弟壮，式脱身出分，独取畜羊百余，田宅财物尽与弟。式入山牧十余岁，羊致千余头，买田宅。"

"初，卜不愿为郎。上曰：'吾有羊上林中，欲令子牧之。'式乃拜为郎，布衣屦而牧羊。岁余，羊肥息。上过见其羊，善之。式曰：'非独羊也，治民亦犹是也。以时起居，恶者辄斥去，毋令败群。'"（《史记·平准书》）

"塞之斥也（《正义》孟康云："边塞主斥候卒也。"颜云："塞斥者，言国斥开边塞，更令宽广，故桥姚得姿其畜牧也"），唯桥姚已致马千匹，牛倍之，羊万头，粟以万钟计。"

"宣曲任氏之先，为督道仓吏。秦之败也，豪杰皆争取金玉，而任氏独窖仓粟。楚汉相距荥阳也，民不得耕种，米石至万，而豪杰金玉尽归任氏，任氏以此起富。富人争奢侈，而任氏折节为俭，力田畜。田畜人争取贱贾，任氏独取贵善，富者数世。然任公家约，非田畜所出弗衣食，公事不毕则身不得饮酒食肉。以此为闾里率，故富而主上重之。"（《史记·货殖列传》）

这几个例子，说明畜牧可以繁殖，可以致富，并可以"买田宅"。而繁殖之道，要"以时起居，恶者辄斥去"。即要善为管理，时时检查，毋令畜病传染。另外，宣曲任氏可算是官僚地主兼商人的代表人物，他经营产业，颇有蓄财家的特点，即效法白圭的治生产之法："薄饮食，忍嗜欲，节衣服"，同时窖藏米粟，贾取善畜，待时换取金玉。这可以说是大地主向大商人转化的典型。

(2)盐铁　这是属于"虞"的部门。司马迁举的事例较多。兹录于下:

> "猗顿用盐盬起,而邯郸郭纵以铁冶成业,与王者埒。"

> "蜀卓氏之先,赵人也,用铁冶富。秦破赵,迁卓氏。
> ……致之临邛,大喜。即铁山鼓铸,运筹策,倾滇蜀之民,富至
> 僮千人。田池射猎之乐,拟于人君。"(《史记·平准书》)

> "程郑,山东迁虏也,亦冶铸,贾椎髻之民(《索隐》:"谓通
> 贾南越也"),富埒卓氏。"

> "宛孔氏之先,梁人也,用铁冶为业。秦伐魏,迁孔氏南
> 阳,大鼓铸,规陂池,连车骑,游诸侯,因通商贾之利,有游闲公
> 子之赐与名。"

> "鲁人俗俭啬,而曹邴氏尤甚,以铁冶起,富至巨万。然
> 家自父兄弟子孙约,俛有拾,仰有取,贳贷行贾偏郡国。邹、鲁
> 以其故多去文学而趋利者,以曹邴氏也。"

> "齐俗贱奴虏,而刀间独爱贵之。桀黠奴,人之所患也,唯
> 刀间收取,使之逐渔盐商贾之利,或连车骑,交守相,然愈益任
> 之。终得其力,起富数千万。故曰:'宁爵毋刀'(《索隐》谓宁
> 免去求官爵,止为刀氏作奴),言其能使豪奴自饶而尽其力。"[1]

以上司马迁所举的关于经营渔盐和冶铁致富的事例说明:(一)冶铁煮盐是最重要的致富行业,因为这是人民生活和生产的重要资料。有的经营规模很大,如蜀卓氏,所用工奴有千人之多。(二)冶铁煮盐业多兼营运销,有的如程郑冶铸产品的运销,远至南越。(三)这些大盐铁业主,很重视经营管理,如曹邴氏家中父兄子弟都按照规定办事:"俛有拾,仰有取",即不能浪费物资,要讲求效

---

[1]　以上引文皆见《史记·货殖列传》。

益。(四)利用工奴劳动,使工奴也得到一些收益,爱业如家,努力生产。如对于"不驯"工奴,刀间能按照上述办法,使用他们,"终得其力,起富数千万"。

(3)商业 司马迁举的著名经商人物也较多,这也是当时工商业的特出现象。司马迁未举小手工业者,因为小手工业者亦如小农相同,就各户来说,无何特殊性,并且小手工业者和小农都通过商品流通而表现了封建经济的特点。封建社会的商业,是封建社会自然经济下部分生产物转化为商品的体现。封建主取得的剩余产品必须通过交换才能取得奢侈消费品,小农和小手工业也必须通过交换才能取得极少量生活用品和再生产所需要的生产资料。因此,商业在封建社会经济中据有特殊地位,司马迁举了很多大商人的经营事例,在社会经济发展上是有很重要的时代意义的。兹录其重要者如下:

"昔者越王勾践……乃用范蠡、计然(一说"计然者,范蠡之书也")。计然曰:'……夫粜,二十病农,九十病末(《索隐》:"言米贱则农夫病也。若米斗直(值)九十,则商贾病")。末病则财不出,农病则草不辟矣。上不过八十,下不减三十,则农末俱利,平粜齐物,关市不乏(吴炎吾云:"乏"应为"正",正,征也),治国之道也。积著(贮)之理,务完物,无息币,以物相贸易,腐败而食之(吴炎吾云:"食"读为"蚀"。食之,断句),货勿留,无敢居贵。论其有余不足,则知贵贱。贵上极则反贱,贱下极则反贵。贵出如粪土,贱取如珠玉。财币欲其行如流水'。"

"范蠡既雪会稽之耻,……之陶为朱公。朱公以为陶天下之中,诸侯四通,货物所交易也。乃治产积居,与时逐而不责于人。故善治生产者,能择人而任时。十九年之中三致千金。"

"白圭,周人也。……白圭乐观时变,故人弃我取,人取我与。夫岁孰取谷,予之丝漆,茧出取帛絮,予之食。……积著(贮)率岁倍。欲长钱,取下谷;长石斗,取上种。能薄饮食,忍嗜欲,节衣服,与用事僮仆同苦乐,趋时若猛兽鸷鸟之发。故曰:'吾治生产,犹伊尹、吕尚之谋,孙吴用兵,商鞅行法是也。……'盖天下治生祖白圭。白圭其有所试矣,能试其所长,非苟而已也。"

"吴楚七国兵起时,长安中列侯封君行从军旅,赍贷子钱,子钱家以为侯邑国在关东,关东成败未决,莫肯与。唯无盐氏出捐千金贷,其息什之。三月,吴楚平。一岁之中,则无盐氏之息什倍,用此富埒关中。"①

上述商业和高利贷经营原则,主要可以概括为:(一)敏锐地掌握时机,贱买贵卖,或高利贷款,以谋取厚利。(二)充分利用货币这个交换手段,以增殖货币财富。(三)采取"节衣缩食"办法,以积蓄货币资本,增大经营规模。(四)利用廉价劳动,发挥"僮仆"的积极性,以增大营利率。这些经营原则,都是力求利用各种条件,以达到最大地增殖财富的目的。司马迁从他所搜集的历史资料和汉代的记述资料,提出这些多种多样的商业和高利贷经营原则,说明司马迁对西汉时代商人资本的发展和活动,是有深刻的理解的。特别应该指出的,司马迁并没有同以往以及汉代的思想家一样,对商人以及畜牧长和盐铁家的经营活动,视为非蠹即奸,大加贬抑。恩格斯曾总结原始社会瓦解以后社会分成剥削阶级和被剥削阶级的发展说:

"卑劣的贪欲是文明时代从它存在的第一日起直至今日

---

① 以上引文皆见《史记·货殖列传》。

的动力;财富,财富,第三还是财富,——不是社会的财富,而是这个微不足道的单个的个人的财富,这就是文明时代唯一的、具有决定意义的目的。"(《马克思恩格斯选集》第4卷,第173页)

恩格斯这段精辟论述,也是司马迁历述工商业者各种经营原则所包含的中心思想。在他考察的时代,特别是到了西汉时代,商品货币关系的发展,不但使工商业占有商品财富和货币财富,并且土地也成为可以交换的对象,从而通过货币财富也可以占有大量土地。司马迁说,"以末致财,以本守之",表明土地也已纳入交换范围了。

(五)司马迁反对封建专制主义与民争利的经济政策

在司马迁生活的汉武帝时期,政治上继秦始皇之后进一步建立了大一统帝国,通过削弱诸侯,加强了封建专制主义;经济上继汉初休养生息之后,农业和工商业都达到了较高的发展水平。但即在这个时期,汉武帝所实行的一系列经济政策,表明了封建帝国社会经济的发展存在着向何处去的严重问题。这个问题后来在汉昭帝时盐铁会议上贤良文学与御史大夫的争论表现了出来。这个会议所争论的盐铁、均输、平准等经济政策,是在汉武帝时期实行的,这些经济政策问题在当时已经暴露出来了,不过当时还没有通过会议形式变成公开的双方对垒的争论罢了。但是司马迁以其敏锐的洞察力,早在盐铁会议之前就提出了对于汉武帝实行的一系列经济政策的意见。他的意见是以他关于社会经济发展的原则和关于货殖的学说为根据的,既不同于御史大夫,也不同于贤良文学。以下我们就来看看司马迁对于汉武帝实行的经济政策所作的评论。

司马迁对于西汉以来的经济发展,包括汉武帝所实行的经济政策,可以说既有歌颂,也有批评。例如《河渠书》中极言"水之为利害",汉武帝对于治理黄河决口做了重大决定,"而梁、楚之地复宁,无水灾。自是之后,用事者争言水利,……皆穿渠为溉田,各万余顷"。又如西汉以来,私铸繁兴,钱法紊乱,汉武帝时各地方官亦多铸钱;但后来在元鼎四年决定废三铢钱,改铸五铢钱,统一货币,"悉禁郡国无铸钱,专令上林三官铸。……令天下非三官钱不得行"(《史记·平准书》)。这当然是一项有利发展经济的重大决策。再如《货殖列传》说:"汉兴,海内为一,开关梁,弛山泽之禁,是以富商大贾周流天下,交易之物莫不通,得其所欲。"则是盛赞国家统一、实行取消内地关卡,开放山泽之利等政策后所取得的经济发展的重大成就。对于以上这些政策和所取得的成就,司马迁是备致歌颂的,因为他认为这些政策是符合他所说的"善者因之"的"法自然"的社会经济发展原则的。另一方面,司马迁对于汉武帝所实行的盐铁、均输、告缗等政策,则持非议的态度,认为是与民争利,是"最下"的政策,是与社会经济健康发展背道而驰的。有的同志认为司马迁对武帝和对时政有意指责,是由于遭刑之后的激愤①,当然不能说这二者毫无关系,但我们认为司马迁对武帝和对时政的指责,是关于封建社会经济发展方向和前途的大问题,应从司马迁反对封建君主专制国家与民争利政策的经济思想来找解释。以下我们分两点来讲。

(1)官营盐铁和官营商业　《平准书》大部分是讲汉武帝时期实行的官营盐铁和官营商业政策,这些政策也是"求利"的,但在司马迁的评论中,显然与他在《货殖列传》对布衣匹夫之人"求富"

---

① 施丁:《司马迁与董仲舒政治思想相通论》,《中国史研究》1981年,第2期。

的评论不同。司马迁对于后者是肯定的,肯定的根据是认为它符合社会经济发展的"自然"原则。司马迁对于前者,可以说基本上是否定的,否定的根据是认为它与民争利,不符合社会经济发展的"自然"原则。我们看司马迁是如何评论汉武帝的盐铁等政策的。

"当是之时,招尊方正贤良文学之士,或至公卿大夫。公孙弘以汉相,布被,食不重味,为天下先,然无益于俗,稍骛于功利矣。"

"于是以东郭咸阳、孔仅为大农丞,领盐铁事,桑弘羊以计算用事,侍中。咸阳,齐之大煮盐,孔仅,南阳大冶,皆致生累千金,故郑当时进言之。弘羊,雒阳贾人子,以心计,年十三侍中。故三人言利事析秋毫矣。"

"使孔仅、东郭咸阳乘传举行天下盐铁,作官府,除故盐铁家富者为吏。吏道益杂,不选,而多贾人矣。"

"元封元年,……而桑弘羊为治粟都尉,领大农,尽代仅筦天下盐铁。弘羊以诸官各自市,相与争,物故腾跃,而天下赋输或不偿其僦费。乃请置大农部丞数十人,分部主郡国,各往往县置均输盐铁官,令远方各以其物贵时商贾所转贩者为赋,而相灌输。置平准于京师,都受天下委输。召工官治车诸器,皆仰给大农,大农之诸官尽筦天下之货物,贵即卖之,贱则买之。如此,富商大贾无所牟大利,则反本,而万物不得腾踊。故抑天下物,名曰平准。天子以为然,许之。于是天子北至朔方,东到太山,巡海上,并北边以归。所过赏赐,用帛百余万匹,钱金以巨万计,皆取足大农。"①

上文中所说"尽筦天下盐铁"、"置均输、平准官",是汉武帝新实行

---

① 以上引文皆见《史记·平准书》。

的经济政策。需要说明一下,秦国已经设有铁官,汉承秦制,可能西汉时代也有此官,主管官营冶铁。不过那时私营大冶铁主仍存在,可知冶铁只是部分官营。从元狩四年(前119年)起,汉武帝任用东郭咸阳、孔仅、桑弘羊三人先后做大司农,把全国冶铁和煮盐这两大重要工业都收归封建国家官营。在各产区设盐铁官,管理生产。历史材料对盐铁收归官营的过程,记载很少,但它涉及禁止私营盐铁业的存在,必然经历一场激烈的斗争。《平准书》说:"其沮事之议,不可胜听。"并用刑罚规定:"敢私铸铁器煮盐者,钛左趾。"亦足表明这场斗争的一些情况。均输和平准官的设置,是经营官营商业的,也归大司农掌管。均输法规定,各行政区均输官按应纳贡物折价数和贡物运输费多少,用上好货物或货币上交国家,解决转运贡物实物困难和实物质量次劣等问题。平准官掌管平抑各地物价,免为富商弁大利。它可以命令各地均输官在物价低时买进货物,运到京都,然后再转运到价贵的地区出售。这样,封建国家就在全国建立了商业网,"尽笼天下之货物"。这种政策措施,当然也是对富商大贾不利的。这两种政策——官营盐铁和商业的实行,是前未有过的,具有重大的作用和影响。最直接的作用,是为封建国家的财政收入找到新的来源,满足对外战争和君主豪华消费的需要(这本来是实行这项政策的最初目的),加强封建君主专制大一统帝国的经济实力。这项目的是达到了的。司马迁说:"汉连兵三岁,……费皆仰给大农。大农以均输调盐铁助赋,故能赡之。"①又说"民不益赋而天下用饶","宫室之修,由此日丽",即主要指这项政策实行的效果。但是在生产经营上,效果并不好。司马迁用御史大夫卜式的话说:"郡国多不便县官作盐铁,

---

① 《史记·平准书》。以下引文不另加注者,同此。

铁器苦恶,价贵,或强令民卖买之。"另一最直接的作用,是打击富商大贾豪强势力,驱使工商业家向官僚地主转化,不致成为封建君主专制国家的对抗力量,而成为封建君主专制国家的有用肢体。关于这一点,司马迁也明白地指出了。他说:"如此,富商大贾无所弄大利,则反本。"又说:"除故盐铁家富者为吏,吏道益杂,不选,而多贾人矣。"事实上,主管这项政策的大员东郭咸阳和孔仅原来就是大冶铁家和煮盐家,桑弘羊也是出身于商贾之家。至于间接的和长远的作用和影响,则是抑制了私营工商业的发展,阻碍了私人工商业资本的积累,使封建社会经济发展走上了一种完全由超经济强制起支配作用的道路,即走上司马迁所说的"最下者与之争"的发展道路,而不是"善者因之"的道路。这是有关中国封建社会经济发展或停滞的大问题,也是司马迁所注意的大问题。下述经济政策也同样具有这种意义和影响。

(2)新立工商税和颁布"告缗令" 汉代的税收,据史书所记,约有十九种,而汉武帝新立的有七种。这七种税是假税、车船税、息税、关税、缗钱算、盐铁税、榷酒酤①。除假税是租种公地交纳的地租而外,其他六种都是主要对工商业者的课税。这些工商税对于工商业的发展,当然是有影响的。如御史大夫卜式就说:"船有算,商贾少,物贵。"(《史记·平准书》)缗钱算是对商贾藏有的现钱课税。"算"是计算单位,每算一百二十钱。商贾按藏有现钱多少出算赋。但在汉武帝元狩四年(前119年)又颁发了缗钱令,《平准书》记载如下:

> "诸贾人末作贳贷卖买,居邑稽诸物,及商以取利者,虽无市籍,各以其物自占,率缗钱二千而一算。诸作有租及铸,

---

① 见贺昌群:《汉唐间封建土地所有制形式研究》,第141、151页。

率缗钱四千一算。非吏比者三老、北边骑士，轺车以一算（谓
不是三老、北边骑士而有轺车的，一乘抽一算），商贾轺车二
算，船五丈以上一算。匿不自占，占不悉，戍边一岁，没入缗
钱。有能告者，以其半畀之。贾人有市籍者及其家属，皆无得
籍名田，以便农。敢犯令，没入田僮。"

这个缗钱令与以前的缗钱算不同。以前只对商贾现钱课税，现在
则包括商贾一切财产在内。所说"各以财物自占"，"占不悉，没入
缗钱"，《史记·索隐》说："谓各自隐度其财物多少，为文簿送之官
也。若不尽，皆没入于於官。"这就是说，工商业者自己向官府报
告财物多少，如果虚报，即没收全部财物。这样一来，暴急刻深的
酷吏即可诈取商贾财物。由于出现这种虚报情况，不久在元鼎三
年（前114年）颁发"告缗令"，用法律形式来没收商贾财物。这是
汉武帝时实行财政经济政策中打击工商业的一件大事。司马迁对
此记载如下：

　　"杨可告缗遍天下①，中家以上大抵皆遇告②。杜周治
之，狱少反者。乃分遣御史廷尉正监分曹往，即治郡国缗钱，
得民财物以亿计，奴婢以千万数，田大县数百顷，小县百余顷，
宅亦如之。于是富贾中家以上大率破。民偷甘食好衣，不事

　　① 《史记·索隐》说"杨可"人名。如淳云："告缗者，令杨可告占缗之
不尽者也。"《酷吏列传·索隐》说："汉代有告缗令，杨可主之，谓缗钱出入有
不出算钱者，令得告之也。"故友谷春帆氏对此说提出不同解释，他认为"杨
可"并非人名，"杨"应读为扬，"杨可"即宣扬认可之意。因为如果"杨可"是
人名，何以对于这样一个人而无他的生平行事等记载？此一新解颇有见地，
特为录出。见谷著：《中国奴隶制经济重探讨》（未刊稿）。
　　② "中家"即中民之家，《史记·孝文本纪》有"百金，中民十家之产"。
是十金为中民一家之产，一金直万钱，十金则为十万钱。

畜藏之产业,而县官有盐铁缗钱之故,用益饶矣。"

　　"及杨可告缗钱,上林财物众,乃令水衡主上林。上林既充满,益广。……乃作柏梁台,高数十丈。宫室之修,由此日丽。乃分缗钱诸官,而水衡、少府、大农、太仆各置农官①,往往即郡县比没入田,田之。其没入奴婢,分诸苑养狗马禽兽,及与诸官。诸官益杂置多。"

在上述记载中,司马迁提出的重要问题至少有以下这些:(一)"告缗令"无异于对全国工商业者的财物发动一次空前规模的没收运动,不但富商大贾是告发对象,就是一般工商业者("中家")也包括在内。采取的形式是告发漏税,执行的方法是派遣大小官吏到全国各地办案,只要有告发,就没收其财物。于是"商贾中家以上大率破",就是说商贾几乎全部破产了。(二)这个大规模运动的结果是,在官府方面"得民财物以亿计,奴婢以千万数,田大县数百顷,小县百余顷,宅亦如之"。因而封建国家以及地方官府财用大为充裕。而在大小官吏方面,奸吏则趁火打劫,没收财物,名为归官,实则攫为己有。司马迁说:"县官所兴,未获其利,奸吏并侵渔。"(《史记·酷吏列传》)如酷吏杜周,他是告缗案的主办人,最初做监狱小吏时,只有一匹马,鞍辔都不齐全,但后来做了廷尉(掌握刑狱的大官),"家訾累数巨万矣"(《史记·酷吏列传》)。(三)这个"告缗令"的长远影响是,一方面老百姓再也不想积蓄财物经营工商业了,而有点资财的人,也就把它吃光用光。即司马迁所说:"民偷甘食好衣,不事畜藏之产业。"另方面,在这样的浩劫下,当然会直接间接影响老百姓的生活,因而导致老百姓的反抗。

---

　　①　上林,苑名,汉武帝扩建,供打猎及行乐用。水衡,掌管冶铜、铸钱。少府掌管皇家财货收入。太仆,掌管舆马。

司马迁说"百姓不安其生,骚动",并且一再说"物盛而衰"(《史记·平准书》),事实上,这就指出了汉武帝时社会危机在开始爆发了。

(六)司马迁经济思想的历史地位

东汉班固评论司马迁的学说思想说:"又其是非颇谬于圣人,论大道则先黄老而后六经,序游侠则退处士而进奸雄,述货殖则崇势利而羞贱贫,此其所蔽也。"(《汉书·司马迁传》)这是封建专制主义正统派对于司马迁的学说思想的非难。但班固的非难,也正表明了司马迁学说思想的卓越性。就经济思想而言,司马迁确实崇尚货殖,重视求富,他的经济思想卓越之处正在这里。从先秦以来,言富言利者多矣,但儒家如后来董仲舒所说"正其谊(谊,与义通)不谋其利"(《汉书·食货志上》),法家如后来晁错所说"明君贵五谷而贱金玉"(《汉书·食货志上》),总的来说,都是贱视求利,贱视工商。而司马迁则反是。根据以上各节所说,他提出(一)求富是人之情性,自匹夫编户至千乘之王,都不能例外。(二)农畜工虞所生产,积贮交易所赢利,车船所得,子贷金钱,都属于财富范畴。(三)农虞工商,同样重要,"此四者,民所衣食之原也"(《史记·货殖列传》)。(四)发挥人们的积极性,人们就能勤俭治产,"致其畜藏"(积累财富)。(五)以上所举,都是为历史所证验的社会经济发展的客观事实,因此要使社会经济得到健康的发展,最好的政策是顺应这些客观发展情况。司马迁提出的这些原则和学说,应该说在中国经济思想史上是前所未有的,是最具有创新性的。中国封建专制主义的社会经济,发展到了汉武帝时期,已经走到了十字路口,是像汉武帝那样实行与民争利的专制政策继续走下去呢,还是尊重社会经济发展的客观要求实行"善者因之"的政策呢? 这是司马迁心目中的关键性问题。因为他所目击的大量事实,已经把这一问题提到他的面前,于是他从封建社会过去经济发展正反两方面的历史教训,提出封建社会经济发展的一些基本原则和学说。这是在封建专制主义社会中永放光辉的思想。司马迁的卓越史学和文学,永远为后人所称道。实则他的史学和文学中所包含的卓越的经济思想,构成了他的史学和文学的实质部分。侯外庐同志说,司马迁"并非仅为史学而史学,其成一家之言的内容,多针对现实的黑暗而批判,并对社会制度提出他的积极愿望和理想,这实在是他的史学的战斗精神"(《中国思想通史》第2卷,第159页)。我们认为应当如此理解司马迁。这里当然会提出这样的问题,即司马迁反对封建专制主义经济政策的卓越思想,为什么在中国封建社会没有开花结果? 这就涉及中国封建社会经济发展长期停滞的问题。即司马迁所维护的农虞工商各业"任其能、乐其业"的原则,受到封建专制官工、官商的打击压制,使民间工商业者无由从刚刚开始出现而壮大成为一个可以与封建地主专制力量相对抗的阶级力量。有的同志说,这是中国历史上的一个悲剧①,诚然。梁启超在戊戌变法失败之后,深有所感地说:"《货殖列传》私谓与西士所论("富国学"),有若合符。苟昌明其义而申理其业,中国商务可以起衰。前哲精义,千年湮没,深可悼也。"②问题是中国封建专制主义所建立的整个超经济强制

①　参看施丁:《论司马迁的"通古今之变"》,《历史研究》1980年,第2期。

②　梁启超:《〈史记·货殖列传〉今义》,《饮冰室合集》第二集,中华书局版,第35至36页。

经济,很少能有"昌明其义而申理其业"的可能。

　　一个伟大的思想家,常常都是有所继承和有所发展创造的。在这个问题上,司马迁与先秦以及西汉思想家的继承和发展关系是怎样的呢? 可以说,在经济思想上,司马迁是接受了荀子的欲求学说的。荀子的封建等级制国家《富国》论是以他的欲求说为出发点的,司马迁则从荀子的欲求说出发论证了他的封建社会各阶级的求富说。除此而外,关于重工商的思想,不独先秦诸子没有一个可以与之相比,即使西汉思想家也是如此。《管子》轻重诸篇确是对商业、货币、价格等问题重点地作了论述,但是它的基本论点还是为了加强封建专制国家的经济力量,是在于打击私人工商业。如果就封建社会经济发展的方向来说,《管子》轻重诸篇的基本思想无疑是与汉武帝的经济政策思想一致的。如果此说成立,那么司马迁的经济思想就很难说同《管子》轻重篇的经济思想相一致。还有,我们前面提到在司马迁之后盐铁会议御史大夫与贤良文学的争论,似乎在"开本末之途,通有无之用"(《盐铁论·本议》)上,司马迁与御史大夫即桑弘羊等人的观点是相同的。御史大夫辩论中所说的"工不出,则农用乏,商不出,则宝货绝"(《盐铁论·本议》)等等,完全与司马迁在《货殖列传》中所说的相同。另一方面,贤良文学主张罢官营盐铁、均输、平准,反对"与民争利",主张"抑末利而开仁义"(《盐铁论·本议》),亦与司马迁看待桑弘羊等所行所为的态度相同。并且司马迁在《孟荀列传》还说"利诚乱之始也",在《汉兴以来诸侯年表》中说"形势虽强,要之以仁义为本",岂非又与贤良文学的观点和主张相同? 对于这一问题,我们认为要看司马迁的基本经济思想是否与御史大夫和贤良文学相同,不可以片段论述来定其相同与否。弄清楚这一问题,对于理解司马迁经济思想的特点,非常必要。有两个关键性问题需要说明。

一是司马迁所讲的求利和求富,有两种涵义,即有匹夫编户和"素封"之家求利与封建专制君主利用国家权力求利之不同。司马迁在《孟荀列传》所谴责的求利以及在《平准书》中对"兴利"所表示的意见,都是指后一种求利,而在《货殖列传》所说的"求富益货"和"利往"、"利来",则是指前一种求利。明确了这一区分,就可以知道在反对封建专制君主"兴利"上,司马迁与贤良文学以及董仲舒①是一致的,但在"抑末利"上,并不与贤良文学主张相同。另一方面,桑弘羊等御史大夫所标榜的"开本末之途",是旨在为封建专制君主"兴利",与司马迁所说的农虞工商求富益货的涵义不同。那种"兴利",事实上是与民争利,是暴夺民间工商业者之利。其次要辨明的是,东郭咸阳、孔仅、桑弘羊本来都是大冶铁家、煮盐家和贾人之子,他们本来属于司马迁所说的"素封"之家,是治产积居,以末致财的人。但这些人一旦成为封建专制国家的大官僚,他们就成为官工官商,他们就能够用超经济强制手段来取得资财和势力,而与匹夫编户的利益相对立。这就是为什么在他们主政之下,告缗令下,"商贾中家以上大率破"。他们投入封建大官僚的阵营,并且把原来经营盐铁的富家也拉到官僚阵营,这就一方面扩大了封建专制国家官营经济的力量,另一方面则削弱了民间工商业的力量。这是不符合司马迁所说的社会经济发展原则,而为司马迁所反对的。有的同志认为桑弘羊的经济观点,"是商人阶级的观点,特别是富商大贾的商人资本的观点"(胡寄窗:《中国经济思想史》中,第 76 页)。这除了作官商观点解释外,是很难说得通的。因为"笼天下盐铁,排富商大贾,出告缗令"(《史记·酷吏列传》),虽为张汤所献策,武帝所批准,但也有桑弘羊的主张在

① 董仲舒也主张"盐铁皆归于民",见《汉书·食货志上》。

内,并且桑弘羊是直接主持执行此政策之人,怎么能说他是代表富商大贾的商人资本的利益呢? 弄清楚桑弘羊的真正的经济观点,对于理解司马迁经济思想的卓越性,是极其必要的。必须分辨清楚,桑弘羊的财政经济政策有利于封建专制君主的国家统治是一回事,它是否有利于封建社会经济的发展又是一回事。恩格斯说:"在发展的进程中,以前的一切现实的东西都会成为不现实的,都会丧失自己的必然性、自己存在的权利、自己的合理性。"(《费尔巴哈与德国古典哲学的终结》,《马克思恩格斯选集》第 4 卷,第212 页)对于汉武帝与桑弘羊所实行的官营经济政策和司马迁对这种政策所持的态度和见解,应该按恩格斯所提出的原理去理解。

　　司马迁经济思想的历史意义,一方面表现在他揭露了汉武帝时期封建专制主义经济政策走上了扼杀经济发展生机的道路,另一方面表现在他提出了封建经济正常发展的原则及其所以然的理论。他虽然还是在"本富为上,末富次之"的封建经济范围内提出问题和设想,他没有突破"君臣上下之分","夫妇长幼之别"的封建教条,但是他提出了封建经济内"布衣匹夫之人……取与以时而息财富"(《史记·太史公自序》)的这个重要内容,他作《货殖列传》,供"智者"采择行事。他并且看到了封建经济内交换经济的发展和货币具有"并兼兹殖,争于权利,去本趋末"的其极则"玩巧"(《史记·太史公自序》)作用。他虽然不能明确指出这些事物是变革封建经济的内在力量,但他确实看到了"事变"在发生,他说"作《平准书》以观事变"(《史记·太史公自序》)。他这些学说思想,对于封建专制统治者以及正统学派,当然是异端,但是对于当时封建社会经济发展的方向问题,确实提出了积极的和具有科学性的观点。再者,司马迁经济思想的历史地位,若与西欧的政治经济思想比较一下,也更可以看出它的卓越性。在西欧的封建社会末期，即在 15 世纪末，商人资本积累有了发展，自然经济开始解体。接着英国、法国一些思想家提出了"自然法"哲学。他们反对封建专制主义，为资本主义的发展开路，认为人们有自利、竞争、自由获取财富的本性，人们也是生而平等的，这些权利都是自然的，不能剥夺的，人们保有这些权利是最合乎理性的，而国家的组织则是社会成员同意以契约形式建立的。这种自然法哲学以后成为资产阶级革命的思想基础，而古典派政治经济学所根据的自然秩序理论以及所提出的自由放任经济政策，也是渊源于自然法哲学思想。不能不承认司马迁的哲学思想和经济思想，与西欧自然法思想有共同之处，如认为人们有自利和自由获取财富的本性，国家经济政策应该顺应社会自然发展的原则，以及反对封建专制主义违反"法自然"原则等。但在时代上司马迁是处在公元前二世纪中国封建主义初盛时期，与西欧思想家处在公元 16、17 世纪资本主义初期不同。就以商人资本的发展来说，西欧城市工商业的发展，已经造成工商业者有与封建主对抗的力量，而中国在秦汉时代，虽然出现了一些大工商业者，但他们都处于依附封建专制君主的地位，最后都放弃了或改变了他们原来工商业者的阶级属性，而转化为封建专制主义的重要构成力量。在这种社会政治经济条件下，司马迁能突破传统教条，重视工商业的作用，认识增殖财富的必要，提出"法自然"的社会经济发展原则，不能不说他不但在中国经济思想的发展史上享有卓越的地位，并且在世界经济思想发展史上也是一位卓越的思想家。我认为司马迁"法自然"的经济思想最好不用"自由放任"思想和政策来比拟和解释，因为后一思想是代表工业资产阶级利益反对重商主义国家干涉政策的，时代在 18 世纪，晚得多，而中心思想也和司马迁不同。

（本文选自：中国社会科学院经济研究所中国经济思想史组编《中国经济思想史论》，人民出版社 1985 年）

巫宝三，江苏句容人。1932 年毕业于清华大学，1938 年、1948 年分别获哈佛大学硕士和博士学位。中国社会科学院研究生院教授、博士生导师。主要著作：《中国近代经济思想与经济政策资料选辑》、《中国经济思想史资料选辑》、《先秦经济思想史》等。

司马迁是以历史学家和文学家而著称，而不是以经济思想家著称。不过就中国古代经济思想家而论，司马迁无论是在史料的整理上或新思想的阐发上，无疑都作出了巨大的贡献而享有独特的地位。司马迁关于"因"或"法自然"的社会经济发展学说，可以说是他的经济思想的纲。司马迁的这一思想，表现在(1)"求富益货"即货殖学说上；(2)农虞工商各业经营的论述上；(3)反对封建国家绝对君权专制主义与民争利的政策上。司马迁提出的这些原则和学说，在中国经济思想史上是前所未有的，是最具有创新性的。

司马迁与班固经济思想之比较

唐任伍

一、司马迁与班固经济思想产生的背景比较

司马迁与班固同为我国汉代的良史,司马迁在西汉,以《史记》开史学之先,有中国"史学之父"之称;班固在东汉,他本《史记》之体例,以《汉书》开断代史之先。所以后世以"史班"或"班马"并称。他们二人有相同之外,但更多的是不同之处。毛泽东同志说:有比较才能鉴别。比较研究二人的经济思想,对于弄清中国古代经济思想发展的脉络,具有重大意义。

(一)相同之处。

首先,他们二人都有一位身为史学家的父亲——司马谈和班彪,且二人都继承父志,精心修史,完成了父亲的遗愿。

其次,司马迁和班固的遭遇相类似。他们二人都曾为文学侍从之臣,都曾出使外地,一人使西南,一人使西北。

最后,二人晚年俱遭奇祸,迁遭腐刑,班固则瘐死狱中。

(二)不同之处。

(1)外在环境之不同。尽管二人都处在我国封建社会前期的两汉时期,二人生活的年代也只相距100多年,但是,司马迁生活的时代,正值西汉政权建立六七十年、汉武帝当政时期。当时,汉皇朝已达鼎盛时期,政治家、思想家们都在思考这样一个问题:为

什么秦王朝那样强大,却二世而亡?汉王朝今后怎么办?历史会怎样发展?在这样一种社会背景之下,他以自己特有的敏锐眼光,亲自看到汉武帝时代为军费及封禅等挥霍,使盐铁专卖,建均输、平准等制,与民争利。这对他震动很大,促使他"从很久以前所蕴蓄的、莫大的经济地理学与经济史,徐徐地发酵,而对于能推动人们的物质力量再三思考"(武思泰淳:《司马迁——史记的世界》)。他怀念汉初的"无为",批判武帝的"功利",觉得"有为"不如"无为",扰民不如安民,与民争利不如使民富足,从而融成他的自由经济思想。而班固生活的时期,东汉由前期进入中期,经过光武帝、明帝、章帝,政局比较稳定,但已逐渐开始向后来外戚、宦官当政的长期动荡局面转变。因此,班固不是像司马迁那样,去答复历史怎样变化发展,而是要去答复如何维持目前的局面。统治者当时以儒学为正宗,搞了石渠阁会议、白虎观会议,讲五经异同,尊崇儒学,再加上长期以来国家统制经济政策的实施,在这种社会背景下,班固的经济思想基本上沿着国家干涉主义的方向发展,尤其是崇本抑商的思想,在班固的经济思想中反映得更加突出。

(2)家学传统之不同。司马迁出生于史学世家,其父谈学天官于唐都,受《易》于杨何,习道论于黄子,崇尚黄老,讥刺汉儒,写有著名的《六家要旨》。司马迁的经济思想受到其父谈很深的影响。而班固的父亲班彪崇尚儒学,"唯圣人之道然后尽心",写有《王命论》、《史记论》等鼓吹天命论及汉承尧运的思想,批评司马迁思想"大敝伤道"。班固的经济思想与其父完全一脉相承。傅玄说:"班固《汉书》,因父得成,遂没不言彪,殊异马迁也。"(《傅子》,转录《竞林》)

(3)个人阅历之不同。司马迁遍游名山大川,了解各地风土人情,既读万卷书,又行万里路。对历代的经济思想和经济政策,司马迁也尽情搜罗。在《货殖列传》中,他对于各地的物产商情,如数家珍,使其经济思想更切于实际。司马迁正是从这种历史和阅历之中,成其洞达的器识,悟出了经济发展的道路和趋势。而班固的生活范围,则基本上局限在家乡与京师,晚年虽曾经随大将军窦宪出征匈奴,但因茫茫沙漠,绝少人迹,且在军书旁午之际,不可能有游览名山大川、了解各地风土人情的时间与心情。所以,无论对各地风土人情的了解,还是对经济发展趋势的领略上来看,他实在不能和太史公相提并论。特别是在经济思想的建树方面,他基本上是重述前人的陈词,很少自己的独立见解,更谈不上有太史公的体系了。

(4)写作动机之不同。《史记》是司马迁的私人著作,他写作的动机是"穷无人之际,通古今之变,成一家之言"(《太史公自序》)。通过对社会发展历史变化的研究,把古今变化的道理弄通,目的是找出历史经验,为了将来。因此,司马迁写作时,不受外界和朝政的干扰,能振笔直书,畅所欲言,完全没有秉承人主意旨等问题,完全是表示自己的思想和意志。可是,班固写作《汉书》,却是另一番动机。他是想通过历史,进行说教,巩固皇朝统治。为迎合执政者的口味,不得不按照正统观念,以符合汉家法度。

二、司马迁与班固经济思想分析方法的比较

司马迁和班固的经济思想不但产生的背景不同,而且两人采取的分析方法也不同。

(一)创造与承袭。先秦史书都不大重视社会经济方面的记载,《春秋》涉及经济方面的记载只有"初税亩"三个字,且语焉不详,多少年来还搞不清它的确切意思。《左传》、《国语》记载的多

一些,但也是零碎的。司马迁首创记载经济问题篇章,并在结构上比较明显地分别出了宏观经济和微观经济的概念。在《平准书》中主要表达了宏观经济思想,而在《货殖列传》中则主要表达了微观经济思想。而班固则不察司马迁的这种结构安排之用心良苦,只是机械地据《史记》的《平准书》做《汉书·食货志》,据《货殖列传》做《货殖传》。虽然班固根据时代发展中出现了的大量的新情况和新材料,在《食货志》和《货殖传》中作了某些补充,但《汉书》在体例上基本上是承袭《史记》,《货殖传》中的材料几乎也是照录《货殖列传》。因此,从这一点上来说,司马迁是创新,班固是承袭。

(二)正宗与异端。司马迁写作《平准书》与《货殖列传》的目的是"令后世得观择",供后人参考。因此,当时蓬勃向上发展的社会商品经济,促使司马迁用一种进步的历史观来抒发自己反对倒退、反对与民争利的豪气,来阐述自己对社会经济活动发展规律的认识,从而形成了一种适应当时商品经济发展的进步的经济思想。而班固则不然,他写作《食货志》、《货殖传》,是想通过这些经济材料,来证明战国以后"礼谊大坏"、"僭差无极"(《汉书·货殖列传》)。这样,在他的眼里,司马迁的那种适应当时商品经济发展的经济思想,就成为"异端",他必须要用自己的"正宗"思想来加以改造,加以修正。他在《食货志》一开头,加了一大段"先王制土处民而教之"的说教,而对司马迁的那些所谓有违"正宗"思想的话,统统删掉,只字不留,换上他自己的那一套生产活动是先王之教、等级制度不得逾越的套话。所以梁启超评论马班异同时说:"迁、固两体之区别,在历史观念上尤有绝大之意义焉:《史记》以社会全体为史的中枢,故不失为国民的历史;班书以下,则以帝室为史的中枢,自是而史乃变为帝王家谱矣。"(梁启超:《中国历史

研究法》第 30 页)

（三）唯真与唯善。马班二人写作的动机不同,因而采用的叙事方法也不一样。应当说,司马迁采用的是唯真的"中性"的方法,在大量的历史材料面前,他就事论事,主要用的是客观叙述,不涉及价值判断,不论及孰是孰非,而是把判断留给读者,让后人自己从中"观择"。司马迁的经济思想,引起后人各种不同的评断,无不与其采用的这一方法有关。但在我们看来,司马迁的方法是接近科学的方法。班固则不然。他的主要任务是要通过历史的说教,把封建秩序稳定下来,因此,他采用的是一种主观判断的唯善方法,是用封建道德教条为框框,然后用经过充分"过滤"了的历史材料去适应那些教条,再拿封建道德观念去评论历史,评价事实。这种主观唯善的方法是唯心的。

（四）动态与静态。从总的经济思想分析方法上来进行比较,司马迁和班固又有动态与静态之分。司马迁是要通过历代变化,找出历史经验;班固则要通过历史说教,巩固封建统治。清代历史学家章学诚说,迁书通变化,而班氏守绳墨;迁书体圆而有神,班书体方而用智。司马迁的经济思想,始终是围绕着"通古今之变"中的"变"来展开的,他始终是从历史发展的运动中,寻找经济现象变化的规律。他认为汉代是从春秋、战国、秦、楚汉之争发展起来的,因此,他用"原始察终,见盛观衰"的方法观察历史。班固则不然,他把司马迁"通古今之变"的优良传统抛弃了,代之以"天人感应"。他认为汉的传统是直接从尧那里来的,"汉承尧运",汉皇朝是承天命的皇朝,是上天决定的,从而大谈等级制度不得逾越,要劳动人民安贫乐道。司马迁和班固这种经济思想分析方法的差异,使二人的思想在内容上的差别显得泾渭分明。

三、司马迁和班固的经济思想内容比较

司马迁和班固的经济思想尽管在某种程度有一定的相似之处，例如，他们都重视经济问题、农田水利等。但是，由于他们二人生活的时代背景及需要回答的问题不同，采取的分析方法相异，因此，从具体内容上看，二人的经济思想完全是两种不同的类型。二者的区别是自先秦以来中国两种不同类型的经济思想的总结，即自由经济思想和国家干涉经济思想的总结。司马迁的经济思想是前者的典型代表，而班固经济思想则是后者的代表。

（一）放任与干涉。司马迁的基本经济思想是自然主义。他崇尚道家"顺应自然"、"无为而治"的自然观。在《货殖列传》"篇首冠以老子之说，以自然主义笼罩一切经济主义"（潘吟阁：《史记·货殖列传新诠》）。他主张国家对各行各业采取放任政策，任其自然发展，因民之所利而利之。他认为，从自然条件看，山西饶有林、竹、玉石，山东多产鱼、盐、漆、丝，江南出产林木、金、锡、珠玑，北方颇多牛、马、皮毛，还有各地的铜、铁等，丰富多样的物资，是人民必需的生活原料，需要生产和交换；从职业分工来看，各地丰富的原料，需要"待农而食之，虞而出之，工而成之，商而通之"，因此，农、虞、工、商的职业分工，是由自然条件决定的，自然形成的，而并不是由行政命令可以任意摆布的。

司马迁主张的自由放任，不但要尽物之性，而且要尽人之性。而基本的人性，则是"富者，人之情性，所不学而俱欲者也"。"天下熙熙，皆为利来；天下攘攘，皆为利往"。不但农工商贾畜长，为的是"求富益货"，就是那些贤人、隐士、官吏、军士、妓女、赌徒等，其本性都是在追求财利"奔富厚"。既然人人都有求财益货的欲

望,因此,司马迁主张不必采用人为的予夺手段来加以均平,也不能用强制的方法进行扭转。司马迁主张顺应自然的自由放任经济思想,与1800年以后的亚当·斯密的"自利"说不谋而合。

班固的基本思想是干涉主义。他在《货殖列传》开头提到先王之制,有"教民种树畜养"云云,意思是讲人民的生产经营活动需要指导,实际上他把《周礼》中的井田制度进行了一番描绘。在经济制度上,他强调国家统制;在政治制度上,则倾向于专制集权。在《货殖列传》末尾,他又批评以工商业致富的人为"越法",说他们是"上争王者之利,下锢齐民之业,皆陷不轨奢僭之恶"。言外之意需要"整齐",民不可与"王者"争利。班固在批判货殖致富的同时,建议政府应该建立一定的法度,对经商者进行人为的干涉。他没有说官府与民争利之不当,而说民"上与王者争利"之不法。

(二)养欲与制欲。欲望理论不但是现代资产阶级经济学家研究微观消费时着重强调的,而且也是中国古代思想家非常重视的一个问题。司马迁把欲望看作是驱使人民求富谋利的原动力,因此主张"养人之欲"。人们的耳、目、口、身、心等器官要求得到物质欲望的满足,这种要求促使其"各劝其业,乐其事,若水之趋下,日夜无休时,不召而自来,不求而民出之"。那种想把人民的经济生活拉回到"小国寡民"、"清心寡欲"的原始道路上的做法,是行不通的。他还列举了社会上各色人等追求欲望满足的不同方式,来证明"求利致富"的欲望人皆有之,并且人人都想通过各种手段得到满足。这种看法,确实具有某些唯物主义的合理因素。司马迁对于那种"作奸犯奸"以满足个人欲望的行为是不称许的,他称许的是具有较高道德标准的欲望。在《史记·礼书》中他说:"人生有欲,欲而不得则不能无忿,忿而无度量则争,争则乱。先王恶其乱,故制礼仪以分之。养人之欲,给人之求,使欲不穷于物,物不屈于欲,二者相待而长……。"司马迁对那些既无德行,内心里却有强烈的求利欲望的人,是非常鄙夷的;对那些身处贫穷却又不去努力追求欲望满足的人,更是看不起。应当说,司马迁的养欲理论在当时来说达到了相当高的水平。

班固则把人们追求物质生活满足的欲望看作是导致为非作歹的罪恶之源,因此主张"制欲"。他认为,"耆欲不制",就会造成"僭差亡极"。所以,班固强调"欲寡而事节,财足而不争",要求人们"虽为仆虏,犹亡愠色"。他对于当时百姓追求财利,满足欲望的世风极为不满,慨叹为"世变",是世风日下,并以"卫道士"的身份,敦促统治者赶快加以教化,使百姓安贫乐道,安份守己。可见,班固的"制欲"理论是先秦以来"节欲"理论的继续和发展。

(三)"无种"与"有分"。司马迁认为,"富贵"本"无种",只要有能力,有本事,有办法,都可以发财致富,才干才是决定贫富的关键,"巧者有余,拙者不足"。很显然,司马迁在这里强调了"人"的作用,发现了"人"的力量,对于激励人们的进取心,推动社会进步有着不可忽视的作用。在他看来,人们的社会等级差别,是由财富的多少来决定的。占有的财富越多,他的社会地位就越高。他列举了大量普通凡人因富而社会地位显著提高的事例来说明富贵本"无种"。

而班固认为,人与人之间应该"有分","上下有序"。他在《货殖列传》中把司马迁的"富相什则卑下之"一段精彩的话弃而不取,却首先强调"先王之治"。他主张"在民上者,道之以德,齐之以礼",进行等级教化,使百姓安贫乐道,不见异而迁。很显然,班固在这里扮演了一个牧师的角色。

(四)"求富"与"求均"。司马迁经济思想中一个最重要的特点是:大力鼓励世人追求财富,发财致富。《货殖列传》通篇都是谈求富致富之道,讲的是"当世千里之中,贤人所以富者"的经验,"令后世得以观择"。他不但谈求富的意义,而且讲求富的方法。在他看来,求富是人的本性,农工商贾畜长,社会上各色人等的一切活动,都是为了求富益货,这是因为"礼生于有而废于无,故君子富,好行其德","人富而仁义附焉,富者得势益彰"。他以大量的史实证明了他的看法。从大量的致富事例中,司马迁总结出了如何求富的宝贵经验,给后世求富的人留下了致富秘诀。他说:"夫用贫求富,农不如工,工不如商,刺绣文不如倚市门。"经商求富,比手工业和农业都要快,因此,经商是致富的最好部门。但是,并不是所有经商的人都能致富,还必须有一套生财之道。司马迁根据历代经商致富者的经验,总结出了一套系统的致富之道。概括起来:1.用"智"。司马迁特别重视"人"在各种活动中的主导作用,因此,他特别重视人的能力、知识在致富中的决定作用。2.趋时。司马迁认为,经商求富,要像猛兽凶鸟捕获猎物一样,即"趋时若猛兽挚鸟之发"。这种"趋时"理论,在今天仍具有现实意义。3.善于利用地理优势,靠山吃山,靠水吃水。总之,司马迁"传货殖,举生财之法、图利之人,无贵无贱,无大无小,无远无近,无男无女,都纳之一篇之中,使上下数百年之贩夫竖子,伧父财奴,皆赖以传。"(李景星:《史记评议·货殖列传》)

班固却不同,他不讲求富,不讲生财之道,而是大讲"长贫贱,好语仁义",极力宣扬他的"贵谊而贱利"的教义。班固崇尚儒学,不求富而求均。不过,班固的"求均",并非真正之平均,而是有分际的。他的"均",是要求一般平民只是温饱而已,否则,就是"越轨"。

(五)各业并重与崇本抑末。重农是先秦思想家谈论的一个基本问题。综观先秦思想家重农的理由大致有以下五点:(1)粮食问题为人民生活所需,重农者,所以足食也;(2)在技术不变的情况下,工商人数增加,力农者就要相对减少,以致危及粮食供应,所以要重农;(3)从伦理观点来说,认为崇本抑末,可使民性淳朴;(4)重农可以使人民容易驱使、驯服;(5)崇本抑末迫使人民没有其他选择,只有选择农业为职业,从而把人民拴在土地上,使他们纳租税,出劳役,以及参加战争,无法逃离。这样,统治者可以巩固其政权。到了汉代,崇本抑末思想发展到了新的高度,班固则是典型地继承了先秦崇本抑末的思想。尽管他并没宣称重农抑末,但他写的《食货志》,重点是农业,历述了先秦到汉代的农政,显然有重农之意。尤其是他对于商鞅的农战政策,认为"虽非吉道,犹以务本之故,倾邻国而雄诸侯",言下颇有赞扬。

班固重农,这从当时的历史识见及现实意义来看,没有什么不对,关键在于他主张"抑商"。他宣传"贵谊而贱利",对工商业不予重视,其传货殖人物,是以批评否定的态度。他的《货殖列传》,在材料上基本上照录《史记·货殖列传》,但是,在表达他的抑商观点这一点上,他毫不含糊地对司马迁赞美工商致富的话大砍大伐,增写上他自己的那些贬斥工商的言论。

司马迁和班固不同。他基本上继承了先秦思想家各业并重思想的优良传统,既重农,又不轻工商,而是使农、虞、工、商并重。他认为,财富的产生,是"待农而食之,虞而出之,工而成之,商而通之"。很显然,司马迁对于农、虞、工、商等社会各业,并不强调何者为重,何者为轻。他虽然接受了当时的"本""末"观念,但是所言"以末致财,用本守之",说的是当时经商致富者把财产投入农业,进行土地兼并的状况,并不是强调重农。相反,在当时"崇本抑末"的浪潮中,他不随波逐流,在肯定各业在物质财富生产中不可缺少的作用之外,还力排众议,大谈工商。之所以如此,一则是他尊重历史,如实反映先秦汉初工商业者活跃的历史真实,另方面是对汉武帝以国家权力打击工商业者,使得工商业"中家"以上大都破产的情况表示不满,规劝统治者应该重工商。这在当时那种大气候下诚属不易。所以,后代学者对司马迁的各业并重思想都给予了积极的评价。近人郭嵩焘评论说:"案农、工、商、虞四者并重,而于虞通山泽之利,尤郑重言之。周礼曰:'虞衡,作山泽之材',天地自然之利,一出于虞人,史公之言与周礼之'以九职化万民'者相适应,自汉兴,始为重农抑末之说以困辱贾人,今无复有能知此义者矣。"(郭嵩焘:《史记·札记》)梁启超则言司马迁重视工商的思想"与西士所论,有若合符"(梁启超:《史记·货殖列传今义》)。胡适则写了《司马迁辩护资本主义》、《司马迁替商人辩护》两篇专文。这些都是对太史公各业并重思想的肯定和赞美。

　　比较司马迁和班固这两位中国汉代良史的经济思想,我们可以看出,无论从对经济问题的分析方法还是从经济思想的本论上来看,应当说,司马迁高出班固一筹。因此,从对后代的影响来看,司马迁的经济思想也远远超过班固。杨启高先生曾谈论司马迁的经济思想对后人的影响时说:"历史思想及于经济,是书盖为创举。《货殖列传》对于渔猎、农林、工商、货币,叙之特详;盖开《汉书》以下《食货志》之先河。后《三通》诸史考经济制度,则承此思想之后劲矣。"(杨启高:《史记通论·类聚·史学》)当代学者李长之则赞美说:"司马迁实在是一个彻底的唯物论者。……他应当怕是古代思想家中最能就唯物观点而论世的了!"(李长之:《司马迁之人格与风格》)潘吟阁先生则更加激动地招呼后学:"读中国书而未读《史记》,可算未曾读书;读《史记》而未读《货殖列传》,可算未读《史记》。美哉《货殖列传》!美哉《货殖列传》!"(潘吟阁:《史记·货殖列传新诠》)由此可见司马迁经济思想在中国历史上的地位。

（本文选自：《河北师范大学学报》1989 年第 2 期）

唐任伍，湖南邵阳人。1982 年毕业于北京师范大学经济系。获中国社会科学院研究生院博士学位。现任北京师范大学教授。主要著作：《唐代经济思想研究》等。

比较研究司马迁与班固的经济思想，对于弄清中国古代经济思想发展的脉胳，具有重大意义。司马迁与班固经济思想产生的背景不同，其分析方法亦有极大差异。其经济思想内容，则表现为放任与干涉、养欲与制欲、富贵的"无种"与"有分"、"求富"与"求均"、各业并重与崇本抑末的不同。因此，二人的经济思想是完全不同的两种类型。二者的区别是自先秦以来中国两种不同类型的经济思想的总结，即自由经济思想和国家干涉经济思想的总结。司马迁是前者的典型代表，而班固则是后者的代表。

杜佑经济思想初探

劳 为 民

杜佑(735—812)字君卿,京兆万年(今西安市)人,是唐代著名的政治家,理财家和史学家。他从小热爱学习,博览古今,以富国安民为己任。杜佑生在世宦之家,以门资得官,以后屡次迁升,曾任岭南、淮南节度使,历官至检校司徒同中书门下平章事,累任德宗,顺宗。宪宗三朝宰相,封歧国公。他历任内外要职,尤其是他担任过工部郎中、江西青苗使、金部郎中、水陆转运使、度支郎中、和籴使、户部侍郎、度支盐铁使等职,使他对唐代的政治和经济弊病有深刻的了解,并积累了丰富的理财经验,形成了较为完整的经济思想。他以踏实严谨的治学方法,广搜典籍,花费了三十六年时间,写成了一部专记历代经济、政治、文化、典章制度的沿革专史——《通典》,使"礼、乐、刑、政之源,千载如指诸掌"(《旧唐书·杜佑传》)。在中国历史上能有这样一位既有抱负和学识,又有丰富的实践经验,还写下史学巨著的理财家,实在是非常难得的。杜佑经济思想在中国历史上有重要的地位,对它加以分析研究,对今天还有一定的借鉴作用。

唐代封建地主经济的发展已达到了一个鼎盛的阶段。商品经济日益繁荣,对外贸易广泛开展,大大促进了工农业的发展。工商业的分工更细密了,商业基地进一步扩展。生产力的发展,促进了生产关系的变革,唐代成为中国封建社会一个重要的转变时期。唐代是士族地主逐渐退出历史舞台,庶族地主日益发展和壮大的时代,庶族地主的勃兴,使契约性的租佃关系得到发展。唐代中叶随着均田制的瓦解,大地主庄园经济兴起,租佃制盛行。土地制度的变化促使了赋税制度的变革,安史之乱后,租庸调制度被废除,两税法得到广泛推行。这意味着中国的封建经济结构发生了深刻的变化。经济基础的变化使唐朝中央政府对国民经济的管理和组织机构也起了变化,它比历代经济管理机构都有更细致和复杂的分工,因而人们的经济见解也大大地超越了前人。

杜佑所经历的时代正处于唐帝国由盛转衰的时代。自从"安史之乱"以后,唐朝的政治日趋腐败,藩镇割据形成了尾大不掉的局面,各种制度崩坏,户籍失修,国防吃紧,经济危机,流民问题日益严重。杜佑身居相位,面对祖国的危亡,他力主改革图强,从经济着手去挽救封建帝国的危机。为了实现自己的政治抱负,他必须求助于过去的历史经验,研究财政经济问题,从中探求经济发展的兴衰规律。杜佑的经济思想正是植根于这一深刻社会变化的基础之上。

杜佑的经济思想是在前人的思想基础上,根据自己的实践经验,再结合儒家的传统观念而形成的。像管子的轻重论、农本论、薄税敛论,李悝的"尽地力之教"、平籴法,晁错的贵粟论,司马迁的经济观点,桑弘羊的官营专卖,平准均输的经济政策,高颎的输籍法,儒家的富民论都对杜佑有着深刻的影响。其中以管子的思想对杜佑影响最深,在《通典》食货志中,摘引《管子》一书的内容最多,杜佑对各种经济现象的评述大部分是以管子的观点作为指导思想的。

唐朝不少的经济家对杜佑有着更直接的影响,刘秩是其中的一个。刘秩曾著《政典》三十五卷,杜佑觉得此书不够完备,于是在它的基础上进行扩大和整理。没有刘秩的《政典》作蓝本,是不可能有杜佑的《通典》的。刘秩是一位经济专家,他的经济思想自然会被杜佑在《通典》中继承下来。刘晏是著名的理财家。刘晏利用广开财路的办法,使国家增加收入,同时改革转运、盐法、税制,设置常平制度,使经过安史之乱的唐朝经济在短时期内得以复苏。他提出"户口滋多,则财赋自广。故其理财,常以养民为先"(《资治通鉴》卷226德宗建中元年)。目的是广开税源。还提出"因民所急而税","知所以取,人不怨"(《旧唐书·刘晏传·赞》)的收税原则。就是说国家的财政收入对象应该是人民日常生活的必须品,征收赋税要合理,使人民无怨言。杜佑正是受到他的启发深深认识到户口与赋税的关系,故在《通典》食货门中专辟论历代户口盛衰的条目。同时杜佑也提出了在征收赋税要做到"敛人之财而得其无怨"(《通典·食货·轻重》),"使天下之人知上有忧恤之心,取非获己,自然乐其输矣"(《通典·食货·轻重》)。杨炎对杜佑的影响更大,他是唐代的赋税改革家。建中元年(780)他改革赋税制度,提出量出制入的财政原则,废除"以丁夫为本"的租庸调制,实行以资产多寡为标准的"两税法"。杨炎一手提拔了杜佑,并委以重任。"杨炎入相,征入朝历工部、金部二郎中,并充水陆转运使,改度支郎中兼和籴等使。时方军兴,馈送之务,悉委于佑"(《旧唐书·杜佑传》)。杜佑成为两税法的积极支持者和拥护者,他和杨炎的经济观是一脉相承的。

二

杜佑的经济思想超越了前人,表现在他对整个经济体系的全面认识,积极提倡总结历史经验,寻求经济管理方法。自从司马迁写《史记》开创《货殖列传》和《平准书》等经济专史的篇目,班固又进一步发展为《食货志》的体裁,人们对经济生活有了一定的认识,但当时人们对整个经济结构的理解还是片面的,而且纲目混乱。食货应补充那些新的内容? 在整个经济生活中什么是最基础的东西? 他们是无法回答的,只是根据自己的理解,记录了货币的变迁和主要的物质资料的消费和流通情况,许多重要的内容被遗漏了。杜佑比他们前进了一大步,他首先把食货一门作了系统的目录整理,把它分成第一田制上;第二田制下、水利、屯田;第三乡党、土断、版籍并附;第四赋税上;第五赋税中;第六赋税下;第七历代盛衰门口、丁中;第八钱币上;第九钱币下;第十漕运、盐铁;第十一鬻爵、榷酤、算缗、杂税、平准均输,第十二轻重。这种精细的分类确实令人佩服,整个封建社会的主要经济情况几乎都被包罗了,它反映了唐代对经济领域的研究达到了一个新的水平。

把农田水利列入经济领域,说明了杜佑重视农业生产技术的作用,注重了生产技术和经济管理之间的密切关系;列乡党一项,反映了杜佑注意到农村人力的合理组织和管理;漕运相当于现代的粮食运输;版籍户口是封建国家征收赋税和分派徭役的重要依据;至于盐铁、鬻爵、榷酤、算缗、杂税、平准均输、轻重等项,更包括了封建国家运用统治权力去控制物价,调剂市场和各项措施。

他创立了历代盛衰门口、丁中这一条目,见识尤深。过去人们对各郡国的户口数字记录,只是作为地理志的一个内容而作统计的,而杜佑把它纳入经济管理的范畴,并明确指出,一定要统计好整个朝代人口数字和主要劳动力的人数,做好了这一步国家才能制订出整个财政的计划和开支。"古之为理也,在于周知人数,乃均其事役,则庶功以兴,国富家足,教化从被,风齐俗和。夫然,故灾诊不生,悖乱不起……及理道乖方,版图脱漏,人如鸟兽,飞走莫制。家以之乏,国以之贫,奸宄渐兴,倾复不悟。斯政之大者,远者,将求理平之道,非其本欤!"(《通典·食货·丁中》)可见杜佑把控制好国家的人口数目作为治国的根本大事,认为它直接影响着封建国家的经济盛衰。

杜佑的经济观不是空泛的议论,而是着重从实际的统计数字中去说明问题。杜佑已经懂得了用统计的方法来比较分析各种经济情况,注重搜集各种经济数据研究当时的经济现象。例如统计唐代天下诸郡每年常贡的数字,统计全国诸色粮仓的总数。从细致的人口户籍的统计中,他指出:贞观年间的户口是三百万户,经过三十多年到天宝末年户口数字才和隋朝的户数相近,增加了五百九十万户,实数为八百九十万户,但是西汉元始二年的人口数是一千二百二十余万,唐代的兴盛超过西汉,为何户口反不见多?原因是版籍失修,统计不实的原故。于是他明确指出,当时的户口少了三百余万。(《通典·食货·丁中》)杜佑还摸索出用食盐的消费量来统计人口数量的方法,这可以说是在经济统计上的创举。

更难能可贵的是杜佑开宗明义地提出要总结历史经验,寻找经济管理的好方法,为当时的现实政治服务。杜佑在大历元年(766)开始编写《通典》,前后花了36年的时间,采集五经群史,历代各种典章的沿革和群士的议论,从上古唐虞起直至天宝年间,共分为八类二百卷,编就了一本治天下的大经大法。梁启超在《中国之旧史》中赞誉说:"杜君卿《通典》之作,不纪事而纪制度,制度于国民全体之关系,有重于事焉者也。前此所无而杜创之,虽其完备不及《通考》,然创作之功,马何敢望杜耶!"(梁启超《新史学·中国之旧史》)《四库全书》总目认为这本书"详而不烦,简而有要,元元本本,皆为有用之实学,非徒资记闻者可比"。编写这本书的目的,杜佑在序言中明确地说道:"所纂《通典》,实采群言,徵诸人事,施将有政。"(梁启超:《新史学·中国之旧史》)在孔孟道统统治下的封建中国,不少的志士仁人,他们为封建社会的长治久安,曾多方为统治者总结经验,吸取教训,但他们总离不开从政教和道德中出谋划策。杜佑却别树一帜,从经济工作中着眼,从历史经验中寻找"权制之术",让人们了解经济的兴衰原因,掌握经济管理的方法,以实现其经济救国的抱负。他指出:"审其众寡,量其优劣,饶赡之道,自有其术。"(《通典·食货·轻重》)这实际上就是指出经济的发展自有它的规律可寻。在当时能有这种眼光,确实是很不简单的。

杜佑认识到经济是一切政教之本,国家的兴亡取决于经济的成败。"夫理道之先在乎行教化,教化之本在乎足衣食"(《通典·食货·序》)。这是他提出的名言。尽管在这以前,管子也说过"仓廪实而知礼节,衣食足则知荣辱。"孔子也讲过"既富而教",但都比不上杜佑的观点来得明确和彻底。杜佑对经济和政治的关系有较为深刻的认识:经济决定了政治,这是一个不容否定的客观规律。"国足则政康,家足则教从,反是而理者未之有也"(《通典·食货·丁中》)。"天下之田尽辟,天下之仓尽盈,然后行其轨数,度其轻重,化以王道,扇以和风,卒循礼义之方,皆登仁寿之域,斯不为难矣"(《通典·食货·轻重》)。有了这种认识,杜佑才在编写《通典》中分列八门,把食货放在首位。他认为治国之道食货是根本,根本固然后谈得上教化,于是要设立职官管理,要使官吏能干,在于选拔贤才,然后以礼乐来教化人民,在教育未能生效的时候,再用刑法,还要划分州郡作为管理的区域,设置边防去抵御外敌。"是以食货为之首,选举次之,职官又次之,礼义又次之,乐又次之,刑又次之,州郡又次之,边防末之"(《通典》序)。杜佑把经济作为基础,把选举、法律、道德、刑法、行政、军事作为经济制度的产物,又看到它们之间的关系是互相制约和影响的,这种见解确实大大超出前人,是一种辩证的经济观。

从经济是根本的观点出发,杜佑认识到国家的兴亡取决于经济的兴衰。这是从他经历的时代切身体会到的。"昔我国之全盛也,约计岁之恒赋,钱谷布帛五千余万,经费之外常积羡余,遇百姓不足,每月有蠲息"(《通典·食货·轻重》)。但从天宝年间起,国库空虚,财政混乱,终于导致了"安史之乱"。这完全是经济管理失败造成的恶果。东晋偏安江南时,北方的慕容、符、姚屡居中原,他们不懂经济,不按客观规律办事,使人民无法安定过活,从而使国家的政权相继沦亡。东晋推行土断之法,采用正确的经济措施,"财丰俗阜,实由于兹",但以后这种经济法规废弛了,旧的弊病又重新出现,至使东晋很快败亡。隋代承继了西魏的丧乱和周齐分割的烂摊子,吏治和经济管理十分混乱,但由于接纳了高颎的建议推行了输籍之法,使"蒸庶怀惠,奸无所容,隋氏资储遍于天下,人俗康阜"(《通典·食货·丁中》)。从上述,可见杜佑见识高明,看到了经济在社会中起的决定作用。

杜佑发现了在整个经济领域中,土地制度是最重要的一环,社会的变化会导致土地制度的变化。在编写《通典》中,他把田制放在食货的首位,这不是作者偶然的安排,而是他在长期的研究中得出的重要结论。在杜佑以前,我们从未发现有谁会把田制放在食货的首位。杜佑这个观点是完全符合自给自足自然经济的中国封建社会的发展规律的。封建经济以农业经济作为整个社会的基础,而农业生产的重要条件是土地,所以土地这一生产资料的拥有权和分配制度,必然会直接地影响着整个生产力的发展,成为整个经济领域的重要一环。杜佑从历史上田制的变化来说明这个道理。他指出，秦孝公任用商鞅废井田开阡陌，推行了新的田制，使国家在数年之间国富兵强，天下无敌。(《通典·食货·田制》)他又指出王莽更天下名田曰王田，脱离实际，违反客观规律，强行创造新的田制，结果使"农商失业，食货俱废，百姓涕泣于市道，坐卖田宅奴婢。自诸侯、卿大夫至于庶民，抵罪者不可胜数"(《通典·食货·田制》)。为要让人们引以为戒，他引录了区博的话说明："井田虽圣王法，其废已久，周道既衰而人不从，秦顺人心，改之可以获大利，故灭庐井而置阡陌，遂王诸夏，讫今海内未厌其弊。今欲违人心，追复千载绝迹，虽尧舜复生而无百年之渐不能行也。"(《通典·食货·田制》)这就清楚地说明了井田制不是永恒不变的制度，它曾一度适合于周朝的社会，到春秋战国时期秦国就改变了这种制度，使国家得到了兴盛的发展。如果脱离社会发展的实际，仿效千百年前的旧制度，就只能落得个失败的下场。

杜佑对田制的深刻认识是有其历史根源的。安史之乱前后，初唐实行的均田制已趋于瓦解，"开元之季，天宝以来，法令弛坏，兼并之弊，逾于汉成哀之间"(《通典·食货·田制》)。均田制的破坏导致了赋税制度的变化和府兵制度的瓦解，当时"王公百官及富豪之家比置庄田，恣行吞并，莫惧章程"(《册府元龟》卷495《田制》天宝十一载诏)。均田制的瓦解和地主庄园制的发展，使杜佑深受震动，使他不得不去体察和分析田制和社会经济的密切关系。

杜佑进一步发挥中国传统的重农思想，劝导人们重视农业生产。"谷者，人之司命也；地者，谷之所生也；人者，君之所治也。有其谷则国用备，辨其地则人食足，察其人则赋役均，知此三者，谓之治政"(《通典·食货·田制》)。杜佑把粮食、土地和人民看成是治理国家最重要、最根本的东西，有了粮食人们才能活下去，有

20世纪儒学研究大系

了土地才能生产出粮食,有了人民君主才有统治的对象。从粮食是人们生活的第一需要推论出治国应以农业为根本。同时又指出国家能否治理好,关键是对粮食、土地和人民的管理是否得当。有了粮食,国家的备用就有保证;合理耕种,人民就能衣食丰足;体恤老百姓,政府就能制定出正确的赋役制度,达到"治政"。于是他力主要把农业生产放在治国的首要位置上来。如何能做到以农为本呢? 他提出"农者有国之本也,先使各安其业,是以随其受田,税其所植"(《通典·食货·轻重》)。其做法是使人民安心于农业生产,固着在土地上,按人们的劳动能力来分配土地,从人们的收成中抽取赋税,显然这种重农的理论比前人更趋于成熟,他已把土地的平均分配和合理的税收制度看作是推行重农政策的先决条件。

杜佑认为重农的目的至在富民。他身为官吏,每见人民因为交租纳税时所受的苦楚,也目睹安史之乱后大批流民的存在对唐朝政权造成的威胁,因而他力主富民。在杜佑看来民富便意味着国富,财富要积贮在人民中,而不仅仅是积贮在国家的府库中。故此他谴责巧取豪夺的官吏"不务先富人而唯言富国,岂有人贫于下而国富于上耶?"(《通典·食货·赋税中》)他认为只有人民富裕了,国家才能富裕,"百姓不足,君孰与足!"(《通典·食货·赋税上》)

要使人民富裕的途径是什么呢? 杜佑提出了他自己的主张,这就是薄赋轻徭。"救人拯弊莫过于减赋,略其目前小利,取其长久大益,无患人赀不殷、国用不阜也"。"夫德厚则感深,感深则难摇,人心所录,故速勘大难"。"敛厚则情离,情离则易动,人心已去,故遂为独夫"(《通典·食货·轻重》)。

杜佑对历代推行薄赋轻徭的君主备加推崇。他称赞隋文帝

"贮积于人,无藏府库",当时的田租三分减一,兵减半,调全免。他最赞赏唐太宗薄赋轻徭的政策,"缅惟高祖,太宗开国创业作程垂训,薄赋轻徭,泽及万方,黎人怀惠。是以肃宗中兴之绩,周月而能成之,是虽神算睿谋,举无遗策,戎臣介夫能竭其力,抑亦累圣积仁之所致也"(《通典·食货·轻重》)。

杜佑还提出节用的原则,因为只有节用,减少经费开支才能薄赋轻徭。"夫欲人之安也,在于薄敛,敛之薄也在于节用,若用之不节而敛之欲薄其可得乎?先在省不急之费,定经用之数,使天下之人知上忧恤之心,取非获己自然乐其输矣"(《通典·食货·轻重》)。在杜佑看来,节用是对中央政府的整个财政开支而言的。要节用必须省去一切不急的费用,首先是要裁减冗官。"佑以为救敝如省用,省用则省官"(《新唐书·杜佑传》)。此外还要减少军费开支,制止各种奢侈铺张的行为,中央政府要制定周密的财政开支计划,限制官吏层层加派,扩大经费开支,这样才能达到节用的目的。

杜佑的薄赋轻徭和节用的原则虽然是从缓和阶级矛盾为其出发点,最终目的是为了封建统治政权的长治久安,但在当时的历史条件下。他这种主张如果能够落实,确实能给人民带来一定的好处,有利于生产的发展,促进封建经济的繁荣。

杜佑具有变革的思想,他认为社会历史是不断发展的,"古今既异,形势亦殊"。随着历史的不断变化,各种经济政策和措施也应作相应的变革,"欲行古道,势莫能遵。"事物的发展变化总是千差万别的,每个时代的历史条件不同,采取的经济措施也应不同,就是同一个时期,各地的经济发展也是不平衡的,所以只能以是否适合时代作为衡量各种经济措施正确与否的准则。所以他说:"详观三代之制,或沿革不同,皆贵适时。"

有了这种勇于改革的精神,杜佑对于历史上的经济改革运动,总是予以热情的歌颂和高度的评价。他认为周朝有了姜尚而得到兴盛,齐国得到管仲百成霸业,魏国得李悝而富庶,秦国有商鞅而强大,后周有苏绰,隋氏有高颎。这六位贤人之所以成兴霸之业,无一不是经过图强变革,才得以富国强兵的。

他称赞东晋的土断法施行,使国家"财丰俗阜",隋代行输籍法使隋"资储遍天下",对杨炎的两税法更是推崇备至。"自建中初,天下编氓百三十万,赖分命黜陟、重为按比,收入公税,增倍而余。遂命赋有常规,人知定制,贪冒之吏莫得生奸,狡猾之氓皆被其籍,诚适时之令典,拯弊之良图。""免流离之患,益农桑之业,安人济用,莫过于斯矣。"(《通典·食货·丁中》)

在任官期间,杜佑每见到各种弊害,他常常上书,力陈改革弊政。例如当楚州营田"徒有糜费,鲜逢顺成",刘实无收的时候,他力主废除营田,革除斯弊,把田地交回百姓耕种。当他看到财政困难,入不敷出,他上书力除改革省官,以省费用,呼吁"随时立制,遇弊则变,何必因循,惮改作耶?"(《新唐书·杜佑传》)在杜佑看来,只有"既弊而思变,乃泽流无穷"(《通典·食货·轻重》)。杜佑这种勇于革新、不拘成法的精神,为后代的人们留下了宝贵的经验和深刻的启示。

三

我们应该看到,杜佑的经济思想有其不足之处,他不可能超出阶级和时代的局限。作为封建王朝的忠实道士,他所主张和倡导的这一套经济理论最终目的是为封建统治者服务的,他是在寻找挽救封建经济危机的灵丹妙药,以使唐王朝能长治久安,所以他根本不可能看清楚封建制度本身给社会经济带来了不可救药的危害。他的眼光只局限在小农经济的圈子中,力主把农民束缚在土地上,以确保自然经济的发展。目的是使农民更驯服地接受地主和封建政权的剥削和压迫,由于受传统的重农抑商思想的影响,他认为"工商虽有技巧之作,行贩之利,是皆浮食,不敦其本,盖欲抑损之义也"(《通典·食货·赋税上》)。这说明了杜佑不理解工商业在封建经济中的作用,反对发展工商业。

就杜佑这套经济观点来说,还未构成有系统的、理论性强的经济学说,而且还有不少阶级局限性。例如杜佑把"鬻爵卖官"看成是国家财政收入的一个重要手段,这是十分错误的看法。他十分赞赏晁错的话:"今募天下入粟县官,得以拜爵,得以除罪,如此富人有爵,农人有钱,粟有所漯……所补者三:一曰主用足;二曰人赋少;三曰劝农功。"其实鬻官卖爵正是封建政权腐朽、经济危机的一个表现。表面上封建政府通过鬻爵增加了国家的财政收入,实际上使一班毫无才干的富人涌入官场,这批人一旦得官,必以十倍的疯狂去搜刮民脂民膏,结果是祸国殃民。杜佑站在封建统治阶级的立场,所以没有看清其危害性。

对货币的认识杜佑也是错误的,他不懂得货币的职能是作为储存和流通的手段,货币必须以社会物质财富作基础,他以为国家垄断了钱币,就能平定物价,就能使国富民安。"使物之重轻,由今之缓急权制之术实在乎钱,键其多门,利出一孔,摧抑浮浪,归趣农桑,可致时雍,跻于仁寿,岂止富国强兵者哉!"这是夸大了货币的作用。

对上古的经济制度,杜佑常常不加批判地美化,把当时经济制度说得尽善尽美,这完全违反了历史事实。"古之有天下者,未尝直取之于人。""古之圣王以义为利,不以利为利,贮积于人,无藏府库。""自燧人氏逮于三王,皆通轻重之法,以制国用,以抑兼并,致财足而食丰,人安而政洽。"(《通典·食货·轻重》)试想还在燧人氏三皇五帝的原始社会阶段,怎会懂得轻重之法？实在太荒唐,寻其根由是受传统的儒家学说的影响而编造的。

由于时代和阶级的局限性,使杜佑的经济思想有许多不完善的地方,但把杜佑和他的同时代人相比,他却站得较高,看得较远,确实不失为封建时代杰出的经济家。他的经济思想给后一代人以新的启示和深远的影响,在中国古代经济史上留下了一份珍贵的财富。

(本文选自:暨南大学《研究生学报》1985 年第 2 期)

劳为民,暨南大学历史学硕士。

杜佑是唐代著名的政治家、理财家和史学家。他的经济思想在中国历史上也有着重要地位。杜佑的经济思想是在前人的基础上,根据自己的实践经验,再结合儒家的传统观念而形成的。杜佑的经济思想超越了前人,表现在他对整个经济体系的全面认识,积极提倡总结历史经验,寻求经济管理方法。杜佑认识到经济是一切政教之本,国家兴亡取决于经济的成败。因而,在《通典》中杜佑把食货放在首位,而把选举、法律、行政、军事等作为经济的产物放在其后,这是一种辩证的经济观。同时,杜佑的经济思想也不可能超出阶级和时代的局限,有其不足之处。

陆贽——我国古代杰出的财政思想家

叶世昌　李民立

陆贽(754—805)是在我国财政思想史上有相当贡献的人,他是我国历史上苛征暴敛的坚决反对者,对轻敛薄赋的主张有过系统、深刻的阐述。但是,由于他反对杨炎的两税法,因此对他的评价就很不一致,有的书上甚至说他是"大地主的代言人"(吕振羽:《简明中国通史》上册,人民出版社1959年版,第416页)。结果,就出现了如下的矛盾现象,尽管许多历史学家都曾引用陆贽的话来说明中唐时大地主阶级的兼并活动和两税法的种种弊病,但对陆贽本人的财政思想,却不敢作出较肯定的评价。值此陆贽诞生1210周年的时候,重新讨论一下陆贽的财政思想,我们认为还是有必要的。

一

陆贽于唐代宗大历六年(771)中进士,德宗建中元年(780)为翰林学士。次年,藩镇之乱起。建中四年泾原兵变,陆贽随德宗逃往奉天(陕西乾县)。在奉天期间(783—784),陆贽颇受重用,许多诏书都由他起草。德宗贞元八年(792)任宰相职(中书侍郎同中书门下平章事),两年后即免去。贞元十一年被贬为忠州别驾。

十年后去世。死后被顺宗追赠为兵部尚书,谥宣公。

陆贽从事政治活动的时期,正是李唐政权的严重危机时期。唐代的统治集团,到玄宗时已完全趋于腐朽。他们穷奢极欲地追求腐化享受,形成了政治上的极端混乱局面。玄宗天宝十四年(755)终于爆发了长达九年的安史之乱。安史之乱虽告平息,但李唐的政治危机并未过去。安史之乱期间及以后,又形成了藩镇割据的局面。德宗建中二年开始的藩镇之乱,又一次威胁着李唐政权的生存。陆贽就是在这种情况下受到德宗的重用,担当了恢复李唐政权对全国的统治地位的部分重任。

安史之乱和藩镇之乱都直接反映了中央和地方的矛盾,这本来是统治阶级的内部矛盾,但是其中又交织着地主和农民的矛盾以及民族矛盾(民族矛盾本文从略)。唐代地主和农民的矛盾,到玄宗时已发展到相当尖锐的程度。大地主的兼并活动和封建国家日益加重的财政苛敛,使农民纷纷破产。他们为了逃避租税负担,只得逃亡、隐匿或沦落为大地主的佃客。农民穷困破产,削弱了中央政权的统治力量。中央统治力量的削弱和地方豪强地主的壮大,自然有利于地方割据势力的形成。另一方面,地方和中央矛盾的发展,也反过来加剧地主和农民的矛盾。在安史之乱和藩镇之乱中,农民比平时有更沉重的兵役和财政负担,生命、财产更无保障,苦不堪言。因此,我们不能把安史和藩镇之乱仅仅看作是统治阶级内部矛盾发展的结果。

安史之乱前,以唐玄宗为首的统治集团,为了维持自己的荒淫腐朽的生活,即已开始对人民加紧搜括。玄宗先后任用宇文融、韦坚、杨崇礼、杨慎矜、王铁、杨国忠等一批聚敛能手,对人民进行尽情掠夺。例如,唐制人民戍边的,六年一更代,这六年中免除租庸,但边将讳言战败,不肯将已战死的兵卒除去名籍;王铁便按户口

册,凡有籍无人的,都作避课论,除去六年戍边的时间追征历年来
应交纳的租庸,有征到三十年的。以后肃宗、代宗、德宗统治时期,
由于战事连绵不断,皇室财政负担空前加重,而人口减少、户籍流
散,以及藩镇各自为政,截留租税,使中央的财政收入受到严重威
胁。因此,各朝又相继任用了一批不顾人民死活的“理财家”,更
加加紧对还属于中央直接控制地区人民的搜括。如肃宗宝应元年
(762),“租庸使元载以江、淮虽经兵荒,其民比诸道犹有赀产,乃
按籍举八年租调之违负及逋逃者,计其大数而征之;择豪吏为县令
而督之,不问负之有无,赀之高下,察民有粟帛者发徒围之,籍其所
有而中分之,甚者什取八九,谓之白著。有不服者,严刑以威之。”
这样的“理财”方法,简直和强盗抢劫没有什么两样。以致人民被
迫“或相聚山泽为群盗,州县不能制”。(《资治通鉴》卷二百二十
二)无穷的苛敛,造成了“科敛之名凡数百,……百姓受命而供之,
沥膏血,鬻亲爱,旬输月送无休息”(《旧唐书·杨炎传》)的严重局
面。

　　当时比较能用正确方法理财的只有刘晏。代宗时,刘晏从改
良漕运、整顿盐法,实行平准等方面着手整理财政,取得了一定的
成绩。史称他的“理财常以养民为先”(《资治通鉴》卷二百二十
六),“敛不及民而用度足”(《新唐书·刘晏传》)。但这样的理财
思想在当时并不占主导地位。

　　陆贽的财政思想就在以上的历史条件下产生。陆贽向德宗提
出的一系列政治经济政策主张,直接目的虽在于消弥藩镇之祸
(在对待藩镇问题上,陆贽主张绥靖政策,这一点是不足取的),但
他的着眼点却是地主和农民的矛盾,认为只有缓和这种矛盾,才能
建立起李唐政权的巩固统治。他的财政思想就以这一正确见解为
前提。因此,他坚决反对聚敛政策,反对聚敛之臣,和所有在他以

前以及和他同时代的那些以搜括为能事的"理财家"处于针锋相对的地位。但是,他和刘晏不同。刘晏是实行家,在财政思想上并未提出什么系统的见解;陆贽是思想家,他详细地发挥了封建国家的理财原则,却没有提出更多的具体办法。在漕运上虽也提出过切实可行的改良意见,但在这些具体问题上并未超过刘晏。

陆贽在替德宗出谋划策的十年时间中,反对苛征暴敛的态度是始终一贯的。在许多奏折中他都强调了这一观点,一直到他免相为止。特别是在免相的那一年,他在《均节赋税恤百姓》奏折中,专门讨论了当时的财政以及大地主的兼并活动问题。正是由于他的这一思想的一贯性和顽强性,就决定了他在政治上的必然失败的命运。

以上已经说明,陆贽所处的时代正是统治阶级聚敛成风的时代,因此陆贽实际上是在整个竞事搜括的统治集团的包围中坚持自己的主张的。这必须有清醒的头脑和敢于斗争的勇气才有可能。在德宗出亡期间,陆贽之受到重用,是因为当时统治集团客观上需要有这样的人出来支持残局。陆贽代拟的诏书,有许多是德宗的罪已诏,曾使"士卒无不感泣"(《新唐书·陆贽传》),有利于李唐统治局面的恢复。但是,就在这样的情况下,也随处暴露了他和德宗之间的矛盾。在奉天时,德宗的许多行动,都因受到陆贽的谏阻而作罢。德宗之所以表现出能接受他的某些主张,是因为他们的矛盾暂时统一在恢复李唐统治的前提之下,等到形势发展对中央统治集团有利,德宗的地位巩固以后,代表大地主政权的封建帝王和陆贽的矛盾就渐趋表面化。德宗所需要的是卢杞、裴延龄一流的人物。在裴延龄被任命为户部侍郎时,陆贽曾上表反对。贞元十年,他又列举裴的聚敛恶政,但德宗却"以为(延龄)能富国而宠之"(《资治通鉴》卷二百三十四)。所以表面上他的被免职和被贬是受了裴延龄的排挤,但实质上却反映着两种针锋相对的财政思想的对立。他的失败,有着客观必然性。《旧唐书·陆贽传》说"贽以受人主殊遇,不敢爱身,事有不可,极言无隐。朋友规之,以为太峻。贽曰:'吾上不负天子,下不负吾所学,不恤其他!'"结果,果然险些遭杀身之祸。所以在忠州的十年间,"常闭关静处,人不识其面,复避谤不著书"(《旧唐书·陆贽传》)。可见其失败的惨重和地位的危险。从这里充分反映出陆贽思想——主要是财政思想在当时的深刻意义。

二

陆贽的立场基本上是中小地主的立场。他曾在奏折中揭露豪强地主无止境的兼并活动说:

"富者兼地数万亩,贫者无容足之居。(农民)依托豪强,以为私属,贷其种食,赁其田庐。终年服劳,无日休息;罄输所假,常患不充。有田之家,坐食租税。贫富悬绝,乃至于斯;厚敛促征,皆甚公赋。"

大地主大量占有土地,坐收高额地租,还兼营高利贷活动。农民辛勤劳动的产物,都被地主以地租和利息的形式榨取无余。陆贽一方面指出贫富过分悬殊的不合理:"天下之物有限,富室之积无涯。食一人而费百人之资,则百人之食不得不乏;富一家而倾千家之产,则千家之业不得不空。"另一方面,他也指出兼并活动对封建国家政治和财政上的严重危害。陆贽主张封建国家实行自上而下的改良政策:"凡所占田,约为条限,裁减租价,务利贫人。……

微损有余,稍优不足;损不失富,优可赈穷。"①虽然这种改良主张的意义是有限的,但由此也反映了陆贽的立场,不能认为他是大地主阶级的代言人。

陆贽认为,人民财政负担过重,是促成藩镇之乱的重要原因之一。建中四年,德宗和陆贽讨论泾原兵变以致被迫逃亡的原因,德宗认为"自古国家兴衰,皆有天命。今遇此厄运,虽则是朕失德,亦应事不由人",陆贽反对这种观点。他强调指出"非于人事之外,别有天命",藩镇之乱完全有其长期形成的客观原因:

> "聚兵日众,供费日多。常赋不充,乃令促限;促限才毕,复命加征;加征既殚,又使别配;别配不足,于是榷算之科设,率贷之法兴。禁防滋章,条目纤碎,吏不堪命,人无聊生。农桑废于征呼,膏血竭于笞捶。市井愁苦,家室怨咨,兆庶嗷然,而郡庶邑不宁矣!"

这客观原因就是用兵日久和随之而来的种种横征暴敛的弊政。因此,要克服这一政治危机,除在政治上注意进行改革外,还必须"扫求利之法,务息人之术"(《论叙迁幸之由状》,《陆宣公集》卷十二)。将财政苛敛的恶果,作了充分的估计。

他还指出朝廷对人民的过分诛求,实际上是在压榨人民的"肝脑筋髓":

> "朝廷取之于方镇,方镇复取之于州,州取之于县,县取之于乡,乡将安取哉?是皆出于疲人之肝脑筋髓耳。"(《谢密旨因论所宣事状》,《陆宣公集》卷十七)

他很同情被"算敛周于万类,征徭被于八荒"(《收河中后清罢兵状》,《陆宣公集》卷十六),"捶骨沥髓,隳家取财"(《均节赋税恤

---

① 引文均见《均节赋税恤百姓第六条》。《陆宣公集》卷二十二。

百姓第三条》,《陆宣公集》卷二十二)式的严重财政剥削压榨得喘不过气来的广大人民的惨痛遭遇,一再提出要迅速改变这一情况:

> "自大盗猾夏,耗斁生人,天下常屯百万之师,坐受衣食。农夫蚕妇,冻而织,馁而耕。殚力忍死,以供十倍之赋;日日引颈,望睹升平之化,惠恤之恩,凡四十九年矣。"(《谢密旨因论所宣事状》,《陆宣公集》卷十七)

指出减轻人民的财政负担是当时的当务之急。

陆贽的基本财政主张是轻敛薄赋。他严格遵循儒家的这一传统,但又对它作了为前人所未曾有的详细的阐述。他主要从以下三方面说明轻敛薄赋的重要意义。

第一,他从封建国家和人民的关系方面说明这一问题。陆贽认为封建帝王和人民的利益是一致的,统治者应该"以天下之心为心"(《论裴延龄奸蠹书一首》,《陆宣公集》卷二十一),要做到"以天下为一家,中国为一人"(《请遣使臣宣抚诸道遭水州县状》,《陆宣公集》卷十七)。从这一思想出发,他认为国家向人民收税是为了用于符合"公共"利益的支出需要。因此,那些"务鸠敛而厚其帑楗之积"的是"匹夫之富",只有"务散发而收其兆庶之心"的,才是"国家之富"(《奉天清罢琼林、大盈二库状》,《陆宣公集》卷十四)。他希望德宗能够做一个真正的"天子",让人民"安业"。

陆贽的国家观念是完全错误的。他把地主阶级专政的国家说成是"以天下为一家"的符合各阶级共同利益的国家,这正是一切剥削阶级思想家的共同特点。但是,他的这种思想包含着减轻赋税剥削的正确主张,对人民有利。

其次,陆贽还从历代王朝的兴亡规律中来认识轻赋薄税徭役的重要意义。他反对王朝兴亡是由于天命的思想,认为"与理(治)同道罔不兴,与乱同趣罔不废"(《论关中事宜状》,《陆宣公集》卷十一），而"理乱之本，系于人心"（《奉天论当今所切务状》，《陆宣公集》卷十二）。假如赋敛苛重，过分地搜括人民，人民就会怨恨统治者；封建王朝失去了民心，就不会巩固甚至灭亡。他将"失人心而聚财贿"的做法，比之于"割支体以徇口腹"其实际后果可想而知。他引当时的历史事实为教训来告诫德宗要懂得这个道理：

> "陛下若谓厚取可以恢武功，则建中之取，既无成矣；若谓多积可以为已有，则建中之积，又不在矣；若谓徇欲不足伤理化，则建中之失，伤已甚矣；若谓敛怨不足致危亡，则建中之乱，危亦至矣。"

因此，他的结论就是：

> "自古及今，德义立，而利用不丰；人庶安，而财货不给；因以丧邦失位者，未之有也！……自古及今，德义不立，而利用克宣；人庶不安，而财货可保；因以兴邦固位者，亦未之有焉！"（《论裴延龄奸蠹书一首》，《陆宣公集》卷二十一）

理财思想和方式的正确与否，直接关系国家兴亡，不可不慎。

第三，陆贽还指出国家财政必须以保障人民能发展生产为前提。物质财富是由人民创造的："夫财之所生，必因人力。"（《均节赋税恤百姓第一条》，《陆宣公集》卷二十二）因此如果人民众多，生活安定，物产增加，财政收入的来源自然充沛。反之，如果国家的赋税过重，严重影响人民的生活和生产，以致造成人民颠沛流离，国家的财政收入就必然枯竭。他指出了国家征敛所应遵循的原则：

> "建官立国，所以养人也；赋人取财，所以资国也。明君不厚其所资，而害其所养。故必先人事，而借其暇力；先家给，而敛其余财。遂人所营，恤人所乏；借必以度，敛必以时。有

度则忘劳,得时则易给。"(《均节赋税恤百姓第四条》,《陆宣公集》卷二十二)

根据这一见解,他又明确指出应该细水长流,不能竭泽而渔:

"当今之要,在于厚人而薄财,损上以益下。下苟利矣,上必安焉,则少损者所以招大益也。人既厚矣,财必赡焉,则暂薄者所以成永厚也。"(《均节赋税恤百姓第三条》,《陆宣公集》卷二十二)

要减轻赋税,必须要求统治者能节约支出。陆贽强调节用是减轻赋税的保证。他列举了卫文公、汉文帝和唐太宗等先王的事迹,说明他们当政时都很困难,但由于恭俭节用,静事息人,最后卒致富强。国家收入是否敷用,不在收入多少,而主要在于能否节约支出。"桀用天下而不足,汤用七十里而有余",关键问题就在"节与不节","取之有度,用之有节,则常足;取之无度,用之无节,则常不足。""不节则虽盈必竭,能节则虽虚必盈。"(《均节赋税恤百姓第二条》,《陆宣公集》卷二十二)因此他主张财政支出的原则是节用和量入为出。帝王应"戒平居之专欲,器用取给,不在过丰"(《奉天清罢琼林、大盈二库状》,《陆宣公集》卷十四)。不要像秦始皇、汉武帝、隋炀帝等人那样的"唯欲是逞"(《均节赋税恤百姓第二条》,《陆宣公集》卷二十二)。

以上分析了陆贽的轻敛薄赋主张。这些主张直接代表着中小地主阶级的利益。因为无论怎样苛重的财政负担,大地主都可凭借政治特权而避免,中小地主却没有那么容易。李唐政权的财政剥削,事实上大多落在中小地主和农民的身上。因此,作为中小地主阶级的代言人,自然会反对这样的聚敛政策。由于陆贽站在中小地主立场,所以在分析当时社会矛盾时,虽然很注意农民的财政负担,却较少注意农民的地租负担。尽管他也反对大地主的兼并活动,但这种反对远没有像反对财政苛敛那样地一贯和坚决。对于地主的兼并和地租剥削,他只主张限田、减租,"微损有余,稍优不足,损不失富,优可赈穷"。地主阶级立场的局限性,于此可见。

在减轻财政负担的要求上,中小地主和农民有着共同的利益,这就使陆贽能够披着农民利益的代表者的外衣而出现,而且也的确对农民表示了相当程度的同情。但是,这种财政思想仍然是典型的地主阶级的财政思想,它代表着封建国家的长远利益。封建国家只有坚持这些原则才能缓和社会矛盾,使自己的统治获得巩固。当然,这种主张如果能够实现,也的确可以减轻农民的某些痛苦,对农民有利。正因为如此,所以我们仍然可以说陆贽是我国历史上的一个杰出的财政思想家。

因为陆贽反复强调得人的重要,因此有人就认为:

> "毛泽东同志所指出的'世间一切事物中,人是第一个可宝贵的'这一真理,陆贽似曾意识到了。所可惜的是,他所谓'人',缺乏一定的阶级基础。"(胡寄窗:《中国经济思想史》中册,第 426 页)

说陆贽"似曾意识到"毛泽东同志关于"人是第一个可宝贵的"这一指示,我们认为这提法本身就"缺乏一定的阶级基础"。毛泽东同志所说的"人"是社会主义的人民,只有在社会主义条件下这句话才有意义。而陆贽所说的"人"是什么人呢? 如果它是指地主,这无非是说地主阶级是封建朝廷所必须依靠的力量。如果是指农民,则这种"人"不过是被封建国家和地主阶级剥削的对象,倘若没有农民的辛勤劳动,封建国家和地主阶级所需要的财富就没有来源。正是因为这样,所以陆贽说"人既厚矣,财必赡焉"。这里所体现的是一种剥削关系,哪里会意识到毛泽东同志"所指出的'世间一切事物中,人是第一个可宝贵的'这一真理"呢?

三

现在再来分析一下陆贽反对两税法的问题。唐代初年大体上承袭了北朝的赋税制度。在田制方面实行了均田制,对无地或少地的农民授给一定数量的土地,同时在此基础上征收租庸调。租是地租和赋税合一的实物交纳,每丁纳粟两石;调是丁税,随当地的出产,每丁交纳二丈五尺绢、绫或绝;庸是徭役,每丁一年服役二十日,不愿服役的得以布帛代役。玄宗天宝年间,由于大地主的兼并活动,均田制已趋废坏,户籍基本失实。这样,原来以均田制和严密户籍组织为基础的租庸调也就不能维持了。一方面是租庸调制的被破坏;另一方面是不择手段地进行财政搜括,使财政制度非常混乱。在这样的形势下,为了整顿财政制度,保证财政收入,德宗建中元年就采纳宰相杨炎的建议,改按两税法征税。

两税法和过去的租庸调有很大的不同。它的主要内容是:一、租庸调以及杂税并入两税,除两税外不得随意额外征收,征者以枉法论;二、以户为纳税单位,不分主户、客户(流亡农民)一律纳税,改变了过去以丁男为纳税人的办法;三、以贫富为计算应纳税额多少的标准,分等征收;四、以钱为征收标准;五、税收分夏、秋两季征收。

两税法的积极意义有以下三方面。首先,过去的租庸调,特权阶级可以免纳,客户也逃避了税负,两税法则规定不分贵贱、不问主客户一律都要缴纳。其次,两税以贫富为计税标准,商人也要按资产三十税一,贫苦农民的财政负担相对地有所减轻。再次,纳税项目减少,时间集中,人民可以少受很多骚扰。史称实行两税法后"天下便之"(《旧唐书·杨炎传》),可能不完全是夸大的话。但是我们也不同意对两税法的推行作过高的估计。两税法只不过是在租庸调已经不能维持、财政制度非常混乱的情况下为了整顿财政制度、保证财政收入而采取的一个变通办法,两税中包括了原有的一切苛捐杂税,人民的总负担丝毫也未减轻。按资产征税虽然是一个合理的办法,但在当时的条件下,也不能保证贵族官僚和大地主不凭借其在政治、经济上的统治地位继续享受优免赋税的特权。更主要的,实行两税法后,统治者根本没有履行不加税的诺言,很快的又增加了新税。实行两税法的次年,就将商税改为十税一。建中三年,韦都宾、陈京建议向商人借钱,结果"长安嚣然如被寇盗"(《资治通鉴》卷二百二十七),引起罢市。同年,淮南节度使陈少游以供军为名,要求在该道两税中每千钱加征二百,随后各道都一律照加。建中四年又征间架税(房屋税)和除陌钱法(每有交易,按交易额征税百分之五)。总之,正如陆贽在贞元十年所指出的:"大历中非法赋敛,急备、供军、折估、宣索、进奉之类者,既并收入两税矣。今于两税之外,非法之事,复又并存。"(《均节赋税恤百姓第一条》,《陆宣公集》卷二十二)实行两税法后人民的负担仍在不断加重。由此可见,税制改变后人民基本上没有得到什么好处,它原有的积极意义已被后来的实践所消除殆尽了。

陆贽是两税法的反对者。他提出两税法实行以后使"人益穷困"的七大弊端:

一、过去征敛多少,由地方视需要而定,还有一定的伸缩性。实行两税后,一切杂税都正式并入两税,成为定额,使人民的财政负担只能增不能减。

二、后来每贯加征二百,又成定规。

三、两税以钱为计税标准、纳税时又令折成绫绢交纳。后来绢价下跌一半,等于使人民的实际负担加重一倍。

四、财政机构支用绫绢时,抬高作价,进一步剥削人民。

五、尚有许多变相的赋税和徭役存在,如以召雇为名的征役和以和市为名的科配(人民被迫廉价出售商品给官府)等。

六、原来的苛捐杂税已并入两税,而两税之外,非法赋敛依旧并存。

七、实行两税时,各按诸道的支出定额,而各道的负担原来就不均衡;后来由于农民的继续流散和逃亡,这些"逃亡缺乏税额",又都加在其余农民身上,更增加了这些农民的穷困。(《均节赋税恤百姓第一条》,《陆宣公集》卷二十二)

陆贽反对的这七大弊端,都是两税法推行后所实际存在的问题,这些意见应该说都是十分正确的。陆贽敢于正面揭露这些弊端,我们不能低估它的意义。

但是,在反对两税法的斗争中,陆贽的见解也存在着严重的缺陷。陆贽错误地把租庸调说成是千古不变的良法,不了解在均田制破坏和户籍已经混乱的情况下,税制改革是当时的必然发展趋势。他说:"此三道者(指租庸调),皆宗本前哲之规模,参考历代之利害。其取法也远,其立意也深,其敛财也均,其域人也固,其裁规也简,其备虑也周。"赋税制度是社会上层建筑,受各该时期经济基础所制约,经济基础有了变化,作为上层建筑的赋税制度也必须有相应的改变。陆贽自己也说"有田则有租",但是却又忽视了农民既已丧失土地,又何从交租? 在均田制破坏后,租庸调就绝不是什么修改的问题,而非彻底改革不可了。应该反对的是两税法实际上并没有改好,而不应该反对任何税制改革本身。陆贽认为赋税制度是"三代创制,百王是程"(《均节赋税恤百姓第一条》,《陆宣公集》卷二十二),至多只有局部的修改,而没有根本的变革。这样来理解唐以前的税制史,也是不正确的。

陆贽反对税制的根本变革,反映了他的保守思想。他所以这样主张,一方面是受了儒家传统思想的束缚,另一方面也可能是为了在斗争中取胜,矫枉过正,以至根本否定实行两税的任何合理性。

陆贽还强烈地反对以资产为征税对象,他说:

> "两税之立,……唯以资产为宗,不以丁身为本。资产少者则其税少,资产多者则其税多。曾不悟资产之中,事情不一。有藏于襟怀囊箧,物虽贵而人莫能窥;有积于场圃囷仓,直虽轻而众以为富;有流通蓄息之货,数虽寡而计日收赢;有庐舍器用之资,价虽高而终岁无利。如此之比,其流实繁,一概计估算缗,宜其失平长伪。"(《均节赋税恤百姓第一条》,

《陆宣公集》卷二十二)

认为资产种类繁杂,数量不易确定,生产性资财和消费性资财,在性质上也不相同,因此按资产征税不可能真正做到负担公平合理,这固然是对的。但他却否定了两税按财产征税确比租庸调按人丁征税要合理得多。从"有积于场圃囷仓,直虽轻而众以为富;……有庐舍器用之资,价虽高而终岁无利"等提法中,恰恰暴露了陆贽的地主阶级立场。

陆贽反对赋税征钱,他也从理论上对此作了说明:

> "夫国家之制赋税也,……其所取也,量人之力,任土之宜。非力之所出则不征,非土之所有则不贡。谓之通法,历代常行。……故可以勉人功、定赋入者,唯布、麻、缯、纩与百谷焉。"(《均节赋税恤百姓第二条》。《陆宣公集》卷二十二)

在这里,也反映了陆贽的保守思想。但他的保守思想表现在哪里呢?目前学术界的看法恐怕不完全一致。我们说陆贽有保守思想,是指陆贽将赋税征实物作了绝对化的解释,即把一定历史条件下的成法当作了历代的通法而言,而不是赋税征实物主张本身。
有此同志认为,两税法使我国的赋税形式从实物赋税转变为货币
赋税,有利于商品经济的发展,符合于社会发展方向,陆贽反对赋
税征钱违反了社会发展方向,因此是保守的。我们不同意这样的
分析。现在且先来看看马克思对这一问题的指示,他说:

　　"生产物地租到货币地租的转化,那种最初只是间或地,
　此后则多少在全国范围内进行的转化,把商业,城市产业,商
　品生产一般,及货币流通已有显著发展这一件事作为前提。
　它还以生产物有一个市场价格,并以多少接近价值的售卖作
　为前提。……在劳动的社会生产力没有一定程度的发展时,
　这种转化是很少能够发生的。只要看到罗马皇帝曾屡次尝试
　要实行这种转化但没有成功,看到在人们至少已经要把实物
　地租中当作国税存在的部分一般转化成货币地租以后,又回
　到实物地租上来,就可以把这一点证明。"(《资本论》第3卷,
人民出版社1953年版,第1041页)

这段话明白地告诉我们,从实物赋税到货币赋税的转化是要以一
定的客观条件为前提的,否则这种转化就会受到历史的否定而不
会成功。由此可见,我们对两税法的征钱问题要作具体分析,不能
因为它是货币赋税就肯定它的积极意义,而不考虑当时征钱的客
观条件是否已经成熟。中唐的社会条件是否已经达到使实物赋税
向货币赋税转化的发展水平呢? 我们认为没有。理由有二:

　　第一,事实上两税征钱只实行了很短的时间,在陆贽反对两税
征钱时(和实行两税初只相差十二年),两税早已按钱折征实物。
实践是检验真理的客观标准,既然历史已经纠正了两税征钱的决
定,我们还有什么理由说反对两税征钱是错的呢?

　　第二,唐代的商品经济虽有相当发展,但自然经济仍很浓厚。

起货币作用的除铜钱外，还有其他商品。如开元二十年（732）政府颁布命令，准许绫、罗、绢、布，甚至杂货等，都可作为交换媒介，批评有些店铺只用现钱，"深非道理"；明令以后钱货可以兼用，违者定罪。（《册府元龟》卷五〇一）二十二年又下诏，规定所有庄宅要用马交易，并且尽量用绢布绫罗丝锦等；其余交易在一千钱以上的，也应钱物兼用。（《唐会要》卷八十九）以后还不断有类似政令。至于边远地区，则全以实物交易。直到穆宗长庆二年（822）韦处厚还说山南道（今湖北、四川）"不用现钱。山谷贫人，随土交易，布帛既少，食物随时。市盐者或一斤麻，或一两丝，或蜡，或漆，或鱼，或鸡，琐细丛杂，皆因所便。"（《唐会要》卷五十九）在自然经济这样严重的社会中，赋税征钱怎么会是符合社会发展需要的呢？

由于向货币赋税转化的客观条件没有成熟，所以实行两税后钱重物轻，物价成倍地下跌，人民的财政负担也成倍地上升。李唐统治者眼看征钱办法不能维持，所以在实际征收时很快地改为折征实物，但为了维持较高的财政收入，却不肯放弃以钱为征税标准的办法。这就出现了很不正常的情况：征的是实物，计价的却是钱，钱的购买力在提高，人民每年缴纳的实物也在增长。这种"虽赋不增旧而民愈困"（《新唐书·食货志》）的纳税办法，陆贽对它表示反对完全有历史的正当性。它代表中小地主阶级的利益，也符合农民对减轻赋税剥削的要求。我们不能因为陆贽反对赋税货币化而对他的正确主张轻率地加以否定，事实上两税征钱并不是两税法的积极因素，却恰恰是它的一个严重缺点。

陆贽虽反对两税法，但并不坚持恢复租庸调制。他只是主张以两税为基础进行一些改革，如废除两税外的一切苛敛和直接以布帛为计税标准等。

综上所述，我们认为陆贽的反对两税法，在理论分析上的确有保守的一面,这和他在论述问题时严格地遵循儒家传统有关,也和他企图在理论上给两税法以致命的打击和加强自己的立论根据有关。但是,就陆贽反对两税弊病的主要倾向来看,则具有积极的意义。他的反对征钱主张,是和当时的商品经济发展水平相一致的。我们不应该忽视当时的具体历史条件,而抽象地对陆贽的见解持否定态度。

(本文选自:《江海学刊》1964 年第 2 期)

叶世昌,浙江黄岩人。复旦大学经济学系教授、博士生导师。主要著作:《中国经济思想简史》、《中国古代经济管理思想》等。

陆贽是在我国财政思想上有相当贡献的人,他是我国历史上苛征暴敛的坚决反对者,对轻敛薄赋的主张有过系统、深刻的阐述。但是,由于他反对杨炎的两税法,因此对他的评价很不一致,对其财政思想,也未能作出肯定的评价。因而,对陆贽的财政思想作出全面评价乃是必要的。陆贽反对两税法,在理论的分析上的确有保守的一面,这和他严格遵循儒家传统有关,也和他企图在理论上给两税法以致命的打击和加强自己的立论有关。但是,就其反对两税弊病的主要倾向来看,则具有积极的意义。

20世纪儒学研究大系

论韩愈的经济思想

解学东　史元民

韩愈(766—824),字退之,河南河阳(今河南孟县)人。因昌黎韩氏时有郡望之名,他常自称为昌黎韩愈,故被人称之为韩昌黎。其一生主要经历是于唐德宗贞元年间中进士之后,虽官运不佳,曾几次遭贬,但也总是不断充任了唐王朝中央和地方的一些官职,如监察御史、吏部侍郎、兵部侍郎、御史大夫和潮州刺史、袁州刺史、河南令、阳山令等职。卒后,追赠礼部尚书,谥"文"。其诗文著作,后人集为《韩昌黎集》。我们从其著作内容和从政经历来看,他不仅在文学上积极倡导古文运动,抨击骈文,提倡散体,是唐代杰出的文学家,后人誉之为唐宋八大家之首。而且在社会上,他勇于抑制豪强,反对藩镇割据,改除弊政,关心民间疾苦,积极发展社会经济,以及崇儒和排斥佛、道等,故也是唐代杰出的政治思想家。我们在本文中对韩愈不作全面评价,仅就其在社会经济生活中的有关言论和做法,进行一些必要的探讨和说明。

一　重视发展农业经济

韩愈指出,"人之仰而生者"的"谷帛"应是人类社会生活中特别重要的问题。社会上只有"谷帛丰",人们才会"无饥寒之患",

然后则"可以行之于仁义之途",再措之于使社会达到"安平之地"①。而怎样才能解决好社会中人们所需要的"食粟衣帛"或"谷帛"问题呢?他认为当官从政者应一方面注意发展农业,教育或引导农民多生产出"粟米麻丝"(《原道》);另一方面则必须自己"服仁行义"(《进士策问十三首》),坚持"先王"和"圣贤"之教。于此,韩愈有两方面的突出活动。

1.体谅农民疾苦,勇于揭露"官府"人员的掠夺。韩愈担任监察御史期间,得知关中大旱消息,就马上到京都近郊农村进行私访,察看访问灾区人民。察看结束,回府就挥笔写出《御史台上论天旱人饥状》以及揭露京都"宫市"盘剥农民等诗文。诗文中,他指出长安近郊的农村是"夏逢亢旱,秋又旱霜,田种所收,十不存一";而农民的生活,则多为"弃子逐妻,以求口食;拆屋伐树,以纳税钱";各地还有"寒馁道涂,毙踣沟壑"等惨状。但是,就在这样的惨状下,而京兆府的官吏和朝廷皇宫中的"宫市"(皇宫中强买货物,而给钱很少的现象),还到处副迫"追征"农民交纳赋税,以及掠夺柴米等物。因此,韩愈对此种现象非常不满,勇于上书皇帝应立即一律"停征"(《御史台上论天旱人饥状》),并禁止"宫市"(韩愈:《顺宗实录》)。可见,韩愈在对待农民疾苦的问题上,他不仅能同情和体谅,而且还能对当时官府的强征掠夺行为大胆地进行揭露。

2.注意保护农业劳动力和农畜。韩愈在潮州任刺史期间,鳄鱼非常凶恶,常于恶溪水潭处潜伏,每当"人畜近,以尾击取"(朱居靖:《秀水闲居录》),对当地农业生产危害极大。他经过调查研

① 以上引自:《韩昌黎集·进士策问十三首》,以下凡引自此书的,仅写篇名。

究采用硫磺配成火药轰死猪羊,再把轰死的猪羊抛入恶溪水潭中,让鳄鱼闻到这些死猪羊身上的气味,就不敢再吃当地的农畜了。他还写出《祭鳄鱼文》郑重地在水潭处宣读,限期鳄鱼逃走。凑巧,几天后恶溪潭水干涸,鳄鱼从此无影无踪①。但是,事后人们竟任意扩大,神化地说鳄鱼是韩愈一篇文章赶跑的。现抛开神化传说,可看出韩愈的驱赶鳄鱼,是他注意发展当地农业生产,保护人畜不受危害的突出表现。

关于他的废奴,则是他任袁州刺史期间,为了发展当地农业生产,保护农业劳动力,而坚决废除一种欠债人质为家奴的坏规矩。据记载,他在袁州采用"计佣折值"的办法,把原欠债人质因无钱赎回而变为家奴的 700 余人全部解救出来,并下令今后"不许典贴良人男女作奴婢驱使","如有隐漏,必重科惩"(《应所在典帖良人男女等状》)。这就进一步看出他对农业劳动力的保护是何等的重视。

二 注意工商业的发展

韩愈不仅重视发展农业经济,而且也相当注意工商业经济的发展。

他提出的"相生养之道"中,一方面指出农业生产的"粟米丝麻"或"布帛"能解决人们的吃穿问题,所以是非常重要的。另一方面,工人"作器皿",商人"通货财"也相当重要。因为工人"为之工以赡其器用",商人"为之贾以通其有无"。再者,他还指出"古

---

① 参阅闻言午、张岫莹:《韩愈的故事》,河南人民出版社 1980 年第 1 版,第 47—48 页。

之为民者四"，即士、农、工、商四业,这四业中的士为武士或知识分子,他们是守卫或从事社会政治活动的;而农、工、商三业中的人员则是专以从事社会经济活动的,其人员都是人们相生养过程中的重要人员。但是,"今之为民者六",即士、农、工、商人员外,又有佛、道者。而在六业人员共同存在的情况下,就会出现"农之家一,而食粟之家六,工之家一,而用器之家六;贾之家一,而资焉（为生活倚靠）之家六;奈之何民不穷且盗"（《原道》）,使当今社会的经济状况不佳是必然的。当然,他以上所讲并非都符合实际（因为士、农、工、商和佛、道各业人员是不同的;再者,人民的穷困和盗贼的出现也不仅是佛、道所造成等）,但他能讲出以上的内容,可以看出他是有农工商并重思想的,而又能在其从政活动中既重视发展农业经济,也相当注意和重视发展工商业经济。下面,我们就其这方面的一些典型事例,略加说明之。

　　1. 注意发展手工业。

　　韩愈注意和重视发展手工业的情况,我们从其写的诗文中可以看出,他记述了大量的农用耕具、军用兵器、日用器皿和工程建筑等手工业制造品;但最突出的则是他集中地对有些手工业工人书写传记。他的这种举动对于一个坚信孔孟儒家教条的大儒来说是非常可贵的,因为手工业工人和农民都是体力劳动者,这些体力劳动者以儒家的观点来看,都是从事贱业的"小人",而韩愈却能为这些贱业"小人"书写传记,当然是非常可贵的,说明韩愈是同情这些贱业"小人"的。再者,他的诗文中也歌颂了画工,在描述一位画工的一幅画中,指出画中的各种人物、兽类、车辆、兵器和各种杂器等画得动人之后,接着就赞扬这幅画是"却非一工人之所能运思,盖聚集众工人之所长耳!"所以,他认为此画的工艺精巧是"虽百金不愿易也"（《画记》）。可见,他对此画工和作品的敬佩与热爱。

2.注意发展商业,大加称赞岭南的海外贸易。

韩愈在从政中注意发展商业的事例是较多的,我们在前面已说过他任监察御史期间,曾反对"宫市"的强购掠夺行为就是其中一例。在这里我们想说明的仅限于他任京兆尹兼御史大夫期间,注意和重视发展商业的几起事例。一是改除京都一些弊政,整顿市场上的社会秩序,制止了当时一些官吏和禁军兵痞随意欺压抢夺商民的行为;二是他还解决京城以外农村市场的秩序,使一些商贩不仅在市集上能正常进行商货交换,而且还能出入于每个村落进行各种双方有利的交易活动;三是他于长庆三年四月(公元823年4月),得知郑尚书(郑权)将赴岭南任节度使的消息后,马上书写诗文,大加称赞岭南的南海(今广州)、番县(今广东番禺县)诸地的海外贸易活动。

3.注意保护商人利益,能够为富商大贾说话。

在保护商人利益上,除了前面讲其注意整顿城乡市场社会秩序外,在这里着重说明的是他在反对张平叔奏请官自卖盐的问题上,他注意保护了商人的利益。他和韦处厚共同商议写出的《论变盐法事宜状》陈述官自卖盐利害十余条,驳斥了张平叔的上疏内容。在其陈述中,关于政治、财政等问题的内容我们概不涉及,仅就其中保护商人利益问题,举出几例稍加说明。

一是他提出商人零售卖盐,使买卖双方"两得利便"。因为商人考虑的是"利归于己",他们卖盐可"无物不取",不考虑买者有无现钱,"用杂物及米谷"也可交换食盐,甚至还可以赊销,"约期时熟填还"。所以"用此取济,两得利便"。可是官府若自卖食盐,这不仅损伤了商人利益,而且也会使贫苦百姓因无现金"无从得盐而食矣";

二是他指出商人卖盐，为了自己求利，就是在"乡村远处"或"山谷居住"的人家，他们也会"自负担斗石"送货上门，并且"往与百姓博易，所冀平价之上"，只得利"三钱两钱"之多。像商人这样下乡挑担串户卖盐的情况，官府的卖盐人员则是绝对做不到的；

三是他坚决驳斥张平叔提出食盐零售官营后要对原盐商给以限制打击政策，公开为富商大贾说话。他指出"盐商纳榷（税），为官粜盐，子父相承，坐受厚利"并不算错，"今既夺其业"，不让盐商卖盐，"又禁不得求觅职事，及为人把钱捉店，看守庄硙"等，这是没有道理的。盐商就是按你们禁止的内容做了也并非犯罪，因为你们没有什么理由去禁止盐商从事的职业。但是，假如你们就这样把盐商定罪，使他们"一朝穷蹙"没有活路可走，"则富商大贾必生怨恨，或收市重宝逃入反侧（不安）之地，以资盗寇"（《论变盐法事宜状》），就会造成严重的后果。可见，韩愈保护商人利益，提出食盐私营零售比官营优越，并反对加罪于无辜的富商大贾的思想，都是比较正确的，他反对抑商的思想和行为也是应该肯定的。

三　关于其他社会经济问题

1. 关于社会分工问题，我们从其诗文有关内容来看，他大致有两方面的意见。一是在体力劳动和脑力劳动的分工上，他主要是赞同孟轲所讲的"劳心者治人，劳力者治于人"的传统观点，因而自己也常讲出类似孟轲讲的"用力者使于人，用心者使人"的语言，并还指出这样的体、脑分工无论古今都是合理适用的。他为了说明这样分工的合理适用性，就进一步指出体力劳动"用力者"的劳是"有功"的，脑力劳动"用心者"的劳是"有智的"，并且二者的劳又是不能相互混用的。比如，若要以脑力劳动"用心者"的劳，去替代体力劳动"用力者"的劳,结果就会"心难强有智也";若再以体力劳动"用力者"的劳,去替代脑力劳动"用心者"的劳,也就不可能出现"力易强而有功也"(《圬者王承福传》)。在这里我们明显看出,韩愈是站在地主阶级立场上为封建剥削制度的行为进行辩解的,但能在社会分工问题上,他却比孟轲进一步地明确了体、脑劳动者的"劳"是各不相同的,是各自有其本身功能的。因此,我们是应该加以肯定的。

二是在社会职业的分工上,他也竭力赞同前人的"士、农、工、商"四业的传统说法,并进一步指出"古之为民者四"是完全合理的,而"今之为民者六"(《原道》),增加佛、道两业是很不合理的。所以,他不仅在《原道》中指出此问题,而且也在《论佛骨表》、《答张籍书》、《华山女》等大量诗文中,又进一步地说明和揭露佛、道对社会的危害。由此可知,韩愈对当时社会职业中的佛、道两业,是何等的厌恶与气愤;而对当时社会职业中的"士、农、工、商"四业,则又是何等的赞同和肯定。这就使我们明显看出,他能根据当时社会职业分工的实际,而对前人的社会职业分工内容进行补充与发展。

2. 关于国家财税问题。我们从其诗文中有关内容来看,他也提出了自己的意见。一是他明确肯定人们向封建国家交纳的租税,是一种合理的强制负担。因为他认为"古之时,人之害多矣。有圣人者立,然后教之相生养之道"。后来,这些"相生养之道"的教育,当君臣出现之后,就由这些君臣负责和承担。即所谓"君者,出令者也;臣者,行君之令而致民者也。"所以"民者"就应该是从事于"出粟米麻丝,作器皿,通货财"的活动;并还要按君臣的需要,把各自"出粟米麻丝"和"作器皿"、"通货财"的一定数,以租税的形式"以事其上",让君臣们享用。否则,"民不出粟米麻丝,作器皿,通货财,以事其上,是诛"(《原道》)。当然,韩愈在这里所讲内容,还是为了反对不劳而获的僧、道之徒的,但可看出他对于封建国家租税的认识上,既注意了其强制性,又注意了其合理性。再者,还可以看出他对租税来源的扩大上,已经有了明确的认识,这在理论上已经否定了租税单纯来源于农业的传统旧观点;

二是他反对"两税法",公开提出恢复实物税。他认为两税法的实施,加重了"钱重物轻"现象,如"初定两税时,一匹绢三千,今只八百",因此不能再实行两税法,必须恢复实物税。恢复实物税究竟如何地征收实物,他积极建议"使出布之乡租赋悉以布,出绵丝百货之乡租赋悉以绵丝百货"。并又建议"去京百里悉出草,三百里以粟,五百里之内及河渭可漕入,愿以草粟租赋,悉以听之"(《钱重物轻状》)。这就明显看出他建议的如何进行实物税是针对两税法的,是在两税法实施几十年之后一种很不合乎实际的守旧想法。

3. 关于"钱重物轻"问题,他也提出了如何解决的意见。所谓"钱重物轻"问题,就是指社会上货币比较短缺而物价非常低贱的一种社会现象。这种现象在唐代中后期却相当突出,,它不仅严重影响社会生产和人民生活,而且也严重影响国家的财税收入等。因此当时不少人对这个问题的解决纷纷发表意见,而韩愈也很关心此事,写文陈述了自己的意见。其意见主要是认为钱重物轻是由于国家税制的变革和货币制度本身的问题所造成的,因此要解决钱重物轻问题,就必须从以上两方面同时解决。

在国家税制的变革上,他错误地认为钱重物轻是由于实施了两税法所造成的。因为"夫五谷布帛,农人之所能出也,工人之所能为也;人不能铸钱,而使之卖布帛谷米以输钱于官,是以物愈贱钱愈贵也"。所以,为了解决这个问题,他建议废除两税法,立即恢复"在物土贡"的实物税,企图出现"人益农,钱愈轻,谷米布帛益重"的局面。其实,他的这些想法和建议根本不符合当时的实际,因为钱重物轻早在两税法实施前就严重存在,显然它的存在非两税法所造成的,因此韩愈想以废除两税法而恢复实物税的办法,也是不能扭转和解决钱重物轻问题的。

再者,我们从货币制度本身问题上来看韩愈的意见。他的解决办法一是要先禁铜控制币材,即要"禁人无得以铜为器皿。禁铸铜为浮屠(塔)、佛像、钟磬"等,否则,"皆罪死不赦";二是禁铜钱不得出五岭。他建议五岭以南使用银,五岭以北使用钱;让"五岭旧钱,听人载出"。这样,他认为即可增加五岭以北的钱币流通数量,使五岭以北的钱重问题得以缓解;三是要"更其文贵之",实行通货贬值。他提出铸造钱币,"凡铸钱千,其费亦千,今铸一而得五,是费钱千而得钱五千,可立多也"(《钱重物轻状》)。他的这种以一当五典型的货币名目主义观点,就会使我们联想起威廉·配第曾经批评那些想由政府任意规定货币价值者所说的话:"如果一道法令就能使国家的财富增加十倍,这就很奇怪,为什么我们的政府不早颁布这样的法令呢!"[①]可见,用货币名目主义任意规定币值的作法是不可取的;四是提出新旧币兼用。他认为同样的钱,旧币当一而新币当五,这样新旧币兼而使用的结果,旧币就会被人收藏或销熔改铸退出流通。他的这一条建议假如实行的话,则必然要造成流通的混乱。所以,韩愈以上各条的货币观点都是相当幼稚的,是解决不了钱重物轻问题的。但是,从经济思想史角度来看,他的这些货币思想在中国古代货币思想的发展上,还是不应忽视的,有其一定的借鉴意义。

---

① 转引自《资本论》第 1 卷,第 119 页注⑫。

4.关于社会丧葬之节俭问题,他也提出了积极的建议。指出人们在丧葬问题上,不要挥霍无度,要必须注意节俭,要学习古人简便易行的"改丧之礼缌"。比如在葬服上他讲古代是仅限于"子之于父母,其他则皆无服";其他的无服者应一律改为麻作的"吊服"。再如葬期问题,他说古代"子之于父母"一般规定为"三年之丧",但在这三年行孝期内,也不是"葬服不变"的随时穿用。再者,就古代的诸侯、士大夫的葬期问题,按当时规定"诸侯五月而葬,大夫三月而葬,士逾月",一般"无故未有过时而不葬者也"。假如过时不葬,"谓之不能葬",就会在各诸侯国受到讥讽。所以他认为社会上的丧事期限上,都应当"在丧当葬",并"有进无退"的有所改进;在葬服问题上,也应当注意要"易其轻服,无加以重服"(《改葬服议》)。总之,在丧葬问题上,韩愈尽管宣扬了儒家的孝道思想,但他能在葬服和葬期方面,强调节俭和防止奢侈浪费的思想,却是比较可贵的。这种可贵思想不仅在我国古代有积极意义,就是在进行社会主义现化化建设的今天,也仍有其重要的启示意义。

综上所谈,我们对韩愈经济思想的论述中,可以看出其经济思想所具有的几个观点:一是他坚持以农工商并重的"重商"观点与传统的"重农抑商"的"轻商"思想相对立;二是他能在坚持儒家传统的经济观点基础上,又比较注意结合当时社会实际状况,而增添一些新意;三是他身为唐代的大儒,但能善于吸收前人各家学派之特长,糅合而成适于当时社会经济发展需要的经济观点;四是他的经济思想中虽然夹杂有不少与实际不符的错误内容,但其正确或基本正确的内容还应是主要的,所以还是应该加以肯定的;五是他提出的经济观点和某些做法,尽管其主观上都是为当时巩固发展封建统治服务的,但在客观上还是有其一定的积极意义的。总之,我们明确他的这些经济思想特点,就可帮助我们进一步评价认识韩愈本人,使我们现在所看到的韩愈,他不仅是中国古代一位杰出的文学家,而且也是一位杰出的政治思想家,尤其还应看到他还是一位古代杰出的经济思想家。

(本文选自:《史学月刊》1996 年第 5 期)

解学东,河南大学经济系教授。

韩愈的经济思想其主要观点:一是坚持以农工商并重的"重商"观点与传统的"重农抑商"的"轻商"思想相对立;二是他能在坚持儒家传统的经济观点基础上,又比较注意结合当时的社会实际,因而增添了新意;三是他能善于吸收前人各家学派之特长,糅合而成适于当时社会经济发展需要的经济观点。韩愈不仅是中国古代杰出的文学家,也是一位杰出的经济思想家。

韩　愈

赵　靖　张守军

第一节　以继承儒家道统为己任的韩愈

　　韩愈(768—824)，字退之，邓州南阳(今河南南阳)人，一说为河内河阳(今河南孟县一带)人。《旧唐书》说他是昌黎人，系指"郡望"而言，也正因此，人们称他为"韩昌黎"。

　　韩愈少孤贫，由寡嫂抚养长大，苦学砺志，自称"生七岁而读书，十三能文"①。唐德宗贞元八年(792)中进士，十年之后，任国子监四门博士，继而任监察御史，因上书极论宫市之弊，触怒唐德宗，贬为阳山县令。顺宗永贞元年(805)，改任江陵法曹参军。宪宗元和元年(806)，征为国子博士，历任都官员外郎、河南县令、职方员外郎、比部郎中、考功郎中、中书舍人、太子右庶子等官。元和十二年，因支持宰相裴度征淮西叛将有功，升刑部侍郎。元和十四年，宪宗迎佛骨进宫供奉，韩愈上书切谏，触怒宪宗，几至丧命，经裴度等人解救，远谪潮州(今广东潮阳)，次年移官袁州(今江西宜春)。穆宗即位(820)，召回任国子祭酒，后又历任兵部侍郎、吏部侍郎以及京兆尹兼御史大夫等职。

----

　　① 《五百家注昌黎文集·与凤翔郑尚书书》。以下引韩愈言论只注篇名。

　　韩愈是唐朝有名的古文家。魏、晋至隋、唐,流行骈体文,堆砌辞藻,文风日习于浮靡。这种情况,日益引起一些士大夫的不满。中唐时期,有些人出面提倡古文,独孤及、梁肃等人倡导最力。韩愈受其影响,积极从事古文的写作。他和同时人柳宗元,由于学识渊博,才思高卓,其成就大大超过独孤及等人,成为当时古文运动的旗手,并称韩、柳,又和宋代的欧阳修、王安石、曾巩、三苏(苏洵、苏辙、苏轼)等六人,共称唐、宋古文八大家。宋代苏轼称韩愈"文起八代之衰",可见韩愈在中国文学史上地位的重要。

　　韩愈受儒家思想影响深重。他重新宣扬儒家的"道统"之说,并以道统的继承人自居。孟轲首先提出了"五百年必有王者兴"(《孟子·公孙丑下》)的说法,并加以解释说:"由尧、舜至于汤,五百有余岁"、"由汤至于文王,五百有余岁"、"由文王至于孔子,五百有余岁",接下去是:由孔子到他的时代,只有百余年,凑不成五百之数,但是,由于他自己"去圣人之世,若此其未远也;近圣人之居,若此其甚也"(《孟子·尽心下》),可谓天时、地利、人和俱备,言外之意,他是继孔子之后的第五代圣人或王者。孟轲的这些说法,是儒家道统说的滥觞。

　　韩愈把这个说法接过来,并且与当时盛行的佛教和道教二大宗教相比,宣称自己所信奉的道,"非向所谓老与佛之道"(《原道》),而是尧、舜、禹、汤、文、武、周公、孔子、孟轲一脉相传之道。孟轲以后,由于儒家中没有这种圣、王水平的人物,"荀(况)与杨(雄)也,择焉而不精,语焉而不详"(《原道》)。因而道久不彰,他韩愈正是要以上继孟轲,传儒家的圣道自任的。

　　韩愈此说,把孟轲推崇的那些五百年一兴的人物,明确地加上了道的传人的身份,又把儒家之道同佛、道两种宗教相比,从而使儒家之道带上了更明显的宗教色彩,使道的传人,有了教主或教皇的性质。这比孟轲的说法，更具有道统论的意味。

韩愈不仅以继承道统自居，还以捍卫道统自任。他极力攻击佛、道两教，斥之为异端邪说，并主张以政治力量加以打击、禁制，认为这是对孟轲"距杨墨"做法的继承和发扬。在韩愈以前，早就有排佛的主张，也出现过以政治力量排佛、禁佛的事件。韩愈并排佛、道二教，又是从捍卫儒家之道出发，这使他的排佛、道主张，具有某种对异教徒迫害的性质。

韩愈这种继承道统的要求，在后代也曾得到过某些人的支持和效法（如宋代的欧阳修），但韩愈在儒学方面并没有什么值得重视的成就。他不仅不能上继孔、孟，而且远不能同董仲舒相比。他只是一个受儒家思想影响较深的古文家，而不能算是一个儒学思想家，更算不上代表着儒家思想重要发展阶段的人物。

韩愈谈论过一些经济方面的问题，诸如财政赋税问题、货币问题、社会分工问题以及对外贸易问题、人口问题等等。他对这些问题的观点，大多带有较深的儒家思想的烙印。

第二节　相生相养论——韩愈经济思想的主要内容

韩愈认为：人们的物质生活，不是样样自给自足，而是要靠人们彼此之间相生相养的。他指出：粟米、布帛以及各种器物、用具，对人们的生活来说都是不可或缺的。这些物质生活资料，都要靠人的劳动来生产，但又不能由每人自己生产所需的一切物资，而只能由农、工、商各行各业的人各尽其力，用自己的劳动产品或服务供应别人，并从别人那里取得自己的所需。这就是他所说的"相生相养之道"。他说：

"粟,稼而生者也。若布与帛,必蚕绩而后成者也。其他所以养生之具,皆待人力而后完也。吾皆赖之。然人不可遍为,宜乎各致其能以相生也。"(《圬者王承福传》)

韩愈是肯定社会分工的,他不仅强调粟米、布帛,强调食和衣的重要,也认为"工以赡其器用"、"贾以通其有无"(《原道》),工商业不是可有可无的,更不是"病农"、害农的。这是对秦、汉以来占支配地位的"重本抑末"教条的背离。

秦、汉以来,人们多把"工商"和"游食"等同起来,认为工商业者是不生产的、对社会无益的"游食"之人,工商游食的存在是社会贫困的原因,因而要富国、富民就要禁工商游食。韩愈则把工商和游食分开。他明确宣称:"吾嫉惰游者。"(《送惠师》)而对商人的作用则说:"以有易无,未见其弊。"(《论今年权停选举状》)

韩愈不但对一般商业的作用加以肯定,还对封建时代自然经济的维护者特别痛嫉的对外贸易,也抱积极态度。唐代疆域广大,国势强盛,对外联系和往来增多,这使得唐的对外贸易盛于前代,陆上进行的贸易之外,海上贸易也有了相当发展。韩愈已开始注意到岭南地区的海上对外贸易,给予热情的介绍和称道:

"其海外杂国,若耽浮罗、流求、毛人、夷亶之州,林邑、扶南、真腊、于陀利之属,东南际天地以万数,或时候风潮朝贡。蛮胡贾人,舶交海中。若岭南帅得其人,则一边尽治,不相寇盗贼杀,无风鱼之灾,水旱疠毒之患;外国之货日至,珠香象犀,玳瑁奇物溢于中国,不可胜用。"(《送郑尚书序》)

这里,韩愈不仅注意到对外贸易可能带来的经济利益,还认为它在政治上可收安边、睦邻之效,可使"一边尽治,不相寇盗贼杀"。这同封建时代的闭关主义者认为外来商品都是"无用之物"和害怕对外贸易会扰乱国内治安的思想是显然不同的。

自然,韩愈肯定社会分工,并没有改变封建时代经济思想的农本而工商末的基本认识。他没有鼓吹过重本抑末,也少有农本、工商末的言论,但他在国民经济各部门中,毕竟是首先重农的,也可说仍然是以农为本的。他称道一些官吏的政绩,总是说他们治下的农业生产状况好:"五种俱熟,公私有余"(《唐凤翔陇州节度使李公墓志铭》)、连岁"大熟"(《送水陆运使韩约侍郎归所治序》)。在他自己担任地方官时,也把"劝以耕桑"(《袁州刺史谢上表》)作为施政的首要措施。

在重农或重本方面,韩愈并无异于前人或时人,但他确实没有抑末的主张。当时有人以"抑末"作为依据,主张取消盐商经营食盐的权利,并且多方面加以打击、排挤。韩愈对这种主张表示强烈反对:

> "臣以为盐商纳榷,为官粜盐,子父相承,坐受厚利,比之百姓,实则校优。今既夺其业,又禁不得求觅职事,及为人把钱捉店,看守庄硙,不知何罪,一朝穷蹙之也?若必行此,则富商大贾,必生怨恨,或收市重宝,逃入反侧之地,以资寇盗,此又不可不虑者也。"(《论变盐法事宜状》)

韩愈没有从理论上驳斥过"抑末"论,但由上述言论看,他不赞成抑末的态度是十分明显的。

韩愈肯定分工、重农而不抑工商的思想,一定程度上是对秦、汉以来封建正统经济思想的重本抑末教条的背离,但却不是对儒家传统经济观点的背离或突破①。先秦儒家的代表人物,都是重农的,但却并没有人把工商业说成是末,并没有抑工商的主张。本书第一卷,对此已剖析得十分清楚。孔丘对脑力劳动和体力劳动

---

① 参阅胡寄窗:《中国经济思想史》(中),第456—457页。

之间的分工,已论述得相当多。孟轲和荀况,则在脑力劳动和体力
劳动的分工之外,一再谈到农业和手工业、商业之间的分工,论述
了分工对促进经济进步和满足人们生活需要的作用。荀况还把对
分工和交换的探讨扩大到远超出狭隘地区中以有易无的范围,提
到:"北海则有走马吠犬焉,然而中国得而畜使之;南海则有羽翮
齿革曾青丹干焉,然而中国得而财之;东海则有紫紶鱼盐焉,然而
中国得而衣食之;西海则有皮革文旄焉,然而中国得而用之。"
(《荀子·王制篇》)现代的有些研究者,认为这些说法谈的是国际
贸易。荀况说的北、南、东、西海,从今天看来,所涉及的范围不见
得都达到国外,而是也包括国内的较远地区以及民族地区在内;所
说的"中国"同这些"海"的贸易,也不都属于国际贸易,同时也包
括国内的远途贸易和民族贸易在内。但至少可说他已经在一定程
度上涉及国际贸易或对外贸易了。韩愈的相生相养论,总的说是
对孟轲、荀况这些思想的继承和重申。鉴于秦汉以后儒家大多数
人物都已接受了原来为法家所宣扬的重本抑末论,并把它变成了
儒家信奉的教条①,韩愈的相生相养论也可看作是对先秦儒家分
工思想的复归。

　　对于分工如何产生,孟、荀都把它看作是经济发展的必然结
果,是经济生活发展到一定程度后的自身需要;韩愈却认为:这是
"圣人"的仁心和智慧的产物,是"圣人"为了使百姓能够生存繁衍
下去而有意发明出来的。他说:

　　　"古之时人之害多矣。有圣人者立,然后教之以相生相
　　养之道:为之君,为之师,驱其虫蛇禽兽而处之中土;寒然后为
　　之衣,饥然后为之食;木处而颠,土处而病,然后为之宫室;为

之工以赡其器用,为之贾以通其有无,为之医药以济其夭死;……如古之无圣人,人类灭久矣。何也? 无羽毛鳞介以居寒热也,无爪牙以争食也。"(《原道》)

按照这种说法,人所以能成为不同于虫蛇禽兽的人,人所以能从事生产和各种经济活动,都是"圣人"所赐,没有"圣人",就不会有人类及人类社会;食、衣、住、行,农、工商业,都是由"圣人"发明并且教导和安排好了的;人们的社会分工即相生相养之道,不是社会经济发展自身所形成,而是"圣人"所一手创造的。

在韩愈的笔下,"圣人"简直成了创造世界的上帝。他虽不像基督教的上帝那样创造了人的肉体和生命,但却一样是人类及人类社会的创造者。因为,如果没有"圣人",人只不过是同虫蛇禽兽一样的生命,甚至是比虫蛇禽兽更弱、更没有生存能力的动物;而且,连这种可怜的生命,恐怕也早已灭亡了。

韩愈的这种分工起源论,完全是历史唯心主义的、带有宗教崇拜性质的,比起千年以前孟轲、荀况的分析来,是一个令人吃惊的大倒退。但是,从孟、荀分工思想的某些观点倒退,不等于对儒家传统的背离或"改变"。韩愈编造出这种"创世记"式的神话,是为了论证儒家忠君思想的神圣不可动摇性。既然"圣人"创造了人类和人类社会,"圣人"及他的子孙以及后继者君临天下,对黎民百姓统治、奴役,予取予求,就是其绝对的权利;而黎民百姓俯首帖耳,任其宰割,则是绝对的义务。韩愈的相生相养论,其主要出发点不是论证分工对经济发展、经济进步的利益,而是为了论证君主专制统治和臣民忠君的必要性和神圣性,而这正是儒家三纲的首要内容。韩愈以"创世记"式的语言来宣扬儒家的忠君思想,他的"创世记"自然是儒教的"创世记"!

说韩愈的经济思想未离开儒家的传统,也不是说他对先秦孔、孟、荀等人的言论亦步亦趋,简单重复。一定历史时期的经济思想,其"根源深藏在经济的事实中"(《马克思恩格斯全集》中文第1版第20卷第19页)。唐代的经济事实同上距千年的春秋、战国时期已大不相同,韩愈的经济思想,当然不可能不对唐代经济发展变化的事实有所反映。

唐代的工商业有了较多发展,对外贸易尤其盛于过去的时代。韩愈肯定分工、肯定工商业作用的相生相养论,应该说首先是他对唐代工商业状况所抱态度的表现。

对他的对外贸易思想,尤其应当这样看。如果没有唐代的海上贸易,没有广州设立市舶司后岭南贸易兴旺的现实,韩愈盛赞岭南对外贸易的《送郑尚书序》,是断断写不出来的。

韩愈关于圣人创造分工的说法,从分工思想的发展来说是个倒退;但是,这种说法的出现,也不是没有历史前提的。在中唐时期,以门阀称雄的豪强世族的势力已日渐衰落,而富甲一方的庶族地主势力正在迅速上升。豪强世族是地方割据势力的社会基础,而没有特殊门阀势力的庶族地主,则是支持中央集权的势力。宋代以后中央集权君主专制统治的进一步加强,正是这种社会势力消长变化的结果。在中唐时期,这种消长变化已在进行,因而加强中央集权和君主专制的要求,也必然会在意识形态领域中有所反映。韩愈的《原道》,正是唐、宋以后加强中央集权和君主专制要求的理论基础。韩愈把社会分工不同领域、国民经济不同部门之间的相生相养,不看作是经济运行、经济发展自身的需要,而看作是君权行使的结果和君主专制的根据,就充分表明了这一点。

第三节　六民论——韩愈独特的
　　　　　人口思想

　　既然分工不同的人们之间是一种相生相养的关系,如果有某种人不能以自己的劳动为别人的需要提供产品和服务,不能在相生相养方面发挥自己的作用,这种人就是对社会无益的,他们的存在,就不会有助于富国富民,而只会造成社会的贫穷;这种人越多,社会就会越贫困,越不安定。

　　韩愈认为:当时社会中大量存在着的僧、道,就是这样的无益的、多余的人。他说:

　　　　"古之为民者四,今之为民者六:古之教者处其一,今之教者处其三;农之家一,而食粟之家六;工之家一,而用器之家六;贾之家一,而资焉之家六。奈之何民不穷且盗也?"(《原道》)

　　"古之为民者四"指士、农、工、商四民;"今之为民者六"则指原来的四民加上僧、道。农、工、商三民是彼此之间相生相养的,因而都是为社会所需要的。士虽然不能同农、工、商相生相养,但他们在封建社会中是治人者,按照儒家"治人者食于人"(《孟子·滕文公上》)的原则,他们"食于人",由别人供养是天经地义的,当然不会是多余、无益的人。韩愈认为:古有四民,但社会却富裕、昌盛,说明四民都是对社会有益的,不为多余;而今之社会所以不如古,所以"穷且盗",就是因为比古时多了僧、道二民。僧、道不农,但却要食粟;不工,却也要用器;不贾,然而必须由贾人供应。这样,生产者未增加而消费者却增加了两种人,生之者寡而食之者众,社会自然就贫困动乱,就"穷且盗"了。

韩愈把僧、道和士同列为"教者",即承认他们和士都是教育别人的。那么,为什么士不是多余的,而僧、道是多余的呢? 为什么士的存在不会使社会穷且盗,而僧、道的存在就必然如此呢? 韩愈的回答是:士教人的是圣人之道、先王之道;僧、道教人的则是"灭其天常"、无父无君的异端邪说。

"古有四民",都是社会所需要的;"今有六民",多出的僧、道二民是社会所不需要的,非特无益于人们的相生相养,而且会导致社会"穷且盗"。既然如此,就必须从总人口中消除僧、道二民,消除不是消灭,而是把他们变成其他四民,办法就是"人其人,火其书,庐其居"(《原道》)——这就是韩愈六民说的基本内容。

韩愈的六民说是他的独特的人口论。它处处渗透着韩愈的宗教门户之见,但却又是深深植根于当时社会的经济事实之中。

均田制的废坏,使土地日益集中,大量农民丧失土地,成为游民;安史之乱以及继之而来的藩镇割据,对社会生产和流通带来持续的巨大破坏,更使游民不断增多。这些从社会生产、流通过程中溢出的游民,形成社会上的过剩人口。过剩人口无以为生,或者无稳定的职业和生活来源,他们的存在和扩大,是社会贫困的突出的表征,又是加剧社会动荡不安的一个重要因素。

中唐时期,这个问题已日益明显和尖锐,不能不引起一些人士的关注和焦虑。韩愈是当时比较突出地强调此一问题,并且企图对其根源和症结进行探讨的人士之一。

韩愈指出了当时存在着多余或过剩人口并且以"二民"的形式把这种过剩人口同正常人口区别开来;他又把过剩人口的存在同"贫且盗"联系起来,这在一定程度上揭示了过剩人口问题的社会经济意义。但是,韩愈尊儒反佛、道的宗教门户之见遮住了他的视线,使他不能正确认识当时过剩人口问题的根源和性质,他的六

民论作为人口思想,在许多方面是错误的:

第一,他把僧、道等同于过剩人口,这是极不全面的。

当时,僧、道中的确包含着大量过剩人口;一些破产的农民,也出家为僧道。但是,过剩人口却不止存在于僧、道之中。当时的过剩人口,一部分是完全丧失了土地、没有职业、没有生活来源,处于社会的最底层;也有一部分则是耕地不足或无稳定的职业,收入不足糊口,处于艰难挣扎的苦境。这后一部分人,不仅在僧、道二民中有,在士、农、工、商四民中也同样有。和韩愈同时的元稹就指出:当时的吏、农、工、商、军中,都有相当一部分是多余的、不需要的(详见下章)。这比韩愈只把僧、道看作过剩人口的观点,要更接近于事实。

第二,僧、道中存在一部分过剩人口,但僧、道并不都是过剩人口。

僧、道从事的自然不是经济活动,但并不是一切从事非经济活动的人都是过剩人口。韩愈自然是深知这一点的。他把士与僧、道并列为"教之者",但却从不把士看作过剩人口。即使专就经济活动来说,僧、道也不全是游离于经济活动之外的:当时的众多寺庙,拥有大量地产和货币,它们出租土地,放高利贷,经营商业,有的还经营银钱业、仓储业,收取存款,代人存储贵重财物,他们是寺庙地主、寺庙商业高利贷者,他们不但有经常可靠的收入,而且富甲一方,决不是什么贫困无业的过剩人口。诚然,他们是靠剥削群众过着寄生的生活,但世俗的地主、商人、高利贷者又何尝不是这样?既然不把世俗地主、商人、高利贷者看作过剩人口,那么,单独把僧、道看作过剩人口,是没有道理的。

还须指出:当时的僧、道,也不都是地主、大商人和高利贷者。大量小寺庙的僧、道,在募化、乞讨之外,或者耕种少量土地,或从事某些手工制作,或从事贩鬻,或行医卖药,他们的经济地位,同自耕农或小商贩、小业主无别。他们虽然身穿袈裟或道袍,但和世俗的农、工、商三民,同样是参加人们之间的相生相养活动的;大寺庙中的低级僧、道,也不无从事生产活动的。

第三,韩愈还没有关于过剩人口的正确概念。

韩愈的六民论开始接触到了过剩人口的问题,但他对过剩人口问题还无正确的概念。过剩人口是指总人口中的一部分溢出正常生产和流通之外的人口,他们无正式职业和生活来源,生活极端贫困和不安定。过剩人口是一个质的概念(中国古代以"常民"和"游民"或者"冗民"来表现这种质的区别),也是一个量的概念(总人口中的一个或大或小的部分)。韩愈的六民说,把僧、道说成是不能和社会上的其他人相生相养的人,这对过剩人口是多少接触到了其质的概念的;但他把僧、道全看作多余的、过剩的人口,而把士、农、工、商四种职业的人全看作是充分就业、不存在过剩现象的,这就是对过剩人口问题毫无量的认识了。事实上,韩愈心目中的多余或过剩,与其说是一种过剩人口观,不如说是一种过剩职业观;不是指一部分数量的人口过剩,而是指特定行业的行业自身过剩。

第四,韩愈把僧、道的存在看作是社会贫困的原因,这也是有问题的。

封建时代人民贫困是由地租、高利贷剥削和官府的残酷搜括聚敛造成的;土地兼并和土地集中的发展,使大批农民丧失土地,尤其急剧地加速着广大人民贫困化的进程。僧、道中的寺庙地主和高利贷者,是整个社会的地主、高利贷者的一部分,他们的剥削、掠夺,当然也起着这样的作用,但不能说剥削群众、造成群众的贫困,全都是僧、道的责任。而且,即使一部分上层僧、道与此有关,那也是由他们的地主、高利贷者地位造成的,同他们的僧、道身份无关。僧、道只有一部分是地主、高利贷者,大部分僧、道并不是富有的,甚至是相当贫困的。把他们也说成是社会贫困的原因,就更无道理了。

对贫困的原因没有正确认识,解决贫困的方案也不可能是正确的。韩愈认为,只要"人其人",强迫僧、道还俗,加入士、农、工、商四民的行列,就可使社会国家由贫困动乱变成富裕安定,这当然是不可能实现的。过剩人口增多,广大人民贫困化,既然是经济凋敝、破坏的结果,不解决或改变经济凋敝的问题,只把僧、道还俗为四民,四民中本来就存在着比僧、道中还更多的过剩的、贫困的人口,再把僧、道加进来,又怎么能消除贫困动乱,实现富裕安定呢?

第四节　以"事上"论为基础的
财政、赋税观点

在财政、赋税方面,韩愈主要谈到了以下几点:国家取得财政收入、征收赋税的依据,征收形式以及赋税负担轻重。

韩愈认为:国家从百姓取得财政收入、向百姓征收赋税的依据,就是百姓有提供物质财富以"事上"的义务。他说:"民者,出粟米麻丝、作器皿、通货财,以事其上者也。"(《原道》)这种义务是由"圣人"创造人类及人类社会的功绩所决定的。既然人类之能成为人类以及能够从事相生相养的活动,能够组成人类社会,都是"圣人"创造出来的,圣人就理所当然地取得了统治黎民百姓的权利,于是,圣人就成了君临天下的帝王。帝王需要有一批人执行他的命令,行使统治百姓的各方面活动,这些人就是帝王的臣属(对百姓说就是官吏)。这样,在百姓相生相养的农、工、商分工之外,又有了君、臣和民之间的统治者和被统治者之间的"分工"："君者，出令者也；臣者，行君之令而致之民者也。"(《原道》)君、臣执行统治的任务，他们就不能同百姓一样参加人们相生相养的活动，而且不能自养，因而就必须由黎民百姓供养他们。百姓承担这种义务的方式就是缴纳赋税，"出粟米麻丝……以事其上"。国家的征税权来自其统治权，而且是统治权的必然表现。

农、工、商等黎民百姓及其经济活动，都是圣人创造的，他们在圣人面前的地位是平等的，因此，他们之间的相生相养的关系，也是一种相互的、平等的关系。圣人同黎民百姓之间的关系，是创造者和被创造者之间的关系，因此，在君和民之间，就只能是统治和被统治、支配和服从的关系，而绝对谈不上平等，正像上帝和人类之间不可能有平等一样。征税权既然是统治权的一部分，它也必然是强制的、非履行不可的。如果黎民百姓不肯纳税，那就是背叛了"圣人"(君主)的生成之德，就是大逆不道。韩愈声色俱厉地，而且简直是杀气腾腾地宣称："民不出粟米麻丝、作器皿、通货财，以事其上，则诛！"(《原道》)

农、工、商等黎民百姓同是治于人者，他们必须相生相养；君、臣是治人者，他们就有权强制百姓供养自己——这种说法其实就是孟轲宣扬的"治人者食于人"的论点的重申和进一步发挥，只是它给"治人者"又加上了创造者的一重身份，使他的"食于人"的权利，更加具有神圣性和道义性而已。

在赋税征收形式方面，韩愈主张兼征农、工、商税而不主张单一农业税；主张实物税而不赞成货币税；主张征税而不赞成财政专卖(榷货)。

韩愈说的"出粟米麻丝、作器皿、通货财以事其上"一语，就是说：农、工、商各业的黎民百姓都有义务供应统治者，向统治者缴纳赋税,也就是说:国家除征收农业税外,也有权征收工、商税。

对于征收工商税的制度以及税率等具体问题,韩愈没有多谈,但这种说法本身则是从理论上提出并论证了兼征农、工、商税的问题。

儒家在赋税形式问题上原本是单一农业税论或接近于单一农业税论。盛唐时期,人们已开始批评单一农业税,主张对工商征榷(见本书第2卷第35章);唐德宗时期,工商税在财政中已占相当地位;韩愈的"事上"论,又为这种趋势作了一定的理论说明和论证。这都表明:唐代工商业的发展,必然会逐渐在财政、赋税制度方面引起一些变化,并且会在思想理论方面有所反映。

韩愈主张赋税征收实物而反对征钱,是针对当时物轻钱重的现象提出来的。他鉴于两税法实行征钱以来,由于钱重物轻的情况日益加甚,百姓纳税负担按粟、帛等实物计算大为增加,因此,他主张征税实行"物土贡"的原则,百姓各以其生产物纳税,不仅农民纳粟于官,而且"出布之乡租赋悉以布,出绵丝百货之乡租赋悉以绵丝百货",理由是:

> "夫五谷布帛,农人之所能出也,工人之所能为也。人不能铸钱,而使之卖布帛谷米以输钱于官,是以物愈贱而钱愈贵也。"(《钱重物轻状》)

这基本上是陆贽批评两税法时所提出的论点。

韩愈肯定赋税而不赞成禁榷,不过,他没有直接地、正面地论述这个问题,而是针对一次改变榷盐制度的具体建议从一个侧面提出自己的看法的。唐穆宗长庆二年(822),张平叔建议改变刘晏以来官粜盐于商,而由商自运销的方式,实行由官吏直接售卖,并以销售量多少考评官吏的功过。张平叔这种建议所持的主要理由除了重本抑末、夺商人之利外,还强调这样做可以更有把握增加财政收入,因为,盐是生活必需品,官府对食盐实行垄断经营,任何人不能不食盐,国家增加盐价,任何人也不能逃避。这其实就是古代轻重论者所宣扬的"无不服藉"(《管子·海王》)。

韩愈和韦处厚反对张平叔的建议。韩愈认为:商人售盐,"利归于己",因而能有较大的经营积极性,经营方式灵活,服务周到,穷乡僻壤,无处不去;官吏销盐,"利不关己"缺乏经营积极性,不主动开展销售业务,更不肯走乡串户,上门服务。韩愈的这些分析,从便利消费者及有利于扩大销路的角度论证了商营优于官营,事实上是指出了官府榷盐价格高而销路萎缩,从而不利于财政收入增长这一个早为人知的道理。他还针对张平叔关于官售盐则百姓人人输钱于官,无法逃避的说法指出:官府售盐于商人,商人转而售于百姓,官府的盐利仍然是由百姓负担的:

> "国家榷盐,粜于商人,商人纳榷,粜于百姓,则是天下百姓无贫富贵贱皆已输钱于官矣。不必与国家交手付钱,然后为输钱于官也。"(《论变盐法事宜状》)

轻重论者关于官府榷盐则民"无不服藉"的论点,多少认识到食盐这种生活必需品需求弹性小,因而在价格增加时销售量不会有太大的减缩。但是,他们还不懂得,要实现这种加价增收的要求,不必由官府自任零售;官府加价售于商人,商人再把官府加价加入最后价格,百姓就间接地承受了加价的负担。刘晏懂得了这一商品税能够转嫁的道理,所以把官自售盐改为官粜于商,商售于民的办法。但是,刘晏在实践方面这样做了,却未能从理论上加以说明和论证。韩愈的上述说法,对此作了初步的理论说明。这说明他对商品税转嫁的问题,认识上更前进了一步。

韩愈把纳税看作百姓"事其上"的绝对义务,但在纳税数额方面,也主张应该和百姓的实际负担能力相称,反对"财已竭而敛不休，人已穷而赋愈急"（《送许郢州志雍序》）的横征暴敛做法。为使征税同负担能力相称，他主张赋税应该"有恒"，即有恒定的制度和税率，不可任意需索。但是，他又认为百姓的负担能力不是一成不变的：不同时期，贫富状况可有变化；丰年、荒年也不一样，"赋有恒而民产无恒"（《赠崔复州书》），因此，有了恒定的制度和税率，在不同时期还应斟酌实际情况而有所变化、调整。特别是在遇到严重的灾荒时，国家对灾区赋税应免则免，应延则延，不能一味催征，造成百姓流离失所。贞元十九年，京畿大旱，百姓"弃子逐妻，以求口食；拆屋伐树，以纳税钱"（《御史台上论天旱人饥状》）。韩愈亲眼看到路旁饿死的饥民，于是上书朝廷，认为京师是国家根本，对京师百姓应特加优恤，贫民逋欠赋税不应催征。并且向朝廷指出：灾荒是一时的，灾年之后可能继之以丰年；灾年催征，破坏了百姓的生产和生存条件，必然损伤以后的赋税负担能力；灾年缓征，则可保护以后的纳税能力，灾年少收的赋税，可在丰年弥补。他说："今瑞雪频降，来年必丰，急之则得少而人伤，缓之则事存而利远。"（《御史台上论天旱人饥状》）

　　韩愈关于赋税应与百姓负担能力相称，反对横征暴敛的思想，自然是儒家轻徭薄赋思想的表现。儒家提倡轻徭薄赋，其实际意义就在于不损伤百姓纳税能力，以保证长期财政收入的稳定增长。但是，在对轻徭薄赋主张进行理论论证时，儒家学者却总要说成是"爱民"、"恤民"，是对百姓"施仁政"。韩愈从百姓的实际负担能力出发考虑赋税的轻重，并且比较明确地提出了不要只顾一时的财政收入而损害以后纳税能力的主张。这比儒家"施仁政"的传统论点，在态度上是更老实的；在理论上是更符合于征税原则的。

第五节　轻钱论——韩愈货币
主张的出发点

韩愈最关心的经济问题之一,是当时的钱重物轻问题。他实际上企图从两个方面着手解决这一问题:重物和轻钱。

对于重物,韩愈主张"物土贡",即征收实物税而不以货币征税。这在上节已论述过了。对于轻钱,他提出了以下三点主张:

第一是禁铜,即禁止民间用铜铸造各种器物,以便把节省下的铜铸造更多货币,货币多了,其价值就轻了。

在韩愈以前,禁铜主张早已有之。韩愈主张的新内容是禁用铜铸"浮屠(佛塔)、佛像、钟磬"(《钱重物轻状》)。这是和他的反佛、道思想相联系的。后来唐武宗及五代的周世宗,都大量毁佛铸钱,韩愈可说是其思想先导。

第二是把钱的流通限于岭北,五岭以南用银而不用钱。他以为这样一来,用铜钱的地区缩小了,所流通的铜钱就会增多,其价就会因之变轻:"禁钱不得出五岭。……盗以钱出岭及违令以买卖者,皆死。五岭旧钱,听人载出,如此则钱必轻矣。"(《钱重物轻状》)

第三,铸大钱以提高货币的名义价值。韩愈认为,禁铜以增加币材,缩减钱的行使地区以增加区内的流通量,都可改变钱少的状况,都可救治"钱少而重"的困难;但仅此不够,还要利用已有的铜多铸钱。

韩愈设想:如果把铸一文钱的铜铸成一枚当五文的钱,就等于使钱的数量增加五倍,钱少而重的状况就可一举改变:"更其文贵之,使一当五,而新旧兼用之。凡铸钱千,其费亦千;今铸一而得

五,是费钱千,而得钱五千,可立多也。"(《钱重物轻状》)

认为钱少则重,增加货币流通量就可减少其价值,做到钱轻物重,这是一种货币数量论的观点。认为以同数量的币材铸造名义价值更大的货币,就等于增加同倍的货币数量,则是一种名目主义的货币观点。货币数量论和货币名目主义在理论上都是错误的,以它们为依据的主张或方案也不会有助于解决当时所面临的货币问题。在铜的生产成本和钱的铸造成本没有什么下降的情况下,增加铜铸币的数量,虽可多少缓解货币流通量不足带来的困难,却不能改变货币和商品的比价,不能改变当时物轻钱重的状况。铸造不足值的大钱会引起物价上涨,表面上看,似乎是钱轻物重了;但物价的提高是以贬值了的货币来计算的提高,而不是同原来货币价值相比较的提高。在这种情况下,农民、手工业者出售自己的商品,得到的货币在名义价值方面是提高了,但货币的购买力却减少了;他们的处境不会有改善,反而更加困难了。

韩愈主张以所铸不足值大钱同旧铸的足值钱币同时流通,这更是个错误的、自招麻烦的建议。当五的大钱和当一的小钱是用同样多的铜铸成的,二者同时流通必然使人们竞熔小钱以铸大钱,结果小钱完全退出流通,流通中将只剩下不足值的大钱。汉代的贾谊已经觉察到:在不足值铸币同足值铸币同时流通的情况下,必然发生"奸钱(不足值铸币)日繁,正钱(足值铸币)日亡"(《新书·铸钱》)的劣币驱逐良币现象。然而,比贾谊晚近千年的韩愈,对此却竟然是陌生的。

(本文选自:《中国经济思想通史》第3卷第39章,北京大学出版社1997年)

赵靖,山东济南人。1947年毕业于南开大学,获商学硕士学位。现任北京大学教授、博士生导师。曾任中国经济思想史学会会长。主要著作:《中国近代经济思想史》、《中国古代经济思想史讲话》、《中国经济思想通史》(4卷本)等。

韩愈是唐朝有名的古文家,在中国文学史上有重要的地位。韩愈也论述过一些经济方面的问题,诸如财政赋税、货币、社会分工以及对外贸易、人口等问题。其中,相生相养论是韩愈经济思想的主要内容;六民论则是他独特的人口论。对这些问题的观点,大多带有较深刻的儒家思想的烙印。

范仲淹经济思想论析

方　健

古往今来,在关于范仲淹汗牛充栋的论著中,很少有涉及其经济思想者。尽管范仲淹没有自成体系的有关经济的论著流传下来,而且也未像他极为欣赏、力加荐拔的后学李觏那样提出过富国富民之策;也未像他改革宏图的继承人王安石那样注重经济,概言"政治所以理财";但他在历宦州郡、主持边防的长期实践中总结而形成的经济思想,在他全部诗文字里行间流露出的经济观点,却闪耀着奇光异彩。在漫长的中国封建社会,堪称经济学家的历史人物几乎没有出现过,恪守儒学正统的范仲淹,其经济思想不可能超越时代有什么"离经叛道"的惊世骇俗之论,但他确实为传统的重本抑末思想注入了全新的内容,他主张茶盐通商,发展商品经济的观念,主持改革,兴修水利,奖劝农桑的远见卓识,以军事、经济手段双管齐下巩固边防的深谋远虑,刺激消费、以工代赈、救荒赈济的独特见解,成为11世纪经济思想史上独具慧眼的真知灼见,也是他比他的前辈提供给历史的"新的东西",对后人也提供了有益的谋谟,今试据有关史料略加探析。

一、范仲淹的经济改革方案及其历史评价

仁宗时期,宋初推行的一些旨在巩固中央集权的政策,逐步走向其反面,出现了以"三冗"为主要内容的消极腐败现象。宋王朝在内忧外患中已呈现积贫积弱之态,一些有识之士都在寻找对策以革故鼎新。

范仲淹对当时的政局和经济形势有清醒而深刻的认识,他分析道:"八、九年间,朝廷全盛,用度日滋,增兵颇广,吏员加冗。府库之灾,土木之蠹,夷狄之贪,水旱之患;又先王食货之政,霸王之略,变通之术,不得行于君子,而常柅于群吏,则天下之计宜其难矣。"(《全宋文》卷三八二《与省主叶内翰书》一)这是仲淹康定元年(1040)致权三司使叶清臣信中的一段话,对时局充满忧患意识,他时任边帅,对朝政的决策是"致身有余、报国无状"。从他为真宗时曾任三司使的李士衡所写的志墓文字中,我们不难发现,范仲淹的经济思想是何等正统:"圣王之教万民也,资天地之生以为食,籍山海之出以为货。食均于上下,货通于远迩,则可以供郊庙,廪卿士,聚兵以征伐,振民于灾害。然非得绝代能臣,持变通之数于天下,则孰与成当世之务哉!故夷吾作轻重之权以霸齐,桑羊行均输之法以助汉。近则隋有高颎,唐有刘晏,皇朝有左丞陈公恕,是皆善天下之计者也。"(《全宋文》卷三八八《李士衡神道碑铭》)

他还说到他心目中称职的善于理财的官员,应是能"周知天下之利,使流而不竭";"疏通利源,取而不夺"(《全宋文》卷三八八《李士衡神道碑铭》)。即为了能应付日益增长的浩大供亿,必须对国家财政状况做到心中有数,量入为出,在动态的开源节流中,做到收支平衡。这种陈旧观念,显然未能突破常规的传统樊

篱,是很一般的财政思想,显然还达不到王安石的认识水平:"因
天下之力以生天下之财,取天下之财以供天下之费。"(《临川集》
卷三九《上仁宗皇帝言事书》)

后来,时局的发展更不尽如人意,"中外奢侈,则国用无度"
(《全宋文》卷三八〇《上执政书》);"二房至强,四方多事。兵戈尚
息,财利已乏,生民久困"(《全宋文》卷三七三《再奏乞两府兼判》),
是当时社会的真实写照。针对经济状况不断恶化的现实,仲淹开出
的药石之方是:(1)倡俭戒侈;(2)痛革坏法伤财的赦赏无度之风;
(3)销冗兵、削冗费,禁游惰、通商旅;(4)减退老弱羸兵,许其归农;
(5)改革沿边市马之策;(6)重名节,改叙班行为以劳赏钱;(7)改革
叠床架屋的官僚机构,裁省冗员;(8)省寺院土木之费(《全宋文》卷
三七八《陈八事疏》)。这是明道二年(1033)右司谏范仲淹被命安抚
江淮归来后所上的一道奏札,充溢着对国事日非的关切和忧虑。对
如何整治"三冗",从而促使国家财政状况的根本好转;对灾伤地区
的救荒安抚工作提出了自己初步的设想和改弦更张的方案。当然,
他的改革蓝图,还可以追溯得更早些。天圣五年(1027),他在为母
亲守丧期间,经过深思熟虑,分别向时相进《上执政书》,提出了他一
系列的改革方案,持之有故,说理透辟,成为后来《答手诏条陈十事》
的张本,受到当时宰相王曾的常识。

庆历三年(1043),范仲淹被任命为参知政事。仁宗开天章
阁,鼓励臣僚上书言事,范仲淹与富弼等条陈十事,全面提出了一
揽子改革方案,并逐步付之实施。其中属于经济改革方面的有
"均公田"、"厚农桑"、"减徭役"等数事,似乎并未有什么新鲜内
容,不过是以前多次上言进奏的重复和条理化。可悲的是,昙花一
现的庆历新政,甚至还没有来得及完全推行,就由于"任子恩薄,
磨勘法密,侥幸者不便,于是谤毁浸盛,而朋党之论,滋不可解"

（《续资治通鉴长编》〔下简称《长编》〕卷一一五庆历四年六月壬子）等莫须有的原因,随着仲淹的被解除机务,以流产而告终。其间,范仲淹还提出过不可罢职田以养廉及省并州邑以减轻差役等项建议,这些泛泛的陈言,也如过眼烟云,未在宋代的经济生活中激起微波细澜。

范仲淹主张通过实行"惠民之道"而实现"君臣交泰,民物兹丰"的歌舞升平,但无情的现实世界却是"政尚滋章,民犹劳苦"（《全宋文》卷三六七《今乐犹古乐赋》）,带着改良色彩的庆历新政,没有也不可能解决积重难返的各种尖锐社会矛盾,更无法实现忠于皇室、心忧天下的范仲淹的国裕民安的政治思想。但作为宋代第一次改革,无疑有其积极的启迪意义,庆历新政为王安石变法提供了可贵的借鉴,他的某些改革方案的合理成分,也为熙丰新法所吸取。

二、重农贵商,商品经济观念的滋萌

作为儒学正宗传人的范仲淹,他对重农劝耕心向往之是不言而喻的。他信奉"王者崇本,民食为贵"的陈腐观念;恪守前贤所谓"唯农是务,诚天下之本";"末粗无废,黍稷是崇"（《全宋文》卷三六八《稼穑唯宝赋》）之类说数。对"善政之要,唯在养民;养民之政,必先务农;农政既修,则衣食足"（《全宋文》卷三二七《答手诏条陈十事》）,"衣食足,知荣辱","天下之化,起于农亩"（《全宋文》卷三二七《答手诏条陈十事》）等陈词陋说奉若神明。范仲淹认定:"厚农桑",乃"养民之政,富国之本"（《全宋文》卷三二七《答手诏条陈十事》）。这是落后的小农经济孵化出的畸型毒瘤,这种"重本抑末"思想统治和主宰着中国封建社会的经济论坛,虽屡有批判论著出现,但往往也被斥为异端邪说。

当然,范仲淹作为 11 世纪杰出的思想家,其认识水平不会停留于此,他的过人之处,不仅在于看到了"贫弱之民,困于赋敛,岁伐桑枣,鬻而为薪,劝课之方,有名无实,故粟帛常贵,府库日虚"(《全宋文》卷三二七《答手诏条陈十事》)的现状;还在于提出了切切实实奖劝农桑的措施。唐宋以来,经济重心南移,国家财政,仰给东南,时谚有"苏湖熟,天下足"之说。宋代,东南地区每年上供粮食约六百万石;而苏州一府,中等年成即产米七百万石,因而岁赋最重。范仲淹意识到江南农业的丰歉,事关国家岁入大局,因而提出在江南大规模开垦圩田和浙西(今苏锡常、杭嘉湖地区)根治水患两大关键措施(《全宋文》卷三二七《答手诏条陈十事》)。宋代不抑兼并,不立田制,土地兼并现象愈演愈烈,产去税存,"贫者无立锥之地,富者田连阡陌"的现象不断产生,土地问题成为制约生产力发展的焦点。在经济比较发达的江南地区,土地问题尤为严重。范仲淹提出,通过疏浚沟洫、兴筑堤堰以整治圩田,实为当务之急。关于兴修水利,当容下文论及。当然,早在天圣初(1023—1025),范仲淹监泰州西溪盐仓时,就提出过修捍海堰,防止海潮倒灌和土地盐碱化,开发涂田等有创见的方案,这也是他功在当代,遗泽后世的政绩之一。

范仲淹对重视农业有很通达的见解,他说:"古者四民,秦汉之下,兵及缁黄,共六民矣……[今]六民之浮不可胜纪,而皆衣食于农者。如之,何物不贵乎?"(《全宋文》卷三八〇《上执政书》)他指出各行各业都仰赖于农业的道理,论证了重视农业的必要性,说明粮价与物价水平有举足轻重的关系。对于"今国家有劝农之名,无劝农之实,每于春首,移文于郡……利害不察,上下相蒙"(《全宋文》卷三八〇《上执政书》)的时弊,怀着切肤之痛;他指出,劝农不能搞形式主义,做官样文章,停留在"上下相蒙"的一纸空文上,应循名责实,注重功效,扎扎实实地重视农业,奖劝农桑,方为"厚民力固邦本"之道。这些观点,时至今日,犹发人深省。

范仲淹的杰出之处更在于:他并未陷入重农抑商的怪圈。相反,他对商人和商品经济有着过人的见解。范仲淹的《四民诗·商》是颇具划时代意义的别开生面之作。在他以前,似乎还未出现过如此旗帜鲜明为商人鸣不平和争一席之地的文学作品,这无异一声春雷,一扫千余年的抑商、贱商传统观念。诗云:

> 尝闻商者云,转货赖斯民。
> 远近日中合,有无天下均。
> 上以利吾国,下以藩吾身。
> 周官有常籍,岂云逐末人。
> 天意亦何事,狼虏生贪秦。
> 经界变阡陌,吾商苦悲辛。
> 四民常无籍,茫茫伪与真。
> 游者窃吾利,堕者乱吾伦。
> 淳源一以荡,颓波浩无津。
> 可堪贵与富,侈态日日新。
> 万里奉绮罗,九陌资埃尘。
> 穷山无遗宝,竭海无遗珍。
> 鬼神为之劳,天地为之贫。
> 此弊已千载,千载犹因循。
> 桑柘不成林,荆棘有余春。
> 吾商则何罪,君子耻为邻。
> 上有尧舜主,下有周召臣。
> 琴瑟愿更张,使我歌良辰。

何日用此言,皇天岂不仁。(《全宋诗》卷一六四)

此诗用形象思维的方式,抒写了商人辛酸的屈辱史,有力地揭露了秦汉以来轻商抑商的暴虐。这是继司马迁"用穷变富,农不如工,工不如商"(《史记·货殖列传》)以来,为商人鼓而呼的最强音。秦汉以来,对商人采取政治上歧视、经济上剥夺的政策,可谓史不绝书,商人列四民之末,没有社会地位由来已久;商品经济孕育在自然经济的铁壳之中,难以破土而出,已是不争的史实。范仲淹惊涛裂岸般的大声疾呼,是对相沿已久的贵农贱商政策的一种严正批判,一次理论上的拨乱反正似乎在呼唤商品经济的春天即将来临。

范仲淹的重商思想,还主要表现在他力主茶盐通商。宋代茶盐,不仅是人民生活的必需品,也与国计民生关系极大。茶盐税租之课是国家财政的主要支柱;茶盐钞引是支付入中军需的必要手段,茶又是茶马贸易的主要商品,这都影响到国防实力。宋代对私贩茶盐设制严刑峻法,禁网繁苛,触手皆禁,陷人于刑辟。私贩茶盐,有厚利可图冒法犯禁者大有人在,屡禁不止,往往导致武装冲突,所谓"茶盐之寇",就成为大规模农民起义和农民战争的前奏。宋代茶盐之法屡变,朝野为此争论不休,各种方案纷纷出台,焦点是实行禁榷专卖还是自由通商。范仲淹在茶盐产区担任过地方官员,对茶盐由官府垄断的弊端体会尤深,他以非凡的理论勇气,驳斥主张禁榷的陈词滥调,倡导茶盐通商。他在庆历四年参知政事任上曾向仁宗皇帝上过一道奏札:"天下茶盐,出于山海,是天地之利以养万民也。近古以来,官禁其源,人多犯法。今又绝商旅之路,官自行贩,困于运置,其民庶私贩者徒流,兵稍盗取者绞配,岁有千万人罹此刑祸,是有司与民争利。作为此制,皆先王之法也。及以官贩之利,较其商旅,则增息非多,而固护之弊,未能革者,俟陛下睿断尔。臣请诏天下茶盐之法，尽使行商，以去苛刻之刑，以息运置之劳，以取长久之利，此亦助陛下修德省刑之万一也。"（《长编》卷一五一庆历四年七月丙戌条，《全宋文》卷三七四《奏灾异后合行四事》）值得注意的是：他从纷繁复杂的现象中指出，只有弛禁通商，才是不与民争利，不绝商旅之路，不陷人于刑辟的上策。范仲淹主张通商不是一时的心血来潮，他对茶盐通商可谓情有独钟，对李士衡、范雍等人实行"入粟塞下，给以池盐"（《全宋文》卷三九〇《范雍墓志铭》）的政策大加赞赏，指出只有这样，才能"农不夺时，商不易业，外不为虏利"（《全宋文》卷三八八《李士衡神道碑铭》）。范仲淹力主"大变商法，以行山海之货"（《全宋文》卷三七三《再奏乞两府兼判》），是其深思熟虑的一贯主张。此外为了缓解极边粮草供应的紧张状态，范仲淹还提出过这样的建议：对入中边地粮草及金银钱帛的商人，诱之以利外更授之以官，即给盐钞外更与恩泽，予以劝奖。凡入中达"一万贯者，与上佐官；三万贯者，京官致仕"。他说："山海之利，何足以吝！"（《全宋文》卷三七五《奏议陕西兵马利害》）

范仲淹对茶盐通商的态度是一贯的，明确的。可是据《续资治通鉴长编》（下简称《长编》）卷一四一记载："庆历三年六月甲辰，诏议茶盐利害。初议欲弛茶盐之禁及减商税，既而范仲淹以为：'茶盐商税之入，但分减商贾之利尔，与商贾未曾有害也。今国用未省，岁入不可阙，既不取之于山泽及商贾，必取之于农。与其害农，孰若取之商贾。今为计莫若先省国用，国用有余，当先宽赋役，然后及商贾，弛禁非所当先也。'其议遂寝。"（《长编》卷一四一庆历三年六月甲辰条）据此，似乎范仲淹成了反对弛禁通商的"带头羊"。令人费解的是这和他一贯主张自相违伐，和其一年后的上奏更是大相径庭。值得注意的是，其后李焘自注云："范仲淹不欲先弛茶盐及减商税,此据沈括《笔谈》,今附见令官吏条上利害后。此虽有条上利害之诏,讫无所更张,或由仲淹言,故寝也。"(《长编》卷一四一庆历三年六月甲辰条)原来这是李焘据沈括《梦溪笔谈》所言而作出的推测之词,既来历可疑,史源不明,又不见于范仲淹存世的全部文字相印证,似未足据信。今考沈括《梦溪笔谈》卷一二载有此事,江少虞又全文照抄录入《皇宋事实类苑》卷一六。沈括晚年退居润州(治今江苏镇江)梦溪园时撰写《笔谈》,多据亲历或传闻信笔撰写,《笔谈》涉及面极为广泛,有时记忆又难免有误。杭大徐规教授及其高足李裕民、何忠礼、孙云清等同志曾据史实对《笔谈》校证有五十二条之多。当时反对茶盐通商者不乏其人,如大名鼎鼎的欧阳修虽曾是嘉祐四年茶法通商诏的起草人,却坚持反对弛禁,名臣刘敞亦然。疑沈括可能是有张冠李戴之嫌。将别人所说的话,误系于范仲淹。

　　茶盐通商与禁榷之争,并非只是具体经济措施的调整与否问题,我们必须在更广阔的历史背景下加以考察。秦汉以来,封建统治者一向主张将山海之利的开阖敛散之权,牢牢掌握在自己手中,对茶、盐、酒、矾、坑冶的禁榷专卖政策应运而生。然而,商品经济不断发展的现实状况,又迫使官府不能不逐步采取自由通商的放任政策。这种干涉和放任,具体到茶盐之法,就形成禁榷与通商的激烈交锋。茶盐政策上的无所适从,反映了执法者的一筹莫展。宋代随着生产力的高度发展,禁榷专卖政策成为生机勃发商品经济发展的桎梏。茶盐专卖政策已逐步走向穷途末路。许多有识之士奋起疾呼,也提出了各种各样弛禁通商的具体方略,概括而言,是由包买商垄断茶盐之利还是由中小商人自由经营,然后封建国家再通过税收形式分利。范仲淹显然是主张后者的。茶盐通商正是在这样的历史条件下陆续出台的。庆历八年十月,范祥制置解

盐,实行钞盐法,标志着宋盐商销在全国范围内的实施(《戴裔煊:
《宋代钞盐制度研究》页 274—283,中华书局 1981 年版)。这是范
仲淹生前就已见到的丰硕成果,而范祥正是在范仲淹的挚友韩琦
荐举和支持下才得以主持盐法改革。东南地区茶的弛禁,则在范
仲淹故后七年才姗姗来迟。其标志是嘉祐四年(1059)二月通商
茶法诏的颁行。诏云:"愿弛榷法,岁入之课,以时上官……又于
岁输,裁减其数,使得饶阜。以相为生,划去禁条,俾通商贾;历世
之弊,一旦以除,著为经常,不复更制。"(《宋大诏令集》卷一八四,
《宋文鉴》卷三一,《全宋文》卷六七〇《通商茶法诏》)旷日持久的
茶法之争才算告一段落。

范仲淹力主茶盐通商的奏议,不失为时代的最强音,是顺应历
史发展的明智之举,也是呼唤商品经济的一种卓荦不群的理论建
树。

三、宋夏之战中经济与军事手段的双管齐下

范仲淹在陕西缘边地区主持边防,抗击、防御西夏入侵以及巡
视西北两边的戎马生涯,堪称他一生中的灿灿华章。作为近千年
前的古人,他当然不可能领悟到战争是政治的继续,决定战争胜负
的是综合国力的较量,经济实力是在战争中举足轻重的重要因素
等一系列现代战争的概念。他只是朦朦胧胧地感觉到"王野之丰
登时至,四方之战斗声销"(《全宋文》卷三六八《铸剑戟为农器
赋》),似乎经济对战争有一定的影响力。

宋代立国以来,始终处在强邻压境,战争频作,外患迭起的境
遇之中。主战场在西、北两边,仁宗时期,西夏成为困扰宋廷的腹
心之患。心忧天下的范仲淹,在西事最剧,宋军屡战屡败之际,出

任方面大员,镇守西北边境,措置得宜,建立了丰功伟绩。当时一个亟待解决的难题是:大军云集于西北边境,为数甚巨的军需补给全仰赖于四川及东南地区。当时交通落后,道路艰险,转输军资,备极艰辛。宋廷的对策无非是以"支移"向人民转嫁负担及募商人飞刍输粟,入中于极边之地,偿之以茶盐香药之类,称为折中。在这种物物交换中,有一种被称为钞引的有价证券作为媒介应运而生。日久生弊,高抬虚估,不仅未能解决边储之需,反而加剧了财政危机。范仲淹在担任边帅的实践中,积累并探索出一套行之有效的方法,较好地解决了军需供应问题。这是他对我国古代军事经济理论的重要贡献。

首先,他主张在宋与辽、夏接壤处,开放几处边界榷场,实行互通有无的民间边境贸易,化干戈为玉帛,在积极备战的同时,不放弃任何和谈的努力。他在《答元昊书》中列举了八条理由论证兵戎相见,对双方无毫发之益;保持和平环境,有利于双方经济的互补和发展,有助于边界人民的安居乐业。他说:"马牛驼羊之产,金银缯帛之货,有无交易,各得其所。"(《全宋文》卷三八一《答元昊书》)对于茶马贸易的主要通商口岸秦州和麟州(分别治今甘肃天水市和陕西神木北)更是主张创置榷场,不能任意关闭,中止博买。一可招诱蕃部战马;二可商旅通行,既有税收,又能入中军需物资;三可止绝走私贸易(《全宋文》卷三七六《乞勿禁秦州博易奏》,《乞于麟州创置榷场奏》)。这是他在庆历五年按巡行边时向朝廷提的建议。此外,范仲淹还提出过在沿边诸寨置榷场,用绢帛博买熟蕃青盐,再于缺盐的环庆路倍价出售,"所得见钱,可买粮草,及支诸军请受"(《全宋文》卷三七九《乞于沿边诸寨置榷场奏》),实为一举二得之计。其次,他对待周边少数民族的政策也独出机杼。对熟蕃首领,采取给赏、支茶等经济手段予以羁縻

（《全宋文》卷三七八《乞赏赐熟蕃首领》）。又令部下招诱逃移的熟蕃，权拨"空闲地土或远年逃田"（《全宋文》卷三七九《牒青涧城种世衡永平寨郭延珍等》，《再牒种世衡、郭延珍等》）予以耕种；官与量借钱置买牛具；生活困难的，"官中量支借贷粮粟"，务必"常切照管安存，无令失所"（《全宋文》卷三七九《牒青涧城种世衡永平寨郭延珍等》，《再牒种世衡、郭延珍等》）。对于边界因不堪税负而逃移的汉户，亦令"权与倚阁去年秋税，招诱归业"，"相度安恤"（《全宋文》卷三七九《牒陕府拘管逃移税户》）。显而易见，范仲淹千方百计在宋夏对峙地区，造成一种可令人民安居乐业的社会环境，团结熟蕃，感化生蕃，以与大兵压境的西夏迭相抗衡，其用心可谓良苦。最后，对陕西缘边四路军需供应这个极为棘手的问题，熟知边事的范仲淹，深知入中导致"府库虚竭"；支移，则道路险阻，百姓劳费；转运司供亿，则杯水车薪，无济于事。范仲淹提出的对策有：（1）为了"有助军费，少纾民力"，陕西四路许"任便回易"，分置计置判官，专管营田、回易之事，"其收到利钱以入省帐收附"；（2）兼用蕃兵弓箭手，减少冗兵之费；（3）在军情不太紧急，战场相对稳定的前提下，将驻扎一线军马，"那移入边及近里州军驻扎"，以便"省入中之费，减馈运之劳，庶乎民不困而财不匮"①。

回易，亦称回图，指官府、军队的商业赢利性经营活动。一般由沿边地区的官员或将领主持，用朝廷专拨的钱物或军资库钱物、公用钱作为本钱，经营贩运茶盐、茶马贸易等商业活动，或以倒卖

---

① 上述三策，据《全宋文》卷三七五《奏为陕西四路入中粮草及支移二税》、《奏乞免关中支移二税却乞于次边入中》、《奏乞许陕西四路经略司回易钱帛》，卷三七八《论元昊请和可许者三，大可防者三》等奏综述。

钞引、借贷生息等方式,谋取利润。如果用于弥补军费不足或地方
财政亏损,为宋代律令所允许。但有时往往为权势者干没入己,那
就属于违法犯罪之举。范仲淹任参政期间,同年滕宗谅和部将张
亢因动用公使钱回易生利而受到弹劾,范仲淹即据理予以驳斥,终
使滕、张两人免于陷入刑罪①。

范仲淹受命于危难之际,在宋军屡战屡败的多事之秋,凭借他
超人的胆识和智勇,善于运用上述行之有效的经济手段,坚持了一
场持久战,为宋廷赢得了还算体面的城下之盟。

四、中国救荒史上的伟大创举:刺激消费,以工代赈

范仲淹入仕以来,先后在泰、睦、苏、润、饶、越、宣、延、庆、青、
颍、邠、耀、邓、杭州及河中府、永兴军等地担任过地方官员,所至兴
利除弊,政声卓著:筑城浚河,振贷捍御,修堤岸,立义庄,兴学救
荒,治绩累累。生前故后,赢得了人民群众的真诚敬仰和永远怀
念。今仅述其荦荦大者:范仲淹任泰州盐官时,力主兴修捍海堰。
《长编》卷一〇四天圣四年八月丁亥条有详尽记载:"诏修泰州捍
海堰。先是,堰久废不治,岁患海涛冒民田,监西溪盐税范仲淹言
于发运副使张纶,请修复之。纶奏以仲淹知兴化县,总其役。难者
谓涛患息则积潦必为灾,纶曰:'涛之患十九,而潦之灾十一,获多
亡少,岂不可乎!'既役兴,会大雨雪,惊涛汹汹而至,役夫散定,旋
泞而死者百余人。众哗言堰不可复,诏遣中使按视,将罢之。又诏
淮南转运使胡令仪同仲淹度其可否,令仪力主仲淹议。而仲淹寻

① 详《全宋文》卷三七六《奏雪滕宗谅张亢》、《再奏辩滕宗谅张亢》、
《再奏雪张亢》。

以忧去,犹为书抵纶,言复堰之利。纶表三请,愿身自总役。乃命纶兼权知泰州,筑堰自小海寨东南至耿庄,凡一百八十里,而于运河置闸,纳潮水以通漕。逾年堰成,流遄归者二千六百余户,民为纶立生祠。令仪及纶各迁官。"司马光《涑水记闻》卷一○亦载:"通、泰、海州皆滨海,旧日潮水皆至城下,土田斥卤,不可稼穑。范文正公监西溪[盐]仓,建白于朝,请筑捍海堤于三州之境,长数百里,以卫民田,朝廷从之。以文正兴化令,专掌募事;又以发运使张纶兼知泰州,发通、泰、楚、海四州民夫治之,既成,民至于今享其利。兴化之民往往以范为姓。"按:两书所述,略有不同。司马光全归功于范仲淹,后来的好事者又将此堰命名为范公堤,在兴化县为仲淹立祠。实际上仲淹首创之功,固然功不可没;但真正成其事、毕其功者,张纶、胡令仪也。范仲淹对此是直言不讳、力加赞颂的(《全宋文》卷三八七《泰州张侯祠堂颂》、《张纶神道碑铭》,卷三八八《胡令仪神道碑铭》)。这充分体现了范仲淹从不居功诿过,实事求是的高风亮节。

景祐元年(1034)六月,范仲淹从富春江畔的桐庐移治苏州。时,苏州久雨成灾,"湖溢而江壅,横没诸邑"[1],灾民逾10万户。仲淹到任后,察访水道,确立了"疏五湖,导太湖注之海"的治水方案。其间,朝命仲淹徙知明州(治今浙江宁波),应转运使和当地人民的极力挽留,"诏命复知姑苏"[2]。家乡人民为范仲淹立碑建祠,永志缅怀。他创始的召募闲散饥民,以工代赈;因势利导,疏导分流等治水方法,在中国水利和救荒史上留下了千古佳话。他治

---

① 《全宋文》卷三八二《上吕相公并呈中丞咨目》,《长编》卷一一五景祐元年六月丁酉。

② 同上。

水的胆略和举措,对水灾频发的太湖流域,有着极强的现实意义。他在治水实践中总结出的水利是农业命脉的观点,他在驳斥种种横言浮议时,提出的"人定胜天"观念,阐明自然灾害并非不可抗拒的理论,无一不闪耀着唯物主义思想的熠熠光彩。

明道二年七、八月间,右司谏范仲淹,被命安抚江淮灾伤。史称:仲淹"所至,开仓廪,赈乏绝,禁淫祀;奏蠲庐、舒折役茶,江东丁口盐钱,饥民有食乌昧草者,撷草进御,请示六宫贵戚,以戒侈心"①。

出身孤寒的范仲淹,对养老抚幼的慈善事业体会尤深。在其晚年,于故乡创设义庄,以周济宗族贫者。他自述端绪:"皇祐初,某来守钱塘,与府君置上田四顷于里中,以岁给宗族,虽至贫者,不复有寒馁之忧。"(《全宋文》卷三九○《范仲淹墓志铭》)范仲淹又亲定《义庄规矩》,对诸房宗族供给衣食及婚嫁丧葬之用的发放标准、范围、数量等具体事宜,都作了明确规定。仲淹诸子又据实行情况,先后增补、完善。兴置义庄,周给宗族,自范氏始;其意义已远远越出范氏一族的周济赈给,宋代的官办慈善机构如安济坊、漏泽园等后来纷纷兴办。范仲淹无疑有倡导之功。

范仲淹晚年在杭州的救荒业绩,沈括《梦溪笔谈》卷一一有极为生动传神的记载:"皇祐二年,吴中大饥,殍馑枕路,是时,范文正领浙西,发粟及役民存饷,为术甚备。吴人喜竞渡,好为佛事,希文乃纵民竞渡,太守日出宴于湖上,自春至夏,居民空巷出游。又召诸佛寺主首谕之曰:'饥岁工价至贱,可以大兴土木之役。'于是诸寺工作鼎兴,又新敖仓吏舍,日役千夫。监司奏劾杭州不恤荒

---

① 《长编》卷一一二明道二年七月甲申;楼钥撰《范文正公年谱》、《年谱补遗》,刊《范集·附录》;参见《景定建康志》卷四○。

政,嬉游不节,及公私兴造,伤耗民力。文正乃自条叙所以宴游及兴造,皆欲以发有余之财,以惠贫者。贸易饮食,工技服力之人,仰食于公私者,日无虑数万人。荒政之施,莫此为大。是岁,两浙唯杭州晏然,民不流徙,皆文正之惠也。岁饥发司农之粟,募民兴利,近岁遂著为令。"这在我国乃至世界救荒史上都是了不起的创举。一般而言,仲淹是反对奢侈之风,尤恶土木之费。可在发生严重灾荒之际,仲淹却冒被劾之风险,力倡兴工造作,其意义已远远超过救荒本身及提出者的初衷。从理论上看,有目的地扩大消费,用以刺激生产以及兴办公共工程以增加就业的方略,迟至 20 世纪 30 年代,才被西方经济学家作为刺激经济复苏的灵丹妙药。而在我国,早在前此九百年前,范仲淹就成功地用于救荒实践且立奏奇效。西方的经济学家当然不可能从范仲淹那里得到灵感和启示,而且早在先秦管仲和汉桑弘羊对此理论就有所倡导、阐释。但范仲淹的首创并付之实践,无疑是有世界意义的,也有深远的现实意义。后来,南宋朱熹创议的社仓制度,不过是古已有之的常平仓制度的发展和完善。作为救荒措施而言,范仲淹在杭州的实践无疑要高明得多。

　　这一募民兴利,以工代赈的办法,后来为政府"遂著为令";虽然其应用范围不过限于救荒,后来实行得如何,也无从考实,而且,如果不是沈括的记录,这一卓著政绩和卓越理论也许就已湮没无闻了;但不言而喻,范仲淹的伟大创举和成功实践,其理论意义,已远非一般的蠲免租赋、开仓赈济等救荒措施所可比拟。范仲淹的经济理论既被近代西方经济学奉为圭臬,在自然灾害频繁发生的当今世界,我们除了募捐、免税、救助以外,是否也该扩大一下视野,把扩大消费、刺激生产和增加就业及大办公共工程和基础设施、组织灾民自救等提上议事日程,这就是范仲淹留给我们的可贵启示。

范仲淹的经济改革思想，上承改革先驱王禹偁，下启李觏、王安石。虽未免不成体系，有些仅是洁光片羽，却也弥足珍贵，成为我国经济思想史上的闪光篇章，正是从这个意义上说：范仲淹的经济思想与其政治思想、哲学思想、军事思想、教育思想相比，可谓毫不逊色。

（本文选自：《浙江学刊》1994 年第 3 期）

方健，江苏苏州人。现任苏州市经济协作委员会高级经济师。主要著作《范仲淹评传》等。

范仲淹没有自成体系的经济论著流传下来，但在长期实践中总结而形成的经济思想，在他的全部诗文中，闪耀着奇光异彩。但他却为传统的重本抑末思想注入了全新的内容。他主张茶盐通商，发展商品经济的观念；主持改革，兴修水利，奖劝农桑的远见卓识；以军事、经济手段巩固边防的深谋远虑；刺激消费、以工代赈、救荒赈济的独特见解，成为 11 世纪经济思想史上的真知灼见。范仲淹经济思想与其政治、哲学、军事、教育思想相比，毫不逊色。

欧阳修及其主要经济观点

张守军

欧阳修（1007—1072），字永叔，庐陵（今江西省吉水县）人，幼年丧父，由母亲教养，"家贫至以荻画地学书"（《宋史·欧阳修传》）。读了唐代韩愈的文章，非常向慕，决心学习韩愈文风。宋仁宗天圣七年（1029）中进士，为西京留守推官。1034年入朝为馆阁校勘，1036年因支持范仲淹反对吕夷简的迫害，被诬为"朋党"，贬为夷陵令。1040年被召回，复为馆阁校勘，先后迁为集贤校理，通判滑州知谏院，知制诰，龙图阁直学士，河北都转运使等职。后因受亲属罪事牵连，被贬为滁州知府，自号醉翁。后又知扬州、颍州等地。1054年，内迁翰林学士，1058年迁龙图阁学士，接替包拯知开封府。1060年任礼部侍郎兼翰林侍读学士，枢密副使。1061年参知政事。英宗治平元年（1064）转吏部侍郎。宋神宗继位（1068）后，以年老体衰为由，力求归老田园，以观文殿学士、刑部尚书和兵部尚书之职出任地方官。1071年以太子少师致仕。卒谥"文忠"。

欧阳修在中国文学史上具有重要地位，是著名的唐宋八大家之一。他虽然为官达到了和范仲淹同等的高位，但没有范仲淹那样高的政治、军事才能，"凡历数郡，不见治迹"（《宋史·欧阳修传》）；而他在文学上的成就却远胜过范仲淹。他在宋代力倡古文运动,不但自己达到了和唐朝韩愈不相上下的成就;而且对宋代的其他古文家如三苏、曾巩乃至王安石等,都曾极力奖誉、提挈。加以他为人正直敢言,不避权势,因而在士大夫中威望很高。著作除大量古文外,还受命撰《新五代史》,以及《新唐书》中的本纪和部分志表。

面对宋王朝积贫积弱的局面,欧阳修也呼吁改革:"凡事久而不变则弊,变则通,故曰吉也。物无不变,变无不通,此天理之自然也。"①他甚至认为,在宋朝社会已病入膏肓的情况下,只有采用拔本塞源的根本性的改革措施,才能奏效。即使这种疗法会暂时带来一些痛苦,但不如此就不可能使百姓摆脱贫穷:"坦坦万里疆,蚩蚩九州民。昔而安且富,今也迫以贫。疾小不加理,浸淫将遍身。汤剂乃常药,未能去深根。针艾有奇功,暂痛勿吟呻。痛定支体胖,乃知针艾神。猛宽相济理,古语六经存。蠹弊革侥幸,滥官绝贪昏。牧羊而去狼,未为不仁人。俊乂沉下位,恶去善乃伸。贤愚各得职,不治未之闻。"(《欧集》卷五,《奉答子华学士安抚江南见寄之作》)他批判"三年无改于父之道"的传统观点,认为"国家之利,社稷之大计,有不俟三年而改者矣"(《欧集》卷六〇,《三年无改问》)。即使先圣的《周礼》之制,由于其体大难行,自秦汉以后,即被废而不用。孟轲反复强调的井田制,也由于不适合后世情况,而"不可卒复"(《欧集》卷四八,《问进士策三首》)。从这种认识出发,他坚决支持范仲淹的改革主张,是庆历新政的积极拥护者。在庆历新政流产之后,他仍认为当今"四方匮乏已极","必须大有更张,方能集事"(《欧集》卷九七,《论禁止无名子毁伤近臣

---

① 《欧阳文忠公集》(以下简称《欧集》)卷一八,《经旨十一首·明用》。

状》)。对于年辈较晚的改革家王安石，他曾极力推荐说："安石德行文章，为众所推。"（《欧集》卷一一○，《荐王安石、吕公著札子》）"论议通明，兼有时才之用，所谓无施不可者"，是"难得之士"（《欧集》卷一一○，《再论水灾状》），对王安石的思想主张，显然持赞许态度。

但是，欧阳修在改革的实施过程中，比范仲淹更缺乏坚定性。他强调对涉及制度变更的举措应持十分慎重的态度，"凡事关利害者慎之重之，未敢轻议"（《欧集·论河北财产上时相书》）。对改革持慎重态度无疑是对的，但把慎重理解为万无一失，从而对出台改革措施畏首畏尾，裹足不前，那就不对了；改革措施出台后一遇阻力或挫折，就借口慎重而中止改革，甚至在反对势力的攻击下对改革持自我否定的态度，那就是另一回事了。欧阳修所谓的慎之又慎，实际上就是后一种情况。即使自己倡议的改革主张，一旦在实践中引起了矛盾，招惹了麻烦，他也要求中止施行。如庆历三年（1043），他曾极力推崇郭谘、孙琳的千步方田均税的办法，建议朝廷施行。嘉祐五年（1060），朝廷决定在全国推行。由于引起隐田逃税的地主势力的不满，加上官吏乘机向百姓增赋加税，民怨很大。欧阳修见到这种情况，一方面要求朝廷制止官吏违反规定，乘机敲诈勒索百姓的行为；同时又要求朝廷马上停止在其他地区推行方田均税法，并说："且均税一事，本是臣先建言，闻今事有不便，臣固不敢缄默。"（《欧集》卷一一三，《论均税札子》）

这种态度不仅使他在改革实践中容易退缩、动摇，甚至还导致他在理论上也提出一些自相矛盾的观点。他曾说过，国君容易犯的一个普遍性的错误就是"乐用新进，忽弃老成"（《欧集》卷一七，《为君难论下》）。新进之士乐于更张，而老成之人则比较持重。君主听用新进之士，轻率更革，是政治上招致失败的一个重要原因。他指出,宋朝建国至今之所以会出现官冗兵滥,积贫积弱的状况,就是由于历代当国者不守祖宗旧制、把开国之君所创立的良好制度妄行变更、逐渐废弃造成的:"及其后当国者,或不思事体,或收恩取誉,屡更祖宗旧制,遂至官兵冗滥,不可胜纪。而用度无节,财用匮乏,公私困弊,推迹其事,皆因执政不能遵守旧规,妄有更改,所致至此。"(《欧集》卷一二六,《归田录第一》)

照这种说法,宋王朝的积贫积弱,不是由于腐败和因循守旧,倒是改革改出来的了。

欧阳修是有改革的要求的,对北宋的两大改革家范仲淹和王安石,他都曾加以支持或赞助;但是,由于他对改革的这种软弱、动摇的态度,尽管他也担任过参知政事这样的职位(范仲淹、王安石都是在参知政事任上开展改革的),却并未能在改革方面有所建树。

欧阳修对经济问题的议论颇多,诸如赋役繁苛、官吏贪污侵渔、地租高利贷剥削惨重、贵族势要穷极奢靡等,都作了许多揭露;又增加垦田、控制兴造数量规模、整顿钱币等,也提出过一些建议。这些揭露,对了解当时宋王朝的积贫积弱、朝政腐败、民生困苦以及社会矛盾尖锐复杂,能有所帮助;他的有些建议(如要求在山西同辽国交界地区垦复不许垦的耕地,停止从辽国进口粮食①),如得到推行,也可对改善某些局部的经济状况有些作用。不过,他的这些议论、揭露和建议,从经济思想上看,却极少有较为深刻的、值得重视的内容;只有以下两方面,还较有特色:

第一是他的"权商贾"论。

---

①　当时宋对河东(今山西省)毗邻辽国的一些地区,禁止耕种土地,而对这些地区需要的粮食,则从辽国进口来满足。

欧阳修把工商业同农业一样看成富国的源泉："治国如治身，四民犹四体，奈何窒其一，无异钛厥趾。工作而商行，本末相表里。"(《欧集》卷七，《送朱职方提举运盐》)

工商也是富国源泉，所以不应抑末以自窒富源，自缚手足，而应充分利用这一富源以富国。怎样利用这一富源呢？欧阳修的主张，官、商并行，并且互相结合和配合。对官府"铸山煮海，榷酒与茶，征关市与算舟车"(《欧集》卷四五，《通进司上书》)，"因山泽之饶，兴筦榷之利，以足邦用"(《欧集》卷八一，《阎文宝供备副使监亳州茶盐税制》)的做法，欧阳修并不反对。一些工商业活动，如果由国家集中经营，效益更好，欧阳修主张由国家集中经营。例如，过去兵器及弓弩均由各州、军分散制造，由于缺乏统一管理与监督，加上各州、军工匠技艺不一，造出的兵器和弓弩质量很差，"有打造成后，不曾经使，已修三五次者，修换既频，转不堪用，虚费人功物料，久远误事不细"(《欧集》卷一一七，《乞置弓弩都作院》)。因此，他请求朝廷于磁、相及邢州设置都造院，将各州、军所用兵器及弓弩统一集中于此打造："选得专一监官，拣择精好工匠，制定工料法式，明立赏罚，可以责成，兼亦易为点检者。"(《欧集》卷一一七，《乞置弓弩都作院》)这样，分散制造的弊端即可消除，兵器及弓弩质量即可保证。

但是，工商业活动，特别是商业活动，如果由国家集中经营效益不好，欧阳修则反对完全由国家垄断，而主张采取与商人分利的方式经营，以提高效益，增加国家收入。

欧阳修指出，商人兼并势力"上侵公利，下刻细民，为国之患"(《欧集》卷四五，《通进司上书》)，这是已被历史证明了的事实。但面对商品流通已相当发达的现实，国家企图把商人完全从流通中排挤出去，由官府垄断和控制全部商业活动，则是办不到的，也对国家不利。所以国家在商品流通问题上,不应该专利,而应该与商人共利。实行与商共利政策,一来于国家有利:"夫欲十分之利皆归于公,至其亏少,十不得三,不若与商共之,常得其五也。""与商贾共利,取少而致多之术也。"(《欧集》卷四五,《通进司上书》)二来可以促进商品流通和经济繁荣:"夫兴利广则上难专,必与下而共之,然后通流而不滞。""使商贾有利而通行,则上下济矣。"(《欧集》卷四五,《通进司上书》)

国家与商人共利的方式,欧阳修比之为批发商与零售商的关系。他说,大商人往往经营大宗批发业务,他们购进大批货物,但并不自己亲自售与消费者,而是把货物批发给小商小贩,由小商小贩直接卖给消费者。大商人必须把自己的利润让一部分给小商小贩,因为小商小贩如无利可图,他们就不会替大商人承担零售业务。国家和商人的关系,也如批发商与零售商的关系一样。国家拥有大批物货资源,应该把这些物货分与商人运售。在这个过程中,国家必须让商人从中获得一定的利润。这样做,虽然国家获利的比率减少了,但由于物货流通加速了,所以获利总额却会比自卖自销多得多:"夫大商之能蕃其货者,岂其锱铢躬自鬻于市哉! 必有贩夫小贾就而分之。贩夫小贾无利则不为。故大商不妒贩夫之分其利者,恃其货博,虽取利少,货行流速,则积少而为多也。今为大国者,有无穷不竭之货,反妒大商之分其利,宁使无用而积为朽壤,何哉? 故大商之善为术者,不惜其利而诱贩夫;大国之善为术者,不惜其利而诱大商,此与商贾共利,取少而致多之术也。若乃县官自为鬻市之事,此大商之不为,臣谓行之难久者也。诚能不较锱铢而思远大,则积朽之物散而钱币通,可不劳而用足矣。"(《欧集》卷四五,《通进司上书》)

这就是欧阳修的"权商贾"主张。这一主张的基本精神,是要求国家在商业活动中放弃专利政策,按照与商分利的原则,以利诱商,使之为我所用。至于这种分利是采取某种禁榷(专营)方式,还是采取通商(私营)方式,则不是主要的。嘉祐四年(1059),宋朝廷废除榷茶法,允许商人向园户采购茶叶自由运销,国家向园户和商人征收租税。由于租税过重,新法实施后,不仅没有改变实行榷茶法时"田间不安其业,商贾不通于行"(《欧集》卷八六,《通商茶法诏》)的弊端,反而使"小商所贩至少,大商绝不通行"(《欧集》卷一一二,《议茶法奏状》)。欧阳修尖锐批评通商法"断绝商旅"、"未尽公私之利害"(《欧集》卷一一二,《议茶法奏状》),要求废止新法,"除去前令","庶几不失祖宗之旧制"(《欧集》卷一一二,《议茶法奏状》)。可见,欧阳修的"权商贾"主张,关键是采取以利诱商的手段,达到与商贾分利以增加国家财政收入的目的。榷酤和通商二种方法,哪一种有利于实现这一目的,国家就应该采取哪一种方法,或者两种方法结合起来使用。

总之,对商人,国家一方面应"抑豪商不使过侵国利与为僭侈"(《欧集》卷一一二,《议茶法奏状》),另一方面,应与之分利,诱之使来,以保证市场繁荣,货财流通,这就是欧阳修"权商贾"思想的基本内容。

至于民间各种小本经营活动,欧阳修则主张完全由民间自由经营,反对与民争利。他认为对这些小经营官府自为,所得不多,而劳费甚大,又影响百姓的生活、就业门路,公私俱不利。例如,麟州原由百姓酿酒自卖,后来转运司禁民酿卖,由"官自开沽"。欧阳修经过了解,指出官榷半年,费本钱 3500 贯,而所得净利只1800 贯;可是民间却因之"市肆顿无营运,居者各欲逃移"(《欧集》卷一一六,《乞放麟州百姓沽酒札子》)。因此,他要求废罢官榷,"令百姓依旧开沽,所贵存养一州人户,渐成生业"(《欧集》卷一一六,《乞放麟州百姓沽酒札子》)。

欧阳修"权商贾"论的实质是:以官府为主体,以商人为辅翼,采取多种的结合,配合的形式,活跃工商业,改善国民经济的状况,增加财政收入。

从其基本思路看,这和前面提到的刘晏对轻重论的重要发展,以及范仲淹管理经济的某些做法是一致的;不过,刘晏及范仲淹都没能对自己的这种思路进行理论上的概括。在官、商结合、配合的具体做法上,刘晏是保留官榷,但官府只控制榷政的某些环节,而把其余环节开放给商人经营;范仲淹则除由国家征税外,对生产、流通各个环节一律听任民营、商营,不再实行官榷。欧阳修把这一思路概括为"权商贾"的范畴,并对其意义和优点进行了论证,从而使这一思路开始具有了理论形式。在做法方面,他把官榷商营、官税商营以及划分官、商经营范围等各种可能的搭配,都纳入"权商贾"的范畴,使这一范畴有了更丰富的内涵。

第二,欧阳修的一个颇耐人寻味的思想是:他对城市建设和环境的改善深感兴趣,并且积极提倡。

欧阳修把城镇市场与道路建设,看作是促进经济繁荣与改变一座城市面貌的重要措施。夷陵(今宜昌)过去"通衢不能容车马,市无百货之列",以致"富商大贾皆无为而至,地僻而贫"。后来尚书驾部员外郎朱公为该州知州,在夷陵"树木增城栅,辟南北之街,作市门市区"(《欧集》卷三九,《夷陵县至喜堂记》)。欧阳修对这种做法十分赞赏。欧阳修还把在城市里修建旅舍、园林、楼亭等旅游、休闲之所,作为城市建设的一个重要方面予以肯定。清河张侯在泗州建思邵亭,为四方宾客劳饯之所;建通漕亭,为岁漕往来舟人寓舍;又建先春亭,供官民暇日游观休闲。欧阳修称张侯"善为政",指出:"昔周单子聘楚而过陈,见其道秽而川泽不陂梁,客至不授馆,羁旅无所寓,遂知其必亡。盖城郭道路,旅舍寄寓,皆三代为政之法,而周官尤谨著之以为御备。今张侯之作也,先民之备灾,而及于宾客往来,然后思自休焉。故曰:善为政也。"(《欧集·泗州先春亭记》)

欧阳修的这种思想,当然不同于现代经济发展必须首先重视基础设施的要求。如果认为生活在将近千年之前的欧阳修,能有现代人关于基础设施的认识,自然是荒谬绝伦的。但是,欧阳修能从有利于工商业繁荣的角度提倡建设城市街道、店肆、旅舍的问题,这毕竟是一个能促进工商发达和经济进步的先进思想。它同那些为了抑商、困商而主张"废逆旅"、"贵酒肉之价"(《商君书·垦令》)之类的主张,适成鲜明的对照。

欧阳修关于在城市修建公共亭台、园林以作为游览、观赏之所,这同他个人的文人、学士的情趣、喜好不无关系;他在提出这方面主张时,也未必有经济方面的考虑。不过,这种建设公共游观设施,美化城市环境的思想,同社会文明进步的方向总是一致的。

(本文选自:赵靖主编《中国经济思想通史》第3卷第44章,北京大学出版社1997年)

张守军,辽宁省普兰店市人。1982年北京大学经济系中国经济思想史专业硕士研究生毕业。现任东北财经大学经济系教授、硕士生导师。

欧阳修对经济问题的议论颇多,诸如赋役繁苛、官吏贪污侵渔、地租高利贷剥削惨重、贵族势要穷极奢靡等,都作了揭露;对增加垦田、整顿钱币等,也提出过一些建议。但从经济思想上,却极少有较为深刻的、值得重视的内容,只有以下两方面,还较有特色:第一是其"权商贾"论。"权商贾"论的实质是,以官府为主体,以商人为辅翼,采取多种结合、配合的形式,活跃工商业,改善国民经济,增加财政收入。第二是他对城市建设和环境的改善,积极提倡。

李 觏

郑 学 益

第一节　北宋时期经济思想的杰出
　　　　化表人物李觏

和唐代国势强盛而经济思想却比较沉寂的情况适成鲜明的对照,积贫积弱的宋王朝,经济思想却是颇为丰富多彩的。

宋初承五代分裂割据的残局,不得不首先致力于削平群雄,恢复统一的活动,按着又同契丹展开几次大战。在这种局面下,宋王朝在经济方面的矛盾和问题,一时尚未能充分显露,因而也引不起人们的很大注意。宋初几十年,经济思想仍是不够活跃的。这种局面到北宋中叶仁宗时期开始改变,首先在经济思想领域激起波澜的就是李觏。

李觏,字泰伯,生于宋真宗大中祥符二年(1009),卒于宋仁宗嘉祐四年(1059),建昌南城(今江西省南城县)人。南城在盱江(即抚河)边,所以又被人们称为"盱江先生"。

李觏出身于小地主家庭,一生困顿不得意,常自称"贱民"①。刚十四岁,父亲就去世,"是时家破贫甚","勤苦竭尽,以免冻馁"

① 《李觏集·上苏祠部书》,中华书局1981年版。以下引此书只注篇名。

（《先夫人墓志》）。直到三十二岁时，仍然是"乞钱为食，来往江湖，零丁孤苦"（《上慎殿丞书》）。二十九岁和三十四岁时，两次应试不第，只好在家乡创办盱江书院，以教授为业，从学者常达数十百人。在讲学的同时，潜心学习，埋头著述，声名日著，并渐渐受到一些有重要地位和声望的人物的器重。北宋名臣范仲淹，就对他深为赏识；王安石在未掌权之前，也曾与他有交。1050年，由于范仲淹的大力推荐，李觏被任命为太学助教。但这只是个虚衔，并未真正做官。他获得这一职后，仍然居家讲学著述，不到朝廷供职。1057年，又被召为太学说书。次年，被授为"海门县主簿"，领这个职务的俸禄，但仍在太学供职，这时，他已五十岁了。1059年，代理主管太学工作。同年六月请假返乡迁葬祖母，旅途过于劳累，到家一病不起，八月就离开人世。

李觏在生活上的清贫和政治上的失意，以及他一生基本上生活于民间、远离官场的处境，使他能较一般士大夫人物更多、更深地看到时政积弊，民生疾苦，从而产生出强烈的经济、政治改革思想，希望以大规模的改革扭转宋王朝积贫积弱的局面。正是这一要求使他成为范仲淹"庆历变法"理论上的支持者。二十九岁时，他与范仲淹开始有了交往，就致信范仲淹，认为要解决当时日趋严重的各种社会问题，必须"长驱大割"（《上范待制书》），实行改革。在范仲淹任参知政事，主持朝政后，李觏又上书范仲淹，为变法而大声疾呼："人寿几何？时不可失。无嗜眼前之爵禄，而忘身后之刺讥也。"（《寄上范参政书》）对北宋的另一次规模和声势更大得多的改革——王安石变法，李觏也起了一定的思想先驱的作用。他比王安石大十二岁，两人同是江西人，曾经有过直接的交往，王安石曾说："李泰伯、曾子固豪士，某与纳焉。"（《答王景山书》）从王安石变法的许多主张措施，都可看到二人之间的思想联系。李觏的学生邓润甫直接参加了王安石变法的活动,并把李觏的著作上之朝廷。这也说明:以王安石为首的变法派,是注意从李觏的著作中为变法寻求借鉴的。

李觏的经济思想是他所处的时代的产物。在北宋中期,经济有了显著发展。在农业生产中,生产工具有了许多改进,采用了水车、踏犁、秧马等新式农具,培育和推广一些优良品种,使粮食产量有所提高。特别是圩田的数量大有增加,增强了防旱排涝的能力,使农业收获得到较多的保证。

在农业发展的基础上,手工业生产更为兴盛。矿冶、纺织、制瓷、造船、造纸各行业的产品种类和数量大大增加,生产技术和规模更加发达。商业也空前繁荣,首都开封不仅是全国的政治中心,也是一个繁华的商业城市,它不像唐代长安城那样有固定的交易市场和营业时间,而是大街小巷、白天黑夜都可以进行商业活动。开封以外的全国各地还形成了许多商业发达的城市,中小城镇的贸易活动十分活跃,广大农村中,集市也很普遍。由于工商业的发达,促进了货币流通的发展,出现了世界上最早的纸币——交子。

宋代南方地区的经济发展已日益明显地超过北方。隋、唐建都关中,粮食已靠江南漕运供给。安史之乱后,北方残破,刘晏理财,主要靠江淮财赋支撑着唐室危局。宋代南方经济的发展,尤其是东南沿海一些地区的经济发展,更加明显地走在了全国前列。宋都开封,不仅在粮食供应方面倚靠汴河漕运南粮,还不断把各种南货源源运济北方。正如李觏所观察到的:当时南方"耕有余食,织有余衣,工有余财,商有余货",各种物资"水行路走",运往北方,而"不闻一物自北来者"(《寄上富枢密书》)。

但另一方面,北宋中期是宋王朝统治下的矛盾日益明显地暴露,积贫积弱的局面开始形成的时代。由于土地私有制的发展,土地兼并更加剧烈。官僚豪绅大地主们的田产迅速膨胀,占有全国耕地的 70% 以上,而少地的半自耕农和无地的佃农却占全国人口的 80% 左右。广大农民被兼并势力从土地上排挤出去,成为丧失生计、流离失所的游民,农业生产力受到了极大摧残。与此同时,财政状态日益恶化,臃肿的官僚机构和庞大的军队,给财政造成了沉重的负担,皇室的奢侈费用使财政开支更加浩繁,再加上对辽、西夏的侵略采取退让、妥协的政策,每年要向辽、西夏缴纳大量的银、绢。因此,国家财政入不敷出,"上下始困于财矣"(《宋史·食货志下一》)。为了填补亏空,北宋统治者对人民加紧搜括、横征暴敛,国贫民穷的程度进一步加剧。

这种局面必然会在一部分有才识、有抱负的士大夫人物中诱发出日益强烈的危机意识和改革要求,李觏就是首先从思想、理论上表达这种危机意识和改革要求的人士之一。

李觏的思想、理论活动不限于经济方面,但他主要关心的是经济问题,而且他的成就也主要在这一方面。他的著作以谈论经济问题的居多,不但有大量讨论经济问题的专文,而且写出了《平土书》和《富国策》两种论述经济问题的专书,他的诗也有许多篇是专咏经济问题的。在中国封建时代的作家中,像这种情况极为罕见。

李觏的经济思想可以分为两个阶段。二十九岁以前,是他的经济思想发展的早期阶段,代表作是《礼论》、《潜书》和《平土书》等。二十九岁以后,是李觏经济思想发展的成熟阶段,代表作是《富国策》、《周礼致太平论》中的《国用》以及《原文》等。李觏的经济思想为什么在他二十九岁以后发展到一个新的阶段?主要有三个原因:第一,李觏当时赴京应试虽落第不中,却使他开阔了眼界,增长了见识,更多地了解了社会现实,更深地感受到时代的动荡,促使他更关心时政,倡言改革。第二,北宋王朝民贫国弱的情况更加严重了。自宋仁宗庆历年间(1041—1048)开始,每年财政赤字都达三百万缗以上。面对严峻的形势,李觏强烈要求改革,来挽救宋王朝的统治危机,以实现富国富民。第三,二十九岁时,李觏开始与范仲淹有了较多的来往,两人在思想上是互相影响的,范仲淹是当时改革派的领袖,比李觏大二十岁,他对李觏的影响,应该比所受李觏的影响会更大一些。在范仲淹的影响下,李觏与北宋中期改革派的命运联结在一起了。他把眼光从农村投向全国,探索社会重大经济问题,更加深入、全面地分析土地兼并、游民、工商业、财政危机等问题,形成了以利欲论为理论基础,以富国论为中心,包括平土论、去冗论、轻重论在内的经济思想体系。

第二节　利欲论

李觏倡言改革,以求富强,首先就遇到千余年来一直在经济思想领域中处于支配地位的贵义贱利论的反对和压制。为了给改革造舆论,他必须对贵义贱利论进行斗争。他的利欲论,正是他同贵义贱利论进行斗争的理论武器。

本书第 1 卷已经详细论述过:贵义贱利论是在西汉中叶以后逐渐形成起来的一个封建经济思想教条,它强调求财利必须严格遵守统治阶级的道德规范,同时,又认为社会上的各不同等级在财富占有和物质生活方面应有不同标准,不得逾越;遵守标准规定的就是合乎"义"的,否则就是不"义"。以此为依据,它对较低等级的人企图超越等级限制寻求物质利益的言行进行压制,并利用《论语》中孔子"罕言利"的记载,把"言利"作为违背圣贤之道的极大罪恶,动辄给人们寻求物质利益的言行加上"言利"的罪名。

由于经济改革总是要触犯腐朽势力的既得利益,贵义贱利论在漫长的历史时期中就成为腐朽势力、保守势力压制经济改革的理论武器。

北宋中期,民贫国弱的局面日甚一日,引起广大人民和士大夫中的有识之士的强烈不满,改革的呼声逐渐高涨;与此同时,自均田制废坏以来土地私有制的发展加剧了土地兼并和土地集中,宋代在封建经济发达的地区实现了统一,加上宋代实行的"不抑兼并"的政策,更有利于土地兼并和土地集中的进行。这样,到宋代中叶就在全国范围中形成了一个势力极为雄厚的大地主集团,成为反对改革的势力的社会基础。这一集团的政治和思想方面的代表人物,极力压制和阻挠改革,而贵义贱利论这一反对和压制改革的陈腐教条,更加受到他们的青睐。正是在这样的时代背景下,宋代鼓吹贵义贱利论者和批判贵义贱利论者的斗争,也进行得特别激烈。

宋代的许多理学家是强硬的贵义贱利论者。与李觏同时的邵雍就说:"仁因义而起,害因利而生,以利不以义,则臣弑其君者有焉,子弑其父者有焉。"(《观物·外篇》)

因利而弑父与君的诚然有之,但不能认为求利就必然如此,把"言利"与弑父与君的弥天大罪无条件地联系起来,从而就把"言利"判定为十恶不赦。这充分反映出宋代的贵义贱利论鼓吹者的凶横。

李觏是宋代首先旗鼓鲜明地反对贵义贱利论的旗手之一。他在批判贵义贱利论时提出了自己对利欲的看法,形成了自己的利欲论。他的利欲论有一个发展过程,其早期阶段的利欲论着重论证了求利的合理性,利与义的统一性。

李觏认为人们追求物质财富的欲望是自然的,为了满足这种欲望而进行的社会经济活动以求财利,是礼义产生的基础,"夫礼之初,顺人之性欲,而为之节文者也"(《礼论第一》)。失去了物质利益这个前提,礼义也就不可能存在,"食不足,心不常,虽有礼义,民不可得而教也"(《平土书》)。

李觏对礼义产生于物质生活的全过程进行了较为详细的论述:"人之始生,饥渴存乎内,寒暑交乎外。饥渴寒暑,生民之大患也。食草木之实、鸟兽之肉,茹其毛而饮其血,不足以养口腹也。被发衣皮,不足以称肌体也。圣王有作,于是因土地之宜,以殖百谷;因水火之利,以为炮燔烹炙。治其犬豕牛羊及酱酒醴酏,以为饮食;艺麻为布,缫丝为帛,以为衣服。夏居橧巢,则有颠坠之忧;冬入营窟,则有阴寒重膇之疾,于是为之栋宇。取材于山,取土于地,以为宫室。手足不能以独成事也,饮食不可以措诸地也,于是范金斲木,或为陶瓦,脂胶丹漆,以为器皿。夫妇不正,则男女无别;父子不亲,则人无所本;长幼不分,则强弱相犯。于是为之婚姻,以正夫妇;为之左右奉养,以亲父子;为之伯仲叔季,以分长幼。君臣不辨,则事无统;上下不列,则群党争。于是为之朝觐会同,以辨君臣;为之公、卿、大夫、士、庶人,以列上下。……以立师友……以交宾客……以奉死丧……以修祭祀。丰杀有等,疏数有度。贵有常奉,贱有常守。贤者不敢过,不肖者不敢不及。此礼之大本也。"(《礼论第一》)荀况首先从经济生活解释礼的起源,认为:"礼者养也。"(《荀子·礼论》)李觏的这种分析,继承和发展了荀况的思想,进一步阐明了利欲作为礼义的基础的地位,人们为了解决饮食布帛、饥渴寒暑等物质生活的需要,进行各种社会生产活动,必然导致礼义的应运而生。这样,李觏不仅把礼义从抽象的理论说教中,还原为实在的经济生活;而且明确地指出:没有利欲这个前提条件,就没有礼义的起源,伦理纲常也就不能赖以生存了,从而有力地论证了利欲的合理性。

为了说明、论证利与义的统一性，李觏在理论上提出了自己的新见解、新解释。他指出，礼包含有很广泛的内容，"乐、刑、政"、"仁、义、礼、智、信"这些"天下之大法"、"天下之至行"都"一本于礼"(《礼论第一》)。可以看出，他突破了历史上将礼、乐、刑、政、仁、义、智、信八者并列的传统说法，而是把礼抬高到八者之上，认为礼是其余八者之本，这八者实际上就是礼，是礼的具体体现。更重要的还在于，他把经济生活纳入了礼的内涵，认为物质财富本身也是礼义的组成部分。他对"仁"这个伦理范畴的解释是："百亩之田，不夺其时，而民不饥矣；五亩之宅，树之以桑，而民不寒矣，此温厚而广爱者，仁之道也。"(《礼论第三》)他对另一个伦理范畴"智"的说明是："为衣食，起宫室，具器皿，而人不乏用矣，……智之道也。"(《礼论第三》)在这些理论解释中，李觏告诉人们，不应该把仁、智之类的伦理规范空洞化、神秘化，而必须赋予其实实在在的经济内容。他强调说："饮食、衣服、宫室、器皿、夫妇、父子、长幼、君臣、上下、师友、宾客、死丧、祭祀，礼之本也。"(《礼论第一》)在这里，他把社会生活最基本的衣食等物质条件，与那些在封建时视为神圣的纲纪伦常共同作为礼的基本内容，而且还突出地把前者放在首位。礼与经济生活紧密结合了，利与义统一起来了。重视现实，发展经济，已经成为礼义本身的内在要求了。

李觏成熟阶段的利欲论，旗帜更为鲜明，思想更为深刻了。这表现在：第一，他早期的利欲论只是曲折地反对"贵义贱利"论。而他成熟阶段的利欲论对"贵义贱利"论展开了正面的攻击。他强调说："利可言乎？曰：人非利不生，曷为不可言？欲可言乎？曰：欲者人之情，曷为不可言？"(《原文》)他指出，利欲是人的本性，言利是正常的，不准人们言利是"贼人之生，反人之情"(《原文》），并公开否定了孟轲"何必曰利"的说教，认为这是偏激之言。他说："焉有仁义而不利者乎？其书数称汤武将以七十里、百里而王天下，利岂小哉？孔子七十，所欲不逾矩，非无欲也。"（《原文》）

第二，李觏早期的利欲论，并没有与"富国"直接联系起来，也就是说，他还没有正式把利欲论作为经济思想的理论依据提出来。到来后，他深化了认识，针对"儒者之论，鲜不贵义而贱利，其言非道德教化则不出诸口"（《富国策第一》）的情况，十分明确地指出了为顺应利欲满足利欲而进行的追求物质利益的经济活动对"富国"的基础作用，强调"治国之实，必本于财用"（《富国策第一》）。他认为，物质财富是整个社会生活的基础，无论是人们的衣食住行，还是政治、军事、外交等等都离不开"利"即财富。他说："盖城郭宫室，非财不完；羞服车舆，非财不具；百官群吏，非财不养；军旅征戍，非财不给；郊社宗庙，非财不事；兄弟婚媾，非财不亲；诸侯四夷朝觐聘问，非财不接；矜寡孤独，凶荒札瘥，非财不恤。礼以是举，政以是成，爱以是立，威以是行。舍是而克为治者，未之有也。"（《富国策第一》）

既然国家活动的一切方面都离不开财用，治国就必须把取得财用以实现富国作为第一位的工作。针对保守势力反对经济改革，把富国的主张斥为"言利"，把重视财利的人诋为"小人"乃至"暴君污吏"的论调，李觏理直气壮地宣称："是故贤圣之君，经济之士，必先富其国焉。"（《富国策第一》）

第三，李觏成熟阶段的利欲论，在批判"贵义贱利"论的同时，还多次驳斥"尊王贱霸"论。

当时，北宋反对改革的势力，以贵义贱利论作为反对富国主张的理论武器，而以"尊王贱霸"论作为反对强兵主张、掩盖自己对外屈辱妥协面目的遮羞布。李觏要求的改革以变贫弱为富强作为目标,富国是和强兵联在一起的。因此,他对贵义贱利论的批判,也就必然和对尊王贱霸论的批判联在了一起。

尊王贱霸论倡自孟轲。孟轲在战国时期,反对以兼并战争来争夺霸权,实现武力统一,而主张以"王道"来争取别国的归服,因而极力宣扬尊王贱霸论,讥贬春秋时期五霸的事业为渺小不足道,"仲尼之徒,无道桓文之事者"(《孟子·梁惠王上》);对战国时期通过改革实现富国强兵的秦孝公、商鞅,更是攻击不遗余力,把他们改革的政策措施诋为"暴君污吏"的所为。这种尊王贱霸论在宋代特别适合保守势力维护其既得利益的需要:一来是它对春秋、战国时期的改革主张和改革人物有强烈的攻击、贬斥言词,正好被借用来反对宋代的改革;二来是它的贱霸论调,便于遮饰、掩盖宋代保守势力对外一味卑躬屈节的可耻嘴脸;三来尊王贱霸论是儒家亚圣孟轲所首倡,宣扬这种论调正可为保守势力维护自己既得利益的最见不得人的言行,罩上圣贤之道的光轮。正因如此,宋代的保守势力对尊王贱霸论特别钟爱,鼓吹得特别不遗余力。也正因如此,李觏对保守势力宣扬尊王贱霸论感到特别义愤,而毫不留情地予以揭露。

李觏首先对"王道"与"霸道"作了新的解释和说明:"或问:自汉迄唐,孰王孰霸?曰:天子也,安得霸哉?皇帝王霸者,其人之号,非其道之目也。自王以上,天子号也,惟其所自称耳。……霸,诸侯号也。霸之为言,伯也,所以长诸侯也。岂天子之所得为哉?道有粹有驳,其人之号不可以易之也。世俗见古之王者粹,则诸侯而粹者亦曰行王道;见古之霸者驳,则天子而驳者亦曰行霸道,悖矣。……所谓王道,则有之矣,安天下也。所谓霸道,则有之矣,尊京师也。非粹与驳之谓也。"(《常语下》)他着重指出了,"王"或"霸"只是对人的一种称号,而不是指人所实行的那个道的名目。

所谓"霸"就是诸侯的称号,而不是天子的称号。人们所实行的道有粹与驳之区别,但其称号却是不能变动的。在世俗之人的眼中,看到古代王者之道纯粹,于是就把诸侯之道纯粹者也说成是行王道;看到古代霸者之道驳杂,于是就把天子之道驳杂者也说成是行霸道,这显然是悖谬之论。

李觏的这种解释,似乎是把王道、霸道变成了没有内容分别的纯概念之争,实际上却是借以否认王道和霸道有高下之分。按照他的解释:一统的王朝,实行的治国之道就是王道而无所谓霸道,因此,主张进行改革、实现富国强兵,决不得谓之霸道。这样,就把反对改革的势力指责改革为霸道的依据完全取消了。

既然王道、霸道只依所施行的疆域为断,而无高下之分,那么,究竟什么样的治国之道是正确的,并不看什么纯粹和驳杂,不看它的宣扬者自封为王道或霸道,而看施行的结果如何。李觏针对尊王贱霸论对管仲、商鞅行霸道的攻击而反驳说:管仲相齐桓公,尊王攘夷,富国强兵,使齐国成为五霸之首;商鞅相秦孝公,明法术,奖农战,使秦民富国强。你们口称行王道,结果却把一个广土众民,比齐、秦大得不可比拟的宋王朝搞得积贫积弱,"无强国之资"(《寄上范参政书》),还有什么资格宣扬尊王贱霸呢?

李觏的利欲论批驳了贵义贱利、尊王贱霸等反对富国、富强的论调,论证了富国是顺民情、固国本的根本大计,提出了"先富其国"的改革目标,为他的以富国论为中心的经济思想奠定了理论基础。

第三节　平土论

李觏继承了自荀况以来把"强本节用"称作富国的基本途径

的说法,认为:"所谓富国者,非曰巧筹算,析毫末,厚取于民以媒怨也,在乎强本节用。"(《富国策第一》)

在以农业自然经济为主的社会中,发展经济、富国富民的主张,主要都归结为"强本"即改善农业生产状况的问题,李觏也是如此;但他不像许多强本论者主要从兴修水利、改进生产技术以及轻徭薄赋等措施来考虑问题,而是把解决土地制度问题看作是强本的首要问题。针对土地兼并、土地集中极为严重的现实,他写了《平土书》这一论述土地制度问题的专书,并且在其他许多作品中,都论述了土地问题。

李觏对土地问题的观点和主张前后也有变化:前期他主要从分配角度看问题,这时所主张的"平土",是主张在分配土地方面实现均平;他后来的土地思想,则主要从生产的角度来批判土地兼并和土地集中,企图实现劳动力与土地之间的更好的结合,以达到强本即改进农业生产状况的要求。

李觏早期的土地思想,认为土地兼并所造成的土地分配严重不均,是百姓饥寒的根本原因。他说:

> "吾民之饥,不耕乎?曰:天下无废田。吾民之寒,不蚕乎?曰:柔桑满野,女手尽之。""耕不免饥,土非其有也;蚕不得衣,口腹夺之也。"(《潜书》)

他认为:"土非其有"是由于土地兼并,农民的土地为别人所夺;而土地兼并的祸害所以日烈,根源在于土地制度不合理:"法制不立,土田不均,富者日长,贫者日削。"(《平土书》)土地占有的不均,是贫、富两极分化的基础,占有大量土地的富者,特别是那些"巨产宿财之家,谷陈而帛腐。佣饥之男,婢寒之女,所售(一本作"得")弗过升斗尺寸"(《潜书》)。

李觏的这一分析,实际上已触及了地主土地所有制是地主剥削农民的基础这一封建制度的根本问题。对一个地主阶级的知识分子来说,对封建土地制度的认识能达到这样的深度,是洵为不易的。

基于上述认识,李觏强调治国要把抑制土地兼并、实现土地分配均平放在首位:"平土之法,圣人先之。"(《平土书》)

怎样平土? 他早期的主张是复井田:

"井地之法,生民之权衡乎! 井地立则田均,田均则耕者得食,食足则蚕者得衣,不耕不蚕,不饥寒者希矣。"(《潜书》)

李觏早期的土地思想,虽然也提到在农业生产中,土地是本,没有土地就无法生产。但是,他主要的分析却是集中在分配问题上,没有把土地问题与生产相联系,指出土地兼并对生产的严重危害。他所着重强调的是土地兼并造成贫、富的严重分化和贫民的困苦,解决土地问题的目的是使广大百姓"得衣"、"得食";在解决土地兼并、实现平土的办法方面,他的主张是复井田。他对地主土地所有制是封建剥削的基础的认识是比较深刻的,但除此之外,他的平土思想并无超越前人之处。

李觏后来的土地制度思想,开始摆脱了主要从分配角度批判土地兼并的前人思想局限,转而从生产的角度揭示土地兼并对生产力发展的束缚和阻碍。这使中国传统的土地思想上升到一个新的水平。

李觏指出,增加农业生产有两种做法:一为"尽地力",即提高单位面积产量;二为"广垦辟",即扩大耕地面积。但是,这两种做法都受到土地兼并的严重阻碍;土地兼并越严重,它对农业生产力的限制、破坏作用也越巨大。

一方面,土地高度集中阻碍了农业生产向深度发展,使"地力不尽"(《富国策第二》)。由于土地兼并使农民失去了土地,他们虽有劳动力,却无用武之地;富人依靠对农民的剥削,过着不劳而获的寄生生活,家中人丁虽多,却不用在生产上,"虽有丁强,而乘坚驱良,食有粱肉,其势不能以力耕也,专以其财役使贫民而已"(《富国策第二》)。这样,农业中劳动力严重缺乏,只好粗放经营,"田广而耕者寡,其用功必粗"(《富国策第二》),产量必然下降。并且,当遇到自然灾害时,也无法进行抗灾,更使大片土地陷于荒芜。所以"地力不可得而尽也"(《富国策第二》)。另一方面,土地兼并还阻碍了农业生产向广度发展,使"田不垦辟"(《富国策第二》)。农民被剥夺了土地,"食不自足,或地非己有,虽欲用力,末由也已"(《富国策第二》)。肚子吃不饱,无力开垦荒地;加上开了也不能作为己有,更无兴趣开荒。富者虽然有力量开垦荒地,但根本不愿意去开垦,因为以剥削来的钱财,兼并土地,比开垦荒地要容易得多:"恃其财雄,膏腴易致,孰肯役虑于菑畲之事哉?"(《富国策第二》)这样,"田不可得而垦辟也"(《富国策第二》)。通过上述分析,李觏揭露出土地兼并所造成的土地与劳动力的分离,是农业生产发展的主要障碍,"自阡陌之制行,兼并之祸起,贫者欲耕而或无地,富者有地而或乏人,……沃壤犹为芜秽,况瘠土乎?"(《周礼致太平书·国用第四》)

随着理论认识的提高,李觏指出,对土地单纯着眼于分配问题是不够的,"言井田之善者,皆以均则无贫,各自足也。此知其一,未知其二"(《周礼致太平书·国用第四》)。更重要的,解决土地问题的目的是为了最大限度地实现劳动力与土地的结合,以发展生产,富国裕民,使"人无遗力,地无遗利,一手一足无不耕,一步一亩无不稼,谷出多而民用富,民用富而邦财丰"(《周礼致太平书·国用第四》)。

那么,封建国家如何采取措施,使劳动力与土地结合起来呢?

李觏提出了限田方案。在北宋中期,土地的绝大部分已经被私人占有,封建国有土地数量很少。面临着这种现实,李觏认识到原先所主张的实行井田制是不可能的。他比较了商鞅和王莽,认为商鞅"除井田",顺应了土地私有制的发展趋势,获得了成功,"民从之,各自便也"(《常语下》)。而王莽"更王田",遭到了失败,原因在于剥夺了人们的私有土地,"民怨之,夺其有也"(《常语下》)。因此,李觏提出,对土地兼并只能在不触动土地私有制的前提下,实行"限田"。具体措施有三条:一是,"行抑末之术",把过多的工商业者以及游民赶回农村,使他们从事农业生产。二是,限制地主占田,"各有顷数,不得过制"。三是,用爵位奖励开垦荒地,"有垦田及若干顷者,以次赏之"(《富国策第二》)。

李觏认为,通过前两条措施抑制了土地兼并,"土价必贱",被赶回农村的人就会购买土地,安心务农,"土价贱,则田易可得。田易可得而无逐末之路、冗食之幸,则一心于农"(《富国策第二》)。而没有能力买田的人,还可以佃耕地主的土地,"依富家为浮客,则富家之役使者众;役使者众,则耕者多"(《富国策第二》)。这样,就实现了土地与劳动力的结合,"地力可尽矣"(《富国策第二》)。同时,由于限制地主占有熟田,而依据第三条措施的开荒却没有限制并可以得到爵位,这样就会促使地主雇佣佃农"务垦辟矣"(《富国策第二》),"垦辟"的问题也解决了。

李觏成熟阶段的土地思想,在理论上是比较尖锐和深刻的。他的主要着眼点已经从分配角度转到了从生产角度对土地兼并展开批判,他指明了根源于封建土地占有关系的土地高度集中破坏了农业生产机制,造成了劳动力与土地的相互分离,从而使社会经济陷入危机。由于土地兼并是地主土地私有制的必然产物,因此他实际上指出了地主土地所有制是阻碍农业生产发展的根本原因,也就是说,指出了封建生产关系对生产力发展的束缚。

　　但是,在具体方案上,李觏对封建土地占有关系却不敢有任何冒犯,他所提出来的限田主张是妥协和软弱无力的。他的抑末措施,使农村原来已经相对过剩的劳动力更加过剩,这必然引起劳动力之间的竞争,使地主以更苛刻的条件出租土地,以更低廉的代价役使佃户,从而更有利于地主的剥削。他的限田措施,对占田数额,未做具体规定。并且,如果"过制",如何处理? 也没有提出办法。这对地主阶级来说,根本起不到限制作用。他的奖励垦田措施,规定地主可以无限制开荒,"有能垦辟者,不限其数"(《富国策第二》)。这种规定的本意是要鼓励地主致力于开垦土地,但在限田缺乏有力措施的情况下,土地兼并者是断断不肯舍弃土地兼并转而致力于(哪怕是部分地致力于)开垦荒地的,用李觏的话说,在他们"恃其财雄,膏腴立致"仍有可能的情况下,是不肯"役虑于菑畲之间"的。

　　李觏的土地思想在理论上的激进性和方案上的软弱、妥协性之间的矛盾,是他本人所处的社会地位的特有矛盾的反映。作为中、小地主的思想代表人物,他深感到大地主土地兼并对中、小地主的严重威胁,同时,他家境不裕,又长期生活在民间,对土地兼并为农业生产带来的危害有较多的了解,因而能对土地兼并及其后果有较深刻的认识,并展开较激烈的批判。但是,由于他本人毕竟是地主阶级的一员,他又不愿意也不能够对地主土地所有制持完全否定的态度。土地兼并是土地私有制尤其是地主土地所有制的产物,不否定地主土地所有制,也就不可避免地会在解决土地兼并的方案方面表现出严重的软弱性和妥协性。

　　还应指出:李觏土地思想的这种矛盾,也是同当时社会力量对比有关的。唐代均田制废坏,本身是土地私有制和土地兼并发展的结果,又大大加速了土地私有制和土地兼并的过程。但是,唐末的农民大起义沉重打击了土地兼并势力;五代、十国的分裂、战乱,也多少阻抑、延缓了土地兼并的发展。宋代政治、社会秩序的安定及所推行的有利于土地兼并的政策,改变了这种局面,使土地兼并和土地集中大大加速起来。赵宋政权建立后几十年,土地兼并和土地集中的发展极大地加强了大地主阶级在全国经济、政治、社会生活中的势力和影响。凭借这种强大势力和影响,大地主势力强烈反对任何侵犯其既得利益的变革,不容许对土地兼并有丝毫的限制,拼命阻挡不利于土地兼并的方案付诸实施。正因为这股十分强大的保守势力的存在,宋代经济思想有一显著的特点:批判土地兼并的议论虽然多,也比较激进;但一涉及实施方案,就在这一强大保守势力的压力面前畏而却步,因而抑制土地兼并的方案就只能是软弱无力、空洞无物的。李觏平土论中的理论与方案的矛盾,是这一特点的比较早的,也是较为典型的体现。

第四节　去冗论

改变封建农业中两个基本生产要素劳动力和土地相脱离的状况,使其在农业生产中重新结合起来,以改进农业生产的状况,——这就是李觏强本思想的主要内容。为此,就要一方面从土地制度方面想办法,所以他主张"平土";另一方面要从劳动力使用方面想办法,为此,他要求"抑末"和"去冗"。"抑末"是指把因丧失土地、流入工商的劳动力(所谓"末民")返还到农业生产中去;"去冗"则是使失去土地后没有职业或没有"正当职业"的"冗食"之民重新从事农业生产。去冗论是李觏富国论的另一个重要组成部分。

李觐的去冗论主要包括以下几方面的内容："冗食"的概念及去冗的意义、冗食之民的存在形式和去冗的主要途径。

李觐为"冗食"规定的概念是"无事而食",他说:

> "天之生民,未有无能者也,能其事然后可以食。无事而食,是众之殃,政之害也。故圣人制天下之民各从其能以服于事,取有利于国家,然后可也。"(《周礼致太平书·国用第三》)

这里,李觐把"能其事而后可以食"作为区别人们是否属于"冗食"的标准。所谓"能",是指劳动或工作能力;所谓"事",则是指活动或工作。"能其事而后可以食",不允许"无事而食",这有点类似于"不劳动者不得食"的提法。不过,李觐说的"事"或劳动、工作,是带有农业社会认识局限、封建士大夫成见以至儒家学者的门户之见的,不应从形式上的类似而认为他已有不劳动者不得食的思想。

从"能其事而后可以食"的认识出发,李觐主张治国必须使一切有劳动或工作能力的人"人各有事,事各有功,以兴材征,以济经用"(《周礼致太平书·国用第三》);而对"无事而食"以及"作无益以害有益"的人,即冗食之民,则应该"弃之"(《周礼致太平书·国用第三》)。"弃之"不是不让他们生存,而是不允许他们靠"冗食"生活,也就是去冗。

对冗食之民的主要形式,李觐列举了以下几种:

一是工商之众。李觐认识到工商业的必要性,指出工商业所从事的经济活动,是社会所必需的,"以世资其用,不可无之"(《平土书》)。还认为包括工商在内的"四民"不是冗食,"所谓冗者,不在四民之列者也"(《富国策第四》)。与此同时,他又指出,一个社会的工商数量必有限度:"虽有工贾,必不甚众。"(《平土书》)他认为工商业者所生产和经营的应该是"用物"即生活必需品以及生产这些生活必需品所需要的生产资料,而"用物"的数量是有限的,因此,从事工商业的人不能太多,"故工之所作,贾之所粥,商之所资,皆用物也,用物有限,则工商亦有数"(《富国策第四》)。可是,他认为当时从事工商业的人已大大超过了社会所需要的程度,出现了两类多余的工商业者:一类是生产、经营奢侈品,"竞作机巧"、"竞通珍异"(《富国策第四》)的富商大贾;另一类是从无地农民转化而来的人数众多的小商小贩。对这两类人,从字面上看,李觏并没有冠以"冗食"的名称,而仍称之为"末",并把处理这两类人的政策称为"抑末",而不称之为"去冗"。不过,李觏是把这两类人放在"无事而食"之列的,所以从性质上说也是一种"冗民",是一种以"末民"形式表现的"冗食"之民。

二是缁黄之多。缁、黄即僧、道,北宋中期,佛教、道教十分兴盛,真宗时僧道、尼姑竟多达 46 万人,仁宗时有寺院道观 3900 多所。李觏对此加以抨击,指出僧道过着不劳而获的寄生生活,"广占良田利宅,燄衣饱食,坐谈空虚以诳曜愚俗"。他们所剥削的农民,"无虑几百万"(《富国策第四》),并且不纳赋税,不服徭役,是十足的冗食。

三是官府之奸。李觏对当时滥官冗吏的现象进行了指责,认为官府中吏役的人数太多,"内满官府,外填街陌",揭露这些人"交相赞助,招权为奸",贪婪地吸吮人民的血汗,完全是寄生的"冗食之民"。

四是方术之滥。李觏认为巫、医、卜、相之类,装神弄鬼、靠迷信诈骗猎取财物,应列入"冗食"。

五是声伎之贱。李觏把为封建统治阶级的荒淫生活服务的歌舞倡优、江湖艺人等等,也包括进"冗食"的队伍。

在以上分析论述的基础上,李觏进一步指出:土地兼并是产生冗食的主要原因。他说,由于土地兼并,使得"贫者无立锥之地,而富者田连阡陌。……贫民之黠者则逐末矣、冗食矣"(《富国策第二》)。

李觏的去冗论,实际上是他的人口论。他所谓"冗食"以人口学的术语来表示,即是过剩人口。他的冗食产生于土地兼并的论点,表明他把当时中国社会中的过剩人口,看作是一种特殊的相对过剩人口。由于土地兼并是土地私有制特别是地主土地所有制的必然产物,认为土地兼并是冗食产生的原因,就等于说冗食的产生根源在地主土地所有制本身。李觏的去冗论,把当时的过剩人口同当时中国的土地制度和社会制度联系了起来,而不把过剩人口的存在归之于自然的原因,因此,他的去冗论实际上是一种相对人口过剩论。他关于五种"冗食"的分析,可以说是揭示了宋代封建社会中相对过剩人口的五种存在形式。

在阐明了"冗食"的产生原因及存在形式之后,李觏进一步探讨了"去冗"即解决人口过剩问题的办法:

对多余的工商业者,他主张实行抑末,加重赋役,禁止奢侈品的生产和流通,使这些人无利可图,只好回归农业。

对僧道,他提出要禁止度人、禁止兴修寺院,这样僧道的数量、规模不再发展,几十年后僧亡庙毁,就会自然归于消灭。

对大量冗吏,他认为要"法严而吏察"(《富国策第四》),使其无法贪污舞弊、勒索人民,以迫使他们离职归田,回到农业生产中去。

对巫、医、卜、相,李觏提出要"论之如法"(《富国策第四》),即对迷信欺骗者严加取缔。同时,他还主张兴办医学教育,培养大批优秀的医生。这样,人民的健康有所保障,巫、医、卜、相就失去了活动市场。

对歌舞倡优,李觏的办法是禁止一切乐舞,不许民家用乐演戏,使其无以为生,一心返农。

李觏的这些办法,有一个共同的缺陷,就是没有触及土地兼并问题。在人口理论上,他认识到产生冗食的根本原因是土地兼并。但是,在具体措施上,对抑制土地兼并这一产生冗食的根源,却避而不谈。这样,原有的冗食之民无法重新获得土地,新的冗食之民仍然会不断产生,所谓去冗返本、解决农业劳动力的不足以富国,就只能是一句空话。这是他的人口思想的局限性。李觏的去冗论与他的平土论一样,存在着理论上较深刻而实施方案上则软弱、妥协的矛盾。

第五节　轻重论

李觏把国家对经济生活特别是在工商业领域的干预作为富国的必要手段,对轻重问题作了多方面的考察。轻重论在他的经济思想中占着重要地位。

轻重理论是中央集权的封建国家研究和利用商品货币流通规律,对工商业实行控制和干预,以抑压商人资本,增加财政收入的经济学说。在北宋时期,商品货币经济有了进一步发展,而中央集权更为强化。在这种新的历史条件下,李觏在轻重论方面也必然具有一些新的特点。

在轻重之势方面,李觏主张"抑末"与"安富"相结合。

传统的轻重理论,主张封建家政权在商品流通领域掌握轻重之势,取得绝对支配权,并强调抑末,把商人资本作为主要打击对象。李觏继承了这些思想,他阐明了封建国家控制商品货币经济的重要性："财者,君之所理也;君不理,则蓄贾专行而制民命矣。"(《富国策第六》)并充分认识到封建国家丧失轻重之势的严重后果:"权在商贾,商贾操市井之权,断民物之命。"(《周礼致太平书·国用第十一》)因此,李觏主张封建国家管理工商业必须"通轻重之权"(《富国策第六》),实行平准平籴、赊贷等轻重政策来抑末,使"蓄贾无所专利"(《富国策第六》),以达到"钳并兼"(《周礼致太平书·国用第十一》)的目的。

但是,李觏的抑末并不是抑一切商人。他把商人划分为三个层次:上层是富而强者,即政治上享有特权,经济上财力雄厚的大商人兼并势力;中层是富而不强者,即政治上无特权,经济上却较为富有的一般工商业富人;下层是不富不强者,即人数众多的小手工业者、小商贩。李觏的抑末主要针对大商人、兼并势力和小工商业者。他站在中小地主的立场上,反对大地主、大商人凭借特权对一般商人包括富商进行侵夺、兼并。同时,对无地农民转化而来的小工商业者,李觏也要求把他们驱逐回农业。而处于和中小地主类似的中间地位的一般工商业富人却是李觏所要扶植、保护的"安富"对象。

李觏认为抑制兼并应该把"富"与"强"区别开来,富者并不就是强者。从事"耕桑"、"饬材"、"通货"的富人之所以能够发财致富,是因为他们"心有所知,力有所勤,夙兴夜寐,攻苦食淡,以趣天时,听上令也"(《周礼致太平书·国用第十六》)。如果对这些人也加以打击,是不合理的。因此,李觏反对封建统治者用"任之重,求之多,劳必于是,费必于是"(《周礼致太平书·国用第十六》)的赋役来诛求勒索这些富而不强者,指出其结果是"天下皆贫"而不利于君主统治,呼吁要保障一般工商业富人的利益,"平其徭役,不专取以安之"(《周礼致太平书·国用第十六》)。

李觏抑末与安富相结合的工商业思想,表明他一定程度上从商品经济的发展、从工商业者的利益来考虑问题,而赋予轻重之势学说以新的内容。

在轻重之学方面,李觏对"谷贱伤农,贵则伤末"的传统观点进行了修正。

李觏认为,在商品经济不太发达的情况下,农民自给自足,只是作为少量粮食的卖者与市场发生联系,"农常粜而末常籴也"。于是谷价下跌不利于农,而谷价上涨不利于商。但是,在商品经济有了较大发展的北宋,农民与市场的联系、依赖都加强了,既是粮食的卖者,又是买者,"农不常粜,有时而籴也。末不常籴,有时而粜也"。所以"谷甚贱伤农,贵则伤末"的传统说法已经不适用,应该修正为谷"贱则伤农,贵亦伤农;贱则利末,贵亦利末"(《富国策第六》)。李觏还对这一论点进行了理论上的论证,指出:一方面,在粮食收获时,农民为了上交赋税、偿还高利贷以及购买家庭必需品,"小则具服器,大者营婚丧。公有赋役之令,私有称贷之责",不得不出售粮食,甚至连一部分口粮也被迫卖掉,"故一谷始熟,腰镰未解而日输于市焉"。这样卖粮的多,商人乘机压价购买,"轻其币而大其量","贱则伤农而利末也"。另一方面,农民被迫出售自己的一部分口粮后,"仓廪既不盈,窦窖既不实,多或数月,少或旬时,而用度竭矣。土将生而或无种也,末将执而或无食也,于是乎日取于市焉"(《富国策第六》)。又成为市场上的粮食购买者。特别是青黄不接的时候,买粮的多,商人又抬价出售,"重其币而小其量","贵亦伤农而利末也"。由此,李觏得出了无论谷价贵贱都对农不利、对末有利的新结论,为轻重之学的发展做出了贡献。

针对"谷贱伤农,贵亦伤农"的新情况,李觏主张在管理工商业活动中实行"平籴"以打击商人兼并势力。"盖平籴之法行,则农人秋粜不甚贱,春籴不甚贵,大贾蓄家不得豪夺之矣。"(《富国策第六》)他强调指出要改善常平仓的管理工作,认为以往的平籴政策存在着"数少"、"道远"、"吏奸"三种弊端。建议封建国家收购储存的粮食要有足够的数量,应在边远各县都建立粮仓以方便购买者,并且任用清廉的官吏,从而达到控制粮食市场,"利国便人"的目的(《富国策第六》)。

在轻重之术方面,李觏主张借助商人的经营活动,改善封建国家的工商业管理工作。

李觏较为清楚地认识到,传统的轻重之术,由封建官府直接经营工商业的做法,已经越来越不适应商品经济发展的要求了。因而,他主张在国家的监督管理下,充分发挥商人的作用,来促进商品流通,增加财政收入。这主要反映在他的关于盐、茶通商的改革主张中。

李觏首先揭露了盐、茶由官府专卖而带来的严重积弊。经办官盐的官吏贪污中饱,造成质次价高,"公盐常失其半,而半它物焉","以倍价取半盐矣"(《富国策第九》),因此,官盐无法打开销路;官盐销售点少,零售不便,"坐肆占卖者,郡才数十,以数万家之食,仰数十户之盐,一铢一两,不可与官为市"(《富国策第九》),这必然造成官盐滞销;官盐运输费用高,浪费严重,使财政收入大为减少,"舟有坏,仓有堕,官有俸,卒有粮,费已多矣"(《富国策第九》)。茶专卖也存在着同样问题,官茶质量低劣,"滥恶,不味于口",结果是大量积压,"仓储之久,或腐败也,则水火乘之矣",造成国家财政亏损,"息未收而本或丧矣"(《富国策第十》)。

接着,李觏论证了私商经营盐、茶的优越性:由于"商人众"、"卖者多",各自想方设法增加销售量。商人的竞争必然要提高盐、茶的质量，"盐不淆杂"，茶"则所择必精"。同时，商人的竞争也促使他们改善经营管理，例如用赊卖、上门服务之类的办法来扩大销售量等等。结果，情况同官府垄断相反，"盐之用益广"，茶"则卖之必售"，"是以无滞也"①。

通过官商与私商经营状况的对比，李觏极力主张对盐、茶专卖实行改革，"今日之宜，莫如通商"（《富国策第九》）。对于盐，仍由官府控制生产，垄断收购，再卖给商人，由商人自由运销，官府从中收取盐利。对于茶，官府着重从税收方面加以监督管理，"籍茶山之租，科商人之税"（《富国策第十》），只向茶农和茶商征税，然后"听其自为"（《富国策第十》），由茶农、茶商自由经营。此外，李觏还提出封建官府在管理盐、茶买卖的过程中，要注意照顾商人的利益，如卖盐给商人时，不要取厚利，也不要多征税，必须"息寡而税薄"，否则，"息多而税厚，则商不来"（《富国策第九》）。

李觏认为，盐、茶方面的商人经营活动，不仅可以克服官府专卖的弊病，加速商品流通，增加商业税收，使国家"财用以足"（《富国策第九》），还有利于抑末和安富。因为，盐、茶专卖时，只有小民为生计所迫才敢"逐末"，进行私盐、私茶的贩卖，而富商大贾慎重，是不会冒险的。相反的，如让私商自由经营盐、茶，只有"大贾蓄家"才有财力运销，"射时而趋"（《富国策第十》），获取厚利，一般小民则无力同他们竞争，无利可图，反而不会逐末了，这对抑末和安富都有好处。

李觏的通商主张，从根本上说，仍然是要使封建国家在社会经济生活中取得轻重之势，以支配市场，控制商人，增加财政收入。不过，在具体政策上却要利用商人的经营活动以改善封建国家对

---

① 本段引文均引自《富国策第九》及《富国策第十》。

工商业的管理。而且，在这方面，他比唐代的刘晏更进了一步：在榷盐方面，他基本上重申了刘晏的做法；对茶的生产和流通，则完全开放给私人经营，国家只对生产和流通环节征税，而完全不插手经营。这已算不得榷（国家专卖）茶了。

宋代的商品流通超过唐代，商人活动的范围也更扩大。李觏在轻重之术方面更多借重商人的思路，同商品流通更加发展的形势是一致的。

第六节　富国之学的又一个比较完整的体系

李觏是在"富国"这一课题下探讨各方面的经济问题的。他的探讨，形成了一个包括利欲论、平土论、去冗论、轻重论以及节用论、钱币论等在内的富国之学的体系。这也就是李觏的经济思想体系。

李觏的这一体系集中体现在他所作的《富国策》，"策"是中国古代的一种文体，其含义是对策、献策，即向统治者献策、进策，它表达的是个人的见解、看法，而不是由国家制定的政策。

利欲论是李觏富国论或富国之学的理论基础。它从欲是人之情性而财利、财富是满足欲望的手段这一观点出发，论证了富国是顺民心、固国脉的根本要图，批驳了贵义贱利论以及宋代保守势力借口贵义贱利反对进行经济改革的种种论调。

李觏采用传统的说法，把强本节用作为富国的基本途径；实际上他是从强本和轻重两个方面来论述富国的途径，前者是就封建时代社会经济的主要的、决定的部门农业而言的，后者则是从宋代已有了较多发展的工商业而言的。钱币论其实也是同后者联系着的。

李觏强本思想的突出特点是主要从劳动力和土地这两个要素的结合来探求强本之策。他认为当时本弱、国贫的根源在于土地兼并造成了劳动力和土地的分离,因而主张从土地制度和劳动力使用两个方面来解决问题,为此提出了平土论和去冗论。

农业是封建时代社会经济的主要的、决定的部门,但不是唯一部门。中国封建时代的工商业,早就有一定程度的发展;宋代工商业的繁盛,更超过它以前的任何一个王朝。因此,谈富国的人,历来都强调农业而不限于农业,而或多或少论及工商业同富国的关系问题。李觏在轻重论方面的论述,也是如此。

轻重论在汉代以后,长期没有什么重要发展。唐代人士比较重视轻重论;刘晏从实践方面大大丰富和改进了轻重之术的运用,白居易、元稹等对轻重之学有了若干方面的创新,但都不曾比较完整地探讨过轻重问题。李觏则从轻重之势、轻重之学、轻重之术各方面,比较完整地探讨了轻重问题,适应宋代社会经济的情况变化对传统的轻重论进行了检讨,在继承传统轻重论的同时作了许多方面的发展和创新。可以说,在汉代以后,对轻重论的探讨,到李觏才又呈现为一个比较完整的体系。

李觏在节用、钱币问题方面的论述,虽然也都有一定篇幅,但基本上没什么超越前人的新见解,因而本书不拟作具体的考察。

李觏的经济思想体系,可以图示如下:

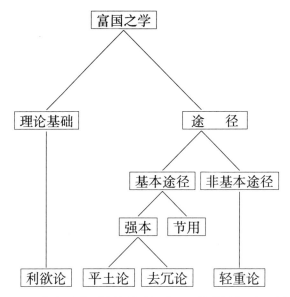

中国的经济学研究,早就是在"富国"的课题下探讨各种经济问题的。到战国末期,荀况写了名为《富国篇》的专论,在富国的课题下,集中探讨了社会生产、分配、消费与积累、分工、农业同工商业的关系以及财政和赋税等各方面的经济问题,并探讨了它们之间的联系,形成了包括强本论、节用论、明分论、理财论、欲求论等在一起的一个富国论或富国之学的体系。

在荀况以前,中国经济思想的重要代表人物或流派,许多都已有了自己的初步的思想体系,而且大多已经主要是在"富国"的课题下探讨经济问题了;不过,明确地以富国作为总题目,全面探讨各方面的经济问题,并使这些研究能够相互联系起来、组成一个大体完整的经济思想体系的,在荀况以前,还不曾有过。

荀况以后千余年,中国的经济思想仍然是在富国的课题下,或者主要是在富国的课题下,探讨各种经济问题的;许多重要的代表人物,在经济思想方面也不同程度地有着自己的思想体系;但是,明确地在富国的课题上集中论述各种经济问题,使自己的经济思想表现为一个比较完整、比较明确的富国论或富国之学体系的情况,却极少见到了。

李觏不但以"富国"为总课题探讨各种经济问题,而且写了名为《富国策》的专书;他对各方面经济问题的研究,正如上图所示,已经形成了一个以富国之学的形式出现的经济思想体系。这是继荀况的体系之后的又一个比较完整的富国之学的体系。

可以清楚地看出,李觏的经济思想是受到了荀况的重要影响的:他比较明确地在富国的总课题下探讨经济问题,以强本节用作为富国的基本途径,强调礼在组织经济生活方面的作用,并从经济生活来解释礼的起源,等等,都是同荀况相一致的。荀况写了综合研究经济问题专篇《富国篇》,李觏则写了这种体裁的专书《富国策》,这种相距千年却若合符契的做法,恐怕也不应认为是出于偶然。

封建时代社会的发展是缓慢的,但千年毕竟是一段漫长的岁月,李觏的富国之学的体系,同荀况相比,不可能不发生一些重大的变化。

李觏认为富国的基本途径在于强本节用,这表明时过千年,中国的社会基本上仍是一个自然经济为主的农耕社会。但是,在战国末期,从春秋时期开始已在进行着的土地制度变革已大体完成,因此,荀况在强本的措施方面并未提及土地制度方面的变革问题①。李觏处在土地兼并和土地集中已十分严重的宋代,在强本

---

① 荀况提到过"农分田而耕"。这里"分田"不是分配土地,而是"明分"之"分"(fēn),意味农在社会分工体系中的地位("分")是耕田。

措施方面首先强调平土。这里充分反映了李觏的强本思想同荀况的不同时代内容。

荀况的富国论已提到了工商业在富国中的作用以及农业同工商业的关系,但内容比较简单;李觏虽然也还未把这方面的问题提高到和强本节用同等的或相接近的地位,但至少已把它看作同富国有重大关系的问题。在他的富国之学的体系中,轻重论已作为一个单独组成部分,同平土论、去冗论等并列了。这是宋代商品经济和工商业有了较多发展的现实在经济思想领域中的反映。

在荀况的体系中,不存在过剩人口的问题。他相信生产的发展会使财富多到"不时焚烧,无所藏之"的极其丰足的地步,认为"为天下忧不足"完全是毫无根据的"私忧过计"(《荀子·富国篇》)。这一方面表明作为新兴地主阶级思想代表人物的荀况对前途的充分信心,另一方面也由于当时确实不存在令人们感到忧心、焦虑的人口过剩现象①。在李觏的时代,因土地兼并和土地集中而造成的日益增多的丧失土地的人口,已成了一个令朝野人士普遍感到焦虑的问题,成了社会贫困、不安的一个突出征象。这正是去冗论能成为李觏富国之学重要组成部分的时代背景。

李觏在宋代经济思想的发展中乃至在经济思想的更久远的历史发展中,都称得上是一个有承先启后作用的人物。他继承了中国古代经济思想以富国为中心,重视强本节用,把发展经济、富国富民看作治国之本,看作礼、乐、教化的基础的思想传统;他全面探讨了唐代中叶后已逐渐提出来的土地兼并问题、工商业及国家在管理工商业发展中的作用等问题,以及过剩人口问题,并把对这些

---

① 当时,只有部分地区因战争难民的麇集而出现人口过剩的现象,如韩、魏因受秦攻打而难民充塞未失陷地区的情况。

问题的研究,纳入富国之学的框架之内,形成了一个较为完整的经济思想体系。

李觏的经济思想,初步确立了宋代经济思想的特色和规模。宋代经济思想中的一些最丰富、最有特色的内容,如对土地兼并和田制问题的研究、对工商业以及国家工商业政策的研究(轻重、抑末、保富等)以及对过剩人口问题的研究等,都是在李觏手中首先确立了其特色和规模的。在宋代经济思想的最丰富、最有特色的各种内容中,只有一种即纸币思想是李觏所不曾涉及的。

李觏对整个宋代尤其是北宋时期的经济思想的重大影响,还表现于两个方面:一是他强烈的改革要求;二是他重视功利,反对空谈义利、空谈王道的思想。

李觏强烈要求改革,并把实行以富国为目的的经济改革作为改革的首要内容。这种思想对范仲淹庆历变法和王安石熙宁变法这两次改革都起了造舆论的作用。宋代的改革,到王安石变法而达到了高潮,它不但在变法时期成为朝野上下聚讼纷纭的焦点,而且在整个北宋时期始终是一个在政治领域和思想领域波澜起伏的话题。改革同反改革思想的斗争,是宋代尤其是北宋时期思想界的大事,首倡改革的思想家李觏,其影响自是不可低估的。

功利和义理哪个更高,更应重视,是宋代思想领域中持续最久的争论课题之一。宋代国势屡弱,大地主阶级维护既得利益、反对变革的势力强大,这使因循、保守、妥协的风气在思想界弥漫一时。因循、保守势力感到孟轲"仁义而已"、"何必曰利"以及尊王贱霸的思想,特别适合他们的需要,因而极力利用并更加树立孟轲的权威,宣扬义理至高无上、功利粗陋低微无足轻重的论调,以抵制改革。战国时期,孟、荀并称,秦汉以后,孟子在儒学中逐渐占了上风,但荀子的地位仍能同孟子相颉颃。唐代韩愈把孟轲推为继孔子之后道统继承人,但仍承认荀况是仅次于孟轲的大儒。到了宋代,特别在理学兴起之后,尊孟贬荀才逐渐成为儒家学者中的支配潮流。但是,宋朝的积贫积弱、妥协屈辱的局面,又一直强烈地刺激着一些有识见、有抱负的人士提倡功利,宣扬改革,向往富强,同推崇义理、贬低功利的贵义贱利论和尊王贱霸论进行批判和斗争。李觏是宋代最先这样做的人物之一。他毫不含糊地举起功利、富强的旗帜,批判在思想界长期处于正统地位的贵义贱利论和尊王贱霸论,并且勇敢地向孟轲的权威挑战,这不仅对宋代,而且对以后经济思想领域中的反传统的斗争,也是有开风气作用的。

(本文选自:赵靖主编《中国经济思想通史》
第 3 卷第 43 章,北京大学出版社 1997 年)

郑学益,北京大学经济学院副院长、教授、博士生导师。

　　李觏的经济思想是以利欲论为基础,以富国论为中心,包括平土论、去冗论、轻重论在内的思想体系。李觏是宋代首先旗鼓鲜明地反对贵义贱利论的旗手之一。在批判贵义贱利论中形成了自己的利欲论。李觏对土地问题的观点和主张前后也有变化。前期主张在分配土地方面实现均平;后期转而从生产的角度揭示土地兼并对生产力发展的束缚和阻碍。这使中国传统的土地思想上升到一个新的水平。其去冗论主要包括"冗食"的概念及去冗的意义、冗食之民的存在形式和去冗的主要途径。在轻重之势方面,主张"抑末"与"安富"相结合。表明李觏在一定程度上从商品经济的发展、工商业者的利益来考虑问题,赋予轻重之势学说以新的内容。

20世纪儒学研究大系

论司马光的理财思想

叶 坦

一个著名的历史人物——司马光,长眠地下已经整整九百年了。九百个春秋,桑田沧海,他在中国史学史上的卓越功绩,依然闪烁着不灭的光辉。在北宋政治舞台上,这面反新法的"赤帜",却为后人抑扬褒贬莫衷一是。然而,深入探究其经济思想,则是迄今仍然十分薄弱的环节。我不揣浅陋,愿以此文再作引玉之砖。

历史常常与统治者主观意愿相悖,赵宋王朝享国百年即已露出长治久安理想破灭的端倪。宋仁宗时期弊端丛生、内忧外患、积贫积弱、统治动荡。拯救危机的改革已成必然趋势。"方庆历、嘉祐,世之名士常患法之不变也。"(《龙川先生文集》卷一一《铨选资格》)理财成为众目所瞩的燃眉之急。群臣献策,见仁见智,宋祁之"去三冗三费";王安石之"上皇帝万言书";司马光则有"论财利疏",阐述理财主张基本有三:

一、"养其本原而徐取之"

司马光指出:"善治财者,养其所自来而收其所有余,故用之不竭而上下交足也,不善治财者反此。"(《温国文正司马公文集》卷二三《论财利疏》。以下凡引此书,只注卷数、篇名;凡引此疏,不再注明)这就是他理财思想的核心。一个"养"字,一个"取"字,高度概括了他对财富生产与国家税收关系的认识。

司马光所要"养"的,就是他认为"财之所自来"的农、工、商贾。他讲得很明白:"农尽力","工尽巧","商贾流通",以达到"田善收而谷有余","器斯坚而用有余","有无交而货有余",这些行业被视为生产财富的"本原"。

农业是封建经济的基础,养"农"成为首要问题。司马光认真分析了农民弃业的原因:

一是农民生活太苦。在著名的《道傍田家》诗中,充满了他对一家老年农户的恻隐之情:"道傍田家,翁妪俱垂白,败屋萧条无壮息。翁携镰索妪携箕,自向薄田收黎稷。"(卷二《道傍田家》)他给予那些"方春播种时,种食皆外求","晨薅戴星起,日暗未能休"(卷二《又和夜雨宿村舍》)的农民深切的同情,指出"四民之中,惟农最苦","所食者糠粃而不足,所衣者绨褐而不完"。因此,形成了"农者不过二三,而浮食者常七八矣"的情况。农业生产无保障,"欲仓廪之实,其可得乎?"这使司马光为之深深忧虑。

二是公私剥削太重。宋朝人讲:"本朝二税之数,视唐增至七倍。"(《宋史》卷一七三食货上)宋太宗也说:"国家岁入财赋,两倍于唐室。"(《续资治通鉴长编》卷三七至道元年五月丁卯。以下简称《长编》)宋代剥削重于以前是无疑的。而且手法更为多样化,"于正税之外,更以巧法,取之至尽"。司马光斥责道:"聚敛之臣于租税之外,巧取百端,以邀功赏。"(卷四四《奏为乞不将米折青苗钱状》)尤其是宋真宗以后,"三冗"严重,他认为"皆所以竭民财者也"。他还对大量扩军表示了极大不满,指出"被选之人往往咨嗟悲怨,父子相泣"(卷一八《拣兵》)。陕西刺义勇一事,司马光连上六章,条陈不可。在差役问题上,他也首倡改革,开熙宁役法之先河。上述诸事都是造成农民弃业的缘由。

三是水旱灾荒频仍。两宋的灾荒也是相当惊人的,有人统计各种灾害"总计八百七十四次,其中最多的是水灾,达一百九十三次;其次是旱灾,达一百八十三次"(邓云特:《中国救荒史》第15页)。这也是造成农民离土的原因。司马光启奏英宗"京畿东南十有余州,庐舍沉于深渊,浮苴栖于木末,老弱流离,捐瘠道路,妻儿之价贱于犬豕。许、颍之间,亲戚相食,积尸成丘……"(卷一二《上皇帝疏》)悲惨之状,令人发指!

为了使农民安于本业,发展农业生产,培养政府的税源,司马光提出与上述原因相应的解决办法:

(一)"劝农莫如重谷,积谷莫如平籴"

重农积谷的儒家传统为司马光继承发展,成为他发展生产解救灾荒的重要措施。他主张平时就应注意积蓄以防范于未然。主要办法是恢复和发展常平仓法,运用市场价格规律,由政府进行经营,达到调节物价,"谷贱不伤农,谷贵不伤民,民赖其食,而官收其利"(卷四一《乞罢条例司常平使疏》)。当时的常平仓法,由于缺少籴本,官吏怠惰,机构重叠等等弊病,已失去了作用。司马光认为"此乃法因人坏,非法之不善也",主张复常平仓法,反对王安石行青苗法。具体作法是:1.乘丰熟广行收籴。2.地方潮湿难以贮存之处,市价超过原籴入价则出粜,不使积压损坏。3.各州县令行人把十年以来市价统计为三等,谷价贱于下等则官府以高于市价籴入,贵于上等则以低于市价出粜,中等时不籴不粜。4.籴粜事务不需申报上级,"免有稽滞失时之患",给地方官员一定自主权。5.委提点刑狱按察州县实施情况,考核官员治绩,作为黜陟赏罚的依据。司马光认为救荒最好的办法是:"莫若察其乏食之初,早加赈济,使各安土,不致流移。官费既省,民不失业,此上策也。"(卷六三《三省咨目》)应当认为这是积极的主张。那么,一旦灾荒严重,民已流移怎么办? 司马光提出几条办法:1. "开仓赈贷,以救其死"(卷三一《除盗札子》)。2. 救济自下户而上户,"不愿请领者亦听",而且"一斗只纳一斗,更无利息"(卷五二《赈济札子》)。3. 本处不足"即委三司于它处擘画、挪移、应副",使"丰歉相补"。4. "告谕蓄积之家,许令出利借贷与人,候丰熟之日,官中特为理索,不令逋欠"(卷三一《蓄积札子》)。同时还建议给地方官一定权力,"若别有良法,简易便民"的也可从便(卷五二《赈济札子》)。

(二)"积谷多者,不借以为家资之数"

司马光主张"藏富于民","上下交足",针对当时"民不敢力田积谷,求致厚产"的现状,提出:"令民能力田积谷者,皆不以家资之数。"(卷三一《蓄积札子》)宋代划分五等户的标准主要是根据资产多少,谷物计算家资,成为划分户等的依据。当时的赋役制度是按户等差役、和买等等,而且作为土地税的两税,实行"支移"、"折变"等征收办法时,也往往据户等而有差别。因此出现"今欲多种一桑,多置一牛,蓄二年之粮,藏十匹之帛,邻里已目为富室,指扶以为衙前,况敢益田畴,葺庐舍乎"的状况,严重阻碍了农业再生产,司马光要求"务令百姓敢营生计,则家给人足"(卷三八《衙前札子》)。

(三)"凡农民租税之外,宜无有所预"

司马光认为:"其所以养民者,不过轻租税,薄赋敛,已逋负也。"(卷六〇《与王介甫书》)他主张轻徭薄赋,反对巧立名目的各种盘剥。治平时陕西刺义勇,他提出是于常时色役之外,添此一种科徭。对"支移"方法也进行了批评。"臣窃见陕西百姓自城绥州以来,供应诸般科配,及支移税赋往近边州军,……加之今年亢旱,五稼不熟,人户流移者,已闻不少……"(卷四二《乞免永兴军路青苗助役钱札子》)要求政府制止。对差役法中倾家荡产的衙前役,他明确提出:"臣愚以为,凡农民租税之外,宜无有所预。衙前当募人为之,以优重相外,……其余轻役,则以农民为之。"这就是《论财利疏》中提出的改革役法主张。

以上,用了大量篇幅分析了司马光"养农"的主张。下面再来看一下对工商业的态度:

司马光"重本",但并不主张"抑末"。他提出"工尽巧则器斯坚而用有余","工"亦被视为不可缺少的生产部门。如何使"工尽巧"呢?就是要使"坚好便用者获利,浮伪侈靡者不售"。很明显,这里讲的"器",是指作为商品出售的手工业产品。坚好便用的产品主要指质量好的日用品,浮伪侈靡的产品是就奢侈品而言。发展日用品生产,并使之获利,是司马光对手工业生产的基本观点。宋王朝崇尚浮华,"宗戚贵臣之家,第宅园囿,服食器用,往往穷天下之珍怪,极一时之鲜明……以豪华相尚,以俭陋相訾"。而"百工"是"以时俗为心者也",对奢侈品的特殊需求,使生产这类产品自然获利。司马光对此提出尖锐批评,要求"凡文思院后苑所作为奇巧珍玩之物,不急而无用者,一皆罢者",以求"贵用物而贱浮伪",抑制奢侈品生产。他还要求提高产品质量,"取其用,不取其数,则器用无精矣"。这种考虑产品使用价值,还没有达到认识商品价值程度的观点,在当时是极正常的。

司马光具体提出了提高产品质量,加强生产管理的意见。"其百工在官者,亦当择人而监之。以功致为上,华靡为下,物勒工名,谨考其良窳而诛赏之。"这是指官营手工业而言。对民间手工匠人,他主张保证其生产时间,反对频繁征用工匠。就大修宫殿一事,他指责"役人极众、费财不少","诸州买木一事,扰民甚多",

要求循开国节俭之制,不应修宫殿而应修仓库(卷三三《论修造札子》)。

对商业,司马光也持积极肯定的态度。把商业也看成生产财富的部门,提出"商贾流通则有无交而货有余"。用马克思主义经济学原理分析,单纯的流通过程是不创造物质财富的,但具体到司马光那个时代,则不应过于非议。他剖析了"商贾者,志于利而已矣",朝廷却"弃信而夺之,彼无利则弃业而从他,县官安能止之哉?"政府专利太过,商人无利可图,就会弃业,结果"是以茶盐弃捐,征税耗损,凡以此也。然则县官之利何得哉?"商人弃业,税收耗损,司马光是极不赞成的。如何使商贾流通呢?他认为:"公家之利,舍其细而取其大,散诸近而收诸远,则商贾流通矣。"也就是说,政府不应全部垄断商业利润,应以适当比例在政府与商人间分配,国家取大部,多少也给商人可图之利,以保证商业正常的发展。司马光也并非主张放任政策,只要求不要统得太死。又如对一些物资的禁榷,他也主张松弛一些。淮南、两浙路水灾,民乏食贩私盐,至与官军抗拒,他说"盖由所司榷之大急",对官逼民反给予同情。还斥责贪吏:"今赤子冻馁、滨于沟壑,奈何与之争锱铢之利,岂为民父母之意哉?"要求朝廷"稍弛盐禁","弃聚敛之小得,保安全之大福"(卷二〇《荒政札子》)。可见司马光的出发点是为封建国家的长治久安。诚然,司马光还不能摆脱传统的观念,依然称商贾为"末作之人"、"奇邪之业",但性质上已不同于"抑末"的观点,应当认为司马光是主张农、工、商并重的。并不像一些同志所说的那样轻视工商、轻视商品交换。

基于上述观点,司马光对王安石诸新法持反对态度,认为青苗、免役等法扩大剥削,使得民不聊生;认为均输、市易等法"强市权取",与民争利(卷四九《革弊札子》)。他要求"除市易,绝称贷,以惠工商"(卷五七《遗表》)。这个问题笔者另以专文讨论。

"农、工、商贾皆乐其业而安其富,则公家何求而不获乎?""彼有余而我取之,虽多不病也。"这就是司马光对"养"与"取"关系的认识。富民是基础,生产发展了,税收才有保障。这也是他"养民"的实质所在。

再来看一下"取"的问题。司马光主张培养税源,以生财为理财的基础,反对竭泽而渔的作法。他说:"厌其源、开其渎,其竭可立待也。"他生动地比喻:"夫伐薪者,刈其条枝,养其本根,则薪不绝矣。若并根本而伐之,其得薪岂不多哉?后无继矣。"基于此理,司马光强调"养之有道,用之有节"。

在财政上司马光坚持"量入为出"的原则,主张由宰相任总计使,恢复"冢宰制国用,视年之丰耗,量入以为出"的制度。他认为根据财政收入来制定财政支出,便于"详度利害,变通法度,分画移用,取彼有余,济彼不足"(卷五一《论钱谷宜归一札子》)。有利于财政统一管理。在制定支出计划时,要"多余三分之一,以为储蓄、备御不虞"。在自然经济条件下,收入很难预先估定,因此"量入为出"较为符合实际,在封建史上为历代广泛采用。在具体的一些问题,如扩军、添马、赏赐、燕饮、祭祀、用兵等等方面,司马光都一再告诫最高统治者要考虑经济实力,不可一味"开源"扩大盘剥,不顾人民死活。他一针见血地指出:"若国用不足,必重敛于民。民已穷困,何以供命?"(卷二五《遗留物札子》)他担心逼得人民造反。

司马光还精于理财术,他说:"善治财者不然,将取之必予之,将敛之必散之。故日计不足,而岁计有余。此乃白圭、猗顿之所知,岂国家选贤择能以治财,其用智顾不如白圭、猗顿邪?"把商人赢利之法用于理财,这的确比"与细民争利"的办法高明得多。他强调"养"与"取"结合,并要求"徐取",反对急功近利的作法,这在他反对新法的许多言论中都有反映。除了"徐取"外,他还坚持取"有余"。他说:"凡农所有不过谷帛与力,自古赋役无出此三者。"(卷五七《遗表》)反对征收货币,认为这样会造成农民"伐桑鬻薪、杀牛卖肉"。这在当时也是较为普遍的观点。如苏辙就讲钱重物轻,有钱荒之患。司马光认为货币非农民所有,"取其所无有"造成农民半价粜谷,如同"割鼻饲口"。不难看出,这一点司马光谈不上多少新见。

二、"减损浮冗而省用之"

这是司马光解决财政危机的重要措施,建立在"多求不如省费的思想基础之上"。

司马光认为国用不足有五大原因——"用度太奢,赏赐不节,宗室繁多,官职冗滥,军旅不精"(卷三九《辞免裁减国用札子》)。宋仁宗"竭天下之力以自奉","宫中燕饮,微为过差,赏赉之费动以万计"(《长编》卷一九四嘉祐六年七月乙亥);皇室贵臣"以豪华相尚,以俭陋相訾";加上当时"三冗"严重,入不敷出,使司马光忧心忡忡,他在诗中抒发了这种心情,"吏不容三冗,民皆戴二天"(卷九《关正肃公挽歌辞》)。他告诫统治者:"夫宴安怠惰,肇荒淫之基,奇巧珍玩,发奢泰之端。"(卷一九《重微》)并犯颜进谏宋仁宗:"夫府库者,聚天下之财以为民也,非以奉一人之私也!"表现了封建士大夫强烈的社会责任感。

此外,司马光还认为国用不足与统治者崇尚释老,广置佛寺道观有很大关系。对修感慈塔,他极言不可,对不顾农民流离道路而"更修此塔,以费国财"的举动无比愤怒,指出"虽有千塔将安用之?"(卷二九《感慈塔札子》)"方今元元贫困,衣食不赡,仁君在上,岂可复倡释老之教,以害财其用乎?"(《长编》卷一九七嘉祐七年九月辛亥)他还有《寿星观札子》、《论修造札子》等奏章,反对大修宫观、耗费财力,提出"公家既竭,不取诸民,将焉取之"的灼见。

针对种种弊端,司马光提出"减节用度,则租税自轻,徭役自少,逋负自宽,科率自止"(卷四三《谏西征疏》)的主张。减节用度主要有以下具体措施:

(一)"节用之道,必然近始"

司马光认为奢侈之风首先自皇室起,"时俗者,以在上之人为心者也。在上好朴素,而恶淫侈,则时俗变而从之矣"。要求从宋仁宗做起,"伏望陛下比之每岁,特减游观之处,以悯恤下民"(卷二一《论上元游幸札子》)。杜绝皇亲贵臣"依凭诏令,以发府库之财;假托供奉以靡县官之物",提出救灾节用,宜自贵近始,皇室不首先节俭,省费只能是一句空话。

(二)减损"三冗",以革时弊

对冗兵,司马光力主务精不务多。他不赞成对外用兵,总结历代征战与和平对生产的不同影响,肯定"澶渊之盟"使农桑丰茂,户口滋息,得出"由是观之,征伐之兴,怀柔利害易见矣"。对荒年招兵和刺民为义勇都反对。

对冗官,司马光认为磨勘法、恩荫制、特恩法等等,造成官职冗滥、吏治腐败、蠹弊百出的状况;要求开导皇上,以惩革这一弊端。提出"减省准色奏荫之数",对进贺表授官之事,建议"其五服外亲及不系亲属者,并量赐金帛罢去,庶几少救滥官之失"(卷二六《论进贺表恩泽札子》)。

对冗费,司马光要求从皇帝开始节俭,"伏望上自乘舆服御之物,下至亲王公主婚嫁之具,悉加裁损,务从俭薄。……出六宫冗食之人,使之从便。罢后苑文思院所造淫巧服玩,止诸处不急之役。然后命有司考求在外凡百浮费之事,皆一切除去"(卷三四《节用札子》)。司马光的省费不是空谈。他力倡节俭,认为"出"少了,国家储蓄就相应增加了,赋税收入也可相对减轻,这是他对消费与生产辩证关系的直观认识。

(三)以身作则,廉洁奉公

他要求节用自贵近始,并非只要求他人,身为朝廷大臣,司马光是以身作则的。

宋仁宗死后大赐遗留物,司马光连上两章要求辞赐,最后还是把所得充了谏院公使钱。在出任英宗山陵仪仗使时,朝廷赐其箔金五十两并银合三十两,他坚决不受,进一步解释道:"况府库之物乃天下万民之物也,自非有功于民者,皆不宜得之。"(卷三七《辞赐金第二札子》)用自己的行动,以求制止朝廷滥赏之风。司马光在士风日坏、腐朽昏聩的社会环境中,能出污泥而不染,这是难能可贵的。那种认为司马光是"腐儒"、"尚清谈"之类的说法,不是公正之论!

司马光一生廉洁,"食不敢常有肉,衣不敢纯衣帛"(卷五九《答刘蒙书》);教导其子司马康"衣取蔽寒,食取充腹"(卷六九《训俭录汇》);身为朝廷重臣,丧其夫人,质田以葬。他死后,"床簀萧然,惟枕间有役书一卷",宋人为之作挽词云:"漏残余一榻,曾不为黄金。"(《宋人轶事汇编》卷一一)在封建官僚中实属难得,这也是他深孚众望的原因之一。他死后朝野中外震悼同哀,感人涕下,史不绝书。

三、"随材用人而久任之"

这是司马光关于财政管理的思想,在中国古代经济思想史上可谓凤毛麟角。以往的理财,一般只就如何增加财富,增加收入等等进行考虑,很少涉及财政管理机构、管理人员等等。有同志专文指出北宋的"积贫"主要问题出在财政管理混乱上,这是很有见地的。

司马光已明确认识到国用困乏与财政管理不善息息相关。指出国家乏财"非独天灾,亦由吏治颠错之所致"(卷三一《蓄积札子》)。他的财政管理思想,包括要求最高统治者关心食货大事、财政管理权的集中统一、官员的任选、考课等等,主要有三个方面:

(一)宰相制国用

"食者,生民之大本,为政之首务。"(卷五七《劝农札子》)司马光多次提请皇帝"于天下钱谷常留圣心",这在封建时代"不言利"的樊笼下是不易之事。

他提出:"臣愿陛下复置总计使之官,使宰相领之。凡天下之金帛钱谷,隶于三司及不隶于三司,如内藏、奉宸库之类,总计使皆统之。"改变当时财政管理系统混乱、号令不一的局面。他从历史上旁征博引,说明"是则钱谷自古至今,皆宰相之职也"。同时要求改变专权太过的作法,"小事则官长专达,大事则谋于总计使而后行之"。元丰改制后,三司事务归于户部,但户部又分左右曹,不得总天下财赋。司马光提出"利权归一"的主张,由尚书兼领左右曹,侍郎则分职而治,为朝廷采纳。

(二)"宽恤民力,在于择人,不在立法"

机构设置,法令制定固然重要,但司马光认为"得人"更重要。

"若守令得人,则民力虽欲毋宽其可得乎? 守令非其人,而徒立苛法,适所以扰民耳",强调理财官员的实际作用,"所以能使民不流移者,全在本县令佐得人"(卷五二《赈济札子》)。常平仓法问题,司马光就认为,"所以隳废者,由官吏不得人,非法之失也"(卷四一《乞罢条例司常平使疏》)。国用不足,就在于"朝廷不择专晓钱谷之人为之故也"。因此,对理财官员的任选、考课成为重要问题。

(三)"随材用人而久任之"

司马光说:"夫人之材性,各有所宜,而官之职业,各有所守。""虽周、孔之材不能遍为人之所为,况其下乎? 固当就其所长用之。"他主张由皇帝亲选"晓知钱谷,忧公忘私之人,以为三司使、副、判官、诸路转运使",根据治绩黜陟(卷四○《体要疏》),地方官员则逐级推荐。精通业务又不残民害物,是司马光选择理财官员的标准。

为了保证理财官员的质量,司马光还建议朝中官员"有孰知天下钱谷,能得仓库充实,又不残民害物者,并许上书自言"(卷三三《钱粮札子》),即广开才路。最重要的是,他还从入仕的根本入手,要求改变以文辞之士掌财政的状况,创之"十科举士法",专在第九条中列"善治财赋,公私俱便科",把"善治财赋"公然列为一科,在封建时代的确是了不起的创举。

司马光还反对循资序、重门第的观念,斥之为"魏晋之深弊",他建议朝廷选拔理财官员重在懂业务、看实效,"度材而授官,量能而施职"(卷一八《御臣》)。并且规定由总计使负责考课各级官员,"考其功状以奏而诛赏之",对因循苟且的腐败之风,实行切实的改革,以适应国家财政管理的需要。

在择才任官的基础上,司马光还强调"久任","凡百官莫不欲久于其任,而食货为甚。何则?二十七年耕,然后有九年之食。今居官者不满三岁,安得有二十七年之效乎?"对磨勘法提出意见。他列举陈恕等人的理财功绩,进一步分析道:"岂恕之材智独异于人哉?盖得久从事于其职故也。"陈恕的确得到广泛的称道(《国老谈苑》卷二;《东轩笔录》卷一二)。司马光的分析很精辟,财政管理好坏,不是人的天性决定的,而是长期实践经验的总结。"夫官久于其业而后明,功久于其事而后成",斥责当时官员升迁,出入"有如邮会","以薄书为烦而不省,以钱谷为鄙事而不问"的弊政,他的主张得以采纳。

司马光"养其本原而徐取之"的思想,是联系了生产与分配来考虑的。我国古代儒家学派的"民本"思想,是传统的经济思想的重要内涵。《论语·颜渊》中就明确提出"百姓足,君孰与不足?"所以"养民"不是新东西。"取"的方面,轻徭薄赋、与民休息的观点也不罕见。但联系"养"与"取",提倡"公私皆济、上下交足"比起片面要求增加收入,不顾人民死活,总是值得肯定的。客观地看,这种"养民"政策有双重作用。进步性表现在鼓励农民"敢营生计",促进了生产发展,对手工业和商业的繁荣起到积极作用。消极性则客观上纵容了"积蓄之家",在"富民"的幌子下,广积家资,放贷生息,加速了兼并过程。应当认为进步性是主要的。

减节用度,也不是新创举。但是,把司马光这一主张置于当时特定的历史条件之中,则是可取的,也是有效的措施。从解决"三冗"危机看,从司马光经济思想整体看,以及从客观意义和影响看,都是应当肯定的。一般认为,王安石重"开源",司马光主"节流",但司马光并不是不主张"开源"的,只是不主张王安石变法那样扩大税源的办法。他关于"养"与"取"关系的认识足以为证。

在财政管理方面的新见,是司马光理财思想的精华。比较全面,比较系统,重在管理,从管理权、机构、官员诸方面入手,力图作为一种定制,对封建国家财政事务起到制度化的作用。这是应当大加肯定的。对今天的经济改革,不失以史为鉴的作用。

通过上述考察,我认为司马光的理财思想虽有局限性,但其中进步的、积极的因素是应当肯定的。他在当时那种"走卒知司马,儿童诵君实"的盛名,与他思想中的合理性分不开,与他主张中适应客观历史环境的作用分不开。无论从继承,还是从发展角度,北宋时代的司马光经济思想并不比同时代人落后,决不像以往人们强加给他的"守旧派"、"顽固派"等等罪名那样,应当还其历史本来面目,在中国古代经济思想史中,予以其应有地位。

(本文选自:《北京师范大学学报》1986 年第 5 期)

叶坦,女,山东蓬莱人。分别于 1982 年、1985 年、1988 年获历史学学士、文学硕士、经济学博士学位。现为中国社会科学院经济研究所研究员、博士生导师。中国经济思想史学会副会长。主要著作:《富国富民论——立足于宋代的考察》、《传统经济观大争论——司马光与王安石之比较》等。

司马光的理财思想的核心是"养其本原而徐取之"。一个"养"字,一个"取"字,高度概括了司马光对财富生产与国家税收关系的认识。司马光"养农"的主张主要是重农积谷、藏富于民和轻徭薄赋。司马光重本但不"抑末",对商业持积极肯定的态度。关于"取",司马光主张培养税源,以生财为理财的基础。司马光解决财政危机的重要措施是"减损浮冗而省用之"。他的财政管理思想则是"随材用人而久任之"。其财政管理方面的新见,是司马光理财思想的精华。

论王安石的经济思想

孙 树 霖

一、中国 11 世纪的改革家

王安石（1021—1086），字介甫，江西临川人，生前曾封荆国公，故又称王荆公。王安石从小随父亲游宦各地，到过很多地方。他很好学，读书不限于诗、书、经、传，他说："自百家诸子之书，至于《难经》、《素问》、《本草》诸小说无所不读，农夫女工无所不问。"（《临川先生文集》卷七三）因此，他具有广博的知识。

王安石具有朴素的唯物主义和辩证法哲学思想。他说："道者天也，万物之所以生，故为天下母。"（《道德真经集义》卷一二）道是"天"，天是自然，王安石唯物主义的天道自然观，使他在实际社会政治问题上，形成一种积极进取的态度。王安石还认为世界万物皆处在不断变化之中，"阴阳代谢，四时往来，日月盈虚，与时偕行，故不召而自来"（《道德真经集义》卷一七）。"有阴有阳，新故相除者，天也；有处有辨，新故相除者，人也。"（《杨龟山先生集字说辨》引《字说》）"新故相除"的观点是王安石变更天下弊法的哲学思想基础。

宋仁宗庆历二年（1042），王安石考中进士，授签书淮南判官。后历任知县、判官、知州等官，在各地宦游了十六七年，根据他多年对现实社会政治、经济问题的观察与思考，他曾向宋仁宗上书要求改革,从此他以变法的倡导者知名。嘉祐八年(1063),宋仁宗病死,英宗赵曙继位。治平四年(1067),英宗病死,宋神宗赵顼继位。

宋神宗赵顼继位时,正好二十岁,是个富有朝气,极思有所作为的皇帝,他对"积贫积弱"的局面不满,励志奋发图强,革新政治。即位后起用司马光整理财政,司马光干不好就不干了,宰相富弼也劝宋神宗莫谈兵事。他想收复燕云失地,也遭到祖母曹皇后的阻拦。在满朝畏事保守的气氛下,他起用了锐意改革的王安石。

熙宁二年(1069),宋神宗毅然擢升王安石为参知政事(副宰相),次年擢升同中书门下平章事(宰相)。在任相期间,王安石辅佐宋神宗厉行变法,掀起了前后达十六年之久的熙丰变法运动(亦称王安石变法)。

王安石主持的熙丰变法,是一场涉及面广、规模较大的改革运动。它涉及到当时社会各阶级、阶层利益的调整和冲突,因而遭到了以司马光为代表的保守势力的激烈反对,在当时的政治舞台上激起了极大的波澜。在新法制定和推行过程中,王安石以无私无畏的精神承受了反对派的诘难、宋神宗的质疑和诸色人等流言蜚语的攻击,但他始终以"天变不足畏,祖宗不足法,流言不足恤"的精神,坚持其变法主张。在与宫廷内外保守势力的斗争中,王安石被迫于熙宁七年(1074)四月辞去宰相职务,次年复相位,年余后于熙宁九年(1076)再度罢相,熙宁十年(1077)辞官,退居江宁。但新法在宋神宗主持下继续推行。元丰八年(1085)三月,宋神宗去世,年幼的哲宗继位,太皇太后高氏临朝摄政,她一向反对新法,立即起用司马光为相,新法也就在短时间内一一罢除。熙丰变法失败了,王安石也以悲愤的心情,于元祐元年(1086)四月逝于江宁,时年六十六岁。

王安石变法失败了,对于这次变法的评论,从宋代到近代一直存在着意见分歧,是非曲直,见仁见智,但王安石变革图新的精神是不可磨灭的。因此,列宁称他为"中国 11 世纪的改革家"(《列宁全集》第 10 卷第 152 页注)。

王安石主持推行的熙丰变法,包括政治、经济、军事、教育等各个方面,而其核心内容则是理财方面的财政经济领域的改革,主要有均输法、青苗法、农田水利法、募役法、市易法、方田均税法诸项,对新法的解释、论证和辩难构成王安石经济思想的主要内容。

二、"以义理财"的理财思想

王安石变法是要扭转北宋王朝内外交困、危机四伏的"积贫积弱"局面,达到富国强兵的目的。因此,理财是变法的核心问题。王安石经济思想的主要内容也就是关于理财的意义和生财、理财方针、方法的论述。

贵义贱利是儒家传统思想教条,从孔子的"君子喻于义,小人喻于利"到孟子的"仁义而已,何必曰利",再到《礼记·大学》提出"德本财末"的观点,都强调义而耻于言利。在贵义贱利论成为正统思想以后,封建统治阶级恪守儒家正统思想的"正人君子"们,都把历史上以理财而卓有成绩的人物,骂作是"聚敛之臣",于是理财成了聚敛的同义语。变法反对派司马光也是这样,他用传统的贵义贱利论来指责王安石实行新法是"大讲财利之事",违背了孔孟之道。谏臣范纯仁也上书神宗,弹劾王安石"舍尧舜知人安民之道,讲五霸富国强兵之术。尚法令则称商鞅,言财利则背孟轲"(《范忠宣奏议》卷上《论刘琦等不当责降》)。王安石对他们的攻击不屑一顾,公开宣称:"政事所以理财,理财乃所谓义也。

一部《周礼》,理财居其半,周公岂为利哉?"(《临川先生文集》卷
七三)

"政事所以理财",把理财看作是政治的唯一内容,从一般意
义来讲,这当然是不够恰当的。但王安石的理财,不仅是对赋税的
征收和军政费用的支出,而是包括组织社会财富的生产,调节商品
流通以及财富的分配等诸多内容。王安石正是从这几个方面来强
调理财在政治中的首要作用的。在当时历史条件下,理财也确是
关系到北宋王朝治乱安危的根本问题。

北宋王朝实行"虚外守内"的祖宗家法,为了防范士兵和人民
联合起来造反,遇上荒年,便招募饥民当兵。募兵成了养民,使坐
吃军粮的人越来越多。宋初,养兵仅20万人,到仁宗庆历年间,增
至125万人,军费占财政收入的六分之五,加上辽和西夏逼迫北宋
政府交付的岁纳以及庞大的官僚机构的开支,使财政入不敷出,到
英宗治平二年,财政赤字已达1570余万缗。天下之势已是岁危于
一岁,在这样的形势下,王安石把国家政治归结为理财,是完全可
以理解的。

"理财乃所谓义也",就是说"义"和"利"是可以一致的。理
财可以是合乎正义的行为,不能认为理财总是违背"义"。所以王
安石又说:"利者义之和,义固所为利也。"(《续资治通鉴长编》卷
二一九,以下简称《长编》)财利是立国的根基,国家各种政治设施
和活动都离不开财政实力作为支柱,只要不是竭泽而渔就是"以
义理财"。所以王安石针对司马光反对理财的言论,理直气壮地
回答说:"举先王之政以兴利除弊,不为生事;为天下理财,不为征
利。"(《临川先生文集》卷七三)

熙宁二年二月,制置三司条例司在建议实行均输法时,把王安
石"以义理财"的观点和原则,阐述得更加明确:"盖聚天下之人,

不可以无财,理天下之财,不可以无义。夫以义理天下之财,则转输之劳逸不可以不均,用度之多寡不可以不通,货贿之有无不可以不制,而轻重敛散之权不可以无术。"(《临川先生文集》卷七〇)实行均输法,就是稍收富商大贾运销敛散之权以归之公上,从而达到"省劳费,去重敛,宽农民"、"国用可足,民财不匮"的目的。以后在新法推行过程中,王安石又明确对宋神宗说:"至于为国之体,摧兼并,收其赢余以兴功利,以救艰厄,乃先王政事,不名为好利也。"(《长编》卷二四〇)因此,王安石坚定地认为:"取天下之财以供天下之费。"也就是说取之"天下"而又用之"天下",取之能得其道,用之而又做到"均节财用",就所以为义了。

值得着重指出的是王安石"以义理财"的基点是生财,也就是理财之道的重点是发展生产。这一点王安石是有明确的认识的。早在王安石做州县官吏时,就曾在《与马运判书》中写道:"尝以为方今之所以穷空,不独费出之无节,又失所以生财之道故也。富其家者资之国,富其国者资之天下,欲富天下则资之天地。……今阖门而与其子市,而门之外莫入焉,虽尽得子之财,犹不富也。盖近世之言利虽善矣,皆有国者资天下之术耳,直相市于门之内而已。此其所以困欤!"(《临川先生文集》卷七五)王安石的这些话含义丰富而明确。它首先指出北宋王朝"穷空"的原因,不仅在财政支出没有节制,更主要的原因是失生财之道,生产太少。其次指出解决"穷空"问题的办法应当是开源,是"欲富天下则资之天地",开发自然界的资源,向自然界索取。第三指出近世之言利者,采用的是"有国者资之天下之术",这样的方针好比是关起门来和儿子做生意,"虽尽得子之财,犹不富也"。王安石已经认识到,聚国之财富于一家或聚天下之财富于一国,都只是财富的再分配,并不能增加社会财富的总量,理财只能是聚敛。这种"富其国者资之天下"

的方针,只能导致财政"穷空"的困境。

梁启超在读到上述一段话时,曾极其感慨地写道:"呜呼!此其言,何其与今世经济学财政学原理相吻合之甚耶!荆公理财之政策,具于是矣。而后世乃以聚敛之臣目之,抑何其与公之精神,适相反耶?"(梁启超:《王安石传》,第54页)梁启超所说的今世经济学财政学原理,即经济与财政之关系的原理,也就是经济是财政的基础和本原,增加国家财政收入的根本途径是发展生产,开辟财源,将财政建立在社会财富生产的基础之上。

嘉祐四年,王安石在给宋仁宗的"言事书"中又重申了这一观点,他说:"因天下之力以生天下之财,取天下之财以供天下之费,自古治世,未尝以不足为天下之公患也。患在治财无其道耳。……人致己力,以生天下之财,然而公私常以困穷为患者,殆以理财未得其道。"(《临川先生文集》卷三九)理财有道,就是在生财上用功夫,在生财的基础上理财,所以他又说:"政立则所以富之,富之,然后赋贡可足。"(《周官新义》卷一《天官一》)生产发展了,社会财富增加了,同样的税率就可以取得较多的税额,这就是王安石所期望的善理财者的"民不加赋而国用饶"。

既然理财的根本途径是"欲富天下则资之天地","因天下之力以生天下之财",依靠天下的劳动者"人致己力"地去开发自然资源,在当时的历史条件下,指的就是发展农业生产。农业是封建社会最主要的生产部门。熙宁三年七月,王安石和宋神宗一次对话中就说:"国之大政在兵、农。"上曰:"先措置得兵,乃及农。缘治农事须财,兵不省,财无由足。"安石曰:"农亦不可以在兵事之后。前代兴王知不废农事,乃能并天下。兴农事自不费国财,但因民所利而利之,财亦因民财力而用也。"(《长编》卷二一三)由此可见,王安石是把扶植农业生产作为其理财的基本环节的。

发展农业生产离不开农业生产条件的改善和农业劳动者积极性的提高,务使农民与土地结合起来。王安石所制定和推行的新法,固然有财政方面的考虑,但其本意还是从上述几个方面着想的。他的农田水利法,就完全是为发展农业生产,增加社会财富而制定的一项改善农业生产条件的新法。此法还奖励各地开垦荒田,扩大耕地面积。新垦荒田规定五年内不入版籍。在各地州县的努力下,此法收到的效果极为显著。

在提高农业劳动者积极性方面,王安石非常强调"政须厚农"(《长编》卷二三二),他主张"闵仁百姓而无夺其时,无侵其财,无耗其力,使其无憾于衣食,而有以养生丧死","去重敛、宽农民"。他的青苗法就是为了使农民在青黄不接之时"足以待凶荒之患",能够"于田作之时,不患缺食",同时还能够"田事自加修益"(《宋会要辑稿》食货四之十六),有力量兴修水利,避免高利贷者的"豪夺",使他们"赴时趋事"不违农时,安心从事生产劳动。募役法是王安石从酝酿到推行都经过细密研究的一项新法。它也是王安石"理财以农事为急",而农事又以"去其疾苦,抑兼并,便趣农为急"(《长编》卷二二〇)的思想指导下制定和推行的。他的本意是"举天下役人人用募",以役钱代替身役而"释天下之农归于畎亩",使"农时不夺而民力均"(《临川先生文集》卷四一),从而让众多的农民从脱离生产劳动的差役中解放出来,在缴纳役钱之后罢役归农,与土地紧密结合起来,安心耕作,从而促进农业生产的发展。同时过去享受免役特权者,也缴纳助役钱,这也起到了均役的作用,对发展农业生产也是有利的。方田均税法规定各县田赋总额不变,在这个前提下,通过清丈土地使过去隐匿大批地产的大地主负担一部分田赋,相应地减轻了自耕农的赋税负担,对发展农业生产也是有利的。

　　总之，王安石推行新法的本意，是期望通过"富其国家资之天地"、"因天下之力以生天下之财"，即发展生产，增加社会财富来达到"民不加赋而国用足"的目的，所以梁启超说："公之事业，诚强半在理财。然其理财也，其目的非徒在国帑之岁入而已，实欲苏国民之困而增其富，乃就其富取赢焉，以为国家经费。故发达国民经济，实其第一目的，而整理财政，乃其第二目的也。"（梁启超：《王安石传》，第 71 页）应当说，梁启超的这一评议是较为公允的。

　　王安石"以义理财"的理财思想，还体现在他对财政支出的看法上。王安石认为，财政支出如果是用在募人兴修水利，赈救食力之农，即扶助生产和救济灾困方面，直接间接地与发展生产相联系，就是以义理财，反之，如果是为了满足人主的私欲，用作修建苑囿、陂池、侈服之费，就是非义，这样的理财者就是聚敛之臣。所以他明确地对宋神宗说："置官为天下理财，非所以佐私欲。"（《宋会要辑稿》食货四之二）他早年写的《风俗》一文中也说："天地之生财也有时，人之为力也有限，而日夜之费无穷，以有时之财，有限之力，以给无穷之费。若不为制，所谓积之涓涓而泄泄浩浩，为之何使斯民不贫且滥也。"他倡导"君子制俗以俭，其弊为奢"（《临川先生文集》卷六九），反对奢侈浪费，主张从辇毂之内做起。他是把"均节财用"也列入以义理财的范畴之内的。

三、操轻重敛散之权的抑兼并思想

　　摧抑兼并是王安石"以义理财"经济思想的重要组成部分。操轻重敛散之权以抑兼并的思想，贯穿于王安石财政经济改革的始终。

　　宋初实行"不立田制"、"不抑兼并"的土地政策，加速了土地兼并的进程。"势官富姓,占田无限,兼并冒伪,习以成俗"(《宋史·食货志上》),社会上丧失土地,破产失业的人日益增多,真宗时,三分之一以上的人沦为佃户,仁宗时增加到二分之一以上。同时,高利贷盛行,豪富之家常常是"放一收二",成为北宋王朝"积贫"病象的重要原因。

王安石对豪右兼并势力极为痛恨,他认为,国民经济之所以日益凋敝,是由于国民不能各遂其力以从事生产,国民之所以不能各遂其力,是由于豪右之兼并,王安石主张将财政经济上的开阖敛散之权操之在手,由国家酌盈济虚,以均诸全国人民,使各有所藉以从事生产。他刚做参知政事,开始设置三司条例司时,就对宋神宗说,周代设泉府之官,就是为了"摧制兼并,均济贫弱,变通天下之财,而使利出于一孔者"(《龟山先生集》卷六引《神宗日录》)。在新法推行过程中,他不断向宋神宗申述这个意见。"天付陛下九州四海,固将使陛下抑豪强,伸贫弱,使贫富均受其利,非当有所畏忌不敢也……'均无贫'盖孔子之言,于圣政有何害?"(《长编》卷二三二)"今一州一县便须有兼并之家,一岁坐收息至数万贯者。此辈除侵牟编户齐民为奢侈外,于国有何功,而享以厚奉?……天命陛下为神明主,驱天下士民使守封疆,卫社稷,士民以死徇陛下不敢辞者,何也? 以陛下能为之主,以政令均有无,使富不得侵贫,强不得凌弱故也。今富者兼并百姓,乃过于王公,贫者或不免转死沟壑,陛下无乃于人主职事有所阙,何以报天下士民为陛下致死?"(《长编》卷二四〇)他还对宋神宗说:"兼并积蓄富厚,皆蚕食细民所得。"(《长编》卷二二七)"今欲理财,则当修泉府之法,以收利权"(《龟山先生文集》卷六引《神宗日录》),"苟能摧制兼并,……不患无财"(《长编》卷二六二)。夺取兼并之家的不义之财,就是以义理财的体现。

在王安石推行的新法中,普遍地贯彻着这种摧抑兼并的精神,并采取各种措施剥夺兼并势力的部分社会财富。均输法和市易法是要"稍收轻重敛散之权归之公上",并采取国家投入资金,调控牙行商人的经营方式,把富商大贾贵贱相倾或倍本数至数倍之息的商业利润,转归到国家手中,榷茶制度的改革,也是为了打破大商人对茶叶运销的垄断,增加国家茶税的收入。

实行青苗法是使"民既受贷,则兼并之家不得乘新陈不接以邀倍息。……使农人有以赴时趋事,而兼并不得乘其急"(《宋会要辑稿》食货四之一六)。青苗贷款还对富户采取"抑配"、"强行俵散"的做法,强迫富户接收贷款并收取百分之二十的利息,这是为了抑制兼并,在赋税之外对他们又一笔课税。

实行募役法,规定过去享受免役特权的豪强形势户和官户也一律出助役钱,虽然助役钱只相当同等户的一半。但因他们是一些拥有大量田产的兼并之家,他们缴纳的助役钱的数目还是很大的。"富县大乡大户所纳役钱有数百缗者,又有至千缗者。"(《忠肃集·论役法疏》)浙西有一上等户出缗六百贯,王安石说:"出六百贯者或非情愿,然所以摧兼并,当如此。"(《长编》卷二二七)在王安石推行的新法中,募役法最能体现他的摧抑兼并的思想,因为"所宽优者皆村乡朴愿不能自达之穷氓","所裁取者乃仕宦、兼并的豪右"(《宋史·食货志上五·役法》)。因此,募役法遭到大地主集团最猛烈的抨击,王安石"不惮得罪于巨室,而毅然课彼辈以助役钱"(梁启超:《王安石传》,第92页)。

实行方田均税法,是要查出豪绅大地主隐垦田亩的情况,迫使他们缴纳应有的赋税负担。

在王安石操轻重敛散之权以摧抑兼并的思想中,有两点是值得注意的。

第一,强化国家阛阓经济的职能,防止和摧抑新的兼并势力。

王安石认为,如果国家不能有效地控制经济活动,放任私人"擅轻重敛散之权",则"阡陌闾巷之贱人"也就有可能"私取予之势,擅万物之利",以逞其无穷之私欲,而成为"与人主争黔首"(《临川先生文集》卷八二)的新的兼并势力。所以摧抑兼并,不但要打击已有的兼并势力,而且还要防止未来的新的兼并势力。

宋初由于实行"不立田制"、"不抑兼并"的政策,土地买卖更加频繁和普遍。同时,由于商品经济的发展,大商人和高利贷者也积累了相当多的财富。史家认为,宋代"贵者以力可以占地",进行土地兼并;富者也可以有资买田。而且富者有资买田在土地兼并过程中起着经常性和决定性的作用。豪强官僚地主因其子孙不肖,其田产不断丧失而衰落,大商人高利贷者依靠自己的财力兼并土地的情况也越来越显著,这是以前历史上所少见的。王安石预防"阡陌闾巷之人"成为新的兼并势力的观点,正是宋代商业资本和高利贷资本所起的作用在他思想中的反映。

第二,王安石没有触及封建社会最根本的土地兼并问题。

王安石具有强烈地摧抑兼并的精神,但他却不敢触及封建社会最本质的土地兼并问题。他的新法没有一项或一条涉及这方面的内容,相反,他还认为,豪强土地兼并之家是农民进行生产必须依赖的人物,"播种收获补不足,待兼并有力之人而后全具者甚众"。所以,王安石宣称不能"遽夺其田以赋贫民,此其势固不行,纵可行亦未为有利"(《长编》卷二一三)。

兼并之家的土地所有权是不能触动的,那么,王安石又怎么去摧抑兼并呢?他认为:"今百姓占田或连阡陌,顾不可夺之使如租庸调法授田有限。然世主诚能知天下利害,以其所谓害者制法而加于兼并之人,则人自不敢保过限之田;以其所谓利者制法而加于力耕之人,则人自劝于耕而授田不敢过限。"(《长编》卷二二三)王安石的这些话是说,像现在百姓占田已经是连阡陌的情况下,不仅不能恢复井田制,甚至连唐代与租庸调税法相联系的授田限田制也不可能实行了。唯一的办法是采取财政手段去使兼并者不敢保持过限之田。他说的"害"就是指的纳税、助役钱等,使土地兼并者觉得多占土地就要多纳税,多交助役钱,以致不合算了,就不敢多要土地,进行土地兼并了。这无疑是根本办不到的幻想。

一向高唱摧抑兼并的王安石,为什么在对土地兼并问题上反差竟这样大?有人认为这是地主阶级的阶级立场所致。我们认为,王安石不反对土地兼并固然有其地主阶级的阶级立场因素,但应看到,土地兼并是土地私有和土地可以自由买卖的必然结果,只要土地是私有的,土地买卖是自由的,任何解决土地兼并的主张都是不现实的。两汉以来猛烈抨击土地兼并的思想家提出的"行王田"、"复井田"、"限民名田"等解决土地兼并的方案,以及均田制实行时期土地买卖的禁令,无不在无情的土地兼并的客观事实面前失去效力。随着唐末均田制的破坏,到北宋时期,地主土地私有制已占居优势,这样的历史事实王安石是极其清楚的,所以他也放弃了早年"愿见井地平"的良好愿望,认为"抑兼并"也解决不了土地不均的问题。而且,他还有"今制法一切因人情所便"的现实压力,只好是"未足操制兼并也"(《长编》卷二二三)。应该说,这是王安石在客观历史现实面前的一种通达态度,不应厚非(叶坦:《富国富民论》,第73页)。

四、恶其盛又恶其衰的商业思想

王安石的商业思想是他经济思想的一部分。他对商业的论述不多,基本上是沿袭"农本工商末"的概念,他说了一些重本抑末的话,但重农而不抑商,他要抑的是擅轻重敛散之权的垄断大商人,而对中小商人则是扶植和帮助并利用他们与官营商业结合起来,以调控市场和增加国家的财政收入。在北宋商品经济更加繁荣的历史条件下,从王安石推行新法的具体实践中,我们还是看到许多新的内容和特点。

前面我们已经讲到,王安石是非常重视农业的,认为农业是创造社会财富的主要生产部门。所以,他的理财是以农事为急,为了防止农民弃本逐末,他主张:"有作奇技淫巧以疑众者,纠罚之……工商逐末者,重租税以困辱之。民见末业之无用,而又为纠罚困辱,不得不趋田亩,田亩辟则民无饥矣。"(《临川先生文集》卷六九)这种驱商归农的主张,为的是保证农业有足够的劳动力。

但是,王安石重农的同时,也还是重视商业的。他从社会分工的视角来论述商业的地位和作用,"货,化之以为利,商贾之事也"(《周官新义》卷一《天官一》),"一人之身而百工为之备,则宜有商贾以资之,故六曰商贾阜通货贿"(《周官新义》卷一《天官一》)。商业是社会经济生活中不可缺少的部门,它在互通有无方面有不可替代的作用。商业虽不能增加社会财富的总量,但却有对社会财富实行再分配的功能,商业的繁荣和发展,可以大大增加国家的财政收入,所以,王安石说:"市易之法成,则货贿流通,而国用饶矣。"

正是对商业在社会分工中地位和作用的肯定和把农业放在首位的思想认识下,王安石提出了他的商业思想,这就是:"盖制商贾者,恶其盛,盛则人去本者众,又恶其衰,衰则货不通,故制法以权之。"(《临川先生文集》卷七二)他期望通过制定和调整政策来控制和调节商人的数量,使商业的发展在不影响农业生产的前提下,保持"不盛不衰"的理想局面。

王安石在新法中所推行的工商贸易政策,就是在这一思想指导下制定的。他一方面打击富商大贾的垄断势力,夺取他们在商品流通领域的控制权;另一方面又积极扶植和帮助中小商人,为他们在同行业的经营中创造"买卖均一"的机会。均输法夺取了富商大贾兼并势力的"轻重敛散之权",市易法改变了过去"天下商旅物货至京,多为兼并之家所困,往往折阅失业"的局面。由市易务收购滞销商品和贷款给商人,让他们向市易务赊购商品,使原先垄断城市贸易的"富人大姓"不能"乘民之急,牟利数倍"。市易务的活动还采取通过本人和行人中介的方式进行,它实际上是官营商业和中小商人的结合,借以维护外地商贩和当地中小商人的利益。王安石还以茶行为例说明市易法所打击的对象和中小商人受到保护的情况:"兼并之家,如茶一行自来有十余户,若客人得茶到京,即先馈献设宴,乞为定价。此十余户所买茶更不敢取利。但将为定高价,即于下户倍取利以偿其费。今立市易法,即此十余户与下户买卖均一。此十余户所以不便而为新法造谤议也。"(《长编》卷二三六)

王安石对国家专卖方面的基本态度是不能"尽罢榷货",同时也认为"榷法不宜太多"(陈瓘:《四明尊尧集》卷五引王安石熙宁奏对日录)。在对待专卖产品方面,他主张干涉与放任兼行,较多地是放宽对专卖产品的限制。在铁器方面,主张由民间自由鼓铸。铜则放开了铜禁,准许民间自由制作铜器并予以免税。改榷盐为钞盐,酒采取"实封投状"的包销制。在茶的经营上,王安石明确主张私营,国家原来的"岁入之利",完全可以通过茶税的收入来弥补。在采矿方面,他改变了以往采用的强制劳动的徭役办法,采取招募"冶户"开采,以实物缴纳百分之二十的矿税,其余八分"许坑户自便货卖"(《文献通考·征榷考五》)。在漕运方面,他召募商船与官船竞运,使吏卒无法舞弊。这些措施都说明王安石对商品经济的重视,顺应了当时商品经济发展的要求,体现了他"恶其衰"的方面。

王安石"恶其盛又恶其衰"的商业思想,表面上看起来是矛盾的。实际上,它和王安石在生财的基础上理财,摧抑兼并的思想是一致的。在自然经济还占主要地位的封建社会,农业是人民群众的衣食之源,也是理财的基础,王安石主张商业的兴盛不能影响农业的发展,这个主张应当说是完全合理的。同时,王安石又怕商业衰落了,商业衰败,货就不能畅流,货不畅流反过来也会影响生产的发展,更会影响国家的财政收入。所以,王安石要采取打击富商大贾垄断商品流通的办法,活跃中小商人的经营活动,使商业在不影响农业的前提下,兴盛起来。王安石"恶其盛又恶其衰"的商业思想,应当说是符合当时历史现实的一种明智的主张。

五、王安石经济思想的历史意义

王安石推行了历史上著名的财政经济改革,体现在财政经济改革方面的经济思想,具有与时代相适应的新特点,某些问题也有他的创见,因而,王安石的经济思想有重要的历史意义。

第一,王安石的理财思想,在理论上没有超出荀子开源节流财政思想的范围。但王安石却突破了儒家"讳言财利"的束缚,提出了"以义理财"的观点,公开主张理财。同时他把理财分为以义理财和非义理财两种,并用以义理财观点来驳斥儒家的贵义贱利论,指出理财是可以合乎义的,从而也就克服了把一切求利、理财活动都说成是违背义的片面性。这种旗帜鲜明的主张理财的思想,消除了人们鄙视理财的观念,对后世产生了积极有益的影响,使理财一词得到了广泛的流传。

在"以义理财"的内容方面,王安石也突破了桑弘羊"民不加赋而国用足",单纯着眼于商品流通领域的狭隘界限,而主张在生财的基础上,摧抑兼并势力,夺取他们攫取的剩余产品一部分来增加财政收入,实现"民不加赋而国家足"。他们的新法普遍具有扶植生产发展和摧抑兼并势力的作用,这些思想无疑都会产生积极的影响。

第二,王安石新法的一个显著特点,是在财政经济改革中广泛地运用商品货币关系来推动生产的发展和增加国家的财政收入。他的均输法、市易法都源于桑弘羊与刘晏,但比他们更具有商品经济的色彩。均输法变封建上供的物品为市场买卖。不生产国家所需物品地区的民户,可改交税款,国家根据"徙贵就贱,用近易远"的原则,就地采购,这就大大增加了商人经营商品的对象。国家并拨本金作为调节物资流通的需要,使均输法更具有商业性质。市易法也与桑弘羊平准有所不同,它不是广泛地进行官营贸易,而是通过当时已相当完备的商行组织的行人、牙人进行商品买卖活动。市易务并承担货币借贷业务,使其具有了金融机构的职能。青苗法是国家直接从事货币借贷,农民借得青苗钱,必须去市场购买生产和生活资料,还本付息时,又必须把生产的农产品转化为商品去市场销售。募役法则把劳役地租转化为货币地租,以货币形态代替了力役形态。免行钱则把商业中强制的实物供应改为代金,也是以货币形式代替实物形式的一种进步的措施。召募商船进行漕运也是重视商品经济的体现。王安石新法广泛地采取与商品、货币、市场相联系的做法,既是当时商品货币经济发展的反映,它反过来又必然会促进商品货币经济的发展,这是具有历史进步意义的。

第三,王安石推行的新法中,对财政制度改革最具有重大意义的是募役法、纳钱免役,雇人代之,这是赋税改革史上的重大步骤。它反映了封建社会后期社会经济发展的两个历史趋向:货币作用的增强和人身依附关系的削弱。

古代社会由于劳动生产率低下,国家财政收入极微,如有兴作,就需要有相当数量的劳动力供它支配。对劳动者人身进行奴役和驱使,是劳动人民对国家人身依附关系的体现。繁重的徭役常常使劳动人民陷入水深火热之中。唐代以前劳动人民对国家的徭役负担基本上是采取力役的形式,力役重于赋税。租庸调制以实物替代徭役,刘晏在部分理财措施中以雇工代替徭役,杨炎的两税法在户税中部分地按货币计算。王安石推行的募役法则以明确的制度改革,把徭役改为雇役,农民以免役钱换取了一定程度的人身自由,封建官府对农民的强制驱使变成了单纯的货币关系。虽然否定徭役劳动的思想在王安石以前就存在,但用法权力量来摧毁徭役劳动制,在我国历史上王安石还是第一人。从历史发展的进程来看,纳钱免役,雇佣计钱,都会普遍地促进雇佣关系和商品货币经济的发展,从而使农民对封建国家人身依附关系的削弱,对封建社会自然经济起着瓦解和破坏作用,这是具有深远的历史意义的。

王安石推行的熙丰变法运动失败了,但王安石经济思想的进步意义却是不可磨灭的。

(本文选自:《安徽史学》1997 年第 2 期)

孙树霖,安徽省社会科学院《江淮论坛》研究员。

　　王安石是中国 11 世纪的改革家。他主持的熙丰变法,其核心内容则是财政经济领域的改革,对新法的解释、论证和辩难构成王安石经济思想的主要内容。主要包括"以义理财"的理财思想;操轻重敛散之权的抑兼并思想;恶其盛又恶其衰的商业思想等。王安石突破了儒家"讳言财利"的束缚,提出了"以义理财"的观点。王安石推行的变法虽然失败了,但其经济思想的进步意义却是不可磨灭的。

朱　熹

裴　偶

第一节　宋代理学的集大成者朱熹

朱熹(1130—1200)，字元晦，一字仲晦，别号晦庵，中国古代最有影响的哲学家和思想家之一，宋代理学的集大成者。

宋明理学，或称道学，始兴于北宋，是对以二程(程颢、程颐兄弟)及朱熹为代表的客观唯心主义"理学"和以陆九渊、王守仁为代表的主观唯心主义"心学"的统称。《宋史·道学一》说：

"至宋中叶，周敦颐出于舂陵，乃得圣贤不传之学，作《太极图说》、《通书》，推明阴阳五行之理，命于天而性于人者，了若指掌。张载作《西铭》，又极言理一分殊之旨，然后道之大原出于天者，灼然而无疑焉。仁宗明道初年，程颢及弟颐寔生，及长，受业周氏，已乃扩大其所闻，表章《大学》、《中庸》二篇，与《语》、《孟》并行，于是上至帝王传心之奥，下至初学入德之门，融会贯通，无复余蕴。迄宋南渡，新安朱熹得程氏正传，其学加亲切焉，大抵以格物致知为先，明善诚身为要，凡《诗》、《书》、六艺之文，与夫孔、孟之遗言，……至是皆焕然而大明。"

宋明理学渊源于先秦孔、孟儒学，并广泛吸收和融合了道家、两汉经学、佛学及魏晋玄学等思想资料，特别是佛、道二家。它是以儒为主,儒道释三教合流的新的儒家学派。

宋明理学从宋代开始风靡了七百余年之久,尤其是宋、明二代的思想、学术界,可说是理学的天下。朱熹的理学,在宋代以后成为官学,由朱熹注释的《四书》(《论语》、《大学》、《中庸》、《孟子》),成了科举的必读教材和钦定标准答案。朱熹之学不仅对中国的政治、经济、思想文化、伦理道德,乃至风俗习惯、生活方式等都产生很大影响,甚至对周边国家,特别是东亚地区,也产生了深远影响。有的现代研究者指出:"朱熹对中国思想发生的影响几乎可以与孔子的影响媲美,他的学术影响至今仍然在整个东亚回响,……东亚社会和政治中最权威的价值概念,就是朱熹传统的儒学。"①这种论断并非夸大之辞。

朱熹,祖籍徽州婺源(其地今在江西省境内),本人生于福建尤溪。他一生主要活动在福建,长期在建阳之考亭讲学,故其学派称"闽学"。宋高宗绍兴十八年,朱熹登进士第,年仅十九岁,三年后授泉州同安主簿。孝宗淳熙五年(1178),除知南康军二年,继调任提举两浙东路常平茶盐公事。淳熙十六年(1189),光宗继位,改知漳州,光宗绍熙四年(1193),受命知潭州。翌年,宁宗即位,朱熹举为焕章阁待制兼侍讲,因上疏参劾权臣韩侂胄窃权误国,被罢免,还考亭,筑精舍讲学。庆元二年(1196),监察御史沈继祖诬熹十罪,落职罢祠,理学亦被诬为伪学,史称"庆元党禁"。后数年主要在考亭精舍讲学论道,于庆元六年卒,会葬者数千余人。

朱熹登第后五十年之中,从政仅九年,其中"仕于外者仅九

①　杜维明:《儒学传统的现代转化》,中国广播电视出版社,第568页,引陈荣捷语。

考,立朝才四十日"(《宋史·道学三·朱熹》),此外,就是"奉祠"。所以,他一生中的大部分时间是授徒讲学,从事于理学的研究和著述,门徒近千人。

朱熹一生虽任地方官的时间不算很长,但他却是一位很称职的地方官,"律己公廉,执事勤谨",政绩卓著,孝宗曾称赞他:"政事却有可观。"(周予同:《经学史论著选集》,第120页)叶适也说他:"居官所至有绩。"(《水心文集》卷二,《辨兵部郎官朱元晦状》)朱熹在政治上主张改革,他说:"祖宗之所以为法,盖亦因事制宜,以趋一时之便,而其仰循前代,俯徇流俗者尚多有之,未必皆竭其心思,法圣智以遗子孙,而欲其万世守之者也,是以行之既久而不能无弊,则变而通之。"(《朱文公文集》卷七,《读两陈谏议遗墨》)他对当时腐败政治极为痛恨,积极要求"振举纲纪",清除积弊,认为"任贤相,杜私门,则立政之要也;择良吏,轻赋役,则养民之要也;公选将帅,不由近习,则治军之要也;乐闻警戒,不喜导谀,则听言用人之要也"(《朱文公文集》卷二五,《答张敬夫》)。提出政治改革必须从"开纳谏诤,黜远邪佞,杜塞幸门,安固邦本四者为急先之务"(《朱文公文集》卷一三,《垂拱奏札三》)。朱熹毕生致力于理学研究,并非空谈心性,不着实际。他面对现实,关心国家命运,忧国忧民,他的"正心诚意"之道,旨在"治国平天下",他讲"天理"、"人欲",目的是为了"拨乱反正",匡时救弊,"然则今日吾人之进德修业,乃是异时国家拨乱反正之所系,非但一身之得失荣辱也"(《朱文公文集》卷二五,《答郑自明书》)。他在《感怀》诗中云:"经济夙所尚,隐沦非所期。"在对金的和战问题上,他主张抗金,反对和议,指出"讲和者有百害而无一利","此说不罢,则天下事无一可成之理"(《朱子大全》卷一一,《壬午应诏封事》)。朱熹一生治学孜孜不休,著述很多,重要的有《四书章句集注》、

《周易本义》、《诗集传》、《朱文公文集》、《朱子语类》等数十余种，百余万言。

朱熹的成就主要在哲学方面，经济方面的议论不多。他的经济思想大致可以概括为：以"天理"为指导思想，以"恤民"为核心，以"重农"为基础，以"省赋"、"救荒"、"经界"等为主要内容，以强国富民为目的。

第二节　朱熹的主要经济观点

一、以"天理"为核心的义利观和欲望论

朱熹的义利观和欲望论，基本上是因袭孔孟之说，认为"义利之说乃儒家第一义"（《朱文公文集》卷二四，《与延平李先生书》）。他在理论上没有什么新的创见，只是更强调义理的重要性，把"义"提到了更加神圣的、绝对化的"天理"高度。朱熹所讲的"天理"，主要体现的是仁、义、礼、智等封建道德，"三纲"、"五常"流行"宇宙之间，一理而已。……其张之为三纲，其纪之为五常，盖皆此理之流行"（《晦庵文集》卷七〇，《读大记》）。他对义利的解释是："义者，天理之所宜。利者，人性之所欲。"（《论语集注》卷二）"义者，宜也，乃理之当行，无人欲之邪曲。"（《孟子集注》卷七）他在《孟子集注》中对义利作了进一步说明："仁义根于人心之固有，天理之公也。利心生于物我之相形，人欲之私也。循天理，则不求利而事无不利。循人欲，则求利未得而害已随之。"

关于财富观问题，朱熹也是把它同"天理"、"天命"联系起来，他在注解孔子"富而可求"的思想时说："设言富若可求，则虽身为贱役以求之，亦所不辞。然有命焉，非求之可得也，则安于义理而已矣。"（《论语集注》卷四，《述而》）在对待贫富态度上，他认为：

"处贫难,处富易,人之常情。但人当勉其难。"又说:"圣人之心,浑然天理,虽处困极,而亦无不在焉,其视不义之富贵,如浮云之无有,漠然无所动于其中也。"朱熹的这些观点和看法,基本上不脱孔孟"安贫乐道"的说法。

不过,朱熹也并不是完全不谈财利,而是坚持把财利问题纳入其天理、人欲之辨的界限之内,认为符合"天理"的财利可以讲,而且应该讲;从人欲出发的财利则不当讲,不容讲。在他任地方官时,就面对过盐、酒、和买、差役、救荒、经界、屯田、漕运、经总制钱等。这都是属于理财方面的问题,朱熹并未加回避,而且是悉心讲的。

他认为,重视这些问题,是"为民兴利而除害"、"盖富国强兵之类"(《朱文公文集》卷五一,《答黄子耕》及《孟子集注》卷一,《梁惠王章句上》),不可不讲。他反对的是剥民以自肥的私利。如他在《戊申封事》中所揭露的士大夫、将帅的"纳贿之途","是皆为将帅者,巧为名色,头会箕敛,阴夺取其粮赐以自封殖,而行货贿于近习以图进用,彼此既厌足矣","掊克士卒以殖私财","谐价输钱已若晚唐之将帅"(《朱文公文集》卷一一)。所以,对于统治阶级的官僚阶层以伤天害理的手段所获取的"货赂"、"封殖"、"羡余"等不义之财,他是深恶痛绝、坚决反对的。在对待个人获取财富的原则和途径问题上,朱熹倡导儒家"见利思义"、"先义后利",认为,对于"天理之公"的国家和人民的利益,非但不应否定,还应该大讲特讲,而对于"人欲之私"的利己之心,则应受道德和伦理的规范和限制。

朱熹的欲望论和他的义利论是密切相联系,或者说他的欲望论是建立在其义利论的基础之上。朱熹主张"存天理,灭人欲"。这里所谓的人欲,就是指的不顾"天下之公",而只顾"一己之私"

的私欲。天理人欲之分，即是公私之分。这样的私欲才是与天理对立，而不能并存于天地之间的。正是在"人欲"这个问题上，朱熹提出了道心和人心，天命之性和气质之性的不同概念和差别。

所以，朱熹的欲望论，并不否认人们追求维持生存的物质欲望，更非把矛头指向劳动人民的生活基本需要。他说："饥而欲食，渴而欲饮，则此欲岂能无？但亦是合当如此者。"(《近思录集注》卷五)又说："饮食者，天理也。要求美味，人欲也。"(《朱子语类》卷一三)在朱熹看来，人欲是有区别的，"好底欲，自有天理，不好底欲，便是私欲"，就是说，就物欲而言，有合乎天理的，有不合乎天理的，故不能说凡物欲都不好，"人欲也未便是不好"(《朱子语类》卷七八)。因此，不能简单地认为"存天理，灭人欲"的口号，就是取消人们一切求生的物质欲望和物质要求。问题在于节之以理，限之以性。他反对的是一切过分的物质追求，一切反道德反心性的嗜欲。需要着重指出的是，朱熹提出的"灭人欲"，主要还是针对统治阶级的"人欲横流"，矛头所向是贪官污吏的穷奢极欲。他一再告诫统治阶级，特别是君王要"克己"、"正心"，"伏愿陛下自今以往，一念之萌，则必谨而察之，此为天理耶？为人欲耶？果天理也，则进以扩之，而不使其少有壅阏。果人欲也，则敬以克之，而不使其少有凝滞"(《朱文公文集》卷一一，《戊申封事》附注)。

总的来说，朱熹的义利论和欲望论是继承了孔孟的思想和观点，但也有其特点：一是他的义利论和欲望论是建立在其天理论、心性论基础之上，因而更具有道德的理性主义色彩，更强调道德的自我完善和自我修养。他在对待人们物质生活问题上，重视社会道德价值和人的理性自觉，应该说是有其积极意义的。二是把合乎天理的"利"、"欲"和"义"等同起来，强调它们之间的同一性。他说："利是那义里而生出来底，凡事处制得合宜，利便随之，所以云'利者,义之和',盖是义便兼得利。"(《朱子语类》卷六八)"'罕言利'者,盖凡做事,只循这道理做去,利自在其中矣,……圣人岂不言利?"(《朱子语类》卷三六)这里讲的"利"、"欲",是和天理一致的,只有统治阶级那种横征暴敛、纵奢嗜欲的行为,才是同天理"不容并立"。三是更加具有等级性和宿命论的观点。他说:"万物各得其分便是利。君得其为君,臣得其为臣,父得其为父,子得其为子,何利如之?"(《朱子语类》卷六八)又他在《孟子集注》《尽心》注引程子言:"口、目、耳、鼻、四肢五者之欲,有分,不能皆如其所愿,则是命也。不能谓我性之所有,而求必得也。"接着他注道:"愚按'不能皆如其愿',不止为贫贱,盖虽富贵之极,亦有品节限制,则是亦有命也。"这是把人们对社会财富的占有纳入封建等级的纲常制度,俟命于天,"各得其分",其目的自然是为封建等级制度进行辩护。

二、以"恤民"为核心的"省赋"思想

朱熹的经济思想是以"恤民"为核心而展开的。他说:"国家之大务,莫大于恤民。"欲"恤民"必须"养民",认为为政之道,"特在乎养民而已"(《朱文公文集》卷九九,《社仓事目》)。他继承了儒家"仁民"、"安民"、"裕民"、"养民"的"民本"思想,强调"王道以得民心为本";"盖天地之性,人为贵";"民者,邦之本;财者,民之心,其心伤则其本伤,其本伤,其支干凋瘁而根柢蹷拔矣"(《朱文公文集》卷一六,《奏推广御笔指挥二事状》),"夫民衣食不足,则不暇治礼义,而饱暖无教,则又近于禽兽"(《孟子集注》卷一)。在朱熹生活的时代,南宋政权衰微腐朽,社会矛盾尖锐。朱熹对此忧心忡忡。他提醒统治者"天下之利害多矣,其尤害民者,官吏贪墨,赋敛繁重,财用匮竭,盗贼多有,狱讼不理,政以贿成"(《朱文公文集》卷四六,《答詹元善》),已经到了"路不恤郡,郡不恤县,县不恤民，甚或重为贪虐以快己私，军民之怨日积于下"（《朱文公文集》卷八八，《观文殿学士刘公神道碑》）。为了挽救危局，他提出了"恤民省赋"的主张。

所谓"恤民"，就是体恤民间疾苦，关心民瘼的意思。朱熹认为："恤民之大者有六：曰重放税租；曰通放米船；曰劝分赈乏；曰截留纲运；曰严禁盗贼；曰纠劾贪懦。"（《朱文公文集》卷二六，《与周参政札子》）在这六条"恤民"之政中，他又认为恤民之实在省赋，"臣尝谓天下国家之大务，莫大于恤民，而恤民之实在省赋，省赋之实在治军，若夫治军省赋以为恤民之本，则又在乎人君正其心术，以立纪纲而已矣"（《朱文公文集》卷一一，《庚子应诏封事》）。省赋，即减轻人民赋税负担，南宋赋税之苛重，名目之繁多，远超过北宋，以至于当时的一般人都说不清有多少种。何以省赋之实又在治军呢？这是因为造成南宋政府财政匮竭，民负加重的原因：一是统治阶级的贪污腐化，聚敛掊克，"财政之柄制于聚敛掊克之臣，朝廷不恤诸道之虚实，监司不恤州县之有无；而为州县者，又不复知民间之苦乐"（《朱文公文集》卷二五，《答张敬夫》）；二是政府开支巨大，而财用不足，主要"皆起于养兵，十分八分是养兵，其他用度，只是二分之中"（《朱子语类》卷一〇〇）。宋代许多杂税皆是借口军事急需而开始征收并相沿成规的。

如何"省赋"呢？朱熹认为就是要政府蠲免"民力之所以重困"的"税外无名之赋"（《朱文公文集》卷一一，《戊申封事》）。这些使"民力困悴已极"的杂税，朱熹列举的主要有：

一是废"破分法"。什么是"破分法"呢？朱熹解释说："臣伏见祖宗旧法，凡州县催理官物，已及九分以上，谓之破分，诸司即行住催，版曹亦置不问。由是州县具其赢余以相补助，贫民些少拖欠，亦得迁延以待蠲放，恩自朝廷，惠及闾里，君民两足，公私俱便，此诚不刊之令典也。"朱熹认为破分法是祖宗以来之良法,现在废除此法,"尽刷州县旧欠以为隐漏,悉行拘催,于是民间税物,毫分铢两,尽要登足",势必加重人民税负,而使"生灵受害,冤痛日深"(《朱文公文集》卷一一,《戊申封事》附注)。

　　二是"折纳"、和买。所谓"折纳",就是将缴纳的实物折成钱,或将钱折成实物,或将本物折成他物等等,名义上是使其价值轻重相当,实际上则是倍输折纳。朱熹奏称:"臣巡历至台州,据属县人户陈状称:逐年身丁每丁合纳本色绢三尺五寸,并钱七十一文,被州县登承抑纳绢七尺,其实本州每丁只发纳上供三尺五寸,却将钱七十一文,令人户倍输折纳本色。窃念本州县人户,连遭荒旱,细民艰食,见蒙追催紧急,无所从出。"(《朱文公文集》卷一八,《奏台州免纳丁绢状》)又折纳炭钱一事奏称:"窃念本军地狭民贫,税额偏重,而折纳炭钱,比于纳绢,计增一倍以上;比于本色,计增三倍以上。"(《朱文公文集》卷二〇,《论木炭钱札子二》)又"本军绢价,每匹不过三贯文足。今令上三等户得纳本色,而下户却令一尺折钱一百文足,即纳一匹,计成四贯文足。委是折钱太多,所输反重上户,所以下户不愿折纳"(《朱文公文集》卷二〇,《乞听从民便送纳钱绢札子》)。这种展转折纳,也是"缘养兵之费"而起,"所受税物,反复纽折,有至数十倍者"(《宋会要辑稿》食货七十之三十七)。

　　宋代的"和买"又称为"预买",北宋初,官府还照例付价,至北宋末年,"官不给钱,而白取之",到了南宋以后,又把白取的"和买"折成现钱,强迫民户缴纳,成为正税,"和买"变成了重赋,百姓无力负担,许多人被迫冒充下户(下户不"和买"),或冒称"子户"(依附户)以逃避"和买",而无法逃避的人户,承担的"和买"数更大。正如朱熹所指出的"臣闻祖宗初立和预买法,先支见钱,后纳绸绢,民间实赖其利。……今和买之重,人悉规避,诡为下户,长奸滋弊,莫可关防",并举例说:"会稽一县,凡为物力钱一百二十六万余贯,而四等以上科纳和买者当一百一十万余贯。今来四十年,所谓四等以上者止有物力钱三十七万九千四百六十贯六百文,而转入五等者乃至七十二万五百余贯,皆缘和买之重,奸猾之民,争为子户诡名以避均敷,而其淳谨畏法不敢为者,顾乃为之代受所免之数,几再倍于其旧,政之不平,莫甚于此。"(《朱文公文集》卷一八,《奏均减绍兴府和买状》)

三是经总制钱。它是绍兴五年(1135)总制司孟庾创立的"总制钱"和北宋末年实行的"经制钱"合并征收的一项杂税,该税规定凡民间每项钱物交易,每一千文缴纳二十三文,后又增至五十六文,遂成为南宋扰民特甚的一项固定赋税。朱熹说它是:"盖前代之所无,而祖宗盛时亦未之有,特起于宣和末年,仓卒用兵,权宜措画。……以至于今,乃为大农之经赋,有司不复敢有蠲除之议。"该税开始时,还"计其出纳多寡之实数,而随以取之",及绍兴中,则"此钱之额,倍于常岁","虽或灾伤年份,……版曹总所犹不肯与之蠲除,上下相临,转相逼迫,下吏无所措其手足,则势必至于巧为名色"(《朱文公文集》卷一四,《戊申延和奏札三》),以至于"意外督趣,无所不至","并缘为奸,何所不有?!"(《朱文公文集》卷二四,《与钟户部论亏欠经总制钱书》)

除以上这些"税外无名之赋"外,朱熹还列举有:加耗、科罚、月桩等等。朱熹认为"要爱养民力,修明军政",就必须悉禁"无名非理之供,横敛巧取之政",这样"民力庶乎其可宽矣"。

朱熹的"恤民"思想还有一个重要的内容,即要求南宋皇帝开展反权奸、反贪污、反贿赂的斗争。他自己就不畏艰危,带头"纠劾贪懦"。他说:"伏念臣所劾赃吏,党与从多,棋布星罗,并当要路。"(《朱文公文集》卷二二,《辞免江东提刑奏状三》)并先后六次上书揭发大贪污犯唐仲友,列举其罪状二十四条。朱熹认为"恤民"如果不同反贪赃斗争联系起来,则"陛下欲恤民则民生日蹙,欲理财则财用日匮,欲治军则军政日紊"(《朱文公文集》卷一一,《庚子应诏封事》),官吏贪墨,政以贿成,"爱养民力,修明军政"之说,也就徒具空言了。

三、"荒政"和"社仓"思想

"荒政"思想,这是中国古老传统经济思想之一,历来儒家都把它视为实行"仁政"的重要内容;历代封建王朝多有荒政政策。

在朱熹"恤民之大者有六"中的前三项,即"重放税租"(再次减免租税)、"通放米船"(利用商贾运米以济赈乏)、"劝分赈乏"(劝勉豪富赈济贫穷)均属"荒政"范围之事。朱熹的政治生涯中最繁忙的经济活动要算是办理赈济,并得到皇帝的嘉许,关于这方面的活动,《宋史》有详细的记载:"熹始拜命,即移书他郡,募米商,蠲其征,及至,则客舟之米已辐凑。熹日钩访民隐,……凡丁钱、和买、役法、榷酤之政,有不便于民者,悉厘而革之。于救荒之余,随事处画,必为经久之计,有短熹者,谓其疏于为政,上谓王淮曰:'朱熹政事却有可观。'"(《宋史·道学三·朱熹》)

朱熹"荒政"思想大致可以归纳为以下几个方面:

其一是"劝农"。生产自救这是解决灾荒民饥的根本大计和出路。当然朱熹的"劝农"思想不仅是为了赈灾,还有带动整个社会经济发展的重要意义。朱熹很重视农业生产发展,他在知南康军时,每年都写一篇"劝农文"。他自称:"久处田间,习知稼事。兹忝郡寄,职在劝农。"在地方官任内,他根据实际情况,对农业生产技术的推广,农田水利建设,以及谷物种植、旱涝飞蝗等各种具体农事,都予以关心和亲自指导,并收到一定的效果。为了尽快恢复生产,朱熹还在各地张贴榜文,晓谕离乡背井,逃移他处的灾民,还乡复业。

其二是蠲免赋税,减轻"民负"。朱熹知南康军时,逢连年大旱,百姓困苦不堪,他多次上书朝廷,要求减免赋税,以解生民倒悬之急。他在《乞蠲减星子县税钱第二状》及《奏救荒事宜状》等奏文中,沉痛讲述了当地灾情的凄凉状况:"窃见本军诸县,大抵荒凉,田野榛芜,人烟稀少,……观其气象,如腐草浮苴,无有根蒂,愁叹亡聊,深可怜悯";"百万生齿,饥困支离,朝不谋夕,其尤甚者,衣不盖形,而无人色,……见之使人酸辛怵惕,不忍正视"。灾荒如此严重,而赋税反而加重,"役烦税重"。因此,要求朝廷"乞赐蠲减",以纾民力,"而可以少宽斯人,使得安其生业"(《朱文公文集》卷一六)。

其三是政府救济和富户捐献。

其四是饥荒发生时,招徕外地米商,"住岸出粜,接济民间收籴食用,与免收纳杂物税钱"。这是朱熹知南康军时,用免税的优惠待遇,以吸引米商。他在浙东救荒时,还派员前往浙西、福建、广东等地张榜,以招徕客贩。

与朱熹"荒政"思想紧密相关的,是他的"社仓"思想。在朱熹办社仓前,他的同门好友魏元履于绍兴二十年(1150),在建阳县创立社仓。朱熹盛赞其法,认为有利于救济灾民,安定灾年地方秩序。十八年后,朱熹在建宁府崇安县和地方官绅共同设立社仓,其办法大体是:官府拨给常平米为赈本,春散秋偿,每石米收取息米二斗,小歉蠲其半,大歉尽蠲之,当息米收到相当于本米之后,仅收耗米三升,此后即以息米作贷本,元米纳还本府,"依前敛散,更不收息"。

由于社仓是灾年贷米于民,并收取利息,当时有人认为它同王安石的青苗法是类似的。朱熹对此二者作了比较,认为"世俗之所以病乎此者,不过以王氏之青苗为说耳。以予观于前贤之论,而以今日之事验之,则青苗法者,其立法之本意,固未为不善也。但其给之也以金而不以谷,其处之也以县而不以乡,其职之也以官而不以乡人土君子,其行之也以聚敛亟疾之意而不以惨怛忠利之心,是以王氏能行之于一邑而不能行于天下"(《朱文公文集》卷七九,《婺州金华县社仓记》)。这些话表明:朱熹的社仓,除了救荒之外,也有抵制地主、商人趁荒年以高利贷掠夺贫民的意义。

四、对井田和"经界"的观点、主张

宋代土地兼并之风甚炽,南宋尤为猖獗,土地大量集中在官户、富家手中,失去土地的农民越来越多。加之南宋地狭民稠,虽然耕地不断开发,并不能缓和人口、土地比例严重失调的状况。在兼并问题炽热的年代,井田制所设想的小土地分配理想最易为人们所向往,因而两宋井田思想特别活跃,谈论井田的人很多,不仅政治家、改革家谈,理学家们也感到关心,北宋的张载、二程就都主张行井田。

朱熹对井田的态度是:

第一,他在理论上是崇敬和称颂古代井田制,认为封建井田乃"圣王之制","岂敢以为不然"。"井田之法要行,须是封建"(《朱子语类》卷一〇八,《论治道》)。朱熹在《孟子集注》中《滕文公问为国章》注云:"井地,即井田也。经界,谓治地分田,经画其沟涂封植之界也。此法不修,则田无定分,而豪强得以兼并,故井地有不均;赋无定法,而贪暴得以多取,故谷禄有不平,此欲行仁政者之所以必从此起,而暴君污吏则欲漫而废之也。"认为孟子设计的这种井田制,"因略以致详,推旧而为新,不屑于既往之迹,而能合乎先王之意,真可谓命世亚圣之才矣"。

第二，认为在当时的社会条件下，井田制只在理论原则上具有重大意义和参考价值，而在实践上难以恢复和办到。他赞颂井田乃"圣王之制"的同时，紧接着指出："但在今日，恐难下手。设使强做得成，亦恐意外别生弊病，反不如前，则难收拾耳。"在给吕祖谦的一封信中，他又表示：井田难复，只能"仿井田之意，而科条州郡财赋之类"（《吕东莱文集》卷四，《与朱元晦》）。即只能实行按田征课之类的办法平均赋税，均赋税必须弄清土地占有状况，这就是"正经界"的问题了。

第三，认为当务之急是"正经界"，朱熹认为"正经界"就是"仿井田之意"，他正是从这个意义上谈论井田的。他说："经界一事，最为民间莫大之利。"（《朱文公文集》卷一九，《条奏经界状》）"正经界"之说，最早见之于孟子的"井田论"："夫仁政必自经界始，经界不正，井地不均，谷禄不平。是故暴君污吏，必漫其经界，经界既正，分田制禄，可坐而定也。"（《孟子·滕文公》）紧接着孟子论述了他的具体的井田方案。可知井田论和经界论是紧密相联的，或者说是同属孟子井田思想的内容和范围。所谓经界是指每块田地之间，井与井之间的疆界。唐中叶以后均田制破坏，大地主土地所有制盛行，土地兼并剧烈，从而造成地籍混乱，于是人们开始注意土地的经界问题。两宋时，思想家、政治家多强调正经界，他们大都是从"正经界"的角度谈井田，如张载说："治人先务，未始不以经界为急。"（《张子全书》卷一五，《行状》）程颢也说："经界不可不正，井地不可不均，此为治之大本也。"（《二程全书·明道文集》，《论十事札子》）至南宋时，便开始有人撇开井田而单纯谈论正经界。最早倡导经界论和推行经界法的是左司员外郎李椿年，绍兴十二年（1142），他奏请朝廷施行经界法时称："臣闻孟子曰：'仁政必自经界始。'井田之法坏而兼并之弊生，其来远矣。况兵火之后,文籍散亡,户口租税虽版曹尚无所稽考,况于州县乎!豪民猾吏因缘为奸,机巧多端,情伪万状,以有为无,以强吞弱,有田者未必有税,有税者未必有田,富者日以兼并,贫者日以困弱,皆由经界之不正耳。"(《宋会要辑稿·食货六·经界》)

　　李椿年的经界法,主要内容为清丈土地,造图置簿,核实税额。朱熹说:"李椿年行经界,先从他家田上量起。"(《朱子语类》卷一三二)从实行经界的目的来看,主要在于抑制富家兼并,均平赋税的负担,而造成赋税不均的原因,又主要在于地籍的不正和缺少,故必须清理地籍,"正经界";从性质上讲,类似王安石的方田均税法。正因为如此,朱熹对王氏的方田均税法是充分予以肯定的:"安石之变法,固不可谓非其时,而其设心亦未为失其正也。"(《朱文公文集》卷七〇,《读两陈谏议遗墨》)

　　朱熹的"经界论"也正是在王安石方田税法和李椿年经界法的基础上展开的。

　　首先,他进一步论述了"正经界"的必要性和重要性,指出:"版籍不正,田税不均,虽若小事,然实最为公私莫大之害。盖贫者无业而有税,……富者有业而无税,……则公私贫富,俱受其弊。"(《朱文公文集》卷二一,《经界申诸司状》)因为"贫者无业而有税,则私家有输纳欠负追呼监系之苦;富者有业而无税,则公家有隐瞒失陷岁计不足之患"(《朱文公文集》卷二一,《经界申诸司状》)。

　　第二是阐明了实行经界法的优越性。他认为经界法"其利在于官府、细民,而豪家大姓、猾吏、奸民皆所不便"(《朱文公文集》卷一九,《条奏经界状》);"至如经界一事,……讫事之后,田税均齐,里闾安靖,公私皆享其利"(《朱文公文集》卷四九,《答王子合书》);"在民无业去产存之弊,在官府无逃亡倚阁之失,豪家大姓

不容侥幸隐瞒,贫民下户不至偏受苦楚"(《朱文公文集》卷一〇
〇,《晓示经界差甲头榜》)。他还从反面阐述了不行经界之州的
害处是:"田税不均,隐瞒官物,动以万计,公私田土皆为豪宗大姓
诡名冒占,而细民产去税存,或更受表寄之租,困苦狼狈,无所从
出。州县既失经常之入,则遂多方擘画,取其所不应取之财以足岁
计,如诸县之科罚,州郡之卖盐是也,上下不法,莫能相正,窃民受
害,有使人不忍闻者。"(《朱文公文集》卷二八,《与留丞相札子》)

　　第三是把"正经界"提高到国家治乱和社会安危的高度。他
说:"往岁汀州累次贼盗,正以不曾经界,贫民失业,更被追扰,无
所告诉,是以轻于为乱。"(《朱文公文集》卷一九,《条奏经界状》)
而该州实行经界的消息传出后,则是"千里细民鼓舞相庆,其已逃
亡在漳、潮、梅州界内者,亦皆相率而归,投状复业"(《朱文公文
集》卷二七,《与张定叟书》),正确指出了汀、漳等州之所以多次爆
发农民起义,是由于不行经界的结果。

　　第四,认为正经界不是一劳永逸的事,主张:"三十年一番经
界,方好。"又说:"经界看来,须是三十年又量一番,庶常无弊。"这
是因为:"人家田产,只五六年间便自不同。富者贫,贫者富,少问
病败便多。正产匿名,无所不有。须是三十年再与打量一番,则乘
其弊少而易为力。"(《朱子语类》卷一〇九)

　　朱熹在知漳州时奏请在漳、汀、泉三州"正经界",虽得宋光宗
同意,终因豪右势家的强烈反对,未能获得实施,"始寝其事"。

　　五、朱熹的财政观点

　　朱熹的财政指导思想就是"以养民为本"。其基本方针是"撙
节财用"。他说:"朝廷撙节财用,重惜民器,以为国之大政。"(《朱
文公文集》卷二六,《上宰相书》)"臣闻先圣之言,治国而有节用、
爱人之说。若国家财用,皆出于民,如有不节而用度有阙,则横赋

暴敛，必将有及于民者，虽有爱人之心，而民不被其泽矣。"他在《论语集注》中也说："故爱民必先于节用"、"侈用则伤财，伤财必至于害民"（《论语集注》卷一）。

朱熹在理财方面所以特别强调"撙节财用"是针对南宋财政问题的症结而发的。两宋时代，封建国家的财政征收是相当可观的。据史书记载，宋朝的漕运、矿产、铸钱、盐茶之利都比前代有大幅度增加，这还不包括税外之赋、无理之供的杂税在内。宁宗时，有人指出："今日生财之道多矣，惟是节省不得其术，以今下财用较之于汉唐，所入十倍于汉，五倍于唐"；"自开辟以来，东南财用之饶，……莫盛于唐，而本朝犹且加增数倍"（章如愚：《山堂先生年书考察·续集》卷四五）。朱熹也指出："故其所以取于民者，比之前代，已为过厚。"（《朱文公文集》卷一二，《己酉拟上封事》）何以上供岁额的财赋增多，反而国家财政陷入困境呢？朱熹认为一是"今朝廷之财富不归一。分成两三项，所以财匮。且如诸路总领赡军钱。凡诸路财赋之入总领者，户部不得而预也。其他则归户部，户部又未尽得。凡天下之好名色钱容易取者，皆归于内藏库、封桩库。惟留得名色极不好极难取者，乃归户部。故户部所得者皆是枷棒栲箠得来"（《朱子语类》卷一一〇）；二是由于统治阶级的挥霍无度，穷奢极欲，把劳动人民创造的巨大财富浪费殆尽，"不知名园丽圃，其费几何？日费几何？"（《朱子语类》卷一一一，《论民》）加之，"宗室俸给，一年多一年，骎之四五十年后，何以当之？"（《朱子语类》卷一一〇）三是军费开支巨大，"今天下财用，费于养兵者十之八九，一百万贯养一万人"；"财用不足，皆起于养兵，十分八分是养兵，其他用度，止是二分之中"（《朱子语类》卷一一〇，《论兵》）。

为了"撙节财用"，朱熹重申了"量入为出"的原则。量入为出

是儒家学者一贯倡导的理财原则,朱熹并无什么新的见解;较值得注意的是,他以田赋为例,提出了一个"量入"的计算办法:

> "令逐州逐县各具民田一亩,岁入几何,输税几何,非泛科率又几何,州县一岁所收金谷总计几何,诸色支费总计几何,有余者归之何许,不足者何所取之。俟其毕集,然后选忠厚通练之士数人,类会考究而大均节之,有余者取,不足者与,务使州县贫富不至甚相悬,则民力之惨舒亦不至大相绝矣。"(《朱文公文集》卷二五,《答张敬夫》)

通常讲的"量入为出",是指依据财政收入来安排财政支出,以确保财政支出不致超过财政收入,而不是对财政收入本身如何计量的问题。朱熹则把"量入"理解为对收入的准确计量,而计量的目的不仅在于使财政收入确实可靠,更在于考虑农民的实际负担能力以及使各地区的财政负担与其贫富状况相一致。这是朱熹对儒家"爱人"的思想能够身体力行的表现。

关于如何"撙节财用",朱熹提出了以下三项具体措施:一是要求统治阶级,特别是作为统治阶级最高者的君主应该"正心"、"存天理,克人欲",宫省事禁,惠康小民,扫除一切妄费和奢侈开支。他说:"故人主之心正,则天下之事无一不出于正,人主心不正,则天下之事无一得由于正。"(《朱文公文集》卷一一,《戊申封事》)又说:"臣闻人主所以制天下之事者本乎一心,而心之所主,又有天理、人欲之异,二者一分,而公私邪正之涂判矣。"(《朱文公文集》卷一三,《延和奏札二》)要求封建统治者"存天理,去人欲"、"抑其私邪之欲",自然只能是幻想!

二是罢去朝廷上下、宫廷内外的一切"浮费"和"冗费"。

三是"汰浮食"、"去冗兵"。宋朝养兵多,军费多而战斗力弱,是造成宋朝"财匮民贫"的主要因素之一。北宋已然,南宋尤甚。

宋代人士谈理财者,无不强调这一点,但议论及主张大都千篇一律,朱熹也不例外。

（本文选自:赵靖主编《中国经济思想通史》
第 3 卷第 54 章,北京大学出版社 1997 年）

裴倜,江西南城人。现为四川大学经济系教授。主要著作:《中国近代经济史》（合著）、《中国经济管理思想史》（副主编）等。

朱熹是宋代理学的集大成者,朱熹对中国思想发生的影响几乎可以与孔子的影响媲美。朱熹的成就主要在哲学方面,他的经济思想大致可以概括为以"天理"为指导思想,以"恤民"为核心,以"重农"为基础,以"省赋"、"救荒"、"经界"等为主要内容,以强国富民为目的。

黄　宗　羲

赵　靖　裴　倜

第一节　明清之际杰出的启蒙思想家

　　黄宗羲（1610—1695），字太冲，号南雷，人称黎洲先生，浙江
余姚人。我国明清之际最杰出的启蒙主义思想家。他出身于中小
地主兼官僚的家庭里，其父黄尊素，是东林党中坚人物，因弹劾魏
忠贤，遭阉党诬陷入狱，惨死于酷刑之下，老师刘宗周也因弹劾阉
党被革职，在清军攻占杭州时，忧愤绝食而死。黄宗羲从小受他们
的熏陶和影响很深。他自幼好学，苦读经史，“于书无所不窥”①，
年轻时代，就参加了东南士人反对明代最腐朽的统治势力阉党的
正义斗争，亲身经历了明末农民大起义和清朝统治者武装征服等
空前剧烈的阶级战争和民族战争。明朝覆灭，清兵南下时，他继承
父辈遗志，毁家纾难，积极投身于南明的武装抗清斗争达八年之
久。失败后，他不肯仕清，隐居著书，表现了坚贞的民族气节。康
熙元年（1662），南明最后一个皇帝永历帝朱由榔被俘，黄宗羲感
到恢复明朝已经无望，抱着总结明王朝灭亡的历史教训，为未来的
盛世提供借鉴的愿望和目的，写成了《明夷待访录》一书。他一生
著述宏富，达数十种之多，除《明夷待访录》外，还有《南雷文案》、

---

　　①　全祖望：《黎洲先生神道碑文》。见《鲒埼亭集》卷一一。

《南雷文定》、《南雷文约》、《明儒学案》、《宋元学案》等。但反映启蒙思想最明显和突出的还是《明夷待访录》这部书,这是他的代表之作。

《明夷待访录》是一部论述经济、政治的专书。他的经济思想也主要集中在这部书里。"明夷"是出自《周易》六十四卦中的第三十六卦的卦名,隐喻"暗主在上,明臣在下,不敢显其明智,亦'明夷'之义也"(《十三经注疏·周易正义》),"待访"是他自况,"为箕子之见访"(《明夷待访录·自识》),这是他期望以书中论述的"为治大法"待贤明的统治者来访。

"明夷"用箕子的故事。箕子本是殷商贵族,因谏诤殷纣王被罚作奴隶,周灭商后,释放了箕子,问以兴国大事,箕子提出了很好的建议,对兴周做出了贡献。黄宗羲坚持明遗民的气节,屡次拒绝清王朝的征聘,他所谓待访,当然不是待清王朝之访。在写《明夷待访录》时,南明最后一个皇帝已被俘杀,他对明王朝已抱"潮息烟沉之叹"(全祖望:《明夷待访录跋》),深知复明已经无望。既不肯降清,又不再寄希望于复明,那么,他要待谁之访呢? 显然,他是寄望于未来出现一个代替清的盛世,所以,他要总结明朝灭亡的教训,供未来的盛世借鉴,正像顾炎武所说的:黄宗羲所以写《明夷待访录》,是"著书待后",以便将来"有王者起,得而师之"(《顾宁人书》)。

由于明王朝已到了封建社会晚期,资本主义萌芽已明显存在,而黄宗羲又是一个博古通今,思想深邃的大学者,他对明亡教训的总结,事实上就不会局限于明朝腐朽衰亡的历史,而是上下数千年,对中国的封建专制制度进行了总的清算。他所看到的,不只是有明一代之弊,而是"百王之弊"(《顾宁人书》)。

这样,黄宗羲所憧憬的"盛世"、"王者",也就不可能再是什么封建社会历史上的"盛世"，和新的封建统治者，而是性质上不同于封建专制和封建统治者的新的社会政治局面。限于时代条件，黄宗羲对这种新的社会政治局面的认识，还只能是隐约的、朦胧的，但他对封建专制的激烈抨击，已经从许多方面透露出了未来的时代信息。

像其他启蒙主义的作品一样，黄宗羲也是把封建专制看作违反人性的制度。《明夷待访录》一开篇就说："有生之初，人各自私也，人各自利也。"（《明夷待访录·原君》）并认为所以会出现政权和君主，就是为了帮助所有的百姓"受其利"、"释其害"，即实现"人各自私"、"人各自利"的要求。

黄宗羲接着指出：封建专制君主同这种要求相反，他把全国的一切财富和人口，都看作自己一人一家的私有物："视天下为莫大之产业，传之子孙，受享无穷。"（《明夷待访录·原君》）这样，封建专制制度就只许君主一人、一家自私自利，而不许广大百姓自私自利，是一种违反人性的制度，而这种制度的代表者君主，就成了"使天下之人不敢自私，不敢自利"，即同天下一切人处于对立地位的独夫民贼，成为"天下之大害"（《明夷待访录·原君》）。

黄宗羲进一步指出：违反人性的制度是不应该存在下去的；同一切人处于敌对地位的君主，是终归要在一切人的反对下遭到灭顶之灾的："一人之智力不能胜天下欲得之者之众，远者数世，近者及身，其血肉之崩溃在其子孙矣。"（《明夷待访录·原君》）这是每一封建王朝、每一姓君主都无法逃避的命运，是"百王之弊"。黄宗羲指出这点，就等于宣告：封建专制制度必然灭亡！改朝换代只能造成这种现象的一再重演。

黄宗羲也为代替封建专制制度的新制度作出过一些设想。他认为：君主不应是百姓的主人，而应该反过来，以"天下为主，君为客"(《明夷待访录·原君》),即以君主作为为百姓办事的"公仆"。君主一人干不了,把工作分给大、小官员。这些大小官员是君主的臣,但不是君主一家一姓的奴仆,而是协助君主为百姓办事的"群工"。正因为君与臣都是为百姓办事的,所以他们职位虽有高低,但身份是平等的,是"名异而实同"(《明夷待访录·原臣》)。臣作为百姓的"群工",应该一心为百姓的利益服务,而不应事事仰君主鼻息。为了使君主和官员善尽职责而不滥用权力,黄宗羲还提出了"有治法而后有治人"(《明夷待访录·原法》)这一以法限制和约束君主及官吏权力的口号。

黄宗羲还设想:在继续保持君主世袭制的情况下,应降低君主的权力,加强宰相的权力。由于宰相不世袭,可以根据任职情况不断更换,这样,"天子传子,宰相不传子,天子之子不皆贤,尚赖宰相传贤足相补救"(《明夷待访录·置相》)。这种设想,已朦胧地带有"虚君"和"责任内阁"的意味。

在黄宗羲以前,孟轲、鲍敬言、邓牧等,都曾对封建君主专制进行过相当尖锐的批判。但是,前人的批判主要只是集中于专制君主对广大人民的暴政压迫,而少有对这种制度的各种构成因素及其运作进行剖析,"黄宗羲则不仅从君民关系、君相关系、君臣关系以及人治和法治的关系各方面批判了封建君主专制,提出了一些带有资产阶级民主色彩的改革主张,还提出了人皆自私自利的观点,作为批判封建专制主义的理论基础"①。这使他的批判昂扬着启蒙主义的精神。

由于《明夷待访录》的强烈反封建精神,它在封建时代被列为

---

① 参阅赵靖:《中国古代经济思想史讲话》,人民出版社1986年版,第551页。

禁书,直到19世纪末的变法维新运动时期,才受到要求实行民主改革的人士所重视,而得以刻印流传。梁启超就说过:"光绪间我们一般朋友曾私印许多送人,作为宣传民主主义的工具。"又说"我们自己的运动,可以说是受这部书的影响最早而最深","于晚清思想的骤变极有力焉"(梁启超《中国近三百年学术史》)。可见,这本书对近代资产阶级革新运动和民主思想的兴起,是具有重要影响的。

第二节　奇特的复井田方案

土地问题历来是中国封建社会极为严重的政治和经济问题,历代的政治家和思想家无不予以高度重视和极大关注。明末,由于皇室贵族、宦官、官僚为首的大地主阶级疯狂兼并土地,致使土地高度集中,丧失土地的农民越来越多,在新的生产力和资本主义生产关系未充分发展起来以前,农民失去土地就意味着断绝生路。大量破产农民铤而走险,并在同封建政权的镇压作斗争中,最终发展为全国性农民大起义。历史上农民起义摧毁封建王朝统治的事不断发生,是黄宗羲所熟知的;明王朝被农民起义推翻的事,是黄宗羲所亲历的。黄宗羲总结一个个封建王朝的"百王之弊",痛感明王朝覆亡之鉴,因而对改革土地制度以解决流民的耕地问题分外关注。

黄宗羲解决农民土地问题的中心思想是"授田以养民",但有两个前提条件。一是不触动土地私有制;二是有利于农民生产积极性的提高和农业生产的发展,其出发点是解决流民的耕地问题。

黄宗羲从人生而自私自利的人性论出发,认为土地私有制是神圣不可侵犯的。不侵犯土地私有制的实质,只能是不侵犯"富民"即地主的土地私有制。他对这一点讲得十分明显,一则曰:授田不可"夺富民之田",二则曰:不可"为困苦富民之事"(《明夷待访录·田制二》)。因此,他坚决反对自西汉董仲舒以来的各种限田主张,如他在批判汉代师丹、孔光的限田论时说:"令民名田无过三十顷,期尽三年,而犯者没入之,其意甚善。然古之圣君方授田以养民,今民所自有之田,乃复以法夺之,授田之政未成,而夺田之事先见,所谓行一不义而不可为也。"(《明夷待访录·田制二》)

把夺富民之田宣布为"不义",可见,他是坚决不允许为授田于无地农民而侵犯地主土地所有制的。

黄宗羲所讲的这个解决土地问题的前提条件实际上是无法办到的。因为自唐中叶后均田制彻底崩溃,大地主的土地私有制已发展为不可阻挡之势,至明清之际,土地已是高度集中在皇室贵族、官僚和一般大地主的手中,不触动土地私有权,何来的土地以实现"授田以养民"?!

黄宗羲解决农民土地问题的另一前提是有利于农民生产积极性的提高和农业生产的发展。他在回答明代的屯田制(军屯)何以衰落时就指出:屯田制的劳动生产率过低,其原因有四个方面:其一是屯田的生产者是士兵而不是长期定居的本地农民,"屯田非土著之民",容易产生"乡土之思",不安心生产。二是屯种之人"任之老弱",劳动力不强,收获不多,而且"不屯者未尝不得食",屯田卒"亦何为而任其劳苦乎"。其三是产量低,"亩之入不过一石",上缴多,"每亩二斗四升"。其四是征收由"武人"主持其事,刻剥且无所不为(《明夷待访录·田制二》)。这四点原因,其实最关键的是要说明,并非屯田制不好,坏就坏在所屯之田土,不是个人所有,产品也不归个人所得,因而积极性不高,生产率低。换言之,国有制的军屯不利于生产者积极性的提高和农业生产的发展。

那么,要使土地问题的解决有利于农民积极性的提高和农业生产的发展,就必须在土地私有制的基础上进行土地制度的改革,而不应触动或损害土地私有制。

田制的改革既要有利于提高农民的生产积极性,又不允许触动地主土地所有制,这样的田制,是什么田制呢? 黄宗羲的回答是:复井田!

这个答案是深足令人诧异的。井田制的基础是土地国有制,而黄宗羲是不赞成土地国有制的。他认为土地国有制违反人的自私、自利的本性,不利于调动人的生产积极性,那他何以又提倡复井田呢?

更足令人诧异的是:他还以明代的屯田为依据来论证复井田可行,认为:"余盖于卫所之屯田,而知所以复井田者亦不外于是矣。世儒于屯田则言可行,于井田则言不可行,是不知二五之为十也。"(《明夷待访录·田制二》)

前面讲到,黄宗羲曾从四个方面分析了卫所屯田"销耗"(衰落、失败)的原因,其核心问题就是屯田的土地为国有,而大部分产品也不归屯田生产者所私有。既然屯田国有决定了屯田制的"销耗",那怎么又能从屯田制来证明复井田之可行呢?

原来,他所谓"复井田之可行",是由于他认为井田制的要点,不在于保持土地国有制作为基础,而在于:第一,利用国有土地对无地农民办理授田;第二,授田按"夫"平均授予。在他看来,卫所屯田正是利用国有土地授田给屯田军,而每一屯田军拨田五十亩耕作,明代五十亩正当周制百亩,同井田制的每夫授四百亩正好相同。他认为:只要按照这两个要点,把国有土地授给无土地农民,那就是复井田了。所以他说:自己从卫所屯田就能知道复井田之可行。

依据这种思路,他制订了一个以"复井田"为旗帜的土地制度改革方案:以国有土地对民办理授田,某一农户授田五十亩,不但不侵犯地主私田,授田后的余田,还可听他们占有,以扩大自己的封建地产。

黄宗羲还就当时全国耕地面积和户口总数作了计算:万历六年实有田土七百一万三千九百七十六顷二十八亩(701 397 628亩),人户一千六十二万一千四百三十六户(10 621 436 户),如按每户授田五十亩计算,共授田 531 071 800 亩。从田土总数中减去授田总数,还有余田 170 325 828 亩,可以听任"富民之所占"。在这样计算的基础上,黄宗羲作出"井田可复"的结论说:"天下之田,自无不足,又何必限田、均田之纷纷,而徒为困苦富民之事乎!故吾于屯田之行,而知井田之必可复也。"(《明夷待访录·田制二》)

由此可见,黄宗羲复井田方案的特点,主要是:

第一,他的复井田方案,是从明代的屯田悟出来的。他认为,屯田总额只 64 424 300 亩,不过合全国田亩总数的十分之一(实际上尚不足十分之一),如果把屯田制的以国有土地授田于民每户五十亩的办法推广到其余十分之九的田土上去,就变成了在全国范围"复井田",因而复井田应是不难行的:"由一以推之九,似亦未为难行。"(《明夷待访录·田制二》)

第二,推广屯田办法以复井田,不是把屯田制度全面推广,而只是把屯田制的以国有土地授民和每户授田五十亩两项办法加以推广。他明确表示过:他对屯田上的一整套经营办法如土地保持国有、利用军队进行军事苦役性的生产、产品分配大部归公等,是统统不赞成的,认为这是屯田"销耗"的原因。既然这些办法在屯田上已证明是不妥的,自然谈不上在"复井田"时全面加以推广。

第三，复井田是利用国有土地授田。黄宗羲坚决反对"夺富民之田"，反对夺"民所自有之田"。这样，逻辑的结论只能是以国有土地授田。他主张仿照屯田上的办法授田于民，而屯田的土地都是国有的，并无以私田授予屯田卒之事。黄宗羲在考虑复井田方案时，也曾区分官田、民田，说官田在全国田土总额中"居其十分之三"。官田包括屯田的土地，屯田占田土总数的十分之一，可见尚有相当于屯田总数两倍以上的官田可以进行授田。可是，黄宗羲在计算授田总数及余额时，又是按全国田亩总数来计算的。他说"由一推之九"，这已是明指相当于屯田十倍的全国总亩数，而在具体计算中，又是以全国田亩总数减去授田总数计算出授田后的余田数。这样，他理论上只许以官田授田，实际计算中却是以田亩总数（包括官田、私田）作为授田依据。这是黄宗羲授田方案的一个明显矛盾。

第四，黄宗羲的授田方案不止是对无地农民授田，而且是对全体民户授田。他按全国户口总数计算出授田总数，这就等于说：不仅无田户可以授田，有田户（包括"富民"即地主）也同样可从国家受田五十亩。这样，复井田的结果，地主原有土地丝毫不触动，还可在普遍办理授田中一样得到五十亩，授田办完之后更有大量余田可占。他们实是复井田的最大受益者！

第五，复井田后的土地制度：复井田后的土地制度是什么？是土地国有制，还是土地私有制？黄宗羲没有明确地讲。从"复井田"的提法讲，似乎应是土地国有制：授田于民后，土地所有权仍是国家的，受田者只有使用权。从推广屯田办法的说法看，似乎也应是土地国有制，因为屯田的土地是始终保留在国家手中的。但是，这和黄宗羲在土地制度问题上的基本观点是冲突的，不相容的。黄宗羲坚决维护土地私有制，认为它是合乎人的自私、自利本性的土地制度,是有利于提高生产者积极性和劳动生产率的制度;他在分析屯田"销耗"的原因时,其基本论点就是屯田制的土地国有妨碍生产者的积极性。既然黄宗羲对土地制度问题的基本观点是维护土地私有制而否定土地国有制,很难设想他会愿意通过"复井田"一下子建立起一个占全国田亩总数75%的土地国有制来。

如果黄宗羲的复井田方案是要永远保持土地国有,那就必然在授田之外,还规定还田办法。但是,他从来不曾提到过还田的问题。只授不还,土地在授田后就变成私有土地了。按照黄宗羲的一贯思路,如果认为他的复井田方案是一个化公为私的方案,是一个通过复井田其名,把国有土地通过授田来私有化的方案,那是不无道理的。不过,由于黄宗羲不曾明说,对这点不妨暂时存疑。

黄宗羲的田制思想,是一种在理论上没说清楚,在实际运作方案方面又充满着矛盾和漏洞的思想。他打着"复井田"的旗号,事实上却是要把屯田制的办法在全国范围推广。屯田制是明朝现存的制度而不是古制,根本谈不上一个"复"字。对屯田制,他基本上或总体上说是持否定态度的,所要推广的只是其中一二点。如果只保留这一二点,而废罢其余,那屯田制就将失去其为屯田制的意义,也谈不上推广的问题了。他既认为井田制的意义是"授田养民",却又要对有田者以至"富民"也授田,这同解决无地农民土地问题的要求是不一致的,也把"授田养民"的含义弄模糊了。黄宗羲反对夺"民自有之田",然而,官田总数只约有二亿三千余万亩,只相当于授田总数五亿三千余万亩的五分之二,远远不敷授田之用,何来余额?如果不止利用官田,而是利用全国田亩总数进行授田,那就必然要触动土地私有权。当时,大部分土地已为地主占有,不"夺富民之田",又怎样能在全国实行授田?况且,当时的官田也已大部分被皇室、贵族、官僚等侵夺,即使以官田授田,岂不仍然是"夺富民之田"?! 所以,这是一个不可能实现的土地分配方案。

　　黄宗羲的复井田方案,虽然在理论上和运作上都有不可克服的矛盾和缺点,但它仍然包含着反对土地兼并的积极内容。这种积极内容主要表现在:它要把一部分官田即国有土地分授给劳动农民,而且劳动农民在得到这部分土地后,将不会采用屯田制那种土地国有、国家负责组织和指挥以及产品大部分归公的经营方式,这将会大大提高农民的劳动积极性,从而有助于提高农业的劳动生产率。如果把全部官田都分给无地农民,纵然不足每户五十亩之数,但对全国农业生产力的促进作用,仍然会是相当大的。可惜的是,黄宗羲对"授田养民"没有十分清楚的概念,以致不是只把无地农民,而是把有地农民(自耕农)以至"富民"也都列入授田对象之内,以致使黄宗羲的田制方案的反土地兼并含义大大降低,并且更加缺乏现实性。

第三节　减赋论

　　土地高度集中和赋敛繁苛是明末的两大严重社会问题。黄宗羲对赋税问题也高度重视。《明夷待访录》的《田制》三篇之中,有两篇都是谈的田赋问题;《财计》三篇中,也有不少地方论及赋税;他的其他著作,也有专论赋税问题的篇章。

　　黄宗羲常把赋税问题同田制问题相提并论,认为解决赋税问题,对减轻斯民困敝,其意义不在田制以下。

　　黄宗羲在《田制》篇中,在阐述他"井田可复"的观点同时,紧接着就提出了解决农民负担的赋税问题:"或问:井田可复,既得闻命矣。若夫完税则如何后可？曰：斯民之苦暴税久矣。"(《明夷待访录·田制三》)"吾见天下之赋税日增,而后之为民者日困于前","儒者曰'井田不复,仁政不行,天下之民始敝矣',孰知魏晋之民又困于汉,唐宋之民又困于魏晋,则天下之害民者,宁独在井田之不复乎?"(《明夷待访录·田制一》)以上几段话总的意思是：农民的困苦,不单独是土地问题未解决;同样是土地问题未解决的王朝,赋税越重的,百姓的困敝也越加重。因此,只解决土地问题还不够,还须对赋税过重的问题实行同步解决。

黄宗羲痛陈明末赋敛苛重、繁杂的情况是："一亩之赋,自三斗起科至于七斗,七斗之外,尚有官耗私增,计其一岁之获,不过一石,尽输于官,然且不足。"(《明夷待访录·田制一》)同一时代的顾炎武也曾指出过："至有今日完租,而明日乞贷者。"(《日知录》卷一〇,《苏松之府田赋之重》)当农民一年辛苦所获而不足以缴纳租赋而要靠乞贷度日时,那就只有弃地逃亡。逃户的弃地,或是抛荒,或是贱卖,终归还是被有钱有势者兼并了去。所以,农民赋税过重的问题不解决,即使分配到手的土地,也还会重新失去,再落入土地兼并势力的魔掌。

黄宗羲、顾炎武等对江南地区赋税过重的问题,尤其感到痛心疾首。黄宗羲指出："今天下之财赋出于江南,江南之赋至钱氏而重,宋未尝改,至张士诚而又重,有明亦未尝改。"(《明夷待访录·田制一》)因而要求"重定天下之赋"(《明夷待访录·田制一》),减轻当时这一全国经济最发达地区的赋税负担,以利于经济的发展。

黄宗羲把当时赋税制度存在的问题,概括为"三害",三害的内容是：

(一)"积累莫返之害"。

所谓"积累莫返之害",是指赋税制度每经过一次变革,都导致赋税的一步步加重,已到了积重难返的程度。他对历史上赋税制度的发展和演变,逐一加以评论。他认为三代实行的贡、助、彻,"止税田土而已",而至魏晋的户调制,则是"田之外复有户矣"。此后唐初的租庸调制,除了"租出谷,庸出绢,调出缯纩布麻"外,又"户之外复有丁矣"。杨炎的两税法,"人无丁中,以贫富为差",虽然租庸调名义上不存在,其实是"并庸、调入于租也"。相沿至宋时,两税之外,又"复敛丁身钱米",嘉靖末推行"一条鞭法",将力差、银差归并,与田赋同折为银同时征收,"一条总征之",未几"杂役仍复纷然",后又有"旧饷"、"新饷"、"练饷"等等,明末户部尚书倪元路,又"合三饷为一",使之成为固定税收,"嗟乎!税额之积累至此,民之得有其生也亦无几矣"(《明夷待访录·田制三》)。

从以上黄宗羲关于我国封建社会赋税制度发展和演变的论述来看,他得出的结论是:随着赋税制度的每一次变革,人民的税负是越来越重。应该说,这个结论,从一方面说是符合历史的真实情况的。我们知道,我国封建社会的赋税制度改革一般都出现在某个封建王朝的中后期,其目的主要是为了聚敛民财,解决封建政府的财政困难。当然,在改革的初期也许在某些方面对人民有些好处,多少减轻了一些负担。但是,久而久之,改革就变了样,弊端丛生,人民的税负反而比前更重。如两税法行之不久,即开摊派之端。在其开始实施时,曾明文规定:"敢有加敛,以枉法论。"(《新唐书·食货志》)而事实上是额外摊派有增无已,非法之征杂然并存,禁令徒具条文而已!"一条鞭法"也是这样,名之曰"一条鞭",行之不久也就"鞭外有鞭"、"条外有条",结果是名存实亡。但是,黄宗羲的论述,忽略了问题的另一面,那就是,中国封建社会赋税制度的每一次重大改革,就其本身来说,是有其客观必然性的,它反映了社会经济的深刻变动,是符合时代的要求的。而且改革的总趋向是使赋税制度一体化、规范化、货币化。特别是两税法、一条鞭法的改革,在中国赋税制度史上还具有划时代的意义。至于它们在实行中更加重了百姓负担,那是封建制度的落后性、反动性造成的,不能归咎于赋税制度改革本身。黄宗羲未能分清赋税改革和改革的实行结果,把这些改革说成"利于一时者少,而害于后世者大"(《明夷待访录·田制三》)。这就把改革本身给否定了,或者基本上否定了。既然越改革越糟,结论自然是把历史上的一切赋税改革都加以消除,回到古代未改革以前的初制。黄宗羲正是这样考虑问题的。他说:"今欲定税,须反积累以前而为之制。"(《明夷待访录·田制三》)他说的"反(返)积累以前",就是指的夏、商、周三代的贡、助、彻制。如果真要复贡、助、彻制,岂不成了赋税复古主义了!

（二）"所税非所出之害"。

所谓"所税非所出之害",是指田赋由征实改为征银,而银又非农业之所出,这就必然因折银而加重了纳税者的负担。他说,"古者任土作贡,虽诸侯而不忍强之以其地之所无,况于小民乎!故赋谷米,田之所自出也,赋布帛,丁之所自为也"(《明夷待访录·田制三》);又说:"天下之银既竭,凶年田之所出不足以上供,丰年田之所出足以上供,折而为银,则仍不足以上供也,无乃使民岁岁皆凶年乎!"(《明夷待访录·田制三》)结果也和凶年的困苦差不多。可见,黄宗羲把田赋征银视为"三害"之一,主要是从它加重了人民的赋税负担这个角度看问题的。这是因为农民无力以银纳税,就只好向高利贷者乞贷或者把农产品贱卖给商人,这就不免要遭受到高利贷资本和商人资本的盘剥和勒索,从而加重了赋税负担,还有币值的变动也会影响到税负的加重,如当货币的购买力提高而农产品价格不断下跌的情况下,以银纳赋,或以钱纳赋,农民就需要出卖更多的农产品,为此所遭受的损失就更大。再者,黄宗羲也并非全都反对田赋征银,他认为在某些地区和特殊情况下,如"不通水路"、"银价低下"等等,以钱为赋或以银为赋都是可以的。他反对的是"有明自漕粮而外,尽取折银"(《明夷待访录·田制三》)的做法。所以,从减轻农民税负这个角度看,这个观点,有同情农民疾苦的一面,并非是全不可取的。况且在明代中叶以后,因出现严重的"银荒"而持此观点的不乏其人。但是,这个观点,在当时商品交换已普遍用银,田赋也全部用银征收的情况下,毕竟是一种落后和保守的观点,因为它是和经济进步趋向相违背的;是和赋税制度货币化的总趋向相违背的。

(三)"田土无等第之害"。

所谓"田土无等第之害",是指不分土地的肥瘠而按同一标准征收赋税。他在引用《周礼·大司徒》"不易之地家百亩,一易之地家二百亩,再易之地家三百亩"的话之后,紧接着就说:"是九则定赋之外,先王又细为之等第也。今民间田土之价,悬殊不啻二十倍,而有司之征收,画以一则,致使不毛之地岁抱空租,亦有岁岁耕种,而所出之息不偿牛种。"(《明夷待访录·田制三》)因此,他建议仿照方田之法丈量土地,肥沃程度不同的土地按不同的标准计算亩的单位面积,具体的做法是:按土质分一亩为二百四十步、三百六十步、四百八十步、六百步及七百二十步五个等级,仍计亩征税,在他看来,虽然每亩的税额一样,但因亩的单位面积大小不同,而实际税额也就不同。它是以亩的单位面积的不齐来实现税额的均平,"则不齐者从而齐矣"。黄宗羲这一别出心裁的建议,不仅很不现实,而且操作起来十分困难和繁琐,容易产生混乱,其实只

20世纪儒学研究大系

需定出土地的等级,据此定出不同的税额征收标准就可以,何必多此一举!但他的这个观点本身,即按土地等第征收赋税是正确的,只是具体做法上欠妥。还有他提出的瘠土如古法实行休耕,即"是故田之中、下者,得更番而作,以收上田之利"(《明夷待访录·田制三》)的看法,也是可取的。

针对赋重以及存在"三害"的现实,黄宗羲在赋税制度改革方面提出了以下几方面的建议:

第一,"反积累以前而为之制"。

前面谈到,黄宗羲把夏、商、周三代的贡、助、彻制度看作"积累以前"的理想的赋税制度。那么,"反积累以前而为之制",就是要返回三代的贡、助、彻制度了。如果这样,他就成了一个食古不化的复古主义者了。所幸,他要复的贡、助、彻,也像他的复井田一样,并不是真的想复三代古制,而是以复古之名实行他所主张的制度的要害。

对复井田,黄宗羲要"复"的是以国有土地授田每户五十亩,他认为这才是"井田者之所急"(《明夷待访录·田制二》),是井田制的要害。那么,复贡、助、彻要复什么呢? 贡、助、彻制的要害是什么呢? 他的回答是:"只税田土而已。"(《明夷待访录·田制一》)从文义理解,"只税田土"是对农用土地征税,而不征其他的赋税,如人丁税、房产税等,其实不是此意。贡、助、彻法自身虽是只税田土,但并不是当时就无其他赋税。例如,周代的赋,就是在战争发生时征收的一种军事税。徭役的征发更是始终存在的。孟轲也说:"有布缕之征,有粟米之征,有力役之征。"(《孟子·尽心下》)可见,并非是只税田土。

从黄宗羲对后代违反"只税田土"的批评可以看出,他所谓"只税田土",主要是指只按国家规定的标准征收农业税,而不得违反既定标准加征、多征。他说："汉之武帝,度支不足,至于卖爵、贷假、榷酤、算缗、盐铁之事无所不举,乃终不敢于有加于田赋者。"(《明夷待访录·田制一》)又说:"兵兴之世,又不能守其什一者;其赋之于民,不任田而任用,以一时之用制天下之赋,后王因之;后王既衰,又以其时之用制天下之赋,而后王又因之。"(《明夷待访录·田制一》)

在田赋即农业税之外,开征其他税收或取得其他财政收入,如卖爵、榷酤、盐铁、算缗等,在黄宗羲看来,是违反"只税田土"原则的;在田赋方面提高税率,加重征收,更是违反"只税田土"原则。黄宗羲自然反对在田赋之外用卖爵、算缗等办法增加财政收入,但尤其反对在田赋方面违制加征。田赋违制加征仍然可能是"只税田土",黄宗羲把这指责为违反"只税田土"原则的主要行为,是犯了用词不确切的毛病。

黄宗羲还认为:后世征收田赋所以会违反"只税田土"原则,是由于在征收赋税时遵循了一个错误的指导思想,即"不任田而任用"(《明夷待访录·田制一》),而所谓"任用"是指"以一时之用制天下之赋"(《明夷待访录·田制一》),也即是在安排预算或财政收支计划时采用了"量出以制入"的原则。

黄宗羲强烈反对唐代杨炎的两税法改革,反对改革所依据的"量出以制入"原则,认为它是后代任意加赋、重征的理论基础。这种批评是不对的。国家的财政支出,只能靠财政收入来满足,为了财政支出能得到保证而不致落空,依据财政支出的需要来制订同期的财政收入计划,是正确的、合乎科学的做法。至于说,在实际执行过程中,由于统治集团的奢靡、挥霍,造成了严重的入不敷出,从而违反原来的财政收支计划而任意加征、摊派,那是封建专制政权的腐败以及权力不受约束而造成的,同"量出以制入"的原则无干。黄宗羲认为实行量出以制入的原则就意味着把统治者的一切滥支滥用随时滥征、滥派于民,这是对量出以制入原则的误解。

第二,对"上授之田"与"自有之田"分别征收不同税率。

所谓"上授之田",是指封建国家"授田于民"之田;"自有之田",是指"未授之田",亦即私人所有之田。黄宗羲虽然赞美贡、助、彻的什一税率,但不是无条件地赞成什一税,更不是主张不问实际情况恢复什一税率。他认为贡、助、彻法的什一税率,是和当时的土地制度联系着的:当时土地不是耕者私有,而是"上授之田",即由国家授予的。既然田是国家的,按什一税率征税,就是轻税而不算重税。但是,如果土地不是国家授予,而是耕者自有的,那就不应固执什一税率,而应大大减轻,否则就不是轻税而是重税,不是仁政而是暴政了,所以他说:"若其自买之田,即如汉之三十而取一,亦未见其为恩也。"(《南雷文约》卷三,《赋税》)

从这种思路出发,他主张在"复井田",解决土地制度问题的同时,制定与之相适应的赋税制度:"今欲定税,须反积累以前而为之制。授田于民,以什一为则;未授之田,以二十一为则。"(《明夷待访录·田制三》)

黄宗羲的这一赋税定制方案,触及一个理论问题,即地租和田赋的不同性质问题。

由土地所有者把土地让给耕者使用,并为转让这种使用权而向后者收取一定代价,这种代价就是地租。地租是耕者生产的剩余的一部或全部。

由国家政权向土地的所有者收取的一种财政收入,是为田赋。田赋是国家政权凭借自身的政治权力征收的,而不是凭土地所有权征收的。

田赋只能是土地所有者在自己土地上得到的剩余的一部分，如果全部剩余都成了田赋，那土地所有者就不成其为土地所有者，而只能是一个农业生产者了。

田赋和地租的性质不同，这种性质上的区别，又决定了田赋在量的方面必须较地租为低。

在土地国有的场合，国家同时是土地所有者，它同土地耕作者的关系，既是土地所有者与使用者的关系，又是国与民的关系。从前一种关系看，国家从出让土地使用权获得的代价是地租；从后一种关系看，这种代价也可看作国家向民人征收的一种税。但不管叫作地租还是叫作税，它在经济性质上仍是地租，因而它在量的方面必须高于国家向土地所有者征收的田赋。

黄宗羲把田区分为"上授之田"和"自有之田"，认为前者之税应高于后者。这说明他在理论上对地租和田赋是两种性质不同的事物这一点，已经朦胧地有所认识，虽然他还不能把它们作为两个不同的经济范畴明确划分开来。

在中国古代，"租"和"税"两个范畴，长期是混乱不清的。在先秦土地国有的时期，国有土地征收十分之一，这本是国有土地的地租，但名称却是"税"（所谓什税一）。后来，有了土地私有制，私有土地出租的收入，性质上是地租，但却被称作"税"[1]，而国家对土地所有者征收的田赋，反而被称作"租"了。后来，经过漫长时间的演进，国家对农民征收的田赋，才被确定地称作"税"，而私人地主向农民收取的出租土地代价才被确定了"租"的名称；但国家从出租国有土地收取的代价，名称仍不是十分确定的：在有的场合也被称为"租"，另外的场合又被称为"税"。

---

① 如西汉董仲舒说："或耕豪民之田，见税什五。"

黄宗羲仍把出租国有土地的地租称为"什一税",这说明他对地租和田赋这两个范畴的含义,仍不是十分清楚的。但他能够从"上授之田"(国有土地)和"自有之田"(私有土地)这两种不同的土地所有制来说明这两种征收的不同基础,并由此认为二者在量上也应有较大差别,这在理论上已经接触到地租和田赋这两个不同范畴的性质问题。

第三,"任土作贡"。

在征收赋税的办法方面,黄宗羲主张"任土作贡",或曰"任土所宜"的原则,即按当地所产征收实物,反对田赋征银。他说:"然则圣王者而有天下,其必任土所宜,出百谷者赋百谷,出桑麻者赋布帛,以至杂物皆赋其所出,斯民庶不至困瘁尔!"(《明夷待访录·田制三》)他还引证陆贽的话说:"夫以钱为赋,陆贽尚曰:所征非所业,所业非所征,以为不可,而况以银为赋乎!"(《明夷待访录·田制三》)作为启蒙思想家的黄宗羲,为什么会产生这种落后保守的主张和办法呢?关于这个问题,前面已进行了评述,这里稍作补充,即从主观上讲,他的目的和用心是为了减轻人民的赋税负担,为了"斯民庶不至困瘁尔!"从客观上讲,当时中国的农村基本上仍然是自然经济占统治地位,在唐以前,田赋始终是以实物交纳,后来田赋征钱,明代又逐渐征银,由于市场不发达,尤其是由于粮食商品率低,农民卖粮纳税有较大困难,易受商人及高利贷者挟持,遭受额外损失。加之,明末因财政困难而赋税征银大量增加,造成了"天下之银既竭"的情况,赋税征银给农民带来的困难也更为加剧。

(四)"下下为则"。

黄宗羲的这一建议和对策是针对其提出的"税无等第之害"而发的。他认为:"三代之盛,赋有九等。"所谓"赋有九等",是指将土地好坏分成九个等级征收不同的田赋；所谓"下下为则"，是指应以最差田地（下下）的产量作为确定田赋的标准和准则。这样做的目的是为了"使瘠土之民不至于甚困而已"。他说："是故合九州之田，以下下为则，下下者不困，则天下之势相安。"又说："吾意有王者起，必将重定天下之赋。重定天下之赋，必当以下下为则而后合于古法也。"（《明夷待访录·田制一》）从黄宗羲的这个建议和对策来看，它是以最差的九等田地的产量作为确定田赋的标准，如果都是实行什一税，那拥有九等以上田地的农户，越往上就越轻，其结果必然是拥有好地的农户将获得更多的利益和好处，即获得因土地肥沃程度不同而形成的级差地租。

第四节　工商皆本论

"工商皆本"论是黄宗羲在《财计三》讲到富民时提出的一个著名观点。他认为"治天下者既轻其赋敛"，如果不解决民间之"习俗未去"、"蛊惑不除"、"奢侈不革"这三个问题，则"民仍不可使富也"。这三个问题，实际上是关系到社会的生产、流通和消费的大问题，亦即关系到社会生产应如何健康地发展和运行的大问题。他正是从这个问题入手，对传统的本末观作了重新的评论和界定，从而提出了"工商皆本"的理论和观点。

黄宗羲认为：国民经济各部门之间存在着有机联系，本来就不存在着哪个是"本"，哪个是"末"的问题。"本"和"末"不应该按农业和工商业的关系来划分，而应按某个行业是否有利于社会财富的增长来划分：凡是有利于社会财富增长的生产和流通事业，都是"本业"；反之，浪费和耗损社会财富的行业都是"末业"。

在他看来，当时浪费、耗损社会财富的活动和行业主要有以下一些：

（一）"习俗"。指婚、丧礼仪方面的陋习所引起的财富靡费，如送礼、宴会、祭祀、"含殓"（往死人口中填珠宝）、"刍灵"（纸人纸马）、佛事等等，"富者以之相高，贫者以之相勉"，凡围绕这些活动而为之服务和进行生产及流通的行业，应视之为"末业"。

（二）"蛊惑"。指由于迷信、愚昧所引起的各种财富耗损，如庙宇、祭品、香烛、纸钱、陈设等。

（三）"奢侈"。指贵族、富人寄生生活所挥霍、浪费的财富，如"倡优"（妓女及戏乐）、"酒肆"、"机房"（织造高档衣料的作坊）等，这些寄生性消费，"一夕而中人之产"，"一顿而终年之食"，"一衣而十夫之暖"。自然，生产和流通这些奢侈品的行业，也应视为"末业"。

以上黄宗羲所讲的严重耗损、浪费社会财富的这三个方面，大都是非生活必需品的生产和消费，在生产力非常低下的封建社会，最大限度地限制奢侈品和有害物品的生产，并把它们视之为"末业"是必要的和正确的。他正是在这一新的界定基础上，提出了他的"工商皆本"的理论和观点。这就是："今夫通都之市肆，十室而九，有为佛而货者，有为巫而货者，有为倡优而货者，有为奇技淫巧而货者，皆不切于民用，一概痛绝之，亦庶乎救弊之一端也。此古圣王崇本抑末之道。世儒不察，以工商为末，妄议抑之。夫工固圣王之所欲来，商又使其愿出于途者，盖皆本也。"以上黄宗羲的这一大段话，有以下一些基本内容：

（一）指出当时社会上"末业"盛行，"今夫通都之市肆，十室而九"都是生产和流通耗费社会财富的"作业"或"行业"。这些"作业"或"行业"，大都是生产和流通非人民生活所必需的奢侈品和有害物品，"皆不切于民用"，它们才是真正的"末业"，应"一概痛绝之"，否则，就无法使人民富足起来。

（二）指出那些为社会生产和人们日常生活服务的一般工商业，它们同农业一样是国家和人民所需要的，是"圣王"所要鼓励和招徕的，而不是什么末业。

（三）认为"古圣王崇本抑末之道"抑的"末"业就是指的那些奢侈品和有害物品，并斥责"世儒不察，以工商为末，妄议抑之"。他的这一看法并不完全符合历史事实。前面讲到过，儒家的"古圣王"并没有宣扬过什么"崇本抑末之道"，"崇本抑末"原是战国法家的发明；不过，黄宗羲坚决反对把"末"等同于工商的观点，认为这不是"古圣王"的主张，而是"世儒"对古圣王"崇本抑末之道"的歪曲。这表明他反对重本抑末论的封建正统经济观点的态度，还是泾渭分明的。

（四）在重新界定"本"、"末"的基础上，进而提出了与"重本抑末"论相对抗的"工商皆本"论，这就把对重本抑末论的批判，提高到了封建时代可能达到的最高限度。

重本抑末论自西汉末形成封建正统经济思想的一个主要教条之后，首先起来对之提出异议的是东汉中叶的思想家王符。他反对把工商业和农业隔离对立起来，把工商业一律斥为"末业"而主张加以抑制，而是认为工商业中有本有末：只有为"京师贵戚"、"郡县豪家"这些大地主势力服务的奢侈品生产和流通行业，才是"损民贫国"的末业，至于为社会生产和广大人民生活需要服务的一般工商业，则不是什么末业，而是和农或农桑一样属于"本业"。重本抑末论以农业和工商业的行业界线作为划分本、末的界线，实质上体现了维护自然经济的封建统治势力对商品经济的歧视和排斥。王符否定了这条界线，一定程度上可说触及了重本抑末教条的要害。但是，王符没有正面批判重本抑末论，反而把自己称作是重本抑末论的拥护者,只是采取修改"末"的概念的办法,曲折地对重本抑末论提出异议。

唐宋时期,工商业有了较多的发展,重视和肯定工商业的思想家也逐渐多起来。这些人对重本抑末论,自然是有所保留的。于是,批判重本抑末论的声调也随之有所提高。南宋时期,叶适终于以公开的方式对重本抑末论进行了攻击。他说:"夫四民交致其用而治化兴,抑末厚本,非正论也。"(《习学记言序目·史记》)

非正论,也就是邪说、谬论。重本抑末论的宣扬者一贯把它奉为古圣王之道,奉为思想学术的正统,而把同它相异、相反的观点斥为异端、邪说。现在叶适宣布:重本抑末论不是正论,这就把这一教条罩在自己身上的神圣光轮给剥下来了。

但是,对于什么是正论,叶适没有说。他对重本抑末论攻击虽猛,但没能提出一个新的理论代替它。

比叶适稍晚的袁燮提出了"民以食、货为本"(《论足食通货疏》。见《历代名臣奏议》卷六〇)的论点。在中国传统的用法中,"货"指"食"以外的其他财富,主要是指货币及工商财富。"食、货为本",也就是农业和工商业、农业财富和工商财富都是本。

袁燮比前人的进步处有两点:一是他提出了"食、货为本"的论点和农本工商末、重本抑末的论点相对立,这使反对重本抑末论的思想开始有了和重本抑末论旗鼓相当的对阵形式,弥补了叶适那种只批判而没有自己的正论的缺点。二是他开始以一般形式提出"货"或工商的地位问题:他不像王符那样把工商说成有本有末,而是一般地说货和食都是本,这至少在形式上开始给予工商业和农业并立的地位。

但是,袁燮没有对重本抑末论进行批判,他显然不是自觉地针对重本抑末论而提出食货为本论的。在这一点上,他和叶适各自走了一偏。

　　黄宗羲的"工商皆本"论，在继承前人的这些优秀思想的基础上，从新的理论高度，对传统的本、末概念，作了重新的划分和界定，明确地以对社会生产和广大人民生活的作用作为划分本末的界限，从而对传统思想的那种以国民经济不同部门的界限作为划分标准的做法，从理论上予以否定。

　　黄宗羲既对重本抑末论给予了公开的、猛烈的批判，又从正面提出了一个新的理论——工商皆本论——来和它相对立。他的批判，比叶适的批判有更充分的辩诘、论证，也更有理论高度。叶适只批判"非正论"，黄宗羲则在批判非正论的同时，提出了自己所认为的正论。黄宗羲的工商皆本论，在性质上与袁燮的食货为本论大体一致，但他是在批判重本抑末论的基础上建立自己的工商皆本论的，因而要比袁燮的论点有更自觉的形式，也更有理论高度。

　　表面上看，黄宗羲的工商皆本论有一点同王符的工商亦有本末论颇为相似：它们都认为只有从事奢侈品生产和流通的工商业才是末业。实际上两者之间却有一个重大差别。在王符看来，农是国民经济之本、国计民生之本；工、商从总体上说并没有这种地位，只是在工、商业中有一部分（"致用"之工和"通货"之商①）在工、商业中属于"本"，是工、商中之"本"。黄宗羲的工商皆本论则不同。它只是把工、商业中从事奢侈、迷信的行业看作应予抑制之末，而工商业总体、工商业一般，却是和农业一样，"盖皆本也"。可以说，王符只是说"工商有本"，而黄宗羲却是说"工商皆本"；前者只是个偏称，后者却基本是个全称或一般性命题。这显然是不

————————

　　①　《潜夫论·务本》。

同的。

黄宗羲的工商皆本论在明清之际出现，不是偶然的。明代中叶后，东海沿海地区的商品经济和私人工商业有了较多发展，资本主义生产的萌芽已经存在。虽然由于中国的特殊历史条件，封建社会中没有形成工商业者的自治城市和明显的、有力量的市民等级，但毕竟商品生产者、工商业者的经济和社会力量会因之而有所增强。工商皆本论的提出，是这种形势变化在意识形态领域中的反映，它表明：体现商品经济和工商业发展要求的社会力量，已在为保障自己的利益、提高自己的社会地位制造舆论了。

黄宗羲的"工商皆本"论，还不可能是对传统"重本抑末"论的最终扬弃。"工商皆本的提法就意味着承认农业也是本，而黄宗羲所说的农业，仍不外是封建主义的农业；当时的工商业，也基本上还是行会和商会控制下的封建的工商业，至多只是包含着很少量的资本主义萌芽性质的手工工场在内。工商皆本的口号，还不是一个要求发展资本主义生产的口号。"①但是，封建社会内部商品货币经济的发展必然会孕育资本主义生产关系的产生和发展。黄宗羲的"工商皆本"论，毕竟是这一时代动向在意识形态领域中的较早的表现。

第五节　废金银用钱钞论

在黄宗羲的经济思想中，货币问题亦是相当受到重视的一个问题。他在《财计》篇中，专辟一、二篇，集中地论述了他的货币观点和主张。他的货币思想可以用一句话概括之，即废金银用钱钞。

---

① 　参阅赵靖：《中国古代经济思想史讲话》，第556页。

在《财计一》中，黄宗羲开宗明义地提出："后之圣王而欲天下安富，其必废金银乎？"在这里，他把废金银提到了关系天下"安富"的高度，这反映了明清之际货币问题的尖锐性和严重性。

黄宗羲的"废金银"主张是从两方面立论的。一是，从中国历代一般不以金银为通货的史实出发。黄宗羲较为详细地考察了我国封建社会货币发展和演变的历史。他说："古之征贵征贱，以粟帛为俯仰"，"通工易事，男粟女布是也"。这是说三代时，是以粟米布帛等实物为货币，尚无以金银为货币的现象和情况，"其时之金银，与珠玉无异，为馈问器饰而已"。而三代以下，"用者粟帛而衡之以钱，故钱与粟帛相为轻重"，以后的各朝各代，大都是"钱与谷帛杂用"，有的地区"用钱"，有的地区"杂以谷帛"，有的地区也有"钱皆不行"。故"按唐以前，自交、广外，上而赋粟，下而交易，一切无事于金银，其可考者彰彰若是"，至宋时，"其时有以金银用者"，但"未始不以钱为重也"。而金银作为流通手段的货币，他认为则是："及元起北方，钱法不行，于是以金银为母，钞为子，子母相权而行，而金银遂为流通之货矣。"从以上黄宗羲对货币历史的考察来看，不论其是否完全吻合历史，但不难看出，其目的是要说明，金银无论是用为赋税交纳或是交易，在我国历史上都是为时非常短暂，不占主导地位的："未始以金银为正供"；而各朝各代仍"以钱为重"，钱与谷帛才是我国的基本货币；这是为其废金银的主张寻找历史根据①。

二是从当时的"银力已竭"的现实情况出发。他叙述当时的情况是："夫银力已竭，而赋税如故也，市易如故也，皇皇求银，将于何所？故田土之价，不当异时之什一"，又"当今之世，宛转汤火

20世纪儒学研究大系

---

①　本段引文均见《明夷待访录·财计一》。

之民,即时和年丰无益也,即劝农沛泽无益也,吾以为非废金银不可"(《明夷待访录·财计一》)。他认为当时市面上产生"银荒"的原因是:其一,"今矿所封闭,间一开采,又使宫奴主之,以入大内,与民间无与,则银力竭"。这是说,封建政府封闭银矿,间或允许开采,又尽由"宫奴"专之,"以入大内",不允许民间开采。这是从金银来源上找原因。其二,"二百余年,天下金银纲运至于北京,如水赴壑。承平之时,犹有商贾官吏返其十分之二三,多故以来,在燕京者既尽泄之边外,而富商、大贾、达官、猾吏,自北而南,又能以其实力尽敛天下之金银而去。此其理尚有往而复返者乎?"(《明夷待访录·财计一》)这是说,明政府征收之金银,不断被运往北京,而经过官吏、商人贸易能返回外省的金银,不过十分之二三,加之战乱频仍,运进北京的金银,返回更少,且自北而南被商人官吏"尽敛天下之金银而去",哪里还有复返的希望?!

以以上二者为依据,黄宗羲极力主张废金银。此外,他还提出了一个"七利"论,从理论上论证废金银的必要性,七利是:

> "粟帛之属,小民力能自致,则家易足,一也;铸钱以通有无,铸者不息,货无匮竭,二也;不藏金银,无甚贫无甚富之家,三也;轻赍不便,民难去其乡,四也;官吏赃私难覆,五也;盗贼胠箧,负重易迹,六也;钱钞路通,七也。"(《明夷待访录·财计一》)

黄宗羲提出这"七利",前人和同时代人多有论及。这些所谓"利",有些是十分牵强的,如说:"不藏金银,无甚贫甚富之家。""富者田连阡陌,贫者无立锥之地",难道不是"甚贫甚富之家"?又如说:"盗贼胠箧,负重易迹。"意思是说:偷盗金、银的盗贼,因为便于携带远逃,难于查获;偷盗其他财物,笨重难携,其迹易寻。其实,开箧偷窃金、银的盗贼,正如庄子所说,乃是小盗,而真正难于查获的大盗,其难于查获之处,并不在于挟财远遁。

从总体上说,"七利"反映了封建自然经济的维护者反对发展商品经济的观点。像"粟帛之属,小民力自能致,则家易足",这显然是在为自给自足、男耕女织的自然经济唱赞歌;而"轻赍不便,民难去其乡"则是说:无金、银不便于扩大商品流通,因而便于把商品流通限制于极狭小的地域范围,有利于保持安土重迁的自然经济闭塞状态。

"七利"论在明清时代是广为流行的,甚至是在思想界占优势的理论。像黄宗羲这样的提出过工商皆本论的思想家,在货币问题上也宣扬"七利"论,强烈要求废金银,这正是中国封建社会的发展已陷于停滞、僵化,具有启蒙色彩的思想意识自身也软弱无力的状况的表现。

对黄宗羲废金银的主张,还不能认为它是完全否认金银货币的作用。他对元代用银就是持赞赏和肯定的态度。他说:元之"立提举司,置淘金户,开设金银场,各路听民煽炼,则金银之出于民间者尚多";又说:银与钞"互为表里,银之力绌,钞以舒之"(《明夷待访录·财计一》)。可见,他的废金银的主张,也是有其特殊的情况和具体原因的。他反对用银,相当程度上是反对"以银为赋"。但是,他在理论上那样强烈地宣扬废金银之利,把用金银为币同"天下安富"对立起来,他毕竟是把废金银作为一个战略问题,而不是作为救弊的主张提出来的。

黄宗羲虽主张废金银,并非要返回到实物货币的时代,而是主张以钱为发钞之本,钱钞同时流通并用。不过,他心目中理想的货币还是钱币,"诚废金银,使货币之衡尽归于钱"(《明夷待访录·财计二》)。

首先,他指出了明代行钱法的弊端。他说:"有明欲行钱法而不能行者:一曰惜铜爱工,钱既恶薄,私铸繁兴;二曰折二折三,当五当十,制度不常;三曰铜禁不严,分造器皿;四曰年号异文。此四害者,昔之所же;五曰行用金银,货不归一;六曰赏赉、赋税,上行于下,下不行于上。昔之害钱者四,今之害钱者六。"(《明夷待访录·财计二》)黄宗羲讲的前四害是封建社会历代行钱法的通病,后二害乃是针对当时的时弊,主要也是指的"以银为用"、"以银为赋"的害处。

那么,如何对钱币制度进行改革呢? 他提出的办法是:其一,"京省各设专官鼓铸,有铜之山,官为开采",即由国家和政府垄断和控制钱币的铸造权,严禁私铸,实行货币统一制度;其二,"民间之器皿,寺观之像设,悉行烧毁入局",即禁止民间、寺观用铜或金银制造器皿、像设;其三,"千钱以重六斤四两为率,每钱重一钱,制作精工,样式画一,亦不必冠以年号",这样做是为了保证钱币的质量和币值的稳定;其四,"除田土赋粟帛外,凡盐酒征榷,一切以钱为税",即除土地征实物税外,其他盐酒等一律以钱为税。他认为照此办理,钱币一定能大行。其实他讲的这些改革意见和办法,并无什么新意,大都是前人或讲过或实行过的。

其次,关于行钞法。他同样指出了明代钞法不行的原因在于明末统治阶级集团听信桐城诸生蒋臣等人的发钞主张。指责蒋臣"言钞法可行,岁造三千万贯,一贯直一金,岁可得金三千万两"。黄宗羲认为,这是借行钞之名,行滥发纸币、搜刮民财之实,"所入既多,将金与土同价",其结果是百姓对钞币"无肯应者"。他引用大学士蒋德璟的话说:"以一金易一纸,愚者不为。"(《明夷待访录·财计二》)他极为赞赏宋代之称提钞法,他说:"然宋之所以得行者,每造一界,备本钱三十六万缗,而又佐之以盐酒等项。盖民间欲得钞,则以钱入库;欲得钱,则以钞入库;欲得盐酒,则以钞入诸务;故钞之在手,与见钱无异。其必限之以界者,一则官之本钱,当使与所造之钞相准,非界则增造无艺;一则每界造钞若干,下界收钞若干,诈伪易辨,非界则收造无数。宋之称提钞法如此。"(《明夷待访录·财计二》)他还称许元之钞法所以得行者,也是在于"随路设立官库,贸易金银,平准钞法"。他认为明代钞法之所以失败,就在于"不过倒收旧钞,凡称提之法俱置不讲","但讲造之之法,不讲行之之法,官无本钱,民何以信?"因此,黄宗羲提出行钞办法是:"停积钱缗,五年为界,敛旧销而焚之!官民使用,在关即以之抵商税,在场即以之易盐引,亦何患其不行!"(《明夷待访录·财计二》)不难看出,他的行钞办法主要是仿行宋之称提法,即一是以钱为本,"停积钱缗";二是分界发行,"五年为界";三是以钞抵关税,易盐引。至于是否兑现的问题,他没有明确表示。看来,他在货币问题上是金属主义者,同时,他对纸币管理问题,研究过并且肯定了宋元时期的一些称提纸币的经验。不过,他在理论认识上以及在称提之术方面,都并无新的建树。

在当时的货币流通中已广泛用银并且银占主要地位的情况下,黄宗羲把钱作为发钞之本,想使纸币成为钱的价值符号。这种发钞思想,也是对现实货币流通情况的一种倒退。

(本文选自:赵靖主编《中国经济思想通史》
第4卷第71章,北京大学出版社1998年)

黄宗羲是我国明清之际最杰出的启蒙主义思想家。他的经济思想主要包括:复井田方案:这种田制思想,是一种在理论上没有说清楚,在实际运作方面又充满矛盾漏洞的思想。这是一个不可能实现的土地分配方案。尽管如此,它仍然包含着反对土地兼并的积极内容。减赋论:黄宗羲把赋税问题同田制问题相提并论,解决赋税问题,其意义不在田制以下。他把当时赋税制度存在的问题概括为"三害",针对"三害"的现实,提出了赋税改革的建议。工商皆本论:黄宗羲对重本抑末论给予了猛烈的批判,从正面提出了一个新理论,即工商皆本论。它是明代中叶后商品生产者、工商业者社会力量增强在意识形态领域中的反映。但这一理论还不可能是对"重本抑末"论的最终扬弃。

顾炎武经济思想简论

田 泽 滨

明末清初的硕儒、爱国志士顾炎武(1613—1682)是近数百年来卓越的进步思想家之一。在宋明理学占居统治地位,人们思想空虚、僵化,知识沉沦的时代里,他"拨乱涤污","综核名实",大力倡导实事求是、"经世致用"的为学宗旨,开一代新风,在学术思想史上有着巨大而深远的影响,至今为人所崇敬。

炎武之学"体大物博",论著繁富。清代学者每多发出"书之精微弗能尽也"(《日知录刊误序》)的慨叹,甚或自称"未能涉其藩篱"(《日知录小笺》)。笔者谫陋,不敢论其宏旨大观,仅就其社会经济思想略陈管窥之见,以纪念先生逝世三百一十周年。

一

16世纪以后,我国的社会经济开始出现了一种深刻而重大的变化,那就是在贫瘠的封建土壤上资本主义的幼芽破土而出。它的出现预示着货币权力与土地权力相互争夺的局面加剧展开。一般来说,在西欧的中世纪"土地所有权的转化为商品是旧贵族的最后颠覆和货币贵族的最后的完成"(马克思:《经济学—哲学手稿》45页)。然而在中国的封建社会中"富者有资可以买田,贵者有力可以占田"(《文献通考·田赋三》),地权的争夺、转移在贵者(官僚贵族)和富者(豪民地主或富裕农民)之间早已盛行。只不过早随着封建社会内部商品货币经济的发展,土地日益深入广泛卷入流通,包含着货币力量的豪民经济与体现政治权力的权贵地主对土地主权的争夺更为激烈,争夺开始具有新的意义罢了。

在中国封建土地所有制关系中,秦汉以降历代王朝皆有官田(或曰公田)与民田(亦曰私田)两种土地所有制形式,而官田私有化又是一种客观的历史趋势。有明一代由于历史的、战争的和政治的诸多因素,官田数量又有大幅度回升。据《明会典》所载,弘治十五年(1502)统计,官田数量占到全国官民田总数的14.15%,其中商品经济最发达的太湖平原地区如苏南的苏州、松江两府官田比重分别高达62.99%与84.52%。明代的官田名目甚多,而皇庄、王庄、官庄尤为人所瞩目。史称明"中叶以后,庄田侵夺民业,与国相终"(《明史·食货一·田制》)。王官庄外,缙绅官僚兼并土地,从明中期开始也前所未有的猖獗。史载"宪孝两朝以前,士大夫尚未积聚",然"至正德间,诸公竟营产谋利"。据松江人何良俊说,"吾松士大夫一中进士之后,……日逐奔走于门下者,皆言利之徒也。或某处有庄田一所,岁可取利若干。或某人借银几百两,岁可生息若干。或某人为某事求一覆庇……而可以坐收银若干",求田问舍,"利令智昏"(《四友斋丛说·正俗》),达到不知羞耻的地步。

在商品经济日趋活跃条件下,土地沦为商品,有钱则买,无钱则卖,往往"不五六年间,而田宅皆已易主",其"子孙贫匮至不能自存"(《四友斋丛说·正俗》),然而特权阶层,本能地维护其封建权益,在疯狂兼并的浪潮中,新的经济力量受到扼制,僵化陈旧的封建生产关系,得以加强,自耕农民大量破产而成为佃农甚至沦为农奴。顾炎武指出"吴中之民有田者什一,为人佃作者什九"(《日知录集释·开垦荒地》),"人奴之多,吴中为甚"(《日知录集释·奴仆》)。深刻揭示了在经济发达地区的逆向态势。这种所有制结构不仅加剧并全面激化着社会矛盾,而且窒息着资本主义经济因素的增长。

土地所有制关系引起的这种冲突出路何在?"哪一种土地财产等等的形式最有生产效能,能创造最大财富",或者说最符合历史发展的趋势呢? 马克思曾经回答说:"我们在古代人当中不曾见到有谁研究过这个问题。""人们研究的问题总是,哪一种所有制形式会造就最好的国家公民。"(《马克思恩格斯全集》第 46 卷第 485 页)我国封建政治家思想家在面临土地问题而提出解决方案时,总是怀念早已逝去的井田制度、均田制度,其出发点也在于此。因为这些古老的制度可以"齐民财之丰寡",限制土地转移兼并,足以"张太平之纪纲"(《后汉书·仲长统传》)。明代以研究经济而著称的思想家丘浚倡导的"配丁田法",用限制土地自由买卖的办法以实现"民有常产而无甚贫甚富之不均"(《大学衍义补·制民之产》),其模式仍不过是古人限田方案的延伸,理论上无有新意,实践上窒碍难通。甚至包括与顾炎武同时代的启蒙思想家黄宗羲在政治上鲜明地反对君主专制,而在土地问题上依然摆脱不了井田观念的约束,提出"吾于屯田之行而知井田之必可复也"(《明夷待访录·田制二》)的空想主张。

顾炎武尊重历史,熟悉历史,赞扬北魏均田曾"创百世之规",也赞许过那种"仿古井田之制"而采取变形、改革的各种方案为"知言之士"(《日知录集释·后魏田制》)。然而他更重视历史变化中的客观实际。因为在商品经济已经相当发展的条件下,"地力之盈虚,人事之赢绌,率数十年而一变"(《日知录集释·苏松二府田赋之重》），土地买卖，产权转移，乃是一种不可避免的趋势。

根据这样一种基本认识，他认为明代的土地问题关键不在于土地成为商品进入流通，而是封建地产的僵化。"不运动"，使所有制关系难以得到自然调节。所以他把土地问题的症结首先指向官田。

顾炎武从三个方面对官田进行了深刻批判：

首先揭示明之官田增长不是经济的行为而是政治手段，它强化了封建地产的僵化结构。他说："自三代以下，田得买卖，而所谓业主者，即连陌跨阡不过本其锱铢之直。而直之高下……率数十年而一变。奈何一入于官而遂如山河之界域之不可动也。……而况没入之田本无其直者乎。"（《日知录集释·苏松二府田赋之重》）这是立足于土地私有制和商品流通的立场而发出的议论。

其次，明代的重赋特别是江南重赋之害与官田之弊密切相关。史载：明初"太祖定天下官民田赋，凡官田亩税五升三合五勺，民田减二千，重租田八升五合五勺，没官田一斗二升。惟苏、松、嘉、湖……籍诸豪族及富民田以为官田，按私租簿为税额……亩税有二三石者"（《明史·食货二》）。为什么私租额变为官租额就造成民力不支"流移失所"呢？他指出："田未没入之时，小民于土豪处还租，朝往暮回而已。后变私租为官粮，乃于各仓送纳，运涉江湖，动经岁月。有二三石纳一石者，有四五石纳一石者，有遇风波盗贼者。""以农夫蚕妇冻而织，馁而耕，供税不足则卖儿鬻女，又不足然后不得已而逃，以至田地荒芜，钱粮年年拖欠"（《日知录集释·苏松二府田赋之重》），病国害民。他还进一步指出官田之弊不仅仅表现为苏松有重赋之害，也不仅是有明一代特有的弊端，而是唐宋以后各代皆然。他引用唐人元微之的奏议说：唐朝"凡京官上司职田，又须百姓变米雇车般送，比量正税近于四倍；其公廨田、官田、驿田等所税轻重,约与职田相似。是则官田之若,自唐已然,不始于宋元也”(《日知录集释·苏松二府田赋之重》)。

再次,由于官田民田渗漫交错,田赋高下悬殊,政府管理困难,里胥易于售奸,民间产权、赋税的纠纷与日俱增,官受其累,民罹其难。他指出,在经济利益支配之下,民间“买卖过割之际,往往以官(田)作民(田),而里胥之飞洒移换者又百出而不可究。所谓官田者非昔之官田矣,乃至讼端无穷而赋不理”。他认为在变化了的形势下,官田早已面貌全非,政府对田赋也作了一些调整改革,然而“国家失累代之公田,而小民代官佃纳无涯之租,事之不平莫甚于此”。他认为,既然“执官租之说以求之固已不可行”,那就应当保留必要的屯田和学田之外,废除官田,一律“定其肥瘠高下为三等”征赋,才能真正“去累代之横征,而立万年之永利”(《日知录集释·苏松二府田赋之重》)。

顾炎武的这些富有时代气息的深刻批判是立论于土地自由流通的私有制基础上的。在他看来,土地私有制之所以合理,之所以顺乎历史潮流,不仅仅在于连阡跨陌的业主是“本其锱铢之直”,它还直接牵涉到业主经营的优劣、农业效益的高低,财富消耗或积累等许多因素。因之,地产的转移,贫富的分化变迁,乃“势之所至,情不可强也”,任何人为的政治干预,只能是“拂人情而讼繁兴。且如人孰不爱其子,岂待君子者之禁”(《天下郡国利病书》卷五二,《河南·屯田》),应顺乎其自然。他肯定土地私有制尤其富室田产的正当性,还有一个着眼点那就是有益于社会生产,他根据考察得到的结论是,“贫民种田,牛力粪草不时,有塘池不能浚而深,堤坝不能筑而固,一遇水旱则付之天而已。今富室于此等则力能豫为,故非大水旱未有不收成者。况富室不能自种,必业与贫民,贫民虽弃产卖于富室共其利”(《天下郡国利病书》卷一四,《江南·应天府》）。"共其利"之说固然为顾氏的阶级本性所致，但他指出富室田产有生产上的规模效益，根本上摆脱了先儒"民不患寡而患不均"的观念，不能不说是颇有见地的。

顾炎武肯定富室兼并的合理性，但对官僚、缙绅仗恃封建特权而兼并民人则持尖锐的批判态度，指出："天下之病民者有三：曰乡宦、曰生员、曰吏胥，是三者法皆得以复其户而无杂泛之差，于是杂泛之差，乃尽归小民。"他说：假如"一县之地有十万顷，而生员之地五万，则民以五万而当十万之差矣"。这些人所占之土地比重越大，则民地之负担越重。而且"民地愈少，则诡寄多，诡寄愈多，则民地愈少"，恶性循环，必至"贫者相率而逃且死"（《亭林文集·生员》）。他追求的是没有封建特权的相互竞争。然而问题并没有到此为止，他还主张废弃落后的奴仆制而代之以出资雇佣，希望"有王者起，当悉免为良"；"士大夫之所用仆役，并令出资雇募，如江北之例，则豪横一清，而四乡之民，得以安枕"（《日知录·奴仆》）。

在地主土地私有制的前提下，劳动者与生产资料相结合的主要形式是租佃关系。对此，顾炎武没有作出新的更高层次的选择。但是他观察到"佃人竭一岁之力，粪壅工作，一亩之费贵至一缗，而收成之日所得不过数斗。至有今日完租而明日乞贷者"，不会有生产的积极性。他主张对定额制实物租实行最高限额，"即当禁阻私租，上田不得过八斗"，认为"如此则贫者渐富，而富者亦不至于贫"（《日知录集释·苏松二府田赋之重》）。这一见解是否可以缓解因地主土地私有制而加剧的社会矛盾，或者能否达到他预期效果，可以暂且不论。但是在租额相对稳定的条件下，对佃农来说，"这些事会刺激他去提高劳动力的紧张程度。并且……这种劳动力的使用决不是以农业为限，却还要包括农村的家庭工业。

某种经济发展的可能性就由此给予了"(《资本论》第 3 卷第 1036
页)。

二

关于社会生产,顾炎武在考察总结天下郡国利病的基础上对
农、工、商业、交通运输等方面提出了许多远见卓识和至今仍有积
极意义的可贵主张。

"土地是一切生产和一切存在的源泉,并且它又是同农业结
合着的"(《马克思恩格斯全集》第 46 卷上第 44 页)。我国疆域辽
阔,土地富饶,农业生产有良好的条件和悠久的传统。在明代大土
地私有制空前扩展的环境下,"土地本身,无论它的耕作,它的实
际占有会有多大障碍,也并不妨碍把它当作活的个体的无机自然,
当作他的工作场所,当作主体的劳动资料,劳动对象和生活资料"
(《马克思恩格斯全集》第 46 卷上第 475 页)。对这种资源应当珍
惜,予以合理利用。

在这个问题上,顾炎武十分强调土地资源的合理利用,他说:
"古先王之治地也,无弃地,而亦不尽地。田间之涂,九轨有余道
矣。遗山泽之分,秋水多,得有所休息,有余水矣。是以功易立而
难坏,年计不足而世计有余。"在发展农业扩大耕地问题上,从一
己之私利,或者只顾近期效益,而无视整体安危和长远后果都是极
其有害的。他以"治地"为例,指出"后之人一以急迫之心为之",
全然不考虑"山泽之分"的自然效用,尤其"宋政和以后围湖占江,
而东南之水利亦塞,于是十年之中恒荒六七,而较其所得反不及于
前人"(《日知录集释》卷一〇),便是沉痛教训。他十分重视农业
发展与水的整治利用的紧密关系。在治理水害方面,他指出"水

之性,合则冲,骤则溢",故"禹贡之言治水也曰播曰潴",重在使之畅通和蓄容,"然后钟美可以丰物,恶流可以富民,而百姓之利由是而兴"(《日知录集释·河渠》)。在水利工程这一至关重要的规划施工上,他强调唐人姜师度的经验,即"无欲速,无建小利,二言为建功立事之本"(《日知录集释·水利》)。然而宋明以来的封建政府乃至社会往往相反,既无长远的总体规划,只顾眼前利益,不是疏通,而是采取障塞堤防,违反客观规律,以致"频年修治,频年冲决,以驯致今日之害,非一朝一夕之故矣"(《日知录集释·河渠》)。

造成明代社会水旱灾荒日趋严重的主要原因,顾炎武作了深刻分析。他指出:第一,"河政之坏也,起于并水之民贪不退之利,而占佃河旁污泽之地,不才之吏因而籍之于官,然后水无所容而横决为害"。此种与河争地的现象,自宋元以来,也可以说自土地私有制深入发展以来,就在迅速扩张。在北方"黄河退涸之时,旧水泊污地,多为势家所据"。在"河南、山东郡县棋布星列,官亭民舍相比而居",昔日黄河流经之地,"今皆为吾有",河无"容水之地",自然有"冲决之患"。第二,国家的水利决策受到现实诸多因素的制约。如黄淮中下游地区"皆转漕要路,而大梁在西南又宗藩所在",河滩退地变为官民田能增加政府收入等等,致使明朝政府"左顾右盼,动则掣肘","而一代之臣不过补苴罅漏,以塞目前之责,安望其为斯民计百世之长利哉。至于今日而决溢之灾无岁不告",成为人民生产生活的严重危害。第三,在明朝政治腐败条件下,整个官场乃至社会中的许多人,不是把水利而是把水害当作中饱私囊发财致富的良机。他指出:"天启以前无人不利于河决者,侵克金钱则自河总以至于闸官无所不利,支领工食则自执事以至于游闲无食之人无所不利。其不利者独业主耳。"(《日知录集释·河渠》)顾炎武的这些批判是极其深刻而切中明季水政之要害,值得后人总结继承的。

尤为可贵的是顾炎武在水利问题上,不但强调自然规律不能违反,不能只考虑眼前利益而忽视社会"百世之利",他还锐敏地指出,水利之兴废与整个气候自然生态都有密切关系:如谓"水日干而土日积,山泽之气不通,又焉得而无水旱乎?"又言:"雨者水气所化,水利修亦致雨之术也。"(《日知录集释·水利》)这些见解在今日也是符合科学原理的。

除农田水利之外,顾炎武还十分重视农业生产技术与先进工具的推广应用和因地制宜进行自然资源开发。他在《与潘次耕书》谈到关(雁门关)外之"当事者遣人到南方求能造水车、水碾、水磨之人,与夫能出资以耕者"。又云:"大抵北方开山之利,过于垦荒;畜牧之获,饶于耕耨。"(《亭林文集》卷四)他在代北曾言:"使吾泽中有千牛羊,则江南不足怀矣。"事实上他在昆山、章丘、代北、华阴都曾置产经营过农业,获得成功,所谓"小试垦田度地,累致千金,故随遇即饶足"(全祖望:《亭林先生神道表》)。其理论与实践的统一亦当为后世学人所师法。

顾炎武社会经济的主张是多方面的,讲求实效的。对于商品经济落后的西北农村,"布帛之价贵于西安数倍"。农户"既不获纺织之利,而又岁有买布之费,生计日蹙",一条鞭税法实施计亩征银,农民负担更重,国税征收亦难。他主张迅速引进推广内地的生产技术和工具,国家应首先责成地方长吏"发纺织之具,⋯⋯依式造成,散给里下,募外郡能织者为师"教之纺织,"一二年间,民享其利,国受其益"(《日知录集释·纺织之利》)。在生产和流通领域中,顾炎武强调政府的开放机制,不宜过多干预,更不应当与民争利,违反社会经济正常运行。他谈到"利不在官则在民,民得其利则财源通,而有益于官;官专其利则利源塞,而必损于民"
(《日知录集释·言利之臣》)。两者关系必须摆正,不能颠倒。他
从两方面事例作了深刻说明。一是明代官盐行盐区的划分,不符
合商品流通的自然法则。明朝于"产盐诸地次第设官",由都转运
使司,盐课提举司分区负责,盐的行销有严格区域限制,即所谓
"鬻盐有定所,刊诸铜版"(《明史·食货四·盐法》),其制甚严,
违则治罪。这种人为的限制曾经引起流通领域的极大混乱和不
便。他引唐代诗人杜甫的诗句:"云帆转辽海,粳稻来东吴。""蜀
麻吴盐自古通。""风烟渺吴蜀,舟楫通麻盐。""蜀麻久不来,吴盐
拥荆门。"赞扬吴蜀辽海间物资的交流畅达,指出:"如今日之法,
各有行盐地界,吴盐安得至蜀哉。"他认为"地利之便非国法之所
能禁也。明知其不能禁而设巡捕之格,课以私盐之获每季若干,为
一定之额,此掩耳盗钟之政也"。明季松江李雯曾主张变更盐法,
要求政府"就场定额,一税之后不问其所之,则国与民两利"。顾
炎武称"此论凿凿可行"。他认为在生产和流通两大环节上官府
的政策应着眼于"疏利源而宽民力","其说可通之于盐课者也"
(《日知录集释·行盐》)。其二是本着"利不在官则在民,民得其
利则财源通而有益于官"的思想,提出"利在于民,犹在国"的原
则,主张对手工制造业、矿冶业和商业流通等领域,封建国家都不
应进行更多的政治干预,"一税之后不问其所之",听其自然流通。
他特别指出"自万历中,矿税以来,求利之方纷纷,且数十年,而民
生愈贫,国计亦愈窘……治乱盈虚之数可从而知"(《日知录集
释·言利之臣》)。他甚至认为由政府把持的官营手工业亦"皆利
少害多";宫廷采购"市买诸物,每物置局有拘集之扰,有供应之
烦,朝廷所需甚微,民间所费甚大"(《日知录集释·宦官》),有碍
于生产和交换的正常运行。顾炎武在这里即在工商经济的领域中

再次突出"民生"之"利"的核心地位,它是整个社会运行机制即
"财源通"的关键所在,只有"财源通",才能收到"有益于国"的实
效。反之,违反这种关系而追求"求利之方"则得不偿失,"利少害
多"必然导致"民生贫"、"国计窘"的严重后果。

顾炎武的这种经济思想是适应商品经济发展需要而产生的。
他曾经提到:"天下之人,各怀其家,各私其子,是常情也。为天
子,为百姓之心必不如其自为。此在三代以上已然矣。圣人者因
而用之,用天下之私以成一人之公,而天下治。"(《亭林文集》卷
一,《郡县论》五)私是人之"常情","圣人"即应因其"私而用之",
"听其自为",不必用违反"常情"的规章、禁令强加抑制,便能收到
"公"与"天下治"的实效。当然这里所谓的"公"与"治"已不是传
统儒家的政治理想,而是"土地开,田野治,树木蕃,沟洫修,城郭
固,仓廪实,学校兴,盗贼屏,戎器完,而其大者人民乐业而已"
(《亭林文集》卷一,《郡县论》三)的繁荣昌盛局面。如果说黄宗
羲的"向使无君,人各得其自私也,人各得其自利也"(《明夷待访
录·原君》)是立足于"私"对封建专制君主制的政治批判,那么顾
炎武是立足于"私"对封建专制经济管理制度的深刻批判。两者
的思想都构成我国启蒙思想宝库的珍贵内容。

三

顾炎武批判封建专制政权的经济政策,是强调国家的制度、政
策对社会经济影响的极端重要。实际上在他的论著中着力论述更
多的还是国家政策问题,也可以说是国家对社会经济宏观控制的
大问题。这些问题涉及的方面十分广泛。要而言之,有如下三个
方面:

首先,明确指出生产为税收之基础,"有生财之方,而后赋税可得而收也"(《日知录集释·财用》)。脱离社会生产而片面追求税收增加或者仅在"善于理财"上作文章、找出路都是行不通和有害的。在这里他不局限于批判封建统治者的竭泽而渔,而是积极主张政府要把发展生产、创造社会财富摆在首要地位。

在税制上,他有针对性的强调三点:一是立法一而不繁,认为:"法不一则民巧性"(《日知录集释·地亩大小》);二是轻税额讲实效,主张"稽古税法,斟酌取舍以宜于今者,轻其重额,使民如期输纳。此则国家有轻税之名,又有征税之实"。他以江南苏松两府田粮为例,指出"往古自有田税以来未有若是之重者也,以农夫蚕妇冻而织,馁而耕,供税不足则卖儿鬻女,又不足然后不得已而逃,以至田地荒芜,钱粮年年拖欠",不得不致使政府予以"恩赦"。仅永乐、宣德间两次放免之数均达数百万石之多。与其"徒有重税之名,殊无征税之实"(《日知录集释·苏松二府田赋之重》),曷若轻其税额而收实征之效。在制定税收方面,应注意到效益均衡合理分摊。他以政府盐课与盐商、灶户三者利益为例,指出:"商不得利之祸浅,而灶不得食之祸深。……且商人皇皇求利,今令破家析产,备受窘困,富者以贫,贫者以死,……若束缚之,急使之,一无所顾,今天下安得岁增民间百余万粟,输九边以为兵食者乎?"(《天下郡国利病书》卷二八,《江南》一六)这方面必须兼顾国家、盐商、灶户三者的利益,否则国家百万金的盐课收入亦将落空。三是政府税收虽以钱计,实际征敛则应结合实际,不能强求一律。他说:"若度土地之宜,权岁入之数,酌转般之法,通融乎其间。凡州县之不通商者,令尽纳本色,不得已以其什之三征钱。"(《日知录集释·以钱为赋》)这就要求政府根据封建国家之需要、物资运输条件和地区差别进行宏观上通融调剂,对商品经济尚不发达钱货难得的边远地区,可征本色或部分折钱输纳。

其次,从藏富于民的基点出发,对于国家财政,他主张中央、地方合理分配,给地方以适当的自主权,反对中央财权的过度集中。

中国历史上财政权力高度集中与专制集权政治是相辅相成的。宋朝是一个重要发展阶段。他指出:"唐自两税法后,天下百姓输赋于州府,一曰上供,二曰送使,三曰留州。及宋太祖乾德三年(965)诏诸州支度经费外,凡金帛悉送阙下,无得占留。自此一钱以上皆归之朝廷,而簿领纤悉特甚于唐时矣。然宋之所以愈弱而不可振者实在此。"他说:"昔人谓'古者藏富于民',自汉以后,财已不在民矣,而犹在郡国,不至尽辇京师,是亦汉人之良法也。后之人君,知此意者鲜矣。"至于宋朝之所以"愈弱而不可振",是不是完全因为财权集中所至,还可以研究,但宋之财权高度集中使地方失去主动精神,从而影响社会经济则是可以肯定的。

就明代而言,他认为"尽外库之银以解户部,盖起于末造,而非祖宗之制也"。具体来说天启时南京操江宪臣范济世开其端,后来魏忠贤总其成,把集权财政推向顶峰。范济世上疏"一切外储尽令解京,而搜括之令自此始",故他说此种局面"开于范济世,成于魏忠贤,而外库之虚,民力之匮所系来矣"(《日知录集释·财用》)。在顾炎武看来明代末期这种中央财政崩溃的历史教训是值得总结的。

从这里,顾炎武在三个层次上总结发挥了他的财政主张:1.要"藏富于民",富民是国家财政的基础,他引宋人苏辙的话说:"善为国者藏之民,其次藏之州郡,州郡有余,则转运司常足,则户部不困。"(《日知录集释·财用》)2.财政分配应兼顾中央和地方,特别要予地方(州郡)以财政自主和支配之权,要使"州郡有余"。换言之,中央不能控制过死。顾炎武在政治上反对封建专制集权,主张

"寓封建之意于郡县之中"（《亭林文集》卷一，《郡县论》一），地方上"辟官、莅政、理财、治军，郡县之四权"（《日知录集释·守令》）应得到尊重。他认为如果地方财政税收"尽令解京""不留赢余，常俸至不能自给"，不但易"多赃吏"，而且"遇岁一俭，郡县之租税悉不及额……东那西挟，仓廪空虚而郡县无复赢蓄以待用，或者水旱荐至，闾里萧然，农民菜色，而郡县且不能以振救，坐至流亡，是以言莅事而事权不在于郡县，言兴利而利权不在于郡县……尚何以复论其富国裕民之道哉？"（《日知录集释·守令》）。他用唐代区域性水利建设为例，指出"唐时为令者犹得以用一方之财，兴期月之役。而志之所书大抵在天宝以前者居什之七，岂非太平之世，……常以百里之官而创千年之利"（《日知录集释·水利》）的明证。因此地方拥有一定的财政权是十分必要的。3. 在财政上给地方以适度自主权，有利于中央和地方两个积极性的发挥，反之，则隐患无穷。他引用管子的话警告说："与天下同利者，天下持之。擅天下之利者，天下谋之。"认为"崇祯末年之事可为永鉴也。已后之有天下者其念之哉"（《日知录集释·财用》）。这个见解是相当深刻的。

最后，论及封建国家宏观控制社会经济的一个重要内容是货币发行。目前有的学者认为顾炎武在这方面"谈得甚多而缺乏新创见解"。我看这多半是从货币史理论角度，而不是从明代整体社会经济、政治历史的实际状况出发，所以其评价未必全面公允。须知明代财政与货币制度曾经历了两次深刻变化：一是明初的实物财政经历了一个漫长过程之后，至万历年间转换为货币财政；二是货币体制由钱、钞并行迅速演变为以银为通货。两种变化相互交错，加上随商品经济发展而来的种种社会问题，顾炎武一本经世致用之宏旨，强调货币财政下不能忽视粮食的生产和储备，批判

"国家所收之银,不复知其为米",造成"仓廪之积少"的危险局面。以至他谴责政府"夫树穀而征银,是畜羊而求马"(《日知录集释·以钱为赋》)。这给人以反对货币财政的印象。这其实是一种表面的看法。因为他主张"凡州县之不通商者,令尽纳本色,不得已以其什之三征钱"(《日知录集释·以钱为赋》),而不是要恢复实物财政。

相反,顾炎武对明代货币流通中存在的问题提出了十分中肯而又富时代色彩的精辟意见。首先,他指出"钱币之本为上下通共之财","古人制币以权百货之轻重,……将以导利而布之上下,非以为人主之私藏也"(《日知录集释·财用》)。钱币的功能主要在于流通,政府只有正确掌握"轻重敛散"之权使泉货"准平",社会经济才能得以正常发展。他认为明朝政府违背了这一基本规律,"莫不善于明之行钱"的一个重要表现是"明之钱下而不上",忽视回收环节,从而降低了它的信用价值,局限了它的流通范围,以至民间"伪钱之所以日售,而制钱之所以日壅",给社会生产、流通和人民生活造成混乱与困难。他主张,"请仿前代之制,凡州县之存留、支放皆以钱代,则钱重。钱重,则上之权亦重"(《日知录集释·钱法之变》),国家宏观控制的力量便得以加强。

明初印制的"大明宝钞"与钱币同是法定货币,明令"天下通行"。为保证宝钞的流通,政府"禁民间不得以金银物货交易,违者罪之;以金银易钞者听"(《明史·食货五》)。虽然雷厉风行,却因宝钞贬值,"而钞法益坏不行"。顾炎武认为明代钞法失败的原因在于商品货币经济日趋发展的历史条件下,贵金属之成为通货是势所必然,无视这种客观趋势,必然碰壁。他说:"今日上下皆银,轻装易致,而楮币自无所用。故洪武初欲行钞法,至禁民间行使金银,以奸恶论,而卒不能行。及乎后代,银日盛而钞日微,势不

两行,灼然易见。……未察乎古今之变矣。"(《日知录集释·钞》)
更重要的是他进一步指出明代宝钞之缺乏信用价值在于没有用硬
通货作本位。他说"无钱为本亦不能以空文行"。因此,他认为在
经济法则面前,"天子不能与万物争权"(《日知录集释·钞》)。

明代白银之成为通货,自英宗改折江南漕粮已为政府所认可。
万历时张居正行一条鞭法"计亩征银",白银成为主要流通手段。
对于白银,顾炎武有时视之为"害金",因为它引起"火耗"之类的
暴敛横征,加重了百姓的苦难。然而作为货币,他强调的是应使其
流通。他说:"今日之银,犹夫前代之钱也。乃岁征数百万贮之京
库,而不知所以流通之术,于是银之在下者竭涸,而无以继上之求,
然后民穷而盗起矣。"(《日知录集释·财用》)明代银矿,时闭时
开,产量不多。万历时矿监四出,历时八年总其所入矿税银不足三
百万两。重要的是"市舶之来多矣",随着对外贸易,白银才流入
国内市场。然而有限的白银不能广泛流通,促进经济繁荣,而是通
过赋敛大量收入国家库藏,怎能避免社会经济萧条和农民之疾苦
呢?顾炎武认为明代白银流通不畅,除官府垄断,上而不下之外,
大量金银为贵族、官僚、地主贮藏或铸金银器皿以作权力、富有的
象征。他说:"永平以后,日事侈靡,上自宫掖,下逮勋贵,用过乎
物。"(《日知录集释·黄金》)都使作为流通和支付手段的白银减
少。而"如果贮藏货币不是不断地趋向流通,它就仅仅是无用的
金属,它的货币精神将离它而去,它将变成流通过程的灰烬,流通
过程的残渣"(《政治经济学批判》第95—96页),不利于发展经
济。马克思曾经谈到亚洲国家统治者酷好贮藏货币往往是以此作
为"权力的表征"。同时深刻地指出这个社会"商品生产愈不发
达,那末,以货币形式出现的那种交换价值之最初独立化——货币
贮藏就愈为重要"(《政治经济学批判》第98页)。明代白银流通

未得到正常运行,障碍即在于此。顾炎武揭露明朝统治者只知搜括贮藏"而不知流通之术",是对封建货币政策的一个有力谴责。

　　顾炎武的经济思想是丰富而深刻的。既有尖锐的批判性,又有鲜明的建设性。这一突出特征是同他经世致用的宏旨分不开的。他对封建经济的批判,从土地所有制关系到生产、流通,从因地制宜发展区域经济到中央的财政、货币税收,集中到一点,那就是"天子不能与万物争权","民得其利则财源通",违背客观经济规律是行不通的。这一经济观同他反对君主"独治",主张"众治"的政治观是相辅相成,相得益彰的。他的许多见解具有建设性而且卓识远见。这些主张对于排除当时社会经济面临的障碍,促进生产和商品经济的发展有进步意义。他重视生产运作机制,主张发展社会经济"与天下同利",建设上"无欲速,无建小利"的思想,至今仍然在我国思想文化宝库中散发着光彩。当然,顾炎武的经济思想中并不是没有消极保守成分的,因为他毕竟生活在中国资本主义经济刚刚萌芽的时代,面对的是清王朝的专制统治,对此不能苛求。

　　　　　　　　　(本文选自:《苏州大学学报》(哲
　　　　　　　　　学社会科学版)1992 年第 3 期)

　　16 世纪以后,在商品日趋活跃的条件下,土地沦为商品,面临土地问题,顾炎武认为,地产的转移,贫富的分划乃"势之所至"。他肯定土地私有制尤其是富室田产的正当性。他指出富室田产有生产上的规模效益,根本上摆脱了先儒"民不患寡而患不均"的观念,这是颇有见地的。但顾炎武对官僚、缙绅仗恃封建特权而兼并则持尖锐批判的态度。国家对社会经济宏观控制的问题,顾炎武首先指出生产为税收的基础,脱离生产而片面追求税收是行不通的。其次,对国家财政他主张中央、地方合理分配,给地方以适当的自主权,反对中央财权的过度集中。最后,顾炎武对明代货币流通中的问题提出了十分中肯而又富时代色彩的精辟意见。顾炎武的经济思想是丰富深刻的。当然也有消极保守的成分。

王夫之经济思想中的近代特点评议

李守庸

多年以来,学术界对王夫之的经济思想,特别是对其经济思想是否具有近代特点的问题,在评价上分歧较大。如有的同志将王夫之与欧洲资产阶级古典经济学家亚当·斯密和魁奈相比拟,认为在他的经济思想中具有"国民之富的观点",并且"发出一些'大贾富民'的资产阶级社会的憧憬"(侯外庐:《中国思想通史》第5卷,人民出版社1956年版,第41页)。与此相反,有的同志则认为王夫之对于工商业的态度,"尚跳不出'重农抑商'的范围";有的同志还指出其著作中充满着抑商的言论,而他的"重农抑商的主张,正说明他没有意识到资本主义萌芽的问题"(《王船山学术讨论集》下册,第403页)。与此相联的,对如何评价王夫之有关土地问题上的见解,在学术界也存在较大歧异。笔者不揣谫陋,试就这个问题提出一些初步看法,以就教于专家与读者。

一

我们首先探讨一下王夫之在有关商人、贸易、货币等问题上的认识和态度。

"大贾富民,国之司命",这是王夫之对当时商人作用认识上的一个著名命题,也是对王夫之经济思想的评价分别持不同观点的同志所共同乐于引用的一则材料,现在我们也从对这一则材料的分析开始。

王夫之这个命题,见之于《黄书》的《大正》篇。这篇著作的主旨,在于揭露历史上贪婪的官吏给社会和封建政权本身所造成的危害。在论及当时的情况时,王夫之首先概述了全国各地生产发展和重要物产的分布状况,讲到这些物产需要流通、交换,甚至讲到当时与海外通商的某些现象,如说"福广番舶之居偰"。其中特别指出"江南三吴滨海之区,歙休良贾,移于衣冠";"其他千户之邑,极于瘠薄,亦莫不有素封巨族,冠其乡焉"。王夫之认为这一类"良贾"和"素封巨族",其社会作用有二,一是"流金粟",即流通商品与货币;二是"通贫弱之有无",这里指贫苦农民遇到旱涝之灾,可以从这些人手里借高利贷以度饥荒。王夫之正是从这样两个方面的作用,得出"故大贾富民者,国之司命也"的论断。接着,他回到《大正》篇主题,指出"今吏极亡赖,然脧刻单贫,卒无厚实,抑弃而不屑;乃借锄豪右,文致贪婪,则显名厚实之都矣"。而这样一来的结果是:"粟货凝滞,根柢浅薄,腾涌焦涩;贫弱孤寡佣作称贷之涂窒,而流死道左相望也。"根据这样的分析,王夫之得出结论说:"故惩墨吏纾富民,而后国可得而息也。"

从王夫之这段议论中,可以看出以下几点:

第一,从他对"千户之邑"的"素封巨族",和对"江南三吴滨海之区"的商人"移于衣冠"的注视看,很难认为王夫之对于明清之际特别是江浙一带正在萌芽中的资本主义生产关系,没有一点朦胧的觉察或认识。

第二,从他对当时商人或地主兼商人的社会作用的描述看,又很难认为王夫之对于萌芽中的资本主义生产关系,有那么明确、深刻的认识；也很难认为他对于资本主义发展的前景，有什么明确的理想或憧憬。

第三，联系以上两点来看，似乎可以认为，王夫之的"大贾富民，国之司命"和"惩墨吏纾富民，而后国可得而息"这两个命题，含有一些新意，但也不宜对这个新意估价过高。如果把这两个命题和中国历史上先于王夫之的思想家的有关论点作一些对比分析，可能会更清晰地看出其新意之所在。

在中国历史上重农抑末已成为传统的、占统治地位的思想之后，两汉期间，出现过桑弘羊的重商思想，和王符的农工商并重的思想。这些都应当用封建社会上升时期某一特定阶段内商品经济有所发展的事实，和思想家个人的某些特点来说明，而与资本主义生产关系萌芽问题无关。值得注意的是中国封建社会中期之后，像柳宗元、叶适等人提出的表面看来与王夫之颇为类似的命题。

唐朝的柳宗元在《答元饶州论政理书》中，说过"夫富室，贫之母也，诚不可破坏"的话。联系这封书的全文看，柳宗元是把"富室"和"富人"与"工商浮羡"对举，可见在他心目中，这"富室"、"富人"指的大地主，而不包括商贾在内。至于为什么把"富室"当作"贫之母"看待，书中未明言；从书中提到的地主与农民的租佃关系推测，柳宗元在这里可能指的农民须租种地主之田才能生活，这当然属于地主阶级思想家对于人与人之间关系的一种颠倒了的看法。

南宋叶适在《水心别集·民事下》中，也曾经说过："然则富人者，州县之本，上下之所赖也。"并且对于为何提出这一命题，作了具体的解释。为什么说是"上之所赖"呢？这是由于富人"上当官输，杂出无数，吏常有非时之责，无以应上命，常取具于富人"。至于为什么把富人说成"下之所赖"，叶适更列举了五大理由：第一是"小民之无田者,假田于富人";第二是"得田而无以为耕,借资于富人";第三是"岁时有急,求于富人";第四是"庸作奴婢,归于富人";第五是"游手末作,俳优伎艺,传食于富人"。这里,似乎把"富人"的作用吹得神乎其神。但实际上,叶适心目中的"富人",仍然未离开地主阶级这个范畴,因而不包括富商在内,因为这里完全没有涉及"富人"在商品流通中的作用。

再回过头来看王夫之的两个命题:"大贾富民,国之司命",这里鲜明地把"大贾"也列在"国之司命"的作用之内。"惩墨吏纾富民,而后国可得而息",联系前后文看,这里的"富民"显然也包括"大贾"在内。这就与柳宗元、叶适只单纯强调地主阶级的"作用",有所不同。再就他们所认识的"富室"、"富人"和"大贾富民"的作用看,柳宗元、叶适都是用地主阶级的眼光,强调地主阶级对农民或其他穷人的"作用";而王夫之所强调的,除高利贷方面的作用叶适也有所涉及之外,商人在流通领域的作用,则是柳宗元、叶适以上论点中都没有接触到的。说王夫之的命题中含有一些新意,盖在于此。有的同志为了论证王夫之代表市民阶级之说缺乏论据,在解释王夫之得出"大贾富民,国之司命"这一命题的依据时,只讲王夫之指出了大贾富民"通贫弱之有无"的作用,而对他同时指出过的"流金粟"的作用却避而不谈。这就连王夫之这一命题中的任何新意都给否定了,似也欠允当(《王船山学术讨论集》下册,第364页)。

至于说对王夫之的两个命题所含新意不宜估价过高,这是由于王夫之所论述的"大贾富民"在流通领域中的作用,主要还是限于供应农村里"盐鲑布褐,伏腊酒浆"之类的生活必需品。尽管他也提到了江浙一带的"良贾"和福广一带的"番舶",但对其作用似乎还缺乏更深刻的认识。说对王夫之两个命题所含新意不宜作过高估计,还可以联系到王夫之其他处所有关商人的评价来考察。

在其他处所,王夫之反对商人的论述是较多的。有的同志根据王夫之"贾人者,暴君污吏所殴进而宠之者也,暴君非贾人无以供其声色之玩,污吏非贾人无以供其不急之求"这段议论,认为"他主要反对的是商人服务于封建制度"(侯外庐:《中国思想通史》第5卷,人民出版社1956年版,第139页)。这样判断,论据似嫌不足。试就据以得出这一判断的《读通鉴论》卷二中的一整节议论加以剖析。

在编入"汉高帝"目下第十四节的一整节议论中,王夫之在论及商人时,仍然首先提出了"国无富人,民不足以殖"的命题,其含义与《黄书·大正》中所说"大贾富民,国之司命"大体相同,但他紧接着指出:"贾人富于国,而国愈贫。"为什么会这样呢? 王夫之进一步分析原因,认为正由于"暴君"靠商人"供其声色之玩","污吏"靠商人"供其不急之求",于是助长了商人的财富和气焰,"欺贫懦以矜夸",终于导致"国贫"而"民靡"的结果。那么该怎么办呢? 王夫之的"处方"是"贾人不能使之弗富,而夺其富之骄",由此而盛赞"高帝初定天下,禁贾人衣锦绮、操兵、乘马",是"知政本"。并且慨叹"至孝文之世,后服帝饰如贾生所讥,则抑末崇本之未易言久矣"。从这一整节议论看,王夫之反对了商人为"暴君""污吏"服务,但似乎还很难得出他是在反对商人为封建制度服务的结论;而且议论的主旨,更在于抨击商人假"暴君""污吏"之势而骄奢淫逸,败坏社会风气,使得国贫民靡,为伸张中国封建社会传统的抑末崇本思想立论。

就在同一部《读通鉴论》中的其他处所,王夫之从传统的抑末崇本思想出发而对商人所作的抨击,也是相当多的。如说:"生民者农,而戕民者贾"(卷三);"商贾者,于小人之类为巧,而蔑人之性,贼人之生为己呕者也"(卷一四);"害利以与豪民大贾而民益困"(卷九)。这些议论,与上引"汉高帝"目下第十四节议论的主旨基本上是一致的。因此,很难说王夫之"主要反对的是商人服务于封建制度";而只能说王夫之受传统的抑末重农思想的影响较深。这也正是笔者认为对王夫之"大贾富民,国之司命"和"惩墨吏纾富民,而后国可得而息"这两个命题所含新意不宜估价过高的一个重要原因。

王夫之在对货币的作用的认识上,也有一个命题是可以从中看出其经济思想的近代特点的。这就是"金钱者,尤百货之母,国之贫富所司也"(《读通鉴论》卷二七)。这是王夫之借评论唐末节度使杨行密据守淮南期间,高勖劝其实行与邻镇贸易互通有无等政策,而抒发的一段议论中提出的。在这段议论里,王夫之是这样论述货币的作用的,他首先从全社会着眼,讲到商业、流通的作用,"天下交相灌输而后生人之用全,立国之备裕"。这里"国"是指中国这个"天下"之内的某一割据领域而言。接着说到如果某一"国"的统治者人为地阻碍商品与"国"外流通,就会使得物滞于内,则金钱拒于外",境内生产出的多余产品销售不出去,境外的货币无从进来,老百姓会日益贫困,"国"的用度也会不足。然后他提出,只有把境内多余的产品,通过与邻"国"贸易,交换为本"国"所欠缺的产品,特别是通过这种贸易而获得"百为之所必需"的货币,这才可以达到"裕国而富民"的目的。"金钱者,尤百货之母,国之贫富所司也"这个命题,正是在这样的意义上提出的。

王夫之在这里议论的是唐末的历史人物和事件;但他在议论中,从"天下交相灌输而后生人之用全,立国之备裕"的角度出发,把货币的作用作如此高度的估价,这就在一定程度上透露出他本人所处时代的气息。除此之外,王夫之还认为在一定条件下国家征收的赋税从实物改为货币更为有利,并曾经总结过"折色"便于"本色"的四大优点(《读通鉴论》卷二四)。应当认为,这也是中国封建社会晚期商品货币关系的发展所给予的理论上的影响。不过也应当看到,在对货币问题的认识上,王夫之也有其保守的一面。他虽然有时强调货币的作用,但更多的是强调谷物的作用,如认为"粟生金死而后民兴于仁"(《读通鉴论》卷一六);主张"夺金钱之贵而还之粟"(《读通鉴论》卷二)。他还坚决反对白银和纸币的流通(《读通鉴论》卷二〇)。在缴纳赋税问题上,他虽然肯定在一定条件下"折色"便于"本色",但在更多的时候仍是主张"本色"而反对"折色",认为"输本色"是"宜无以易"的"常理"(《宋论》卷四)。因此,对于王夫之在货币理论上的近代特点,同样不宜估价过高。

二

在如何评价王夫之对土地及有关问题的认识上,过去也存在着歧异较大的一些看法。如有的同志认为王夫之在土地所有制方面的"改革"主张,"显然表示出一种市民阶级的理想,和亚当·斯密的理想相似"(侯外庐:《中国思想通史》第5卷,人民出版社1956年版,第142页)。有的同志认为王夫之在土地制度方面的见解反映了他"坚决为地主土地私有财产制辩护的时代精神","体现了私有财产权利神圣的时代呼声",而且"反映了广大农民对土地的迫切要求",并认为王夫之在对待土地兼并问题上也是"信奉私有财产权利神圣的时代福音"(胡寄窗:《中国经济思想史》下册,人民出版社1981年版,第498、500页)。另外一些同志则认为王夫之土地私有的主张是从维护中小地主利益的角度提出的(《王船山学术讨论集》下册,第448—449页);有的同志还从与土地问题直接有关的赋税政策思想上论证王夫之的主张,认为很难说是反映了资本主义萌芽的要求,但却具有维护农民利益的基本精神(《王船山学术讨论集》下册,第442—443页)。

为了弄清楚对王夫之在土地及有关问题上的认识究竟应如何评价,下面就一些大家常用的资料,先从土地民有论说起。王夫之主张土地民有,或土地私有,这一点大体上为持不同评价的同志所一致公认。至于王夫之为什么主张土地民有或私有,这种主张的基本内容及其所反映的思想实质是什么? 则是仁者见仁,智者见智了。

王夫之论土地民有的最为有代表性的见解,是在《读通鉴论》卷十四谈到"太元元年,谢安录尚书事,除度田收租之制"时提出的。王夫之写这一段议论,是为他一贯的"度民以收租"即按户、口征收租税的主张辩护,而这一主张的得失我们这里暂且不论;值得注意的是王夫之在这一段议论里,阐述了"土地民有"的根据。

在王夫之看来,"天下之土"皆属"民之田",非王者所能"擅",所能"割裂为己土"。其根本原因,在于土地这种财产为"天地之固有","王者代兴代废,而山川原隰不改其旧;其生百谷卉木金石以养人,王者亦待养焉,无所待于王者也",因此"王者固不得而擅之"。天所固有的土地既不应为王者所擅,那么又怎样能为"民"所有呢? 王夫之在这里所提出的理由是:土地原来是"自有五谷以来民所服之先畴"。也就是说,他认为老百姓耕种的土地是从他们的先人手里继承过来的。至于先人手里的土地又从何来,王夫之在这段议论里只追溯到传说中的"私家八而公一"的井田制为止,再先前的状况就没有探讨了。但对于井田制之下的"私家"土地从何而来,王夫之在《噩梦》里却作过解释。他在这本书中借对孟子的井田之说作解释,提出井田制是一种"取民之制",即一种征取租税之制,而不是一种王者以土"授民"之制。为什么呢?因为:"若土则非王者之所得私也。天地之间有土而人生其上,因资以养焉,有其力者治其地,故改姓受命而民自有其恒畴,不待王者之授之。"在这里,王夫之提出了"有其力者治其地"这样一个"民自有其恒畴"即土地自应归"民有"的重要理论依据。这里值得研究的是"有其力者治其地"中的"有力者"究竟何所指。过去有同志认为"有力者"在王夫之心目中主要指中小地主,虽然也包括了农民在内(见《噩梦》)。笔者认为,如果从《噩梦》这一段文字本身来辨析,似乎不能得出这种判断。王夫之在这段议论里,全部是围绕着传说中的井田制在做文章。其中反复提到的"一夫百亩"、"百亩而一夫"的"一夫",显然指的自耕农民而非地主。有的同志征引王夫之其他著作中的资料,来证明《噩梦》中的"有力者"主要指的是中小地主。如果对这些资料加以认真剖析,似乎也不一定就能够得出这样的结论。持这种观点的同志所征引的资料之一,是《读通鉴论》卷二中王夫之关于分别自种与佃耕差等以为赋役之制的那一段著名的议论(《王船山学术讨论集》下册,第368—369页)。

在那段议论中所说的"自耕"或"自种"者,究竟主要指的哪一种人?是不是中小地主?如细加分析,似乎不大像。第一,文中明确无误地把"自种"或"自耕"与"佃耕"严格分开,并且对"佃耕"还作了解释,叫做"强豪挟利以多占,役人以佃而收其半也"。应当认为,这里王夫之已把严格意义上的地主,即出租土地收取地租的地主,不论大中小,全部排除在"自种"、"自耕"者之外。第二,文中说"人所自占为自耕者,有力不得过三百亩"。"三百亩"是算作一家人自占为自耕"不得过"的上限。看来王夫之在这里规定这个上限,这与他一贯引用以至相信所谓"井田"制时代"上地不易,百亩而一夫;中地一易,二百亩而一夫;下地再易,三百亩而一夫"的传说有关(见《噩梦》)。在王夫之心目中,往往把三百亩看作是"井田"制时代一个劳动力所耕种的最大面积的土地。王夫之在分别自种与佃耕差别纳税的议论里说的是汉代的事情,他似乎也意识到在汉代把三百亩作为一夫自耕的上限不妥,因此他强调要"审其子姓丁夫之数以为自耕之实"。这里"子姓"是子孙的意思,"丁夫"指劳动力。"子姓丁夫之数"和文中另一个提法"一家之主伯亚旅"应当是同一个意思。"审其子姓丁夫之数",意即审查一家子孙中有多少劳动力。如果像有的同志那样把这里的"丁夫"理解为户主役使的雇农和奴隶,可能失之牵强。既然要审查子孙中的劳动力有多少,而且"有力不得过三百亩",这就意味着如果子孙中的劳动力不达到某一定数量,就不能算作"有力"者,其算作"自耕"的土地就应当在最高额三百亩之下了。如果这种理解可以成立,那就可以认为,王夫之在文中所说的"自耕"者,似乎只可能是指或主要是指自耕农民了。

把《噩梦》中"有其力者治其地"的"有力者"解释为中小地主的同志所列举的另一个理由,是说王夫之反对均田,并引证了王夫之在《宋论》中认为均田"犹割肥人之肉,置瘠人之身,瘠者不能受之而肥,而肥者毙矣"的一段议论,认为如果代表农民利益就不会反对均田(《王船山学术讨论集》下册,第442页)。

反对均田、限田,这确实是王夫之的一贯主张。但看来这只是王夫之对于如何解决土地问题上的具体主张,并不代表他在这方面的根本思想。也就是说,在解决土地问题的具体方法上,他反对采取限田、均田这一类断然措施。他的理由是"夺人之田以与人",会造成"相倾相怨以成乎大乱"的局面(《读通鉴论》卷一九），同时认为如果不改变"赋役繁，有司酷，里胥横"的状况，即令采取限田、均田之类措施，"愿朴之农民，得田而如重祸之加乎身，则强豪之十取其五而奴隶耕者，农民且甘心焉"（《读通鉴论》卷五）。因此，似乎还很难从王夫之反对限田、均田之类具体措施，就认为他在《噩梦》中提出的"有其力者治其地"中的"有力者"指的是中小地主。况且把"有其力者治其地"中的"有力者"理解为自耕农民，并不等于就承认王夫之代表农民利益。

那么，王夫之在解决土地问题上的根本思想是什么呢？从以上初步分析，似乎可以认为他在这方面的根本思想就是土地"民有"；而这个"民有"中的民，又主要指的自耕农民。也就是说，王夫之理想中的土地所有制，是一种以自耕农民为主体的小土地所有制。他的这种思想，在许多议论中都有所流露。除上面已作的分析之外，下面再作一些补充。

就在上文引过的《读通鉴论》中"谢安录尚书事，除度田收租之制"一段议论里，王夫之在宣传他一贯主张的"度人而不度田"的租税制度时，认为这种租税制度的优越之处，就在于能使"人各保其口分之业，人各劝于稼穑之事"，"强豪者"无法"从而夺之"。因此他认为这种租税制度是一种"劝农以均贫富之善术"，采用这种制度"利在久长而民皆自得"。这里我们仍然不去评价王夫之所提倡的那种租税制度的得失，值得注意的是王夫之强调他的这种主张可使"人各保其口分之业"，这就不能不认为他是在谋求自耕农民的稳定地位了。

同样的意思，还见之于《宋论》卷十二。王夫之在论证封建政府的剥削、压迫是造成豪强兼并的重要原因之后，认为只要减轻这种剥削和压迫，就可以达到制止兼并，"人可有田而田自均"的目的。尽管王夫之的设想中有其过于天真的成分，其"田自均"的含义也与明末起义农民提出的均田主张有本质的不同，但他谋求保护以至发展一种以自耕农民为主体的小土地所有制的意图还是比较清楚的。

正由于憧憬着一种以自耕农民为主体的小土地所有制，王夫之对于地主出租土地收取地租的这种土地所有制的存在和发展，至少可以说，是并不抱积极态度的。除了从上述关于分别自种与佃耕差等以为赋役的主张中已可看出这个意思之外，他还在多处提到，他所设计的一些赋役制度的改革，都是为了避免使农民将土地"投卖强豪"（《噩梦》），为了避免造成农民土地"折入于强豪，以役耕夫而恣取其半"的状况（《读通鉴论》卷二〇）。至于对明朝后期严重盘剥农民的官田制度他更是坚决反对，而主张把所有的官田、学田、藩王勋戚之庄田，"尽举以授民而作赋"（《读通鉴论》卷二〇）。

如果可以认为，王夫之在土地问题上的根本主张，是以自耕农民为主体的小土地所有制，现在就必须进一步分析这种主张的实质。既然主张建立以自耕农民为主体的小土地所有制，这种主张显然不能认为是代表中小地主利益的。那么，可否认为王夫之的土地思想具有维护农民利益的基本精神，或显示出一种市民阶级的理想呢？看来这一类评价似乎都又失之过高。

第一，从王夫之基本的阶级立场看，他是坚定地站在封建统治阶级的立场上，坚信"以小人养君子"是"天之制"（《黄书·慎选》）。而且在他的心目中，这些养"君子"的"小人"或"庶民"，只知道"鸡鸣而起，孳孳为利"，不过是"禽兽"一般的东西（《俟解》）。很难设想，在这样一种基本立场制约之下形成的土地思想，能够是代表农民或市民阶级利益的。

第二，尽管王夫之理想中的土地制度是一种以自耕农民为主体的小土地所有制,但他除了提出减轻封建政府对农民的剥削和压迫,以及在财政政策上的分别自种与佃耕差等以为赋役之制的主张之外,并没有提出任何其他改革封建土地所有制的具体办法。无宁说,他对于所有较为激烈一点的改革办法都取反对态度。因此,似乎可以认为,王夫之的土地所有制主张,只不过是在并不对封建土地所有制作任何积极改革的前提下,尽可能保护以至发展以自耕农民为主体的土地所有制的一种设想。特别值得提出的是,对于他那个时代受封建地主阶级剥削、压迫最深的广大佃农,王夫之几乎完全没有把他们的问题放在视野之内。从这些方面看,也很难认为他具有维护农民利益的基本精神,或显示出一种市民阶级的理想。

那么,对王夫之的土地民有论,即以自耕农民为主体的小土地所有制的主张,究竟应该怎样评价呢? 笔者认为,这种土地主张,是王夫之作为地主阶级的知识分子,震撼于历代农民起义,特别是明末农民大起义,深感土地问题的严重性,而站在为谋求封建统治的长治久安的角度提出来的。王夫之在《诗广传》卷四中的一段议论里,曾经提出过"平天下者均天下而已"这样一个命题。对于提出这一命题的背景或原因,王夫之自己作了明确的解释,这就是"土满而荒,人满而馁,枵虚而怨,得方生之气而摇,是以一夫揭竿而天下响应。贪人败类,聚敛以败国,而国为之腐,蛊乃生焉。虽欲弭之,其将能乎?"这也正是王夫之其所以要提出减轻封建政府的剥削、压迫,以至谋求保护自耕农民土地的根本原因。所谓"均天下",也就是防止、限制土地兼并的严重发展,尽可能照顾自耕农民的利益,但并不是对封建土地所有制作任何积极的改革;所谓"平天下",也就是封建统治的久安长治之计。

把王夫之的土地民有的理论和主张,放在历史上,放在他的时代之中来考察,应当认为,是有一定积极意义的。在中国历史上,站在封建统治阶级立场,为了维护整个地主阶级的根本、长远利益,而对大地主的过分剥削进行抨击,和提出适当限制土地兼并,缓和对农民的压榨,以至适当解决农民土地问题的主张者,大不乏人。西汉的董仲舒就对农民"或耕豪民之田,见税什五",以至"贫民常衣牛马之衣,而食犬彘之食"的现象进行过揭露,并提出"限民名田"的著名主张(《汉书·食货志上》)。唐代的陆贽,曾以"土地王者之所有,耕稼农夫之所为"为理由,对于"居然受利"的"兼并之徒",严加指责,并主张对土地兼并"约为条限",对"租价"加以"裁减"(《陆宣公集》卷二二)。北宋苏洵更指出"井田"制度废除之后,"田非耕者之所有,而有田者不耕",和地主对佃农残酷的剥削、压迫,"贫民耕而不免于饥,富民坐而饱以嬉"的社会不平现象,甚至幻想通过对地主占有土地"少为之限"的办法,使农民逐步摆脱佃农的地位而直接向封建朝廷纳税(《田制》,《嘉祐集》卷五)。到了明朝的丘浚,更进一步指出"有田者未必耕,而耕者未必有田"现象的出现,是"废井田开阡陌之后",人们对于土地"有资者可以买,有势者可以占,有力者可以垦"的结果,并提出了在一定条件下限制大地主继续购买土地和让大地主稍为增加负担,让中小地主和自耕农民稍为减轻负担,这样一种"配丁田法"的赋役制度设想(《固邦本·制民之产》,《大学衍义补》卷一四)。王夫之继这些历史人物之后所提出的土地问题方面的理论和主张,从思想资料的渊源上看,是有所继承和发展的。其中特别值得重视的,是他以"有力者治其地"为理论依据,批驳了"溥天之下,莫非王土"这一维护封建土地所有制的传统命题,论证了土地应属自耕农民所有,并据此提出反对所有官田和谋求保护以至发展以自耕农民为主体的小土地所有制的主张,这是超越于其前人的地方。尽管囿于总的地主阶级立场的限制，未能提出更为激进的改革封建土地所有制的主张，但他的土地民有的理论和理想，仍然不能不认为在一定程度上曲折地反映了资本主义萌芽的时代要求，在客观上也符合小土地所有者特别是自耕农民的愿望。不过笔者认为对王夫之这方面的思想也不宜评价过高。一是如前面已指出过的，还很难认为王夫之的土地民有论有着维护农民利益的精神，或显示出一种市民阶级的理想；另一是如把王夫之的土地民有论和与他基本同时的颜元、李塨、王源等人提出的"天地间田宜天地间人共享之"的见解及其接近耕者有其田的土地改革主张相比（见颜元《存治编》卷一，李塨《拟太平策》第二，王源《平书》卷七），就显得逊色了。

　　综上所述，在如何正确评价王夫之经济思想中的近代特点这个问题上，似可得出以下这样几点看法。

　　第一，在王夫之的经济思想中，确实具有一些近代特点。这主要反映在他对于中国资本主义萌芽时期商品货币关系的发展，和商人的社会作用，都有一定程度的认识，并在一定程度内取肯定的态度。他的土地民有论和保护、发展以自耕农民为主体的小土地所有制的设想，也是具有时代特点的。

　　第二，由于商品货币关系在中国资本主义萌芽时期发展得还很不充分，还由于王夫之本人所受中国地主阶级旧的思想、文化传统的影响较深，这就使得他的经济思想中的近代特点显得不是那么鲜明，那么突出。同时使得他的经济思想中除了一些反映近代特点的进步观点之外，还夹杂不少、甚至更多的维护旧的生产方式的保守的观点。

　　第三，王夫之经济思想中具有近代特点的部分，客观上对于萌芽中的资本主义生产关系的发展，以至对于农民地位的改善，都是有利的。但我们应当同时看到其经济思想中的维护旧的生产方式、维护整个封建统治和地主阶级利益的保守部分。因此无论把他当作新兴市民阶级或农民利益的代表者看待,可能都欠允当。从经济思想的角度看,似乎仍然只能认为王夫之是地主阶级中较具有远见的、进步的思想家。

(本文选自:《经济研究》1983 年第 9 期)

李守庸,湖北黄陂人。现任武汉大学经济系教授。主要著作:《王船山经济思想研究》等。

王夫之的经济思想中,确实具有一些近代特点。这主要反映在他对于中国资本主义萌芽时期商品货币关系的发展,和商人的社会作用,都有一定程度的认识,并在一定程度内取肯定的态度。他的土地民有论和保护、发展以自耕农为主体的小土地所有制的设想,也是具有时代特点的。但王夫之经济思想中的近代特色还不那么鲜明、突出。同时还夹杂有维护旧的生产方式的保守观点。从经济思想的角度看,把他当作新兴市民阶级或农民利益的代表者,都欠允当,仍然只能认为王夫之是地主阶级中较具有远见的、进步的思想家。

评龚自珍的经济思想

严 清 华

龚自珍在中国近代思想史上负有盛名,是一位颇有影响的人物。关于他的经济思想,学术界有些同志曾予以很高的评价,说他"梦想着近代资本主义的所有制关系"(侯外庐:《中国思想通史》第 5 卷,第 675 页),"他的经济思想体系,接近于资本主义生产的最早的系统的理解的重农主义体系"(巫宝三等:《中国近代经济思想与经济政策资料选辑》,第 34 页)。这些同志对龚自珍经济思想的评价,看来与龚自珍在中国近代思想史上所享有的较高评价有关。而事实上对于他的经济思想的评价,则是不能简单地用前者来加以代替的。因而有必要运用马克思主义关于具体问题具体分析的指导原理,对龚自珍的经济思想作一番实事求是的分析和评价。

一

在中国近代思想史上,龚自珍对清末思想界、尤其对清末资产阶级改良主义思想曾起过巨大的开导或启蒙作用,因而学术界不少人一提到他,便往往誉之为"一代新风的开创者"。但据我理解,这一盛誉应该是有其特定含义的,也就是说并非指他在所有领域或任何方面都是如此。

考察起来，"开新风"一语之用于龚自珍身上，追本溯源，最先出自龚自珍本人之口。1839 年他在被迫辞官南归途中，曾写过这样一首诗："河汾房杜有人疑，名位千秋处士卑，一事平生无龂龁，但开风气不为师。"（《龚自珍全集》第 519 页）这诗中的"开风气"一语原是他用于抒发自己的感慨与抱负的。后来，经过一些同辈学者和以后进步思想家们的逐步渲染，尤其经过资产阶级改良主义思想家梁启超的充分肯定，龚自珍开新风一说遂为尔后大多数学者所接受。但无论与龚自珍同辈的学者们，还是后来的梁启超等人，他们之肯定龚自珍，似乎就大都有所特指的。如龚自珍的生前好友张维屏曾说："近数十年来，士大夫诵史鉴，考掌故，慷慨论天下事，其风气实定公（自珍）开之。"①张维屏是与龚自珍同时代的诗人，他肯定和赞扬龚自珍似乎就与其侧重于从诗文气质或学术风格上考虑问题有关。又如梁启超曾说过："光绪间所谓新学家者，大率人人皆经过崇拜龚氏之一时期。"（梁启超：《清代学术概论》）他这里所指的主要是龚自珍"引《公羊》义讥切时政，诋排专制"（梁启超：《清代学术概论》）的举动，是其对于"晚清思想之解放"（梁启超：《清代学术概论》）的功绩，或其作为"近世思想自由之向导"（梁启超：《论中国学术思想变迁之大势》）的作用。即指其在政治思想方面对于包括梁启超自己在内的资产阶级改良主义运动的活动家和思想家所发生的积极影响。总之，他们都是从政治思想和诗文气质、学术风格等方面着眼，来肯定龚自珍的开新风作用的。梁启超等人对龚自珍及其思想的这种理解和评价，从某种意义上说，也在一定程度上反映了龚自珍在历史上所起的实

---

① 转引自中华书局 1959 年版《龚自珍全集》出版前言。

际作用。

　　龚自珍生活于 18 世纪末至 19 世纪 40 年代初,正是中国封建
社会日益没落、解体,走向半殖民地半封建之途的历史时期。当
时,土地兼并严重,社会经济衰落,孕育于封建社会母体内的资本
主义萌芽逐渐发展,外国资本主义经济侵略日益猖獗,封建经济的
相对稳固局面已经成为历史的陈迹。“政治是经济的集中表现”
(《列宁选集》第 4 卷,第 441 页)。当时社会经济的严重局面,集
中反映在清朝统治的政治危机上。其突出表现就是白莲教等农民
起义的频频发生和清朝统治集团的日益腐化。整个封建统治的政
治大厦都因此而处于不断摇晃、濒临崩溃的境况之中。龚自珍正
是生活在这座摇摇欲坠的政治大厦里面。他出身于一个世代官僚
的家庭,曾在清朝中央机关中做过多年的小官。这样的家庭出身
和社会经历使他有机会接触和了解到当时朝廷的黑暗内幕,窥见
到整个清朝统治的危机局面。他曾尖刻地嘲讽和鞭挞过封建帝王
“一人为刚,万夫为柔”(《龚自珍全集》第 20 页)的专制淫威,揭露
和批判过官僚吏胥渎法妄为、贪污中饱的无耻行为。在他笔下,当
时的社会已如“日之将夕,悲风骤至”(《龚自珍全集》第 87 页),是
大难将临的“衰世”(《龚自珍全集》第 6 页)。作为一位地主阶级
的进步思想家,他为此而深感惘怅、悲愤与忧虑。于是他发出了
“奈之何不思更法”(《龚自珍全集》第 35 页)的浩叹,提出了“更
法”、“改革”(《龚自珍全集》第 6 页)的要求与主张。他这样做的
结果,客观上引起了人们对旧制度的怀疑,从而也就实际上在政治
思想方面起到了开拓一代新风的作用。同时,在学术思想方面,他
关心社会问题,提倡经世致用,为当时学者解放思想开了先河;加
以其诗文清奇卓异、震荡人心,因而也就使得他在学术研究和诗文
方面备受当时学者和进步思想家们的赞赏和歆羡。

总之,无论从前人对龚自珍的评价来看,还是从其在中国近代思想史上所起的实际作用来看,龚自珍作为对清末思想界起过巨大启蒙作用的思想家的意义,均主要在于其政治思想、学术风格和诗文气质等方面。

一般地说,一个人的政治思想与其经济思想决不可能毫无关系,龚自珍具有积极意义的政治思想当然也不可能对其经济思想毫无影响。但是,他长期任官于京师,尽管他对当时朝廷的黑暗内幕有所窥测,但对社会经济的实际问题却鲜有接触,因而其经济思想便缺乏坚实的实践基础。他"好今义"(梁启超:《清代学术概论》),喜欢用所谓"微言大义"来论述社会经济问题,这种学术嗜好也在一定程度上限制了他的经济思想的展开。因此,我们决不能简单地用他在政治思想方面所获得的较高评价来代替对其经济思想的评价,而必须对其经济思想进行具体的分析研究,否则便无以明其旨而达其意,评价也很难做到正确、公允。

二

无可否认,与前述龚自珍具有积极意义的政治思想的内容紧密相联,龚自珍经济思想中确实有一部分带有浓厚批判性色彩的内容。这部分内容,就其客观作用或历史意义而论,并不一定比他的政治思想显得逊色多少。因此,对于这部分内容,在进行具体分析的基础上予之以一定程度的肯定亦未尝不可。

龚自珍的这部分经济思想,主要表现何在呢?

首先,他对当时惨重的民生凋敝现象和严重的社会经济问题,进行过尖刻辛辣的揭露,并在此基础上鞭挞了当时统治者的横征暴敛行为。他指出:"今中国生齿日益繁,气象日益隘,黄河日益为患"，"人心惯于泰侈，风俗习于游荡"，"不士、不农、不工、不商之人，十将五六"，于是"自京师始，概乎四方，大抵富户变贫户，贫户变饿者，四民之首，奔走下贱，各省大局，岌岌乎皆不可以支月日，奚暇问年岁?"（《龚自珍全集》第 106 页）就是说，封建经济已日益衰落，社会寄生虫却空前增加，广大人民群众生计窘迫，已呈岌岌不可终日之势。在如此严重的社会危机下，上层统治者非但没有采取积极有力的解救措施，却反而继续在那里采用"开捐例、加赋、加盐价"（《龚自珍全集》第 106 页）等办法加强对老百姓的搜括，贪官污吏仍在那里搞层层中饱，结果造成"国赋三升民一斗，屠牛那不胜栽禾"（《龚自珍全集》第 521 页）的严重局面。对此，他深表愤慨，他讥刺上层统治者对于赋税的苛敛有如"割臀以肥脑，自啖自肉"（《龚自珍全集》第 106 页），认为官吏中饱、商业兼并是致使当时社会经济发生严重问题的重要原因。他从经济领域对当时社会危机现象的揭露，在当时来说，可谓入木三分，具有积极的意义。

其次，他从意识形态领域批判了当时统治阶级为愚弄人民而鼓吹的所谓"大公无私"说教。他认为，当时的人类社会乃至整个宇宙，都为自私心理或自私行为所充斥着。他指出："天有私也"，"地有私也"，"日月有私也"，"圣帝哲后"、"忠臣"、"孝子"、"寡妻贞妇"无一不"有私也"。在他看来，自私是人的本性，是人区别于禽兽的根本标志之一。他说："狸交禽媾，不避人于白昼"，"孰疏孰亲，一视无差"，那才是真正的"无私"。而人则不同，"必有孰薄孰厚之气谊，因有过从宴游，相援相引，款曲燕私之事矣"。他反驳统治阶级的虚伪说教道："今曰大公无私，则人耶，则禽耶?"（《龚自珍全集》第 92 页）在这里，他把作为大自然象征的天、地、日、月和体现社会范畴的"私"硬扯到一起，把表现人类文明的某些生活习性和动物界的禽兽交媾放在一起加以比较,是极不恰当的。但是,他实际上批判了当时统治阶级愚弄人民群众的所谓"大公无私"说教,这却值得历史地加以肯定。

再次,他在阐述自己的财富观点时,批判了统治阶级所宣扬的"耻言富"说教。他认为夏、商、周三代以前"无耻言富之事"。他列举典籍文献说:"《洪范》五福,二曰富;《周礼》八枋,一曰富。"他列举历史事实说:"天子富有四海",诸侯"有巨万之资","周公未尝不富"。他不同意孟子关于"士"能做到"无恒产而有恒心"的说法。他指出,这些人与"得财则勤于服役,失财则怫然愠"的"厮仆"没有什么根本不同之处。因为"人情皆愿娱乐其亲,赡其室家"。倘若他们"廪告无粟,厩告无刍,索屋租者且至相逐",便不能"忘家"、"忘私"。因此,他主张应使士大夫和各级统治者都富裕起来,使之"不必自顾其身与家","泰然而无忧"。他认为只有这样,这些人才会"以其余智筹及国之法度,民之疾苦"(《龚自珍全集》第 29、30 页),封建统治才会长治久安。

对于他的上述思想,我们首先必须看到它所体现的阶级实质。他揭露当时社会经济的严重问题,目的是为了引起封建统治者对这一问题的重视。他批判统治阶级宣扬的"大公无私"和"耻言富"说教,出发点也无非为了论证剥削阶级追求私利和物质财富的合理性。归根到底,他考虑问题的立场仍然是为了维护地主阶级的利益。这反映了他作为地主阶级知识分子的思想的本质。因此,他经济思想中的这部分内容,就其思想性质而论是不值得加以肯定的。同时,从理论上看,他的这部分思想与在他之前的进步思想家的类似思想相比,也未见其提供多少新的东西。对现实社会的黑暗面进行揭露和批判,这是他以前所有主张改革现实的思想家大都具有的特征之一。至于不讳言"私"和"富",也是许多古代进步思想家所抱有的态度。根据列宁的教导，我们判断一个人的历史功绩，主要看他是否"比他们的前辈提供了新的东西"（《列宁全集》第2卷，第150页）。龚自珍的上述带有批判性色彩的经济思想，很难说在理论上提供了什么新的东西，因而也就很难有何理论贡献可言了。

但是，他的这部分思想形成于我国封建社会解体、资本主义萌芽已经发生的时期。在这样的历史条件下，从经济领域揭露当时社会的严重危机现象，从意识形态领域抨击统治阶级的所谓"大公无私"和"耻言富"说教，符合时代发展的需要，客观上会起到积极的作用。因而他的这部分思想尽管没有什么理论贡献可言，但却具有不容置疑的历史意义。列宁曾提醒我们："应该记住恩格斯的名言：'在经济学的形式上是错误的东西，在世界历史上可能是正确的。'"（《列宁全集》第18卷，第352页）错误的东西尚且如此，更何况龚自珍的上述思想不一定全都错误呢！所以对于他的这部分思想的历史意义，我们决不可予以忽视。

而且，还应看到，他的这部分思想对后来的思想家们曾发生过积极的影响。他以后有的资产阶级改良主义思想家就曾在一定程度上受到过这种思想的影响，只是其影响不及其具有积极意义的政治思想那样明显与突出而已。这种现象并不难理解。因为龚自珍毕竟是地主阶级的知识分子，当时新的社会经济关系及其矛盾尚处于萌芽状态。时代和阶级的局限性决定了他的经济思想的成就的限度，从而决定了其作用和影响的范围与程度。所以即令对于他的这部分应当予以肯定的经济思想，我们也应加以具体分析，决不可笼而统之地予以过高的评价。

三

　　龚自珍经济思想的更多内容还体现在他关于经济改革的方案中。这部分内容，无论就其思想性质和理论意义而论，还是就其历史作用而论，都不可与其具有积极意义的政治思想的内容同日而语，也不可与其带有浓厚批判性色彩的那部分经济思想等量齐观。因而对于这部分思想，倘若作过高的评价，则更是大为不妥的。

　　龚自珍关于经济改革的方案，最突出、最重要的有两项。

　　一是他的"平均"主张。这一主张是他在农民起义的深刻影响之下，作为考察和分析当时社会危机根源的结论而提出来的。其目的也无非为了维护地主阶级的统治秩序。他认为社会危机的根源就在于贫富不均，由于贫富的不断分化，因而"小不相齐，渐至大不相齐；大不相齐，即至丧天下"。他把贫富之间的差别程度看作是决定历代王朝治乱兴亡的根本原因，他说："浮、不足之数相去愈远，则亡愈速；去稍近，治亦稍速。"他告诫统治者应"操其本源，与随其时而剂调之"，以便做到财富分配的大体平均，达到维持自己统治的目的。他心目中的所谓"平均"，并不要求从根本上消除贫富之间的差别，而只希望在封建等级制基础上的"小不相齐"现象不至发展到"大不相齐"的程度。他用形象的比喻描述过自己理想中的夏、商、周三代的财富分配情形："君取盂焉，臣取勺焉，民取卮焉。"他所极力赞赏和主张的就是这种严格按身份地位获取社会财富的等级分配制度。他认为当时对实现这种分配制度起着阻碍或破坏作用的社会力量，不仅有贪污中饱的官吏，而且还有从事商业兼并活动的商人。他说："肆有魁，贾有枭，商有贤桀，其心皆欲并十家、五家之财而有之。"把商人中的"魁"、"枭"、

"贤桀"即商贩头目和大商人看作兼并势力的主要代表者。对于这些人,他主张采用抑制和打击的办法,使之"退而役南亩"(《龚自珍全集》第8页),并进而主张打击商品货币经济的发展。另外还提出了"四揦四注"的"平均"办法:"揦之天,揦之地,注之民;揦之民,注之天,注之地;揦之天,注之地;揦之地,注之天。"(《龚自珍全集》第78、80页)所谓"四揦四注",实际上讲的是自然力本身以及自然力与人力之间相互调剂的意思。企图用这种办法来解决贫富不均的社会问题,只能是一种幼稚的幻想。

中国自孔子提出"不患寡而患不均"(《论语·季氏》)之后,提倡"平均"主张的思想家可谓不乏其人。比较起来,龚自珍的主张还不如历史上有的类似主张如北魏时的均田主张那样具体、周密而富于实际意义。北魏时的均田主张,尽管其目的也是为了巩固封建生产关系,但它把着眼点放在封建制度的最根本问题即土地问题上,并从调整地主阶级内部土地占有关系的需要出发,具体地规定了土地的分配方式,受田的数量和受田、还田的办法等等。北魏基于这一主张而制定的均田制,曾经得到了实行。而且这种制度历经北朝、隋,直至唐中叶才被废除,实行了近三百年之久,足见它是具有一定的实践意义的。这些都为龚自珍的"平均"主张所望尘莫及。至于被压迫农民群众自己提出的采用暴力方式以均分地主土地的口号和纲领,龚自珍的主张更不能与之相比,它们之间具有本质的区别。因此,龚自珍的"平均"主张,不仅在思想性质上打有深深的封建主义烙印,因而在当时来说是落后的、反动的;而且在理论上也没有提供什么新的东西,甚至不及其前辈在这方面的思想,因而也是保守乃至退步的。

如果结合当时的历史条件来考察,这种保守性、落后性就更加明显了。在当时封建剥削制度已经成为生产力发展的严重桎梏的情况下,主张以封建等级制度作为人们财产占有关系的基础,企图用承认"小不相齐"的所谓平均办法来保存封建地主阶级残酷的经济剥削和政治压迫,显然是不利于社会历史发展的。至于通过所谓打击商人和商品货币的办法来解决"大不相齐"的问题,那更是违反历史发展趋势的。因此,它决无所谓积极作用和进步意义可言。

龚自珍的另一重要经济改革方案,是他的"农宗"主张。这一主张的基本内容是要在全国农村建立一种以血缘关系为纽带的经济组织,并以之为基础来占有土地和组织生产。根据他的设想,"农宗"组织下的社会成员分为大宗、小宗、群宗和闲民四个等级。开始时,一家有地百亩以为家业。以后,长子为大宗,家中原有的百亩之地由其继承;次子为小宗,另分地二十五亩;三子、四子为群宗,也各分地二十五亩;五子以下为闲民,不分土地。大宗之诸子也按上述规定继承和分配土地。小宗之长子仍为小宗,继承二十五亩地;次子为群宗,另分地二十五亩;三子以下为闲民。群宗之长子仍为群宗,继承二十五亩地;次子以下为闲民。闲民之子仍为闲民。闲民不分地,永为佃农,替同宗或别宗耕种土地(《龚自珍全集》第49—50页)。非常清楚,这一设想基本上是以封建等级关系为前提,以长子财产继承权为基础,以封建宗法组织和小土地分配制度的结合为内容的。它的目的仍然是为了维护封建地主对农民的剥削关系和封建社会的统治秩序。

龚自珍的农宗设想,基本上得之于西周宗法制的模式,并非他自己的发明创造。龚自珍本人似乎也承认这一点,因而他宣称自己"药方只贩古时丹"(《龚自珍全集》第513页)。他的外祖父、著名汉学家段玉裁也针对其有的改革方案,指出"皆古方也"(《龚自珍全集》第36页)。其实,他们都不懂得这是由于历史条件的限制,以致地主阶级的进步思想家也无法在社会改革方面找到真正的出路这一客观事实所使然。不过,他们都认为上述改革方案并非什么新鲜货色,这却道出了历史的真情。

宗法制存在于西周时期有其历史的必然性与合理性,而企图将之推行于龚自珍所处的时代,却已完全失去历史的意义。在当时封建经济日益解体、资本主义早已萌芽的条件下,企图用宗法式的血缘关系来调整地主阶级的内部关系,维护地主阶级对农民的剥削和压迫,支撑日益崩溃的封建王朝的统治,既是天真的幻想,又完全背离了历史发展的方向。历史的发展已把打破包括宗法制在内的落后制度作为促进资本主义发展的重要历史任务提上了议事日程,而龚自珍却仍在那里贩卖所谓"古时丹"以求医治清王朝的痼疾,其性质无疑是反动的。

龚自珍提出上述带有幻想特色的、落后乃至反动的经济改革方案,有其深刻的社会历史根源。因为当时解决社会问题的阶级力量和物质基础尚隐藏在不发达的经济条件中,所以在这种情况下提出的改革方案,正如恩格斯所指出:"它愈是制定得详尽周密,就愈是要陷入纯粹的幻想。"(《马克思恩格斯选集》第3卷,第299页)在历史上,龚自珍的上述具体经济改革方案并未被付诸实行,因而它实际上并未发生多大的影响。这是不同于他的具有浓厚批判性色彩的那部分经济思想的。

总之,龚自珍经济思想中确实有一部分具有进步性质的内容,其进步性就表现在这部分思想的客观作用或历史意义方面。他经济思想的大部分内容则是落后、保守乃至反动的。从理论上看,即令其具有进步性质的那部分经济思想也未见其有什么创新之处,更何谈是否接近"对资本主义生产的第一个系统的理解"(《马克思恩格斯选集》第24卷,第399页)的重农主义体系。从思想性质上看,充其量他只是表示了对于旧制度的怀疑,根本没有像前述有的同志所认为的那样已有试图建立资本主义所有制关系的想法。结论是显而易见的:对于他的经济思想,我们决不可作过高的评价,决不可简单地套之以学术界对其政治思想和诗文所作的评价。这里唯一可行的办法,是对其经济思想的内容进行具体地分析与研究。具体地分析具体的情况是"马克思主义的活的灵魂"(《列宁选集》第4卷,第290页)。即令从龚自珍经济思想的研究中似乎也可看出,对于这一"活的灵魂",我们是须臾也离开不得的。

(本文选自:《武汉大学学报》1984年第2期)

严清华,武汉大学教授。

龚自珍作为对清末思想界起过巨大启蒙作用的思想家的意义,均主要在于其政治思想、学术风格和诗文气质等方面,但对社会经济的实际问题却鲜有接触,因而其经济思想便缺乏坚实的实践基础。龚自珍经济思想中确实有一部分带有浓厚批判性色彩的内容。首先,他对当时惨重的民生凋敝现象和严重社会经济问题进行过尖刻辛辣的揭露。其次,他批判了当时统治阶级鼓吹的所谓"大公无私"的说教。再次,他批判了统治阶级所宣扬的"耻言富"的说教。但这部分内容,未见其提供多少新的东西。龚自珍经济思想的更多内容还体现在他关于经济改革的方案中。一是他的"平均"主张;二是农宗主张。但这些方案并未被付诸实行,因而在实际上并未发生多大影响。

试论魏源的经济思想

石世奇

一

魏源是鸦片战争前后地主阶级改革派的重要代表人物之一。他对当时经济问题的论述是比较全面的,并且在某些问题探讨的深度上,超过了当时其他地主阶级改革派的思想家,成为地主阶级改革派经济思想成熟阶段的代表,及以后资产阶级改良主义经济思想的直接前驱。

魏源生于乾隆五十九年(1794),卒于咸丰七年(1857)。这是中国历史上的一个剧变的时期,是中国社会由封建社会沦为半殖民地半封建社会的转变时期。这时,清王朝正经过所谓"康乾盛世"之后,日趋衰弱,封建社会内部危机急剧加深。由于土地的迅速集中和兼并,封建赋役和地租、高利贷剥削的加重,大批农民失去土地,阶级矛盾和民族矛盾更趋尖锐,农民和各族人民的起义风起云涌,冲击着清王朝的统治。清封建王朝统治的日益腐败,吏治、军事的败坏,财政的拮据,都显示出清王朝的统治已经开始动摇。正当清王朝封建统治危机加深之际,西方资本主义国家开始了大规模的对中国的侵略。鸦片输入造成了大量的白银外流,引起了国内的"银荒"和银贵钱贱,严重地影响了人民的经济生活和清王朝的财政收入,更加深了中国内部封建社会的危机。1840 年爆发了英国资本主义侵略中国的鸦片战争,1842 年订立了我国近代史上第一个不平等条约——《江宁条约》。鸦片战争的失败,使中国开始走上半殖民地半封建社会的道路。中国社会这时不仅存在着旧有的地主阶级和农民的矛盾,而且产生了中国人民和外国资本主义的矛盾。

魏源的思想就是在封建社会危机和外国资本主义侵略的不断震荡中形成和发展的。他是一个十分敏感的地主阶级思想家,自己已经感觉到这两个方面的变动,并且十分明确地承认这些变动对他的影响。他说:

> "荆楚以南有积感之民焉。生于乾隆征楚苗之前一岁,中更嘉庆征教匪,……迄十八载,畿辅靖贼之岁,始贡京师。又迄道光征回疆之岁,始筮仕京师。……晚侨江淮,海警杳至,忾然触其中之所积。"①

农民起义和封建社会的危机,使他一方面对农民起义抱敌视的态度;一方面也使他感到封建社会本身确有积弊,遂积极从事对封建制度的修葺补苴的工作。外国资本主义的侵略,使他积极地研究西方,寻求富强之道和抵御侵略之法,提出学习西方的口号。

魏源经济思想的形成和发展,固然是他所处时代的产物,但是,和他个人的出身、经历以及学术素养等也有密切的关系。

魏源字汉士,号默深,湖南邵阳人,出生于一个"中落"的中小地主官僚家庭。嘉庆十八年(1813),正当天理教的林清一度攻入皇宫的那一年,他随父亲来到北京,使他离开了闭塞的山庄,开阔了眼界,有机会接触更多的社会实际问题,感受到时代的动荡。同

---

① 《圣武记叙》,见《圣武记》,中华书局据古微堂原刻本校刊本。以下引用此书,除特别注明板本外,均依此本。

时,也使他有机会受到当时社会名流的影响,丰富自己的知识和见闻。

魏源到北京后,即和当时在京的一些著名学者相往还。这时,中国的学术思想已开始转变,沉寂已久的今文经学正在复兴。他曾从著名今文经学家刘逢禄学习公羊春秋,并和龚自珍等切磋学问,奠定了他治今文经学的基础。

他非常重视公羊春秋、周易、老子中的变易思想①。这种思想经过魏源的推衍阐发,成为他的社会改革思想的理论基础。

他认为天地山川人物,今皆不同于古,制度人事应该因时而变,并且认为"变古愈尽,便民愈甚"(《古微堂内集》卷三《治篇五》,光绪四年淮南书局本)。基于这种变易思想,他反对颂古非今,反对复古。他说:

> "执古以绳今,是为诬今,执今以律古,是为诬古。"(《古微堂内集》卷三《治篇五》,光绪四年淮南书局本)

他还认为社会历史的演变都是通过一个周期到另一个周期的变化,他把这种周期称作"复",而每一周期,即一"复",都包括太古、中古、末世三个阶段。既然整个社会历史是变化的,那么就不应拘于成法。他说:

> "天下无数百年不弊之法,无穷极不变之法,无不除弊而能兴利之法,无不易简而能变通之法。"(《古微堂外集》卷七《筹鹾篇》)

并说:

> "小变则小革,大变则大革,小革则小治,大革则大治。"

---

①　关于魏源的变易思想参看吴泽《魏源的变易思想和历史进化观点》,《历史研究》1962 年第 5 期。

（《圣武记》卷七《雍正西南夷改流记》）

但是，他所要变的只是"势"，并不是"道"，实际上不过是要对处在危机中的封建制度做些修补。因此，他的所谓"变法"，和以后的资产阶级改良派是有所不同的。

道光八年（1828），他在北京任内阁中书①，有机会阅读内阁收藏的大量文献资料和私家藏书，熟悉了清代的历史，使他在了解到所谓"盛清"的"十全武功"的同时，也看到嘉庆以来封建社会的危机和农民起义、各族人民起义对清王朝统治的冲击。他在《圣武记》中就说：

> "湖北四川教匪旋起，蔓延河南陕西甘肃，……先后糜饷逾万万金，视伊犁回部大小金川，几再倍过之，且前代流寇皆发难末造，川楚必溃，未有蠢动于庞豫之余，劳师惮武如今日者，心腹患甚四肢，内讧急于边陲。"（《圣武记》卷九《嘉庆川湖陕靖寇记一》）

这种情况使他十分不安。

魏源在北京居住前后达十余年之久，和林则徐、龚自珍、汤鹏、姚莹等相友善，他们之间互相都有不少的影响，实际上形成了一个在当时和以后有巨大影响的地主阶级改革派的核心力量。

魏源中年和晚年长期在经济最发达的江浙地区为官作吏，广泛地接触了当时的实际经济问题；并且有机会和林则徐、包世臣等注意经世致用的学者，互相切磋。

道光二年（1822），魏源考中举人，道光五年（1825），应江苏布

---

① 魏源任内阁中书，《邵阳魏府君事略》作道光九年（1829），兹从齐思和据《内阁中书舍人题名》改正。参考齐思和《魏源和晚清学风》，见《燕京学报》第 39 期。

政使贺长龄的邀请,替他编辑《皇朝经世文编》。后又入陶澍幕,筹议海运、水利、盐务等问题。他所参加筹办的海运、票盐等改革,都获得了显著成效。魏源成为当时漕、盐、水利三大政的专家。魏源不仅是一个思想家,而且也是一个实际的改革家。

魏源经济思想中最有价值、最有影响的部分,还是在鸦片战争以后形成和发展起来的。在鸦片战争前,地主阶级改革派的思想家们,包括魏源在内,注意的主要是革除封建社会的积弊问题,也就是所谓的"除弊",但在鸦片战争以后,魏源的着重点转向"兴利",把地主阶级改革派的经济思想推向一个新阶段,更多地反映了时代的动向。

鸦片战争的失败,对魏源是一个很大的刺激,促使他去研究当时世界和中国的情况,企图寻找一条富强之道。他在《江宁条约》订立之月,撰成《圣武记》,宣扬清初武功,激励人心,发愤图强。在《圣武记·军储篇》中,他也论述了盐、漕、开矿、货币、屯垦等经济问题,比较全面地提出了对当时经济问题的"兴利除弊"的主张。并于这一年,在林则徐《四洲志》的基础上,撰成《海国图志》五十卷(1846—1847年增为六十卷,1852年又增为百卷,是当时我国最为详备的外国历史、地理专著,也是亚洲第一部关于世界史地的系统著作),探讨中国在鸦片战争中致败的原因,提倡研究西方,了解"夷情","师夷之长技以制夷"。他通过对当时所能得到的有关西方的资料(包括文字资料和外国人的口述),不仅总结了对付外国资本主义侵略的经验,而且对外国资本主义侵略和以往落后民族入侵的不同,也有了初步的了解。他认识到发动侵略的都是西方的富商大贾,借通商来对中国进行经济和文化的侵略①。他又认识到英国"四海之内,其帆樯无所不到,凡有土有人之处,无不睥睨相度,思胲其精华"(《海国图志》光绪二年平庆泾固道署重刊百卷本卷五二《大西洋·英吉利二》)。并说:"外夷惟利是图,惟威是畏",因而"必使有可畏怀而后俯首从命"(《海国图志》古微堂聚珍板五十卷本卷一《筹海篇四议款》)。

1845 年魏源考中进士②,历任江苏东台、兴化、高邮等地知县、知州。1851 年爆发了太平天国农民革命,地主阶级和农民的矛盾更加激化,在大规模的农民起义严重地震撼着清王朝的封建统治时,作为地主阶级思想家的魏源,在农民革命的狂风暴雨的打击下,也就无法保持昔日的思想上的光彩,1852 年魏源完成了《海国图志》的最后增补之后,他的政治经济思想就没有再前进一步。1853 年太平军占领南京、扬州之后,魏源在高邮办团练,后又参预周天爵的军事谋划,与农民革命军为敌,不久他感到"世乱多故"而弃官,专心学佛,"不与人事"③,思想上完全陷于消极。1857年,他六十四岁时卒于杭州。

20 世纪儒学研究大系

---

① 《圣武记》卷一四《军政篇》:"红夷则皆富商大贾,不屑剽掠,而借索埠头通互市为名,专以鸦片之烟,耶稣之教,毒华民而耗银币。"

② 魏源中进士,《邵阳魏府君事略》作道光二十四年(1844),从齐思和依《增校清朝进士题名碑录》改正,参考齐思和《魏源和晚清学风》,《燕京学报》第 39 期。

③ 《邵阳魏府君事略》,见中国史学会主编《中国近代史资料丛刊·鸦片战争》第六册,第 378 页。

二

魏源是地主阶级的思想家,基本上是维护封建制度的。他的经济思想在许多方面还是继承了地主阶级的传统观点。在农业和工商业的关系上,他还是认为农业是"本"业,工商业是"末"业。在"食"和"货"的关系上,从根本上说来,他也更重视"食";直到1852年增订《海国图志》时,虽然他已对西方资本主义国家有了较多的了解,可是他也没有放弃这个观点。他还写道:

> "孛露(即秘鲁)为南亚墨利加著名之国,泰西人目为金穴,其民恃地中有宝,不屑耕稼,故土壤鞠为茂草,有怀金而啼饥者。米利坚产谷绵而以富称,秘鲁诸国产金银而以贫闻。金玉非宝,稼穑为宝,古训昭然,荒裔其能或异哉!"(《海国图志》百卷本卷六一《弥利坚国总记下》)

他在《元史新编》中,也赞扬过元代重视农桑,誉为"文景之遗风"(《元史新编》卷八七《食货志上》,邵阳魏慎微堂刻本)。

基于这种观点,他非常重视民食问题,他认为"食源莫如屯垦"(《圣武记》卷一四《军储篇一》)。在《海国图志》中也提到,"他若浙江之南田山,福建之封禁山,许民屯垦"(《海国图志》五十卷本卷一《筹海篇二》)以"阜食源"等等。他并且专门讨论了旗民屯垦问题,认为不应该继续任旗民游手好闲,无所事事,这样,"聚数百万不士不农不工不商不兵不民之人于京师,而莫为之所,虽竭海内之正供,不足以赡"(《圣武记》卷一四《军储篇四》)。他还认为,"以君养人,不如使人自养"(《圣武记》卷一四《军储篇四》),因而主张组织他们在口外、东北等地屯垦。

魏源是一个开明的地主阶级分子,他虽然重视"本"业和"食"

的问题,可是也不主张抑制"末"业,和忽视"货"的问题。相反,他认为在当时的情况下,还应该"缓本急标",应该特别重视"货"的问题。他说:

> "语金生粟死之训,重本抑末之谊,则食先于货。语今日缓本急标之法,则货又先于食。"(《圣武记》卷一四《军储篇一》)

在他参加改革当时封建社会中的某些经济方面的弊端时,他还特别重视了商业资本和商人阶级的作用,例如在讨论漕粮海运时,他就说:"官告竭,非商不为功也。"(《古微堂外集》卷七《海运全案序》,光绪四年淮南书局本)这都说明魏源虽然还受着传统的重农思想的严重影响,但是已在一定程度上有所突破。

魏源关于"国"与"民"的关系的看法,也是他的基本经济观点之一。他认为封建国家过度地对"富民"征发是不利于封建国家的巩固的。他很重视"富民"的作用,认为"富民"是"一方之元气,公家有大征发大徒役,皆倚赖焉,大兵燹大饥馑,皆仰给焉"(《古微堂内集》卷三《治篇十四》)。可是封建国家却对他们过度征发,他说:

> "彼贪人为政也,专朘富民,富民渐罄,复朘中户,中户复然,遂致邑井成墟。"(《古微堂内集》卷三《治篇十四》)

在他的诗中也有类似的描写。他写道:

> "有田何不种稻稷,秋收不给两忙税,洋银价高漕斛大,纳过官粮余秸秳。"(《古微堂诗集》卷四《江南吟十章》,同治九年刊本)

他认为这样过度朘削的结果势必会动摇封建统治,因此他教戒封建统治者应该朘削得缓和一些,并且应该帮助"富民"增加财富,这样,国家的收入才能源源不断。他比喻说:

> "善赋民者,譬植柳乎? 薪其枝叶,而培其本根。不善赋
> 民者,譬则剪韭乎? 日剪一畦,不罄不止。"(《古微堂内集》卷
> 三《治篇十四》)

魏源还提出要使"富民""敢顾家业"(《古微堂内集》卷三《治篇十
四》)。他的这种不要过多地刮民的思想,包括了不要对"下户",
也就是不要对一般农民过高朘削,是有一定的进步意义的。但是,
并不能过高地估计它的进步性,事实上,这种思想并没有超出儒家
传统的富民思想,即所谓"百姓足,君孰与不足,百姓不足,君孰与
足"(《论语·颜渊第十二》)的思想。

魏源还把"富民"划分为"有田之富民"和"无田之富民",他
更加同情的还是"有田之富民"。他说:

> "有田而富者,岁输租税供徭役,事事受制于官,一遇饥
> 荒束手待尽,非若无田富民,逐什一之利,转贩四方,无赋敛徭
> 役,无官吏挟制,即有与民争利之桑孔,能分其利,而不能破其
> 家也。是以有田之富民可悯,更甚于无田。"(《古微堂内集》
> 卷三《治篇十四》)

在他的诗中也流露出对农村居民的同情,他写道:

> "城中奢淫过郑卫,城外囏苦逾唐魏。"(《古微堂诗集》卷
> 四《江南吟十章》)

这"城外"显然也包括了"有田之富民"。魏源的地主阶级立场不
是十分鲜明的吗?

魏源是地主阶级的思想家,也亲自参加过对农民起义的镇压,
在他的《圣武记》中用大量的篇幅来描写清王朝对农民起义的镇
压,歌颂清王朝的"武功"。这是基本的一面。但是,他在封建社
会危机加深,大批农民丧失土地,而官僚地主过着奢侈荒淫的生活
时,也曾经激发出对广大劳动人民的某些同情心。他曾说:

> "彼穑而我飱之,彼匠构而我姘之,彼赋税商贾而我便之,循千盾捍卫而我安之。彼于我何酬?我于彼何功?天于彼何啬?于我何丰?思及此而犹泄泄于民上者,非人心也。"(《古微堂内集》卷三《治篇一》)

他并且指出封建王朝所谓的恩赐、蠲免只不过是对地主阶级有利的,而对无地的贫苦佃户没有丝毫好处。他说:

> "官免赋而佃不免租,则利于富民,而不利于贫民。"(《圣武记》卷一四《军储篇一》)

他的这种言论虽然只是这么几句,并且是从稳定封建统治出发的,但仍然是可贵的。在他对当时清政府的经济措施所提出的改革主张中,也在一定程度上考虑到减轻人民的负担问题。这些都是具有进步意义的。

和他的富民思想相一贯,他认为国家的各种政策、措施应从便民出发,他说:

> "专主于便民者,民便而国亦利,专主于利国者,民不便,而利归中饱,国乃愈贫。"(《元史新编》卷八八《食货志盐法》)

这也是他的经济改革主张的一个基本出发点。

三

依据前述的基本经济观点,魏源提出的具体改革主张主要有以下几个方面:

关于漕运问题。明清以来,封建王朝都通过运河把江南的漕粮运至北京。漕运费力很大,运一石粮往往需要几石粮的代价,并且在漕运过程中,各级官吏运兵的勒索非常严重,弊端很多,各种浮收勒索最后都派到农民头上,农民负担非常沉重。同时,为了运粮,修河的费用也十分浩大。漕运问题早就成为一个引起广泛注意的问题。道光四年运河河道阻浅,漕船不能通行,道光命令筹议海运。两年后利用商船试行海运成功。魏源参预了这次海运的筹划工作,对漕运问题先后发表了不少意见。魏源对于海运的具体作法的主张和清王朝的措施是一致的,就是江浙漕粮不由运河运输,而是利用海商的力量,用商船由海道运送,封建朝廷给予运费,并准附带百分之二十的商货,免征商税。但是,魏源对于海运的看法和清王朝是有所不同的。清王朝完全是由财政开支的节省和贡赋收入的保证着眼,把海运看成是运河阻塞后的一种权宜之计。而魏源则不同。他虽然也是为了节省开支和及时把南漕运至京师,但是他看得更远,他把海运看成革除漕运积弊的一种措施。他认为河运有种种积弊:

> "过浅过闸有费,督运催攒有费,淮安通坝验米有费,丁不得不转索之官,官不得不取赢于民。"(《古微堂外集》卷七《筹漕篇下》)

而海运就可以取消沿途的勒索,减轻人民的负担。所以,他认为,"海运有所以救江苏漕务之穷,非徒以通运河之变也"(《古微堂外集》卷七《筹漕篇下》)。他批驳了那种认为海运是因为"河漕不能兼治,故欲停运以治河也,河通而漕复故"的说法。他认为:海运不是为了"治河",而是为了"治漕",海运较河运"有霄壤之殊"。他说:

> "舍是而徒斤斤补救,议八折,议恤丁,禁包户,禁浮收,皆不揣其本而齐其末也。即不然,名议海运,仅斤斤于河道之通塞,而不计东南民力之苏困,吏治之澄浊,亦见其轼不见其睫也。"(《古微堂外集》卷七《筹漕篇下》)

同时,魏源在改行海运中,特别重视商人的力量,关注商人的利益,也是和一般封建统治者不同的。清王朝只是在河运受到阻碍,不得不利用海商的情况下,利用一下海商的力量为其服务而已,有的地主阶级分子如王鎏等,还企图使海商替封建王朝担负海运的风险(见王鎏:《壑舟园初稿·海运议》)。而魏源则不同,他不仅要使海商在海运漕粮中获利,而且认为这是实行海运的大利之一。他说:

> "海运之事,其所利者有三,国计也,民生也,海商也。"(《古微堂外集》卷七《复魏制府询海运书》)

又说:

> "其优于河运者有四利,利国、利民、利官、利商。"(《古微堂外集》卷七《道光丙戌海运记》)

魏源在筹议海运中,十分重视海商的意见和力量。关于海运的筹划,他不仅和官吏商量,而且"质之滨洋人士,诹之海客畸民",这样就使得"众难解,驳愈审,万举万全,更无疑义"(《古微堂外集》卷七《复魏制府询海运书》)。不仅如此,他还认为在当时的情况下,"官告竭,非商不为功也"(《古微堂外集》卷七《海运全案序》)。这就是说,商运比官运优越,官已到山穷水尽的地步了,不能不依靠商人这股力量了。

关于盐务问题。清代在盐政上主要因袭明代的纲盐制度。盐的收购、运销都是根据封建国家所给予的封建垄断权利来进行的。在这种垄断制度下,弊端很多,盐价昂贵,运销滞阻;同时,私贩走私异常严重,无法遏止。这样,不仅使一般劳动人民承受沉重负担,甚至"百姓淡食";而且封建国家的盐课收入也随之减少。道光十二年,魏源向当时的两江总督陶澍建议在淮北试行票盐。这种办法在淮北试行后,取得良好的效果,打击了长期占据垄断地位的淮北大盐商，不仅使"盐价顿减，取携甚便，民情安之"，而且，"票盐之课溢于原额"（陶澍：《湖运畅岸推广行票盐折》。见《淮北票盐志略》卷二《改票》）。

魏源试行票盐的主张，主要是从增加封建国家的财政收入出发的，要用商税"以裨农赋之不足"（《古微堂外集》卷七《淮北票盐志叙》），但是，他在这一改革中，却再一次指出了封建统治下的积弊，宣布了清王朝的老办法已经山穷水尽，无能为力。魏源指出当时的封建纲商制度积弊很多，已经腐败不堪了，他说：

> "……纲商岸悬课绌……纲利尽分于中饱蠹弊之人，坝工枵夫去其二，湖枭去其二，计利之入商者什不能一。"（《古微堂外集》卷七《淮北票盐志叙》）

并且认为清封建王朝所扶植起来的垄断盐的运销的纲商已衰落了，没有什么力量了，有力量的到是那些人数众多的散商、私商，他说：

> "夫以十余疲乏之纲商，勉支全局，何如合十数省散商之财力，众擎易举。"（《古微堂外集》卷七《筹醨篇》）

在这种情况下，如果仍然继续维持旧的腐败的纲盐制度，那是不会有什么成果的，只会愈搞愈坏。他在《筹醨篇》中主张推广淮北票盐时指出：

> "淮盐十载以来，江南、湖广大吏整饬又整饬，弥缝又弥缝，而银价愈昂，私充愈甚，官销愈滞，场岸复积存三纲之盐。去冬甫请对折行盐，今冬复请两纲展缓，如窭夫之患债，如逋户之畏赋，如垂病之日延一日，如穷邻之月攘以待来年。"
> （《古微堂外集》卷七《筹醨篇》）

而当时的封建国家和一些官吏为了维持清王朝的财政收入和维护封建垄断商人的利益，只知道"缉私"一法，魏源认为，"缉私"是不

能解决问题的,所谓"糙政无缉私之法"(《古微堂外集》卷七《淮
北票盐志叙》)。

因此,魏源主张变更成法,废除封建垄断的纲商制度,代之以
自由运销的票盐制度。无论何人,只要照章缴纳盐税,就可以领票
贩运,这就是所谓"化私为官"。这样就可以革除各种积弊,降低
盐价,增加销量,盐课反可日赢。

魏源的这种主张,对封建国家是有利的,对商人也是有利的,
并且可以减轻人民的负担,他所打击的只是封建垄断商人。魏源
主张的实际结果是在这局部问题上再一次修补了封建制度,调整
了封建统治者和商人及一般人民的关系。

关于开矿问题。魏源注意的主要还是银矿的开采问题,他认
为封建国家不应垄断银矿开采,更不应根本封禁银矿。他认为如
果封建国家不禁止民间开采,他们就会"荷锸云趋,裹粮鹜赴"地
来开矿,那么,就"将见银之出不可思议,税之入不可胜用,沛乎如
泉源,浩乎如江河"(《圣武记》卷一四《军储篇二》)。他认为由民
间开采,封建国家只是置局课税,远胜于国家垄断。他一则说:
"何必官为开采,致防得不偿失。"继则曰:"夫民开而官税之,则有
利而无弊,明人乃禁民采而兴官采,何怪利不胜弊?"(同上书,申
报馆本)他对官采和民采的态度,和对待漕运问题上的官运、商运
的态度是相同的。

魏源的这些改革主张主要是从清王朝财政收入的增加和开支
的节省出发的,但是,他同时也揭露了封建统治下的各种弊端,在
一定程度上减轻了人民的负担,并且有利于商业资本的发展,因而
是有一定的进步意义的。单纯强调他的目的是巩固封建王朝,而
忽视他的进步意义是不对的。但是,抹杀他为巩固封建王朝的实
际目的,而单纯强调他的主张是为了满足商业资本的发展,也是不

恰当的。巫宝三先生在《略说魏源的经济思想》一文中说：

> "……可知魏源对于漕、盐问题的分析与主张，是在设法巩固封建国家财政收入的外观下，实行取消不合理的封建运输与销售组织，来满足商业资本发展的要求。"[1]

并说马克思下面一段论述重商主义的话，"最能启发我们理解魏源经济思想的实质"[2]。

> "他们（重商主义发言人）的借口是只为国富和国家财源服务，但在这个借口下，他们实际宣布了，资本家阶级的利益和财富一般的增进是国家的最后目的，并且宣告了与旧时天国相反的资产阶级社会。"（《资本论》第三卷，人民出版社出版，第1024页）

魏源确在设法巩固封建国家财政收人，这是他的这些改革主张的基本出发点，并不是什么"外观"。从他的这些主张本身和他的其他著作中可以很清楚地看出这一点。巫宝三先生把魏源自己道出的这个目的视为"外观"，我觉得主要是由于：

第一，巫宝三先生对魏源所处的时代作了不恰当的估计，过高地估计了商业资本的发展程度，把商业资本与封建主义的矛盾夸大了，把中国当时的商业资本和西欧重商主义思想产生时期的商业资本等量齐观了。

第二，因此，巫宝三先生把魏源的经济思想看成类似西欧的重商主义，把魏源思想中某些反映商业资本利益的因素夸大了，看成是魏源经济思想的实质。

---

① 见巫宝三等编《中国近代经济思想与经济政策资料选辑》，第142页。

② 同上书。

第三，由于巫宝三先生的这种看法，因此在材料的搜集和分析上就有片面的地方，只看到或只重视魏源思想中某些与商业资本有关的部分，并且夸大了这部分的意义，而忽视了魏源思想中那些不利于把他说成是商业资本利益的代表的部分。如关于财富来源问题，只重视他讲"末富"和"货"的部分，而忽视他讲"本富"和"食"的部分；只重视他关注商人利益方面的材料，而忽视他维护地主阶级利益、同情地主阶级的材料等等。

第四，从漕、盐问题的本身来看，魏源谈了不少如何有利于封建王朝的话，但是，巫宝三先生说这是"外观"，因此，从魏源讨论这些问题时所说过的维护封建国家利益的话，来证明巫宝三先生的理解是不妥当的，就不够了。现在我们可以从另一个角度来谈这个问题。商业资本的活动是多方面的，为什么魏源不更多地从其他方面来反映商业资本的要求，而着重在漕、盐这两个方面呢？恐怕单纯从他反映商业资本的要求出发是很难解释这个问题的。如果从解决清王朝的供给和财政收入，以及革除积弊来解释这个问题，就简单得多，也切实得多。我们知道，漕、盐二政对清王朝的关系非常密切。漕粮是保证清王朝宫廷和京师食用以及军队供应的重要物资；盐课是清王朝的重要收入。并且这漕、盐二政的弊端也最为严重，历来就是封建统治阶级最关心的问题，魏源重视这两个问题就是很自然的事了。魏源和一般地主阶级不同的地方就在于他同时也注意到减轻人民的负担和重视商人的力量，关注商人的利益，在一定程度上反映了商业资本的要求。

四

魏源非常重视货币问题，他认为在当时情况下，应把解决货币问题放在重要地位。他在1842年所著《圣武记》中,有三篇文章(《军储篇》一、二、三)都涉及了这个问题,其中《军储篇三》,更是专门讨论货币问题的论文。他在这几篇文章中提出,解决当时货币问题的办法主要有二,即"采金与更币"(《圣武记》卷一四《军储篇一》)。

他认为在当时白银外流,银价上涨的情况下,必须一方面杜绝白银外流,一方面"浚银之源"。他首先提出禁止鸦片,他认为如果禁止鸦片输入,"无漏卮则国储财",不仅白银不再继续外流,而且由于对外贸易的出超,还可以使白银内流。但是,在鸦片战争后,他更注意的还是开采银矿。他叙述了中国过去不注意开采银矿,白银多由外国输入的情况后说:"天地之气,一息一消,一汐一潮,银来番舶数千年,今复为番舶收之而去。"(《圣武记》卷一四《军储篇一》)因此,只能依靠自己来开采了。

他同时认为,在当时的情况下,还应该改革币制。他的主张主要是"仿铸西洋之银钱"和"兼行古时玉币贝币"(《圣武记》卷一四《军储篇三》)。他的这种"更币"主张,是以他的货币理论为基础的。他认为货币是"权衡万物之轻重"的(《圣武记》卷一四《军储篇三》),应该是本身具有价值的东西,应该是"五行百产之精华","天地自然之珍",且不"易朽易伪之物"(《圣武记》卷一四《军储篇三》)。他认为金、银、玉、贝等都符合这个条件,都可以作为货币。但是,他最重视的毕竟还是白银。他只是主张在当时白银不足的情况下,"以贝玉佐银币之穷"(《圣武记》卷一四《军储篇三》)。在白银已充作一般等价物的情况下,主张兼用玉、贝,当然是不现实的。但是,他认为货币应是"自然之珍",不"易朽易伪之物",却是模糊地、部分地看到了充作货币的商品所应该具备的条件。他由货币必须有内在价值出发,认为银和钱这两种货币的比价是客观的,政府不能任意规定,无疑也是正确的。

但是,魏源对货币价值并无正确的理解,他认为黄金之所以贵,是由于它的稀少性。他说:"使黄金满天下,而多于土,则金土易价矣。"(《元史新编》卷八七《食货志》)但是,总的说来,魏源的观点基本上还是接近于货币金属主义的。

由于魏源在货币问题上持金属主义的观点,因而他不能正确理解纸币。他只承认可以兑现的纸币是可行的,坚决反对发行不兑现纸币,他并不知道,不兑现的纸币在它的发行量不超过它所代表的流通所需要的金属币的数量时,也是不会贬值的。当然,在腐朽的封建统治下,发行纸币往往成为封建王朝掠夺人民财富的工具,魏源反对发行不兑现纸币是有一定根据和具有进步意义的。但是,在关于纸币的理论上,却不能被认为是正确的。

魏源的改革币制主张的另一个内容是铸造银币。他看到当时外国的银铸币受到使用者的欢迎,并且它的交换价值超过本身所包含的价值,因此主张"官铸银钱以利民用","仿番制以抑番饼"(《圣武记》卷一四《军储篇三》)。这种主张是使货币制度由秤量货币阶段进到计数货币阶段,对商品经济的发展是有利的,对排挤外国银币在中国泛滥也是有好处的。这种主张并不是魏源第一个提出的,在明末清初,郑成功已用西法铸造银币,即使在近代的人物中,也有人比魏源更早注意了这个问题,如林则徐在九年前也曾提到过铸银币,但是林则徐为了减轻朝廷中顽固派的阻力,在提出铸造银币的主张时,特别声明,他的主张不过是"推广制钱之式,以为银钱","并非仿洋钱而为之"(《林文忠公政书》甲集《江苏奏稿》卷一《会奏查议银昂钱贱除弊便民折》);而魏源则不讳言自己的学习西方的主张,公开声言要"仿铸西洋之银钱"。

五

由于西方各国资本主义的发展,他们发动侵略,扩大国外市场,通过鸦片贸易侵略、掠夺古老的中国,使中国人民遇到了和以前的侵略者相比,具有不同特点的新的侵略者。因而使当时的中国人不得不考虑很多过去没有遇到的或过去不大为人所重视的问题,如鸦片贸易问题、对外通商问题等等。这些问题是当时中国社会带有关键性的问题,任何一个思想家都不能不对此表示自己的态度。魏源是当时对外国资本主义各国情况了解最多的,对鸦片贸易和对外通商问题的研究,也最全面、最深入。他认为"鸦片耗中国之精华,岁千亿计,此漏不塞,虽万物为金,阴阳为炭,不能供尾闾之壑"(《圣武记》卷一四《军储篇一》)。并且指出鸦片输入对中国社会各方面的影响,他说:

"夷烟蔓宇内,货币漏海外,漕赋以此日敝,官民以此日困。"(《古微堂外集》卷三《明代食兵二政录叙》)

在鸦片战争以中国失败告终,禁止鸦片输入已不可能,魏源还想通过国内禁烟的办法,来抵制鸦片输入。

魏源不像地主阶级顽固派那样主张禁止对外通商,他和林则徐一样,把鸦片输入与正常的对外通商区别开来。他关于对外通商的见解多发表于鸦片战争中国失败以后,因而也带有时代的色彩。他在看到外国资本主义的坚船利炮以外,也看到了他们的唯利是图的本质,因此,他主张中国一方面要积极准备武装抵抗,一方面应允许正常的对外贸易,作到"威足慑之,利足怀之"(《海国图志》五十卷本卷一《筹海篇四》)。

但是,魏源对于那种不积极谋求富国强兵之策,抵御外侮之法,而单纯企图以开放对外贸易来换取和平的投降主义的做法,也给予了尖锐的批判。

魏源主张进行正常对外贸易的最重要的原因还在于,他认为正常的对外贸易对中国也有莫大的好处。一方面他认为允许和发展正常的对外通商,可以使中国在对外通商中获得大量的白银,有助于解决当时的银贵钱贱问题。他分析了当时中外贸易的情况,认为,如果能够禁止鸦片贸易,那么中国的出口货多于进口货,白银会不断内流。他的这种论述,实际上已经运用了"贸易差额"的分析来研究对外通商问题了,虽然他并没有明确提到"贸易差额"这个概念①。另一方面,他认为可以从对外通商中换取对自己有用的商品。魏源最重视的是进口洋船、洋炮、火箭、火器。他认为通过对外通商,就可以"不旋踵间西洋之长技尽成中国之长技"(《道光洋艘征抚记上》,见《圣武记》卷一〇,申报馆本)。至于铅、铁、硝、布,他认为这也是对中国有用的东西,"亦可多运多销"(《海国图志》五十卷本卷一《筹海篇四》)。他不仅主张由国家直接购买船舰火器,而且主张允许商人贩运。魏源已经突破了鸦片战争前流行的"天朝无所不有"的旧说法的局限,开始感到中国有所不有,需要对外贸易以通有无。此外,魏源还很重视洋米的进口,不但许外国多运洋米入口,而且还主张"酌免其税"。他认为,如果"岁岁采买"洋米,"积久并可减东南之漕,广天庾之积"(《海国图志》百卷本卷八《东南洋·海岸国四》)。可见,他对进口洋米是很感兴趣的。龚自珍在对外贸易上的态度是消极的,但是他也主张运洋米入口,这是因为他们都很注意民食问题。魏源更把进口洋米和减轻东南各省人民的负担联系起来。

---

① 参看巫宝三《略说魏源的经济思想》。

魏源在对外通商问题上的态度是开明的,甚至可以说是积极的,但是,他并不像西方的重商主义者那样,单纯是为了在对外通商中换取大量的黄金,只把黄金看成财富。魏源的对外通商的主张是有出有入,出口货物主要是为了换取对自己有用的东西,有利于国家的富强;在白银外流的情况下,他也希望能够通过对外贸易来换取白银,解决"银荒"问题,但是总的看来,他的着重点还在前者,还在政治、军事方面。因此,认为魏源具有马克思所说的那种"追逐黄金的圣杯"的货币主义者的思想,是不尽符合事实的。

<h2 style="text-align:center">六</h2>

在中国近代史上,第一个开眼看世界的是林则徐。他在同外国侵略者斗争中,注意研究敌情,并在实践中注意学习侵略者在军事上的长处,以加强防卫力量。魏源继承和发挥了林则徐的这些思想,提出"师夷之长技以制夷"的口号。他是中国近代第一个正式提出学习西方的主张的人。对于西方资本主义国家的长处,他看到的主要还是西方在军事上的长处。他说:

"夷之长技三:一战舰,二火器,三养兵、练兵之法。"(《海国图志》五十卷本卷一《筹海篇三》)

他除了主张通过对外贸易的方法来换取西洋的船舰火器以外,还主张自己设厂制造。他认为自己制造有很多好处,主要是可以不仰赖外夷,加强自己的军事力量,有效地抵御外国侵略,使他们不敢再运鸦片来毒害中国人民,"纹银自不透漏"。魏源在写《圣武记》时,曾认为自制不如购买,但在写《海国图志》时,改变了这种看法,主张既要购买,又要自造,并且还十分强调自造。这说明魏源的思想有了进一步的发展。

魏源思想的高明处还在于他不仅主张自己设厂制造船舰火器，而且主张如"量天尺、千里镜、龙尾车、风锯、水锯、火轮机、火轮舟、自来火、自转碓、千斤秤之属，凡有益于民用者，皆可于此造之"(《海国图志》百卷本卷二《筹海篇三》)。并且主张利用西洋借用风力、水力、火力等为动力的机器。可以说魏源是最早主张在中国建立近代新式机器工业的人。

魏源不仅主张政府设厂制造船舰火器，也主张商人设厂制造船械。他说：

"沿海商民，有自愿仿设厂局以造船械，或自用，或出售者听之。"(《海国图志》五十卷本卷一《筹海篇三》)

主张由商人来办近代工业，魏源也算是第一人了。魏源的这些思想，远远地超过了当时的其他地主阶级改革派。

吴泽先生认为魏源学习西方的主张，不仅止于那些战舰、火器、养兵练兵之法，而且要学习西方资本主义的工商业了。并且说他明确地提出，中国应该学习英国的行贾、行兵、兵贾相资的富强的长策①。我认为，这些看法是不很妥当的。

魏源所要学习的主要还限于军事和生产技术方面，并没有走得更远。他对西方资本主义国家有相当多的了解，他知道西方的资本主义的生产关系，他介绍过美国的资本主义工厂的情况，介绍了工厂的规模、雇佣工人的情况，资本家取得利润、工人获得工资的情况等等②。但是，他并没有把这些当做可以学习的长处。他

① 吴泽《魏源的变易思想和历史进化观点》，《历史研究》1962年第5期。

② 见《海国图志》五十卷本卷三八《外大洋·弥利坚总记上》；《海国图志》百卷本卷五九《弥利坚总记上》。

没有认为这种生产关系比中国的封建主义的生产关系优越。他所津津乐道的西方资本主义国家的长处，不外船舰、火器，养兵、练兵之法和新的生产技术。主张学习西方的资本主义生产关系的是以后的资产阶级改良派，他们才极力地赞扬西方资本主义的工厂和公司组织等等。

至于说魏源要学习英国的"兵贾相资"，也是没有根据的。他是讲了英国"兵贾相资，遂雄岛夷"（《海国图志》百卷本卷三七《大西洋总叙》）。所谓"兵贾相资"，就是说工商业支持军事，军事又为工商业的发展开辟道路。魏源认为新式工业可以生产坚船利炮，可以支持军事，但是他并没有认为军事应该支持工商业的发展，为工商业开辟道路。他没有表示这是可以"师"的"长技"。如果他真的认为应该学习西方的资本主义工商业，并且学习"兵贾相资"，那么，他就不是地主阶级的思想家了，而是彻头彻尾的资产阶级的思想家了。重要的是魏源的时代，中国还是一个封建社会，既没有具有扩张性的商业资本，更没有依靠输出商品的产业资本，这时还不具备产生这种思想的社会条件。

魏源对中国的前途是乐观的。他认为如果中国能够"师"西方的"长技"，那么中国将会"风气日开，智慧日出"，可以看到"东海之民，犹西海之民"，"云集而鹜赴"地建立起采用新式技术的工业企业（《海国图志》五十卷本卷一《筹海篇三》）。他还十分赞扬帝俄的彼得大帝，认为如果能够像彼得大帝一样学习西洋的技艺、器械，那么，就会足国而足兵，会和俄国一样，成为一个强盛的国家。魏源在西方比中国强大许多倍，比中国整整进步一个社会发展阶段的情况下，能够有这样的伟大气魄，是值得我们学习的。但是，魏源并没能认识到发展新式工业和旧有的封建生产关系是矛盾的。在不触动封建统治的条件下来建立和发展新式工业，只能是无法实现的幻想。

七

　　魏源的经济思想是鸦片战争时期地主阶级改革派经济思想发展的顶峰,不仅对当时发生了极大的影响,而且对以后几十年中国经济思想的发展也有深远意义。资产阶级改良主义的早期代表人物,如王韬、马建忠、薛福成,和后期的康有为、梁启超等都受到魏源经济思想的深刻影响。魏源的经济思想成为资产阶级改良主义经济思想的出发点。

　　魏源的《皇朝经世文编》和《海国图志》两书,对后世的影响,有口皆碑。俞樾为葛士浚编的《皇朝经世文续编》所写的序中说:魏源编的这部《皇朝经世文编》,"数十年来风行海内,凡讲求经济者,无不奉为矩矱,几于家有其书"。盛康为他自己编的《皇朝经世文续编》所写的序言中也说:魏源编的《皇朝经世文编》,"言经济者宗之"。其后续编《经世文编》的不下十数家,并曾成为资产阶级改良派宣传变法维新的重要阵地之一,足证此书影响之巨。《海国图志》刊印后,不仅对中国人民开阔眼界,洞悉西方情况,有重要帮助;而且其中学习西方的主张,更启发了中国进步思想家向西方寻求真理。王韬说魏源的"师长一说,实倡先声"①,是符合事实的。《海国图志》也曾传入日本,其六十卷本并于1854年在日翻刻,对日本的明治维新也产生了深刻的影响。梁启超说:

　　"然日本之平象山、吉田松阴、西乡隆盛辈,皆为此书所

------

　　①　王韬《扶桑游记》,见《小方壶斋舆地丛钞》。

激刺,间接以演尊攘维新之活剧,不龟手之药一也。"①

龚自珍和魏源的启蒙思想,整整地影响了旧民主主义革命的一个历史时期。梁启超说:

"数新思想之萌蘖,其因缘固不得不远溯龚魏。"②

龚魏思想影响的方面,虽有共同之处,但也有差别。这差别就是他们在政治思想和经济思想方面的影响,各有千秋。龚自珍在政治思想方面的启蒙作用固然胜于魏源,但在经济思想方面的影响,魏源又远过于龚自珍。

魏源可以说是鸦片战争前后地主阶级改革派经济思想成熟阶段的代表,并且是资产阶级改良主义经济思想的直接前驱。

1963 年 2 月

本文选自:《北京大学学报》1963 年第 5 期。

　　魏源是鸦片战争前后地主阶级改革派的重要代表人物之一。他对当时经济问题的论述是比较全面的,并且在某些问题探讨的深度上,超过了其他地主阶级改革派的思想家,成为地主阶级改革派经济思想成熟阶段的代表。魏源经济思想中最有价值、最有影响的部分是在鸦片战争以后形成和发展起来的。把地主阶级改革派的经济思想推向一个新阶段,更多地反映了时代的动向。但魏源是地主阶级思想家,他的经济思想在许多方面还是继承了地主阶级的传统观点。在农业和

---

①　梁启超《论中国学术思想变迁之大势》,见《饮冰室合集》,《文集》第七册,中华书局出版,第 97 页。

②　同上。

工商业关系上,他还是认为农业是"本",工商业是"末"。但他并不主张抑制"末"业。魏源继承和发挥了林则徐的思想,提出了"师夷之长技以制夷"的口号,他是中国近代第一个正式提出学习西方主张的人。

康有为的戊戌经济纲领及其《大同书》

胡 寄 窗

康有为(1858—1927),号长素,广东南海人。1895年在京会试时,他联合会试的举子一千三百余名,要求拒签中日和约,因此名闻全国。榜发成进士,授工部主事未就。后在北京上海等地组织强学会,主张变法维新。1898年又在北京成立保国会,受到光绪帝的召见,参与"百日维新",起草变法诏令。九月戊戌变法失败,谭嗣同等六人牺牲,康逃亡出国。此后,组织保皇会,反对民主革命。1917年策动张勋复辟,旋即失败。著作甚多,主要有:《新学伪经考》(1891),《孔子改制考》(1897),《大同书》(1902)。

康有为是19世纪末20世纪初"向西方寻求真理"的重要代表人物之一,也是19世纪末坚持变法维新的首脑。他的变法维新活动是失败了,而且即使他能侥幸成功,也不足以挽回中国沦为半殖民地的命运。但他的政治活动在思想领域却对当时改变现实的要求起了极大的积极推动作用。从学术思想史的经验考察,有些曾轰动一时的著作,到后来常被客观实践证明是不科学的。康有为的一些曾轰动一时的主要著作就是这样。他的思想方法有两点是非常突出的:第一,他非常主观和武断地抓住前人发现的某些可疑的学术问题,为了服务于他自己的政治目的,就不惜抹煞或歪曲事实,加以骇人听闻的夸张。第二,他硬把一些不相配合甚至相互矛盾的观点或事实任意拼凑起来,就认为是自己独创的稀世瑰宝。例如,四川廖平在其《古今学考》中曾对汉代刘歆编订的古文经有所质疑,康有为就在其《新学伪经考》中大肆发挥,肯定古文经系刘歆所伪造,两千年来的千百儒者和二十朝皇帝均受其愚弄云云。(他在书中并未明言是受廖平的启发,故廖平曾指摘康有为盗窃其说,康有为弟子梁启超曾参预编写《新学伪经考》,后来也承认康确是在廖平说的启发下才写成此书的。)今文经与古文经之争是汉代以来两派经学家各存门户家法的偏见所不断发生的无聊争吵。古代学术的流传专赖口授传抄,于是辞句繁简,篇章多寡,甚至某文献在此得传而在彼失传的情况,为绝对无可避免的现象。不特儒家经典如此,其他古书中,如《世本》一书有许多种极不相同的版本,《墨子》的兼爱、非攻等篇均有上、中、下三篇的不同写法。西洋的耶稣教《圣经》也兼收了四种记载不同的"福音"书,如何去确定谁是真经谁是伪经!今文经与古文经之别也不过如斯而已,它们都不过是为中国封建统治阶级服务的货色,根本谈不上有什么原则差别。由于在西汉王朝前期系流行所谓"今文经"(即用秦以来流行的籀体文本,故称为"今文")。从新莽起及以后各王朝由所谓"古文经"(即战国时六国通用的篆体文本,篆文在秦汉时已不用,故称"古文")逐渐取代了"今文经"的流行统治地位。而"今文经"学家又不断想夺回他们已失去的天堂,这才产生了两派经学家的争吵。每一派都肯定自己的是"真经"别一派的是"伪经"。两汉的今文经学在解释经文时支离蔓衍并结合着严重的谶纬迷信思想,而当时的古文经学倒是反对这种谶纬迷信的,后者之所以日益取得统治地位,除了封建政权的支持外,这也是其原因之一。"古文经"取得支配地位后,逐渐成为思想学术领域的权威,越到后来科举制度流行的时代,古文经更成了升官仕进的唯一阶梯。在此情况下,古文经学家及其拥护者们为了保持其既得利益,把古文经吹捧成绝对不许丝毫违反的神圣教条,从而在政治社会态度方面表现了保守倾向。相反的,所谓今文经学家及其拥护者们在旗帜上是对抗现存的经学统治而事实上是争夺社会政治地位或至少是要求在学术的统治地位中也分得一杯羹,就要求改变现实。这样,到了19世纪中叶,今古文经之争在某种程度上反映了对社会政治态度的变革与保守之争。当然这是就大体趋势而言,决非所有今文经学家都要求变革或所有古文经学家均一概保守。所以,今古文经之争,如果还有一点可取之处的话,也只是在19世纪以来两派对待现实问题的态度这一点上。但这和今古文经本身的真伪问题决无直接联系,而且这时的今文经学大家们之解释经文,仍然和两汉一样是支离蔓衍的。到了康有为手中,他的今文经的调子唱得最高,对古文经的攻击最猛,而同时利用今古文经之争来达到个人政治权力和地位的目的也最露骨。我们绝不否定康有为以前的一些今文经学家在考据学方面的某些贡献,但不要把这些同经师们"持以干禄"的实质结合起来,更不能相信康有为所说的那样,古文经就是如何了不得的坏。如果今文经真是恢复了它在西汉前期的那种完全支配的地位,它照样会和两汉以后的古文经一样成为"圣法,诵读尊信,奉持施行",成为维护封建统治的思想武器。说来说去,哪里是什么"真"、"伪"之争,只不过是学术权力支配之争罢了。

又如康有为的《孔子改制考》是他坚持变法维新的主要理论根据,对戊戌变法运动起过极大的积极作用。这本书的主要论点是:孔子创作六经都是"托古改制",并借此论证他自己的要求变法是完全合乎"圣道"的。这里,他最主要的论据是以汉代今文经学家的所谓"三世说"为骨干,并将西方的庸俗进化论和资产阶级政治制度加以附丽,造成一种在当时耸人耳目的珍品,到后来是不值一尝的杂烩。今文经学家常称道的所谓公羊"三世说",本来就有各种不同的解释。在春秋公羊传中只有"所见"、"所闻"和"所传闻"之别,既未明言"三世",也未和世道的治乱结合起来考虑。经后起公羊学者逐渐附会增益才形成所谓"三世"之说,但仍有两种相反的解释:一种如刘逢禄、龚自珍所说的是由"治世"到"乱世"再到"衰世";另一种如何休的由"乱世"、"平世"到"太平世"。康有为把何氏"春秋据此二百四十二年衰乱之世事而作"一语误凑为"据乱世",实则"据乱"是动词宾词结合的词组,不能用作名词,所以有人讥笑他"不识句读"。再就康氏本人所谈的"三世"来说也是很混乱的。他在1884年所写的《礼运注》中说:"太平世,大同之道也。三代之英,升平世,小康之道也。"而"大教主"孔子所处的春秋时代则为据乱世。这是说,历史的演变是退化的,由治而乱。在他写《孔子改制考》时又说"吾国二千年来,凡汉、唐、宋、明,不别其治乱兴衰,总总皆小康之世也",亦即由春秋到明代为进化的,从"据乱世"到升平世。康有为自己所处的时代为据乱世,亦即由明代到清末又是退化的由升平到据乱。至于将来呢,那又将是进化的由据乱到升平再到太平。综合康有为前面的说法,可以发现许多混乱观点:(1)从古以来,撇开"大同"理想不谈,事实上只存在据乱和升平两世,根本不存在过所谓"三世";(2)各世演变的程序,可以由升平到据乱,也可以由据乱到升平,亦即既可以是退化的又可以是进化的,严格地讲"三世"说的本意是既非进化又非退化的循环论;(3)从汉到明这一历史阶段内的许多极混乱的时期,统可被认为是升平世,何以康有为自己所处的时代就不是升平而是据乱呢?现在抛开这些混乱观点不谈,专就能配合他的变法要求的由据乱到升平再到太平的这种庸俗进化论式的三世说来讲吧,他竟把资产阶级式的所谓"民主政治"尊奉为太平世的理想政治制度,而他当时所力求实现的"君主立宪"却被他自称为升平世。他不懂得"君主立宪"也是资产阶级所谓"民主政治"的一种形式。何来升平与太平之别。他又说,太平世就是大同社会,而太平世的政治体制则是资产阶级式的民主政治,这无异是说孔子在《礼运》中所表述的大同理想就成了要想实现资产阶级式的民主政治。岂不成了笑话?不要认为这是过甚其词的推论。我记得廖平曾在某一次公开演讲中说:中国早在哥伦布之前二千多年就已发现美洲新大陆了,其理由是《诗经》上有"彼美人兮,西方之人兮",诗中说的"美人"就是指的美国人。可见这些今文经学的大师门的胡扯,可能达到的荒谬程度,是难于思拟的。再回过来谈康有为的"三世说"吧。他说,孔子"创作"六经都是为推行自己的政治主张而假托。六经哪里全是孔子创作出来的?诗经是民间歌谣和官府歌词,《书经》是历史记录也是早经存在的,《礼》是政治制度和社会习惯的汇集,《易经》是孔子从五十岁起开始学习的卜书,这说明其经文也不是孔子创作的。这些应该是康有为很熟悉的常识,可是,他仍按照自己的癖性,一概予以抹煞,硬说都是孔子创作的。他又说:夏、殷、周三代都是因时兴革而不是沿袭旧制,孔子就是假托古三代的因时兴革来为自己的改制找历史根据云云。孔子常借古代的亡灵来为自己的主张作护符是事实。但是,孔子托古的目的是要用三代之制来证明自己的主张是"古已有之",并指出夏、殷、周三代基本上是沿袭旧制,如所谓"殷因于夏礼,所损益可知也……",因而宣称他的政治主张也是沿袭旧制特别是周公之制。如果说孔子托古是为了改革当时的政治制度,那么,他的最终目的也是为了要改变当时之制以恢复三代之制。倘使孔子是为了改变三代之制,那他又何必托古呢?康有为抓住孔子托古是为了改变现实这一点来给自己的变法找"圣道"依据,他不理解二者是相互矛盾的。孔子的托古是借传说中的古代"太平"的黄金时代的亡灵来为改革现实的衰乱情况而服务,不管孔子改制的实质如何,至少在形式上他是复古的。康有为的改制是由封建制到君主立宪再到未来的"民主政治",亦即是结合庸俗进化论来考虑的。复古与进化,背道而驰,怎么能证明自己的改制是合乎"圣制"呢? 连康的大弟子梁启超也宣称,他自己在三十岁以后就不谈"伪经"、"改制"了,可见康有为学说的胡扯。

关于康有为的《大同书》更是集杂凑矛盾之大成,下面我们还要对它作详细的分析,这里暂时不谈。总之,康有为的两本轰动一时的代表作,在19世纪90年代固然曾起过一定的积极作用,现在看来,其中合理的、可取的成分实在太少了。从学术思想角度考察特别是从经济学术思想角度考察,真是未给后人留下什么可取的东西。至于《大同书》给人留下的一点鲜明印象是,将各种复杂而又相矛盾的经济事物,作了表象的观察和任意的凑合。以一个曾起过进步作用的思想家康有为,在19世纪末20世纪初又曾到日本和欧美居留过数年,还出现《大同书》这样的杂凑观点,这真是令人惋惜的事。刘锡鸿在19世纪70年代出使英德等国后,仍坚决反对"西学",反对举办新式工业,倒是不足为奇的,因为他本来就是一个靠反对西学和反对新式工业而升官发财的死硬顽固分子,他对西方事物可以视而不见、听而不闻。严复也是70年代留学欧洲的,尽管他的思想的基本倾向是保守的,最后演变为落后的,而他对西方社会科学尤其是对英国资产阶级古典经济学的了解确是相当深入的。康有为是要求变法,学习西方的重要代表人物,而且是在20世纪之初游历欧美,对西方经济的领会还如此肤浅,那就更加令人难予谅解了。

下面将康有为的经济思想分为戊戌政变以前和以后的两大部分来加以考察。

〔Ⅰ〕康有为在戊戌政变以前的经济思想基本上是同当时或稍早的一些向西方资本主义经济学习的思想家差不多的。只是由于他的时代较晚,有条件总结前人的主张,因此他所接触的经济问题的面就广阔些,并在个别问题上有所前进。

在1894年的"公车上书"中,他提到"富国"和"养民"两类发展资本主义经济的纲领。富国方面包括"钞法"、"铁路"、"机器轮舟"、"开矿"、"铸银"、"邮政"等六项主张,概括地说是要求发展近代货币信用制度,兴办近代运输和采矿业。养民部分包括"务农"、"劝工"、"惠商"、"恤穷"等四项主张。关于发展近代工业,他主张开办使用机器的大工业;关于"惠商"则提倡要进行"商战"等等。这一切均是早就有人提到过的。康有为比前人稍有前进的观点是:

(一)除货币发行和邮政事业外,一切工矿交通事业均让私人经营,特别突出的是连军事工业也让私人经营。美中不足的是他没有从理论上论证自由资本主义的经营方式怎样优越于封建官僚的经营方式。

(二)他在当时一片宣扬重商声中,提出"定为工国"的主张,这是比流行的思想前进了一步。当然"振百工"为一国富强的"要端"的观点薛福成早经提出,不是他的创见。而且一个国家能否成为工业国,决不是由最高统治者所能任意"定"得了的。他的真正意图也许是要求以实现资本主义工业化为目标。可惜,他主张工业化的理由,仅限于农业国不能和工业国相竞争,以及农业国之民是愚而守旧,工业国之民是智而日新等点,在理论上缺乏足够的说服力。

20世纪儒学研究大系

（三）他对货币信用制度方面的主张比较有系统,如建议设立类似近代中央银行性质的"官银行",集中全国的银行准备金;统一全国的纸币发行;代理国库;对政府贷放以及对各私营银行的资金周转予以调剂。在统一币制方面,他主张由各省按照一定样式、成色为标准铸造银币,俟黄金存量增多时逐渐铸造金币。铸造标准银元后即废除十分杂乱的银两制度(即后来所谓的"废两改元")。仅就上述各点来说,在当时条件下,已算是较有系统的货币议论,特别是提到官银行(意谓中央银行)的功能各点是前人所未有的。康有为之所以在这方面能有比较系统的叙述,一方面由于资产阶级的经济学以及货币信用专书(如傅兰雅口译的"保富述要",即译自英人布来德的《货币银行学》),在当时已有译本出版,可资借镜;另一方面,也由于早期政治经济学中的这一部分最容易看懂,也就容易被吸收,而在客观条件上这方面的实践知识也比较多些。康有为虽对西方的货币银行制度能有较系统的领会,毕竟还未弄通货币理论,从而也不了解货币在整个资本主义经济体系中的地位和职能以及它所必然引起的相应弊害,所以在他后来所著的《金主币救国议》中表示出来了极为荒唐的意见。

（四）他建议设立"制度局"总揽有关政治经济改革的全面规划事务,这比和他同时或稍早的人只提倡设立"商部"的政治要求就更加勇敢而彻底。他的这一主张和宋代王安石变法时设立"制置三司条例司"的精神极为类似,主要是想把一向掌握在保守派手中的中枢行政大权实际上移转到这个新设的机构里来。

此外,康有为对待国际资本主义的经济侵略,如在华开矿、筑路、设厂,把持海关税务以及其他外人在华特权,均曾大声疾呼地加以反对。但在如何抵抗或摆脱这些侵略的方法上,他也和王韬、薛福成、马建忠、郑观应、陈炽等人一样是软弱的,甚至在某些问题上较以上诸人还更软弱,比诸人对某一帝国主义(如英国)更存在幼想。

康有为的《大同书》初稿原名《人类公理》,写成于1885—1887年之间,把它列入他在戊戌政变前的经济思想中来进行分析,较为妥当。《人类公理》因未刊行,无从参考。只据梁启超在其《南海康先生传》的回忆中才得知其梗概,其内容有以下几点:

(1)略仿古井田之制,全球土地公有,民不得私名田(即不得私有土地);按土地所产多寡约十而税一,此外不再征收其他捐税。所有这些主张,全是我们早就熟悉的东西。

(2)由政府多办公营事业,如大铁路、大轮船、大矿务、大制造局等等。一般企业虽让私人出资经营,而政府也可常募公债举办。大办公营企业主要是补什一税财政来源之不足。这一项的内容是70年代以来许多思想家先后都曾提到过的意见(如考虑到洪仁玕的《资政新篇》那就更要早了,我们假定康有为未能见到此书),到他写《人类公理》的80年代是更为流行的见解。

(3)私人遗产可以继承或用以分赠亲友,但须以一半归公。康有为的家乡南海县接近港、澳,而这些地方又是当时赴京的必由之路。在那里对西方遗产分赠亲友或厚征遗产税的习俗,久有传闻,他很容易由此得到启发,模仿资本主义社会的风尚。

(4)二十岁为公民,可以任意选择职业。如无职业,政府有责任为之安置。这里所谓"公民"、"择业自由"等概念是当时谈"西法"的人应具有的常识。政府为无业者安排工作一点可能是从"大同"思想中的"壮有所用"的引申。

以上四项,从中国旧有思想及当时流行的西方资产阶级社会的一般常识中,可以找到其先行思想材料。惟下面一项的思想渊源颇值得考虑。

（5）工艺技术发明日多，劳力可愈为节省。到大同社会时，每日只须做几刻时间的动劳，其产品可能百倍于现时，其薪金可能十倍于现时。人们除每天劳动数刻时间之外，其余皆为行乐之时。这种类型的未来思想，是西方早期乌托邦社会主义的特点。看来，康有为在写《人类公理》时，还不可能看到过这类著作，因当时尚无人加以介绍，不是受西方乌托邦思想的影响。这是否是康氏自发的一种设想呢？似乎也不大可能。因这种思想是资本主义生产有一定程度发展时期的产物，而19世纪80年代的中国，工业才开始极缓慢地建立，缺乏自发产生这种类型思想的客观基础。所以，我怀疑关于《人类公理》的这一项内容是梁启超在追忆时，把康有为后来写的《大同书》里的这种思想误搬到《人类公理》里面去了。梁氏对《人类公理》的叙述，常出现一些混乱。如他在《清代学术概论》（1920）一书中曾一再把19世纪80年代万木草堂时代所看到的《人类公理》秘本说成是《大同书》；也曾把20世纪初所写成的《大同书》的内容扯到十多年前的《人类公理》内去。又他在1901年11月写《南海康先生传》时，康有为在印度写的《大同书》即将脱稿，梁对于改写的内容，肯定已有了解，所以在《南海康先生传》中塞进去许多《大同书》的内容，以为康氏标榜。所以，这一推测不是毫无根据的主观臆断。再说，像康有为这种极度自我吹捧的人物，如果他真是独立的创出了和西方空想社会主义相同的调子，他本人及其门弟子如梁启超之辈焉有不着重指出并大事渲染的道理。

总的讲来，《人类公理》除第五项外，可以说是中国传统的"大同"、"井田"等设想和当时流行的关于资产阶级社会的某些点滴知识的一种混合物。

这样看来，康有为在戊戌政变前的经济思想和那一时期的思

想发展的历史总趋势是合拍的。他在政治上极活跃的时期是在
90年代,这就使他有条件吸取许多向西方资本主义经济学习的先
行者的见解,从而使他在那一阶段的经济思想比这些人稍为广博
些,并在个别的问题上稍能有所发展。因此,康有为在这一时期的
进步作用,不在于他对经济思想本身有何贡献,而在于把已出现的
经济观点作为他变法维新的政治经济纲领提出来,并力求予以实
现。他在个别的经济问题上对前人之说有所发展,主要是基于他
个人的夸张性格,不一定有实践意义或理论意义。例如,他高呼
"全变"而对最需要改变的封建统治和封建土地所有制就不要求
改变,那里谈得上是"全变",结果仍不过同他指摘别人那样是"变
事而已,非变法也"。又如,他提倡军事工业也由民营,这无论从
哪一个角度来看,在当时历史条件下都是没有实践意义的空论。
再如,要走向工业化是可以提倡的,但如只凭封建最高统治者一纸
诏令就把极度落后的农业国"定"为工业国,这不仅是夸张而且是
荒唐。虽然如此,康有为能总结当时的进步经济观点作为他争取
实现的经济纲领,也是有进步意义的。而且早在1884年他所写的
《礼运注》中,对"大同"的"天下为公"已作了如下的解释:

> "惟天为生人之本,人人皆天所生而直隶焉。凡隶天之
> 下者皆公之。故不独不得立国界以致强弱相争,并不得有家
> 界以致亲爱不广,且不得有身界以致货力自为。故只有天下
> 为公,一切皆本公理而已。公者人人如一之谓,无贵贱之分,
> 无贫富之等,无人种之殊,无男女之异。分、等、殊、异,此狭隘
> 之小道也。平等公共,此广大之道也,无所谓君,无所谓国,人
> 人皆教养于公产而不恃私产。人人即多私产,亦当分之于公
> 产焉。"

《人类公理》的书名,即导源于此。原来在《大同书》中提到的"去

九界"也是由此发展出来的。虽然这是从佛学推演来的对"公"的意义的抽象发挥,不能就算是要求废除私有财产制、消灭国家和消灭等级的积极进步主张,也应该是康有为在这一时期的思想中最值得称赞的部分。

〔Ⅱ〕康有为在戊戌政变以后的经济思想表现在他的《大同书》、《金主币救国议》、《物质救国论》和《理财救国论》四书中。下面就分别加以剖析。

(一)关于《大同书》。《大同书》是戊戌政变后,康有为逃亡日本并到欧美游历,亲身体验了资本主义经济生活,又阅读了空想社会主义书籍后,于1901—1902年在印度写成的。此书写成后十余年,也和《人类公理》一样秘而不宣。到了1913年,康有为为了反对资产阶级革命的目的,才把它的甲、乙两部分发表出来。康本人及其得意门生均认为《大同书》是在1885—1887年所写成的《人类公理》基础上的进一步发挥。依我看除"大同"这一抽象概念贯穿两书外,就它们的思想实质来说,二者是两种不同类型的东西。《人类公理》是本身涂上了一些资本主义油彩的中国型(包括一些佛学因素)旧空想,也就是列宁曾指出的,剥削的存在使剥削阶级知识分子中出现一些消灭剥削的幻想,从而其写作的动机和效果都是进步的,虽然它是一种幻想。《大同书》就不是这样了,它却是西方若干空想社会主义思想和许多资产阶级的社会经济观点的大杂拌,它的本质是受了资本主义高度发展形态下的各种社会政治思想的熏染的反映;它的写作目的是为了"保皇"和反对资产阶级革命运动服务的,从而就不是进步的。

下面我们就分析《大同书》的主要内容。

(1)《大同书》和《人类公理》不同的突出点之一是它强烈地揭露了资本主义社会里贫民受压迫和剥削的罪恶,资本主义制度下生产无政府状态所引起的人力、物力的严重浪费及其他弊害。这一观点产生的原因,除康有为亲身游历欧美的实践知识外,受空想社会主义思想的影响起了很大的作用。至少傅立叶的著作康有为是看过的,因《大同书》内就曾提到傅立叶,只是把傅误认为是英国人。

(2)要实行大同就"必去人之私产而后可,凡农、工、商之业,必归之公",即实行生产资料公有制。这一点较《人类公理》中只要求实行井田式土地公有制更加扩大了,比他在《礼运注》中所讲的抽象的"公"更加具体化了。废除私有制,实现公有制是空想社会主义较普遍的观点。但康有为把废除私有财产这一极彻底的变革,看成是"甚易"之事,把"去产界"列在他拟去的九界中的第六位,足见他虽然吸取了空想社会主义者废除私有财产制的观点,却未真正体会这一革命步骤的艰巨而严重的意义。

(3)在公有制实现后,由"公政府"设立农、工、商等部对生产和流通事务进行统一的规划,借以"弭竞争"。竞争造成生产无政府状态的弊害是资本主义社会普遍存在的恶果。统一规划的概念圣西门早就提出来了。惟圣西门的规划是由所谓的"实业家"(包括工人和资本家)组成的"协作社"来进行,而康有为则主张以政府的农、工、商部负责进行,体现了他未能摆脱旧政权机构对他的局限。他的统一规划包括社会分配在内,要求作到"地无遗利,农无误作,物无腐败,品无重复赢余",即要作到"工人之作器,适与生人之用器相等,无重复之余货,无腐败之珍夭物"。他把生产、分配看得太简单了。只要求作到消费多少就生产多少,毫未考虑到消费的变化和消费水平的提高,更谈不到简单再生产的补偿和扩大再生产的积累,以及产品在流通和分配中所必要的库存和必不能避免的损耗。固然,要康有为懂得这些是对他的要求过高了。

但他对经济活动的理解也实在是太简单化了。

（4）设立公共宿舍、公共食堂和公共娱乐场所等供劳动者享用。这是西方空想社会主义者较一般的设想。康有为也从空想社会主义吸收来了生产力大大提高后劳动日大大缩短的思想，"一人作工之日力，仅三四时或一二时而已足，自此外皆游乐读书之时"。梁启超可能就是把《大同书》的这一内容误记到《人类公理》的帐上去了。

（5）在他悬想的大同社会里，个人生活水平之高达到了难以想象的程度，在衣、食、住等方面均可以说是穷极奢侈的。居住的房屋是"云窗雾槛，贝阙珠宫，玉楼瑶殿"；衣服穿着是"雾縠珠衣"，花样愈奇愈新就愈好；饮食方面是"列座万千，日日皆是无遮大会"，并使用机器来传送饮食。这些全是中国封建剥削阶级的极端享乐主义者的狂想，在任何历史条件下都不可能而且不必要实现的生活水平，却被康有为列为可能实现的目标。即使生产力水平能够达到的话，在原材料的消耗和成品报废等等方面不知要造成多大的浪费，对世界有限的物质资料来说，这不仅不是幸福而是极大的犯罪。再说，这种狂想和他前面所要求的"物无腐败，品无重复赢余"的极低的生产水平也是相矛盾的。在交通旅行方面，康有为的设想并不算特别的高，他只要求大小船舟均由电力发动，大船上要有各种娱乐设备。这是由于在他写作的时代许多现代交通运输设备尚未出现，单纯靠他那点封建士大夫脑袋的主观狂想，再狂也狂不到哪里去。只想到车也好、船也好都要大，长数百丈、宽数十丈而已，不像在衣、食、住方面，他有封建统治阶层的极少数豪奢生活形式可以移植。

（6）大同社会的各公共企业仍存在着企业领导者或生产劳动者之分。所谓企业领导者事实上就是各农、工、商事业的富人或大富人。在圣西门的"实业制度"中有工厂主和工人构成的所谓"企业家"这一概念,"企业家"领导生产业务是工厂主和工人的协作领导。而康有为的主张是各行业的大富人才有资格被选任为企业的领导人。特别是公营银行的各级领导更非某些特殊的大富人不能充任。其结果,表面上是各企业领导者或劳动者均为领取工资的人,而事实上各企业领导职务仍被各业的富人所包办。如果圣西门是把剥削者和被剥削者结成"协作"领导的初步空想,而康有为则是把资本主义的具体实践作为他的大同理想。

(7)大同社会既实行工资制度,就不能不存在货币,从而也不能不存在银行制度。圣西门和傅立叶的体系中是存在货币的,小资产阶级社会主义创始者蒲鲁东更把他主张的"交换银行"看成是"无产阶级解放的根本和工具"。康有为是资本主义"银行万能论"的信徒,对于这些,他更是乐意吸收的。在他的大同社会中存在着整套的资本主义货币银行制度。货币有金币、银币和纸币;劳动者领的是货币工资;生产管理上广泛采用货币奖金制,而奖金的数额可以很大。"公银行"主办货币出纳和全社会货币收付的核算工作,吸收私人存款并支付利息。照他的稍后思想看来,他简直把银行看成是"无而能为有,虚而能为实"的创造金钱财富的万能机器。蒲鲁东的"交换银行"也只妄想通过它以创造"政治自由和工业自由",而不曾把银行作为凭空产生金钱的手段。资本主义社会的银行老板也不敢有这样大胆的设想"在这一点上,康有为是给资本主义制度下的现实货币银行制度戴上一项大同理想的桂冠。

(8)大同要"去国界",即废除国家。他提出在全球设立"公政府",把全球分为若干度,各度成立"小政府",实行地方自治,组成民主共和政体。"去国界"的思想在他的《礼运注》中已有透露,到他游历欧洲时废除国家的思想已成为许多社会主义者的定论。所以他的这一思想既有国内的也有国外的渊源。既然全世界统一成立一个政府组织,则军备废除,从而战争消灭即成为必然的结果。但最令人骇异的是:他的"去国界"办法中,竟将帝国主义以强凌弱、吞并小国的侵略行为,说成是"大同的先驱"。并主张由几个帝国主义大国分别瓜分周围各小国称为"合国计划",也是作为"去国界"的准备。这真是反动得令人吃惊。至于他主张把全球分为若干"度"的想法,是从经纬度之说借用来的。他不深入考虑地理条件不同的因素,仅凭几条纵线横线来任意划分行政区域。这是空想中的空想。至于所谓"地方自治"、"民主共和政体"等,那更是不折不扣的资产阶级政治概念。

(9)大同也须"去阶级"。康有为所谓的"阶级"实际是指"贵贱等级",人人在法律面前都是平等的公民,刑罚也不要了。可知他的"去阶级"思想是从资产阶级的"天赋人权"、"人人平等"的法权思想产生的。对于什么是阶级和消灭阶级的科学涵义他还不甚了解。至于废除刑罚,无论从中国传统的革命农民理想和办法(如汉末的太平教义、近代的太平天国措施)或从西方空想社会主义思想那里均可以得到滋养。

(10)大同社会也要"去形界"(指男女性别)、"去家界"。妇女在各方面均同男子平等。废除婚姻制度,男女结合采用订立合同方式。傅立叶曾积极鼓吹男女平等并认为妇女解放是全社会解放的尺度。康有为把"男女平等"的意义扩大到无以复加的程度,认为要废除私有财产制,废除国家,消灭种族差别以及最后达到"大同",均须从"男女平等"开始,真是奇闻。男女自由结合本是西方社会较普遍的思想,而康有为则提出要订立一个以一月到一年为期的合同,这不仅是画蛇添足,也反映了他对资产阶级社会的合同制度是多么的倾心。而以月年为期更是荒唐可笑的主张,一人之一生要订数十百次结婚合同,对方可能是同一个人也可以是数十个不同的人,无论是哪一种情况,都是不必要的麻烦。既主张废除婚姻制度必然导致废除家庭的思想。资本主义社会中的家庭早已成为脆弱不堪的社会组织,在社会政治生活中也不以家庭作为基层单位了。因此,西方的各派改革家对此问题也未特加注意。不过,康有为以一个在封建大家庭制度中过了几十年生活的人而主张废除家庭,倒是不容易的。至于儿童公养公育,老弱残废由社会赡养,疾病死丧由社会负责等更是西方空想社会主义所公认为应办的事,而中国的旧大同思想对此也有所论列的。

(11)大同社会还要求"去种界"。在《礼运注》中他已提到天下为公也须"无人种之殊"。在《大同书》中对殖民地的种族压迫更作过沉痛的描述。如果到此为止,那就好了。可是,他对有色人种尤其是对黑人及印第安人却非常的厌恶,把他们看成"劣等人种"。他主张采用各种办法改变有色人种以去种界,甚至建议用暴力予以消灭。由此可见,康有为所谓"人类"实际是白种人类,其"公理"也只是白种人的"公理",因而"大同"也应是白种人的"大同"。可能因为他自己不幸而是一个黄种人,才未把黄种列在"劣等"的有色人种之内。但仍幻想不到一百年黄种人也可变为白种,真是"不胜荣幸之至"!

(12)在思想意识方面他主张人人都受高等教育,认为到大同时人人都具有很好的道德品质。这本是对的。可是,他仍相信自私是人类不可改变的本性的错误观点,怕消灭了私有制和竞争之后,会使社会各方面"苟且退化",于是设想许多物质的和精神的鼓励。如有所谓"奖智",即有创造发明的人可以得奖;有所谓"奖仁",即奖励一些多办公益事业的人。这些奖励,可以是金钱奖而奖金可以达到很大的数额;也可以是荣誉奖如授人以"仁人徽章"之类。所谓"仁人"是指那些捐款给公家办教育、医院或其他公益事业的慈善家。而且只有那种取得"仁人"称号的大富人才能充当他所特别重视的"公金行"的领导者。你看,他在"大同"的伟大旗帜下,偷运了多少资产阶级的货色,有自私自利的资产阶级本性,有靠金钱鼓励才发挥积极性的工人和企业家,有长袖善舞的慈善家,有由这些伪善者把持的银行领导职位……等等。他没有想想在社会生产力极度高涨和产品极大丰富的社会中,特别是像他所幻想的那种穷极奢侈的生活水平都能实现的社会中,哪里还需要私人捐款来办教育、医院及其他公益事业。这又是从英美资产阶级社会硬搬来的一套办法。如果到了大同境界,还需要这一套办法的话,那大同就太可怜了,不是什么美好的未来理想。他把剥削制度下,由剥削阶级富人所扮演的伪善角色,移植到大同社会并给以高度的重视。这正如基督教的圣经一样,把人间所迷恋的黄金,幻想成天国华贵神往的材料了。

　　在他的大同理想中还有:(1)监狱和可能死在狱中的囚犯;(2)有警察和警察船;(3)有恤贫院,在院的贫民须作苦工并有官吏监督他们劳动;(4)工人因怠惰或请假过多可能被开除职务,一般的请假均须扣工资;(5)工资分十级,但因工作的美恶勤惰又可分为数十级,低级工人的工资仅够其衣食之费;(6)工人须经过一段学习取得"学士、工程师出身"才能升任各级领导职务;(7)各级政府仍靠大量抽收捐税来维持;(8)出版新书有专卖特许权(大概他还不懂得有"版权"这个名词);(9)养老院分有六等,各等的待遇相差很大,一般的工人只能住最低的一等;(10)旅馆房间也分为若干等级收费以适合富客或贫客的需要;(11)甚至连一般公共交通汽车的座位,也分为上、中、下三等。如果将这些情况给一个从来就没有看过《大同书》的人去估量，他恐怕也不会相信这些竟是"大同"宝书的内容。像这样的未来理想，资本家阶级一定会坚决拥护，高呼"万岁"的。

由上可知，康有为的《大同书》是从西方空想社会主义移植来的部分内容和许多西方资产阶级社会和现存制度及观点同中国的传统的大同理想的凑合。梁启超所说的佛家思想的影响，只是很次要部分。社会主义理想和资本主义事物是根本对立的和不可调和的矛盾，康有为硬把二者糅合起来，自会产生更多的矛盾或离奇观点。前代空想社会主义者的一些光辉的未来理想，由于是从"头脑中想出来的"必然存在若干矛盾和缺陷，这是很自然的。但是:(1)它们都闪灼着或多或少的对未来世界的光辉启示，《大同书》的内容之可以称为社会主义因素部分基本上是从前代空想社会主义那里抄袭来的，不仅看不见它有什么独立的新的启示，反而夹杂着一些落后因素，例如鼓吹未来生活的美好固然是好事，但要求"贝阙珠宫"、"雾縠珠衣"和"日日皆是无遮大会"，那就是过去的剥削生活的余音而不是未来理想的情调。(2)空想社会主义者的理想尽管存在缺点，而每个思想家的整个思想体系，基本上是调谐的;就连中国古代的"大同"、"井田"、"小国寡民"等理想，也是如此。而《大同书》却充满着许多不相调谐的思想，在吸收前人进步观点的同时，往往又附上一些按当时条件来看也已经是落后反动的观点，例如，消灭种族差别，能否做到或是否必要姑且不论，这至少是一种善良愿望，而康有为却从"优胜劣败"的出发点去考虑，甚至主张以暴力消灭黑人和印第安人种，这哪里还配称为进步理想。照他的荒谬想法，那美洲的殖民主义者和种族主义分子早就是社会主义的先驱了。(3)任何一位先进思想家对自己的理想，无不力求实现，甚至累受挫折仍不灰心，康有为写好《人类公理》，秘而不肯示人，始终没有发表。《大同书》写成后也秘不发表，只是在有必要摆出一副先知先觉的架式以吓唬其追随者时，才透露一点消息（如他在1902年给美国保皇派华侨的信）；并只是为了反对资产阶级民主革命运动才在1913年公开发表了其中的一小部分。看看，一个抱有伟大的"大同"理想的人物，对资产阶级的旧民主主义革命还抱反对态度，不奇怪吗！对自己的未来"伟大"理想为什么采取这样的态度？如秘而不宣，有它等于没有。可以说，《人类公理》基本上没有发生什么影响。我们说"基本上"那是因为还有一个谭嗣同因梁启超的间接传播而受了一点影响。至于《大同书》更不曾产生什么影响，它只有妄图阻止资产阶级革命前进但未能达到目的的反动作用。康有为在写《人类公理》时是把他从国内获得的一点点西方资本主义社会的知识嵌镶在旧有的大同、井田思想之上，使其当代化。尽管当时的西方资本主义制度在欧美已成为落后反动的东西，而在那时向西方找寻真理的人们心目中，却真诚地相信资产阶级的那一套是可以救国救民的。因此，《人类公理》虽未表现什么卓异的理想，仍可以算是一种善良而平凡的进步空想。当康有为写《大同书》时已是20世纪之初，又曾到欧美游历亲眼看到资本主义的种种罪恶弊害，而此时世界工人阶级的革命运动已如火如荼，科学社会主义思想已广泛流传。可是他却把仅留有历史光辉的早期社会主义空想接受过来，并把它和久已过时的"天赋人权"、"自由平等"、"物竞天择"等思想以及充分暴露了种种缺陷的某些资产阶级社会的措施拼凑起来作为自己的"不传之秘"。根据这些情况看来，《大同书》已不是什么值得称许的著作。兼之，《大同书》的写作是在他积极搞"保皇"活动的时候，《大同书》的部分发表又在辛亥革命已经成功而他仍坚持反对民主革命并暗中策划清帝复辟的时候，其写作和出版的目的已非常显明。即使说它的出现不是专门为了抵抗中国资产阶级革命前进的邪恶意图，至少其内容也是许多过时的、落后的甚至反动的思想观点的凑合，不能算是进步类型的思想。

（二）关于《金主币救国议》。这本书是1909年在香港刊行的，原名《货币论》，约写成于1905年。它的主要目的是论述实行"金主币"（即金本位制）是挽救当时国家民族于危亡、起死回生的第一妙方。其理由是：世界各国多实行金本位，而中国仍实行银本位，可是世界的银价跌落，金价上涨，金贵银贱就造成国家穷困、日益危亡的境地。因此，实行金本位制就能收起死回生之效。这真是把问题夸大到了骇人听闻的程度。货币在商品经济条件下，仅起一种媒介作用，最根本的问题还在于商品生产本身，这是政治经济学的普通常识。当然，金银比价的变动会对生产发生一定的影响，但决不如他所讲的那样巨大。康有为出版此书时，严复的《原富》译本已出版了七八年。对于金银比价的变动及应如何处理之方，在《原富》中已有较详细的分析。康有为对这种严密的分析，也不知是根本没有看过或者是看而未懂，竟肤浅而无根据地把国家和人民穷困的原因仅归结为"银落金涨"和未实行金本位制所引起。而对封建的和帝国主义的剥削和压迫过重不利于商品经济的发展，从而导致了国家人民贫困的这一根本原因，无所认识，就信口开河大发议论。即使仅就金本位制这一点来分析，他的议论也是极不合理的。金银价格对比关系的变动方向，有时是银涨金落，有时是银落金涨。如1681年（即清康熙二十年）到1821年（即道光元年）这一相当长的时期内，因白银不断流入已出现过较长期的银落金涨的情况。而那时的中国却素称富强。鸦片战争前后，由于大量白银外流，即出现银贵金贱的情况。而此时的中国却处于贫弱危亡的境地。世界上采行金本位的国家不少，也并非个个富强，何以金本位制到了中国便成了灵芝仙草具有起死回生的妙用，真是滑天下之大稽。所以，他的这一基本观点是很错误的。他指出银落金涨的具体弊害有三点：第一是中国在偿付外债本息时，"镑亏"愈来愈重，这自然是事实。但是中国对外的赔款和举债是由于中国贫弱之所致，如不贫弱何致有对外赔款和举债情事，更谈不上"补镑"的亏损问题。这一点是舍本逐末。第二是"入口货多于出口货，大亏"。按银落金涨的条件来说，应产生刺激中国出口和抑制进口的作用，所以当时的"入超"是另有原因，不能归咎于银贱。要先肯定了"入超"的存在才会发生补金镑的亏损问题，如不存在"入超"即无所谓补镑亏损，而且是于我国有利的。这些道理当然是他所不懂的，所以才能发出上面的胡话。第三是向欧美购买机器，金贵则机器的价钱太贵。对整个国家来说，机器只是中国进口商品中的极小部分（外人在华设厂所购的机器与本问题无关）。如因银贱而刺激了出口，其增加国民收入部分比机器增价部分要大得多。对个别购买机器的厂家来说，可能是有影响的，但也存在各种不同的情况，不一定全是不利的。总之，他所指出的这三点弊害，都是极肤浅而又很不合理之论。更重要之点是他不懂得中国改行金本位制的黄金没有来源。他认为改行金本位制所需要的大量黄金，可以从国内和国外华侨两方面寻求。但国内黄金产量并不甚多，而民间储藏量也很有限。国外华侨虽富亦多以不动产的多寡来表示，绝无较多的黄金现存。倘以国内白银向国外购买黄金，也无如此多的白银，即使有之，那会将黄金愈买愈贵，对我更加不利。康有为更加不懂得的是：即使黄金不生问题，而一国的本位币对人民的一般生活和生产的水平均有很大的关联。当时中国广大农村群众，有终身还不曾有过一枚银币的，经常使用的是小铜币。而商品价格绝大多数都非常低廉，有的甚至低廉到很难以白银一分为单位计算,更谈不上以金币为单位计算了。改行价值较高的金本位如何能与人民的生活和生产相适应。本位币的变动必然影响价格机制的变动,结果会使价格大涨,人民不堪其苦,在谈比较容易理解的资本主义货币银行制度时,康有为还可以大放厥辞,一接触到货币理论时,他就一窍不通,瞎说一阵了。

(三)关于《理财救国论》。这本书是辛亥革命后 1913 年在"不忍杂志"上刊出的。他所谓理财的核心办法是普遍设立银行网,大量发行纸币。康有为是一个十足的"银行万能论"者,认为银行可以使"无而能为有,虚而能为实"。国家的一切开支均可以从银行取给,银行简直成了点石成金的魔指。果真如此的话,那资本主义世界的银行就不会有倒闭的可能了。何以拥有发行银行券的私营银行仍不时有歇业倒闭的情况出现呢? 最后,康有为暴露他的《理财救国论》的目的是:第一,让资产者大搞投机活动,就可以使大富豪增多,大富豪多就有更多的人兴办工、农、矿事业。这是为金融资本巨头歌功颂德,它和资本主义经济发展的历史进程也是不相合的。在西方,是在工商业资本家大量出现后才逐渐形成银行巨头的垄断,康有为的主张却同这种进程相反。第二,他把城市发展引起地价暴涨的现象,认为是"国富大增"的好现象。都市的地价腾贵只给土地所有者带来不劳而获的好处,对整个国家来说哪里能算是财富的增加? 他又说,地价愈贵"农工矿业亦随之而盛长",这又是因果倒置。工矿商业发达才是地价上涨的原因,不是地价涨了农工矿事业才发展。康有为对这样的经济常识尚未能理解,偏要侈谈经济问题,真是强不知以为知。赵靖等同志说康有为的这一著作是针对孙中山的反对少数人垄断富源和平均地权两个正确观点而发的谬论,很有道理。关于财政方面,他还有一个很荒唐的意见。他在 1902 年曾建议实行公民税，每人"以岁纳十元取得公民头衔"。并说："但以公民一事论，已可筹数万万（元）。"那时候的农村人民有的终身还不见一元钱，哪来每年十元捐此"公民"头衔，并何贵于有此"公民"头衔。这简直是胡思乱想，它把盛行于殖民地的"人头税"和中国传统捐官稗政结合起来了。

（四）《物质救国论》。此小册子原发表于 1906 年，系为反对资产阶级民主革命而作，到 1919 年为了攻击马列主义又加了一篇《后序》而重印出版。全书主旨在于说明一个问题，即中国危亡之处境系由于"物质……逊于欧人"，既须发展物质就必须讲求"物质之学"。所以，讲求"物质"才是"救国至急之方"，而"自由革命民主自立之说"实为"毒溺中国之药"。在 1919 年的重版后序中，他又把攻击目标转向"社会至平主义"（即科学社会主义），妄言提倡马列主义，徒为中国"召乱"。且不谈前后刊行这本小册子的由落后而反动的动机，仅就它过分强调"物质"的作用一点来说，已足以显示其分析经济问题的主观片面。同时，这也反映了康有为常将所论述之问题推向极端的武断夸张作风。他在谈《金主币救国议》时提出实行金本位制是拯救中国危亡的"起死之第一方"，在大约同一时间所写的《物质救国论》中又说物质是"救国至急之方"，而在稍后的《理财救国论》又说建立金融银行网才是救国之"妙方"。哪里来的这么些第一的、至急的妙方。

康有为的一生只在戊戌政变以前几年才起过政治上的进步作用，戊戌政变后便日趋落后反动。在经济思想方面，戊戌政变以前只是将一些向西方资本主义经济学习的先行思想加以综述，虽在个别几个问题上好像有所发展，仍谈不上增加了中国经济思想的什么新内容，只是对"大同"理想有些突出的理解。戊戌政变后的经济思想是集矛盾拼凑之能事,甚至不懂装懂大放厥辞,和当时中国经济学界所达到的一般水平比较也是肤浅落后的。如从刊行的几本经济著作的动机来考察,那就和他在这一阶段的政治态度一样,是越来越反动了。

(本文选自:胡寄窗《中国近代经济思想——从康有为到孙中山》,刊《经济学集刊》1,中国社会科学出版社1980年)

　　康有为的经济思想分为戊戌政变以前和以后两部分考察。康有为在戊戌政变前的经济思想和那一时期的思想发展的历史总趋势是合拍的。他有条件吸取许多向西方资本主义经济学习的先行者的见解,从而使他在那一阶段的经济思想稍为广博些,并在个别问题上稍能有所发展。因此,康有为在这一时期的进步作用,在于把已出现的经济观点作为他变法维新的政治经济纲领提出来,并力求予以实现。康有为在戊戌政变以后的经济思想表现在他的《大同书》中。《大同书》是西方若干空想社会主义思想和资产阶级的社会经济观点的大杂拌,写作的目的是为"保皇"和反对资产阶级革命运动服务的,从而就不是进步的。

张之洞经济思想论析

赵 晓 雷

张之洞是晚清重要的洋务派大官僚。在长期经营近代工商业的活动中,张之洞的经济思想不断发展,客观上顺应了当时的经济变革趋势,对洋务运动乃至近代社会的演进起了一定的促进作用。

一

张之洞是在19世纪80年代初由清流派转化为洋务派的。当时,外国资本主义列强加紧了对中国的军事、经济侵略。从维护清王朝统治的立场出发,张之洞提出了"经国以自强为本"的主张(《洋务运动》第1册,第324页),要求对外国的侵略进行抵御。要自强,必须有精良的武器、训练有素的军队和充足的兵饷军费,因此,张之洞又将"自强"与"求富"联系起来,进一步认识到"今日自强之端,首在开辟利源,杜绝外耗"①。逐渐形成了以开利源、杜外耗、求富以自强为中心的洋务经济思想,并且在这种思想指导下开始了他的洋务活动。

1884年4月,张之洞就任两广总督,直接参加指挥中法战争。

---

① 《张文襄公全集》(以下简称《张集》)卷二七《筹设炼铁厂折》。

战争过程中,张之洞痛感饷缺械短、兵杂将劣之苦。战事甫息,张之洞在积极选将练兵、筹边设防的同时,岌岌然在广东大举兴办机器局和枪弹厂,制造军火和浅水兵轮,并筹设大型枪炮厂、炼铁厂等军用工业。但是,张之洞大办军用工业遇到了资金短缺的困难,当时边、海俱防,需款浩大,从中央到地方都是"挪用垫发,寅支卯款"。中法战后,帝国主义加紧对中国经济侵略,到90年代初开放口岸增至三十多处,且深入中国的腹地城镇和边远地区。洋货的大量倾销导致中国外贸入超越来越严重,1882年入超为10378千海关两,1890年已达39949千海关两(《中国近代经济思想史稿》第二册,黑龙江人民出版社1983年版,第3页),使清政府的财政愈益窘迫。资金不足和中外贸易形势促使张之洞将"自强"与"求富"及抵制外国的经济侵略联系起来,他认识到,要富国强兵,必须要有雄厚的经济实力;要发展经济,又必须抵制洋货倾销,扭转外贸逆差。基于这种认识,张之洞的洋务活动很快转入了求富杜漏的经济轨道。

　　1887年,张之洞为了改变广东"通省皆用外洋银钱,波及广西。……以致利归外洋,漏卮无底"(《张集》卷一九《试铸银元片》)的局面,决定自行集资开铸银钱。他电请驻英使臣刘瑞芬代向英国厂商订购全副机器,耗资146000两白银,于1889年5月开机铸钱。同时,张之洞又上奏清廷对政府不准各省铁器出海的定例提出异议,特请准两广铁料铁器免禁出洋,"以兴矿务而惠商民"(《张集》卷一九《请开铁禁折》)。为与洋商争利,张之洞分析了洋纱洋布旺销的原因,指出洋纱洋布"悉用机器",所以"工省价廉,销售日广"。因此,张之洞提议,华民所需外洋之物,必须悉行用机仿造,以求产品质地精良,工本低廉,与洋货争夺市场。他从外商倾销最旺的布、铁下手,一面进口机器开设纺织厂,"纺花织布,以保利权",一面筹建炼铁厂,"用洋法精炼钢铁",以杜外铁进口。

由上可知,张之洞的经济思想具有鲜明的时代特征。他将自强与求富联系起来,又将求富与抵制外国经济侵略联系起来,并进而认识到要广开销路,追求利益,必须引进先进的机器充备,使产品价廉物美。为此,张之洞大举兴办了一批洋务企业,在当时的中国工业界异峰突起,惊人耳目。

然而,张之洞当时经济思想的出发点是求富以自强。他只是为了适应清王朝的统治需要,才将自己的洋务活动围绕着争利求富而展开。因此,他的经济思想就不是以现实的经济过程为对象,而是以所谓"经世济时",解决政治统治所需要的资金为对象;他的经济活动就不是以如何在生产、流通中用最小的代价获取最大的利益为内容,而是作为维护现存社会秩序的一种手段;他在经营中就不会服从于客观经济规律,而是服从于清政府的统治利益。总之,作为企业的管理者,张之洞不是资本的代表,而是清政府的代表。他宣称他的经营方针是"塞漏卮以图自强,原非为牟利起见"(《中国近代工业史资料》第 2 辑上册,第 471 页)。正是由于张之洞经济思想的出发点是维护封建政治统治,他必然将反科学、反规律因素渗透到企业内部,从而导致其经济活动的失败。作为张之洞洋务事业中最重要企业之一的汉阳铁厂的经营失败,就充分说明了这个问题。

汉阳铁厂是从 1889 年开始筹建的。筹建之初,张之洞就反对盛宣怀提出的商办铁厂的意见,主张官办。诚然,一个企业的成功与否一般的并不取决于商办还是官办。但是,在中国当时特定的历史条件下,官办和商办就不单单是一个管理形式问题,根本上是能否保证企业按其自身规律发展的问题。商办者作为经济过程中的当事人,他对自己的投资负责,以在经营活动中获取最大的利润为目的。因此他客观上就能符合经济规律,按价值规律办事。官办者则不然,他与企业没有直接的经济利益联系,却与清政府有着息息相关的利害关系,作为企业的经营者,他的目的不单纯是为了获取利润,更主要的是为了稳固现存政治统治。因此,他办事就不会从提高经济效益着眼,而是从封建统治利益着眼,力图用政治手段来控制企业的发展,使之成为维护封建统治的工具。张之洞在铁厂的筹建,机器设备的订购,厂址的选择,焦炭的供应以及工厂的生产和流通等一系列问题上,就不是按客观经济规律办事,而是凭他作为"官"的代表的主观意志办事,以至铁厂从一开始就处于一种恶性循环的状况,沿着一条失败道路发展。

在机器设备的订购上,张之洞通过官方渠道,委托不懂炼钢的驻外使臣向英国厂商采买。并且迂腐地拒绝了英方提出的先验矿石品位性质再配机炉的科学建议。结果买回的炼钢炉与大冶铁矿的高磷矿石不对号,以至炼出的钢材磷多碳低,质脆易裂;在厂址的选择上,张之洞拒绝了盛宣怀提出的移煤就铁,在大冶附近设厂以省运费的合理主张。而以可"时常亲往督察"为名,将工厂设在既不近煤、又不近铁的政治统治中心汉阳,以致煤、铁、厂各处一方,无端加大了原燃料的运输量;在能源供应问题上,张之洞急于求成,手中没有可靠的煤矿就仓猝上马。焦炭不继使铁厂的设备大半闲置,"屡作屡辍"。借资开平煤矿和从外国进口焦炭又使产品成本大增。机炉的不对号,厂址的不合理,燃料的缺乏,使得劳动力与生产资料不能很好结合,生产无法正常进行。这些情况直接影响了产品的销售。据统计,汉阳铁厂于1894年4月开始出铁,到次年9月"招商承办"时,它的生铁、熟铁、钢材、钢轨等产品的自用和积压大大多于出售(《中国近代工业史资料》第1辑下册,第 796 页)。

汉阳铁厂的生产和流通过程弊端丛生,资本不能顺利循环,剩余价值更无法实现。工厂成了一个吞噬资本的无底洞,连简单再生产也难以维持。1895 年 6 月,清政府因铁厂"经营数载,糜帑已多,未见明效",谕令"招商承办",官办汉阳铁厂终以失败告终。张之洞可以凭主观愿望行事,可以期望在不违背其政治目的的前提下发展经济,然而正是他的封建政治目的阻碍了企业按其内在规律正常发展。企业无法取得经济效益又使他开利源、杜漏卮、求富以自强的政治目的不能达到,这就是历史的逻辑。

二

据上分析,张之洞一开始办洋务工业并不是纯粹的资本主义经济活动,他将封建政治因素渗透到企业的经营管理中,从内部窒息了企业的发展。但是,"社会经济形态的发展是自然历史过程。不管个人在主观上怎样超脱各种关系,他在社会意义上总是这些关系的产物"(马克思:《资本论》第一版序言)。一方面,从社会条件看,在张之洞大办洋务期间,中国资本主义正在发展,中西经济交往日趋频繁,传统的经济观也愈来愈受到西方资产阶级经济思想和价值观念的冲击。这就在社会经济和思想领域内为张之洞经济思想的变化发展具备了现实性和可行性条件;另一方面,从个人因素看,张之洞只要投身近代工商活动,在这种活动中存在着的资本关系、资本增殖及竞争规律就必然要对他发生作用。长期的洋务实践及经济活动的经验教训促使张之洞对资本主义的生产、流通规律不断有所认识,他的思想和行动也就常常自觉不自觉地背离其维护封建统治的政治目的,逐渐要求在经济上自由发展资本主义工商业。张之洞认识上的这种发展以及甲午战争后社会形势的急剧变化,使他当时的经济思想产生了一系列新的特点。

1. "工本商末"思想

张之洞在1895年呈奏的著名的《吁请修备储才折》中,比较深刻地分析了近代工业和商业之间的关系,提出了他的"工本商末"思想。他指出,要使土货价值提高,出口增加,不受外洋挟持,唯有发展先进的制造工业,"盖机器愈备则出货愈速,制造愈精,所值愈多,成本愈轻"(《张集》卷三九《进呈炼成钢铁并将造成枪炮分别咨送试验折》)。所以,"世人皆言外洋以商务立国,此皮毛之论也。不知外洋富民强国之本,实在于工,讲格致,通化学,用机器,精制造,化粗为精,化贱为贵,而后商贾有贸迁之资,有倍蓰之利"(《张集》卷三七《吁请修备储才折》)。基于这种认识,张之洞的视野逐渐从片面强调"杜塞漏卮"转向生产领域,重视生产对流通的作用。他强调"有工艺然后有货物,有货物然后商贾有贩运"(《张集》卷一〇《遵旨筹议变法谨拟采用西法十一条折》)。工商两业相因而成,"工有成器,然后商有贩运,是工为体,商为用也"(张之洞:《劝学篇》下,农工商学第九)。在经济活动中,应当以"百工之化学机器开采制造为本,商贾行销为末"(《张集》卷二七《遵旨筹办铁路谨陈管见折》)。如果中国"能于工艺一端蒸蒸日上,何至有忧贫之事哉! 此则养民之大经,富国之妙术,不仅为御侮计,而御侮自在其中矣"(《张集》卷二七《遵旨筹办铁路谨陈管见折》)。应当说,张之洞对工业和商业两者关系的理解是基本符合资本主义生产流通规律。马克思在《资本论》中指出:商业的发展能促使生产愈益具有以交换价值为目的的性质,但是,它不足以促成和说明一种生产方式向另一种生产方式的过渡。"在资本主义社会前的阶段,商业支配生产;在现代社会,情形正好相反。"

（马克思：《资本论》第 3 卷，第 408 页）张之洞认识到工业是农业商业发展的杠杆，是一切经济活动的中心，说明他对资本主义经济规律已有了较为深刻的认识。

2. 引进外资思想

甲午战争后，为弥合战败的巨创以及为实现以工业立国的理想，张之洞提出了一个包括练陆军、治海军、造铁路、设兵工厂、开学堂、兴商务、办工政、留学游历等内容在内的一揽子洋务计划。这个庞大计划的实施需要巨额资金。但是，甲午赔款数几乎等于 1894 年清政府岁入的三倍，靠国库拨充肯定不行。因此，张之洞提出了引进外资的办法。他说：

> "今日赔款所借洋债已多，不若再借十之一二，及此创巨痛深之际，一举行之，负累虽深，而国势仍有蒸蒸日上之象，……果从此有自强之机，自不患无还债之法。"（《张集》卷三七《吁请修备储才折》）

一般说来，落后国家采取引进外资的办法以补充资金不足，是可以对本国的发展起促进作用的。尤其是在近代中国，由于社会总资本的绝对量相当微小，民间资本积累不足，国家也是府库空虚，单靠自己的力量实行近代化确实困难。从当时上海的金融市场看，在华外资银行的利息率为 4—8%，中国钱庄的利息率为 9—20%（王亚南：《中国半殖民地半封建经济形态研究》，人民出版社 1957年版，第 150 页），如招集商股，则无论盈亏都须支付股息，且股息率一般为 7—8%（《中国近代工业史资料》第 2 辑下册，第 1011页）。相比之下，借用外国银行的资金是较为有利的。当时，不少民族资本的企业也因资金困难而采取吸引国外贷款和外商投资的方式来维持生产。据考察，1894—1913 年的二十年中，以中外合资形式出现的厂矿就有四十六家（《中国近代工业史资料》第 2 辑下册,第32页),张之洞想以引进外资的办法解决资金困难,促进工商业的发展,从一定意义上说,是他的高明之处。

在张之洞引进外资活动中,芦汉路贷款是比较重要的一次。芦汉铁路全长约三千余里,据海署预算,全路非有三四千万两不办。但当时"官款商股一时力绌,无以为腾挪周转之资",官办、商办都因款项不足和集股困难而作罢论。为使该路能"刻期而成","早见成效",在筹建工作骑虎难下的窘况下,张之洞提出办法,设立芦汉铁路招商总局,挂官督商办之名,由商局出面借洋债,让洋商垫款包办,"路成招到华股,分还洋债,收到车费,抵付洋息"(《愚斋存稿》卷二四)。如此则"工可坚好,费不浮糜,时不延旷,法简易而有把握"(《中国近代铁路史资料》第1册,第223页)。1898年6月,张之洞偕同盛宣怀与比利时公司签订了总额为四百五十万英镑的芦汉铁路借款合同,至此,铁路进入兴工建造。芦汉路(后为京汉路)通车后,收入累增,到1908年12月还清比款,1909年元旦收归国有①。

张之洞是近代史上借外债较多的洋务官僚。不少论者对他的借洋债思想和活动颇多非议,尤其是芦汉路借款,更被认为是迎合了帝国主义控制中国铁路的野心。其实,如果分析一下芦汉路贷款的具体过程,可以看出这种指责是有欠公允的。

首先,张之洞借外债的思想是以确保利权为前提的。他说:"借款之举,路权第一,利息次之。"(《张集》卷一五三《张之洞致王文韶电》)为此他反对英、美、德等大国贷款芦汉路,唯恐"该大国或有深心"。而小国比利时"以钢铁起家,重在工作,故仅于购

---

①　引自中国人民大学报刊资料《中国近代史》1984年第2期:《张之洞与京汉铁路》。

料催工,斤斤计量,别无他志"(《愚斋存稿》卷一《王文韶、张之洞、盛宣怀沥陈筹办芦汉铁路情形折》)。"总之,路可造,被迫而权属他人者不可造;款可借,被迫而贻害大局者不可借"(《张集》卷七九《张之洞致总署》)。可见张之洞并不是只为借钱而不顾主权的。

其次,张之洞强调芦汉路借款是"商借商还",尽量避免官方交涉。洋债"即可以本路作押,无须海关作保"。有人听到以路作保就摇头,认定是买办性无疑。殊不知当时"外洋借款,无论如何借法,必有实抵而无空欠。中国历借国债,皆以海关指抵"(《中国近代铁路史资料》第 1 册,第 314 页)。要吸引外资,必须予以某些优惠条件,这是通例。张之洞以路作保,路成之后准其分利几成,年限满后,悉归中国,实不失为一比较妥当可行的办法。

再次,在与比利时谈判时,张之洞十分注意防止牵涉权利。1897 年 7 月,张之洞与比利时领事法兰吉商定五条:

> "一,息只四厘。一,丝毫无扣。一,物料各国投标,物好价廉者定,不能必用比料。一,借款与路工截然两事,路工章程利益,比国丝毫不得干预。一,借款唯有以路作押,惟须先借银后造路,不能待造成之路作抵。"(《中国近代铁路史资料》第 1 册,第 286 页)

为防止他国干预,"条款内载明中国铁路总公司只认比国公司,不认别人"(《愚斋存稿》卷一《王文韶、张之洞、盛宣怀沥陈筹办芦汉铁路情形折》)。

诚然,芦汉路权最终仍难免被外国染指。但这不能简单地归罪于张之洞引进外资的决策,而是由近代中国的社会性质所决定的。如果我们以客观的态度,联系当时的历史条件来分析张之洞的借外债之举,那么对于他为使路工早成而借款筑路,同时采取一系列措施尽力防止路权外移的思想和行动是应当给予适当的肯定，而不应过于苛责的。

3．"招商助官"思想

近代中国在发展工业过程中，资金不足始终是一个关键性的问题。张之洞的"招商助官"思想就是企图将分散的社会资本集中起来，转化为工业投资，使他大规模的洋务事业能够不断发展。

1894年，张之洞看到"洋纱一项进口日多，较洋布行销尤广"，便想在织布局之外增设纺纱局。为筹集资本，他提出：

> "惟有招商助官之一法，……兼令商人先行垫办，……大率系官商合办，将来视官款、商款之多少以为等差，或官二商一，或官一商二，或官商各半，均无不可。"（《张集》卷三五《增设纺纱厂折》）

同年，张之洞筹建湖北缫丝局，"惟经费不易措"，遂选定家道殷实，综核精明，在上海、汉口开有机器缫丝厂和丝行的商绅黄晋荃，由他负责招集商股，并酌借公款试办，"将来或将官本附入商股，或令商人承领，缴回官本"（《张集》卷三五《开设缫丝局片》）。1895年8月，张之洞署两江总督。为筹设苏州商务局，奏请将息借商款二百二十六万两移作开办商务局之用，"按期将利银仍给借户，其本银即转借与商务局"（《中国近代工业史资料》第2辑上册，第593页），以作商局股本，"设缫丝、纺纱厂各一"。在招集商股开办新厂的同时，张之洞也利用商股维持原有企业。湖北织布局原系官办，1894年，张之洞"招集商股，以资协助"，改为官商合办，"将布局成本一百五十万两，拨出五十万两额，招商入股"（《中国近代工业史资料》第2辑上册，第573页）。

张之洞的"招商助官"主张是在社会经济、政治形势变化的情况下，为解决继续开展洋务运动所必需的经费问题而提出的比较符合实际的措施,是他在从事资本主义经营活动中经济思想发生变化的表现之一。从"招商助官"的实际效果看,它在客观上对当时中国资本主义工业的发展起了促进作用。

第一,张之洞"招商助官"的活动为民间资本提供了新的投资市场。19世纪末,中国民族资本主义得到初步发展,民间资本有了一定程度的积累和扩大,并在寻找新的宣泄场所上较前活跃。这种实际存在着的货币资本在当时无非有三个去向,一是被本国企业吸收,二是被外资企业吸收,三是转为封建消费。尤其是外资企业,它们很注意在中国筹集资本,争取华人的投资。据统计,在整个19世纪中,所有华商附股的外资企业资本累计在四千万两以上,不少企业中,华股都占50%、60%、甚至80%(汪敬虞:《十九世纪西方资本主义对中国的经济侵略》,第528页)。在这种情况下,招商助官办法不仅有利于吸引民间资本,而且客观上也抵制了外资企业对华资的吸收。张之洞利用股份资本这个有力杠杆,使一些原有企业的生产规模扩大了,使一些个别资本无力建立的企业建立了。事实上,纱、布等局招商入股后,都在不同程度上扩大了再生产的能力。1894年,布局年产本色布70288匹,斜纹布2970匹,棉纱4413担,招商后第一年(1895),以上三种产品的产量分别为94690匹,4255匹,7263担(张国辉:《洋务运动与中国近代企业》,第286页)。

第二,张之洞借助商股兴办工业,企业的所有权就不属于或不是全部属于清政府。这不仅多少限制了封建政府对企业生产流通的控制,也使作为实际经营者的张之洞与企业的投资效益和利润盈亏联系起来。当时民族资本家和商人手中的货币资金一旦转变为投资,它的本性就是要追逐高额利润,要吸引商股,就要让股东有利可图。但是,由于当时民族资本所获利润较低,较难与外国资本及其在华企业相攀比。所以,张之洞为了吸引投资,就必须力求减轻封建政府对企业的压榨,必须对企业剩余价值的实现,对资本的投资效益特别关心。张之洞对清政府勒索、摧残本国工商业的政策大为不满,指责清廷"但有征商之政,而少护商之法"(《张集》卷三七《吁请修备储才折》)。要求将捐税、报效等封建性义务压到最低限度。同时,张之洞也不时"督饬员工实力讲求,将令机器作法,华工人人通晓,价本利息,华商人人共见"(《张集》卷三九《进呈炼成钢铁并将造成枪炮分别咨送试验折》)。在他悉心经营下,招商入股的湖北纺织四局的生产、销售情况较之"款归官拨"的汉阳铁厂相对顺利,纱、布等局的产品销路很好,"进口原布之减盖为土产所敌也"(《中国近代工业史资料》第2辑上册,第578页)。

第三,与其招商助官思想相联系,张之洞提出了"护商"的主张。他鼓吹"为政以利民为先"(《张集》卷三五《开设缫丝局片》),国家保护工商者利益,工商者资助国家办实业,以求"商得其利,官收其功"之效。为了"励商情而兴实业",张之洞采取了一些积极措施以保护和扶持民族工商业的发展。1894年,江苏商绅请在上海、通州、海门等处集股六十万两白银设立纱丝厂,张之洞奏请"应照上海机器纺纱织布各厂奏定章程,只在洋关报完正税一道,其余厘税概行宽免"(《张集》卷四二《通海设立纱丝厂请宽税片》)。次年,有江西商绅拟办小轮船运行长江,呈请免税,张之洞代为奏请"暂免税厘三年"(《张集》卷四二《江西绅商请办小火轮瓷器及蚕桑学校折》)。1896年4月,盛宣怀接办汉阳铁厂。张之洞认为"非畅销不能自主,非轻本不能畅销",要求清政府给以免税十年,"届时察看本厂如有优利,足可抵制洋铁,再行征税"(《张集》卷四四《铁厂招商承办章程折》)。张之洞的这些护商主张和行动,对民族资本主义的发展无疑起了保护和促进作用。

综而观之,19 世纪 90 年代中叶以后,张之洞的经济思想在相当程度上挣脱了其政治目的的束缚,表现出一定程度的发展独立性,提出了一系列符合客观经济规律的观点和主张。这些观点和主张在当时应当说是比较先进的,并且对社会经济的发展产生了积极作用。

（本文选自:《学术月刊》1987 年第 8 期）

赵晓雷,1992 年获上海财经大学经济学博士学位。现任该校教授、博士生导师、财经研究所副所长。1997 年获第七届孙冶方经济科学奖。

张之洞是晚清洋务派大官僚,在长期近代商业经营活动中,促使张之洞对资本主义的生产、流通规律不断有所认识,他的思想和行动也就常常背离其维护封建统治的政治目的,逐渐要求在经济上自由发展资本主义工商业。他的经济思想中主要有"工本商末"思想和引进外资思想,是符合客观经济规律的观点和主张,在当时应当说是比较先进的,对洋务运动乃至近代社会的演进起了一定的促进作用。

20世纪儒学研究大系

谭嗣同的经济思想

赵　靖

一

谭嗣同（1865—1898）是我国 19 世纪末期的一位伟大的启蒙思想家，他的著作中所包含的爱国主义和反封建民主主义精神，对中国近代资产阶级革命思想和革命运动的发展，起过重要的启迪作用；他在戊戌政变中的慷慨牺牲，也引起了人们对清朝反动统治者的更大仇恨，激发更多的爱国青年走上民主革命的道路。

他出生于一个大封建官僚家庭，自幼也受到传统封建意识的深刻影响；但是，在激烈的社会动荡局面下，"统治阶级内部的分化过程，整个旧社会内部的瓦解过程，就显得非常强烈，非常尖锐"①，谭嗣同在成长时期所经历的深重的民族危机和社会危机，使他没有走上当时一般封建贵族子弟所走的老路，而是从封建统治阶级中分化出来，变成了新兴资产阶级的代言人。中日甲午战争的失败，是他思想转变的一个重要契机。在这以前，他也曾有过当时的一般顽固保守人物所持有的那种维护"圣道"、反对"西法"的封建主义观点；甲午战争的失败，给了谭嗣同思想以极大的震

① 马克思、恩格斯：《共产党宣言》。《马克思恩格斯全集》第 4 卷，人民出版社 1958 年版，第 476 页。

动,他开始认识到外国资本主义的侵略已造成"中西不两立不并存之势",痛感在这种局面下,再保持封建统治的老一套就会有亡国危险,因而提出了"尽变西法"的主张,要求不仅学习西方国家的先进生产技术和科学知识,而且在中国采用西方资产阶级的社会、政治制度。这种"尽变西法"的主张大大超越了他以前的改良主义者所倡导的"可变者器,不可变者道"的论调,成为当时变法维新运动中的一种最激进的主张。

1895 年以后,民族危机更趋严重,中国日益面临着被帝国主义强盗瓜分的危险,而清朝的反动统治势力却继续顽固地拒绝改革内政的要求,并接连给予变法维新运动以沉重的打击。谭嗣同积极地同反动势力进行了斗争,他的政治、经济思想也在斗争中更加前进了一步。在 1896—1897 年之间,他写成了自己的主要著作《仁学》一书,在这部书中,他对封建专制政体和封建的纲常名教,都进行了激烈的攻击,痛骂封建君主为"独夫民贼";对法国资产阶级大革命和中国历史上的许多次农民起义,他也抱着赞扬或同情态度,并且表示自己愿作陈涉、杨玄感那样的农民起义领袖。他还痛快淋漓地揭露了封建礼教的虚伪、残暴的面目,指出它完全是封建统治者用以奴役人们的精神和肉体的"钳制之器"。他的这类言论都已越出了资产阶级改良派的狭隘的政治要求的范围,呈现出相当明显的革命倾向。

但是,谭嗣同在理论上和实践上都并没能最终冲破改良主义的门槛。他一方面认为革命是"顺乎天而应乎人"的正义事业,另一方面却又提倡"唯变法可以救之"的改良主义理论;一方面向往着"誓杀尽天下君主,使流血满地球"的激烈革命斗争场面,另一方面却又决心杀身以报"圣主"并以血溅柴市来实现自己的主张。他已在一定程度上认识到清朝反动政权和帝国主义对中国殖民统治之间的关系,因而认为要想避免帝国主义列强灭亡中国,中国人民必须首先自己起来推翻清朝的反动统治;但是,他又始终梦想取得某些帝国主义国家的帮助来实现自己的改革要求,甚至还荒唐到祈求帝国主义列强来替中国废君主、改民主。急进与缓进、革命与改良的互相对立的思想,经常搏斗于他的内心,下面这一段自白,充分表明了他的这种矛盾心理:

> "嗣同之纷扰,殆坐欲新而卒不能新。其故由性急而又不乐小成。不乐小成是其所长,性急是其所短。性急则欲速,欲速则躐等,欲速躐等则终无所得。不得已又顾而之它;又无所得,则又它顾。且失且徙,益徙益失。此其弊在不循其序,所以自纷自扰而底止也。夫不已者,日新之本体,循序者,日新之实用,颇思以循序自救……"①

这段话正是谭嗣同本人和当时维新运动中一切左翼激进分子内心冲突的写照。这批人物基本上是由自由资产阶级中的社会地位较低的一部分知识分子组成的,和自由资产阶级中的其他人物比较起来,他们对帝国主义、封建主义的压迫有着更大的不满,对下层群众的困苦也较为同情,但他们本身却没有进行革命的力量和决心,更不可能到下层群众中去寻求真正的革命力量,除了用"任侠"、"舍生"等方式进行一些个人冒险的行动外,他们也还是力图向封建统治者以及某些帝国主义国家寻求支持,因而最终不得不以"循序自救",强制自己思想中的革命倾向屈服于改良主义的实际行动。谭嗣同的这种态度,正是他所代表的社会力量的软弱性的表现。

---

① 谭嗣同:《报贝元征书》。《谭嗣同全集》(以下简称《全集》),三联书店1954年版,第388页。

二

谭嗣同的经济思想,也比他同时期的其他改良派思想家更为强烈地表达了正在形成中的中国资产阶级发展民族资本的要求,这主要表现在:他借取了西方资产阶级经济学者的经济自由主义作为理论基础,对中国的封建主义所施加给资本主义发展的各种压迫进行了猛烈地评击,并从理论上论证了资本主义对封建主义的优越性。

针对着封建主义的压迫和束缚,谭嗣同提出了"仁——通"的学说,他把"仁"说成是"天地万物之源",而"通"则是"仁"的根本属性,所谓"仁以通为第一义"(谭嗣同:《仁学》。《全集》第6页)。他认为:在社会生活领城中,必须实现以下四个方面的"通":中外通、上下通、男女内外通和人我通。上下通和男女内外通,是用来反对封建专制、封建等级制和封建家族制度,要求实现资产阶级民主、男女平等和个性解放的;中外通和人我通,则是他用以表达自己的经济自由主义思想和两个基本概念。

谭嗣同把"人我通"解释为在人与人之间作到"其财均以流"(谭嗣同:《仁学》,《全集》第44页),他所谓的"均",并不是平均财富的意思,他再三向富人解释,他决不是主张把他们所占有的财富"悉以散诸贫而无赍者"(谭嗣同:《仁学》,《全集》第40页),而只是劝他们用以投资新式资本主义工商业,以促进国民经济的发达和社会生产的增加,并使雇佣劳动者可以获得就业机会,谭嗣同认为,富人如能这样做就是以财"沾润于国之人"(谭嗣同:《仁学》,《全集》第40页)和"收博施济众之功"(谭嗣同:《仁学》,《全集》第40页),也就是作到了"其财均以流"了。

　　由此看来,谭嗣同所谓"人我通",其实质不过是要求地主阶级把用地租、高利贷剥削来的农民和其他贫苦劳动人民的血汗和脂膏,转变为资本主义企业的资本,即用资本对雇佣劳动的剥削来代替封建主义的剥削关系。

　　谭嗣同特别重视大机器工业,他把发展资本主义的大机器工业看作是迅速增殖财富、活跃流通、达到贫富"两利",也即是实现"人我通"的主要关键。他说:

　　　　"有矿焉,建学兴机器以开之,辟山通道浚川凿险咸视此。有田焉,建学兴机器以耕之,凡材木水利畜牧蚕织咸视此。有工焉,建学兴机器以代之,凡攻金攻木造纸造糒咸视此。大富则设大厂,中富附焉,或别为分厂。富而能设机器厂,穷民赖以养,物产赖以盈,钱币赖以流通,己之富亦赖以扩充而愈厚。"(谭嗣同:《仁学》,《全集》第 40 页)

　　当时,地主阶级的代言人——封建顽固派——为了反对发展资本主义经济,宣扬各种各样的谬论,其中"黜奢崇俭"和"机器夺民之利"就是他们所特别津津乐道的两种论调。他们说,发展资本主义生产,尤其是发展大机器工业就会扩大人们的物质欲望,造成奢靡的风气,不但浪费了社会财富,还会败坏世道人心。他们又把自己装扮为劳动人民的同情者,指责资本主义的大机器工业会排挤各种手工业生产,使依靠手工劳动为生的大量"小民"陷于破产失业。谭嗣同激烈地反驳了这些论调,痛斥所谓"黜奢崇俭"不过是顽固派为了维护其地租、高利贷剥削利益和落后的封建自然经济而故意提倡的愚民之术;顽固派借"崇俭"的美名,把财富积聚起来,自己不投资于工商业,又反对社会上其他的人"兴工作役",目的就是为了断绝贫民的其他生路,以便迫使贫民依附于他们,忍受他们的惨重剥削和奴役。他尖锐地揭露这些地租、高利贷剥削利益的辩护人说：

> "抑尝观于乡矣，千家之聚，必有所谓富室焉，……乃其刻黢琐肙，弥甚于人，自苦其身，以剥削贫民为务。放债则子巨于母而先取质，粜籴则阴伺其急而厚取其利；扼之持之，使不得出。及其钳络久之，胥一乡皆为所吞并，遂不得不供其奴役，而入租税于一家。"（谭嗣同：《仁学》。《全集》第39页）

谭嗣同力图向富人指出：靠这种办法来积累财富，对他们自己也并无好处，因为刻剥贫民的结果，绝断了贫民的生计，终将迫使他们起来反抗，其结果将会使富户自己也"随之煨尽"；即使不至这般地步，"崇俭"的结果，阻碍了社会经济的发展，使"民智不兴，物产凋瘵"，对富户财富的增殖也是不利的。他向富人指出：采用资本主义的剥削方式比封建的剥削方式更能使自己的财富"扩充而愈厚"，因而不应该"崇俭"而应该"崇奢"，不应该把财富闭锁窖藏起来，而应该用以投资设厂。他认为：前一种做法就是"不通"或"私垄断天下之财"，而后一种做法则能做到"通"或"其财均以流"。

谭嗣同所赞美的"奢"，主要是把财富用到生产的消费上，而不是用在个人消费上；但是，他也认为，即使是后面这种意义上的"奢"，也要比"俭"好得多。因为，虽然这种"奢"的结果对个人来说是不能"聚财"的，但却能为工商业提供市场，这对整个资产阶级来说仍然是有利的。所以他说：

> "夫岂不知奢之为害烈也，然害止于一身家，而利十百矣。锦绣珠玉栋宇车马歌舞宴会之所集，是固农工商贾从而取赢，而转移执者所奔走而趋附也。"（谭嗣同：《仁学》，《全集》第40页）

谭嗣同反驳"机器夺民之利"的说法，认为采用机器能使劳动生产率成十倍、百倍地增长,使社会财富大大增加,因而不会使人民贫困而是使人民富足;使用机器会减少对劳动力的需要,但节省出来的劳动力可以用来发展新的生产事业,因而并不会造成大量劳动者的"失业坐废"。他极力歌颂大机器生产的好处,说它"一日可兼十数日之程"、"一年可办十数年之事"、"一世所成就,可抵数十世,一生之岁月,恍阅数十年"(谭嗣同:《仁学》,《全集》第46页)。

资本主义的大机器工业,确实打破了过去社会生产发展长期停滞和墨守陈规的状况,造成了前资本主义各种社会形态中无法想象的巨大生产规模和发展速度。谭嗣同对大机器工业的热烈赞颂,当然是从资产阶级渴望追求剩余价值、加速资本积累的贪欲出发的,但在当时的条件下,这种要求还是符合生产力发展的要求的,是有其进步意义的。不过,他认为按资本主义方式使用机器会为劳动者带来"充分就业"和人人富足,却完全违反了资本主义的现实。马克思曾经指出,不应把机器本身的作用和机器的资本主义使用混为一谈,"因为机器就其自身考察是缩短劳动时间的,但它的资本主义的使用,却是延长劳动日;因为机器本身是使劳动变为轻易的,但它的资本主义的使用,却会加强劳动;因为机器本身是人类对于自然力的胜利,但它的资本主义的使用,却使人类服从于自然力;因为机器本身可以增加生产者的财富,但它的资本主义的使用,却使生产者化为待救济的贫民……"(马克思:《资本论》第1卷,人民出版社1953年版,第537页)。谭嗣同所以会把二者混为一谈,一方面是由他的资产阶级立场所决定的,资产阶级的代言人,通常总是把资产阶级一个阶级的利益说成是全民的利益;另一方面,也是由于时代认识水平的限制。当时,中国的新式工业还为数很少,谭嗣同对外国资本主义大机器生产的实际情况也缺乏了解,对资本主义使用机器的后果,他显然还没有多少实际认识。

谭嗣同在论证了资本主义对封建主义的优越性之后指出:为了充分地发展资本主义的生产和流通,实现他所倡导的"人我通",必须使人人能够"从容谋义,各遂其生,各均其利"(谭嗣同:《仁学》。《全集》第 43 页),这也就是西方资产阶级经济学者所宣扬的个人经济活动自由,即给予资本家以经营企业、剥削雇佣劳动的充分自由,给予雇佣劳动者以出卖劳动力的"自由"。他认识到,在当时的中国,实现"经济自由"的最大障碍是使"君权日以尊"的封建专制政体,因而强调以"兴民权"为"人我通"的前提。

谭嗣同的"人我通",不仅意味着要在国内实现经济自由,而且还要求在国与国之间实行自由的国际贸易,做到"中外通"。他认为:这种"中外通"也是"通人我"……之一端"(谭嗣同:《仁学》,《全集》第 45 页)。他从使用价值的角度看待对外贸易问题,认为两国通商,彼此都可获得自己需用的货物,又可免去自行生产这些货物的劳费,所以是彼此之间的"相仁之道"或"两利之道"。

他不仅认为在工业发达的国家之间实行自由贸易是彼此有利的,而且认为即使是落后的农业国,也可从自由贸易获得很大的利益,因为自己工业既不发达,就更加需要输入外国商品来满足国内需要。他也认识到在这种情况下进行自由贸易,必然会造成巨额的贸易逆差,不得不输出大量金、银去偿付,但他认为这也并不是坏事,因为进口的商品都是有用之物,而"金银则饥不可食,寒不可衣",用金银去偿付进口商品,不过是"以无用之金银,易有用之货物"(谭嗣同:《仁学》,《全集》第 44 页),对入超国家来说是合算的。他不但反对顽固派的"闭关绝市"、"重申海禁"的主张,甚至还反对采用保护关税政策。

在半殖民地半封建中国,帝国主义控制着中国的海关,外国商品泛滥于中国市场,使中国新兴的民族工业遭到致命的威胁,民族工业家为了本身的生存,要求关税自主权,以便用保护关税来抵挡外国商品的倾销。谭嗣同作为新兴资产阶级的主要代言人之一,却居然高唱与这种要求相反的自由贸易论调子,这看起来似乎是不可理解的。

谭嗣同所以这样主张,也有他的考虑。他也不是不了解贸易入超和白银外流的严重性,但他认为这并不是自由贸易的过错,而是由于中国工业不发达和金银缺乏,只要中国工矿业发展了,自由贸易就不会造成"无穷之漏卮",就不会因"通商致贫"。于是,他提出了自己的经济政策主张:

> "为今之策,上焉者奖工艺,惠商贾,速制造,蕃货物,而尤扼重于开矿;庶彼仁我,而我亦有以仁彼。……次之,力即不足仁彼,而先求自仁,亦省彼之仁我。"(谭嗣同:《仁学》,《全集》第45页)

可见,他也是主张与外国资本主义竞争的,他认为,只要中国工业发达了,能满足自己国内市场的需求,就可抵制外国商品进口,做到"自仁"和"省彼之仁我";如果工业更强大,还可进一步去同外国商品争夺国外市场,甚至到资本主义列强的本国市场上去和他们竞争,以做到"仁彼"。"自仁"和"仁彼",原来都是谭嗣同为资本主义竞争所创造的美丽的别名!

谭嗣同宣扬自由贸易论,诚然并不表明他已背弃了民族立场,有意为帝国主义侵略辩护;但是,他在半殖民地半封建中国倡导这种理论,对中国民族资本主义的发展、对中国人民争取民族经济独立的斗争是有很不利的作用的。他不了解,自由贸易论是发达的资本主义国家为了便于打开经济落后国家的市场而宣扬的理论,在经济非常落后、关税自主权已经丧失的中国,学唱这种调子,就

20世纪儒学研究大系

正中了帝国主义分子的毒计。

三

列宁指出:西欧和俄国的启蒙学者,都是"完全真诚地相信共同的繁荣昌盛,而且真诚地期望共同的繁荣昌盛,他们确实没有看出(部分地还不能看出)从农奴制度中所产生出来的制度中的各种矛盾"(《我们究竟拒绝什么遗产?》。《列宁全集》第2卷,人民出版社1959年版,第445页)。谭嗣同对封建主义的激烈谴责和对资本主义的尽情讴歌,也正是表现了与西欧和俄国启蒙学说同样的特点。但是,就世界范围来说,19世纪末期却早已不是资本主义的曙光时代了。虽然中国本身的资本主义经济还十分幼弱,但世界资本主义却已到了进入腐朽、垂死的垄断资本主义阶段的前夕。垄断的残酷压迫、劳动人民的极度贫困、阶级斗争的紧张尖锐、工人阶级社会主义运动的发展,……在谭嗣同著《仁学》的时期,先进的中国人对这一类的问题已不是毫不知情了。这就使得谭嗣同的著作中出现了一种在西欧启蒙主义作品中找不到的情况:一方面由于中国社会发展的落后,他仍像他的外国前辈们一样相信资本主义制度造成"共同的繁荣昌盛";另一方面,他从世界范围中获得的见闻,又使他不免要对濒临进入资本主义最后阶段的西方国家的某些现象进行批评。他在1896年写给他的好友唐才常的一封信中,就曾提到:

> "西人于矿务、铁路及诸制造,不问官民,只要我有山、有地、有钱,即可由我随意开办,官即予以自主之权,绝不来相阻碍。一人获利,踵者纷出,率作兴事,争先恐后。不防民之贪,转因而鼓舞其气,使皆思出而任事,是以趋利若鸷禽猛兽之

发,其民日富,其国势亦勃兴焉。……而其弊也,唯富有财者始能创事,富者日盈,往往埒于国家,甚乃过之;贫者唯倚富室聊为生活,终无自致于大富之一术。其富而奸者又复居积以待奇赢,相率把持行市,百货能令顿空,无可购买;金磅能令陡涨至倍,其力量能令地球所有之国并受其损,而小民之隐受其害,自不待言,于事理最为失平。于是工与商积为深雠,而均贫富之党起矣。"(谭嗣同:《报唐佛尘书》。《全集》第 444页)

谭嗣同看到西方国家所存在的这些不合理现象,也认识到如果按照他自己和其他改良派人物发展资本主义的主张做去,中国迟早也会出现同样的情况。但是,他并不认识这些现象是资本主义制度本身不可调和的矛盾的必然表现,而认为这只是西方富人的"褊心所召",因而把它们看作是容易消除或防止的;而且,他还认为,在当时的中国还不必要也不宜于立即采取措施来防止这些弊害。他说:

"以目前而论,贫富万无可均之理。不惟做不到,兼恐贫富均,无复有大利者出而与外国争商务,亦无复贫者肯效死力,国势顿弱矣。"(谭嗣同:《报唐佛尘书》。《全集》第 444页)

因此,他提出了一个"两步走"的办法:第一步是"创始",在这一步,应该完全鼓励私人自由兴办工商业,以便"风气速开",使资本主义工商业迅速发展起来;第二步是"守成",这时工商业已经发达了,中国已经富强了,就需要采取一些措施,"过者裁抑之,不及者扶掖之"。他认为只要在将来能采取这样一些改良主义措施,就仍然可以实现他所期望的"共同的繁荣昌盛"。

由此可见,谭嗣同虽然已经从西方国家中多少看到了一些

"从农奴制度中所产生出来的制度中"的矛盾,但他并没有因此而放弃反封建主义的斗争,他仍然和西方及俄国启蒙学者一样具有"共同繁荣昌盛"的信念,他的经济思想的基本倾向仍然是经济自由主义。

谭嗣同也谈到过土地问题。他把普遍地"改民主"和"行井田"作为实现他所理想的"大同"世界的两项基本内容,并且指出"井田"的重要意义之一在于"均贫富"(谭嗣同:《仁学》。《全集》第69页)。他没有进一步说明他所设想的"井田"的具体内容,但从他使用"井田"这一传统概念以及他强调"井田"的均贫富作用这一点,我们有根据推想:它大约包含着土地公有和平均土地的内容。

四

在1895年,谭嗣同经济思想的基本倾向还不是经济自由主义,而是有着与此恰恰相反的重商主义倾向;但是,事隔一两年,在谭嗣同著作《仁学》时,他的经济思想中就出现了这一急骤的变化,这是有其社会历史的和思想的原因的。

经济自由主义本是西欧工业资产阶级用以反对重商主义的理论武器,它对资本主义基础的形成和巩固,曾起过很积极的作用。在重商主义的阻碍已被克服后,工业发达国家的资产阶级,继续利用这种理论来为扩大海外市场的目的服务,自由贸易论就是这种理论在对外贸易问题上的表现。

外国资本主义势力侵入中国后,西方侵略分子就极力宣扬自由贸易论来为其对中国的经济侵略服务。和康有为、谭嗣同等改良派代表人物都很熟识的披着传教士法衣的侵略分了李提摩太,就曾一再宣称:西方人到中国来只是为通商,而通商对双方都是有利的,其对中国的利益比对西方国家的利益还更大,因而中国应欢迎自由贸易。为了鼓吹自由贸易,西方侵略分子也就连带地把它的理论基础——经济自由主义——也输入到中国来。19世纪80年代初,在另一个著名的"传教士"丁韪良的授意和主持下,洋务派(清朝统治集团中的另一反动派)的"同文馆"译出了英人法思德的《富国策》(书名本意是《政治经济学教本》)一书,作为训练洋务人员的教材。这本书和当时英国出版的许多庸俗经济学教本一样,都是宣扬经济自由主义、鼓吹自由放任政策的。

不过,在相当一段时期中,这种理论对中国的进步人物并没发生多大影响;相反的,在中日甲午战争前已经出名的一些资产阶级改良主义思想家(诸如王韬、马建忠、郑观应等),倒是持有一种类似重商主义的观点。他们看到当时贸易逆差和白银外流问题的严重,殚精竭虑地谋求"堵塞漏卮"的办法,他们都认为,所以造成这种严重"漏卮"就是因为中国"商务"不发达,因而极力提倡"振兴商务",企图增加出口和减少进口以防止白银外流,他们要求国家采取各样"保商"措施以支持中国商人同外商竞争,特别是要求收回关税自主权以便实行保护关税。他们也羡慕西方国家的工业发达,主张应该学习外国科学技术建立自己的新式工业;但他们一般是把发展工业放在从属地位,是要"以工翼商"。中国近代的社会经济条件与西欧重商主义时代的情况大不相同,但初期的资产阶级改良主义思想家从解决中国自己的问题出发,在许多问题上得出了与西欧重商主义者相类似的观点。

在著作《仁学》之前,谭嗣同也极强调发展商业的重要性,他认为西方资本主义国家"以商为战,足以灭人之国于无形",能够使中国"膏血竭尽",中国必须"奋兴商务,即以其人之矛,还刺其人之盾"（谭嗣同：《思纬壹壶台短书——报贝元征》。《全集》第423页），他要求采取保护关税政策，实行"出口免税，入口重税"，以"杜漏卮之渐"，为此，他极力主张夺回洋人"税务司包办海关之权"。这些观点也是带有一定程度的重商主义色彩的。

甲午战争失败后，外国侵略者在中国取得了更多特权，进一步控制了中国的经济命脉，使中国的幼弱的民族工业更加遭到致命的打击，但是，外国资本主义侵略势力的进一步深入，也对中国资本主义的发展起着一定的刺激作用。同时，洋务派所吹嘘的"船坚炮利"政策，由于中日战争的失败而陷于彻底破产，洋务派对新式工业的官僚垄断，也受到日益激烈的抨击，许多新兴资产阶级的代言人，进一步提出了废止洋务派官僚垄断，准许私人自由开办工商企业的要求。在1895—1897年三年中，中国新增加的商办厂矿达二十八家，资本额共9783188元，和1895年以前的三年相比，新增商办厂矿数多了一倍，资本增加额多了一倍以上（严中平等编：《中国近代经济史统计资料选辑》，科学出版社1955年版，第93页）。谭嗣同本人，在这段时期中也直接参加了创办新式工矿企业的活动。新兴资产阶级的代言人，需要寻求新的理论武器来为这种反对洋务派官僚垄断、要求自由开办企业的目的服务，西方资产阶级经济学中的经济自由主义理论，就在这时受到了他们的注意。洋务派的政策当然和重商主义无关，但在利用国家权力干涉私人经济活动自由这一点上，也和重商主义的情况有某些表面类似。因此，甲午战争后的一些主要的改良派代表人物，就拿起经济自由主义这种西欧工业资产阶级用以批判重商主义的武器，来批判洋务派对私人资本的羁轭压制，严复、梁启超也都是如此，谭嗣同经济思想的特点，不过是把这种倾向表现得更明显、更突出和更加首尾一贯而已。

运用经济自由主义作为理论武器，谭嗣同对封建主义进行了激烈的批判，这无疑是他的经济思想发展中的一个很大进步；但是，他是通过李提摩太、丁韪良等外国殖民侵略分子接受这种理论的，因而也就不自觉地把他们所散布的一些奴化思想毒素接受起来，并据以作出了某些有利于外国资本主义经济侵略、不利于中国人民争取民族经济独立的斗争的错误论断。

五

谭嗣同的经济思想，在中国近代经济思想发展史上占着很重要的地位。他以首尾一贯的经济自由主义，比同时期的康有为、梁启超、严复等人，更明确、更强烈地表达了新兴资产阶级要求摆脱封建主义束缚、充分地发展民族资本主义经济的愿望；他对垄断压迫的谴责和在土地问题上"均贫富"念头，则表明他的思想中已多少出现了一些和稍后的革命民主派经济思想相接近的因素，这在一定程度上表现了他对下层贫苦群众的同情。在 19 世纪资产阶级改良派的所有代表人物中，他的经济思想无疑要算是最为激进、最具有民主主义精神的。

但是，他的经济思想也和他的政治思想一样，并没能最终突破资产阶级改良主义的局限。他没有批判过封建主义的基础——封建土地所有制，他所说的"行井田"，只是把土地公有作为一种遥远的"大同"理想十分模糊地提了出来，而丝毫没涉及解决土地问题的现实纲领和具体措施。他对坚决维护地租和高利贷剥削利益的地主阶级顽固分子表示了极大的反感；但是，他却始终把发展资本主义工商业的希望寄托在开明的地主阶级分子身上，根本不打算触动他们的土地利益，而只是劝说他们把地租、高利贷剥削得来的财富转化为工商业资本。他认识到封建专制是发展资本主义的大障碍,从而把"兴民权",作为实现"人我通"的政治前提;但是,当时的资产阶级改良主义思想家是把"民权"和"民主"两个概念严格区分开来的,他们事实上是把"兴民权"作为"君主立宪"的同义语。谭嗣同在《仁学》中的很多地方都表示了他对"民主"的向往,但在发展资本主义、实现"人我通"的根本前提问题上,却只是提到"兴民权",这使我们很有理由认为:他所主张的发展资本主义的道路不是革命的道路,而是"君主立宪"的改良主义道路。

在半殖民地半封建中国,帝国主义和封建主义统治势力掌握着强大的暴力压迫工具,残酷地压迫着中国人民,任何人对这种敌人抱着幻想,企图取得他们的同意来实现进步性质的改革,那是注定了要失败的。戊戌变法维新运动的失败和谭嗣同的流血牺牲,正是这种改良主义路线必遭失败的有力证明。

(本文选自:《北京大学学报》1963 年第 1 期)

谭嗣同的经济思想,强烈地表达了正在形成中的中国资产阶级发展民族资本的要求,这主要表现在:他借取了西方资产阶级经济学者的经济自由主义作为理论基础,对中国封建主义所施加给资本主义发展的各种压迫进行了猛烈地抨击,并从理论上论证了资本主义对封建主义的优越性。针对着封建主义的压迫和束缚,谭嗣同提出了"仁——通"的学说。他认为,在社会生活领域中,必须实现中外通、上下通、男女内外通和人我通。其中中外通和人我通,则是表达了他和经济自由主义思想概念。他的经济思想是由重商主义急骤变化为经济自由主义的,这是他的经济思想发展中的一个很大进步。

在19世纪资产阶级改良派的代表人物中,他的经济思想无疑是最为激进、最具有民主主义精神的。

梁启超经济思想新论

夏 国 祥

迄今为止,学术界一般认为,梁启超在中国近代经济思想史上的功绩主要在于对西方经济学说的传播,而其对经济学的理论范畴未作深入探讨,有关经济议论多似是而非,瑜不掩瑕。笔者认为,梁启超对经济理论虽然罕有建树,但在 19、20 世纪之交的中国,他对西方经济学的理解毕竟属一流水平,除严复、马建忠以外,无有出其右者。本文略陈梁氏经济思想中的几点闪光之处,以求教于方家。

一、乘数思想

在现代西方经济学中,乘数是指经济活动中某一变量的增减同其他变量所发生的连锁反应的大小或倍数之间的关系。乘数概念最早由英国经济学家卡恩(R. F. Kahn)在 1931 年提出,数年后被凯恩斯加以利用,遂成为宏观经济学中研究经济波动的一种概念性工具。说梁启超具有乘数思想,看似耸人听闻,但确不乏证据。

梁启超认为富有者把钱财用于投资,不仅可使本人获得大利,同时还能带动各行各业,使所有的人都得利。在《史记货殖列传今义》中,他这样论证道:“如兴一机器(织)布之厂,资本二十万,而造机器之人,得其若干,种棉花之人,得其若干,修房之人,得其若干,工作之人,得其若干,贩卖之人,得其若干,而且因买机器也,而炼铁之人,得其若干,开矿之人,得其若干,因买棉花也,而赁地种植之人,得其若干,造粪料造农机之人,得其若干,因修房屋也,而木厂得其若干,窑厂得其若干,推而上之,炼铁开矿,以至窑厂等人,其货物又有其所自出,彼之所自出者,又复有其所自出者,如是互相牵摄,沾其益者,至不可纪极。"(梁启超:《史记货殖列传今义》,《饮冰室合集》,文集之二)在这里,梁氏实际上将资本家花费二十万所建的机器织布厂视为一件最终产品,他用价值追溯的方法,将这家工厂的价值分解为建厂所需的全部要素所创造的价值。他只是没有指明,虽然"沾其益者"无数,但全社会因这笔投资而带来的收入增加量仍为二十万。然而,令人关注的是,他紧接着说,这笔投资的影响并没有到此完结,"且工作贩卖之人既聚,既有所赡,则必衣焉、食焉、居焉、游焉,而于是市五谷蔬菜者,得其若干,市布缕丝麻者,得其若干,赁屋庑者,得其若干,赁车马者,得其若干。而此种种之人,持其所得者,复以经营他业,他业之人有所得,复持以经营他业,如是互相摄引,沾其益者,亦不可纪极。此之谓行如流水"(梁启超:《史记货殖列传今义》,《饮冰室合集》,文集之二)。这就是说,上述各种生产要素的提供者会将所收入马上用于各种消费,这些钱将流入生产消费品的生产要素所有者手中,从而使全社会居民收入又增加若干。这实际上是国民收入的第二轮增加。同样,这些消费品生产者会很快把所得收入再用于其他支出……如此层层下推,以致无穷,显然,此时不但受益者不可胜数,全社会收入的增加量也远不止二十万了。

从上文可知,梁启超的思路相当清晰:一个人的支出,将构成另一些人的收入,如果每个人都将其获得的收入及时用于支出,那么,一个人支出的增加,将通过连锁反应促使其他有关人员收入成倍地增加。这是十足的乘数思想。当然,毋庸置疑,梁启超的乘数思想还很粗陋。乘数效应发生作用有一些必要的前提,他均未论及,他没有提出"边际消费倾向"或"边际储蓄倾向"的概念,更没有(也不可能)从数学上刻画乘数的大小(边际储蓄倾向的倒数)。但是,也不能因此说他没有边际消费倾向的概念,梁氏的上述言论是在鼓吹尚奢黜俭时发出的,他推演的前提是人们将所得收入几乎全部及时地开支掉,也就是说,在他的乘数思想中,边际储蓄倾向几乎等于零。因此,他设想的乘数很大。

梁启超上文所论述的应属于投资乘数,此外他还论及过消费乘数,在此一并列出,也可作梁氏具有乘数思想之旁证。梁启超在叙述富人挥霍对社会的好处时,曾这样说:"彼食前方丈,而市酒肉者得以养焉;彼侍妾数百,而市罗绮簪珥者得以养焉……他事称是。而彼所市者,则又复有其所市者,递而引之,极至不可纪。"(梁启超:《史记货殖列传今义》,《饮冰室合集》,文集之二)

梁启超能在凯恩斯前三、四十年产生乘数思想,尽管尚不完善、精致,实属不易。值得一提的是,《史记货殖列传今义》作于1897年,此时梁能读到的西方经济著作并不多,这说明他并非像某些学者所说的那样,在经济领域缺乏独立、深入思考的能力。当然,这不排除他从中国传统经济思想(如管子的侈靡论)中吸取滋养。

二、规模经济思想

在现代经济学中,所谓规模经济,是指随着生产和经营规模的扩大而收益不断递增的现象(它可以表现为长期平均成本曲线向下倾斜,即成本递减)。梁启超的规模经济思想,集中反映在他于1903年所作的《二十世纪之巨灵托辣斯》一文中,他在这篇论文里宣扬了大资本的优越性。以往学术界对此只作阶级分析,认为它反映了民族资产阶级上层企图在中国取得垄断地位的主观愿望。笔者认为这种评价是有失公允的,至少是片面的。

梁启超之所以赞美托拉斯制度,主要是属意于其经济效果。他说:"生计学有最普遍最宝贵之公例一焉,曰以最小率之劳费易最大利益是也。而托辣斯则达此目的之最善法门也,故论证托辣斯之功德,皆当于此焉求之。"(梁启超:《二十世纪之巨灵托辣斯》,《饮冰室合集》,文集之十四)梁氏虽然没有表述出长期成本曲线下倾的概念,但他无疑认为在不同的生产规模上企业的产品单位成本是不同的,大规模生产能使产品单位成本不断下降,也即给企业带来规模经济性。这一点可从他有关股份公司的议论中得到佐证。作为中国近代股份制经济的早期宣扬者之一,他认定:"今日欲振兴实业,非先求股份公司之成立发达不可。"(梁启超:《敬告中国之谈实业者》,《饮冰室合集》,文集之二十一)与旧式企业相比,股份有限公司的规模要大得多,梁对此解释说:"盖自机器骤兴,工业革命,交通大开,竞争日剧,凡中小企业,势不能图存,故淘汰殆尽,而仅余此大企业之一途也。"(梁启超:《敬告中国之谈实业者》,《饮冰室合集》,文集之二十一)这无非是说,大规模生产的企业在产品成本上要优于中小企业,故具有较大的生存能力。可以这样说,梁之所以推崇股份有限公司,正是在于认识到它能带来规模经济。

为了说明托拉斯符合效益极大化原则,梁启超详列了办托拉斯的"十二利",这"十二利"中,除了一些似是而非的说法外,其余实为对规模经济的形成原因所作的合理分析,并非如有些论者所言,一无是处。兹列举数条如下:

(一)"可以得廉价之原料品"。这是因为"购买原料以多量而价廉"。大量购入原料确能导致单位产品市场交易费用的节约。

（二）"可以善用机器而尽其所长"。这有两层意思：一是"闭无用之工厂，废多余之机器"；二是"利用大机器故制物多而良"。组织创新可以造成劳动资料的节约；采用高效的大型生产设备可降低单位产品的投资量。

（三）可以使"分业之学理日赴精密"。"分业精密故制物良而费省"。大批量生产能推动生产的专业化和简单化，从而提高产品质量、降低产品成本。

（四）"可以制造附属副产物使无弃材"。这是指对原材料的充分利用。

（五）"能淘汰冗员节减薪费"。淘汰"监督事务冗员"，自然能导致管理费用的相对节约。

（六）"可以节省运输费用"。这有两层意思：一是"恒择各要区，分置工场"，就地销售，从而节省了转运费；二是"货少则运费必昂，货多则运费必省"（梁启超：《二十世纪之巨灵托辣斯》，《饮冰室合集》，文集之十四）。

梁启超的规模经济思想在其农业经济思想中也有所体现。早在1896年所写的《说橙》一文中，梁氏就表述了建立资本主义农场的主张。以往论者只注意橙园中的生产关系。其实，从产业组织学角度看，梁氏描述的橙园也算是一种初步的农业规模经济。橙园的经营者投入资本，雇工生产，精心规划管理，通过市场出售产品获取丰厚的利润。与小农经济相比，这种农场主要通过组织创新，获得了规模经济的效应。

1905年，在同资产阶级革命派论战中，梁启超曾如此对大规模农业与小农经济下定义："所谓大农小农者，不当以其耕地面积之广狭定之，宁自经济的观点类别批评之。（按谓当就经营之方以分类也）……大农。谓有一教育经验兼备之农业家立于其上，以当监督指挥之任,而使役多数劳动者以营业农也。……小农。营业者自与家族从事耕作,而不雇佣他人者也。"(梁启超:《驳某报之土地国有论》,《饮冰室合集》,文集之十八)在两者之间,他推崇前者,说:"盖就理论推之,大农实当优于小农。……使大农而果有适当之人才,适当之资本,……则其优于小农,固可决言也。"(梁启超:《驳某报之土地国有论》,《饮冰室合集》,文集之十八)他相信,大规模农业"能为种种设备,以从事于农业改良",生产效率要比小农经济高数倍。他愤激地指责革命派在农业中防止大资本,是"沮抑农业上之大企业,使永不发生,如是,则关于农业上种种之进步的器械,与夫集约经营之方法,将永不得适用于我国,而惟抱持此千年陈腐之旧农术以自安"(梁启超:《驳某报之土地国有论》,《饮冰室合集》,文集之十八)。足见其对大规模农业的重视。

但是,事物往往是一分为二的,规模经济的作用也并非全是积极的。大规模生产能提高企业的生产效率,但追求规模经济的结果必然又导致垄断的发生。而垄断将阻碍价格机制的作用,使经济丧失竞争活力。从微观层面上说,当企业规模扩大到一定阶段之后,企业内部管理效率往往会出现下降的趋势。对此,梁启超并没有回避,他曾列举时人所议论的托拉斯"十大弊"。下面列出其中的主要条款,让我们来看看梁氏对这些非难的看法。

(一)对最高层管理人员,"其监督之方法,未能如寻常公司之完备"。

(二)"以规模太大,故统一之监督之,大非易易。"

以上两点说的是企业内部管理效率的降低,梁氏对此不提出反对意见。

(三)"以其为本业之独占也,无竞争之刺激,故生产技术之改良进步日益急。"对此梁氏辩解道："然据过去之托辣斯实以审判之,此流弊似尚未见。"

(四)"其淘汰多数之工场,且采用最省劳力之机器,使多数劳佣糊口绝也。"具体地说,就是导致失业的增加和工人工资的降低。对此责难,梁氏竭力加以辩解,他认为事实并非如此,又说即使有此弊病,也是暂时现象。

(五)"以此种种不正之手段,摧灭竞争之敌,使小资本之公司,不能自存。"梁氏承认:"此则有以防止也。"

(六)"以独占之故,其所产物品,虽日杂粗窳以欺市众,而莫可谁何。"(梁启超:《二十世纪之巨灵托辣斯》,《饮冰室合集》,文集之十四)梁氏认为这是不可能发生的,纵然发生,也是暂时现象,市场的竞争机制将消灭之。他忽略了这一事实,垄断恰恰削弱了市场的竞争机制。

可见,梁启超对时人有关托拉斯的批评意见并没有(也无力)采用全盘否定的态度,但是,对大多数、关键性的责难,他极力加以辩解、反驳,这些辩解虽不是毫无道理,但基本上是勉强的、有的是完全错误的。总的说来,梁启超由于过分推崇规模经济的好处,从而忽视了垄断可能导致的弊端。凭心而论,如何既保护经济的竞争活力,同时又能发挥规模经济的优势,在两者之间求得某种平衡,即使是在当代,也是经济学中的一大难题,要梁启超正确把握这对矛盾,是不现实的。

由于上述的原因,梁启超极力主张在中国建立大资本企业,并将其视为抵制西方垄断资本经济侵略的决定性力量。他主张在收入分配上拉开差距,牺牲劳动者的利益,使资本家加速资本积累,以实现规模经济。故云:"吾以策中国今日经济界之前途,当以奖励资本家为第一义,而以保护劳动者为第二义。"(梁启超:《杂答某报》,《饮冰室合集》,文集之三十一)这种牺牲公平获得效率的观点,在当时受到革命派的严厉驳斥,但从现代西方发展经济学的角度看,倒也有此一说。

梁启超的规模经济思想固然存在许多缺陷和错误,然而,如若撇开其阶级性不谈,能在19世纪与20世纪之交洞察到规模经济的优越性并力主在中国加以实行,这本身就是不俗的思想。

三、重视制度因素对经济发展的影响

梁启超经济思想中的又一可贵因素是,他没有把中国的经济发展简单地看作是生产力或技术问题,而是把经济发展与制度因素紧密联系起来加以思考,非常注重制度变革对经济发展的影响与作用。从广义上讲,近代中国的不少思想家都有意、无意地进行过这样的思考,而梁启超则更自觉地做到了这一点。

从现代西方新制度经济学的角度看,制度系指约束人们的一系列规则,它由社会认可的非正式约束、正式的制度安排和实施机制所构成。梁启超对构成制度的这三大基本要素均有较多的论述,限于篇幅,本文只能择要加以介绍。20世纪初年,国人为“抵制外货,挽回利权”,兴起一股创办股份公司的热潮,但收效甚微。梁因作《敬告中国之谈实业者》,对股份公司不能在中国健康发展的原因作了探讨。从现在的眼光看,这是一篇对经济问题进行制度分析的力作。本文主要即以该文为据,分析梁的有关思想。

梁启超认为,“中国今日之政治现象社会现象,则与股份公司之性质最不相容也。苟非取此不相容者排而去之,则中国实业永无能兴之期”(梁启超:《敬告中国之谈实业者》,《饮冰室合集》,文集之二十一)。他列举了中国传统制度结构中不适宜股份公司发展的种种缺陷,现按照上述制度内涵概括如下。

(一)社会认可的非正式约束方面:

1. 中国人缺乏法律观念。他说,股份公司"自为一人格,自为一权利义务之主体",需要严密的法律约束、规范其活动,比如,法律"规定其内部各种机关,使之互相钳制",法律敦促其向大众公开业务状况,法律"防其资本之抽蚀暗销,毋使得为债权者之累"。概而言之,"股份公司必在强有力之法治国之下,乃能生存,而中国则不知法治为何物"(梁启超:《敬告中国之谈实业者》,《饮冰室合集》,文集之二十一)。

2. 中国人缺乏公共责任心。由于缺乏公共责任心,公司职员工作不尽心尽力,甚至以权职营私,对职员的监督之职在股东,但由于股权分散,且"东西各国,购买股票者,其本意大率非在将来收回股本,但冀股价幸涨,则售去以获利耳。此公司股东之克尽职任者所以尤不易也"(梁启超:《敬告中国之谈实业者》,《饮冰室合集》,文集之二十一)。他愤激地说:"中国人心风俗之败坏,至今日而已极,人人皆先私而后公,其与此种新式企业之性质,实不能相容。故小办则小败,大办则大败。"(梁启超:《敬告中国之谈实业者》,《饮冰室合集》,文集之二十一)梁所谓的公共责任心,颇类于现代经济学中的"团队精神",它无疑是促进企业发展的有利因素。这里需要说明的是,企业并不是靠"公共责任心"才得以有效运作的,梁显然对企业的运行机制尚缺乏正确完整的理解。作为一个企业,只要管理制度健全,它自有一套监督机制保证其职员努力工作,而即使那些对公司没有直接影响力的众多小股东,也可通过出卖股票的办法,来约束那些经营不善的公司,这在西方经济学中,称为"用脚选举"(voting - with - feet)(参见张军:《现代产权经济学》,上海三联书店1994年版,第93页)。当然,撇开上述错误成分,能从社会习俗、社会意识方面寻找对经济活动有影响的因素,这一点本身是合理的、有见地的。

3. 中国人缺乏"健全之企业能力"。用当今的术语说，就是"企业家才能"，这是马歇尔以后经济学所主张的生产四要素之一。梁进一步从社会传统中寻找造成中国缺少企业家的原因："我国自昔贱商人，除株守故业，计较锱铢外，无他思想。士大夫更鄙夷兹业不道。盖举国人士能稍解生计学之概略，明近世企业之性质者，已屈指可数，若夫学识与经验兼备，能施诸实用者，殆无其人。"（梁启超：《敬告中国之谈实业者》，《饮冰室合集》，文集之二十一）顺便提一下，在分析有关中国股份公司股东不能"举监督之实"的原因时，梁列出的其中的两点多少与上述问题有一些联系：一是"公司之成立，往往不以企业观念为其动机……大率以挽回国权之思想而发起之，其附股者以是为对于国家尽义务，而将来能获利与否，暂且勿问"。他认为这种思想可敬但不可行，因为"生计行为不可不率循生计原则，其事固明明为一种企业，而等资本于租税，义有所不可也"。二是"凡公司必有官利，此实我国公司特有之习惯，他国未尝闻也。……故我国公司之股份，其性质与外国之所谓股份者异，而反与其社债者问。夫持有社债券者，惟务本息有著，而于公司事非所问。此通例也。我国各公司之股东，乃大类是，但求官利之无缺而已"（梁启超：《敬告中国之谈实业者》，《饮冰室合集》，文集之二十一）。这两点实际上讲的是同一个问题，中国人缺乏企业观念。这是梁启超对中国国情进行深入分析后的发现，再次触及到制度中最深的层面。

（二）正式的制度安排方面：中国缺乏种种与股份公司配套的制度。

梁启超指出，"股份公司必赖有种种机关与之相辅，中国则此种机关全缺也"。他认识到，股份公司的正常运作，"则赖有二大机关焉以夹辅之。一曰股份懋迁公司（即股票交易所——作者按),二曰银行。股份懋迁公司为转买转卖之枢纽,银行为抵押之尾闾。不宁惟是,即当招股伊始,其股票之所以得散布于市面者,亦恒借股份懋迁公司及银行以为之媒介。……夫股份有限公司所以能为现今生产界之利器者,在于以股票作为一种商品,使全社会之资本,流通如转轮"(梁启超:《敬告中国之谈实业者》,《饮冰室合集》,文集之二十一)。由于缺少交易所和银行这两大制度安排,人们很难将股票变现,因此不愿入股。这里讲的是一个经济制度的配套问题。梁启超显然已经认识到,制度是一个有机的系统,如果制度不配套,则其效率大减。他在其他场合也多次强调这一点,尤其呼吁尽快建立和完善各项经济立法,如公司法、货币法、银行法、税法等。

(三)制度的实施机制方面:中国法律实施不力。

梁启超指出,中国当时也出台了一部公司律,"其律文卤莽灭裂,毫无价值且不论,借曰律文尽善,而在今日政治现象之下,法果足以为民保障乎? 中国法律颁布自颁布,违反自违反,上下恬然不以为怪"。他愤激地说,"有法而不行,则等于无法,今中国者,无法之国也"(梁启超:《敬告中国之谈实业者》,《饮冰室合集》,文集之二十一)。显然,梁这里讲的不仅仅是国人缺乏法律观念的问题,他的意思是,中国的问题与其说是缺少法律,不如说是缺少与法律制度相配套的实施机制。判断一个国家的制度是否有效,不仅要看其正式规则与非正式规则是否完善,更要看其制度的实施机制是否健全。离开了实施机制,再好的法律也只能成为一纸空文。制度实施机制的有效程度与违约成本的高低成正比,在中国,违法而"上下恬然不以为怪",可见违约成本之低,制度实施机制的有效性也就可想而知了。

那么,怎样才能使股份公司在中国得到健康发展,以达到振兴实业的目标呢？梁启超的答案是："首使确定立宪政体,举治国之实,使国民咸安于法律状态;次则立教育方针,养成国民公德,使责任心日以发达;次则企业必需之机关——整备之,无使缺;次则用种种方法,随时掖进国民企业能力。四者有一不举,而哓哓然言振兴实业,皆梦呓之言也。然养公德整机关奖能力之事,皆非借善良之政治不能为功。故前一事又为后三事之母也。……试有人问我以中国振兴实业之第一义从何下手？吾必答曰改良政治组织,然则第二义从何下手？吾亦答曰改良政治组织,然则第三义从何下手？吾亦惟答曰改良政治组织。盖政治组织诚能改良,则一切应举者自相次毕举。政治组织不能改良,则多举一事即多丛一弊。与其举之也,不如废之也。然则所谓改良政治组织奈何？曰:责任内阁而已矣。"(梁启超:《敬告中国之谈实业者》,《饮冰室合集》,文集之二十一)

可见,为了造就一个适宜经济发展的制度环境,梁启超既重视制度的各个层面的全面创新,同时又特别强调立宪政体这一核心的基础性制度安排的建设。若撇开其资产阶级改良派的阶级本性不谈,这一思想倒是与当今西方新制度经济学家不谋而合。这个学派认为,作为一国基本制度规定的制度环境,能决定和影响其他的制度安排。诺思就曾说过,宪法规范着一切经济规则(诺思:《经济史中的结构与变迁》,上海三联书店,第230页)。梁启超曾将股份公司与立宪政体作过这样的类比:"大抵股份之为物,与立宪政体之国家最相类,公司律譬犹宪法也,职员则譬犹政府官吏也,股东则譬犹全体国民也。政府官吏而不自省其身为受国民之委托,不以公众责任置胸臆而惟私是谋,国未有能立者,而国民怠于监督政府,则虽有宪法,亦成僵石。"(梁启超:《敬告中国之谈实业者》,《饮冰室合集》,文集之二十一)他似乎意识到,宪法这一最重要的基础性制度安排对其他的制度安排具有一种示范作用。

　　无庸讳言,梁启超的上述思想主要是受到当时资产阶级经济学教本的启发,很少是其本人的创见,这一点学术界早有定论(胡寄窗:《中国近代经济思想史大纲》,中国社会科学出版社,第288页)。本文只不过想说明,梁启超对西方经济学的理解,在当时毕竟属一流水平,并且对实际经济问题不乏独立思考的能力。

(本文选自:《财经研究》1998 年第 8 期)

　　夏国祥,上海财经大学博士。

　　梁启超具有乘数思想。他认为富有者把钱财用于投资,不仅可使本人获利,同时还能带动各行各业,使所有人都得利。梁启超能在凯恩斯前三四十年产生乘数思想,尽管尚不完善、精致,实属不易。梁启超还具有规模经济思想。他推崇股份有限公司,正是在于认识到它能带来规模经济。规模经济的作用也并非全是积极的。追求规模经济的结果必然又导致垄断的发生,而垄断将阻碍价格机制的作用,使经济丧失竞争活力。对此,梁启超也没有回避。他的规模经济思想固然存在许多缺陷和错误,但能在 19 世纪与 20 世纪之交洞察到规模经济的优越性,这本身就是不俗的思想。梁启超没有把中国经济发展简单地看作是生产力或技术问题,而是与制度因素联系起来加以思考,他自觉地做到了这一点。

论著目录索引

唐增庆 《中国经济思想史》(上卷) 商务印书馆 1936 年

胡寄窗 《中国经济思想史》(上、中、下) 上海人民出版社 1962
　　　　年、1963 年、1981 年

赵立清、易梦虹主编 《中国近代经济思想史》(上、下) 中华书
　　　　局 1980 年。

蔡尚思 《孔子思想体系》 上海人民出版社 1984 年

侯家驹 《先秦儒家自由经济思想》 台湾联经出版事业公司
　　　　1985 年

巫宝三主编 《中国经济思想史资料选辑》 中国社会科学出版
　　　　社 1985—1986 年

侯厚吉、吴其敬主编 《中国近代经济思想史稿》(1—3 册) 黑
　　　　龙江人民出版社 1984 年

赵　靖 《中国古代经济思想史讲话》 人民出版社 1986 年

张守军 《中国历史上的重农抑末思想》 中国商业出版社 1988
　　　　年

马伯煌 《中国近代经济思想史》(上、中、下) 上海社会科学院
　　　　出版社 1988 年

胡寄窗、谈　敏 《中国财政思想史》 中国财政出版社 1989 年

蔡　一 《中国古代经济思想史教程》 高等教育出版社 1989 年

陈正炎主编 《秦汉经济思想史》 中华书局1989年

张鸿翼 《儒家经济伦理》 湖南教育出版社1989年

陈 钧 《张之洞心态与近代追求——张之洞经济思想评析》
　　 湖北人民出版社1990年

王迺琮、张 华、郑振华 《先秦秦汉经济思想史略》 海洋出版
　　 社1991年

华友招 《董仲舒思想研究》 上海社会科学院出版社1992年

赵 洁、石世奇主编 《中国经济思想通史》(1—4卷) 北京大
　　 学出版社1992—1997年

朱家桢 《中国经济思想史》 人民出版社1994年

韦 苇 《司马迁经济思想研究》 陕西人民出版社1995年

唐任伍 《唐代经济思想研究》 北京师范大学出版社1996年

唐庆增 《中国儒家经济思想与希腊经济学说》 《经济学报》第
　　 4卷第1期

胡国治 《王安石经济思想研究》 《经济学报》第6卷第1期

陶希圣 《王安石的社会思想与经济政策》 《北大社会科学季
　　 刊》第5卷第3期

孔庆宗 《〈史记·货殖列传〉在我国古代经济思想上之价值》
　　 《北大月刊》1922年第1卷第9期

萨孟武 《亚当斯密之经济思想与儒家之经济思想之差异》 《学
　　 艺》1923年第5卷第7期

陈 灿 《陆宣公之财政学说》 《东方杂志》1926年第23卷第
　　 16期

王肇鼎 《司马迁经济思想阐微》 《厦门国学周刊》1927年第1
　　 卷第2期

郑行巽　《王船山之经济思想研究》　《民铎杂志》1929 年第 10
　　　　卷第 3、4 期

郑行巽　《顾亭林之经济思想研究》　《国闻周刊》1930 年第 7 卷
　　　　第 32、33 期

胡　适　《司马迁辩护资本主义》　《经济学季刊》1931 年第 2 卷
　　　　第 1 期

伍启元　《孟子的经济思想》　《清华周刊》1932 年第 38 卷第 1 期

马元才　《老子孔子之经济思想》　《河南政治月刊》1932 年第 2
　　　　卷第 5 期

马元才　《荀子之经济思想》　《河南政治月刊》1932 年第 2 卷第
　　　　1 期

伍启元　《荀子的经济思想》　《清华周刊》1932 年第 38 卷第 3 期

邹　枋　《李觏土地经济论纲》　《经济学季刊》1933 年第 4 卷第
　　　　2 期

张　忆　《孔子经济思想》　《中国经济》1933 年第 1 卷第 2 期

胡　适　《记李觏的学说》　《努力周报读书杂志》第 3 期

唐庆增　《王安石之经济思想》　《光华大学半月刊》1933 年第 2
　　　　卷第 3 期

姜和苏　《孔子的经济思想》　《汗血月刊》1934 年第 3 卷第 6 期

唐庆增　《刘晏之经济思想》　《国学论衡》1934 年第 4 卷(上)

孙兆乾　《黄梨洲之地权论与租税论》　《建国月刊》1934 年第 11
　　　　卷第 6 期

吕思勉　《孔子大同释义》　《文化建设》1935 年第 1 卷第 10 期

唐庆增　《中国经济思想四大潮流(儒法墨农)》　《光华大学半月
　　　　刊》1935 年第 3 卷第 7 期

唐庆增　《曾国藩之经济思想》　《经济学季刊》1935 年第 5 卷第

4 期

陶希圣　《北宋几个大思想家的井田论》　《食货》1935 年第 2 卷
　　　　第 6 期

曾了若　《杜佑的经济学说》　《食货》1935 年第 2 卷第 12 期

范秉彤　《孟子经济思想之新探讨》　《中国经济》1935 年第 3 卷
　　　　第 4 期

吕思勉　《孔子大同释义》　《文化建设》1935 年第 1 卷第 10 期

孔繁信　《龚自珍的经世思想》　《师大月刊》1936 年第 26 期

徐月武　《王安石之政治改革与理财政策》　《之江期刊》1936 年
　　　　第 1 卷第 5 期

钱　穆　《论荆公温公理财见解之异同》　《天津益世报读书周
　　　　刊》1937 年第 89 期

熊德元　《顾亭林之经济思想》　《史学年报》1938 年第 2 卷第 5
　　　　期

唐庆增　《陆贽之经济思想》　《财政评论》1940 年第 4 卷第 4 期

陈靖海　《董仲舒的"官商分工论"》　《春秋》1941 年第 2 卷第 2
　　　　期

王道根　《孔子经济思想之研究》　《新民学院季刊》1943 年第 2
　　　　卷第 2 期

阮子宽　《先秦儒家之财政思想》　《财政评论》1944 年第 11 卷
　　　　第 5 期

周汉夫　《孟子的经济思想》　《文化先锋》1945 年第 5 卷第 10 期

杨荣国　《荀子的经济思想》　《大学》1945 年第 4 卷第 7、8 期

白　鑫　《先秦儒家底财政思想》　《中国青年》1947 年第 15 卷
　　　　第 4 期

喻智微　《我国古圣先贤的节约思想及其节操》　《文化先锋》

1947 年第 7 卷第 12、13 期

漆　侠　《摧兼并（王荆公新法精神之一）》　《经世日报读书周刊》1947 年第 65 期

张岂之　《"大同书"思想实质（兼论中国近代思想史上的三种乌托邦社会主义思想)》　《人文杂志》1957 年第 6 期

童书业　《〈论语〉〈孟子〉中所反映的社会经济制度》　《山东大学学报》1960 年第 3、4 期

刘泽华　《试论孔子的富民思想》　《光明日报》1961 年 3 月 12 日

陈正炎　《孟子的经济思想》　《光明日报》1961 年 9 月 11 日

易梦虹　《关于龚自珍的社会经济思想》　《光明日报》1961 年 8 月 28 日

易梦虹　《魏源的经济思想》　《人民日报》1961 年 8 月 12 日

刘泽华　《略论荀子的经济思想及其重农思想》　《光明日报》1961 年 6 月 2 日

吴松龄　《略论龚自珍的政治与经济思想——兼与侯外庐、巫宝三、易梦虹等同志商榷》　《山东大学学报》1961 年第 3 期

吴松龄　《再论龚自珍的经济思想》　《文史哲》1962 年第 6 期

窦克廉　《林则徐的经济思想》　《光明日报》1962 年 12 月 24 日

刘泽华　《试论孔子的富民思想》　《光明日报》1962 年 3 月 12 日

童书业　《孟子思想研究》　《山东大学学报》1962 年第 9 期

赵　靖　《康有为的经济思想》　《经济研究》1962 年第 5 期

阴法鲁　《贾谊思想初探》　《北京大学学报》1962 年第 5 期

石世奇　《试论魏源的经济思想》　《北京大学学报》1963 年第 5 期

赵　靖　《谭嗣同的经济思想》　《北京大学学报》1963 年第 1 期

成　真　《严复的经济思想》《福建日报》1963 年 11 月 19 日

姜春明　《试论辛亥革命前梁启超的经济思想》《学术研究》
　　　　1963 年第 2 期

胡寄窗　《先秦儒家的经济思想》《教学与研究》1963 年第 1、2
　　　　期

叶世昌、李民立　《陆贽——我国古代杰出的财政思想家》《江
　　　　海学刊》1964 年第 2 期

易梦虹　《略论中国近代经济思想史的发展阶段及其特点》《南
　　　　开大学学报》1964 年第 5 卷第 1 期

林甘泉　《略论林则徐的经济思想》《中国经济问题》1978 年第
　　　　1 期

史全生　《论严复的经济思想》《南京大学学报》1978 年第 3 期

杨国祯　《林则徐经济思想简议》《中国经济问题》1979 年第 5
　　　　期

孙　引　《孔丘经济思想再评价》《经济科学》1980 年第 2 期

叶世昌　《孔子的"均"及其它——答孙引同志》《经济科学》
　　　　1980 年第 4 期

陈为民　《义利观是孔丘思想的核心》《经济科学》1980 年第 4
　　　　期

吴申元　《先秦时代人口思想初探》《复旦学报》1980 年第 1 期

李普国　《〈周礼〉中的经济思想》《经济学集刊》1980 年第 1 期

王文治　《荀子的富民思想》《经济学集刊》1980 年第 1 期

李守廉　《略论司马迁的若干重要经济观点》《武汉大学学报》
　　　　1980 年第 2 期

叶世昌　《从〈原富〉按语看严复的经济思想》《经济研究》1980
　　　　年第 7 期

李家协　《中国资本主义思潮的前驱者——魏源》　《暨南大学学报》1980 年第 3 期

姚家华　《论李觏的经济思想》　《财政经济研究》1980 年第 2 期

胡寄窗　《中国近代经济思想——从康有为到孙中山》　《经济学集刊》1980 年第 1 期

叶世昌　《梁启超的经济思想》　《贵阳师范学院学报》1980 年第 3 期

陈为民　《义利观是孔丘经济思想的核心》　《经济科学》1980 年第 4 期

张家骧　《略论康有为〈大同书〉的经济思想》　《湖北财经学院学报》1980 年第 3 期

王文治　《荀子的富民思想》　《经济学集刊》1980 年第 1 期

赵　靖　《略论中国近代经济思想史的优良传统》　《经济科学》1980 年第 1 期

程显煜　《林则徐货币思想试析》　《历史教学》1981 年第 7 期

曾广信　《西汉杰出的政论家——贾谊的经济思想》　《新湘评论》1981 年第 5 期

王明信　《从货殖列传看司马迁的经济思想》　《河北日报》1981 年 5 月 6 日

刘含若　《司马迁经济思想初探》　《学习与探索》1981 年第 3 期

赵继颜　《范仲淹的经济思想》　《齐鲁学刊》1981 年第 2 期

郭鸥一　《汉朝伟大的经济家晁错》　《山西财经学院学报》1981 年第 2 期

孙翊刚　《战国末期的财政经济思想家荀况》　《财政》1981 年第 12 期

吴显海　《董仲舒义利观初探》　《湖北财经学院学报》1981 年第

1 期

石世奇 《论司马迁的经济思想》《江淮论坛》1981 年第 1 期

邓潭州 《论王船山的经济思想》《湘潭大学学报》1981 年第 4
期

胡寄窗 《中国近代经济思想(1850—1919)》《财经研究》1981
年第 2、3、4 期

李育安等 《论荀况的经济思想——兼论先秦时期各派经济思想
斗争》《郑州大学学报》1981 年第 3 期

刘 枫 《在抑商政策下司马迁的重商思想》《社会科学》1981
年第 6 期

甄 实 《孔子和孟子的价格思想》《价格理论与实践》1981 年
第 6 期

赵 靖 《简论刘晏关于国民经济管理的思想》《经济科学》
1981 年第 3 期

吴 慧 《唐代杰出的理财思想家——刘晏的经济思想》《新湘
评论》1981 年第 6 期

郑光远 《谭嗣同的经济思想》《中山大学研究生学刊》1981 年
第 2 期

陈炯光 《孔子经济学说述评》《中国古代史论丛》1981 年第 3
辑

周彦彬 《浅评陆贽的经济思想》《经济科学》1982 年第 3 期

蔡 一 《略论贾谊的富民思想》《南京大学学报》1982 年第 4
期

石世奇 《论荀子的经济思想》《北京大学学报》1982 年第 1 期

叶世昌 《论王安石的经济思想》《经济问题探索》1982 年第 5
期

刘含若 《王夫之经济思想散论》《求是月刊》1982 年第 4 期

秦佩珩 《黄梨洲经济思想钩沉》《求是月刊》1982 年第 4 期

张守军 《先秦诸子的富国富民思想》《北京大学学报》1982 年
第 3 期

张寿彭 《孟子经济思想初探》《兰州大学学报》1982 年第 2 期

陶懋炳 《王船山经济思想浅探》《湖南师院学报》1982 年第 4
期

曹小瑾 《刘晏经济思想初探》《学术论坛》1982 年第 6 期

江筱薇 《康有为经济思想浅议——读戊戌变法全本〈列国政要
比较表〉札记》《社会科学战线》1983 年第 11 期

李宝金 《陆贽经济思想研究》《浙江学刊》1983 年第 3 期

李守庸 《王夫之经济思想中的近代特点评议》《经济研究》
1983 年第 9 期

严清华 《康有为变法维新的经济思想》《经济文稿》1983 年第
7、8、9 期

郭正忠 《略论欧阳修的商业变法思想》《光明日报》1983 年 4
月 20 日

姚家华 《论魏源的经济思想》《财经研究》1983 年第 3 期

吴申元 《张居正经济思想简论》《经济问题探索》1983 年第 4
期

刘振中 《谈黄宗羲的"工商皆本"思想》《学习与研究》1983 年
第 5 期

乐秀拔 《白居易经济思想浅议》《财经研究》1983 年第 4 期

李守庸 《王夫之经济思想中的近代特点评议》《经济研究》
1983 年第 9 期

孔祥振 《试论欧阳修经济思想中"尽地利"主张》《天津财经学

院学报》1983 年第 4 期

刘　枫　《儒法融合的荀子经济思想》　《上海经济科学》1984 年
　　　　第 9 期

吴观文　《试论王船山崇本抑末思想》　《船山学报》1984 年第 2
　　　　期

孔祥振　《试论欧阳修经济思想中"通漕运"的主张》　《天津财经
　　　　学院学报》1984 年第 2 期

严清华　《评龚自珍的经济思想》　《武汉大学学报》1984 年第 2
　　　　期

肖　黎　《论司马迁的经济思想》　《中南民族学院学报》1984 年
　　　　第 1 期

叶世昌　《关于黄宗羲的工商皆本论》　《复旦学报》1983 年第 4
　　　　期

何炼成　《谭嗣同的经济思想略论》　《湘潭大学社会科学学报》
　　　　1984 年第 3 期

石彦陶　《论谭嗣同的经济思想》　《西北大学学报》1984 年第 3
　　　　期

谈　敏　《欧阳修的经济思想》　《财经研究》1984 年第 6 期

朱枝富　《治国之道,富民为始——试析司马迁的富民思想》
　　　　《人文杂志》1984 年第 6 期

黄玉生　《中唐时期刘晏的经济改革思想》　《江海学刊》1984 年
　　　　第 1 期

宁裕光　《李觏经济思想三题》　《河南师大学报》1984 年第 3 卷
　　　　第 1 期

王　威　《试论龚自珍的政治经济思想》　《上海经济科学》1984
　　　　年第 1 期

穆朝庆　《李觏经济思想刍议》　《史学月刊》1984 年第 3 期

吴申元　《论宋应星的经济思想》　《经济问题探索》1984 年第 6 期

朱盛昌　《李觏经济思想简论》　《江西师大学报》1984 年第 3 期

李叔华　《孟子经济思想初探》　《南开史学》1985 年第 2 期

竺国平　《谭嗣同的经济思想》　《经济科学》1985 年第 2 期

王　威　《林则徐的农商和外贸思想》　《江淮论坛》1985 年第 6 期

张守军　《论刘晏的理财思想与财政改革措施》　《财经研究》1985 年第 3 期

韩兆琦　《试析司马迁的经济思想》　《人文杂志》1985 年第 2 期

孔祥振　《试论欧阳修经济思想中"权商贾"的主张》　《天津财经学院学报》1985 年第 2 期

张守军　《孟轲的交换思想》　《北京商学院学报》1985 年第 2 期

张劲涛　《荀子的财政思想》　《山西财经学院学报》1985 年第 2 期

刘含若　《谭嗣同经济思想钩沉》　《经济科学》1985 年第 2 期

李汉武　《论魏源经济思想中的近代因素》　《云南社会科学》1985 年第 3 期

曹旭华　《张居正经济思想初探》　《杭州大学学报》1985 年第 15 卷第 2 期

汤照连　《林则徐经济思想的历史地位》　《中山大学学报》1985 年第 3 期

戴金珊　《白居易经济思想略论》　《江淮论坛》1985 年第 3 期

宋衍申　《评司马光的经济思想》　《晋阳学刊》1985 年第 5 期

陈　均　《张之洞商业思想简论》　《江汉论坛》1985 年第 11 期

劳为民　《杜佑经济思想初探》　《暨南大学学报》1985 年第 1 卷第 2 期

陈正炎　《陆贽经济思想研究》　《财经研究》1986 年第 1 期

杨树增　《从〈论语〉看孔子的经济思想》　《河北学刊》1986 年第 1 期

叶　坦　《司马光的财政管理思想》　《晋阳学刊》1986 年第 1 期

张守军　《〈周礼〉的财政思想》　《山西财经学院学报》1986 年第 3 期

张守军　《魏源的财政思想》　《天津财经学院学报》1986 年第 2 期

赵晓雷　《张之洞的"借商助官"思想论析》　《华东师范大学学报》1986 年第 2 期

张守军　《〈周礼〉的财政思想》　《安徽财贸学院学报》1986 年第 3 期

李宝金　《论陆贽的"量入为出"的思想》　《经济问题探索》1986 年第 5 期

胡春力　《论李觏经济思想的特点和历史地位》　《经济科学》1986 年第 3 期

曹均伟　《张之洞利用外资的思想》　《学术研究》1986 年第 3 期

孔祥振　《试论欧阳修经济思想的形成》　《天津财经学院学报》1986 年第 3 期

叶　坦　《论司马光的理财思想》　《北京师范大学学报》1986 年第 5 期

李普国　《论董仲舒的经济思想》　《中国经济史研究》1986 年第 4 期

雷家宏　《重新认识朱熹的的经济思想》　《晋阳学刊》1987 年第

　　　　1 期

夏　露　《苏轼民本、仁政思想及渊源》　《北京师范大学学报》
　　　　1987 年第 1 期

吴运生　《论王船山对商品经济的态度》　《船山学报》1987 年第
　　　　2 期

虞祖尧　《简论司马光的经济思想》　《河南师范大学学报》1987
　　　　年第 2 期

关玉惠　《简论〈易经〉中的经济思想》　《南开学报》1987 年第 4
　　　　期

赵晓雷　《张之洞经济思想论析》　《学术月刊》1987 年第 8 期

蔡　一　《李觏富民思想的特点》　《南京大学学报》1987 年第 4
　　　　期

刘叔麟　《评魏源经济思想中的所谓"资本主义倾向"问题》　《福
　　　　建论坛》1987 年第 2 期

叶世昌　《中国古代的富民思想和理财思想》　《财经研究》1987
　　　　年第 6 期

俞兆鹏　《叶适货币思想研究》　《中国钱币》1987 年第 2 期

谢百三　《中国古代经济管理思想述略》　《江淮论坛》1987 年第
　　　　5 期

甄之仁整理　《儒家经济管理思想及其对企业的作用——马伯煌
　　　　教授答日本学者国井英基问》　《文汇报》1987 年 12 月
　　　　3 日

张鸿翼　《论儒家的经济哲学》　《孔子研究》1988 年第 1 期

白　涛　《司马迁的重商思想》　《人民日报》(海外版)1988 年 1
　　　　月 4 日

郭墨兰　《孔子经济思想体系论略》　《东岳论丛》1988 年第 1 期

胡显中 《司马迁和班固经济思想比较》 《西北大学学报》1988
年第 1 期

张鸿翼 《论儒家的经济哲学》 《孔子研究》1988 年第 1 期

郑　韶 《〈礼记〉与中国封建正统经济思想》 《上海经济研究》
1988 年第 2 期

王　正 《论白居易的赋税思想》 《黑龙江财专学报》1988 年第
1 期

蔡泽华 《孟轲经济思想散议》 《天津社会科学》1988 年第 2 期

沈　萼 《叶适反传统的国民经济管理思想》 《历史教学问题》
1988 年第 3 期

刘含若 《张居正的经济管理思想》 《求是学刊》1988 年第 3 期

陈瑞台 《王安石的经济改革及其管理思想》 《内蒙古大学学
报》1988 年第 4 期

张振孝 《试论〈尚书〉的管理思想》 《河北财经学院学报》1988
年第 6 期

陶一桃 《儒家经济思想的特征及其影响》 《北方论丛》1989 年
第 1 期

唐任伍 《司马迁与班固经济思想之比较》 《河北师范大学学
报》1989 年第 2 期

孔祥振 《试论范仲淹的农业思想》 《天津财经学院学报》1989
年第 3 期

孔祥振 《试论欧阳修的国防经济思想》 《天津财经学院学报》
1989 年第 6 期

朱坚真 《梁启超消费经济思想简述》 《消费经济》1989 年第 1
期

陈竞生 《刘晏财经管理思想的初步研究》 《天津商学院学报》

1989 年第 3 期

汤照连 《论康有为的宏观经济管理思想》 《中山大学学报》 1989 年第 3 期

丁原明 《重农不重农是孟子经济思想的特点》 《山东大学学报》1989 年第 3 期

杨广玺 《康有为维新变法的经济思想》 《锦州师院学报》1989 年第 4 期

周乾荣 《先秦儒家不抑商说》 《天津师大学报》1989 年第 6 期

叶树望 《黄宗羲经济思想简论》 《宁波师院学报》1989 年第 4 期

桂兴元 《论黄宗羲启蒙主义经济思想》 《宁波师院学报》1989 年第 4 期

杨朝明 《鲁国的经济特点与儒家的重农思想》 《孔子研究》1989 年第 4 期

匡亚明 《论孔子的经济思想》 《江海学刊》1990 年第 1 期

叶　坦 《〈宋代经济思想研究〉概要》 《中国社会科学院研究生院学报》1990 年第 1 期

巫宝三 《中国经济史研究展望》 《经济研究》1990 年第 4 期

叶　坦 《李觏经济思想再研究》 《经济学家》1990 年第 5 期

唐兆梅 《李觏的消费思想刍议》 《江西社会科学》1990 年第 1 期

侯厚吉 《白居易的货币思想述论》 《中南财经大学学报》1990 年第 2 期

周国林 《关于孟子"助法"思想的评价》 《孔子研究》1990 年第 1 期

戴鸿义 《黄宗羲的"工商皆本"思想浅析》 《松辽学刊》1990 年

第 1 期

范兆琪　《略谈林则徐的经济思想》　《福建日报》1990 年 6 月 22
日

裴　倜　《略论司马迁的经济管理思想》　《四川大学学报》1990
年第 2 期

朱枝富　《司马迁班固经济思想之异旨》　《人文杂志》1990 年第
4 期

汤德绍　《从〈货殖列传〉看司马迁的经济思想》　《甘肃社会科
学》1990 年第 6 期

叶　坦　《司马光王安石经济思想比较》　《西南师范大学学报》
1991 年第 1 期

刘家贵　《战国时期两种对立的经济思想》　《思想战线》1991 年
第 1 期

马洪林　《康有为的经济近代化的构想及其价值》　《上海师范大
学学报》1991 年第 1 期

刘家贵　《战国时期经济思想的百家争鸣》　《云南财贸学院学
报》1991 年第 1 期

田大庆　《论孟子经济思想的人民性》　《北京财贸学院学报》
1991 年第 1 期

龚曼群　《论〈周易〉中的商业思想》　《求索》1991 年第 3 期

冷鹏飞　《董仲舒经济思想研究》　《求索》1991 年第 2 期

李树尔　《孔子所处的时代及其经济思想》　《孔子研究》1991 年
第 2 期

黄隆顺　《王船山与魏源经济思想之异同》　《衡阳师专学报》
1991 年第 1 期

汪锡鹏　《评司马迁"善者因之"的经济思想》　《江西社会科学》

1991 年第 3 期

叶　坦　《张之洞经济思想浅论》《历史研究》1991 年第 5 期

彭　林　《〈周礼〉抑商思想研究》《管子学刊》1991 年第 3 期

徐　霖　《论儒家伦理对我国商业文化的影响》《北京商学院学报》1991 年第 4 期

张守军　《孟轲的赋税思想》《齐鲁学刊》1991 年第 5 期

孔祥振　《试论欧阳修的财政思想》《天津财经学院学报》1991 年第 5 期

米万锁　《孔子经济思想核心：义利观》《山西财经学院学报》1991 年第 5 期

孔祥振　《试论范仲淹的商业思想》《天津财经学院学报》1991 年第 2 期

陶一桃　《儒家经济思想之深层土壤：兼论中国经济思想史中的儒道融合》《求是学刊》1991 年第 6 期

章场定　《略述康有为经济思想中对日本明治维新的借鉴》《广东史志》1991 年第 4 期

石世奇　《孔子的经济管理思想》《烟台大学学报》1991 年第 1 期

叶　坦　《叶适经济思想研究》《中国社会经济史研究》1991 年第 3 期

田大庆　《孟子民本主义的经济思想》《江淮论坛》1992 年第 1 期

任冠文　《论司马迁经济思想中的义利关系》《山西财经学院学报》1992 年第 2 期

孙　引　《略论先秦儒家经济思想》《财经研究》1992 年第 7 期

宇文举　《李觏管理思想试析》《史学月刊》1992 年第 2 期

田泽滨　《顾炎武经济思想简论》　《苏州大学学报》1992 年第 3 期

游　翔　《班固经济史论浅析》　《黄冈师专学报》1992 年第 4 期

陈　钧　《张之洞经济伦理思想探真》　《历史研究》1993 年第 4 期

孔祥振　《略论欧阳修经济思想的历史地位》　《现代财经》1993 年第 4 期

唐祖尧　《中国古代管理思想研究十年回顾：兼论东亚地区发展经济合作的文化因素》　《经济学动态》1993 年第 4 期

钟　铁　《中国古代宏观经济管理思想探讨》　《经济学动态》1993 年第 4 期

李守庸　《略论王船山在中国经济思想史上的地位》　《船山学刊》1993 年第 2 期

胡新中　《略论司马迁的经济思想》　《求是学刊》1993 年第 3 期

孙心伟　《简论司马迁的经济思想》　《社会科学辑刊》1993 年第 6 期

陈文亮　《严复经济思想探索》　《理论学习月刊》1994 年第 3 期

周可真　《顾炎武商品经济思想浅探》　《铁道师范学院学报》1994 年第 2 期

余德仁　《魏源经济思想研究》　《河南师大学报》1994 年第 3 期

何晓明　《张之洞经济思想论析》　《中国社会经济史研究》1994 年第 2 期

徐克谦　《儒家义利之辩对市场经济社会的启示》　《黄淮学刊》1994 年第 4 期

方　健　《范仲淹经济思想论析》　《浙江学刊》1994 年第 3 期

叶世昌　《从龚自珍的经济思想说起》　《学术月刊》1994 年第 4

期

徐大英　《从〈通典·食货典〉看杜佑富国安民的经济思想》　《西南师范大学学报》1994 年第 3 期

孔祥振　《陆贽理财思想研究》　《当代财经》1994 年第 3 期

唐任伍　《论刘晏的经济改革思想》　《河南师范大学学报》1994 年第 21 卷第 5 期

余德仁　《韩愈的经济思想研究》　《河南师范大学学报》1994 年第 21 卷第 6 期

李映青、李瑞娥　《司马迁经济思想的核心是商品经济思想》　《当代经济科学》1995 年第 1 期

刘家贵　《孔子经济思想散论》　《中国经济史研究》1995 年第 1 期

丁毅华　《司马迁的贫富观》　《学术月刊》1995 年第 5 期

陈汉才　《略论儒家思想对市场经济的积极影响》　《中华文化论坛》1995 年第 3 期

俞荣根　《儒家义利观与中国民法文化》　《中华文化论坛》1995 年第 3 期

张奇伟　《孟子义利观新解》　《北京师范大学学报》1995 年第 4 期

施忠连　《论儒学经济作用的双重性》　《学术月刊》1995 年第 1 期

石世奇　《中国经济学说辉煌的过去与灿烂的未来》　《经济学家》1995 年第 2 期

唐任伍　《先秦儒道经济思想比较论》　《传统文化与现代化》1995 年第 4 期

曹应旺　《司马迁经济思想研究中的几个问题》　《苏州大学学

报》1996 年第 1 期

林国雄　《新儒学经济思想的三才诠释》　《社会科学战线》1996
　　　年第 3 期

戴家龙　《先秦儒家经济思想初探》　《安徽师大学报》1996 年第
　　　2 期

周明星　《早期儒家的经济思想》　《北京商学院学报》1996 年第
　　　3 期

夏祖恩　《班固的"食货"思想刍议》　《福建师范大学学报》1996
　　　年第 1 期

丁祖豪　《略论司马迁的经济伦理思想》　《山东社会科学》1996
　　　年第 3 期

吴　可　《李觏的经济管理思想》　《孔子研究》1996 年第 3 期

刘社建　《"善因论"——司马迁的经济理论》　《唐都学刊》1996
　　　年第 12 卷第 3 期

解元东、史元民　《论韩愈的经济思想》　《史学月刊》1996 年第 5
　　　期

张守军　《欧阳修经济思想新探》　《南昌大学学报》1996 年第 4
　　　期

张守军、杜艳萍　《苏洵的经济思想》　《财经问题研究》1996 年
　　　第 8 期

严清华　《中国经济思想史学科发展的回顾与展望》　《经济学情
　　　报》1996 年第 4 期

张大可　《一部探求中国古代经济理论的力作:〈司马迁经济思想
　　　研究〉读后感》　《人文杂志》1996 年第 5 期

张剑光、邹国慰　《白居易农业思想试探》　《山西师大学报》1997
　　　年第 1 期

丁考智 《〈周礼〉商业经济思想探微》 《社会科学动态》1997 年第 1 期

孙树霖 《论王安石的经济思想》 《安徽史学》1997 年第 2 期

吴 青 《试论司马迁"善因"主张在西汉不可行的原因》 《南开经济研究》1997 年第 4 期

石世奇 《论王阳明的经济思想》 《经济科学》1997 年第 5 期

王永明 《李贽思想中的经济管理观点》 《回族研究》1997 年第 4 期

刘韵冀 《〈周易〉与商业》 《北京商学院学报》1997 年第 6 期

马志强 《班固经济思想简论》 《经济经纬》1997 年第 6 期

阎田表 《司马迁远见卓识的经济思想》 《宁夏学刊》1997 年第 4 期

吴 松 《叶适理财思想述评》 《思想战线》1998 年第 3 期

汤标中 《李觏"一切通商"的商业观》 《湖南商学院学报》1998 年第 5 期

夏国祥 《梁启超经济思想新论》 《财经研究》1998 年第 8 期

刘若飞 《白居易的经济思想》 《社会科学》1998 年第 7 期

马 涛 《论儒家的自由经济思想》 《管子学刊》1998 年第 1 期

朱 永 《评康有为变法图强的经济思想:纪念戊戌变法 100 周年》 《经济科学》1998 年第 6 期

陈文亮 《康有为经济思想述评》 《理论学习月刊》1998 年第 11 期

谈 敏、赵晓雷 《通古今之变,成一家之言:中国经济思想史前四卷古代部分评价》 《财经研究》1999 年第 1 期

林 刚 《试论魏源的经济思想》 《扬州大学学报》1999 年第 1 期

吴传清　《戊戌政变前康有为的经济发展思想探析》　《江汉论坛》1999 年第 11 期

郝　伟　《康有为的近代工业化思想》　《佛山科学技术学院学报》1999 年第 3 期

孙丽君　《叶适的反抑商思想》　《经济学情报》1999 年第 6 期

叶世昌　《梁启超、康有为的股份制思想》　《世界经济文汇》1999 年第 2 期

崔鹏飞　《梁启超外债思想述论》　《社会科学论坛》1999 年第 5、6 期

张剑光　《唐代陆贽农业思想研究》　《历史教学问题》1999 年第 4 期

张　声、李良友　《浅析先秦时期经济管理思想》　《山西财经大学学报》2000 年第 1 期

朱枝富　《建国以来司马迁经济思想研究综述》　《渭南师范学院学报》2000 年第 15 卷第 4 期

陈启智　《儒家经济思想及其特点》　《孔子研究》2000 年第 6 期

叶　坦　《宋代浙东实业经济思想研究——以叶适为中心》　《中国经济史研究》2000 年第 4 期